재위 전기 고종의 통치활동

재위 전기 고종의 통치활동

초판 1쇄 발행 2013년 11월 30일

저　자 Ⅰ 김성혜
발행인 Ⅰ 윤관백
발행처 Ⅰ 선인

편　집 Ⅰ 최진아
표　지 Ⅰ 안수진
영　업 Ⅰ 이주하

인　쇄 Ⅰ 대덕인쇄
제　본 Ⅰ 과성제책

등록 Ⅰ 제5-77호(1998.11.4)
주소 Ⅰ 서울시 마포구 마포동 324-1 곳마루 B/D 1층
전화 Ⅰ 02)718-6252 / 6257
팩스 Ⅰ 02)718-6253
E-mail Ⅰ sunin72@chol.com
Homepage Ⅰ www.suninbook.com

정가 48,000원
ISBN 978-89-5933-669-2 93910

·잘못된 책은 바꿔 드립니다.

재위 전기 고종의 통치활동
(1864~1876)

CHOSEON KOJONG'S RULE
DURING THE EARLY YEARS OF HIS REIGN (1864~1876)

김성혜 저

책을 내면서

필자가 인디아나 존스라는 영화를 본 것은 14살, 중1 때였다.
"Archaeology is the search for fact, not truth."
인디아나 존스라는 영화에서 닥터 존스가 한 말이다.

당시 닥터 존스를 연기하던 40대의 해리슨 포드는 중1의 사춘기 소녀였던 필자에게도 충분히 매력적이었다. 그런 그가 학생들 앞에서 칠판에 큼지막하게 'fact'와 'truth'를 적으며, "고고학은 진실이 아니라 사실을 연구하는 학문이다. 진실에 관심이 있다면 철학 강의실로 가라"고 큰 소리로 외치던 모습은 신선한 충격과 심오한 과제를 던진 채 화면 속으로 사라졌다. 그리고 필자의 뇌리에는 해리슨 포드의 잘생긴 얼굴과 함께 사실과 진실이라는 단어가 각인되었다.

'사실'과 '진실'

필자의 사실과 진실에 대한 고민이 시작된 건 이때부터였다. 막 사춘기로 접어든 필자에게 도대체 사실은 무엇이고 진실은 무엇일까라는 궁금증이 생겼다. 대체 양자는 어떻게 다르며 어떻게 구별해야 하는 것인지, 또한 어떻게 밝혀내고 추구해야 하는 것인지 등등, 복잡하고 까다로운 문제가 머릿속을 맴돌았다. 그리고 사춘기 시절의 이러한 고민은 필자로 하여금 사실과 진실 규명이 가장 중요할 뿐만 아니라, 첨예하게 대립 양상을 띠는 역사적 인물이나 사건에 보다 큰 관심을 갖는 계기가 되었다. 지금 생각해 보면, 사실과 진실을 향한 고민과 호기심에서 시작된 역사에 대한 관심이 줄곧 국사와 세계사를 좋아하게 만들었고, 좋아하니 재미있어 공부를 잘하게 된 것이 아니었나 싶다. 그 결과 필자는 역사를 공부해서 뭐 할 거냐는 주변의 반대를 무릅쓰고 사학과에 진학해 역사 연구자로서의 길을 가게 되었다.

'진실공방'과 '진실규명'

　최근 이 말이 유난히 자주 등장하는 것 같다. 현재 대한민국의 모든 정치·사회적 이슈는 그게 무엇이든 진실공방과 규명의 플레임 속에 빠져 있다. 대한민국 사회는 어느 쪽이든 서로 자신들이 진실이라고 주장하며 상대가 진실하지 못하다고 공격한다. 수많은 사건과 사고에서 각자 자신만이 진실하다고 선전하는 사람들을 보며 필자는 대체 그들이 말하는 진실 속에 어디까지가 사실인지, 어디서부터 사실의 가감이나 부정, 심지어 왜곡과 날조가 이루어진 것인지 확인하고 판단해 받아들여야 하는 매우 곤란하고 어려운 입장에 놓여 있다. 대체 왜 대한민국은 사건의 본질을 파헤치는 데 사실규명이 아닌 진실규명에 더욱 열중하는 것일까?

　그렇다면 여기서 사실과 진실이 무엇이며 어떻게 다른지 간단히 짚어보자. '사실'은 있는 그대로의 모습 그 자체이다. 따라서 객관성을 동반하는 사실은 원칙상 움직이지 않는다. 그것이 진짜 사실이라면 움직일 수 없다. 사실이 유동적인 경우는 몰랐던 새로운 사실이 발견되어 첨가되거나 여태까지 알려진 사실이 허구였음이 드러났을 때 정도다. 반면, '진실'은 사실이라는 객관성에 대해 이미 누군가의 생각, 판단, 기준, 평가 등을 비롯해 나아가 감정까지 포함된 주관성을 갖는다. 때문에 진실은 유동적이다. 개개인의 기준이나 평가자의 시선은 물론, 시대의 흐름과 상황에 따라 변하기도 하고 변할 수도 있다. 사실을 바라보는 입장과 경험에 따라 한 가지 사실에 대해 몇 가지 진실이 동시에 존재하기도 하고, 오늘은 진실이었던 것이 새로운 사실의 발견으로 인해 내일은 진실이 아니게 되기도 있다.

　이처럼 진실은 다양하기도 하고 달라질 수도 있기 때문에 진실을 논하기에 앞서 반드시 명백한 사실을 밝히고 제시해야 한다. 진실을 논하려면 누가 봐도, 언제 봐도, 어떻게 봐도, 어디서 봐도 항상 똑같은 사실을 바탕으로

하지 않으면 안 된다. 이러한 동일하고도 명백한 사실이 전제되고서야 비로소 진실에 다가가기 위한 논리를 펼치고 진실을 가리기 위한 공방을 벌이며 진실을 규명하기 위한 바른 길로 나아갈 수 있다.

이때 시시비비를 가리기가 더욱 힘겨운 중요한 쟁점이 등장한다. 그것은 어떤 사실이나 진실이 단순히 사실이나 진실의 규명으로 끝나지 않는다는 점이다. 수많은 역사적 인물이나 사건의 규명 문제에서는 단순히 그런 인물이 존재했다, 그런 사건이 일어났다는 결론만으로 해결되지 않는 판이하게 다른 진실이 존재하는 경우가 허다하다. 이러한 경우 반드시 진실의 참과 거짓, 옳고 그름의 기준이 있고 가려져야만 어떤 인물이나 사건에 대한 올바른 평가와 결론이 내려져 일반화되는 과정을 거칠 수 있다.

필자를 한국근대사에 빠지게 만들고 일본유학으로까지 이끈 한반도에 대한 '침략'과 '진출'이라는 한국과 일본의 판이한 진실은 이와 같은 진실의 참과 거짓, 옳고 그름에 대한 평가가 왜곡된 상황을 극명하게 보여준다. 일본은 한반도 '침략'을 '진출'로 미화하기 위해 임의로 사실을 가감하고 조작할 뿐만 아니라, 갖가지 이유와 핑계를 대며 자신들이 한반도침략이 침략이 아니라 정당한 진출이었다고 주장한다. 그리고 이것이 당시 일본제국주의가 처한 상황에 대한 진실이라고 호도한다. 사실은 한 가지다. 반면 진실은 복수로 존재할 수 있다. 이것이 진실을 규명하기 위해 옳고 그름에 대한 보편타당하고도 일관된 판단과 기준이 필요한 이유다.

'고종'에 대한 '사실'과 '진실'

한국 근대전환기의 고종 역시 이러한 진실공방의 중심에 서 있는 인물이다. 혹자는 그를 근대적 문명개화를 추구한 개명군주라고 평가한다. 혹자는 고종을 수구반동으로의 회귀를 꾀한 과거지향적 전제군주라고 비판한다. 혹자는 고종을 능동적이고 명석한 인물이었다고 평하는 반면, 혹자는 우유부단하고 암약한 허수아비에 지나지 않았다고 말한다. 이처럼 1852년에 태어나서 1863년 왕위에 올라 1907년 순종에게 양위할 때까지 조선의 왕이자 대한제국의 황제였던 고종에 대한 진실은 다양하게 존재한다. 그렇다면 우리는 왜 동일한 한 인물에 대해 이처럼 극과 극의 평가를 내리며 진실공방을 벌이는 것일까? 이러한 진실공방이 의미를 갖는 이유는 무엇이며, 의미를 갖도록 하기 위해 우리는 역사사실에 어떻게 접근해서 무엇을 밝혀야 하는 것일까?

이 책은 한국 근대전환기 고종의 통치활동에 관한 연구서다. 43년간의 고종 재위기 중에서도 고종의 군주로서의 사고, 즉 군주권, 통치권 등이 형성되는 전기를 다루어 그가 통치자로서 어떤 인식을 바탕으로 활동해 나갔는지를 연구한 것이다. 따라서 이 책 또한 고종을 향한 진실규명과 진실공방의 테두리 안에 놓일 수밖에 없다. 필자는 일단 당시 각종 사료를 현존하는 객관적인 사실로 받아들이고 이를 바탕으로 주관적인 평가와 결론을 내리며 고종의 진실을 규명하기 위해 노력하고 있다. 고종의 말과 행동을 검토하고 분석해 그가 왜 끝까지 왕위를 지키고자 했는지, 왜 대한제국을 선포하고 황제로 등극했는지, 왜 스스로를 어버이로, 백성을 적자로 여겨 백성들을 정치에 참여시키기보다 보살피고 교화해야 할 대상이라고 판단했는지 등등을 통해 고종이라는 인물의 진실에 다가가기 위한 노력을 하고 있다.

여기서 반드시 경계하고 주의해야 할 점은 역사사실의 자의적인 편집이나 인위적인 재구성이다. 역사사실의 근거가 되는 사료 자체의 진위 여부 및 사라졌거나 기록되지 않은 역사사실 여부도 염두에 두지 않으면 안 된다. 이를 극복하기 위해서는 항상 모든 가능성을 열어 놓아야 한다. 열린 마음으로 다양한 사료를 접하고 정확하게 이해하며 체계적으로 분석해야 한다. 이 책은 이러한 자세로 고종을 연구하려는 노력의 첫 결실인 동시에 급변하는 근대 전환기 일국의 군주였던 고종의 역할과 책임을 보다 분명히 하려는 작업의 첫 단추를 끼운 데 지나지 않는다.

오래 전 필자는 후배에게 '두 남자가 나를 괴롭힌다'고 토로한 적이 있다. 아마 그 중 한 남자는 이후로도 계속해서 필자를 괴롭힐 것 같다. 그 만큼 고종이라는 인물의 진실에 다가가는 여정은 지난하고도 지루한 공방의 연속이 될 것이다.

마지막으로 지금의 필자를 있게 만든 분들께 감사의 인사를 전하려 한다. 이화여자대학교 총장을 지내시고 현재 한국학중앙연구원 원장님이신 이배용 선생님께서는 필자가 한국근대사를 전공하도록 이끌어 주시고 지도해 주신 은사님이시다. 역사를 바라보는 올바른 시각과 관점의 중요성을 심어 주신 이배용 선생님께 이 자리를 빌려 다시 한 번 감사의 인사를 올린다. 히토쓰바시대학의 가스야 켄이치(糟谷憲一) 선생님은 필자가 일본에서 역사사실에 입각해 역사를 연구하고 논문을 쓰는 데 결정적인 도움을 주신 분이다. 특히 가스야 선생님께서는 풍부하고 깊은 역사적 지식과 사료 해석에 대한 탁월한 감각으로 난관에 부딪칠 때마다 나아갈 방향을 제시해 주셨다. 멀리서나마 감사함을 전하며 항상 건강하시기를 빌어 마지않는다. 히토쓰바시대학에서의 인연으로 필자에게 다양한 기회를 제공해 주시며 여러모로 돌봐 주시는 동국대학교의 한철호 선생님. 말로는 감사를 다하지 못하지만 늘 고마운 마음을 갖고 있음을 전하고 싶다. 이화여자대학교의 정혜중 선생님과 백옥경 선생님께서는 필자의 고민을 들어주시며 조언과 격려를 아끼지 않는 선배이시다. 언젠가 그분들에게 받은 도움을 조금이라도 갚을 수 있는 날이 오기를 바란다. 현재 필자와 같은 연구실을 사용하며 함께 프로젝트를 수행중인 전명혁 선생님께서는 나서서 필자의 책을 출간할 수 있게 챙겨 주셨다. 뭐라 감사의 말씀을 드려야 할지 모르겠다.

선인출판사의 윤관백 사장님께서는 부족한 연구임에도 흔쾌히 출판을 허락해 주셨다. 윤관백 사장님이 계시지 않았다면 이 책은 언제 빛을 보게 될지 기약할 수 없었을 것이다. 또한 어설픈 표기에도 기분 좋게 교정을 봐주신 최진아 선생님, 멋진 표지를 만들어주신 안수진 선생님이야말로 이 책의 완성도를 높여주신 일등공신이 아닌가 싶다. 선인출판사 관계자 여러분께 진심으로 감사의 말씀을 올린다. 일일이 거론할 수는 없지만 감사를 드려야 할 분들이 참으로 많다. 여기에서 모두 감사한 마음을 전하지 못함을 죄송스럽게 생각하며 그 분들께는 따로 개인적인 자리에서 감사를 표현하고자 한다.

나의 첫 번째 저서인 이 책은 사랑하고 존경하는 아빠, 엄마께 바친다. 언제나 잔잔한 미소와 끝없는 신뢰로 나의 말이라면 그게 뭐든 무조건 믿고 따라주시는 존경하는 나의 아빠. 언제나 나를 웃게 해주시고 어떤 역경에서도 다시 일어서고 살아갈 힘을 주시는 사랑하는 나의 엄마. 누구보다 바르게 커서 이 사회를 위해 기여하는 건강한 사람이 되기를 바라는 나의 기쁨 지원, 그리고 사랑하는 나의 가족들. 가족들로 인해 나는 늘 삶에 감사하며 올바른 길을 가기 위해 노력해 왔고 앞으로도 그럴 것이다. 가족들이 있어 행복하고 평화로울 수 있음에 새삼 고마움을 느낀다. 나의 가족에게 무한한 사랑과 감사를 전한다.

2013년 가을, 서울의 구룡산 끝자락에서

목차

책을 내면서	5
들어가며	15

제1장_ 고종의 즉위 전후 상황　　33

제1절 고종즉위 이전 군주권의 추이 및 통치양상　　38
1. 세도정치의 배경　　38
2. 철종대 안동김씨의 권력장악　　48
3. 제1장 제1절 정리　　53

제2절 고종의 즉위 상황　　56
1. 고종의 즉위　　56
2. 대원군의 등장　　67
3. 제1장 제2절 정리　　75

제2장_ 재위 전기 고종의 성학　　77

제1절 고종의 강연진행 및 성학태도　　81
1. 고종 강연의 배경　　81
2. 강연의 진행　　87
3. 권강기 강연의 내용　　104
4. 제2장 제1절 정리　　122

제2절 고종 강관의 구성　　125
1. 시기별 강관의 구성　　125
2. 강관 구성의 특징　　163
3. 제2장 제2절 정리　　185

제3장_ 대원군정권기의 통치　　　　　　　　　　　　　187

제1절 대원군의 권력기반 형성　　　　　　　　　　　　192
　　1. 대원군의 정치참여과정과 고종의 지지　　　　　　192
　　2. 대원군의 권력기반 형성과 실태　　　　　　　　　207
　　3. 제3장 제1절 정리　　　　　　　　　　　　　　　251

제2절 대원군의 통치정책　　　　　　　　　　　　　　254
　　1. 왕궁재건 및 정부기관 증축에 의한
　　　 중앙권력의 확대·안정화정책　　　　　　　　　　256
　　2. 서원철폐와 무단토호억압에 의한 지방통제정책　　270
　　3. 군사정책을 통한 재정확충 및 권력기반 확대　　　296
　　4. 제3장 제2절 정리　　　　　　　　　　　　　　　327

제4장_ 고종의 친정선포와 통치권 강화　　　　　　　　333

제1절 1873년 고종의 친정선포과정　　　　　　　　　337
　　1. 군주의 통치역량 형성과 발휘 및 친정 명분의 강화　337
　　2. 고종의 친정선포과정　　　　　　　　　　　　　356
　　3. 제4장 제1절 정리　　　　　　　　　　　　　　　394

제2절 군주 주도하의 통치권력 재편　　　　　　　　　396
　　1. 정계개편을 통한 권력기반 형성과 강화　　　　　　399
　　2. 친정 직후 고종의 정책　　　　　　　　　　　　　476
　　3. 제4장 제2절 정리　　　　　　　　　　　　　　　563

맺음말　　　　　　　　　　　　　　　　　　　　　　　567
참고문헌　　　　　　　　　　　　　　　　　　　　　　579
색인　　　　　　　　　　　　　　　　　　　　　　　　591

표목차

[표 1] 고종의 대통과 계통 계보 …………………………………… 62
[표 2] 고종의 즉위 절차, 축식 내용 결정을 둘러싼 시원임의정의 논의 ……… 63
[표 3] 고종 재위 전기 권강·진강·일강 개최 횟수 ………………… 93
[표 4] 고종 재위 전기 소대 개최 횟수 ……………………………… 94
[표 5] 고종 재위 전기 시원임의정과의 차대와 소견 개최 횟수 …… 96
[표 6] 옥당고사의 내용 분석 ………………………………………… 117
[표 7] 1864(고종1)년의 강관 명단 …………………………………… 128
[표 8] 1865(고종2)년의 강관 명단 …………………………………… 130
[표 9] 1866(고종3)년의 강관 명단 …………………………………… 136
[표 10] 1867(고종4)년의 강관 명단 ………………………………… 139
[표 11] 1868(고종5)년의 강관 명단 ………………………………… 141
[표 12] 1869(고종6)년의 강관 명단 ………………………………… 144
[표 13] 1870(고종7)년의 강관 명단 ………………………………… 147
[표 14] 1871(고종8)년의 강관 명단 ………………………………… 149
[표 15] 1872(고종9)년의 강관 명단 ………………………………… 151
[표 16] 1873(고종10)년의 강관 명단 ………………………………… 154
[표 17] 1874(고종11)년의 강관 명단 ………………………………… 159
[표 18] 1875(고종12)년의 강관 명단 ………………………………… 161
[표 19] 고종 재위 전기 강관 총명단 ………………………………… 164
[표 20] 고종 재위 전기 강관을 다수 배출한 성씨 ………………… 169
[표 21] 강연참가 횟수 상위자 명단 ………………………………… 175
[표 22] 신정왕후 수렴청정기 종친·선파 관련 주요 정책 ………… 211
[표 23] 고종즉위 직후 주요 종친·선파 명단 ……………………… 214
[표 24] 철종 말기와 대원군정권 제2·3기 초 비변사·의정부당상 구성 …… 243
[표 25] 고종 재위 전기 서원 관련정책 ……………………………… 276
[표 26] 고종 재위 전기 무단토호 관련정책 ………………………… 291

[표 27] 대원군정권기 삼군부 구성 ·· 313
[표 28] 대원군정권기 군정 관련정책 ·· 323
[표 29] 고종 재위 전기 이조판서 명단 ··· 408
[표 30] 고종 재위 전기 호조판서 명단 ··· 409
[표 31] 고종 재위 전기 병조판서 명단 ··· 411
[표 32] 고종친정 직후 예조·형조·공조판서 명단 ······························· 412
[표 33] 고종친정 직후 의정부당상 명단 ··· 416
[표 34] 고종친정 직후 요직 역임자 4명의 관직·품계 수여 상황 ············ 428
[표 35] 고종친정 직후 문신 출신 무반직 임명자 명단 ························ 447
[표 36] 고종친정 직후 차대 주요 참석자 명단 ································· 479
[표 37] 고종친정 직후 차대 내용 ·· 487
[표 38] 고종친정 직후 차대 주요 안건 ·· 491
[표 39] 고종친정 직후 소견 내용 ·· 496
[표 40] 고종친정 직후 강연 내용 ·· 508

들어가며

고종(1852년~1919년)은 조선조 제26대 군주로 등극했다. 그는 1863년 12월 후사 없이 서거한 철종의 뒤를 이어 방계왕족으로 즉위해서 일본에 의해 강제로 퇴위당할 때까지 43년간(1864년~1907년) 왕좌에 있었다. 고종의 재위기인 19세기 말부터 20세기 초는 수많은 사건과 급변하는 국제정세가 한반도를 둘러싸고 영향을 미치던 한국사회의 급변기였다.

고종이 즉위할 당시의 조선은 장기간에 걸친 세도정치 여파로 정권이 외척에게 장악되어 왕실과 중앙정부의 권위가 약화되어 있었다. 또한 서양의 동아시아를 둘러싼 식민지쟁탈이 한반도에까지 미쳐 서구열강으로부터의 통상·개방 요구에 직면해 있었고, 이를 거부함에 따라 1866년과 1871년에 각각 프랑스, 미국과 전쟁을 경험한 상태였다.

이처럼 고종은 왕실과 군주의 권위가 약화되고, 1862년 진주민란에 의해 표면화된 조세제도 문란과 민생폐해에 대한 수습이 행해지는 가운데 신정왕후의 지명을 받아 왕위에 올랐다. 당시 고종은 아직 12살의 소년이었고, 제왕교육도 받지 않은 상태였다. 때문에 신정왕후의 수렴청정이 결정되었다. 그리고 고종에게는 군주로서의 자질 육성을 위한 성학에 전념할 것이 강조되었다. 또한 신정왕후가 철렴한 이후에는 실부인 흥선대원군이 정권을 장악하게 되면서 고종이 실질적인 통치권을 회복한 것은 1873년 10월 스스로 친정을 선포한 이후였다.

조선군주는 천명과 민심에 의해 추대된 최고통치권자였다. 이와 같은 군주의 통치권은 법률로 정할 수 있는 것이 아니었다. 이는 군주의 권력행사에 군주개인의 자질뿐만 아니라, 주변 정치세력과 환경이 크게 작용할 수밖에 없는 현실을 의미했다. 조선 역대 왕 중에서 세 번째로 긴 고종의 43년의 재위기간이—21대 영조가 52년(1724~1776), 19대 숙종이 46년(1674~1720)— 대원군정권기(1864~1873 · 재위전기), 민씨정권기 · 갑오개혁기(1874~1895 · 재위중기), 아관파천기와 대한제국기(1896~1907 · 재위후기)로 구분되는 것은 군주의 통치권 행사에 주변으로부터의 영향력이 얼마나 큰지 보여주고 있다.

반면, 이러한 고종 재위기 구분은 군주로서의 고종 역할을 도외시한 결과이기도 했다. 특히 고종 재위 전기를 대원군정권기, 중기를 민씨정권기로 분류한 연구는 고종의 통치권 행사가 대원군과 왕비 가문인 민씨에 의해 좌우되었다는 판단 하에 그 속에서의 고종 역할을 표면에서 정책을 지시하는 인물로 한정짓는 것이었다.

고종 재위기를 대원군과 민씨정권으로 파악해 고종의 활동을 과소평가한 이유는 실제로 고종 재위 전기와 중기에 대원군과 민씨세력이 정치를 크게 주도하고 있었기 때문이었다. 그러나 거기에는 고종을 유약한 인물로 취급함으로써 식민지가 된 원인을 고종에게 전가시키려고 하는 의도도 포함되어 있었다. 다시 말하면, 식민지로의 전락 원인을 규명하는 과정에서 최고통치권자인 고종의 무책임한 생각과 행동, 무능한 자질을 부각시키면서 그에게 당시 위기를 극복하지 못했던 책임을 지운 것이었다. 물론 조선이 식민지가 된 가장 큰 책임이 군주인 고종에게 있다는 것은 부정할 수 없지만, 그 원인을 고종의 무책임과 무능함에 귀결시켜 그의 활동 실태를 규명하지 않고서는 한국근대의 흐름을 정확하게 이해할 수 없을 것이다.

조선사회에서 군주는 항상 최고통치권자였고, 이는 대원군과 민씨세력에 의해 정권이 장악되던 때도 마찬가지였다. 고종이 대원군과 민씨세력에게 권력을 위임했다고 하면 그것은 그들의 활동과 역할이 군주의 통치권 확립과 안정에 기여한다고 판단했거나, 그들의 협력이 군주권 강화에 필요했기 때문이었다. 다시 말해 고종의 신뢰와 지지가 없는 한 그들의 정치 주도는 불가능했다는 것이다. 따라서 실질적인 통치에서 고종의 역할을 도외시하거나 부정하는 연구로는 정계개편과 정책 결정 · 추진 등 당시의 정치상황 변동에 대해 설명하기 어렵다. 또한 고종이 격변기 속에서 수많은 정변과 암살 위기를 극복하며 43년이나 재위한 사실이나 끊임없이 실질적인 통치권을 회복하고자 한 일을 이해할 수 없다. 이것이 근대전환기 고종의 사고와 활동을 보다 객관적이며 명확히 고찰하지 않으면 안 되는 이유이다.

고종의 통치기는 전통체제와 고종의 활동을 중심으로 크게 셋으로 구분할 수 있다. 제1기에 해당하는 재위 전기는 1863년부터 1876년까지로 전통의 학습과 유지기라고 할 수 있다. 이때는 신정왕후의 수렴청정과 대원군의 정권장악 속에서 제왕교육에 전념하며 군주로서의 자질을 키워갔다. 또한 이 시기는 대원군정권기(1864~1873)와 친정 직후시기(1874~1876)로 구분할 수 있으며, 대원군정권기에는 고종의 부친인 흥선대원군이 국정을 주도하며 왕실과 중앙정부의 권한회복을 통해 왕조 초기와 같은 국가 번영을 꾀했다. 고종의 친정 이후에는 고종이 정계를 개편하고 대원군정권기 정책을 재고하면서 군주 중심의 국정운영과 통치권 확보를 기도해 갔다.

제2기는 고종의 재위 중기에 해당하는 1876년부터 1894년까지이며, 전통과 서구와의 조화·절충기로 말할 수 있다. 이 시기에는 청과 일본이 한반도로의 적극적인 진출을 꾀하는 가운데, 고종은 일본을 비롯한 서구와의 교류를 통해 부국강병을 이뤄 군주권과 군주제 및 국가의 자주독립을 유지하려고 했다. 그러나 고종의 정책—예를 들어, 개혁담당 관청설치, 군비확충, 서양식 군대화, 광산개발, 산업장려, 해외공사관 설치, 도로·병원·전신·교육시설 설치 등—은 청과 일본의 내정간섭 심화와 재정난 악화로 서서히 중단되지 않을 수 없었다. 1890년경에 되면 고종의 활동은 현상 유지에 머물게 되었고, 이러한 양상이 동학농민운동이 일어나 갑오개혁이 이루어지는 1894년까지 지속되게 된다.

제3기는 고종의 재위 후기에 해당하는 1894년부터 1907년까지이며, 전통체제의 붕괴와 새로운 전통 창출기로 파악할 수 있다. 1894년에 동학농민운동을 계기로 청일전쟁이 일어나 중국과 조선 사이에 존재해 온 전통적 사대관계가 붕괴되었고, 일본의 압력 속에 실시된 갑오개혁으로 신분제와 과거제도가 폐지되면서 조선은 대내외적으로 전환점을 맞이하게 되었다. 이 때 내정개혁에서는 궁중과 정부와의 분리가 추진되었고, 고종의 국정운영 장악이 저지되었다. 이에 대해 고종은 아관파천을 단행해 개혁세력을 일거에 붕괴시킨 후, 대한제국 선포·황제즉위·대한국국제 반포를 통해 황제권을 재확립하는 한편, 갑오개혁이 지향하는 바를 계승해 국가의 부국강병과 열강의 세력균형에 의한 중립화정책을 시도하며 국가의 자주독립을 유지하려 했다.

이렇게 고종의 통치기는 통치이념과 군주권 확보라는 측면에서 전기의 전통체제의 학습과 유지기, 중기의 전통과 서구와의 조화·절충기, 후기의 전통체제 붕괴와 재정립기로 구분할 수 있다. 고종의 통치기간은 43년에 이르며, 그 시기가 격동기였기 때문에 상황에 따라 정치세력과 정책이 크게 변화하고 있었다. 따라서 고종의 사상과 활동을 고찰하기 위해서는 시기별 움직임을 상세하게 분석하는 작업이 필요하다.

본 연구는 고종 통치기 중에서도 즉위부터 실질적 통치권이 확립되는 재위 전기에 그 초점을 맞추고 있다. 이는 고종 재위 전기가 이후 그의 통치이념과 활동을 규정하는 중요한 시기이기 때문이다. 즉위할 때 고종은 유약하고 제왕교육을 받지 못해 국정을 원활하게 운영할 역량을 갖추지 못한 상태였다. 때문에 신정왕후의 수렴청정과 대원군으로의 정권위임이 이루어지게 되었다. 그리고 신정왕후와 대원군에 의해 정치가 운영되는 가운데 고종은 각종 정치적 문제와 정치세력과의 알력으로부터 비교적 자유로운 상황에서 성학에 전념하며 민본과 민생안정을 최우선으로 하는 사고를 키워 갔다. 또한 그는 대원군의 각종 정책에 적극적으로 지지·관여함으로써 정치적 감각과 역량을 구비해 갔다. 이 시기에 대원군은 종친·선파를 크게 등용하고 경복궁을 재건해 왕실과 군주의 통치기반을 확대하고, 의정부와 삼군부 권한부활과 중앙정부의 권력 강화를 통해 일률적인 정치운영체제를 구축함으로써 통치권을 집중시키고 권력기반을 안정시키고자 했다. 대원군의 정치활동은 기본적으로 그것이 군주의 통치권 확립에 기여한다고 믿었던 고종의 절대적인 신뢰와 권력위임 위에 성립되어 있었고, 고종은 곁에서 대원군의 정책결정과 추진을 지지하며 통치 목표와 방식을 배워 갔다. 다시 말해 대원군의 정권장악과 각종 정책의 원활한 수행은 고종의 실부에 대한 절대적인 신뢰를 바탕으로 한 통치권 위임에 의해 가능했다는 것이다. 이처럼 즉위 이후 10년간, 즉 대원군정권기에 고종은 대원군과의 밀접한 관계 속에서 군주로서의 사고와 행동 기준을 형성하고 있었고, 그의 친정선포는 성학과 대원군의 통치활동으로의 참여를 통해 향상된 통치능력이 발휘된 결과였다.

그러나 선행연구에서는 이러한 대원군정권기 고종의 역할을 이끌어 내지 못하고, 그의 친정선포와 대원군의 퇴진이 반대원군적인 여론과 세력 형성에 의해 주도되었다고 판단해 왔다. 또한 대원군과 고종의 갈등·대립 관계에 집중하여 대원군이 고종의 통치권 장악과 안정을 방해했다고 평가해 왔다. 이는 대원군이 1870년 이후에 고종에게 통치권을 돌려주기는커녕 권력을 스스로에게 집중·강화함으로써 고종이 스스로 친정을 선포하는 상황이 연출되었고, 그가 중앙권력으로부터 배제된 후에도 재차 정계진출을 기도해 고종과의 불화가 강조되었기 때문이었다. 그러나 대원군의 정계 재등장은 당시 정치적 상황에 따른 것이었고, 그가 지속적으로 정권을 탈환하려 하며 고종의 통치권 확립을 방해하고 있었다고는 말하기 어렵다. 이러한 까닭으로 고종과 대원군과의 관계를 대립의 연속으로 일률적으로 규정해서는 안 되며, 대원군을 고종의 즉위에 결정적으로 기여했으며 60여 년간 지속된 세도정치기 외척주도의 정계를 개편해 군주의 정국 운영상의 제약 요인을 제거했고, 고종에게 안정적으로 제왕교육을 받을 수 있는 환경과 통치활동의 모범을 제공한 인물로 평가할 필요가 있다.

또한 고종의 통치활동에서 대원군정권기가 갖는 의미는 정치집단의 재편과 다양한 세력 등용을 통해 고종이 통치권을 장악할 수 있는 권력기반의 형성·확보, 그리고 고종이 군주 역량을 안정적으로 추구할 수 있는 조건 제공이라는 측면에서 재고하지 않으면 안 된다. 고종 재위 전기 고종의 정치적 지위와 활동을 소홀히 한 연구로는 고종 통치활동의 전반적인 양상, 즉 고종 통치활동의 목적과 의도가 무엇이며, 왜 그러한 정책을 수립·추진했는지를 명확히 할 수 없다. 이러한 연구로는 고종이 실제로 무능하고 무책임한 통치자였는지, 식민지화된 주된 원인이 고종의 실정에 있었는지를 판단할 수 없다. 따라서 한국근대사의 흐름을 명확히 하기 위해서도 격변기 통치권자였던 고종의 인식과 활동이 보다 상세하게 고찰되어야 하며, 무엇보다도 그 틀이 형성되는 고종 재위 전기를 면밀하게 검토·분석하는 작업이 요구된다고 하겠다.

1. 연구현황

한국 근대전환기는 이 시기의 역사적 중요함으로 인해 정치·사회·경제·민중 등에 대한 다양한 연구가 지속적으로 이루어져 상당한 성과를 거두었다. 그러나 다양한 연구가 진행되는 가운데에도 당시 최고통치권자였던 고종을 중심적으로 다룬 연구는 많지 않다. 학계에서는 1990년대 들어 고종의 인식과 활동을 중점적으로 다룬 연구가 이루어지기 시작해 1997년 대한제국 선포 100주년을 계기로 고종의 역할을 규명하려는 연구가 본격적으로 행해지게 되었다. 이 때 고종에 대한 연구는 한국근대사 인식에 대한 반성과 고종 및 대한제국 자체를 있는 그대로 연구해야 한다는 자각에서 비롯되었다고 생각된다.

특히 군주가 조선의 정치사회에 미치는 영향이 지대한 상황에서 정국운영상 군주의 역할이 규명되지 않는 한, 이 시기를 정확히 파악하는 것이 곤란하다는 인식1)이 등장한 것도 고종 중심의 연구가 활발히 이루어진 하나의 요인일 것이다. 여기에 전자정보화 시스템 확대에 따라『규장각문서』활용이 용이하게 되었고,『승정원일기』등의 다량의 관찬사료에 보다 편리하게 접근할 수 있게 된 점도 고종 연구 발전에 일조하게 되었다.

한국학계의 고종에 관한 연구는 그것이 일본의 식민지로 전락했다는 책임문제와 함께 내재적발전론과 식민지근대화론 주장과 관련되어 연구자들 사이에 치열한 논쟁을 유발시켰다.2) 이러한 연구는 주로 고종의 각 분야에서의 정책추진이나 각 정치집단 및 계급과의 관계에 대한 고찰을 바탕으로 고종의 군주권과 군주제 성격, 고종의 개혁 추구의 목적을 규명하고자 하며, 고종 통치기를 전제군주제를 기반으로 한 전통적 보수반동지향국가로 이해할지 아니면 군민공치를 바탕으로 한 근대적 부국강병지향국가로 이해해야 하는지에 초점이 두어졌다.

(1) 대원군정권기에 관한 선행연구 동향

대원군정권기에 관해서는 대원군의 다양한 정책을 고찰해 대원군정권의 성격을 평가하려는 연구가 이루어졌다. 여기에는 대원군정권을 안동김씨를 대신해 종친·선파를 권력기반으로 한 세도정권의 일종으로 규정한 성대경의 연구3)와 대원군이 근대적 개혁가가 아니라 실용주의적 보수정치가

---

1) 이태진,「조선왕조의 유교정치와 왕권」,『한국사론』23, 1990; 조선시대사학회,『동양삼국의 군주권과 관료제』, 국학자료원, 1999; 김명숙,『19세기 정치론 연구』, 한양대학교출판부, 2004.
2) 도면회 등저,「특집 대한제국기 권력기구의 성격과 운영」,『역사와 현실』19, 1996; 서영희 등저,「특집 대한제국의 역사적 성격」,『역사와 현실』26, 1997; 송병기 등저,「좌담 한국근대사의 역사적 성격」,『동양학』28, 1998; 조재곤 외,「한국근대정치사와 왕권」,『역사와 현실』50, 2003; 이태진 외,『고종역사청문회』, 푸른역사, 2005; 한영우 외,『대한제국은 근대국가인가』, 푸른역사, 2006; 이태진 편,『21세기 한국학의 진로 모색』, 2006.
3) 성대경,「대원군정권성격 연구」, 성균관대학교박사논문, 1984.

이며, 대원군정권은 보수적·반동적이었다고 평가한 팔레[4]의 연구가 있다. 팔레는 대원군과 고종의 관계에서 대원군을 '그림자 국왕(Shadow King)'으로 표현하고, 1866년 이후 조선에서는 대원군과 고종에 의한 양두정치가 행해졌고, 대원군이 군주권과 왕조 유지를 바탕으로 한 정치제도와 사회·경제 구조에 대한 큰 변화를 추구하지 않았다고 분석했다. 또한 고종의 단독 권력장악에 대해서는 고종이 친정을 선언하자 대원군이 정권 지속에 대한 의지를 상실해 은퇴함에 따라 실현되었다고 평가했다.

대원군이 공식권력기구보다는 종친부를 중심으로 왕실 권위회복정책을 펼쳤다고 결론내린 안외순의 연구[5]에서는 고종이 1866년부터 청파견사신과의 소대를 통해 미약하지만 독자적인 대외관을 형성하고 있었고, 이것이 1872년 이후 객관적인 형태로 드러나 친정선포에 영향을 주었다고 평가했다. 연갑수[6]는 대원군의 권력구조와 정책을 치밀하게 분석해 그것을 부국강병정책으로 규정한 후, 고종이 이를 계승해 변화를 더해 갔다고 주장했다.

김병우[7]는 대원군의 권력기반을 총체적으로 분석해 대원군이 종친부와 의정부를 중심으로 정치를 운영했던 상황과 남인·북인 등용의 실태를 명확히 하고, 그의 개혁정책은 사회적 모순에 대한 근본적인 개혁 지향이 아니라 정권 통제·장악에 그 목적이 있었다고 평가했다. 고종에 대해서는 군주권 회복 의지를 가진 고종이 반대원군세력을 규합함과 동시에 대원군의 권력행사 통로를 차단해 친정체제를 구축한 후, 다양한 세력과의 연합을 시도하면서 권력기반을 확보하려 했지만, 이질적인 정치집단의 공존으로 군주의 통치력 발휘가 불가능하게 되면서 민씨척족의 권력 독점으로 이어

---

[4] James Palais B, *Political Leadership in the Yi Dynasty*, University of Washington Press, Seattle and London, 1976.
[5] 안외순, 「대원군정권기 권력구조에 관한 연구」, 이화여자대학교박사논문, 1996.
[6] 연갑수, 『대원군정권기부국강병정책연구』, 서울대학교출판부, 2001.
[7] 김병우, 『대원군의 통치정책』, 혜안, 2006.

졌다고 분석했다.

한편, 일본에서는 대원군정권기 권력구조와 대외정책에 관한 연구가 주로 행해졌다. 가스야(糟谷憲一)[8]는 대원군정권의 정권상층부와 지방관 취임자 구성 및 민씨정권기 권력상층부 구성을 분석해 대원군정권기에도 노론 우위 권력구조가 유지되었으며, 이는 민씨정권기에 들어 극대화되었다고 파악했다. 그리고 고종친정 이후 민씨척족에 의한 정권장악은 대원군의 모친·처·며느리가 모두 여흥민씨 출신이며, 대원군이 통치기반을 확보하는 과정에서 민씨세력을 등용할 때부터 이미 대원군정권기에 민씨세력 성장의 기반이 형성되었다고 설명했다. 기무라(木村幹)[9]는 대원군정권기를 왕조재건·강화를 위한 '위로부터의 개혁'으로 규정했고, 하라다(原田環)[10]는 일본과의 교섭 문제에 대해 대원군은 전통적 화이관을 바탕으로 일본측의 교섭요구 목적이 사대교린체제 개혁에 있다고 판단해 서계접수가 약함을 보이는 일이라 주장하며 거부한 데 반해, 박규수는 정치 본질은 보민(保民)에 있고, 외교 목적은 화(和)의 추구에 있기 때문에 역사적인 상황에 즉시 응해야 한다는 입장에서 서계접수와 교섭재개를 주장했다고 분석했다. 또한 고종이 박규수 의견을 받아들임에 따라 조약체결로 나아갈 수 있었다고 고찰했다.

(2) 친정 전후 고종의 정치활동에 관한 선행연구 동향

고종의 친정 전후 정국변화에 관한 연구는 고종의 정권장악과 일본과의 교섭전개과정이 중심적으로 이루어졌다. 먼저 고종의 왕위계승 정통성 문제를 다룬 홍순민[11]은 고종이 방계왕족으로 신정왕후와 대원군의 결탁에

---

8) 糟谷憲一,「大院君政權の權力構造」,『東洋史 研究』49-2, 1990;「大院君政權期における地方官の構成」,『東洋文化研究』1, 学習院大学東洋文化研究所, 1999.
9) 木村幹,『朝鮮/韓国ナショナリズムと「小国」意識―朝貢国から国民国家へ―』, ミネルヴァ, 2000.
10) 原田環,『朝鮮の開國と近代化』, 溪水社, 1997.

의해 왕좌에 올랐기 때문에 즉위 초기로부터 왕자(王者)로서의 정통성 부족이라는 문제를 안고 있었다고 평가했다.

고종의 친정에 관해서는 주로 군주권 회복을 위한 고종의 적극적인 역할이 강조되었다. 김세은[12]은 고종이 즉위 직후부터 시작된 경연과 왕릉으로의 행행을 통해 세도정치기에 약화된 군주권을 회복하고 왕실 권위를 확보해 가는 과정을 고찰해 대원군정권기 고종의 정치적 역할을 중시하려 했다. 특히 1870년 이후는 원거리 행행을 실시하고, 영조·정조대의 절차에 따라 제반행사를 실시하면서 지방 실정을 파악함과 동시에 영조·정조대 이래 중단된 친경의례와 관예의식을 거행했고, 1872년에는 대규모 존호추상 의식과 어진제작을 추진하며 군주의 지위를 높여 친정체제의 기반을 확보해 갔다고 분석했다. 한철호[13]는 고종친정선포 직후 지방으로의 암행어사 파견을 검토해 고종이 중앙정계 개편뿐만 아니라, 지방에 존재하는 대원군추종세력 제거에도 힘을 기울였던 사실을 분명히 했다.

고종의 친정선포 이후 활동에 대해서는 특히 대일외교정책이 중점적으로 검토되었다. 여기서는 주로 고종의 대일정책이 그의 친정 이전에 형성된 동아시아를 둘러싼 국제정세 변화에 관한 인식을 기반으로 한 것이었고, 대원군의 쇄국정책으로는 국가 안정을 지킬 수 없다는 판단 하에 주도적으로 개국정책을 추진해 일본과의 조약 체결을 성립시켰다고 이해했다. 그리고 이러한 고종의 인식과 정책추진이 그 후 고종의 개화·개방정책으로 이어졌다고 평가했다. 여기에 일본에서는 송안종[14]이 1874년 조일교섭을 검

---

11) 홍순민, 「19세기 왕위 계승과정과 정통성」, 『국사관논총』 40, 1992.
12) 김세은, 「고종초기(1863~1876) 국왕권의 회복과 왕실행사」, 서울대학교박사논문, 2003.
13) 한철호, 「고종친정초(1874) 암행어사파견과 그 활동—지방관징치를 중심으로」, 『한국근현대사연구』, 1999.
14) 宋安鍾, 「1874年における朝鮮政府の日朝交渉再開要因」, 『阪大法学』 45-6, 1996; 「1874年における日朝代理交渉の展開」(1)(2), 『阪大法学』 46-6·47-1, 1997年

토해 교섭의 재개 원인이 1872년 단절된 통교 회복이 필요하게 되었고, 조선정계 내부에서 장로와 소장세력의 대립이 교섭에 대한 변화 요인으로 작용했다고 분석했다. 또한 1876년 조약체결 성립은 쌍방이 자국 논리가 관철되었다는 착각에 의한 것이었다고 설명했다.

친정개시 이후 고종의 군사권 장악에 대한 연구도 진행되었다. 최병옥[15]은 고종의 친정선포 이후 문호개방정책으로의 전환을 두고, 고종이 친정과 함께 쇄국정책을 파기했기 때문인가, 또는 군사력이 약했기 때문인가라는 문제를 제기한 후, 고종의 무위소 확대가 중앙군사력을 궁전수비 중심으로 전환해 국가재정부족과 군내부의 불만을 야기했고, 삼군부 해체와 진무영 개편이 방위력 약화를 초래했기 때문에 개방하지 않을 수 없게 되었다고 분석했다. 배항섭[16]은 고종이 친정 이후에 삼군부권력을 와해시키고 무위소를 신설하는 등, 군제개편을 시도해 갔지만, 그 주된 목적이 대원군세력의 약화와 군주친위군 확대에 있었기 때문에 오히려 국방력 측면에서는 쇠퇴가 불가피했고, 일본의 무력적 조약체결 요구에 적절하게 대응하는 데 역부족이었다고 평가했다.

(3) 고종의 통치권에 관한 선행연구 동향

고종의 통치양상과 활동에 관한 연구로는 이태진[17]의 연구가 있다. 이태진은 당시를 고종시대로 명명한 후, 고종 재위기간 전반을 다루며 고종의 자주적이며 적극적인 모습과 고종에 대한 부정적인 견해의 원인을 중점적으로 다루려 했다. 그리고 고종이 대원군과 명성황후 사이, 또는 일본과 청의 사이에서 우왕좌왕한 유약한 군주였다는 기존 견해를 비판하고, 그가

2·4月;「1874年の「日朝協定」」,『阪大法學』48-1, 1998.
[15] 최병옥,『개화기의 군사정책연구』, 경인문화사, 2000.
[16] 배항섭,『19세기 조선의 군사제도연구』, 국학자료원, 2002.
[17] 이태진,『고종시대의 재조명』, 태학사, 2000.

동도서기론적인 입장에서 개화를 추구한 개명군주였다고 평가했다.

박진철[18]은 고종친정선포부터 아관파천까지 시기를 대상으로 고종의 군주권 강화 활동을 대원군세력 약화, 친군수도(방비군)육성과 자강정책 추진, 인로거청(引露拒淸)정책, 갑오개혁에서 아관파천 이후의 기반확립으로 나누어 고찰했다. 또한 당시 정치세력을 크게 군주권 중심의 척사 · 신권 강화의 척사 · 군주권 중심의 개화 · 신권 강화의 개화, 네 가지로 분류한 후, 고종을 군주권 중심의 개화로 규정하고 고종이 다양한 반대세력과 압력에도 불구하고 군주권 강화를 추구해 갔음을 강조했다. 그러나 대내외적인 위기상황에 대한 타개책으로 제시했다는 고종의 군주권 강화정책이 주권수호에 얼마나 기여했는지 과연 고종에게 군주권을 강화해 난국을 극복할 정도의 역량이 있었는지, 고종이 군주권 강화를 끝까지 이루려 한 목적이 무엇이었는지, 군주권 강화를 위해 어떠한 이념을 제시했는지 등이 언급되지 않았다.

장영숙[19]은 고종 통치기 전반을 대상으로 고종이 동도서기론적인 입장에서 개화 · 군주권 강화를 지향했다고 논한 후, 초기 구본신참사상이 점차 신구절충 · 참작으로 진행되었고, 민씨척족의 등용이 고종의 측근세력형성을 위한 강력한 의지의 산물이었기 때문에 통치중기인 내무부시기뿐만 아니라 대한제국시기에도 다수의 민씨세력이 등용되었다고 주장했다. 그리고 고종이 1870년대부터 중국에서 수입된 『해국도지』· 『이언』 등의 책을 통해 서구정치체제론을 접했고, 1880년대가 되면 깊은 지식을 갖게 되었으며, 군주권 강화가 직접 국권 강화로 이어진다는 인식 하에 민중에 대해서는 군주권 강화를 위한 보조적이며 피동적인 존재로 설정하고 있었다고 설

---

[18] 박진철, 「고종의 왕권강화책에 관한 연구(1873~1897)」, 원광대학교박사논문, 2002.
[19] 장영숙, 『고종의 정치사상과 정치개혁론』, 선인, 2010; 『고종 44년의 비원』, 너머북스, 2010.

명했다. 장영숙은 이러한 고종의 개혁이 실패한 원인으로 외세의 내정간섭 강화와 이에 대응해야 할 국내 정치세력의 내부분열에 따른 황제 중심의 구심력 확보 실패를 들었다. 그러나 당시 고종이 제시한 이념과 정책, 즉 그가 군주권을 국권과 동일시하고 군주권 강화를 최대 과제로 설정한 것은 내부분열 및 외세 압력 심화에 영향을 미치고 있었다. 특히 군주권과 국권의 이해가 반드시 일치하지 않았던 이 시기에 계속해서 군주권 강화를 최우선시한 고종의 인식·행동은 보다 신중하게 평가하지 않으면 안 될 것이다.

이처럼 고종의 통치연간에 관한 연구는 다양하게 행해져 왔다. 그러나 고종 재위 전기 고종의 성학이 그의 정책형성과 추진에 반영되었음에도 불구하고 이에 대한 연구는 거의 이루어지지 않은 실정이다. 또한 대원군과 고종의 대립을 강조하는 연구가 주류가 되어 양측의 권력기반과 정치정책의 유사점이 간과되었고, 고종과 대원군과의 갈등을 부각시켜 차이점을 강조하면서도 그러한 차이가 생긴 원인에 대해서는 권력쟁탈의 결과로 설명하는 데 그치고 있다.

고종의 재위 전기는 고종이 통치에 대한 인식과 기술을 형성해 1873년 친정선포를 비롯해 그 이후 통치활동을 규정하는 중요한 시기였다. 이 시기 고종이 가까이서 접한 대원군의 권력장악과정과 통치방식은 그에게 정국운영의 목표와 방법에 대한 이해를 심화시켰고, 이는 제왕교육을 통해 형성된 민본의식·군주관과 함께 고종 재위연간에 실시된 다양한 정책에 반영되었다. 이것은 주로 대원군정권기로 불리며 주목되지 않았던 고종 재위 전기가 한국근대사 전개에 극히 중요했음을 의미한다. 이 때문에 이 시기 고종의 교육과정, 대원군의 통치기반 형성과 정책추진, 고종의 역할, 그리고 친정 이후 고종이 그것을 어떻게 받아들이거나 개편·폐지해 갔는지에 대한 보다 상세하고 정확한 분석이 필요하다.

2. 연구방법

본 연구에서는 위의 선행연구 성과를 바탕으로 고종 재위 전기 고종의 교육과정과 대원군의 정치기반과 활동, 그 과정에서의 고종 역할을 고찰한다. 그리고 친정선포 당시 고종이 제왕교육을 통해 형성된 민본의식을 어떻게 발휘했고, 친정 이후 대원군의 권력기반과 정책을 어떻게 계승·개편해 갔는지를 분석할 것이다.

먼저 제1장에서는 고종의 재위 초기 통치권력과 활동을 이해하는 데 필요한 고종의 즉위 전후 상황에 대해 고찰한다. 1800년대부터 시작된 세도정치의 배경과 철종대 안동김씨의 권력장악 상황을 통해 고종즉위 이전 군주권의 추이와 통치양상을 검토하고, 고종의 즉위가 대원군과 신정왕후 또는 안동김씨와의 제휴에 의해 이루어졌음을 설명하고자 한다. 1863년 12월, 고종은 방계왕족으로 신정왕후의 지명에 의해 즉위했지만, 거기에는 다양한 정치세력의 이해관계가 얽혀 있었고, 무엇보다도 군주 실부의 생존이라는 유례없는 사실과 그 생부가 정국을 주도하려는 강한 야심의 소유자라는 사실도 포함되어 있었다. 대원군이 장남이 아닌 차남을 군주로 추대한 이유는 군주 보도라는 명분을 여전히 유지하려는 대원군과 제반 정치세력과의 타협의 산물이었다. 여기서는 고종의 순조로운 즉위에 각각의 정치세력이 고종의 즉위가 자신들의 권력확립과 유지에 유리하다는 판단과 이미 전대 철종이 계통을 거슬러 대통을 이은 전례가 있었기 때문임을 제시할 것이다.

제2장 고종의 성학에서는 고종 재위 전기 통치활동을 정확히 분석하는 데 필요한 사상적 배경을 파악하기 위해 고종의 교육이 어떤 과정으로 행해졌는지를 고찰한다. 고종은 재위 전기 10년간 주로 통치자로서의 자질을 형성하기 위한 성학에 전념했는데, 당시 교육내용 특히 민본인식과 군주상은 그에게 친정선포의 배경과 명분을 제공하며 그 과정에서 크게 발휘되었고, 친정선포 이후 정치활동의 기준이 되었다.

제2절에서는 그의 강연에 관여한 강관의 성향을 분석해 그들이 고종의 통치관 형성에 어떤 영향을 미쳤는지를 규명한다. 고종은 재위 전기에 유교 경전과 사서를 강독하면서 성현과 조종의 치적을 배우며 통치자로서의 자세와 역할에 대해 익혀 갔는데, 이러한 고종의 강연 내용과 진행과정, 그리고 고종의 성학적 관심과 태도는 그의 학습을 보도 또는 주관하던 강연관에 의해 크게 좌우되고 있었다. 당대 최고의 학자·정치가로 구성되어 강연 자리뿐만 아니라 소견과 차대 등에서 고종과 빈번히 접하며 밀접한 관계를 갖고 있던 강연관은 고종의 교육을 담당함으로써 고종의 유교적 통치관과 군주상 형성에 지대한 영향을 주고 있었다. 이러한 강연관의 성향과 구성을 분석해 그들이 고종의 사고와 행동에 미친 영향에 대해 고찰하고, 고종이 받은 성학의 실체와 대원군정권과의 관련성을 분명히 하고자 한다.

제3장 대원군정권기 통치에서는 대원군이 국정주도권을 확보하는 과정과 추진한 정책, 여기서의 고종 역할을 고찰하고, 대원군의 권력기반 형성과 통치활동 목적·지향에 대해 분석한다. 대원군은 국정을 주도한 10년간 강력한 국가를 재건하기 위해 다양한 정책을 추진해 갔다. 그는 신정왕후가 수렴청정을 행한 시기(대원군정권 제1기)에는 신정왕후의 권위를 빌어 국정에 관여하면서 철종대 집권세력과 타협·협력함과 동시에 종친부와 의정부의 권한과 지위를 향상시켜 안정된 정치기반을 구축하려 했다. 제2기에 들어서는 고종의 절대적인 신뢰와 지지를 기반으로 공식적으로 정권을 위임받은 후, 안동김씨 김병학형제와의 제휴를 통해 노론세력을 규합하고 종친·선파뿐만 아니라 남인·북인·무신을 대거 등용해 세력기반을 확대했다. 대원군정권 제3기가 되면 대원군은 의정부를 친대원군세력으로 구성하고 삼군부에 군사행정을 통괄시켜 행정권과 군권을 장악했지만, 오히려 이것이 고종과 노론 중심의 정치세력에게 심각한 위기의식을 불러일으켜 그들을 반대원군세력으로 결집시킴으로써 대원군 퇴진의 원인이 되었다.

여기서는 대원군 권력기반의 실태를 종친부 역할확대와 종친·선파 세력 강화정책, 의정부 기능복구작업 추진을 중심으로 분석하고, 경복궁재건을 비롯한 왕실과 중앙통치권 강화와 재정확충정책을 서원정리·무단토호억제·군사제도 개편으로 나누어 고찰한다. 이러한 작업은 대원군정권기가 고종의 친정선포와 그 이후 고종의 통치활동에 어떤 영향을 미쳤는지를 분명히 함과 동시에 대원군과 고종의 유사·차이점을 규명하는 데 도움을 줄 것이다.

제4장에서는 고종의 친정선포과정과 이후의 권력구조와 정책 변화를 상세히 고찰한다. 먼저 제1절에서는 고종이 친정을 대비해 군주로서 어떤 명분을 제시하며 활동했는지, 실제로 친정체제를 구축하는 과정에서 어떤 장애가 있었으며, 고종이 그것을 어떻게 극복해 통치권을 회복해 갔는지를 검토한다. 고종은 대원군정권기 10년간 군주의 자세와 역할에 대해 공부하고 대원군의 정책 결정과 추진과정에 참여하고 있었다. 특히 그는 민생문제에 큰 관심을 드러냈고, 대원군의 정책이 민생부담으로 변질되는 데 의문을 품게 되었다. 그 때 청황제의 친정과 백성의 기대에 대한 소식이 전해진 것은 고종에게 대원군 퇴진과 자신의 친정에 대한 포부를 높이게 되었다. 이렇게 1870년 이후 서서히 통치권 회복에 대한 의지와 준비를 해 나가던 고종이 민생안정과 대원군정권에 대한 비판여론을 친정의 명분으로 활용하면서 최익현의 상소 제출을 계기로 친정을 선포하는 상황을 상세히 검토하려 한다.

제2절에서는 친정선포 이후 고종이 정치운영을 군주 중심으로 개편해 가는 과정을 고찰하고 당시 고종 권력기반의 실태와 정책 결정 및 추진의 목적을 규명한다. 이 작업은 주로 친정 직후 고위관직자의 명단 분석, 대원군의 군사적 기반 약화를 위해 추진한 삼군부 중심의 군정운영 해체, 그리고 무위소 강화과정에 대한 검토를 통해 이루어질 것이다. 또한 친정 이후 고종과 정부관료와의 차대·소견·강연내용을 분석해 고종친정 직후 정치적 과제와 쟁점, 그 특징이 무엇이었는지 설명하고, 민생안정을 내세운 고

종 재정경제정책의 실태를 고찰한다. 이를 통해 고종의 권력기반·정책과 대원군의 그것과의 차이점과 유사성, 고종의 통치정책 목표가 이념적으로는 민본을 강조한 민생안정의 실현에, 현실적으로는 친대원군세력의 해체과 재정경제·군사권 확보를 바탕으로 한 군주의 권력기반 확보·안정에 있었다는 사실을 분명히 할 것이다. 그리고 친정 직후 고종의 활동이 이후 정권과 정책 성격·방향을 규정하는 데 미친 영향을 논하려 한다.

이러한 구성과 연구를 바탕으로 대원군정권기 고종의 제왕교육과 정치참여를 통한 통치관 형성과정과 친정 직후에 고종이 통치권을 확립하기 위해 행한 정치적 기반과 정책추진을 분석해 고종의 군주로서의 역할을 재검토한 후, 고종의 43년에 걸친 통치기간에서 재위 전기가 갖는 의미를 명확히 할 것이다.

주요한 사료로는 고종의 언행을 가장 상세히 기록한 『승정원일기』를 중심으로 『일성록』, 『고종실록』, 『규장각문서』, 『조선왕조실록』, 『종친부등록』, 『비변사등록』을 이용하고 분야별로 개인문집을 활용한다.

본 연구에서는 고종의 지위를 군주로 칭할 것이다. 고종은 재위연간 왕·인군(人君)·주군(主君)·군주·대군주·황제 등 다양한 이름으로 불렸는데, 사전적 의미로 그 총칭인 군주를 사용해 고종 재위기를 아우르려 한다(영어에서도 Monarch는 King·Queen·Emperor·Empress의 총칭이며, 특정국가의 세습적 지배자 또는 최고통치자라는 의미이다). 또한 이 책에서 언급하는 연월일은 모두 음력(구력)이다. 이 시대의 고유 용어, 또는 설명이 필요한 단어에 대해서는 기본적으로 처음 1회에 한해 괄호나 각주를 붙여 의미를 설명했다. 이 시기 고종의 친정 의미에는 두 가지가 있는데, 하나는 1866년 2월 신정왕후의 철렴 이후 고종이 공식적으로 친정을 행하게 된 것이고, 또 하나는 1873년 11월 고종 스스로 친정을 선포해 실질적인 통치권을 회복한 일이다. 따라서 이 두 가지 친정을 구별하기 위해 전자는 공식적인 친정 또는 신정왕후의 철렴을 붙여 사용하고, 후자는 실질적인 친정 또는 친정선포로 표현했다.

제 1장

고종의 즉위 전후 상황

조선시대 군주는 국가의 최고통치권자였다. 군주가 연소하고 유약하다고 해도 기본적으로 조선의 통치권은 군주를 통해서만 행사될 수 있었다. 그렇지만 군주가 통치권을 완전히 장악하거나 군주의 의사·결정만으로 통치가 이루어진 것은 아니었다. 조선은 양반에 의해 주도되는 유교관료제 사회였고, 국정운영에는 유교적 사상과 각 정치세력의 이해관계가 크게 반영되었기 때문이었다.[1] 또한 여기에는 군주의 개인적인 자질·역량 문제와 더불어 주변 환경이 변수로 작용하고 있었다.

조선군주의 통치활동은 유교적 이상을 기반으로 한 것이었다. 조선 건국을 주도한 신진사대부 세력의 사상적 배경이었던 유교는 조선사회의 질서와 제도를 구성하는 근간이었다. 유교는 군주 통치권의 정당성을 제공하고 군주권의 안정적인 확립·유지에 기여하는 한편, 그 사상을 군주에게 주입하고 현실 구현을 의무화함으로써 군주를 유교적인 틀 속에서 규제하는 역할을 수행했다. 여기에 학문적 세계를 지배할 뿐만 아니라 정치세력의 정계 진출과 정권장악의 이념적 근거를 제공하고 있었다. 이러한 사회에서 군주는 탁월한 유교적 소양을 구비한 양반관료를 존중하고 그들을 정치적 파트너로 등용해 정국을 운영했다.

조선사회에서 유교의 영향력이 얼마나 컸는지, 또는 군주조차도 유교적 전통을 거스르는 일이 얼마나 어려웠는지는 정약용의 "군주가 무언가를 꾀하려 하면 곧바로 요순(堯舜)의 이야기를 꺼내어 이를 방해한다"[2]는 언급에

---

[1] 조선시대사학회편,『동양삼국의 왕권와 관료제』, 국학자료원, 1999; 이재석 공저,『한국정치사상사』, 집문당, 2002.

[2] '天下莫勤於堯舜 誣之以無爲. 天下莫密於堯舜 誣之以疎迂. 使人主每欲有爲 必憶堯舜以自沮. 此天下之所以日腐而不能新也', 정약용,『여유당전서』第一集第十二卷「文集」序,「邦禮艸本序」.

서 엿볼 수 있다. 여기에서 요순의 이야기는 유교적 전통이며, 그것을 꺼내어 군주의 행동을 저지하는 주체는 양반관료로 이는 군주의 통치활동이 유교적 틀 속에서 이루어짐을 의미했다. 다시 말해 조선이라는 나라를 유지하려 하는 한, 유교적 이념으로부터의 탈피나 폐기는 거의 불가능했다는 것이다. 팔레는 이러한 조선시대 정치현상을 '성리학사상을 근간으로 군주와 양반귀족간의 '견제와 균형의 원리' 속에서 유지되는 형태'라고 분석했다.[3]

여기에 군주의 통치권 행사에는 군주개인의 정치적 능력과 주변상황 변화가 시대별 특성이나 변수로 작용하고 있었다. 조선군주는 원칙적으로 적장자우선인 세습에 따라 즉위했고, 그 군주가 일국을 통치할 수 있을 정도의 역량을 소유하고 있는가라는 문제는 우연에 맡겨져 있었다. 군주의 자질이 다르다는 사실은 당연히 군주의 통치권력 확립과 행사에 편차를 초래할 뿐만 아니라, 주변상황에 대한 대처에도 큰 영향을 미쳤다. 특히 19세기 전반에 걸쳐 진행된 연소하고 자질이 부족한 군주의 즉위는 수렴청정을 행하는 대비와 그 가문의 정치적 영향력 확대·신장으로 이어졌다. 그리고 병약한 군주의 급사로 군주 중심의 통치권 회복과 후계자 양성이 어려워지면서 외척의 정권장악이 지속되었다. 결국 19세기 외척에 의한 세도정치는 유약한 군주의 보좌 역할을 외척이 담당함에 따라 시작되었고, 외척세력은 군주의 통치권 약화를 적절히 이용해 정국주도권을 장악해 갔던 것이었다.

1863년 12월, 고종은 외척을 비롯한 다양한 정치세력이 어린 군주의 통치권 행사에 관여하는 가운데 즉위했다. 무엇보다도 고종즉위에는 실부의 생존과 그 생부가 국정을 주도하려는 강한 의지의 소유자라는 사실이 내재되어 있었다.

이 장에서는 고종 재위 초기 통치 권력과 활동을 이해하는 데 필요한

---

[3] James Palais B, *Political Leadership in the Yi Dynasty*, p.33. 여기에서 팔레는 조선이 다양한 문제와 전쟁을 겪으면서도 500년이나 지속된 이유로 군주와 정치관료집단 사이의 견제·균형원리를 제시했다.

고종즉위 전후 상황을 살펴볼 것이다. 고종즉위 이전, 군주 통치권의 추이와 고종이 즉위할 당시 정치세력의 동향을 분석해 그것이 고종즉위와 즉위 초기 상황에 어떤 영향을 미쳤는지 제시하고자 한다.

제1절
고종즉위 이전 군주권의 추이 및 통치양상

1. 세도정치의 배경

　조선에서 군주권과 신권과의 관계는 정치뿐만 아니라 사회전반에 영향을 미치는 중대한 문제였다. 조선은 기본적으로 백성의 직접적인 정치참여를 허용하지 않았고, 정치활동의 주체는 군주와 양반계층에 한정되어 있었다. 그리고 군신 모두 유교사상을 통치기반으로 하는 상황에서 군신간의 균형 또는 한 쪽의 일방적인 우위는 어느 쪽이 보다 정당하고 적절한 이념을 통치활동에 적용하는가에 달려 있었다. 또한 여기에는 국정주도가 가능한 개인적인 역량과 유교적 학문 소양의 겸비가 기본 조건으로 존재하고 있었다. 바꿔 말하면 군주와 양반관료는 유교적 소양과 지식을 기준으로 정권장악을 정당화하고 서로를 견제해 갔다는 것이다.
　그렇다면 이러한 군신관계가 왜 19세기 크게 변화되어 외척가문에게 정권이 독점되는 세도정치가 시작된 것일까? 세도정치기 군주의 통치권 약화는 정조 사후에 이어진 연소한 군주의 즉위가 가장 중요한 요인이었다. 여기에 군주에 대한 보도 임무가 외척에게 위임된 것은 그들로 하여금 자신들의 세력 유지를 위해 왕권 강화를 억제하게 만들었다. 그리고 이러한 외척세력의 우위는 순조즉위 이전 정조대 상황에 기인하고 있었다. 정조

(1752~1800, 제22대, 재위1776~1800)는 군주 중심의 정치운영과 권력집중을 꾀한 왕이었다. 그는 탁월한 유교적 교양과 개인적 역량을 바탕으로 유교적 정통론—군주의 무위지치(無爲之治)적인 통치—을 끄집어내 군주의 권력행사를 규제하려는 신측의 논리를 반박하고 신권을 억제하려 했다. 따라서 정조대에는 그 때까지 유지되었던 군신간의 힘의 균형이 무너지고 군주권이 우위를 점하는 상황이 전개되었다.

그런데 1800년 강력한 군주권을 지향했던 정조가 서거하고, 11살의 순조(1790~1834, 제23대, 재위1800~1834)가 즉위하자 상황은 일변하게 되었다. 당시 순조는 정치를 주도할 만한 군주로서의 자질을 구비하고 있지 않았기 때문에 정순왕후(1745~1805)[1])에 의한 수렴청정이 행해졌다. 이는 군주에게 집중되어 있던 통치권이 일거에 정순왕후에게 위임되었음을 의미했다.

순조의 즉위 직후 정순왕후는 어린 순조의 당면 과제가 성학의 충실임을 강조하며, 특별히 삼의정과 공조판서 박준원(1739~1807),[2]) 병조판서 김조순(1765~1832),[3]) 비변사유사당상 윤행임(1762~1801)[4])을 소견해 순조에 대한 보

---

[1]) 영조 계비로 경주김씨 鰲興府院君 金漢耉의 딸. 장헌세자(사도세자)의 죽음을 당연시하는 노론벽파와 결탁해 노론시파를 탄압했다. 순조가 즉위하자 수렴청정을 하면서 천주교금지령을 내리고 신유박해를 일으켰다.

[2]) 반남박씨. 조선후기 문신. 딸이 정조 후궁(綏嬪)이 되면서 외척이 되었고, 순조를 낳음으로써 군주의 외조부가 되었다. 호조참의로 정계에 진출해 순조를 보도했다. 공조참판·판서, 판돈녕부사, 총융사, 어영대장, 형조판서, 금위대장 등을 역임했다.

[3]) 안동김씨. 1785(정조9)년 정시문과 병과에 급제. 검열·규장각대교를 거쳐 1792(정조16)년 동지겸사은사 서장관으로 청에 파견되었다. 이어 직각·이조참의·승지·총융사·양관대제학 등을 맡았다. 1802(순조2)년 딸이 순조비가 되면서 영돈녕부사가 되었고 永安府院君으로 봉해졌다.

[4]) 남원윤씨. 1782(정조6)년 문과에 합격해 검열에 등용되었다. 1792년 이조참의, 다음 해 비변사제조 등을 역임하며 노론시파로 정조의 신임을 얻었다. 1800년 정조 사후 시장을 썼고, 순조즉위 후 이조판서, 1801년에 양관대제학이 되었으나, 정순왕후의 시파 탄압정책으로 인해 신유박해 당시 유배·사사되었다. 헌종대에 신원이 복원되었다.

좌·보도의 임무를 부탁했다. 이 자리에서 그녀는 현재 급선무가 순조의 보호에 있으며 지금과 같은 위기 상황에서 기댈 수 있는 곳은 삼의정과 두세 명의 경재(卿宰)뿐이라고 언급했다. 특히 국정을 운영하는 일은 골육을 같이 한 친척과 같이 해야 한다며 혈연관계에 대한 신뢰를 드러냈다. 정순왕후는 "공판(박준원)의 지위는 다른 사람과 다르다. 선조(정조)는 척리(戚里)의 제신(諸臣)을 기용하지 않았지만, 지금은 그 때와 다르다. 주상(순조)은 연소하며 국세가 고립되어 위험하고 그 보호와 권도(勸導)의 책임은 오로지 공판의 일신에 달려 있기 때문에 척리라고 해서 피혐(避嫌)의 계책을 세워서는 안 된다. (군주를 보도하는)일에 정성을 다해 국세를 태산·반석과 같이 하고 억만년 지속될 태평 기반을 만들면 어찌 다행이 아니겠는가. 병판(김조순)도 지금부터 국가와 휴척을 함께 하기를 당연히 공판과 같이 해야 한다. 특히 병판은 대행조(정조)로부터 특별한 은혜를 입었으니 보답하려는 마음이 반드시 다른 사람의 배일 것이다"라며, 외척에 해당하는 두 사람에게 군주 보좌의 역할에 충실하도록 특별히 의뢰한 것이었다.[5]

    이에 대해 공조판서 박준원은 자신이 정조의 연교를 받은 적이 있는데, 그 내용이 '보신(保身)을 꾀하는 것은 원래 인신(人臣)으로서 충성을 다하는 도리가 아니지만, 척리에게는 그 또한 의리이다. 경은 소심(小心)으로 두려워 삼가하고 죄과에 빠지지 않도록 하라'는 것이었다고 말한 후, 외척으로서 혐의를 받기 쉬운 행동은 피해야 하지만 지금은 국가의 위기 상황이기 때문에 군주 보도에 성심을 다하겠다고 맹세했다.

    위 대화로부터는 순조즉위 초기 외척에 대한 시대적 인식을 엿볼 수 있다. 그것은 첫째, 외척의 적극적인 정권관여는 세간의 눈이나 여러 정치집단으로부터 혐의를 받을 가능성이 크기 때문에 외척 스스로가 몸을 삼가하고 있었다, 둘째 특히 정조는 외척의 세력 강화를 바라지 않아 그들의 중용을 꺼려했다, 셋째 그럼에도 불구하고 군주의 주변 상황이 위기에 처한 경

---

5)『순조실록』1800(순조즉위)년 8월 18일.

우, 믿고 의지할 곳이 외척밖에 없었다는 것이다. 결국 이와 같은 상황에서 어린 순조가 즉위하면서 군주 주도하의 정국운영이 곤란해지자, 정순왕후는 외척에게 정치를 맡기는 것이 군주의 안전을 보장하는 최선의 방법이라고 생각해 그들에게 적극적으로 군주 보도의 임무를 수행하도록 촉구했다고 하겠다.

이렇게 1800년 정조의 사후, 정국의 통치권은 일단 수렴청정을 하며 어린 순조의 보호를 자임하는 정순왕후와 경주김씨 중심의 노론벽파세력에게 위임되었다. 그 후 1805년 장기간에 걸쳐 노론벽파세력을 주도해 온 정순왕후가 사망하자, 순조의 특지로 안동김씨 김달순이 우의정에 임명되었다.6) 노론벽파였던 그는 권력을 강화하기 위해 정조의 행적을 언급하며 노론시파를 더욱 억압하려 했다. 이런 김달순의 행동은 같은 안동김씨이자 국구였던 김조순을 중심으로 한 시파세력을 견제하기 위해서였지만, 오히려 순조와 김조순 일파의 반발을 초래하게 되었다. 그 결과 1806년 초 김달순이 탄핵을 받아 유배당했고, 영의정 서매수와 좌의정 한용구도 퇴진하게 되었다. 이처럼 의정부대신이 모두 경질되고 정계에 노론벽파 중심인물이 사라지자, 김조순이 순조의 지원을 받아 정국주도권을 차지했다. 1802(순조2)년 순조가 자신의 딸과 결혼함으로써—정조 생전에 이미 순조비로 내정되어 있었다— 외척이 되어 정치기반을 확보해 간 김조순이 순조의 보호를 주창하면서 일거에 정권을 장악한 것이었다.7) 그리고 그는 1800(순조즉위)년 8월 4일, 정순왕후의 특지에 의해 취임한 비변사제조라는 지위를 이용해 당시 조선

---

6) 1805(순조5)년 12월 7일에 순조의 특지로 서매수가 영의정에, 한용구가 좌의정에, 김달순이 우의정에 임명되었다.
7) 정조가 죽기 전에 왕세자비로 김조순의 딸을 선택해 순조 보도를 맡겼다는 사실은 순조가 왕위에 올라 김조순의 이조판서 사직상소를 물리면서 한 이야기에 드러나 있다. 여기에서 순조는 '예전에 정조가 김조순에게 (군주)보도 책임을 맡겨 (군주와)휴척을 함께 할 것을 기대한다고 언급한 기억이 있다'고 말해 김조순에게 정조의 유지를 따라 자신을 지속적으로 보좌·보호하도록 촉구했다(『순조실록』 1801(순조1)년 7월 4일).

최고의 의정기관이었던 비변사8)에 안동김씨 일문9)을 대거 등용하며 국정 총괄을 시도해 갔다.10) 이것이 이른바 세도정치의 시작이었다.11)

---

8) 備局・籌司라고도 한다. 국방문제를 신속하게 처리하기 위해 1517(중종12)년 6월에 설치되었다. 1592(선조25)년 임진왜란이 일어나 국가의 모든 행정이 전쟁수행으로 연결되자 비변사 권한이 강화・확대되어 국가최고의 의정기관이 되었다. 이는 종래 국가의 최고행정기관이었던 의정부 기능의 축소를 가져왔다. 비변사관원으로는 도제조・제조・부제조・낭청이 있고, 도제조는 시임(현직)삼의정과 과거에 의정을 맡았던 인물(원임/전직)이 자동적으로 겸임했다. 세도정치기에는 외척가문이 다수 비변사 관직을 차지해 비변사 중심으로 정치를 운영했다. 고종즉위 이후 의정부 기능과 지위 회복정책에 따라 비변사는 의정부에 병합되었다. 비변사에 대해서는, 반윤홍,『비변사연구』, 경인문화사, 2003; 이재철,『조선후기 비변사연구』, 집문당, 2000 등을 참조.

9) 안동김씨는 순조・헌종・철종의 3대에 걸쳐 왕비를 배출함에 따라 국구 가문으로 확고한 지위를 확보할 수 있었다. 순조대에는 김조순, 헌종대에는 김조근, 철종대에는 김문근이 국구가 되었다.

10) 안동김씨 일문에 의한 세도정치가 본격적으로 시작된 것은 1806년부터라고 말해진다. 안동김씨 대표인 김조순은 비변사를 장악해 국정을 주도했다. 그 후 순조가 붕어하자, 8세인 헌종—순조 아들인 효명세자가 왕위에 오르기 전에 죽었기 때문에 그 아들인 헌종이 대를 이었다—이 즉위하고 김조순의 딸로 순조비였던 순원왕후가 1840년까지 수렴청정을 했기 때문에 헌종대에는 안동김씨와 풍양조씨(효명세자비 가문)의 세도정치가 이루어졌다. 또한 헌종이 후사 없이 붕어하자 순원왕후에 의해 19세의 철종이 왕위를 이었고, 그 후에는 풍양조씨를 제외하고 안동김씨의 단독 세도정치가 행해지게 되었다. 이 내용은 왕실족보인『璿源系譜紀略』에 있는「八高祖圖」등을 활용한 연구인 홍순민,「19세기 왕위 계승과정과 정통성」,『국사관논총』40, 1992, 241~265쪽; 이현희,『우리나라 근대 100년』, 1997, 33~49쪽을 참조했다.

11) '世道'의 기원과 의미에 대해서는 1886년 일본망명중인 박제형이 집필한『근세조선정감』에 소개되어 있다. 그는 여기에서 조선 야사에 정권을 장악한 것을 세도로 하고 있다고 말한 후, '조선에서는 世道 있는 인물이 낮은 관직과 한직에 임명되었다 해도 왕명에 의해 세도가 맡겨지면 冢宰 이하 사람들이 모두 그의 명령을 따라 군국기무와 백관의 상주 모두를 세도가와 상담한 후, 군주에게 보고했다. 그리고 군주도 먼저 세도가에게 묻고 나서 정책을 결정했기 때문에 세상의 위엄과 복, 그 여탈 여부도 세도가에게 있었고, 전국이 세도가를 받들어 소위 세도가가 神明과 같았다'고 설명했다. 당초 세도가 생긴 이유에 대해서는 '군주가 극히 존엄해 신하에게 사정이, 민간에게 고통이 있어도 군주

한편, 순조는 19살이 된 1808(순조8)년을 전후해 정치운영에 관여하려고 시도해 나갔다. 그는 1806년 직접 도목정사(都目政事, 6월과 12월에 행해지는 대대적인 인사이동)에 친림하여 인사 결정과 수행과정에 관심을 표명했고,[12] 1808년에는 전국의 재정·군제·토지의 전반적인 상황을 파악하기 위해『만기요람』[13]의 편찬을 명했다.[14] 또한 전국에 암행어사를 파견해 지방관의 활동과 민생의 실태 파악과 개선을 꾀하려 했다.[15] 특히 순조는 이 무렵부터 민생폐해에 지대한 관심을 드러내면서 민생문제를 해결하라고 신하들을 독려했는데, 순조의 성학열과 군주의 임무수행에 대한 의욕은 빈번하게 열린 별강·소대·주강·야대 등 강연 내용으로부터도 엿볼 수 있다.[16] 그

에게 상세히 고할 수 없어 밑의 사정이 위로 통하기 어려웠다. 그렇다고 해도 군주가 일반관원과 접하면 군주의 권위가 저하되기 때문에 세도가를 만들어 군주와 관민 간의 매개 역할을 대행시켜 군주는 간접적인 보고를 받았다'고 논했다. 세도의 본래 의미는 세상의 바른 도리로 그 도리를 확보한 사람을 의미했으며, 조광조·송시열 등이 속했다. 이것이 정권을 장악해 군주 대신에 정치를 운영하는, 즉 국정을 천단한다는 의미의 勢道로 변한 것은 조선후기가 되면서이며, 그 시작은 정조대 홍국영이었다(박제형,『근세조선정감』, 탐구당, 1974; 강만길,『우리 역사를 의심한다』, 서해문집, 2002).

[12]『순조실록』1806(순조6)년 12월 20일.

[13] 군주의 정무활동에 참고가 되도록 편찬한 정부재정과 군정에 관한 규정집. 1808(순조8)년 순조는 전국의 민폐와 그것을 시정할 방안을 보고하도록 명함과 동시에 오위도총부를 통해 군주의 군사적 기반을 강화하며 국정을 적극적으로 주도하려고 했다. 그 노력의 일환으로 당시 비변사유사당상으로 국정의 실무를 담당하던 서영보와 심상규에게 지시해 재정·군제·토지제도에 관한 내용을 편찬하도록 시켰다. 5월에 편찬작업이 시작되어 8월에 최종단계를 거쳐 다음 해 편찬되었다.

[14]『순조실록』1808(순조8)년 5월 30일·8월 1일.

[15]『순조실록』1809(순조9)년 3월 2일, 1811(순조11)년 3월 13·21·25·30일.

[16] 순조가 학문과 백성에 대해 관심을 표명한 예는 수없이 많은데, 야대에서의 한 예를 들어 보겠다.
'敎曰 "冬夜政長 筵席從容 夜氣淸明 精神專一 讀書則好玩索 論事則易領會. 故 古人亦云 夜對勝晝對 此言儘有味矣. 劇論古今 以永今夕 不亦樂乎. 其宜簡其禮 貌 開懷盡情 悉陳無隱也"…上曰 "孟子不云乎. 得衆則得國 失衆則失國. 寬厚立

러나 이러한 순조의 정치주도권 탈환 노력은 1809년의 흉년과 1811~12년의 홍경래의 난, 순조 자신의 병세 악화, 그리고 안동김씨 세력의 반발에 의해 성공하지 못했다. 그러자 순조는 안동김씨 세력을 억제하고 군주권을 강화하고자 아들인 효명세자에 의한 대리청정을 구상했지만, 효명세자가 급사해 실패로 끝나게 되었다.17)

1834년 순조가 서거하자, 헌종(1827~1849, 제24대, 재위1834~1849)이 왕위에 올랐다. 헌종은 8세의 소년이었기 때문에 순조비인 안동김씨 순원왕후(純元王后, 1789~1857)18)의 수렴청정이 결정되었다. 여기에 1837(헌종3)년에 영흥부원군 김조근의 딸이 헌종비로 선택되어 안동김씨 일문의 세도가 지속되게 되었다.

 國者 罔不長遠 征伐尙威者 罔不短促 鑑乎歷代 昭昭可見矣"…上曰 "酒固有用 似勝於南草 而一切好著爲弊 亦大酌酒而作挐於閭里者 近亦多有之. 承旨近經西關外邑則無此弊乎"…上曰 "近日都城之內 流丐之民 不至甚多乎"…上曰 "博施濟衆 堯舜猶病 奠接饑民 最是朝家之大政也. 民間疾苦 有所目覩者 其各悉陳"…上曰 "近日諸臣章奏 亦多陳弊 何故至於斯極. 何以則亦可以禁止耶"…上曰 "還穀之弊 自在先朝 曲加軫念 猶未及釐整矣. 今則似尤甚 何以則爲好耶"…上曰 "今夜之會 予甚樂之 不知其疲也. 更漏雖深 諸臣不必遽退"'(『순조실록』1808(순조8)년 11월 19일).

17) 효명세자(헌종즉위 후 익종으로 추존)는 1821년부터 孝禧殿(효의왕후김씨(정조비)의 혼전)의 朔祭를 섭행하게 되었고(『순조실록』1821(순조21)년 10월 1일), 1823년부터는 종묘사직에 대한 제사를 대행하게 되었다(『순조실록』1823(순조23)년 10월 2일). 효명세자의 대리청정은 먼저 그의 권력기반이 될 수 있는 세력 확보에서 시작되었는데, 이는 세자 교육을 담당하던 강관을 중심으로 형성되었다. 효명세자의 대리청정은 1827년 2월 9일 순조의 하명에 따라 본격적으로 시작되어 그가 22살로 급사할 때까지 지속되었다. 효명세자의 대리청정기 정치의 구체적인 내용은 김명숙, 『19세기 정치론연구』, 한양대학교출판부, 2004, 29~72쪽 참조.

18) 안동김씨. 영안부원군 김조순의 딸. 효명세자의 생모이며 헌종의 조모. 1802(순조2)년 왕비가 되어 1834(헌종즉위)년에 왕대비, 1849(철종즉위)년에 대왕대비로 進號되었고, 2번에 걸쳐 수렴청정을 했다. 안동김씨 세력 유지를 위해 철종을 군주로 지명했고 순조의 대통을 잇게 한 장본인이다. 1851(철종2)년에 김문근의 딸을 왕비로 맞아 안동김씨 세도를 지속시켰다.

이때 안동김씨에게 장악된 정권이 얼마나 폐쇄적으로 언론을 탄압했는지는 1836(헌종2)년 2월 부사직 강시환의 추국·유배 사건에서 엿볼 수 있다. 강시환은 이제 막 즉위한 헌종에게 '근성학(勤聖學)·휼민은(恤民隱)·입기강(立紀綱)·절재용(節財用)·힐융정(詰戎政)·혁과폐(革科弊)'의 6조에 대한 시행을 상주하는 가운데, '예로부터 연소한 군주를 보도해 나라를 섭정하는 것이 어떤 때 어떤 일이었는가?'를 언급했다. 그는 군주가 가져야 할 자세에 대한 충언과 시폐 개선 요구를 통해 헌종에게 군주로서의 자각을 독려함과 동시에 '보유주섭국정(輔幼主攝國政)'라는 문구를 사용해 순원왕후의 수렴청정에 문제를 제기한 것이었다. 이처럼 강시환이 군주 보도를 구실로 한 외척의 정권장악을 비판한 것은 당시 국정담당자들의 경계심을 불러일으킬 수밖에 없었고, 그들은 강시환을 신속하게 처벌해 외척의 정치운영에 반대하는 여론 확대를 저지하려고 했다. 그 결과 강시환은 정부대신·삼사들로부터 대대적인 탄핵을 받아 유배에 처해졌다.[19] 이는 외척이 그들의 정권을 유지하기 위해 군주 보도와 수렴청정을 문제시하는 의견을 용인하려 하지 않았다, 즉 언론을 통제해 반외척세력의 성장을 억제하고 있었음을 보여준다.

 1800년부터 조선에서는 연소하고 제왕교육이 부족한 군주의 즉위가 지속되었다. 이것이 외척의 정권장악으로 이어진 이유는 수렴청정을 행하는 왕후가 권력기반을 안정적으로 확보하려고 자신의 가문 사람들을 적극적으로 기용했기 때문이었다. 또한 연소한 군주를 안전하게 보좌·보도할 수 있는 세력이 군주의 외척이라는 인식도 크게 작용하고 있었다. 실제로 군주의 권력기반이 되는 가장 중요한 세력은 왕실의 종친이었지만, 동시에 그들은 군주권에 직접적인 위협을 가할 수 있는 존재로 판단되어 정치관여가 법적으로 제한되어 있었다. 이러한 상황에서 정권유지를 위해 지속적인 혼인관계를 맺어 군주를 보호할 필요가 있는, 즉 권력을 장악할 수 있는 기반

---

19) 『헌종실록』 1836(헌종2)년 2월 5일.

과 근거가 군주와의 관계에 있는 외척에게 군주 보좌의 임무가 주어진 것이었다. 그러나 외척은 군주의 안전을 보장하는 한편, 자신들이 정권을 장악할 수 있는 명분이 유약한 군주 보도에 있었던 만큼 군주가 통치자로서의 역량과 능력을 구비해 통치권 회복과 강화를 꾀하는 상황이 도래하는 것을 저지하려 했다. 군주가 정치운영에 필요한 자질을 구비해 국정을 주도하게 된다는 것은 그들의 정권장악 명분의 퇴색·상실을 의미했기 때문이었다. 따라서 외척세력은 헌종 사후, 군주로서의 자질을 갖지 못한 철종을 즉위시켜 권력 행사상의 정당성을 획득해 그들 일문의 정권장악을 지속하려 했다.

중앙정계에서 외척가문이 권력을 독점하고 그 유지에 힘을 쏟는 사이, 조선에서는 각종 사회문제가 대두되고 있었다. 외척이 정계를 지배하고 혈연과 인맥관계가 중시된 관리등용이 진행되자, 과거에 합격해 관직으로 나아간다는 가장 보편적인 정계진출의 통로가 축소되었고, 과거에 합격한다 해도 순조로운 승진과정을 밟는 것이 곤란해졌다. 또한 특정집단의 권력장악이 장기화되고 정권에 대한 비판이 억제됨에 따라 감찰기관은 그 기능을 상실했고, 이들 세력에 의한 부정부패가 일어나도 그것을 억제·통제할 수 없게 되었다. 다시 말하면 감찰기관의 기능 상실은 국가기강 문란을 가속화시켜 공정하게 행해져야 할 과거에서 부정이 만연하고 이를 적절히 규제하는 일이 불가능한 상황을 가져온 것이었다. 물론 정권담당자들은 당시의 심각한 문제를 인식해 반복해서 단속 명령을 내렸지만, 부정의 중심에 외척이 존재하는 한 규제의 엄격한 수행을 기대하는 것은 무리였다.

이러한 상황은 실력보다 인맥에 의한 관료 등용을 조장하며 외척과 연고가 없는 양반의 관직진출을 어렵게 만들었다. 그들은 한정된 관직을 둘러싸고 치열한 투쟁을 벌이거나 관직에 진출하는 것을 포기하고 재지유생으로 평생을 지내야 한다는 선택에 내몰려졌다. 관직에 진출한 자들 또한 유교적인 이상을 실현하기보다는 정권을 장악한 외척과의 타협을 통해 관직을 유지하는 데 급급하게 되었고, 경쟁을 포기하거나 경쟁으로부터 도태된 양반유생은 생계조차 곤란한 상태에 빠져 급속히 몰락해 갔다. 이렇게 외척가문에 의한 권력 독점은 그때까지 유교적 학문을 습득해 정치활동에 참가함으로써 경제적 기반을 확보하던 양반계층의 정계진출을 제한해 양반계급이 지위를 유지하는 데 큰 타격을 입히고 있었다.

한편, 세도정치가 전개되면서 이제까지 군주와 관료들 사이에 유지되었던 균형과 견제의 원리가 붕괴되어 갔다. 연이은 유약한 군주의 즉위는 군주를 보도하는 신측의 역할 중시와 지위향상으로 이어졌고, 국구와 그 일문이 군주 보호의 임무를 담당하면서 외척가문의 세력이 확대된 것은 신측의 입장을 더욱 강화시키고 있었다.

세도정치기 신권의 우위는 군주 보좌를 구실로 정권을 장악한 외척이 군주권을 능가하는 권력을 소유하게 되었다는 점에 그 특징이 있다. 세도정치기 외척세력의 최대 과제는 군주를 보호해 국정을 안정시키는 일이었다. 그들은 유약하고 통치역량이 부족한 군주 보도의 역할을 자임함으로써 권력을 획득했고, 이를 유지하기 위해 지속적으로 왕실과 혼인·혈연관계를 맺어 갔다. 그리고 혈연에 의해 정치에 참여한 외척세력은 국정운영에 변화를 초래하는 문제나 민생개선 등의 당면 과제 해결에 적극적으로 나서기보다는 현실에 안주하는 경향을 보이게 되었다. 또한 그들은 중앙에서의 권력유지에 중점을 두어 중앙정부에 의한 지방통제를 소홀히 했다. 이는 또다시 지방토호세력의 발호와 함께 중앙통제력에서 벗어난 지방관리가 직접 또는 지방토호와 결탁해 부정부패를 일삼는 상황을 야기하게 되었다.

2. 철종대 안동김씨의 권력장악

조선에서는 1800년 정조의 사후, 유약한 군주의 즉위가 이어지는 가운데, 1849년 6월에 헌종이 23세로 후사 없이 서거했다. 그러자 최종결정권을 갖고 있던 순원왕후는 헌종의 후계자로 이원범[20)]을 지명했는데, 그가 철종(1831~1863, 제25대, 재위1850~1863)이다.[21)] 철종은 당시 생존해 있던 유일한 영조의 혈손이었지만, 군주가 되기에는 문제가 있는 인물이었다. 그는 행렬상 헌종의 숙부에 해당해 숙부가 조카의 뒤를 잇는 것이 되었고, 역적의 손자로 유배생활을 해 제왕교육은 말할 것도 없고 사족으로서의 교육도 충분히 받지 못한 상태였다.[22)] 그러나 안동김씨는 이런 인물을 군주로 추대했고, 순원왕후는 철종을 자신의 양자로 입적시켜 순조의 대통을 잇게 했다. 그리고 즉위 당시 철종이 19세였음에도 불구하고 그가 오랫동안 강화유배

---

20) 장헌세자의 아들인 은언군 䄄의 손자로 전계대원군 㼅의 셋째 아들이다. 은언군은 1786(정조10)년 아들인 상계군 湛(이 해에 사망)이 일찍이 홍국영에 의해 옹립되려 했다는 벽파의 무고로 강화부 교동에 유배되었다. 또한 철종은 1844(헌종10)년에 민진용 등이 형인 元慶(후에 회평군에 봉해짐)을 왕으로 옹립하려 했기 때문에 가족과 함께 강화에 유배되었고, 왕으로 추대될 때까지 강화에서 살도록 강제되었다.

21) 이때 헌종의 후계로 주목된 인물은 영조의 생존한 후손 중에서 최근친이었던 이원범과 이하전(1842~1862, 완창군 時仁의 아들. 1849년 헌종이 후사 없이 붕어하자 왕위계승자 후보로 이름을 올렸으나 외척인 안동김씨의 반대로 좌절되었고 철종즉위 이후 감시대상이 되었다. 돈녕부 참봉 등으로 일했으나 1862년 모반죄를 쓰고 제주도에 유배·사사되었다. 고종즉위 후, 흥선대원군에 의해 신원되었다)이었는데, 순원왕후와 안동김씨에 의해 이원범이 군주로 추대되었다. 이는 그들이 세도를 지속하기 위해서였다고 말해지는데, 헌종 사후 당시 이하전의 나이가 8살이었던 것을 감안하면, 이원범이 아니라 이하전을 추대했어도 세도는 지속되었을 것이다. 이원범과 이하전 옹립에 관한 기사는 '憲宗崩 御後 安東金氏一派 欲推戴哲宗. 相臣權 敦仁等 欲推戴夏銓. 哲宗竟爲嗣位 公則安東金氏一派 以逆謀搆之 竟被禍'(『한국계행보』, 보고사, 1997, 179쪽)를 참조.

22) 『철종실록』 1849(철종즉위)년 6월 9일.

지에서 곤궁한 생활과 감시를 당하며 군주로서의 교육을 거의 받지 못했다는 것을 이유로 순원왕후에 의한 수렴청정이 결정되었다.

[표 1]에 드러나듯이, 세대 서열로 말하면 순조의 자식 세대에 해당하는 철종이 순조의 양자가 되는 것은 올바른 일이었다. 그리고 철종은—계통으로는 헌종의 뒤를 이었지만— 순조의 양자로서 군주가 되었기 때문에 여전히 헌종의 숙부 지위를 가질 수 있었다. 그렇다고 해도 순조 → 익종(翼宗, 효명세자) → 헌종으로 되어 있던 계보에 철종이 순조 밑으로 입적된 사실은 익종과 헌종의 지위를 부정하는 것이었고, 익종과 헌종의 외척인 풍양조씨 세력에게 큰 타격을 입혔다. 철종의 순조 계승이 익종비이며 헌종의 모후인 신정왕후와 풍양조씨 가문이 외척으로서 군주를 보도해야 할 정치적 명분을 빼앗음으로써 그들의 세력 약화를 불가피하게 만들었다는 것이다.

철종의 즉위는 헌종대까지 안동김씨와 풍양조씨 세력이 국정을 주도하는 가운데 외척이 아닌 정치세력으로 정권에 참여하고 있던 권돈인 등의 지위에도 변화를 가져왔다. 헌종대 의정을 역임한 권돈인(1783~1859)은 헌종의 사후 행장과 원상을 담당해 철종즉위에 따른 문제를 해결함으로써 정국 안정에 기여한 인물이었다. 이러한 그가 철종이 즉위하는 데 의례절차와 설정과정에 적극적으로 찬동·관여하려 하지 않았던 것은 안동김씨 세력과의 불화를 일으키는 원인이 되었다.

철종즉위 후, 정계에는 처리해야 할 다양한 의례문제가 정치현안으로 발생했다. 이는 내삼전(內三殿, 대왕대비전·왕대비전·대비전)에 대한 위호 가상,[23] 혼전[24]과 정전[25]의 축식,[26] 반우(신주를 집으로 갖고 돌아가는 일) 후에 효정전(헌종의 혼전)과 산릉의 축식[27] 등이었고, 이에 관해 의견을 제시하도

---

23)『철종실록』1849(철종즉위)년 6월 9일.
24) 종묘에 신패를 봉안할 때까지 2년간 신주와 魂帛을 두는 사당.
25) 헌종의 첫 번째 왕비인 효현왕후의 혼전.
26)『철종실록』1849(철종즉위)년 7월 12일.

록 요구된 인물은 영부사 조인영과 판부사 권돈인·정원용이었다. 이 때 권돈인은 침묵한 채 정치현안에 개입하기를 삼가하고 있었는데, 이것이 정국에 대한 그 나름대로의 불만 표시 방법이었다. 그가 철종 밑에서 출사할 의사가 없었음은 혼전과 휘정전의 축식을 건의하는 가운데 자신이 논할 바가 아니라며 어떤 의견도 제시하지 않은 점, 몇 번에 걸친 순원왕후로부터의 의정취임 제안을 거절한 점에서도 엿볼 수 있다. 이러한 그의 태도는 정권을 장악한 안동김씨 세력의 경계심을 불러일으켰고, 결국 권돈인은 헌종의 부묘[28]와 진종의 조천[29]문제에 대해 정부관료들과 다른 의견을 제시한 일을 계기로 대대적인 탄핵을 받아 유배당하게 되었다.

  1851(철종2)년 6월, 헌종의 3년상이 끝나자 헌종 신위를 종묘로 옮기는 문제가 제기되었다. 조선에서는 종묘본전 안에 군주의 조상 4대와 태조를 합쳐 5대를 함께 모실 수가 있었는데, 문제는 계통으로 세면 철종의 5대 조상이 되는 진종이 왕가 대통으로 세면 철종의 고조, 즉 4대가 된다는 점에서 발생했다.[30] 그러자 정부대신들은 진종을 종묘본전에 모셔야 하는가 아니면 영녕전[31]으로 조천시켜야 하는가를 두고 논의하게 되었다. 그러나 진종의 조천에 반대한 사람은 권돈인 뿐이었고, 다른 관료들은 모두 진종의 신위를 조천해야 한다고 주장했다. 당시 진종 조천에 찬성한 관료들의 의견은 '군주는 계서(繼序)와 승통(承統)을 중시하고, 사군(嗣君)에게 비록 선군(先君)이 부자관계가 아니라도 부자의 도를 가지고 예우한다'는 것이었다. 따라서 그들은 조카인 헌종을 아버지로 간주해 일대(一代)로 세어 사대(四代) 정조

---

[27] 『철종실록』 1849(철종즉위)년 10월 24일.
[28] 3년상이 끝난 뒤 그 신주를 종묘에 두는 일.
[29] 종묘 본전 안의 신패를 영녕전으로 옮겨 모시는 일.
[30] [표 1]을 참조.
[31] 조선시대 종묘에서 제사지낼 수 없게 된(친진이 끝나) 왕과 왕비의 신위를 두는 장소. 종묘 안에 있고 태조의 4대조와 그 부인, 대가 끊긴 왕과 왕비가 모셔져 있고, 1년에 2번, 정월과 7월에 대관을 보내 제사를 지냈다.

까지 신위를 남기고 진종은 조천해야 한다고 주장했다. 이에 반해 권돈인은 세종·선조·현종대 예를 들어 조상의 조천 실시는 때에 따라 변해야 하는 것이며, 사친(四親)에 대한 천리와 인정을 다하는 일이 더 중요하다고 강조해 철종 4대조인 진종을 조천해서는 안 된다는 입장을 견지했다.32)

이러한 권돈인의 의견은 그를 제거하려는 세력에게 절호의 기회를 제공했고, 권돈인의 처벌을 주청하는 상소가 끊이지 않고 제출되었다. 권돈인에 대한 탄핵상소는 6월 18일 양사에서의 연소33)와 장령 박봉흠과 장령 류태동34)을 비롯해 옥당 연차,35) 부사과 윤철구,36) 삼사로부터의 합계,37) 사간 신좌모,38) 교리 김회명,39) 대사헌 오취선40)뿐만 아니라, 충청도·전라도유생,41) 유생 신희조42)에게까지 이르렀다. 그들이 권돈인을 탄핵한 주된 이유는 모두가 대경대법(大經大法)과 정례정론(正禮正論)을 지켜 철종의 신중한 의사에 부합하려 하는데 오직 한 사람만이 전례를 운운하면서 정법(正法)보다 사친(四親)에 대한 천리와 인정을 중시해야 한다고 주장해 정부관료의 의견을 불충과 불효로 매도했다는 것이었다. 이에 순원왕후와 철종은 예론에 각각의 의견이 있는 것은 당연하다며 회유하거나, 명에 따르지 않는다고 상소한 사람들을 유배에 처하는 등 강경한 태도를 취했다.43) 그럼에도 불구

---

32) 『철종실록』 1851(철종2)년 6월 9일.
33) 『철종실록』 1851(철종2)년 6월 18·22일·7월 2·15·16·21일·10월 6일.
34) 『철종실록』 1851(철종2)년 6월 18일.
35) 『철종실록』 1851(철종2)년 6월 19일·6월 23일·7월 2·4일.
36) 『철종실록』 1851(철종2)년 6월 19일.
37) 『철종실록』 1851(철종2)년 6월 23일·6월 25·27·29일·7월 1일.
38) 『철종실록』 1851(철종2)년 7월 1일.
39) 『철종실록』 1851(철종2)년 7월 12일.
40) 『철종실록』 1851(철종2)년 10월 5일.
41) 『철종실록』 1851(철종2)년 9월 9일.
42) 『철종실록』 1851(철종2)년 10월 2일.
43) 『철종실록』 1851(철종2)년 6월 25일·7월 4일.

하고 반복해서 권돈인에 대한 보다 엄격한 처벌이 요구되자, 결국 1851년 7월 13일 권돈인에 대한 유배가 명해졌다.[44] 그러나 이들의 탄핵은 권돈인의 유배에 그치지 않고, 권돈인 세력이었던 김정희와 그의 형제인 김명희, 김상희,[45] 또한 양가와 친밀한 관계를 갖고 있던 오규일과 조희룡 부자에 대한 처벌로 이어졌다.[46] 이로 인해 철종즉위에 의한 안동김씨 세도의 지속에 비협조적이었던 권돈인 세력은 모두 정계로부터 제거되었다.

순조·헌종대부터 중앙·지방 요직을 거쳐 헌종 말기와 철종 초기에는 의정을 맡으며 외척의 비변사 중심 국정운영을 저지하고 정치세력간의 균형 유지에 기여했던 권돈인은 철종 2년에 탄핵을 받아 낭천(狼川)으로 유배 당한 후, 이배된 연산에서 죽었다. 권돈인 세력이 유배되자 정계에는 더 이상 외척간의, 또는 외척과 여타 정치집단 사이에서 정치적 중재를 행할 세력이 없게 되었다. 또한 헌종 모후인 풍양조씨 가문과 김정희의 경주김씨 등 현정권과 균형관계를 유지할 수 있는 세력도 약화되어 갔다.[47] 이렇게 철종즉위로 인해 대두된 헌종의 부묘와 진종의 조천문제가 일단락되고, 정계에 안동김씨와 견줄 정치집단이 사라지자 안동김씨의 정권장악은 더욱 강화되어 갔다. 그 결과 권돈인이 또다시 탄핵받는 1859(철종10)년 1월의 정계는 영의정에 김좌근, 호조판서에 김병기, 병조판서에 김병학, 공조판서에 김병국, 판의금부사에 김대근, 한성부판윤에 김병교 등 안동김씨가 권력을 장악해 정국을 주도하는 상황이 전개되고 있었다.

---

[44] 『철종실록』 1851(철종2)년 7월 13일.
[45] 『철종실록』 1851(철종2)년 7월 21일.
[46] 『철종실록』 1851(철종2)년 7월 22일.
[47] 1850(철종1)년, 조만영(1776~1846)에 이어 풍양조씨 가문을 이끌었던 조인영(1782~1850)이 사망하자 풍양조씨 가문의 세력이 약화되었다. 여기에 1851(철종2)년 반외척세력의 주요인물이었던 권돈인과 김정희, 그 형제들이 유배됐기 때문에 안동김씨 일문의 세도가 지속될 수 있었다.

3. 제1장 제1절 정리

1800년 11세의 순조가 즉위함에 따라 시작된 외척에 의한 세도정치는 순조·헌종·철종 3대에 걸쳐 진행되었다. 외척 세도정치가 시작된 원인은 유약하고 통치자로서의 자질이 부족한 군주가 즉위한 데 있었다. 그러나 그것이 지속된 것은 정순왕후가 수렴청정을 행하면서 그녀의 가문인 경주김씨를 대거 등용해 정권장악을 꾀했기 때문이었다. 그리고 1805년에 정순왕후가 사망하자 이번에는 순조의 장인인 김조순이 군주의 보도 역할을 자임하며 이전부터 정부를 대신해 정치를 총괄하고 있던 비변사에 친안동김씨 세력을 배치해 안동김씨 중심의 국정운영을 추구해 갔다.[48]

그런데 이러한 상황, 즉 외척이 군주 보도를 담당하게 되었다는 사실이 그대로 안동김씨 일문 세도의 안정과 정착을 의미하는 것은 아니었다. 친정 이후 순조는 약화된 군주의 통치권을 회복하고자 병약한 자신을 대신해 아들인 효명세자에게 대리청정을 지시해 정치주도권을 되찾으려 했다. 또한 효명세자비 가문인 풍양조씨 세력도 중용되었고, 안동김씨의 권력 독점을 비판하는 세력이 여전히 존재해 그들의 전횡을 저지하고 있었다. 따라서 안동김씨 세력은 헌종대까지는 익종비인 풍양조씨·헌종비인 남양홍씨 가문과 권돈인 등의 노론세력과 연대관계를 유지하면서 권력을 행사하고 있었다.

이러한 안동김씨가 독점적으로 통치권을 장악하게 된 것은 순원왕후의

---

[48] 당시는 각 행정기관과 군영, 지방으로부터의 보고가 비변사를 거쳐 군주에게 전해지고 있었다. 그 한 예로 1853(철종4)년 4월, 영의정 김좌근이 '私門에서 고리를 거두는 행위와 낭관이 강제로 (돈이나 쌀을)빌려주는 해를 엄히 지시해 금지해야 한다'고 상주했을 때, 철종은 반족과 낭관의 악행에 대해 개탄하며, 비변사가 듣는 대로 기록해 법률에 따라 처벌하라고 명했다. 이것은 대원군정권기에는 이런 문제가 의정부를 통해 처리된 사실과 구별된다(『철종실록』 1853(철종4)년 4월 5일).

두 번째 수렴청정이 행해진 철종즉위 이후였다. 당시 수렴청정은 철종이 순조의 양자로 대통을 이었기 때문에 헌종 모후인 풍양조씨 신정왕후가 아니라, 안동김씨 순원왕후에게 위임되었다. 이에 따라 또다시 안동김씨가 정권을 잡았고, 풍양조씨의 중심인물이었던 조만영·조인영 형제가 헌종 말기와 철종 초기에 사망함으로써 풍양조씨 중에서 안동김씨와 함께 권력을 유지할 세력이 사라지게 되었다. 또한 1851(철종2)년 헌종의 부묘와 진종의 조천문제로 인해 권돈인 등의 중립세력이 정계로부터 퇴진당하자, 안동김씨 세력의 권력 독점을 억제할 정치집단이 존재하지 않게 되었고, 이러한 상태는 철종 재위 내내 지속되었다.

당시 안동김씨 가문의 국정장악 정도는 김좌근이 1853(철종4)년 2월부터 고종이 즉위할 때까지 영의정을 거의 전담한 점과 철종즉위 초기 김흥근이 좌의정과 영의정에, 철종 장인인 김문근이 중앙군영 대장에 취임한 사실에서도 엿볼 수 있다. 여기에 1860년대 전후가 되면 이조·호조·병조를 비롯한 육조판서와 한성부판윤·판의금부사·선혜청당상 등의 요직을 김병학·김병국·김병기·김병주·김영근·김응근 등의 안동김씨가 교대로 차지하는 상황이 전개되었다. 또한 정무를 총괄하던 비변사에서의 안동김씨 점유율이 더욱 높아져 1860년에는 38명의 비변사당상 중 안동김씨가 8명으로 21%를,[49] 1861년에는 46명 중 7명으로 15%,[50] 1862년에는 47명 중 9명으로 19%,[51] 1863년에는 49명 중 13명으로 26.5%를 점하게 되었다.[52] 국가최고 의정기관인 비변사당상 직에 안동김씨가 대거 임용되어 전체 평균 17%

---

[49] 김문근·김병국·김병학·김보근·김영근·김병교·김병덕·김병주 8명이다 (각 연도 1월 1일자 비변사당상 명단이다. 이하 동일).

[50] 김문근·김병기·김병국·김보근·김병교·김병덕·김병운 7명이다.

[51] 김문근·김병기·김병국·김영근·김보근·김병교·김병덕·김병주·김병필 9명이다.

[52] 김문근·김병기·김병국·김병학·김영근·김보근·김대근·김병교·김응근·김병덕·김병주·김응균·김병필 13명이다.

이상을 점했다는 사실은 철종시대 안동김씨 세력의 정치적 우위를 분명히 보여준다고 할 수 있다.[53]

그런데 이러한 안동김씨의 위세는 철종 말기인 1862년 발발한 임술민란 과정에서 다양한 사회경제문제가 수면위로 떠오르고 철종 사후 고종의 즉위와 풍양조씨 신정왕후의 수렴청정으로 변하지 않을 수 없게 되었다. 임술민란은 세도정치 하에서 민생이 심각한 도탄에 빠졌음을 노정시켜 안동김씨정권의 정당성을 손상시켰고, 무엇보다도 신정왕후가 수렴청정을 행하면서 대원군에게 다양한 정치문제 해결을 위임한 것은 안동김씨 권력 독점에 큰 타격을 주었다. 그러자 고종과 신정왕후의 지지를 얻은 대원군은 기존의 안동김씨를 제거, 또는 자신의 세력기반으로 재편성하면서 세도정치기에 약화된 군주 및 중앙의 권력을 회복해 나갔다. 그 결과 약 60년간에 걸쳐 지속되었던 세도정치는 새로운 국면을 맞이하게 되었다고 하겠다.

---

[53] 철종대(1849년~1863년) 비변사당상 총수 68명 중 안동김씨는 12명으로 17.6%의 비율을 차지했다. 이는 연안이씨 5명, 대구서씨 5명, 풍산홍씨 4명, 전주이씨 3명, 동래정씨 3명, 풍양조씨 3명, 남양홍씨 3명, 경주이씨 3명, 선령남씨 3명, 그 밖의 성씨는 한 명이나 두 명밖에 배출되지 않은 것과 비교해 압도적으로 많은 수이다(안외순, 「대원군집정기 인사정책과 지배세력의 성격」, 『동양고전연구』 1, 1993, 144쪽 참조).

제2절

고종의 즉위 상황

1. 고종의 즉위

고종은 12세로 후사 없이 서거한 철종의 뒤를 이어 즉위했다. 19세기 왕위 계승 과정을 검토한 홍순민의 선원연구에 따르면,[1] 고종의 가계는 장헌세자(莊獻世子) → 은신군(恩信君) → 남연군(南延君) → 흥선군(興宣君) → 고종으로 되어 있다. 영조의 둘째 아들인 장헌세자(1735~1762)[2]와 혜경궁 홍씨 사이에서 태어난 아들이 정조였고, 궁녀와의 사이에서 태어난 셋째 아들이 은신군이었다. 은신군은 17세로 죽어 후사가 없었기 때문에 16대 인조의 셋째 아들인 인평대군의 6대손이었던 이채중(李寀重)을 후사로 지명하고, 이름을 구(球)로 바꿔 남연군이라는 군호를 주어 은신군의 뒤를 잇게 했다.[3]

조선에서는 원칙적으로 왕족이 관직으로 나아가는 일이 금지되어 있었

---

[1] 홍순민, 「조선후기 왕실 구성과 선원록」, 『한국문화』 11, 서울대학교 한국문화연구소, 1990; 「19세기 왕위 계승과정과 정통성」, 『국사관논총』 40, 1992.

[2] 영조의 둘째 아들로 배다른 형인 효장세자(후에 진종으로 추존. 1719~1728)가 10살에 죽었기 때문에 세자로 봉해졌다. 영조에 의해 뒤주에 감금되어 그 속에서 죽었다. 아들인 정조가 1777(정조1)년에 莊獻으로 上諡했고, 1899(광무3)년에 莊祖로 추존되었다.

[3] 『순조실록』 1815(순조15)년 12월 19일.

지만, 군주로부터 5대 이상, 즉 선파가 되면 일반양반과 같은 절차로 정계에 진출할 수 있었다.4) 이런 상황에서 남연군의 실제 조부인 진익(鎭翼)이 진사가 되어 참판에 오르고, 실부인 병원(秉源)이 생원이 되었다는 사실은 남연군의 본가가 군주가 될 수 있는 대통 계보에서 벗어나 단순한 왕가의 후손, 즉 선파가 되었음을 의미했다. 그러나 남연군이 장헌세자의 아들인 은신군의 양자로 입적됨에 따라 남연군의 가계는 또다시 영조의 직계 후손으로 등장했다. 이러한 남연군의 아들이 흥선군(1820~1898)5)이며, 그 아들이 제26대 군주가 되는 명복(命福)이었다.

고종의 즉위에 대해서는 다양한 논의가 있지만, 당시 생존해 있던 왕족 중에서 군주와 가장 가까운 친족이 남연군의 아들인 흥인군(1815~1882)6)과

---

4) 이는 군주의 근친이 관직으로 나아가 정치에 영향력을 행사해 군주권을 침해할 여지를 미연에 방지하기 위해서였다. 『경국대전』에 의하면 '承襲職은 부친이 사망한 후에 수여하고, 친진되면 문무관 자손의 예에 따라 관직으로 나아갈 수 있다'고 되어 있다. 여기에서 '親盡'이라는 것은 군주의 대로부터 4대가 넘었음을 의미하며, 군주의 현손대까지는 종친으로 君·正·守·令 등으로 봉해져 종친부에서 활동했다. 그러나 5대손 이후에는 일반 양반과 마찬가지로 다양한 관직에 진출하는 것이 가능했다(「정1품아문 종친부」, 『대전회통』 권1).

5) 이름은 昰應, 자는 時伯, 호는 石坡이며 南延君 球의 넷째 아들이다. 그의 둘째 아들인 命福이 조선26대 왕위에 오름에 따라 흥선대원군에 봉해졌다. 신정왕후의 수렴청정 하에서 정치적인 입지를 확대하기 시작해 서서히 국정운영권을 장악해 갔다. 조선시대에 대원군으로 추대된 인물은 4명인데—덕흥대원군(선조父)·정원대원군(인조父)·전계대원군(철종父), 그리고 흥선대원군이다—생존 시에 대원군으로 봉작된 인물은 흥선대원군밖에 없다. 일반적으로 대원군이라 하면 흥선대원군을 지칭한다. 이하 대원군으로 칭함.

6) 이름은 最應. 남연군의 셋째 아들이며 흥선대원군 昰應의 형이다. 1865(고종2)년 경복궁중건 당시 영건도감 제조가 되었다. 1873년 대원군 실각과 함께 고종에 의해 본격적으로 등용되어 호위대장·좌의정을 거쳐 1878년 영의정이 되었다. 1880년 신설된 통리기무아문의 총리대신이 되어 고종의 개화정책을 보좌했다. 그 후 유림의 상소에 의해 사임하고 영돈녕부사와 광주유수를 역임했다. 고종의 친정체제 구축과 개화정책의 추진에 동조하며 고종의 통치권확보에 조력했지만, 1882년 임오군란 당시 난군에 의해 살해되었다.

흥선군이었다는 사실은 틀림없다. 이는 1819년 순조가 왕세자의 관례를 준비하면서 내린 교지 내용에서도 엿볼 수 있다. 당시 순조는 "근래에는 종반(宗班)이 조잔해 오직 남연군 한 명만이 있을 뿐인데, 그가 상중이기 때문에 왕세자의 관례에 필요한 주인 역할을 담당할 수가 없다"고 말해 왕실의 근친이 남연군 밖에 없음을 드러냈다.7) 또한 이 대례 외에도 국가에 종반이 없음이 큰 흠전(欠典)이라 강조하며 종친의 피폐가 심각한 상황에 이르렀다고 개탄했다. 이러한 순조의 언급으로부터 평소에 왕실의 세력기반이 되는 종친세력이 약화되었고, 순조가 이를 염려하고 있으며, 남연군이 왕가의 유일한 근친이었음을 알 수 있다.

남연군의 가계가 왕족의 가장 가까운 친척이었다는 것은 1852(철종3)년 부교리 김영수의 상소 내용에서도 드러난다. 그는 환관과 종신이 규제 없이 군주에게 접근해 군주의 뜻을 흐리며 정치를 천단하는 폐해를 저지하지 않으면 안 된다고 주장하는 가운데, 순조와 가장 가까운 종친인 남연군은 함부로 출입을 하지 않는다며 다음과 같이 논했다.

> 고 남연군 구(球)는 순조와 지절한 의친이 되었으나, 시절의 경하 외에는 무상 출입을 하지 않았는데, 요즈음 한둘의 종신이 일차(日次)마다 문득 기거를 일삼고 있으니, 곧 또한 어디에 근거하여서 그러한 것입니까? 전자에는 남연군이 감히 하지 못하던 바이며, 후자에는 흥인군·흥선군이 하지 못했던 것인데, 한둘의 종신은 어찌하여 그러합니까? 엎드려 원하건대, 환첩은 한결같이 우리 조종의 법으로 단속하여 제어하고, 종친의 기거는 한결같이 남연군·흥인군·흥선군을 본받도록 하소서.8)

김영수는 흥인군과 흥선군의 예를 들어 순조와 가장 가까운 종친도 궁전 출입을 엄숙히 한다고 역설하며 간신이 군주에게 쉽게 접근할 수 있는 통로

---

7) 『순조실록』 1819(순조19)년 1월 16일.
8) 『철종실록』 1852(철종3)년 7월 10일.

를 차단해야 한다고 주장했다. 여기서 주목되는 점은 죽은 남연군을 비롯해 그의 아들인 흥인군과 흥선군이 당시 대통에 가장 근접한 종친이라는 점과 그들이 종친 중에서도 모범적인 존재였다는 사실이다. 특히 이하전이 1862년 반역죄로 죽은 뒤, 군주가 될 가능성이 있는 왕족은 남연군계인 흥인군·흥선군과 그 후손으로 한정되어 있었다.

이런 상황에서 흥선군의 둘째 아들인 명복을 다음 군주로 지명한 사람은 대왕대비인 신정왕후[9]였다. 그녀는 철종이 서거한 1863년 12월 8일 당일, 시임의정과 원임의정을 중희당에서 소견하고 고종을 후계자로 결정했는데, 당시 신정왕후와 의정들이 어떻게 고종을 차기군주로 추대했는지 그 대화 내용을 살펴보자.

> **대왕대비** "지금 국세 안위가 촌각을 다툴 정도로 급하다. 때문에 여러 대신들께서 종사의 대계를 의논해 정해주기 바라오."
> **정원용** "신속히 자성의 명확한 전언이 내려 바로 계책이 정해지기를 진심으로 바라옵니다."
> **대왕대비** "흥선군의 적자에서 둘째 아들 명복으로 하여 익종대왕의 대통을 잇게 하기로 했다."
> **정원용** "언문 교서를 써서 내려 보내는 것이 좋을 듯합니다."
>
> (하니, 대왕대비가 발 안에서 언문 교서 한 장을 내놓았다. 도승지 민치상이 받들어 보고, 여러 대신들이 한문으로 바꾸어 쓴 것을 대왕대비에게 읽어 아뢴 후 받들고 주서 박해철이 대왕대비의 교를 받아 반포했다)
>
> **대왕대비** …"흥선군의 둘째 아들의 작호는 익성군(翼成君)으로 하비하라."
> **김좌근** "익성군의 나이가 올해 몇 살입니까?"

---

[9] 통상 조대비로 불린다. 익종(효명세자) 비이며, 1819(순조19)년에 세자빈에 봉해졌다. 풍양조씨 조만영의 딸로 남편이 왕위에 오르기 전에 죽은 탓에 왕비가 되지 못했다. 그 후 고종즉위에 결정적인 역할을 하며 풍양조씨 가문의 정계진출 확대를 기도했다. 또한 고종에게 익종의 대통을 잇게 해 자신의 수렴청정 기반을 조성했다.

대왕대비 "10여 세가 됨 직하다."…
김좌근 "주상께서 어린 나이에 왕위를 물려받는 경우 일찍이 수렴청정하는 전례가 있었습니다. 이번에도 규례대로 마련하는 것이 어떻겠습니까?"
대왕대비 "어떻게 차마 그것을 하겠는가마는, 오늘날 나라의 형편이 외롭고 위태롭기가 하루도 보전하지 못할 것 같으므로 다른 것을 돌아볼 겨를이 없다. 다만 응당 힘써 따라야 하겠다."10)

이 대화에서는 고종이 군주가 된 경위가 간단하게밖에 제시되지 않았지만, 몇 가지 주목할 점이 있다. 첫째는 고종을 군주로 지명한 사람이 신정왕후이며, 그것도 회담 이전에 이미 결정되어 있었다는 것이다. 신정왕후는 여러 대신의 의견을 구하기 위해 회의를 소집했다고 말했지만, 정원용이 신정왕후의 결정에 맡기겠다고 대답하자마자 흥선군의 둘째 아들을 군주로 하겠다고 즉답했다. 또한 교지를 언문으로 내리는 편이 좋겠다는 의견이 나오자 곧바로 언문으로 작성된 교지를 건넸는데, 이러한 점에서 신정왕후가 이미 흥선군의 아들을 차기군주로 정해 두었음이 확실하다. 이는 이전 순원왕후가 철종을 차기군주로 지명했을 때도 마찬가지였고,11) 신정왕후는 순원왕후의 예를 모방해 회의에서 대신들의 의견을 듣는다는 형식적인 제안과 절차를 거쳐 사전에 정해 둔 고종의 즉위를 공식적으로 선언한 것이었다.

둘째, 흥선군에게 19세의 장남 이재면이 있었음에도 불구하고 연소한 차남이 왕위 계승자로 지명된 것은 군주에 대한 보호·보도라는 외척 또는 주변정치세력의 정권장악 명분을 지속시키기 위해서였다. 소견에서는 어린 군주가 즉위하면 수렴청정이 행해진 전례가 있다고 언급되어 즉석에서 신정왕후의 수렴청정이 결정되었는데, 이는 어린 차남을 선택한 이유를 드러낸다. 다시 말하면 신정왕후와 고종의 추대세력은 여전히 외척주도의 국정운영을 꾀했기 때문에 통제하기 쉬운 인물이나 보호가 요구되는 인물을

---

10) 『일성록』 1863(철종14)년 12월 8일.
11) 『헌종실록』 1849(헌종15)년 6월 6일 기사를 참조.

추대할 필요가 있었고, 이러한 조건을 충족시킬 적합한 인물로 흥선군의 둘째 아들인 명복을 택한 것이었다. 그렇다고 해도 김좌근이 고종의 연령을 묻고 있고, 신정왕후도 10여 세라고 대답한 점에서 양쪽 다 고종에 대한 자세한 정보는 갖고 있지 않았다고 판단된다.

셋째, 신정왕후는 순원왕후가 철종을 순조의 양자로 입적시켜 순조의 대통을 잇게 하고 익종과 헌종으로 이어지는 대통을 부정하려 한 것과 마찬가지로 고종을 철종이 아닌 익종의 양자로 입적시켜 대통을 잇게 했다. 이것은 고종즉위 이후 수렴청정을 행사하고 군주를 보도할 세력을 결정하는 중대한 사항이었다. 실제로 고종은 익종과 철종의 자식에 해당하는 세대로 헌종과 동렬이었기 때문에 철종의 대통과 계통 양쪽 모두를 계승하는 것이 원칙과 논리에 가장 적합한 일이었다. 그러나 고종이 철종의 뒤를 잇게 되면 당시 수렴청정의 자격은 철종비인 철인왕후 김씨에게 위임되어 안동김씨의 세도 지속이 예상되었다. 따라서 신정왕후는 자신이 수렴청정을 할 권리를 획득하고 풍양조씨 일문의 정치적 활동 폭을 넓히고자 철종즉위시 순원왕후가 철종을 헌종이 아닌 순조의 대통을 잇게 해 수렴청정한 예를 모방해 고종을 자신의 양자로 입적시키고 익종의 대를 잇게 한 것이었다. 다시 말하면 이러한 절차는 신정왕후의 수렴청정이 가능한 논리를 제공함으로써 안동김씨를 대신해 풍양조씨 가문의 권위를 신장시키려는 기도였다고 말할 수 있다.

이렇게 철종 서거 이후 행해진 차기 군주계승자에 관한 회합은 처음부터 군주계승에 대한 결정권이 신정왕후에게 있었기 때문에 간단히 끝나고, 이 자리에서 정해진 내용은 고종의 즉위와 익종의 대통 계승, 그리고 신정왕후의 수렴청정 실시뿐이었다. 그 후 1863년 12월 13일, 고종의 즉위의식과 신정왕후의 수렴청정 의례가 거행되었고, 고종은 정식적인 후계자 과정인 세자를 거치지 않은 채 왕좌에 올랐다. 당시 고종은 12살의 소년이었고, 기본적인 제왕교육을 받지 않은 상태였다.

[표 1] 고종의 대통과 계통 계보

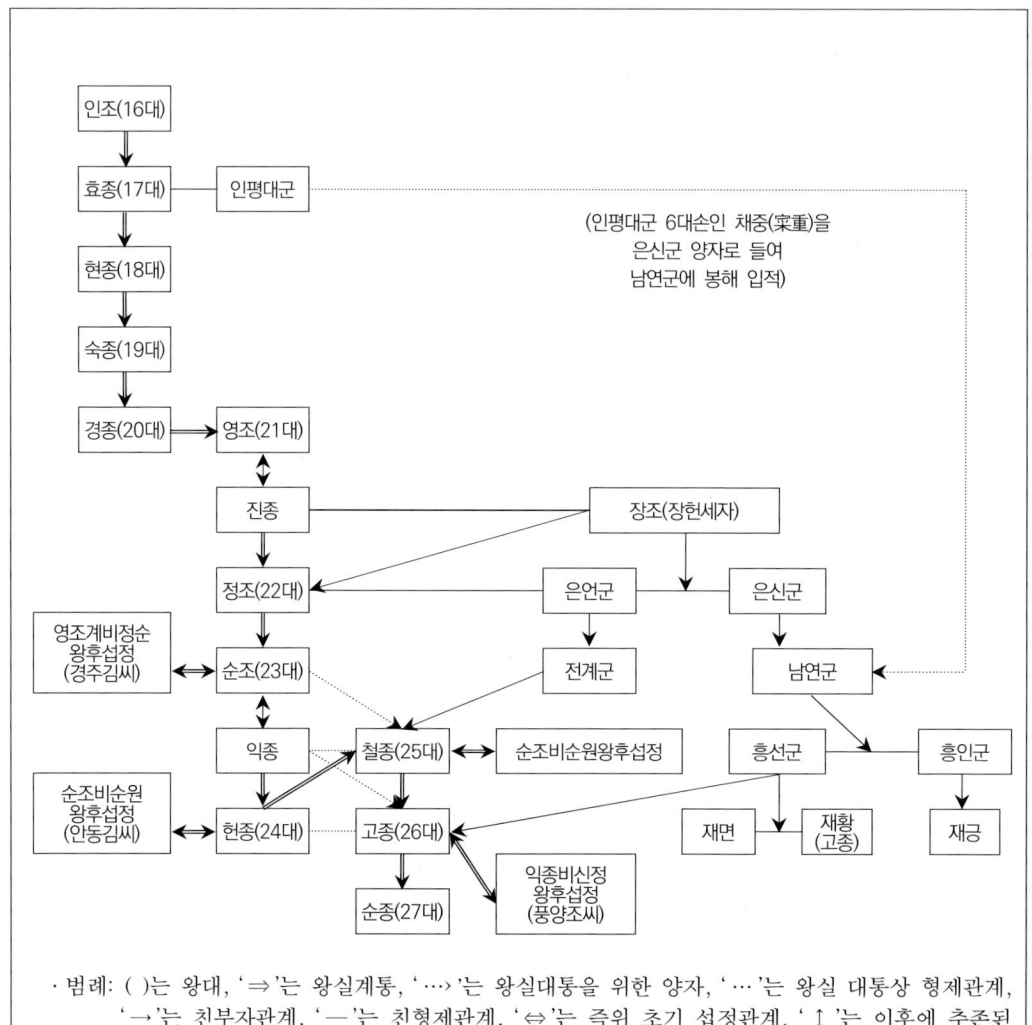

[표 2] 고종의 즉위 절차, 축식 내용 결정을 둘러싼 시원임의정의 논의

제시자 \ 내용	익종 이전 축식	헌종실 축식	효현왕후 위(位)	철종의 호칭 (이유)	고종 자신에 대한 호칭(이유)	비교(이유)
영부사 정원용	헌종 때 예를 준수*	철종 때 익종실의 예를 준수**	황수(皇嫂)로 칭한다. (영조의 단의왕후로의 예를 준수)	황숙고(皇叔考)로 칭한다. (성종이 덕종을 황백고(皇伯考)로 칭한 예를 따른다)	종자(從子)로 칭한다. (정조가 경종에 대해 자신을 종손(從孫)으로 부른 예를 따른다)	3년 안에는 애종자(哀從子)로 부르고 3년 후에는 효종자(孝從子)로 칭한다. (영조의 예를 따른다)
판부사 김흥근	위와 같음	위와 같음	위와 같음	황숙고로 칭한다. (성종이 덕종을 황백고, 영조가 경종을 황형, 정조가 경종을 황백조고(皇伯祖考)로 부른 예를 따른다)	효질(孝侄)로 칭한다.	종자(從子)·애종자(哀從子)·효종자(孝從子)로 부르는 것이 전례에 어긋나지 않는다.
영의정 김좌근	위와 같음	익종을 황고(皇考)로 부르고 헌종을 황형(皇兄)으로 칭한다.	위와 같음	황숙고로 칭한다. (숙종이 인조를 황백증조고(皇伯曾祖考), 영조가 경종에 대해 자신을 효제(孝弟)로 부른 예를 따른다)	3년 안에는 애종자(哀從子), 3년 후에는 효종자(孝從子)로 칭한다.	위와 같음
좌의정 조두순	위와 같음	위와 같음	위와 같음	황숙고로 칭한다. (정조가 경종을 황백조고로 부른 예를 따른다)	종자로 칭한다.	위와 같음(명종이 인종에 대해 자신을 고제(孤弟), 영조가 경종에 대해 자신을 효사(孝嗣)로 부른 예를 따른다)

· 범례: '皇'은 죽은 선조를 존중해 붙이는 말이다.
　　　'皇考'는 아버지, '皇兄'은 형, '皇叔考'는 숙부, '皇伯考'는 백부, '皇伯祖考'는 큰할아버지, '孝侄'은 조카, '從子'는 조카, '哀從子'는 가엾은 조카 '孝從子'는 조카, '孝嗣'는 동생.
　　* 는 고종이 익종을 皇考로 칭한다는 의미.
　　** 는 고종이 헌종을 皇兄으로 칭한다는 의미.

이러한 고종의 대통과 계통 계승을 그림으로 나타난 것이 [표 1]이다.

1863년 12월 8일, 고종이 익종을 계승한다는 간단한 교지가 있은 후, 신정왕후는 12월 22일에 고종의 대통계승 관련 축문 작성에 대한 의견을 집약하

도록 명을 내렸다.12) 그리고 각 대신과 유신 등이 구체적인 의견을 제출한 것이 12월 30일이었다. 이때 의견을 상주한 사람은 영부사 정원용, 판부사 김흥근, 영의정 김좌근, 좌의정 조두순 4명뿐이었고, 다른 유신·관각당상·재외유현 등은 모두 답을 하지 않았다.13) [표 2]는 상기 4명의 의견을 정리한 것이다. [표 2]에서 드러나듯이 4명의 의견에 큰 차이는 보이지 않는다. 단지 고종에게 익종의 대통을 잇게 하기 위해 철종이 순조의 양자가 되어 순조를 황고로, 익종을 황형으로 한 예가 강조되었고,14) 고종의 철종에 대한 호칭 문제가 제기되었다. 대신들은 이 문제를 해결하기 위해 원래 왕통의 행렬상 익종과 동렬인 철종을 익종의 형제로 취급해 고종이 황숙고로 불러야 하며 자신에 대해서는 종자 또는 효질로 칭하는 것이 좋다고 논했다.

이러한 대신들의 의견을 받아들여 같은 날 신정왕후는 다음과 같은 전교를 내렸다.

> 지난날 붕어로 경황이 없는데다가 묵은 설움과 새로운 설움이 북받쳐 오르는 바람에 미처 자세히 하유하지 못했다. 아! 어찌 차마 다 말하겠는가? 기유(1849)년에 하늘이 무너지고 땅이 꺼지는 듯한 변을 당했을 때 헌종은 아들이 없고 익종에게도 둘째 아들이 없었으니 온 나라의 신하와 백성들이 울고불고 하면서 어찌할 바를 몰랐다가 다행히 대행대왕이 들어와 왕위를 물려받아서 나라의 운수가 뻗어 나가게 되었다. 그런데 뜻밖에도 그날 또 기유년과 같은 변을 당하고 보니 미망인의 정리(情理)가 바로 온 나라의 신하와 백성들의 정리이기도 하고 온 나라의 신하와 백성들의 정리가 바로 미망인의 정리이기도 했다. 세상을 떠나도 잊지 못하는 여러 사람들의 심정으로 인하여 옛 나라를 새롭게 세우기 위한 기초를 다시 든든히 다지려고 했던 것이다. 그래서 새 임금이 정해진 것을 알리는 전교 가운데 무엇

---

12) 『일성록』 1863(고종즉위)년 12월 22일.
13) 『일성록』 1863(고종즉위)년 12월 30일, 禮曹以在外儒賢大臣儒臣館閣堂上 收議啓.
14) 『철종실록』 1849(철종즉위)년 7월 12일. 여기에서 정부대신들은 순조를 皇考로, 익종을 皇兄으로 부르고, 헌종에게는 '但稱'의 전례를 이용해 친속관계 호칭을 붙이지 말도록 하자는 의견을 제시했다.

보다 먼저 인륜관계부터 결정했다. 대통(大統)이라고 말하는 것은 대륜(大倫)을 말한 것이다. 왕위를 물려받아 내려온 계통으로 말한다면 정조·순조·익종·헌종 4대의 계통이 대행대왕에게까지 전해 온 것을 주상이 물려받은 것이니, 어찌 계통이 둘이 된다고 의심할 것이 있겠는가? 백 대가 지난 이후에도 모두 나의 이 마음을 헤아릴 것이다. 익종에게는 '황고'와 '효자'라고 부르고 헌종에게는 '황형'과 '효사'라고 부르며 대행대왕에게는 '황숙고'라고 부르면서 3년 동안은 '애종자', 3년이 지난 후에는 '효종자'라고 부르도록 하라.15)

여기서 신정왕후는 나라의 계통이 정조·순조·익종·헌종·철종을 거쳐 고종에게 전해졌다고 명시했다. 그리고 고종을 익종의 양자로 대통을 받아 계통을 잇게 하는 일에 이통(貳統)이 될 우려가 없음을 강조해 철종에 이어 군주로 즉위하면서 익종을 계승하는 데 따른 의문을 불식시키려 했다. 그녀의 논리에 따르면, 고종은 익종의 양자로 입적되어 익종의 왕통을 받아 정조·순조·익종·헌종·철종의 계통을 잇게 되는데, 이는 이전 순원왕후가 철종의 대통을 정할 때 이용한 것과 동일한 내용이었다. 이렇게 철종이 즉위 할 때의 전례가 그대로 고종에게 적용된 결과, 고종의 대통·계통 문제는 특별한 반론 없이 결정지어지게 되었다. 이 때 신정왕후의 결정에 대해 황현은 다음과 같이 서술했다.

철종상을 당해 신정왕후는 왕대비전의 권한을 갖고 군국지사를 처리하며 금상의 영립 방책에 대해 의논했다. 이 때 조두순이 원상으로 전지(傳旨)를 썼다. 당초 '흥선군의 제2자 아무개를 철종대왕의 대통으로 입승한다'고 써야 했지만, 신정이 목소리를 노엽게 해 '입승익종대왕대통(入承翼宗大王大統)'으로 쓰라고 명했다. 두순은 감히 그 뜻을 거스릴 수 없었다. 철종을 잇는다고 하면 곧 대비김씨가 수렴하게 된다. 익종을 계승한다고 하면 수렴은 자신이 할 수 있게 되기 때문이다. 철종이 (왕위에)올랐을 때 익종의 대통을 잇는 것이 당연했지만, 순원왕후가 정치하는 것

---

15) 『일성록』 1863(고종즉위)년 12월 30일, 大王大妃殿以宗廟魂殿祝式下敎. 이렇게 내려진 고종의 '大倫之統' 전교는 익종의 외척인 풍양조씨와 철종의 외척인 안동김씨 세력 양쪽 모두 이해하고 공존할 수 있는 타협안이었다.

을 바래 결국 순조대왕의 대통을 잇도록 하는 전지를 내렸는데, 신정은 이것을 모방한 것이다.16)

황현이 말한 대로 신정왕후는 순원왕후가 수렴청정을 행한 전례를 이용해 고종을 자신의 남편인 익종의 대통을 잇게 함으로써 자신의 수렴청정을 정당화한 것이었다.

이렇게 고종은 신정왕후의 결정에 의해 왕좌에 올랐다. 조선에서 선왕의 적장자로 순조롭게 군주에게 된 인물은 많지 않지만,17) 방계왕족으로서 왕좌를 계승한 인물은 선조(14대)·인조(16대)·철종(25대), 그리고 고종밖에 없다.18) 실제로 조선의 왕위계승과정은 거의 매번 그 당시 정치세력들의 이해관계 속에서 전개되었으며, 방계왕족을 군주로 추대하는 경우에는 그 정쟁이 더욱 복잡하고 치열하게 벌어졌다. 이는 즉위 이후 군주가 자신을 밀어준 특정 정치세력과 협조해 국정을 운영하지 않을 수 없는, 즉 자신을 추대한 세력을 배제·제거하는 일이 쉽지 않았던 상황을 의미하고 있었다.

---

16) '神貞王后傳旨'. '哲宗之喪 神貞王后以王大妃殿權 處分軍國事 方議迎立今上. 時趙斗淳以院相 書傳旨 當署以興宣君第二子某入承哲宗大王大統. 而神貞厲聲曰 "以入承翼宗大王大統書之" 斗淳不敢違其意. 以承哲宗 則大妃金氏當垂簾 而承翼宗 則垂簾在已故也. 初哲宗之立也 當承翼宗之統. 而純元王后欲自臨朝 遂命傳旨以入承純祖大王大統 盖神貞有所受之也', 황현, 『매천야록』, 9쪽. 새로운 군주 선정에 대한 소문은 황현의 『매천야록』에 상세한 내용이 나와 있다. 이는 고종의 대통계승문제가 특히 민감한 정치적 문제였음을 드러낸다.
17) 이 예에 해당하는 군주는 문종·단종·연산군·인종·현종·숙종 7명이며, 이 중에서 단종·연산군은 군주로서의 지위를 도중에 박탈당했다.
18) 선조와 인조는 조부가 군주이며, 철종은 영조 아들이며 정조 부친인 장헌세자의 증손이다. 고종 가계와 같이 일단 선파가 된 이후에 조부가 왕실의 왕자군으로 입적되어 또다시 왕족이 된 경우는 없다.

2. 대원군의 등장

고종의 즉위과정에서 가장 지대한 영향을 미친 인물은 대원군이었다.[19] 철종대에 군주의 최근친이 흥인군과 대원군 형제였다는 것은 전술한 대로지만, 흥인군에게는 7세가 되는 아들 재긍(載兢, 1857~1881)이, 대원군에게는 장남으로 19세 재면(載冕, 1845~1912)[20]과 차남 재황(載晃, 명복)이 있었다. 이는 그들이 모두 왕위계승 서열상 동일한 행렬이었고, 반드시 재황이 군주로 지명되도록 정해진 것이 아니었음을 드러낸다. 이러한 상황에서 고종이 즉위할 수 있었던 것은 부친인 대원군이 결정적인 역할을 한 때문이었다.

대원군가계가 왕족으로 주목받게 된 것은 1815(순조15)년경부터였다. 당시 남연군은 군으로 봉해져 순조를 알현한 후, 왕실관례와 장례의 주관과 왕실 능원의 보호를 담당하며 종친으로서의 활동을 시작했다.[21] 그리고 부친인 남연군을 이어 그의 아들들은 1841년부터 43년에 걸쳐 종실 업무를 담당하는 주체로 등장했다. 대원군은 1843(헌종9)년에 흥선군으로 봉해진 후,[22]

---

[19] 고종즉위에 관한 대원군과 신정왕후 사이에 밀약설에 구체적인 증거는 없지만, 고종즉위 전후 상황으로부터 추측해 양자간에 일종의 합의가 있었음은 확실하다(황현, 『매천야록』, 2쪽; 菊池謙讓, 『韓國近代外交史』, 1910, 7쪽; 『近代朝鮮史』 상, 1937, 68쪽; 田保橋潔, 『近代日鮮關係の硏究』 상, 1940, 24쪽).

[20] 고종의 형이다. 1864(고종1)년에 문과정시에 합격해 규장각대교와 예문관검열을 거쳐 이조참의·이조참판·형조판서·병조판서를 역임했다. 1881년 금위대장이 되었고 1882년 임오군란 당시 무위대장으로서 사태를 수습했다. 호조판서·선혜청당상·삼군부지사·훈련대장·어영대장 등을 역임했다. 1884년 갑신정변 당시 좌찬성과 좌우참찬을 겸임했고, 1894년 갑오개혁 이후 제1차 김홍집내각에서 궁내부대신을 역임했다. 문무의 다양한 관직을 거치면서 고종의 통치활동 수행에 협력했다.

[21] 『순조실록』 1815(순조15)년 12월 20일, 1821(순조21)년 3월 9일, 1823(순조23)년 3월 11일, 1825(순조25)년 6월 11일, 1834(순조34)년 11월 23일. 남연군은 1828년 진하정사로 발탁되어 청에 다녀왔고, 1829년 효명세자가 군주권 강화 일환으로 실시한 영조·진종·정조의 어필 간행 작업을 담당했다.

[22] 『종친부등록』 1843(헌종9)년 8월.

1847(헌종13)년에는 종친부23) 유사당상이 되었다.24) 그는 오랜 기간 종친부 업무를 주관하며 그때까지 단순한 예우 차원에서 명목을 유지하는 데 불과했던 종친부 권위신장에 힘을 쏟았다.25) 특히 철종대 들어서는 종래 종부시(宗簿寺)가 담당하고 있던 『선원보략』 수정·보수의 종친부 이관을 시도하는 등,26) 종친부의 역할 증대를 통해 종친의 지위를 강화하고자 했다.

대원군과 신정왕후 사이의 교류는 1857(철종8)년 순원왕후가 사망한 이후 본격화되었다. 안동김씨로 2번이나 수렴청정을 행한 순원왕후가 사망하자, 왕실의 최고 지위에 오른 풍양조씨 신정왕후는 이를 계기로 자신의 정치적 영향력을 확대하려 했다. 이 때 대원군은 종친이라는 지위를 이용해 신정왕후에게 접근하고, 그녀의 세력 강화에 협력할 것을 약속하며 자신과의 정치적 제휴를 호소했다. 실제로 처족을 통해 풍양조씨 일문뿐만 아니라 경주김씨, 안동권씨와도 친족관계를 갖고 있던 대원군이 신정왕후에게 유력한 지지기반으로 주목되었을 것이라 생각된다.27) 이처럼 정권장악을 위해 서로의

---

23) 명목상 격이 가장 높은 정1품아문. 종친부 활동은 정치문제를 배제한 왕실 관련 분야에 한정되어 있었는데, 이는 종친의 정치적 개입을 저지하기 위해서였다. 대원군은 종부시를 종친부에 합해 종친부 역할과 지위를 강화시킴으로써 왕실의 위엄과 기반을 확고히 하려 했다. 『대전회통』에 따르면 종친부 임무는 역대 국왕의 御譜와 御實 보관, 국왕과 왕비의 의복 관리, 璿源諸派의 총괄로 되어 있다(『대전회통』 卷之一, 吏典).
24) 『종친부등록』 1847(헌종13)년 2월 11일·5월 25일.
25) 연갑수, 「대원군집정의 성격과 권력구조의 변화」, 『한국사론』 27, 1992; 남미혜, 「대원군집권기종친부진흥책의 성격」, 『동대사학』 1, 1995; 김병우, 『대원군의 통치정책』, 혜안, 2006 참조.
26) 『종친부등록』 1857(철종8)년 1월. 이 일로 대원군은 종부시와 안동김씨로부터 견제당해 유사당상에서 면직되었지만, 안동김씨 세력의 견제와 종친의 정치적 입장을 배려한 철종에 의해 재임명되었다. 또한 여기에는 신정왕후가 배후에서 영향력을 행사했다고 한다(김병우, 『대원군의 통치정책』, 69쪽).
27) 대원군은 풍양조씨 조돈·조진완 등과 처족관계를 맺고 있었고(대원군의 처족관계에 대해서는 김명숙의 『19세기 정치론연구』 206쪽의 [그림2]를 참고했다), 반외척세력으로 유배된 경주김씨 김정희는 대원군의 8촌이며 스승이기도 했

힘이 필요했기 때문에 신정왕후와 대원군의 밀약관계는 성립될 수 있었다.

여기에 대원군은 정계와 종친 간 분쟁을 조정하면서 정치적 지위를 높여 갔다. 1859(철종10)년, 철종즉위 이후에 헌종의 묘천문제를 둘러싸고 벌어진 정권다툼에서 패배해 유배 중이었던 권돈인은 또다시 탄핵받아 유배지를 옮기게 되었다.28) 이것은 안동김씨의 반외척에 대한 정치적 탄압이 여전히 지속되고 있었음을 보여주는 사건이었다.29) 이렇게 안동김씨 독점적인 정치운영이 계속되는 가운데, 1860(철종11)년 11월, 종친인 경평군(慶平君)이 안동김씨의 권력장악과 폐해에 대해 공개적으로 비판한 일은 그의 작호 환수와 풍계군(豊溪君)30)의 양자로서의 자격 박탈31)과 함께 정계에 큰 물의를

다. 이런 혈연관계로부터 대원군은 반안동김씨 세력과 쉽게 결탁할 수 있었다. 또한 대원군과 김정희·권돈인 사이에 친밀한 관계가 있었음은 김정희 작품인 '芝蘭並盆'에 대원군과 권돈인의 발문이 함께 쓰여 있고, '芝蘭'의 의미가 친밀한 교우관계를 의미한다는 사실에서 틀림없다고 생각된다.

28) '大司諫 李鼎信上疏辭職仍請權敦仁嚴勘倖渞之罪賜批'(『일성록』 1859(철종10)년 1월 5일), '兩司聯箚請權敦仁亟降處分賜批. 大司憲李裕元 司諫丁載榮 掌令 李後善 李赫準 獻納趙雲周', '玉堂聯箚請權敦仁亟準臺閣之請賜批. 副應敎李九翼 敎理洪承裕 副敎理鄭海崙 修撰姜長煥 副修撰成彝鎬'(『일성록』 1859(철종10)년 1월 6일), '正言趙用夏上疏請權敦仁施以當律賜批', '正言沈履澤上疏辭職仍請權敦仁亟降處分賜批', '命判府事權敦仁 連山縣中途付處'(『일성록』 1859(철종10)년 1월 7일).

29) 철종즉위 후 사퇴 뜻을 반복해 표명하던 권돈인은 1851(철종2)년에 파면·유배된 후, 1852년 9월에 죄인 명단에서 제외되어 1856년 2월과 5월에 철종으로부터 정계복귀를 요구받았지만 거절했다. 그 후 1859년 1월에 또다시 군주의 자비가 내려졌음에도 불구하고 여전히 불순한 뜻을 품고 있다고 탄핵되어 연산현에 중도부처되어 같은 해 4월에 사망했다. 결국 권돈인은 철종이 그를 정계에 복귀시키려 한 때문에 지속적으로 안동김씨 세력의 감시를 받았고, 그 결과 또다시 탄핵·유배당해 죽게 되었다.

30) 정조의 배다른 형인 은언군의 아들. 철종 부친인 전계대원군의 형. 후사가 없었기 때문에 양자를 들여 '暭'로 개칭하고 경평군에 봉했다. 경평군은 철종의 조카에 해당된다.

31) 『일성록』 1860(철종11)년 11월 4일.

불러일으켰다.32) 경평군문제는 왕실과 종친에게 또다시 풍계군의 입후를 결정해야 하는 과제를 주었다. 또한 종친의 정치 개입으로 간주되어 종친과 안동김씨, 또는 종친과 관료 사이의 논쟁을 발발시켜 종친 지위에까지 영향을 미치게 되었다. 이 때 대원군은 풍계군의 입후문제를 신속하게 처리해 종친의 정치비판으로 인해 야기된 관료들과의 충돌 요인을 제거함으로써 종친과 정계 양 쪽의 신임을 획득하게 되었다.33)

종친부에서 활동하면서 왕실·정계·종친으로부터의 신뢰를 얻은 대원군은 철종이 병약하고 후사가 없는 상황에서 자신의 아들을 왕으로 만들겠다는 의도를 가지고 그 계획을 착실하게 진행시켜 나갔다.34) 철종이 서거한 당일, 신정왕후가 마치 준비해 둔 것처럼 대원군의 둘째 아들인 명복을 후사로 해 익종을 계승하도록 명한 것은 대원군과 신정왕후 사이에 고종을 차기군주로 즉위시킨다는 약속이 사전에 성립되어 있었다, 즉 신정왕후가 대원군을 정치적 파트너로 선택했음을 의미했다. 대원군은 신정왕후에 대한 지속적인 설득과 회유를 거듭해 그녀를 정권획득의 협력자로 포섭하는 데 성공한 것이었다. 또한 철종은 생전에 고종을 후사로 하려 생각하고 있었는데,35) 이는 그가 왕실과 종친의 권위 강화를 위해 노력한 대원군을 신뢰하게 된 결과였다. 여기에 안동김씨까지 동조한 것은 대원군이 안동김씨 세력과도 원만한 관계를 유지해 그들의 경계심 완화에 힘을 기울이고 있었던 증거라고 할 수 있다.

---

32) 이는 안동김씨 세도에 대한 반론이 용인될 수 없었던 상황을 보여준다. 그리고 경평군의 발언으로 인해 호조판서 김병기, 이조판서 김병국, 영돈녕부사 김문근, 판돈녕부사 김좌근의 自引상소와 경평군에 대한 처벌·국청을 요구하는 상소가 계속되게 되었다(『일성록』1860(철종11)년 11월 2·3·4·5일자 상소 기사 참조).
33) 김병우,『대원군의 통치정책』, 70~71쪽 참조.
34) 김의환,「새로이 발견된 「흥선대원군략전」」,『사학연구』39, 1987, 370~371쪽.
35) '哲宗薨 無嗣. 哲宗嘗屬意於今上. 故諸金欲援立之',『매천야록』, 2쪽.

이처럼 고종은 방계왕족으로서 신정왕후와 대원군 간의 권력장악에 대한 합의와 안동김씨를 비롯한 여타 정치세력의 협조 또는 묵인 속에서 즉위했다. 그리고 고종은 즉위 후, 부친이 생존해 있다는 전대미문의 상황―조선 건국 초기 양위를 제외―에 처하게 되었다. 이는 홍선군을 군주로 하는 편이 낫다는 의견이 제기되는 원인이 되었고,36) 고종즉위 직후부터 홍선대원군의 대우문제에 대한 논의를 불러일으켰다. 대원군 처우문제는 고종의 즉위 의식이 거행된 당일 신정왕후와 의정 사이에서 논의되었는데, 다음 대화로부터는 국초 이래 첫 사건에 대한 양측의 의견 차이를 엿볼 수 있다.

> **대왕대비** "대원군에게 봉작하는 것은 국조에 처음 있는 일인데, 모든 절차를 응당 대군의 규례대로 거행해야 할 듯하다. 대원군이 굳이 사양하고 있는데 그의 말도 괴이하지 않으니, 어떻게 하면 좋겠는가?"
> **정원용** "무슨 일이든 이전의 법식을 끌어다가 한다면 행하기 쉽지만 이 예는 전례를 찾아볼 데가 없습니다. 나중에 상의하여 우러러 아뢰겠습니다."
> **대왕대비** "여러 대신이 이미 연석에 나왔으니 지금 의논하여 정하는 것이 좋을 듯하다."
> **김흥근** "이것은 처음 만드는 일이므로 갑자기 결정하기는 어려운 점이 있습니다. 그리고 내외 조정의 체례(體例)가 매우 엄하므로 신들과 대원군이 아마 서로 접할 때가 없을 것입니다."
> **대왕대비** "그렇지만 혹시 서로 만나게 될 때에는 어떻게 하는 것이 좋겠는가?"
> **김좌근** "이미 서로 만날 기회가 없는 이상 예수(禮數)를 미리부터 강정(講定)할 필요는 아마 없을 것입니다."37)

여기에서 신정왕후는 대원군을 대군의 예에 따라 대우해야 한다고 주장한 데 반해, 대신들은 논의할 필요가 없다며 즉석해서 답하기를 피하려 했

---

36) '興根曰 "興宣君在 是二君也 二君可得事乎 毋已則直興宣君可耳"', 『매천야록』, 2쪽. 김흥근은 군주에게 생존한 부친이 있을 경우에 二君이 되는데, 二君을 받들 수 있을까하며 차라리 홍선군을 군주로 하는 편이 낫다고 주장했다.
37) 『고종실록』1863(고종즉위)년 12월 13일.

다. 또한 직접 대원군을 만날 경우에 대비해 접대방법을 고안해 두기를 요구하는 신정왕후를 향해 만날 기회가 없을 것이라 단언하며 대원군의 국정 관여를 부정, 또는 저지하려는 태도를 보였다. 다시 말해 그들은 내외조(內外朝)의 체례가 엄중히 구별되어 있어 내조(왕실) 사람인 대원군이 외조(정부)와 접촉하는 일은 없다고 강조하며 대원군의 정계진출에 반대한다는 의사를 분명히 한 것이었다. 이처럼 군주의 생부는 그의 대우와 국정개입 문제 등, 정치적 논쟁을 불러일으킬 수 있는 존재였다. 그러나 그들의 의도나 예상과는 달리 신정왕후는 대원군의 정치참여를 적극적으로 지지해 나갔다. 특히 순원왕후 세대에 해당하는 김좌근(1797~1869)[38] 세력의 약화를 시도했고, 그 결과 김좌근은 고종즉위 4개월만인 1864년 4월 18일에 사임하지 않을 수 없게 되었다.

여기에 군주에게 생존해 있는 부친은 생부와의 관계 설정, 즉 '부자'와 '군신' 중에서 무엇을 우선시해야 하는가라는 문제를 가져왔다. 원칙적으로 군주 앞에서는 모든 사람들이 신하였고, 고종이 군주가 된 이상 대원군도 아들 앞에서 신하가 될 수밖에 없었다. 그러나 원칙상 고종의 대원군에 대한 '효'보다 대원군의 고종에 대한 '충'의 우선이었다고 해도 현실 상황에서 고종은 자신의 즉위에 절대적 역할을 한 실부에게 효의 도리를 다하지 않으면 안 되었다.

이러한 고종과 대원군 사이의 충효 문제는 양측의 의견과 지향점이 일치하는 경우에는 그다지 문제가 되지 않았지만, 양측의 생각에 균열이 생긴 경우에는 큰 파문이 예상되는 것이었다. 고종즉위 초기에 대원군은 왕실과

---

[38] 안동김씨. 김조순의 아들. 순조비인 순원왕후 동생. 1825(순조25)년에 蔭補로 부솔이 되었고, 1834년에는 상의원 첨정으로 승진했다. 1837(헌종3)년에 진사가 되었고, 1838년에 정시문과 병과에 합격했다. 1853년부터 1863년까지 영의정에 3번이나 취임한 안동김씨 중심인물로 안동김씨 세도정치의 중심에 존재했다. 고종이 즉위하자 영의정을 사임하고 행판중추부사에 이어 영돈녕부사가 되었다.

군주의 권위를 높여 중앙권력에 대한 강화·확립을 시도했다. 또한 종친과 의정부, 나아가서는 무신세력의 지위신장을 지속적으로 추진해 고종이 군주권을 안정적으로 확보하고 국정을 운영할 수 있는 기반을 만들려 했다. 따라서 고종은 생부인 대원군의 정책수립·수행에 적극적으로 협력할 뿐만 아니라, 자신의 잠저이기도 한 대원군궁, 즉 운현궁을 개축해 운현궁과 궁전 사이에 특별한 통로를 설치했다.39) 뿐만 아니라, 직접 운현궁을 방문, 또는 정기적으로 승지를 보내 안부를 묻는 등, 대원군에 대한 효를 다하기 위해 노력했다.

그런데 이러한 과정에서 통치권은 점차 군주인 고종이 아니라, 실질적 정권운영자인 대원군에게 집중되어 갔다. 그러자 대원군이 군주를 능가하는 통치권을 행사하는 데 위기를 느낀 고종은 통치권 회복을 시도하게 되었다. 결국 1873년 10월, 최익현의 상소를 계기로 친정을 전격적으로 선포해 대원군을 정계에서 은퇴시키고 친대원군세력을 제거해 나갔다. 그러나 자신의 통치권 강화를 위해 추진한 친대원군세력 제거는 동시에 군주인 자신의 지지기반 축소와 반군주세력 증가로 이어져 친정 이후의 통치권 확립과 안정에 장애가 되었다. 1874년의 가을부터 다음해 봄까지 지속된 대원군의 환궁요청상소는 생존해 있는 부친의 존재가 고종의 통치권력 행사와 정치활동에 얼마나 큰 영향을 미치고 있었는지를 잘 보여준다.40) 고종의 정책결정에 반대한 대원군의 경기도 양주 직동에서의 은둔은 고종에게 정치적 타격을 입혔을 뿐만 아니라, 불효라는 도덕적인 이미지 손상까지 입혔던 것이었다.

이처럼 고종에게 자신을 추대한 생부 대원군을 어떻게 대우하는가는 중

---

39) 조선시대 대표적인 잠저로는 태조의 함흥본궁·개성경덕궁, 인조의 저경궁·어의궁, 영조의 창의궁, 고종의 운현궁 등이 있다.
40) 부사과 이휘림과 전장령 손영로 등의 상소에서는 고종이 대원군을 원지에 방치하는 일에 대한 비난과 한시라도 빨리 대원군을 환궁시켜 자식으로서의 효를 다할 것이 요구되었다. 상세한 내용은 제4장 제2절 1-(2) 참조.

대한 문제였다. 즉위 초기에는 대원군이 왕실과 군주의 권력 확대에 노력했고, 고종이 대원군의 활동과 정책에 적극적으로 찬성하고 있었기 때문에 양측 간에 충효 문제로 인한 충돌은 생기지 않았다. 그러나 대원군에 의해 장악된 국정운영권을 고종이 되찾으려 함에 따라 이 문제는 아들이 아버지에 대한 효를 우선시해야 하는가, 아버지가 신하로서의 충을 선행해야 하는가를 둘러싼 갈등을 불러일으켰다. 다시 말해 이미 고종이 즉위할 때부터 내재되어 있던 고종과 대원군과의 '효'와 '충' 문제는 양측이 통치권 장악에 대한 강력한 의지를 표방하면서 보다 복잡한 양상을 띠게 되었다고 하겠다.

3. 제1장 제2절 정리

고종은 대원군의 결정적인 역할에 의해 그 즉위 결정·과정에 특별한 반발과 문제없이 비교적 순조롭게 제26대 군주에게 즉위할 수 있었다. 대원군이 장남이 아니라 차남을 군주로 추대한 것은 군주 보도라는 명분을 여전히 유지하려는 여타 정치세력과의 타협 결과였다. 여기에는 그들 각각의 의도가 포함되어 있었는데, 신정왕후는 어린 군주를 대신해 정치를 운영하는 수렴청정의 권한이 자신에게 있었던 만큼, 풍양조씨를 등용해 일문의 영향력을 확대하려고 생각했다. 안동김씨 세력은 김병학과 대원군 사이에 고종과 김병학 딸과의 혼인에 대한 구두 약속이 있었고,[41] 또한 대원군의 정권 참여를 강력하게 반대해 대원군이 그들의 세도 유지에 방해가 될 가능성을 억제함으로써 정치적 지위를 지키고자 했다. 무엇보다도 고종즉위 이전부터 종친부 활동을 통해 왕실과 종친의 지위·권한 강화를 시도하며 정권장악에 대한 야심을 키워 온 대원군은 고종을 즉위시켜 자신의 계획과 포부를 실현시킬 수 있는 기반을 확보하려 했다. 다시 말해 각각 정치세력의 동상이몽, 즉 고종의 즉위가 자신들의 권력 확립과 유지에 유리할 것이라는 판단과 계통을 거슬러 대통을 계승했던 철종의 전례가 적절히 이용된 결과, 고종은 익종의 양자로 철종의 뒤를 이어 무사히 왕좌에 오르게 되었다는 것이다.

고종의 즉위와 함께 신정왕후의 수렴청정이 실시되었다. 제왕교육을 받지 않은 12살의 고종에게는 치국보다는 주로 성학, 즉 수신에 대한 전념이 요구되었다. 고종은 1873년에 친정을 선포─실질적인 통치권 회복을 가리킨다. 공식적 친정선포는 신정왕후가 철렴을 선언한 1866년 2월에 이미 시작되었다─할 때

---

[41] '炳學約興宣君 以其女揀長秋之選 則戚里固自如也. 上旣立 興宣君尊爲大院君 卽背炳學 定國婚于閔致祿之孤女 卽明成皇后也. 炳學之女 後適趙臣熙',『매천야록』, 2쪽.

까지 약 10년간 실질적으로 국정을 운영하지 못했지만, 그가 최고통치권자라는 사실은 변하지 않았다. 이는 여타 정치세력의 권력행사가 고종의 권위에 기인하고 있었음을 의미했고, 대원군도 마찬가지였다. 따라서 대원군은 아들인 고종의 통치권을 적절히 이용하면서 조선의 실질적인 통치권자로 군림하며 국정을 장악·주관해 갔는데, 이것이 고종 재위 전기 10년간을 대원군정권기로 구분해 일컫는 이유이다.[42]

---

[42] 조선 세도정치기가 언제부터 언제까지인지를 둘러싸고 세 가지 견해가 있다. 이는 첫째, 순조~철종대까지 63년간만을 세도정치기로 이해한다, 둘째 이 시기에 덧붙여 1873(고종친정선포)년에서 1894(갑오개혁)년까지의 민씨정권도 세도정치기로 파악한다, 셋째 1800(순조즉위)년부터 갑오개혁(1894년)까지를 세도정치의 연속으로 판단한다는 것이다(김명숙, 『19세기 정치론연구』, 11~13쪽 참조).

제 2 장

재위 전기 고종의 성학

조선은 유교와 성리학을 기반으로 창건된 나라로 유교적 통치이념을 도입・적용하여 중앙집권적인 지배체제를 구축하려고 했다.[1] 치자(治者)의 덕을 강조하며 나라의 근본인 백성을 위한 인정(仁政) 시행을 기반으로 하는 유교적 통치이념은 치자의 권력 독점과 남용을 방지할 수 있는 이론적 기반을 제공했다.[2] 이러한 통치이념에는 조선의 특수한 시대적 상황이 반영되었으며, 특히 16~7세기의 양란(임진왜란・정묘호란) 후, 정권장악과 국가 재건을 꾀하던 정치세력은 조선의 정치와 학풍에서 주자를 정통으로 하는 틀을 마련하고 군주의 실천을 요구했다.

유교적 군주관에 대한 존중은 고종에게도 마찬가지로 적용되어, 고종은 즉위 한 달 뒤부터 강연을 통해 군주수업을 받게 되었다. 즉위 이후 10년간, 대원군이 국정을 총괄하는 가운데 고종에게 강조된 것은 군주의 자질과 능력 향상, 즉 성학으로의 전념이었다.[3] 이는 2년간의 수렴청정 후에 곧바로

---

[1] 조선의 유교・유학에 대해서는, 강재언,『朝鮮の儒教と近代』, 明石書店, 1996; 정재훈,『조선전기의 유교정치사상의 연구』, 태학사, 2005; 최봉영,『조선시대의 유교문화』, 사계절출판사, 1997; 李泰鎭著・六反田豊譯,『朝鮮王朝社會と儒教』, 법정대학출판국, 2000; 강광식,『신유학사상과 조선조유교정치문화』, 집문당, 2000; 금장태,『조선후기의 유학사상』, 서울대학교출판부, 1999 참조.

[2] 조선의 공론, 감찰・간쟁기관과 경연제도에 대해서는 설석규,『조선시대 유생 상소와 공론정치』, 선인, 2002; 정두희,『조선시대의 대간연구』, 일조각, 1994; 남지대, 「조선초기의 경연제도」,『한국사론』6, 1980; 이성무, 「한국의 감찰기관」,『청계사학』13, 1996 참조.

[3] 고종의 재위 전기 교육을 다룬 논문은 김세은, 「고종초기(1863~1876) 국왕권의 회복과 왕실행사」, 서울대학교박사논문, 2003이 있다. 이 논문에서 김세은은 고종즉위 이후에 세도정치기의 권강과 진강이 별강의 형태로 자리 잡으면서 경연이 활성화되었고, 고종이 이를 군신간 회합의 장으로 활용하며 통치술을 습득해 나갔다고 평가했다. 또한 연도별 경연의 내용을 분석하고, 신미양요기

정치에 관여·총괄해야 했던 세도정치기의 어린 왕들에 비해, 고종이 신정왕후의 수렴청정이 끝난 후에도 수많은 정치세력과 정치현안으로부터 비교적 자유로운 상황 속에서 군주의 역량을 키우는 데 전념할 수 있었음을 의미했다. 이렇게 대원군정권기에 군주로서 성장할 수 있는 시간과 기회를 제공받은 고종은 통치의 바탕이 되는 여러 가치관을 습득·형성해 갔다. 그리고 이시기 집중적으로 이루어진 고종의 제왕교육은 그의 실질적인 친정 이후(1873년 말) 정치활동의 기반이 되었다.

제2장에서는 고종 재위 전기 통치활동을 정확히 분석하는 데 필요한 사상적 배경을 파악하기 위해 군주의 성학이란 무엇이며, 고종의 성학이 어떤 과정으로 진행되었는지를 고찰할 것이다. 또한 고종의 강연에 관여한 강관의 성향을 분석해 그들이 고종의 통치관 형성에 미친 영향을 규명하려 한다.

에는 어떠한 내용이 중점적으로 다루어졌는지, 『효경』과 『소학』을 공부할 당시의 실상은 어떠했는지 등을 분석했다. 본고에서는 이러한 연구성과를 바탕으로 고종이 성학을 통해 어떤 군주관·대민관을 형성하고, 그것이 즉위 초기에 집중된 이유를 밝힘으로써 재위 전기 고종의 성학이 갖는 의미를 재평가해 보도록 하겠다.

제1절
고종의 강연진행 및 성학태도

1. 고종 강연의 배경

'성학'은 군주의 학문을 의미한다.[1] 조선에서 군주는 단순히 군림하는 자가 아니라 통치자였고, 군주의 통치적 역량이 정국에 미치는 영향은 지대했다. 이러한 군주의 국정운영에 필요한 자질과 능력을 향상시키기 위해 준비된 것이 성학이었다. 유교에서 군주에게 요구된 것은 '수기치인'으로 집약

---

[1] 성학은 원래 성인이 되기 위한 학문, 즉 堯舜周孔의 요법을 체득하고 王道와 仁政을 실현하기 위한 학문이라는 의미였다. 이것은 학문을 통해 습득한 '格物致知'를 정치에 행하면 왕도가 된다는 道學이며, 『대학』의 공부 목적과 방법을 내용으로 군주를 비롯한 治者에게 공유되는 학문·정치론이었다. 그 중에서 신하와는 달리 절대성이 규정되는 군주를 위한 학문이라는 의미로써 성학이 제왕학·군주학이 되면서 성학에서 제왕학과 사대부학의 분리가 일어났다. 조선주자학의 전개과정에서는 정도전·조광조를 거쳐 이언적에 이르러 본격적으로 성학론이 제기되었다. 또한 성학이 『대학』과 관련되면서 그것과 구별되는 군주학·제왕학으로 성립되고, 주자의 문집과 어록을 통해 주자·주자학 연구가 한층 구체화된 것은 16세기 중반경이었다. 이 때 이황의 『성학십도』와 이이의 『성학집요』에 의해 군주 성학 관련 이론이 정착했다. 이이의 성학론은 군주의 성학에 관료집단이 주도하는 군주교도론을 도입함으로써 신권우위의 정치운영과 왕권 제약 논리로 작용했다. 그리고 이러한 왕권을 제약하는 성학론은 송시열에 의해 더욱 강화되었다(김준석, 『조선후기 정치사상사의 연구』, 지식산업사, 2003, 246~249쪽).

할 수 있는데, 성학은 '수기'에 해당하는 것이었다. 군주가 성학을 중시해야 할 이유는 스스로의 수련 없이는 타인을 다스릴 수 없기 때문이었고, 직접적인 통치활동인 '치인'보다도 '수기'의 실현이 우선시되었다.[2]

조선군주에게는 경연을 통한 성학으로의 전념이 지속적으로 강조되었고, 그것은 창업군주로부터 시작되었다. 1392(태조1)년 간관은 '창업한 군주는 자손의 모범이 된다. 만약 전하가 강연을 급무로 하지 않으면 후세는 이를 본받아 학문을 하지 않을 것이다', '전하께서는 날마다 경연에 나와서 『대학』을 가져와 강론하게 하여, 격물치지·성의정심의 학문을 연구하여 수신·제가·치국·평천하의 효과를 이루어야 한다'[3]며, 창업군주가 취해야 할 성학 자세와 군주에게 성학이 얼마나 중요한지를 논했다. 태조에게 요구된 성학정진을 바탕으로 한 수신치국 달성의 임무는 이후의 조선군주에게도 대대로 역설되어 갔다. 조선의 관료·학자는 군주의 경연개최 횟수가 성학 수준, 즉 수신 정도에 비례한다고 판단해 군주의 지속적인 경연개최를 독려한 것이었다.[4] 그리고 군주에 대한 성학 중시는 학자인 동시에 정치가인 조선 고유의 군주상을 만들어 내게 되었다.

유교 통치이념을 바탕으로 요순사회 구현을 이상으로 제시한 조선사회에서 군주의 성군 자질 양성은 언제나 정치가·학자들의 관심의 초점이었다. 유교에서 군주는 하늘(天)과 백성(民)을 대변해 통치주체가 될 수 있는 유일한 존재였기 때문에[5] 통치를 전제로 하는 군주의 학문은 일반민의 그것과는 비교할 수 없을 만큼 중시되고 있었다.[6] 따라서 조선의 관료·학자

---

[2] 박충석·유근호, 『조선의 정치사상』, 평화출판사, 2003, 54~62쪽.
[3] 『태조실록』 1392(태조즉위)년 11월 14일.
[4] 한예원, 「조선실학시대 군신간의 학문 활동」, 『남명학연구』 16, 2003, 431~436쪽.
[5] 김성혜, 「고종즉위 초기 군주관 형성과 그 내용」, 『이화사학연구』 42, 2011을 참조. 정조는 정치가·학자가 아무리 성인의 자질을 가졌다고 해도 군주의 지위를 대체할 수 없다고 역설했다(『정조실록』 1778(정조2)년 12월 15일 辛未).
[6] 『일성록』 1864(고종1)년 5월 2일·『승정원일기』 1865(고종2)년 1월 20일, 大

는 통치근본을 세우기 위해 군주에게 학문에 충실할 것을 호소했다.

또한 군주 성학의 지속적인 강조는 군주가 정치운영에 지대한 영향을 미친다는 사실의 반영이었다. 조선의 현실정치는 군주 자질과 활동여하에 크게 좌우되었고, 정치세력은 군주를 사이에 두고 권력투쟁을 펼치고 있었다. 기본적으로 국가권력의 중심과 근원이 군주인 상황에서 정치집단은 군주의 지지·동의를 획득하지 않는 한 아무리 논리 정연한 주장을 전개한다고 해도 정권을 장악하고 정책을 추진하기 어려웠다. 이처럼 통치상 군주의 결정권이 컸기 때문에 조선의 관료·학자들은 군주의 자질을 양성·향상시킬 방법을 강구하고, 이를 통해 국가 안정과 발전을 꾀하려고 했다.7)

한편 성학에 대한 강조는 그 교육의 담당자, 혹은 정치를 보도하는 관료의 입지를 강화하는 구실이 되었다. 세습군주제인 조선에서는 '군주가 타고난 자질과 능력을 갖고 있는가, 그것을 통치활동 속에서 실현할 수 있는가, 또는 통치활동을 보좌할 우수한 관료집단 형성이 가능한가'라는 중대한 문제가 우연에 맡겨져 있었다.8) 이런 상황에서 군주에 의한 돌발적인 사태 발생을 막고 통치능력을 높이기 위해 성학이 중시되었고, 그것은 군주 교육과 통치활동을 보도·보좌하는 관료의 지위와 역할 확대로 이어졌다. 다시 말해 군주가 유교적 정치사회를 구현하는 데 필요한 성학 향상에는 유식계층의 협력이 필수적이었기 때문에 성학 강조와 비례해 그 역할을 담당하는 관료의 지위도 함께 신장된 것이었다.

臣政府備局堂上引見, 同爲入侍時.
7) 그 대표적인 인물 중 한 사람은 율곡 이이다. 율곡은 『성학집요』를 저술해 군주의 치도와 방략에 대해 중점적으로 다룰 정도로 통치에서의 군주 역할을 중시했고, 『동호문답』에서는 군주의 역할수행 형태와 역할 모형을 제시해 군주가 지녀야 할 자세에 대해 구체적으로 설명했다. 율곡이 선조에게 『성학집요』를 제출한 일은 『선조실록』 1575(선조8)년 9월 27일자 기록을, 율곡의 위정을 정리한 기록은 『선조수정실록』 1575(선조8)년 9월 1일자의 기록을 참조.
8) 배병삼, 「조선조의 개혁사상과 정치적 리더십」, 『한국정치학회』 1997년 9월 발표문, 16쪽.

이렇게 성학론에는 군주의 원활한 정치운영에 지식관료계급의 협조가 요구되는 이상, 관료를 존중·우대해야 한다는 논리가 포함되어 있었다.9) 그리고 이러한 사실은 신성불가침한 군주의 권력에 대해 신권(臣權)이 간섭할 수 있는 여지를 주어 군신간의 균형 모색과 함께 쌍방관계를 변화시키는 요인이 되었다. 또한 성학으로의 정진여부가 신하와의 정치적 알력에서 우위를 점할 수 있는 토대도, 신하에 의해 비판·제압되어질 이유도 되는 현실 속에서 군주는 신권을 억제하고 군주의 확고한 지위를 지키기 위해서라도 성학에 전념해야 했다.

이러한 성학은 세도정치기에 들어 두 가지 변화양상을 나타내게 되었다. 그 하나는 통치이념으로 정착한 성학이 군주의 통치 틀을 규정하는 가운데 선대왕, 특히 영조·정조 행적의 답습이 강조되었다는 것이다.10) 성학에는 조선의 모든 통치이념과 군주가 모범으로 해야 하는 성현과 조종의 모습이 투영되어 있었다. 군주는 세자 때부터 유교적인 사고를 가진 인간으로 교육받으며, 유교국가 수장으로 성현의 가르침을 스스로 실천하지 않으면 안 되었다. 이는 성학이 단순히 학문적 수양을 독려하는 차원을 넘어 군주의 사고와 행동을 조정·규제하는 수준에까지 이르렀음을 의미했다. 다시 말하면 성학은 군주 스스로가 자기수양을 통해 유교적 이상사회를 구현한다는 목적하에 군주의 통치양상을 규제하는 수단으로 이용되었다는 것이다. 결국 성학은 강력한 권력을 가진 군주의 독단적이고 예상외의 행동이 유발할 수 있는 통제 불가능한 상황을 사전에 차단·억제하는 기능을 수행함으

---

9) 김준석,『조선후기 정치사상사의 연구』, 264~266쪽.
10) 유미림은 조선후기사회를 규정하는 주자학적 통치이념으로 성학·인정·전통·중화를 들었다. 이 네 가지 구성요소는 주자학적 통치이념의 확립에 군주의 군덕수양이 전제조건이 되기 때문에 이미 통치이념의 일부가 되어버린 성학, 그리고 선대로부터의 정치적 전통과 전통유교로부터의 규범적 이론인 인정, 중국본토인 명청 교체에 의해 새로이 변용된 중화이다(유미림,『조선 후기의 정치사상』, 지식산업사, 2002, 10~12쪽·32~33쪽).

로써 조선사회를 지배하는 가장 중요한 통치이념으로 정착해 갔다.

통치이념화된 성학의 강조는 1800년 정조의 서거 이후, 어리고 제왕교육을 충분히 받지 못한 군주가 계속 즉위함에 따라 더욱 심화되었다. 유약한 군주의 즉위는 군주 보도를 주창하는 신측의 역할 강화로 이어지면서 군주의 입지를 축소시켰고, 이를 극복하기 위해 군주에게는 성학에 전념해 통치의 기본을 배울 것이 한층 중시되었다. 이때 주된 모범으로 제시된 것이 탁월한 학문적 소양을 바탕으로 경천애민의 통치를 실현했다고 여겨지는 영조·정조였다. 그리고 세도정치기 순조·헌종·철종에게 강조된 것들은 잠저에서 12살의 나이에 즉위한 고종에게도 적용되게 되었다.

세도정치기 성학의 또 다른 변화는 수신(성학)이 중시되는 가운데 치국의 권한이 수렴청정을 행사하는 왕후와 외척에게 위임되었다는 것이다. 군주의 임무인 수신과 치국 간의 문제는 양자의 습득과정과 수행방법 등을 둘러싸고 오랜 기간에 걸쳐 조선 정치가·학자 간에 논의의 대상이 되어 왔다. 이 문제에 대해 율곡은 '수신이 이루어지는 때를 기다리지 않으면 안 된다고 하면 인군의 수신이 완성되기 전의 치국은 어떻게 되는가?'라는 의문을 던져, 수신과 치국의 동시수행을 강조했다.[11] 또한 정조는 '제왕은 필서와 달라 어릴 때부터 치평의 책임을 지고 있기 때문에 수신에만 전념해서는 안 된다'[12]고 역설해, 군주 역할에서 치국을 중시하는 분위기를 만들려고 했다. 이는 치국보다 선행된 수신 및 수신의 완성을 강조함으로써 군주의 행동을 통제하려는 논리에 대한 반박이었다. 그러나 두 사람이 이렇게 주장한 배경에는, 율곡에게는 당시 군주인 선조 개인의 자질과 선조의 인재등용에 대한 신뢰와 기대가, 정조에게는 신하를 넘어서는 학문과 교양에 대한 자신감이 존재하고 있었다. 다시 말해 군주가 수신과 치국을 병행하기 위해서는 그것이 가능한 개인적인 역량과 능력을 전제조건으로 구비하지 않으

---

11) 「성학집요」 7, 「爲政下第四」·「爲政功效章第十」, 『율곡전집』 25.
12) 『정조실록』 1778(정조2)년 12월 15일 辛未.

면 안 된다는 것이었다. 때문에 이러한 조건이 갖추어지지 않는 한 군주는 성학에 전념하고 실질적인 정치는 신하에게 위임할 수밖에 없었다.

더욱이 세도정치기에는 유약하고 제왕교육을 충분하게 받지 못한 군주가 연이어 즉위하면서 군주의 수신과 치국에 대한 동시 수행은 현실적으로 무리한 일이 되었다. 따라서 정치운영(치국)은 수렴청정을 맡은 왕후, 또는 군주 보도의 임무를 자임하는 외척가문에 의해 장악되고, 군주에게 주로 통치자질을 함양하기 위한 성학으로의 전념(수신)이 요구되었다. 또한 세도정치기에는 군주의 교육과정에서도 정식 경연이 어린 군주에게는 어렵다는 이유로 보다 간소화된 권강·진강이 설치되었는데, 고종에게도 이러한 전례에 따라 교육방침이 정해졌다.

1863년 12월 후사가 없는 채로 서거한 철종의 후계자가 된 고종은 세도정치기의 군주와 마찬가지로 즉위할 당시 어리고 제왕교육도 받지 않은 상태였기 때문에 신정왕후의 수렴청정이 행해졌다. 이는 세도정치기부터 문제시되어 온 통치상 수신과 치국 주체의 불일치 상황이 고종즉위 이후에도 지속되게 되었음을 의미했다.[13] 특히 신정왕후의 수렴청정이 끝난 후에도 대원군이 정국을 장악한 가운데, 고종에게는 실질적인 통치활동보다 성학에 충실할 것이 강조되었다. 그리고 고종은 조선군주에게 대대로 중시되었고, 세도정치기에 들어 더욱 강화된 성학을 바탕으로 군주의 정통성과 자질을 확보·강화해 나가게 되었다.

---

13) 안외순, 「대원군정권기 권력구조에 관한 연구」, 이화여자대학교박사논문, 1996, 245쪽.

2. 강연의 진행

(1) 권강의 실시

1863년 12월, 고종의 왕위 계승을 결정한 신정왕후는 군주가 지녀야 할 자세와 수행해야 할 역할에 대한 교서를 내렸다.[14]

> 오직 하늘과 조종께서 묵묵히 도와주고 은밀하게 말없이 돌봐주신 덕분에 지금 망극한 가운데서도 오백 년의 종묘사직을 다행히 부탁할 곳이 있게 되었다. 주상은 바로 우리 인조의 혈통을 이어받은 후손이고 영조의 방계 집안이다. 조종의 계통을 이어 조상의 일을 행하려면 응당 조종들을 본받아야 한다. 하늘을 공경하고 백성들을 사랑하는 것이 바로 조종들이 물려준 심법(心法)이며, 근신하고 절약하는 것이 하늘을 공경하고 백성들을 사랑하는 근본이다. 인주의 행동 하나 말한 마디가 다 백성들의 고락(苦樂)에 관계되고 백성의 마음이 바로 하늘의 마음이니 어찌 언제나 이것을 생각하지 않을 수 있겠는가? 예로부터 훌륭한 제왕과 명철한 임금은 대부분 민간에서 나서 성장하여 민간의 사정을 잘 알고 있었다고 한다. 주상은 영특하고 명민한 천품을 타고 났으니 지난날에 보고 들은 일들을 기억하고 있을 것이다. 옛일을 배워 총명을 넓혀 근신하고 절약하는 요체로 삼으려면 오직 부지런히 강학(講學)해야 할 뿐이다. 아무리 나이 어리고 상사(喪事)기간이라 하더라도 자주 신하들을 접견하면서 경서와 사서를 강론하고 치법(治法)과 정모(政謨)를 밝게 익혀서 위로는 종묘사직의 중함을 생각하고 아래로는 백성들의 바람에 부응하는 것이 바로 이른 아침부터 밤늦게까지 걱정하는 바이다. 임금이 아무리 존귀해도 조정의 신하를 무시하는 법은 없다.

위에서 드러나듯 신정왕후는 고종이 조종을 계승하는 유일한 후계자로 경천애민 사상을 바탕으로 조종을 본받아 근검절약, 성학 근면, 통치기술 습득을 행해야 하며 이를 대신과 함께 하도록 강조했다. 또한 정부대신들에게 '성궁보호와 성학보도가 최우선'이라며, 고종의 성학정진을 위해 협력할

---

[14] 『일성록』 1863(고종즉위)년 12월 13일.

것을 요구했다. 이러한 교서에는 군주의 통치 과제와 자세, 성학에 전념해야 할 이유와 이를 보도하는 신하의 중요성이 포함되어 있었다.

다음 해(1864년) 1월 13일에는 신정왕후와 시원임의정, 비변사당상이 인견하는 자리에서 고종의 성학에 대한 방침이 정해졌다.[15] 이곳에서 신정왕후는 '법강'으로 하면 고종이 아직 연소해 공부하기 어려울 것이라며 '권강'으로 하는 게 좋겠다는 의견을 제시했다. 그러자 좌의정 조두순은 권강을 내각에서 거행하고, 강규는 1834(헌종즉위)년의 규례를 참고로 해서 갖추겠다고 대답했다. 당일 아직 상세한 강연규정이 공포되지 않은 가운데, 검교제학 김병기과 김병국, 전대제학 김병학, 원임제학 김보근·김학성·정기세가 권강관으로 선택되었다.

그리고 동월 15일, 권강의 책자를 『효경』으로 할 것을 비롯한 구체적인 내용이 정해져 권강은 17일부터 시작되었다.[16] 첫 번째 성학교재로는 『효경』이 채택되었는데, 그 이유는 고종에게 '성군의 치국하는 방법이 도덕이고, 도덕의 요체가 효이기 때문에 효도를 하는 도리로 세상을 다스린다'는 것을 강조하고, 그가 신정왕후를 친부모처럼 섬길 것을 독려하기 위해서였다.[17] 여기에 권강이 시작되기 전 12일부터 16일까지 이미 소대[18]가 열려

---

15) 『승정원일기』 1864(고종1)년 1월 13일.
16) 상세한 내용은 강독할 책이 『효경』이고, 문형·각신을 거친 관원 중에서 제학 경험자와 홍문관 입직의 상하번이 교대로 참가하며, 권강 이외에 소대를 연다는 등이다(『승정원일기』 1864(고종1)년 1월 15일).
17) 실제로 고종의 맨 처음 성학 교재를 『효경』으로 결정한 사람은 신정왕후였다. 왜냐하면 1월 13일, 대왕대비가 시원임대신을 인견할 때, 고종이 잠저에서 『사략』을 읽고 있었다는 사실을 알게 되어 권강에서는 『소학』을, 소대에서는 『사략』을 읽는 게 좋겠다는 의견이 제시된 데 대해, 신정왕후가 『효경』이 짧고 어렵지 않다는 이유로 『효경』을 맨 먼저 공부할 것을 요구했기 때문이다(『승정원일기』 1864(고종1)년 1월 17일). 한편, 김세은은 신정왕후가 자신의 불안정한 지위를 지키기 위해 고종에게 『효경』을 강독하게 함으로써 자신과의 인위적인 모자관계를 강조하려 했다고 설명했다(김세은, 「고종초기(1863~1876)국왕권의 회복과 왕실행사」, 75쪽).

『효경』이 강독되고 있었던 점도 권강 교재로『효경』이 선택된 이유였다.
즉위 이후에 고종은 잠저에서『사략』(『십팔사략』)을 공부하고 있었다.19) 고종의 학문적 수준은 스스로가 말한 대로 수기의 요도(要道)와 통치의 대본(大本)을 깨닫는 데 이르러 있지 않았다.20) 따라서 고종은 강연에서 공부의 기본자세 등을 엄격히 지도받게 되었다.21) 여기에는 독서를 하는 이유와22) 책을 강독할 때의 목소리 높낮이의 조절, 읽는 속도,23) 복습 방법24) 등이 포함되어 있었다. 이때 영중추부사 정원용은 읽어야 할 책이 많지만 고종이 열심히 배우면 2, 3년 이내에 전부 읽을 수 있다고 강조하며, 모르는 것이 있으면 수시로 질문할 것을 독려했다.25)

당시 신정왕후를 비롯한 강연관, 시원임의정, 유생들은 고종이 성학을

---

18) '소대'는 경연의 일종으로 법강과 함께 군주 교육의 장으로 활용되었다. 법강이 정해진 시간과 담당자에 의해 행해지는 데 반해 소대는 시간과 경연관에 구애받지 않고, 군주가 승정원에 명하면 바로 준비해 행해졌다. 또한 궁궐 안에서만 개최되었던 법강과는 달리 소대는 군주가 궁궐 밖으로 행행할 때에도 개최될 수 있었고, 법강에서 주로 유교경전을 공부했던 데 비해 소대에서는 사서를 주로 공부했다.『승정원일기』1866(고종3)년 3월 8일(진강, 김학성曰)·1872(고종9)년 1월 25일(大臣政府堂上引見, 홍순목曰)·1873(고종10)년 9월 1일(진강, 허전曰)자 기사 내용을 참조.
19) 『일성록』1863(고종즉위)년 12월 13일.『사략』은 정조가 왕세손때였던 1760(영조36)년부터, 순조가 원자 때인 1797(정조21)년부터 읽기 시작한 사서이다. 정조는 자신이 사서인『사략』과『통감강목』을 몇 번이나 읽었고, 이 책에는 통치활동에 수용할 수 있는 부분이 많다고 말하는 등, 역사서적의 중요성을 강조했다(『정조실록』1797(정조21)년 5월 8일).
20) 『승정원일기』1864(고종1)년 2월 7일.
21) 『승정원일기』1864(고종1)년 3월 12일(소대)·4월 29일(권강)·11월 9일(권강)·11월 18일(권강)·1865(고종2)년 5월 14일(권강)·11월 18일(상소).
22) 『승정원일기』1864(고종1)년 1월 24일, 권강.
23) 『승정원일기』1864(고종1)년 1월 29일, 권강.
24) 『승정원일기』1864(고종1)년 1월 25일(권강)·1월 29일(권강)·2월 5일(권강).
25) 『승정원일기』1864(고종1)년 1월 17일, 권강.

통해 국가통치의 근본인 군덕을 키울 것을 주장했는데, 그것은 김병학이 강조하는 것처럼 '(군주의 성학은)단순히 문장을 만들거나 견식을 넓히기 위한 것이 아니라, 선을 모범으로 악을 경계하고, 장래 통치공적이 있도록 하는 데'[26] 교육 목적이 있었기 때문이었다. 따라서 그들은 군주의 성학진달 여부에 국가통치의 흥패가 결정된다는 인식하에 고종에게 성학에 매진할 것을 지속적으로 역설해 갔다.[27] 이는 좌의정 조두순의 '제왕의 학문은 필부의 기송과 비교가 되지 않는다. 필부가 학문에 근면하지 않으면 그 해가 일신에 머무르지만 제왕이 학문에 근면하지 않으면 그 해가 일국에 미친다'[28]는 발언에서도 잘 드러난다.

이러한 성학의 중요성에 대해 당사자인 고종은

> 다스림의 요체는 오직 배우기를 먼저 해야 하는 것이다. 그러므로 인군이 배우지 않으면 아랫사람들을 다스릴 수 없고 신민이 배우지 않으면 윗사람을 섬길 수 없고, 나라의 치란과 득실, 사람의 현우(賢愚)와 시비를 밝게 분별할 수 없다. 오늘

---

[26] 『승정원일기』 1864(고종1)년 11월 9일, 권강.

[27] 이러한 예로는 다음과 같은 기사가 있다.
"民生休戚, 專係於人主之學不學"(『일성록』 1863(고종즉위)년 12월 13일) · "鄭元容曰, 自古聖哲之君, 必皆好學 且民心向背, 專由於其君之學不學"(『승정원일기』 1864(고종1)년 1월 13일, 大臣備邊司堂上入侍) · "李世容曰, 帝王之學異於匹庶, 求其出治之本, 必須學問中出來矣"(『승정원일기』 1864(고종1)년 5월 20일, 大臣政府備局堂上引見同爲入侍) · "今日悠悠萬事, 莫先於聖學一事. 而勤與不勤實係治忽之間"(『일성록』 1864(고종1)년 7월 22일) · "顧今應天以實之道, 莫先於勤聖學也"(『일성록』 1864(고종1)년 9월 5일, 三大臣聯箚) · "夫聖學爲君德之大本"(『승정원일기』 1864(고종1)년 10월 2일, 領議政趙斗淳 · 右議政任百經聯箚) · "領議政趙斗淳啓曰, 此皆聖學之要道, 而敬天法祖愛民之實, 亦豈外於是", "右議政柳厚祚啓曰, 保聖躬勤聖學, 祖宗付之重, 臣民愛戴之望, 皆在於殿下一身"(『일성록』 1866(고종3)년 2월 27일) · "趙斗淳曰, 聖學爲萬化之原 而左相之言甚切當矣. 炳學曰, 見今殿閣之微涼已生, 從近開講勉進聖學"(『일성록』 1866(고종3)년 7월 25일).

[28] 『승정원일기』 1864(고종1)년 4월 29일.

날 나 역시 배우지 않는다면 정모(政謨)와 치법(治法)을 무엇으로 옛 것을 본받아 지금에 행하겠는가?29)

라고 언급했다. 그는 스스로 학문에 정진하지 않으면 나라의 근본이 흔들려 통치를 할 수 없게 된다, 즉 군주의 성학이 국가통치에 미치는 영향에 대해 충분히 이해하고 있는 모습을 보여준 것이었다. 또한 '올해 강독에 근면하지 않고서 내년에 행하기를 바라면 공부에 점차 태만하게 되어 장래의 성취 효과를 기대하기 어렵게 된다'30)며, 성학에 지속적으로 매진할 것을 다짐했다. 이렇게 고종의 강연은 군주교육을 중시하는 주변의 지대한 독려와 관심, 그리고 고종 본인의 열정이 어울린 결과 거의 매일 개최되었고, 고종은 이를 통해 군주의 자질을 갖추며 성장해 가게 되었다.

(2) 강연 규정과 진행과정

고종의 권강은 수업 진행방법 등을 상세하게 기록한 「권강조목」에 따라 진행되었다. 권강에는 문형·각신을 거친 규장각제학 경험자가 강관으로서 강의를 담당하고, 당직 승지 중 한 명이 참찬관으로, 옥당관원의 한두 명이 시독관, 혹은 검토관으로, 승정원소속의 기록담당인 가주서와 춘추관소속의 기록담당인 기주관·기사관 두세 명이 참가해, 출석하는 강연관의 평균 수는 5~7명이었다. 여기에 때때로 영경연사(시원임의정)·시강관·검교직각·검교대교·별겸춘추 등이 참석해 고종의 성학을 보도했다.31)

---

29) 『승정원일기』 1865(고종2)년 12월 13일, 권강.
30) 『승정원일기』 1864(고종1)년 11월 9일, 권강.
31) 『경국대전』 吏典에 의하면, 군주의 교육을 담당하는 경연관은 領事 3명(正一品/兼議政), 知事 3명(正二品), 同知事 3명(從二品), 參贊官 7명(正三品/承旨·副提學例兼), 侍講官(正四品/典翰·應敎·副應敎例兼), 試讀官(正五品/校理·副校理例兼), 檢討官(正六品/修撰·副修撰例兼), 司經(正七品), 說經(正八品), 典經(正九品/已上弘文博士以下官隨品例兼)으로 구성되었다.

권강은 주로 겨울에 사시(오전9~11시), 그 외에는 진시(오전7~9시)에 실시되었다. 그러나 시간대가 점차 늦어져 1874년에는 일강개최 횟수 48회 중에서 진시 13회보다 사시 20회와 오시(오전11~1시) 15회가, 1875년에는 미시(오후1~3시)가 7회 중에서 5회로 가장 많아졌다.32) 또한 강연은 기본적으로 친제 거동의 3일 전부터, 한 책이 끝나고 나서 7일간, 융한(소한~대한)과 성서(초복~처서) 사이에는 중지되었는데, 진강기 이후에는 휴강하는 날이 증가해 갔다.

「권강조목」에는 소대의 개최방법도 규정되어 권강과 함께 행해졌다. 소대에서는 강관이 참석하지 않고 당직승지인 참찬관이 수업을 주관하는 가운데 초기에는 권강(진강)에서 배운 내용의 복습이 이루어졌다. 그리고 1867년 10월부터는 진강에서는 유교경전이, 소대에서는 사서가 강독되었고, 미시와 신시(오후3~5시)에 행해지는 경우가 많았다.

이러한 강연 횟수를 정리한 것이 [표 3]과 [표 4]이다.33)

재위 전기 고종의 강연은 권강·진강·일강이 총 1448회, 소대가 총 599회 실시되었다. [표 3]과 [표 4]에서 나타나듯이, 고종의 강연은 즉위 직후인 권강 때에 가장 많이 행해졌다. 특히 1864년과 1865년에는 각각 권강210과 소대181, 권강183과 소대103을 합쳐 391회와 286회가 개최되어, 휴강이었던 초복에서 처서 사이(대체로 양력7~8월)와 소한에서 대한 사이(대체로 양력1월)를 제외하면 거의 매일 강연 자리가 마련되었다. 이러한 고종의 수업은 1866년 203회, 1867년 267회, 1868년 193회, 1869년 145회, 1870년 171회,

---

32) 『승정원일기』 기사로부터 계산. 이렇게 고종의 강연시간이 점점 늦춰진 이유는 강연 횟수가 줄어드는 현상, 즉 성학을 등한시하게 되는 일과 관련 있다고 판단된다.
33) 『승정원일기』·『일성록』·『고종실록』에서 작성. 김세은의 「고종초기(1863~1876)국왕권의 회복과 왕실행사」, 61쪽의 [표 2-2]에서도 같은 내용을 다루고 있으나, 본고의 표와는 계산상 차이가 있다. 이는 『승정원일기』 요목에 드러난 강연개최기사보다 실제 개최된 횟수가 많기 때문이다.

[표 3] 고종 재위 전기 권강·진강·일강 개최 횟수

년\월	1864 고종1	1865 고종2	1866 고종3	1867 고종4	1868 고종5	1869 고종6	1870 고종7	1871 고종8	1872 고종9	1873 고종10	1874 고종11	1875 고종12	1876 고종13
1	12	0	0	6	13	9	0	0	0	3	0	0	0
2	28	24	0	22	13	10	23	9	0	12	0	0	0
3	26	13	8	0	0	6	15	7	0	0	0	0	0
4	12	12	13	17	14/16	11	17	13	0	0	5	0	0
5	27	30/15	29	30	10	22	12	15	17	19	12	0	0
6	10	0	0	10	0	0	0	0	7	15	0	0	0
7	5	0	0	0	0	0	0	0	0	0	0	0	0
8	10	12	24	21	17	14	7	5	7	5	0	0	0
9	15	19	13	13	22	14	6	11	8	15	0	3	0
10	26	28	8	23	26	10	19/28	11	15	6	4	0	0
11	24	19	22	10	18	21	18	8	12	8	27	0	0
12	15	11	18	14	0	4	20	20	15	1	0	4	0
합계	210 14.5%	183 12.6%	135 9.3%	166 11.5%	149 10%	121 8.4%	165 11.4%	99 6.9%	81 5.5%	84 5.7%	48 3.3%	7 0.5%	0 0%

· 범례: ' / '의 오른쪽은 윤달의 횟수를 나타낸다. 이하 [표 4] 동일.
· 비고: 1869년·1874년·1875년에는 조강·주강의 횟수가 포함되어 있다.

1871년 104회, 1872년 103회, 1873년 92회로 점점 줄어들어, 친정선포 이후인 1874년에는 일강과 소대를 합쳐 52회, 1875년에는 일강만 7회, 1876년에는 소대만 23회 개최되는 등, 그 횟수가 격감했다. 여기에는 고종이 친정을 선포하고 나서 정무 수행에 집중하게 되었다는 이유도 있겠지만, 그가 경전과 사서를 강독하는 강연에 흥미를 잃었던 것이 더 큰 원인이었다고 보인다.

고종의 강연에 드러난 특징으로는 진강기인 1869년에 영의정 김병학의 건의로 일강이 7회 실시되었던 것을 들 수 있다.[34] 이때는 시원임의정과 강관 외에 특진관이 참석해 일강으로서의 체면을 갖추려고 했다. 또한 1873년에는 총 강연 횟수 92회 중에서 15회가 9월에 실시되었는데, 이는 고종이

---

34) 『승정원일기』 1869(고종6)년 5월 1일.

[표 4] 고종 재위 전기 소대 개최 횟수

년\월	1864 고종1	1865 고종2	1866 고종3	1867 고종4	1868 고종5	1869 고종6	1870 고종7	1871 고종8	1872 고종9	1873 고종10	1874 고종11	1875 고종12	1876 고종13
1	17	0	0	6	0	2	0	0	0	0	0	0	0
2	28	21	0	15	0	0	0	0	1	0	0	0	0
3	29	11	8	1	0	2	3	1	3	0	0	0	7
4	14	6	10	18	5/10	1	0	0	16	0	4	0	1
5	28	17/8	11	23	0	8	0	2	2	0	0	0	1/2
6	9	0	0	5	1	4	0	0	0	0	0	0	0
7	5	0	0	0	0	0	0	0	0	0	0	0	0
8	10	11	19	16	15	5	0	2	0	0	0	0	0
9	15	5	10	6	9	1	0	0	0	4	0	0	0
10	26	16	1	10	4	0	0/0	0	0	0	0	0	7
11	1	8	9	1	0	0	0	0	0	0	0	0	4
12	0	0	10	0	0	1	3	0	0	4	0	0	1
합계	181 30%	103 17%	78 13%	101 17%	44 7.4%	24 4%	6 1%	5 0.8%	22 3.7%	8 1.4%	4 0.7%	0 0%	23 3.9%

· 비고: 1864년의 3회(3월 4일·4월 16일·10월 29일)와 1870년 12월 24일은 시원임대신이 참가한 소대 개최.
　　 1864년 9월 24일에는 운현궁에서 소대를 개최.
　　 1869년 4월 5일에는 『통감』 대신에 『논어』를 소대.
　　 1870년 3월 15일에는 화성행궁에서 소대를 개최.
　　 1871년 8월 9일에는 소대와 별강을 둘 다 개최.
　　 1872년 4월 4일의 소대에서는 동지정사인 민치상을 소견.

친정을 선포하는 과정에서 진강과 소대에 적극적으로 참여해 자신의 친정 의지를 표명하기 위해서였다. 강연에서 고종은 최익현을 지지할 뿐만 아니라, 고사(故事)를 인용해 대원군의 섭정을 간접적으로 비판함으로써 친정의 당위성을 주장했다.35) 이렇듯 고종이 친정을 선포할 당시 강연을 자신의 의지를 표명하는 주요한 장으로 이용했다는 사실은 주목해야 할 점이다.

1867년 이후에는 제학 경험자가 주관하는 진강에 비해, 참찬관이 주관하

---

35) 제3장 제1절 참조.

는 소대 횟수가 급격히 감소하게 되었다. 이것은 1867년 10월 이전까지 권강(진강)과 동일한 교재를 강독하고 있던 소대에서 진강과 다른 책을 공부하게 된 것이 주된 원인이라 생각된다. 실제로 소대에서 권강의 복습이 행해진 것은 1864년 1월 15일에 정해진「권강조목」에 의해서였지만, 권강은 이미 1865년에 끝난 상태였다. 따라서 강연에서는 구례와 같이 진강에서 유교 경전을, 소대에서 사서를 공부해야 했지만, 고종의 공부 부족과 성학에 대한 부담을 줄이기 위해 1867년 10월까지 지연되었다고 보인다. 그러나 10월 19일 진강과 소대에서『대학』을 공부한 것을 마지막으로 양쪽 교재가 구별되어, 다음날인 20일부터는 진강에서는『대학』, 소대에서는『통감』을 강독하게 되었다.36) 이처럼 공부하는 책이 두 권으로 늘자, 고종에게는 그때까지 권강에 대한 복습의 장으로 학습 부담이 적었던 소대에서의 공부가 갑자기 힘겹게 느껴졌을 것이다. 결국 고종이 1867년 11월부터 소대를 그다지 개최하지 않게 된 원인은 두 권의 책을 동시에 공부하지 않으면 안 되는, 즉 학습량 증가에 따른 부담 때문이었을 것이라고 판단된다.

여기에 고종의 강연은 행차 시에도 개최되고 있었다. 고종이 준비가 간단한 소대를 실시한 것은 자신이 공부에 열중하고 있다는 것을 드러냄과 동시에 행행 장소에 대해 특별한 의미를 부여하려는 의도가 포함되어 있었다. 특히 대원군 거처인 운현궁에서의 소대는 대원군이 군주의 부친임을 강조해 그의 권위를 높이기 위해서였고, 정조가 건설한 화성에서의 소대는 자신이 탁월한 정치적 역량을 가진 정조를 본받겠다, 혹은 정조와 같은 훌륭한 군주가 될 것임을 표방하기 위해서였다. 이렇게 강연은 군주의 교육 차원을 넘어, 군주라는 정치적 상징성을 드러내거나 정치적 의도를 반영하는 자리로도 이용되고 있었다.

강연이 정치와 관련된 예는 그것이 시원임대신, 또는 지방관·사신·유

---

36) 관찬사료에서는 왜 갑자기 이와 같은 변경이 이루어졌는지에 대한 기록을 찾을 수 없다.

[표 5] 고종 재위 전기 시원임의정과의 차대와 소견 개최 횟수

년＼월	1864 고종1	1865 고종2	1866 고종3	1867 고종4	1868 고종5	1869 고종6	1870 고종7	1871 고종8	1872 고종9	1873 고종10	1874 고종11	1875 고종12	1876 고종13
1	1	1	0	1	1	0	1	1	1	1	1	1	1
	2	0	0	0	0	0	0	0	0	2	2	2	0
2	1	0	0 조참1	0	0	0	1	0	0	0	0	1	1
	0	0	3	0	0	0	0	0	1	2	3	1	2
3	1	1	0	1	0	1	0	1	0	1	2	1	1
	2	0	2	0	0	0	1	0	0	0	0	0	0
4	1	0	0	1	0/1	0	1	0	1	0	2	0	1
	1	3	0	0	0/1	0	0	1	0	0	0	1	0
5	1	1/0	1	1	0	1	0	1	0	0	1	1	1/0
	0	0/0	0	0	0	1	0	0	3	0	1	2	0/0
6	0	1	0	0	0	1	1	0	0	1	2	1	0
	0	0	0	0	0	0	0	0	1	0	0	1	0
7	1	1	1	0	1	1	1	1	1	1	2	1	1
	2	1	1	1	2	1	1	1	0	0	1	0	0
8	1	0	0	1	0	1	1	0	0	1	0	1	0
	0	1	1	0	1	0	1	0	0	0	0	0	0
9	0	1	0	0	0	1	0	1	0	0	1	1	2
	0	0	1	0	1	0	0	1	0	0	0	0	0
10	1	0	1	0	1	1	1/1	0	1	0	1	1	1
	1	1	0	0	0	0	0/1	1	0	0	1	0	0
11	1	1	0	0	0	1	1	1	0	0	1	1	1
	0	1	1	2	1	1	1	2	0	3	0	1	2
12	0	1	0	1	1	1	1	0	1	2	0	1	0
	1	1	0	0	0	0	1	0	2	3	0	0	0
합계 103/88	9 8.7%	8 7.8%	3(1) 3.9%	6 5.8%	5 4.8%	9 8.7%	10 9.7%	6 5.8%	5 4.8%	7 6.8%	13 12.6%	11 10.7%	10 9.7%
	9 10.2%	8 9%	10 11.4%	3 3.4%	6 6.8%	3 3.4%	6 6.8%	6 6.8%	7 8%	10 11.4%	8 9%	8 9%	4 4.5%

총합계	18	18	13	9	11	12	16	12	12	17	21	19	14
191	9.4%	9.4%	6.8%	4.7%	5.7%	6.3%	8.4%	6.3%	6.3%	9%	11%	10%	7.3%

· 범례: 위 칸이 차대, 아래 칸이 소견의 횟수이다. 소견은 시원임대신과의 소견만을 계산했다.
 맨 아래 세 개의 칸은 위로부터 각 연도별 차대의 합계, 소견의 합계, 총합계이고, 왼쪽은
 차대·소견의 합계와 총합계이다.
 '／'의 왼쪽은 평달, 오른쪽은 윤달을 나타낸다.
 1866년 2월의 조참은 고종의 친정을 기념하기 위해 행해졌다.

신 등과의 소견과 병행된 경우에서도 찾아볼 수 있다.

[표 5]는 고종 재위 전기 강연 이외에 시원임대신과의 회합이었던 차대와 소견(인견)의 횟수를 나타낸 것이다.

고종은 정기적인 차대와 함께 비정기적인 소견을 소집하고 있었는데, 그것은 대원군정권기 한 달에 한 번 정도 개최되었다. 전술한 대로 당시 고종에게 중시된 것은 군주로서의 실질적인 통치활동보다 강연에서의 학습이었지만, 동시에 정부관료와의 다양한 접촉을 통한 정치현안과 정책수립 과정의 파악과 통치기술 연마가 요구되고 있었다. 이런 상황에서 그는 강연과 더불어 차대·인견·소견 등 시원임대신과의 회합을 통해 이론 중심의 제왕교육뿐만 아니라, 현실상황에서의 군주 역할과 행동양식에 대해 학습해 갔다.

위의 표에서 드러나듯, 정부관료와의 정기적인 차대는 고종이 실질적인 친정을 하게 된 1874년 이후에 다소 증가했다. 여기에는 군주의 국정운영을 공식화하고 통치자로서의 입지를 드러내려는 고종의 의도가 반영되어 있었다. 특히 1874년 중반까지 비정기적인 소견까지 합해 시원임대신들과 만나는 횟수가 많아진 원인은 정권교체로 해결해야 할 과제가 증가했기 때문이었다. 1873년 11월과 12월에는 최익현 처벌을 둘러싸고 고종과 시원임대신과의 대립이 커지면서 정국을 재조정할 필요성이 생겼기 때문에, 1874년 1월과 2월에는 정책의 전환, 특히 청전폐지가 불러일으킨 재정부족·물가급등 등의 문제를 의논하고 대책을 수립해 한시라도 빨리 국정을 안정시키

기 위해서 자주 소견 자리를 마련했다. 이처럼 고종은 1873년 후반부터 강연과 차대·소견을 적극 주관해 친정의 당위성을 강조하는 동시에 통치권 회복 상황을 공표하고 정권교체에 따른 수많은 혼란과 문제점을 신속히 해결하려 했다.[37]

강연과 소견이 함께 개최된 횟수는 1864년에 권강시 3회/소대시 6회[38]로 전체 비율의 2.3%, 1865년에 권강시 1회/소대시 2회로 1%, 1866년에 진강시 2회/소대시 1회로 1.5%, 1867년에 진강시 4회/소대시 1회로 2%, 1868년에 진강시 5회/소대시 1회로 3%, 1869년에 진강시 5회로 3.5%, 1870년에 진강시 8회/소대시 4회로 7%, 1871년에 진강시 1회로 1%, 1872년에 진강시 3회/소대시 3회로 6%, 1873년에 진강시 2회로 2.2%, 1874년에 일강시 1회 2%로, 평균 2.5%를 차지해 전체 강연에서의 비중이 높지는 않다.

그러나 강연이 소견과 동시에 이루어져 고종의 수업과정이 대신들에게 공개된 것은 그가 성학에 충실함으로써 군주의 자질을 갖추어가고 있음을 보여주는 가장 확실한 자리였을 것이다. 또한 고종에게는 자신이 당장 실질적인 통치자는 아닐지라도 현실정치 상황을 접하며 장래의 최고통치권자라는 사실을 인식시키는 중요한 장이 되었을 것이다. 여기에 시원임의정이 강연을 겸한 소견뿐만 아니라, 강연 자체에 자주 참가했던 점까지 감안하면, 재위 전기 고종의 강연은 그에게 이론교육과 함께 현실에 대한 정보를 제공해 군주의 사명을 일깨움으로써 그의 정치적 성향에 중요한 역할을 수행했을 것이라 생각된다.

이 밖에 고종이 재위 전기 학습한 교재와 시기를 정리하면 다음과 같다.[39]

---

[37] 친정선포 전후의 상황과 강연·차대·인견·소견의 상세한 내용에 대해서는 제4장 참조.
[38] 이는 진강을 할 때 소견을 병행한 것이 210회 중에서 3회, 소대를 할 때 소견을 병행한 것이 181회 중에 6회였다는 의미이다.

1864년 1월~동년 3월 『효경』
1864년 3월~1865년 3월 『소학』 1-3권
1865년 4월~1866년 11월 『통감절요』
1866년 11월~1867년 10월 『소학』 4·5권
1867년 10월~동년 11월 『대학』
1867년 11월~1868년 11월 『논어』
1869년 1월~1870년 12월 『맹자』
1871년 2월~동년 4월 『중용』
1871년 5월~1875년 12월 『시전』
1867년 10월부터 소대에서 『자치통감』
1868년 8월, 9월의 네 번의 야대 『갱장록』40)

고종의 교육은 상기한 책자의 순서대로 진행되었다. 고종은 1867년 10월, 진강에서 『대학』을, 소대에서 『자치통감』을 강독하기 전에는 진강과 소대에서 같은 교재를 공부했고, 신하들의 요청에도 불구하고 야대는 단 4번밖에 개최하지 않았다.

(3) 강연명칭과 고종의 태도 변화

1866년 2월 13일, 신정왕후는 고종의 국혼 준비가 행해지는 가운데 수렴청정의 종료를 공표했다.41) 그리고 같은 해 3월 6일, 영의정 조두순은 민치

---

39) 『승정원일기』·『일성록』·『고종실록』 기사로부터 작성.
40) 『열조갱장록』 또는 『어정갱장록』이라고 한다. 영조대의 이세근이 만든 『성조갱장록』을 바탕으로 정조의 명에 따라 이복원 등이 1785년에 편찬했다. 조종의 행적을 기록한 책이며, 創業史蹟·敬天思想·齊家·言路·人材登用·生業勸奬·制度整備·異端排斥·私兵禁止·風俗淨化·救恤策·刑政·經濟政策 등에 관한 사항이 수록되어 있다. '羹墻'은 선왕을 추도한다는 의미로, 요가 죽은 후, 순이 요를 그리는 정을 기술할 때, 국(羹)을 보고도 떠오르고 담(墻)을 봐도 떠오른다는 고사에서 유래했다.
41) 『승정원일기』 1866(고종3)년 2월 13일.

록가와의 국혼 결정을 축하하는 자리에서 '권강'이라는 칭호가 일의 체면에 적절하지 않기 때문에 '진강'으로 바꾸고, 강연관을 전례에 따라 참가시킬 것을 제안했다.[42] 따라서 고종의 강연은 혼인과 친정—신정왕후의 수렴청정 종료를 의미—을 계기로 '진강'으로 변경되었다.[43] 그렇다고 해도 진강은 그 학습교재와 강연관의 구성면에서 이전의 권강과 크게 다르지 않았고, 단지 강연을 행하는 장소가 창덕궁의 중희당과 관물헌에서 창덕궁편전인 희정당과 성정각으로 바뀐 정도였다. 이러한 강연장의 변경은 희정당이 신정왕후가 수렴청정을 행한 장소이고, 당시 실질적인 정치 회합장이었다는 점에서[44] 친정선포와 혼인 후, 고종의 향상된 정치적 입지를 표방하기 위한 조치였다고 보인다.[45]

그 후 1869년 5월 1일, 영의정 김병학은 예절이 간소하기 때문에 '진강'을 행하고는 있지만 그 사체의 존엄이 경연에 미치지 않는다며, 매일 '법강'을 개최해야 한다고 상주했다.[46] 고종은 이를 받아들여 그 다음날 조강을 실시했다.[47] 1872년 1월, 또다시 영의정 김병학은 아직까지 강호를 진강으로 하는 것이 사체에 적절하지 않으므로 명칭을 '일강'과 '일강관'으로 변경해

---

[42] 『승정원일기』 1866(고종3)년 3월 6일.
[43] 순조와 헌종도 국혼을 전후로 해 권강이 진강의 형태로 바뀌었다(『순조실록』 1802(순조2)년 9월 25일; 『일성록』 1837(헌종3)년 2월 10일, 大王大妃殿命勸講改稱進講).
[44] 정조대까지는 창덕궁의 본래 편전이었던 선정전에서 정치를 논하는 경우가 많았지만 순조때부터는 희정당이 국무를 논의하는 어전으로 이용되게 되었다. 영조는 즉위 30년경부터 희정당에서 빈번하게 경연을 개최했으나, 정조와 순조가 희정당을 경연장으로 이용한 예는 별로 없다. 이러한 희정당이 본격적으로 군주의 성학과 정무실로 활용되게 된 것은 헌종대부터이다. 헌종은 즉위 직후부터 희정당에서 권강을 행했다. 이 사실은 각 실록의 기록에 의한다.
[45] 김세은, 「고종초기(1863~1876)국왕권의 회복과 왕실행사」, 63쪽.
[46] 『승정원일기』 1869(고종6)년 5월 1일.
[47] 이러한 김병학의 권유에 따라 1869년 5월 2일의 조강, 5월 3·4·7·8·9·12일의 주강을 합쳐 7차례에 걸쳐 법강이 열렸고, 특진관이 추가로 참가했다.

야 한다고 주장했다. 이에 대해 고종은 장래 법강을 행할 것이기 때문에 지금 일강으로 바꿀 필요는 없다고 대답했다.[48] 이는 진강이 정식 경연, 즉 법강보다 간소한 형태였고, 고종이 절차가 복잡한 법강—강연관의 인원이 증가하고 고위관료가 참가하며, 하루에 세 번씩 개최되는—보다 진강을 선호했음을 보여준다.

그러나 고종은 실질적인 친정선포 직후 영의정 이유원의 제의에 따라 진강 명칭을 '일강'으로 바꾸었다.[49] 그는 보다 정식적인 강연 형태를 갖추어 성학의 측면에서도 친정에 적합한 군주 입지를 마련하고 친정체제 구축을 공식화하고자 한 것이었다. 이 같은 사실은 성학이 단지 군주 자질을 갖추는 수신의 차원을 넘어 군주의 정통성과 권위를 확보하는 역할을 수행하고 있었음을 말해준다.

이처럼 고종 교육의 자리인 강연 명칭은 권강→진강→일강으로 바뀌어 갔지만, 그 내용면, 즉 강독하는 책과 강연관의 구성면에는 큰 변화·차이가 없었다. 단지 고종의 수업 횟수가 점차 줄어들어 신하로부터의 간언 대상이 되고 있었다. 1870년 4월, 지경연사 심승택은 "삼가 강론하는 글의 처음과 끝을 보니 매번 10행도 되지 않습니다. 만약 행수를 조금 많게 한다면 새로 배우는 글을 열 번 읽을 때 혹 지루한 감이 있기는 합니다만, 조종조의 매일 세 차례의 강연과 소대, 야대까지 하던 규례와 비교하면 3분의 1에도 미치지 못합니다.…외간의 어린아이들이 공부하는 것으로 말하면 『맹자』 7편은 15세 이전에 끝낸다고 합니다. 제왕의 학문이 비록 일반 백성과 다르기는 하지만, 『맹자』를 강독하기 시작해서 지금 1년이 지났는데도 아직 끝나지 않았습니다"라고 고종의 성학 부진을 개탄한 후, 행수를 한두 줄이라도 늘려서 하루라도 빨리 끝낼 것을 요구했다.[50] 이에 대해 고종은 서서히

---

[48] 『승정원일기』 1872(고종9)년 1월 25일.
[49] 『승정원일기』 1873(고종12)년 12월 24일.
[50] 『승정원일기』 1870(고종7)년 4월 23일.

행할 것이라고 대답했을 뿐, 그 이후에도 강연에 적극적으로 임하는 자세를 취하지 않았다.

고종의 재위 전기 강연은 신정왕후의 수렴청정기인 1864년과 1865년에 집중되고 있었다. 이시기 고종은 규정상의 휴일을 제외하면 매일 권강과 소대를 실시했는데, 이는 신정왕후를 비롯한 주변의 기대와 독려에 부응하기 위해서였다. 또한 그는 스스로 학업에 전념하는 모습을 보여 자신이 군주의 자질을 갖추고자 노력하고 있음을 과시하려 했다. 다시 말해 고종은 방계왕족으로서 즉위한 데 따른 잡음을 없애고 군주의 입지와 정통성을 확립·강화시키기 위해 강연을 활용한 것이었다.

그러나 이러한 고종의 강연은 1865년 겨울 방학을 거쳐, 신정왕후의 수렴청정이 끝나고 공식적인 친정체제가 갖추어지면서 중지를 명하는 날이 점차 늘어났다. 이는 고종이 공부를 즐겨하지 않았던 것이 가장 큰 이유이겠으나, 즉위 초기와는 달리 자신의 지위가 안정됨에 따라 성학을 통한 자질 표명의 중요성이 감소한 것도 주요한 원인의 하나라 생각된다. 따라서 고종의 강연개최는 혼인과 함께 군주의 위엄이 갖추어지고 대원군이 정권을 잡아 국정이 안정되는 진강기 이후 계속 줄어들어 갔다.

여기에 1873년 실질적인 친정을 선포할 당시 적극 이용했던 강연을 곧바로 중지한 사실도 그가 강연을 정치적 입장 표명의 장으로 이용했음을 보여준다. 결국 실질적인 통치권을 회복한 이후, 차대와 소견 등에서 정부관료와 빈번하게 접하면서 강연을 통한 정보 획득의 필요성이 사라지자 이를 등한시해 갔다고 하겠다.

이렇게 점차 감소하던 일강은 1875년 12월에 『시전』을 공부한 것을 끝으로 거의 개최되지 않게 되었다.[51] 그리고 간소한 형식으로 사서를 공부하는

---

51) 필자가 찾은 이후의 일강(조강·주강·야강을 포함해) 기록은 1882년 4월 30일과 5월 1일 2회에 걸쳐 『서전』을 공부한 것이 전부이다. 1876년 3월 28일, 우의정 김병국은 '일전에 (고종의)소대한다는 명이 내려진 후, 상하의 신민이

소대만이 열려『자치통감강목』(『강목』)이 주로 강독되었다. 이러한 상황은 고종이 성학에 전념하지 않는다고 간주되어 신하로부터 간언이 빈번하게 제기되는 원인이 되었지만,52) 강연이 또다시 증가하는 일은 없었다. 이와 같은 이유로 고종의 제왕교육에서 대원군정권기 강연이 점하는 비중은 절대적이며, 고종의 강연을 통한 통치관과 통치역량의 형성은 주로 이 시기에 이루어졌다고 판단해도 좋을 것이다.

조지를 읽고 모두가 기뻐했는데, 법강할 책자를『서전』으로 논해 정했지만 법강에 대해서는 아직 아무런 명도 없다'고 말한 데 대해 고종은 '아직 하지 않고 있다'고 대답했다. 이 대화에서 드러나듯, 고종의 일강 개최는 그의 태만, 혹은 무관심에 의해 지연되고 있었다(『승정원일기』1876(고종13)년 3월 28일, 大臣政府堂上引見).

52) 고종의 성학부진을 지적하며 강연개최를 촉구하는 상소와 관료의 조언은 셀 수 없이 많다. 대표적인 예로는『승정원일기』1875년 1월 22일 옥당 황익수의 발언,『승정원일기』1876년 3월 28일 우의정 김병국과 교리 이수만의 발언, 『승정원일기』1876년 5월 25일 교리 홍재찬의 발언 등이 있다.

3. 권강기 강연의 내용

(1) 대민관의 형성

고종이 즉위할 당시 조선은 장기간에 걸친 세도정권하에서 지방관의 부패, 조세제도 문란이 만연해 민생이 도탄에 빠져 있었다. 고종즉위 직전에 일어난 민란의 여파가 아직 지속되고 있었고, 이에 대한 대책수립이 절실히 요구되었다. 따라서 고종은 세도정치기와의 차별성을 부각시켜 통치자로서의 입지를 안정시키기 위해 민생문제를 시급히 해결해야 했다.

고종즉위 후, 신정왕후는 그에게 '경천애민'을 써서 건네며 어린 고종이 가장 중시해야 할 과제가 민본임을 강조했다. 또한 민심이 천심이고, 군주의 말과 행동 하나하나에 민생고락이 달려 있기 때문에 민간의 일을 숙지하도록 요구했다. 이렇듯 고종은 주변으로부터 민본과 위민의 중요성에 대해 배우며 성군으로의 길이 민본 구현에 있음을 자각해 갔다.

이러한 상황 속에서 고종은 백성에 대해 지대한 관심을 기울이게 되었고, 이것은 주로 '민본'과 '민생안정'의 실천에 집중되었다. 즉위 직후부터 그는 백성이 나라의 근본이라는 의견을 반복해서 피력해 갔는데, '선대 열성조를 본받는 일은 하늘을 공경하고 백성을 사랑하는 것이고, 근신절검이 경천애민의 근본이다.…군주는 백성을 근본으로 하고 백성은 먹을 것을 하늘로 한다'[53]며, 신정왕후가 자신에게 강조한 내용을 받아들여 실천하려 함을 강조했다. 또한 '나라의 근본은 백성이다. 백성이 풍요로우면 나라가 안녕하게 된다.…민심은 곧 천심이다. 군주가 백성을 받들면 하늘이 군주로 이어지고 군주는 백성에게 이어져 한 마음으로 교류하고 조금의 틈도 없어 화평을 바라지 않아도 저절로 온다',[54] '백성이 없으면 어떻게 나라를 다스릴

---

[53] 『승정원일기』 1864(고종1)년 1월 11일.
[54] 『승정원일기』 1865(고종2)년 12월 13일.

수가 있겠는가? 따라서 두려워하고 사랑해야 할 것이 백성이다'[55]라며, 군주가 백성을 위할 때 하늘이 도와 나라가 안정될 수 있다는 대민관을 개진하며 위민 정치를 펼칠 것을 다짐했다.

이처럼 고종은 유교전통적 민본관을 바탕으로 애민·공민사상이 통치의 근본이라는 인식을 성립해 갔다. 그는 나라 안녕을 위해서는 백성을 근본으로 하는 정치를 실천하지 않으면 안 된다고 주장했고, 백성과 군주의 관계를 바르게 설정하고자 했다.[56]

> 인군이 백성을 적자와 같이 보호하면 백성은 부모와 같이 인군을 섬겨 상하가 서로 믿을 수 있게 된다. 또한 백성은 물과 같고 군주는 배와 같아 배는 물이 없으면 나아갈 수 없고, 배를 전복시킬 수도 있기 때문에 하루라도 백성을 잊고 도탄에 내버려 두어서는 안 된다.

고종은 군주에게 백성은 적자, 즉 갓난아이와 같기 때문에 잘 보살펴야 하고, 그렇지 않으면 군주의 지위가 위험하게 될 수도 있음을 강조한 것이었다. 또한 나라 근본인 민생에 직접적인 책임을 갖고 있는 지방관의 통치와 마음가짐의 중요성을 역설한 후,

> 현재 지방의 백성들은 경작하고 농사를 지으며 일 년 내내 고생해도 따뜻한 옷을 입을 수도 배불리 먹을 수도 없는데, 서울의 백성들은 농사를 짓지도 옷을 만들지 않아도 의식이 사치스럽다. 이를 보면 여항의 노고를 묻지 않아도 잘 알 수 있다.…(동조께서는 지금의 백성을)요순의 백성과 같이 하는 일은 오로지 주상의 통치와 교화에 달려 있다고 말씀하셨다.

라며, 자신이 지방백성들의 고통을 잘 알고 있음을 피력했다. 그리고 이러한 대민 통치와 교화의 주체가 바로 군주인 자신이라고 주장했다.

---

[55] 『승정원일기』 1873(고종10)년 10월 30일.
[56] 『승정원일기』 1865(고종2)년 12월 13일, 권강.

고종은 나라의 근본이 백성이며 백성을 위해서 민생을 안정시키는 일이 최선이라는 대민관을 형성해 갔다. 또한 그는 성학에 전념함으로써 백성의 고통을 파악하고 민심에 답할 수 있는 준비를 갖추려고 했다. 그러나 위의 언급에서 드러나듯, 고종은 주로 백성을 두려워하고 사랑하며 보살펴야 하는 존재로 인식하고 있었다. 다시 말해 그에게 백성은 끊임없는 군주의 사랑과 관심으로 교화되고 다스려져야하는 수동적인 입장이었던 것이다. 이렇게 고종의 대민관이 위로부터의 교화에 한정되어 성립되는 가운데, 그의 대민정책은 통치자에 의해 좌우되는 백성들의 삶을 안정시키기 위해 그들을 직접 관리하는 지방관을 통제하는 방향으로 전개되게 되었다.

(2) 민생에 대한 관심 표명을 통한 정치적 개입

즉위 직후 고종은 백성이 나라의 근본이라는 인식과 함께 백성을 위하는 최선의 길이 민생안정에 있음을 배워갔다. 당시 주변에서는 고종에게 끊임없이 민본의식을 강조하고 있었고, 그는 강연에서 자신의 민생관을 표명하며 민생에 대한 정보를 획득함과 동시에 정치에 참여할 수 있는 기회를 얻으려 했다. 그리고 이러한 민본을 바탕으로 한 정치적 개입은 그의 역할 확대와 입지 강화로 이어졌다.

1864년 3월 30일, 즉위한 지 3개월밖에 지나지 않은 고종은 민생과 지방행정 상황에 대한 지대한 관심을 드러냈다.[57] 이 날 그는 시골사람이 부지런히 일해도 추위와 배고픔에 고생하는데 서울사람들은 놀면서도 잘사는 사람이 많다고 개탄하고, 탐오한 관리들이 저지르는 부정행태에 대해서도 비난했다. 또한 지방관의 폐해 개선과 해당관리들의 직분 수행, 쌀값 폭등을 막기 위한 주조금지 등을 제안하며 민생을 안정시키라고 요구했다.

이렇듯 세상이 지나치게 불공평하다고 느낀 고종은 군주인 자신이 이를

---

57) 『승정원일기』 1864(고종1)년 3월 30일, 권강.

개선하지 않으면 안 된다고 생각했다. 그리고 강연을 통해 자신의 생각을 표출해 나갔다. 고종은 백성들의 생활고와 지방관의 행정에 대해 질문함과 동시에 개선책 마련을 독려함으로써 군주의 역할을 수행하려 한 것이었다.

고종은 호강(豪强)의 토지겸병 방지를 역설하고,[58] 지방수령이 환곡을 운영하는 과정에서 향리에게 속고 있는 상황을 안다며 자신이 지방사정을 세세하게 파악하고 있음을 보여주었다.[59] 또한 천재지변에 대해서는 자신의 통치과실에 대한 경고라고 반성함과 동시에,[60] 비로 인한 농사 피해와 보리를 주식으로 하는 농민 생계를 걱정하는 등,[61] 민본인식을 반복해서 피력했다. 당시 고종의 발언과 행동에 주변, 특히 대원군과 신정왕후의 영향이 크게 작용했을 것임을 감안한다고 해도, 그가 민생과 정치 상황에 적극적으로 개입하려 한 사실은 주목해야 할 점이다.[62]

고종의 민생에 대한 관심과 이를 바탕으로 군주 자세와 임무를 배우려는 열의는 지방관의 통치를 중시하는 모습으로 드러내고 있었다. 1864년 9월 21일, 권강에서는 수령의 행정문제가 거론되었다.[63] 전날에도 검토관으로 출석한 장응표는 자신이 전날 소대에서 삼년마다 공적을 조사해 3번 고찰

---

[58] 『승정원일기』 1864(고종1)년 7월 15일, 부사과 이휘병의 상소에 대한 비답.
[59] 『승정원일기』 1864(고종1)년 8월 2일, 권강.
[60] 『승정원일기』 1864(고종1)년 9월 20일, 약방입시.
[61] 『승정원일기』 1864(고종1)년 11월 19일, 권강.
[62] 고종은 즉위 직후부터 민생과 지방관의 행정에 주의를 기울이고 있었다. 거기에는 당시 민생이 심각한 도탄에 빠져 있고, 그것이 중앙권력의 집중과 통치에 위협이 된다는 판단이 작용하고 있었다. 고종은 잠저에서는 물론 즉위 이후에 주변으로부터 지속적으로 민생의 심각한 파탄상태에 대해 듣고, 최우선시해야 할 군주의 역할이 민생안정이라고 생각하게 되었다. 특히 고종이 발언할 때에 빈번하게 '잠저에서부터 들었다', '동묘가 염려하신다'고 말했던 것은 그의 행동 배경에 대원군과 신정왕후의 인식이 크게 반영되어 있었음을 의미한다고 할 수 있다.
[63] 이는 전날의 소대에서 관원 치적에 따른 출척상황에 대한 토론의 계속이었다. 『승정원일기』 1864(고종1)년 9월 21일.

해 출척시킨다(三載考績 三考黜陟)는 문장을 개진했을 때, 고종이 '수령이 바르지 않을 때에도 오래 둘 수 있는가? 그 사이에 백성은 위난(危難)을 어떻게 참아 내는가?'라고 질문했다고 말하며, 수령의 빈번한 교체에 따른 문제점과 엄격한 치적 판단의 중요성을 설명했다.[64] 그러자 고종은 장응표에게 그가 살고 있는 고을과 수령의 다스림, 고을의 폐해가 어떠한지를 물으며 지방의 민생 사정을 파악하려고 했다. 지방의 행정 상태와 지방관의 통치에 관심을 갖고 있던 그가 강연관을 통해 정보를 제공받으려 한 것이었다. 그 후에도 고종은 학습 내용이 자신의 관심사인 현실문제와 관련되어 있는 경우에 그 화제에 대해 적극적으로 질문하는 태도를 취해 나갔는데, 이는 강연이 단순히 사상과 이론을 배우는 장이 아니라, 고종이 정치적 상황을 이해하고 대내외적인 정보를 습득하는 중요한 통로였음을 의미했다.

그런데 고종이 적극적으로 민생과 지방행정에 대한 실태 파악 의지를 드러낸 데 반해, 참찬관 홍헌종은 소대와는 달리 권강에서는 문장의 의미 이외의 이야기를 꺼내는 행동이 타당하지 않다고 주장하며, 장응표의 죄를 물을 것을 상주했다. 이에 대해 고종은 자신이 먼저 질문했기 때문에 처벌할 필요는 없다고 대답했지만, 홍헌종의 태도는 고종에게 강조된 것이 치국이 아니라 수신(성학)이었음을 확실하게 보여준다. 홍헌종은 교육이 시작된 지 얼마 안 되 아직 공부하는 방법에 대해서도 지적을 받고 있는 상황에서 고종의 주의가 다른 화제로 인해 분산되는 것을 방지하고자 한 것이었다.

이와 같은 강연관의 지적에도 불구하고 고종의 민생과 지방사정에 대한 표명은 지속되었고, 1864년 9월 27일의 권강에서 "내가 잠저에 있을 때 잘 다스려지지 않는다는 이야기를 들었다. 이후에도 이러하다면 법률로 처벌할 것이니 충분히 신중해야 할 것이다"[65]라는 강경 발언까지 했다. 그리고 동년 11월 9일의 권강에서 또다시 강연관이 사는 곳을 물어 그곳의 지방관

---

[64] 당일(9월 20일)의 소대 기록이 없기 때문에 9월 21일의 권강기사를 참고했다.
[65] 『승정원일기』 1864(고종1)년 9월 27일, 권강.

의 통치와 민생 상황을 파악하려 했다. 이 날의 강연에는 김병학이 강관으로, 송희정이 참찬관, 강장환은 시독관으로 참석하고 있었다.

고종 "옥당은 어디에 살고 있는가?"
강장환 "충청도 영동현입니다."
고종 "그 고을 수령의 정치는 어떠하며 백성들은 다들 생업에 안주하고 있는가?"
강장환 "성상께서 물으시는 말씀에 어찌 감히 사실대로 대답하지 아니하겠습니까마는, 신은 이 고을의 주민입니다. 관과 민의 사이에는 분의(分義)가 있으니, 비록 더없이 황공하오나 감히 곧이 대답드릴 수 없는 점이 있습니다."
고종 "순문을 했는데 어찌 곧바로 말하지 않는가?"
김병학 "지금 유신(강장환)의 이야기는 '그 나라에 살고 있으면 그 대부(大夫)를 비방하지 아니한다'는 뜻입니다."
송희정 "그곳에 살고 있는 백성이 되어, 말이 그 지역을 다스리는 관원에게 미치는 것은 진실로 곤란한 면이 있습니다."
강장환 "관과 민의 사이에 만일 선정(善政)이 있으면 진실로 마땅히 앙대해야 하지만, 만약 일컬을 만한 일이 없을 경우에는 지존과 가까운 자리에서 어찌 속여 가며 칭예할 수 있겠습니까?"
고종 "백성들이 관의 행정을 편하게 여기는가, 불편하게 여기는가?"
강장환 "백성들이 편하다고 하는 말을 신은 아직 들어보지 못했습니다."
고종 "그렇다면 선치(善治)한 것이 아님을 알 수 있다. 영동 수령은 누구인가?"
김병학 "판서 오취선의 아들인 건영입니다."
강장환 "이 수령의 부임이 때마침 민요가 있던 시기에 군정과 전결을 조사하는 일이 있었습니다. 그런 까닭에 민간에 자연히 소요가 있게 되었습니다."
김병학 "수령의 다스림은 전적으로 삼정에 있는데, 근래 외읍에 군정과 전결의 폐가 있는 곳이 많습니다. 그리하여 군정과 전결을 조사할 무렵이면 백성들이 쉽게 소요를 일으키곤 합니다."
고종 "그렇다면 백성들이 어떻게 살아가겠는가? 반드시 이산(離散)하는 폐해가 있을 것이다."
강장환 "백성들이 이미 소요하고 있고 이산하는 자들도 없지 않습니다."
고종 "필시 탐묵의 폐단이 있어서일 것이다."
강장환 "신은 진실로 감히 알지 못합니다."

고종 "민정이 불쌍하다. 어떻게 살 수 있겠는가? 이와 같은 이치(吏治)를 어찌 그대로 둘 수 있는가?"
김병학 "군정·전결을 조사하다가 비록 민언을 초래하기는 했으나 이는 탐묵한 것과는 다른 점이 있습니다. 지금 만약 곧장 처분을 내리시게 되면, 유신은 백성으로서 관을 고발한 혐의가 없지 않습니다. 그러하오니, 혹 암행어사로 하여금 다시 염탐을 하거나 또 다른 경로로 그 허실을 널리 순문한 다음에 다시 처분을 내리시는 것이 좋을 듯합니다."[66]

    위의 대화에서는 지방관의 통치상태와 민생 사정을 파악하려는 고종의 의지가 상당히 컸음을 알 수 있다. 이는 그가 지방관의 행정이 민생안정과 직결된다고 판단하고 있었기 때문이었다. 따라서 고종은 강연관이 살고 있는 고을 관민의 실상을 구체적으로 물어 백성에게 미치는 관의 폐해를 정확하게 파악하고자 했다.
    그러나 고종이 지방관의 행정 상황을 추궁한 데 대해 강연관은 백성의 관리 고발이 무리라고 주장하면서 자세한 보고를 거절했다. 또한 그들은 절차 준수의 중요성과 곧바로 수령을 처벌해야 할 상황이 아님을 강조해 고종이 즉석에서 처벌하려는 태도를 막으려 했다. 강연관의 이 같은 태도에는 여러 가지 이유가 있겠지만, 아직 통치 기술과 상황에 대한 이해가 부족한 고종의 적극적인 정치개입에 대한 염려와 민생폐해 원인을 근본적으로 해결하지 않은 채 지방관만을 교체하는 처벌의 문제성, 그리고 중앙관료와 지방관 사이의 밀접한 관계 등이 포함되어 있었다고 생각된다.[67] 따라서

---

[66] 『승정원일기』 1864(고종1)년 11월 9일.
[67] 실제로 진강, 소대를 불문하고, 강연 자리에서 강연관이 지방관의 통치와 지방 행정 상태에 대해 고종에게 상주하는 일은 쉽지 않았다고 여겨진다. 왜냐하면 고종의 지속적인 질문과 요청에도 불구하고 지방관찰사와 암행어사와 달리 강연관은 고종에게 지방사정을 상세히 보고하려 하지 않았기 때문이다(『승정원일기』 1871(고종8)년 3월 7일(진강)·8월 23일(진강)). 이러한 사실은 1872년 4월, 고종이 소대는 진강과 다르기 때문에 경상도 감영 사정을 이야기해도 좋다고 강조했을 때도 각신 김규식이 잠시밖에 머물지 않았기 때문에 상세한 것

그들은 지방관 고발에 대한 고충을 토로하며 신중한 처벌을 주장했던 것이다. 그럼에도 불구하고 고종은 수령이 정치를 잘못하면 민생이 안정될 수 없음을 역설하며 백성을 위해 지방통치를 개선해야 함을 분명히 했다.

그런데 이 날 권강에서의 대화는 의외의 국면으로 전개되었다. 고종은 권강이 끝난 후, 김병학의 조언을 받아들여 영동현감의 정치와 그 지방 실정에 대해 해당관찰사가 조사해 보고할 것을 지시했는데,[68] 고종의 명을 받아 조사한 충청도관찰사 신억이 강장환의 이야기가 무고라고 보고함에 따라 이 일이 정치적인 문제로 바뀐 것이었다. 11월 28일, 신억은 질문해야 할 영동현의 수리(首吏)와 향리를 잡아들인 후에 천안군수 남종학과 회덕현감 김낙균을 조서관으로 임명해 영동현의 군안과 결부를 상세하게 조사했지만, 장부에 문제가 없었을 뿐만 아니라 백성의 이산도 근거 없는 이야기라고 보고했다.[69] 더욱이 영동현에서는 군정과 전결의 폐해가 없어져 기뻐하고 있고, 오히려 (부당이익을 얻는 길을 뺏긴)무단토호가 무고를 일으켰다면서 군주에게 사심으로 경솔한 이야기를 전한 강장환의 처벌을 요구했다.

그러자 고종은 토호가 토지와 군정을 숨기는 무단행위를 근절하지 않는 한, 국가기강 확립과 민생안정이 불가능하다고 역설하며, 징계를 위해 강장환을 충청좌도사핵어사에 임명해 그가 직접 군정과 전결을 조사하고 무단토호를 적발할 것을 명했다.[70] 여기에서 주목되는 점은 고종이 홍문관원 강장환과 충청도관찰사 신억의 상반된 이야기 중 어느 한쪽에도 치우치지 않고 중립을 지키면서 절충안을 제시했다는 사실이다. 고종은 영동현의 행정에 문제가 있다는 강장환의 발언도, 영동현의 행정 상태에 대한 비판이

은 모른다면서 대답을 회피하려 한 일에서도 드러난다(『승정원일기』 1872(고종9)년 4월 4일, 소대).
[68] 『승정원일기』 1864(고종1)년 11월 9일, 고종전교.
[69] 『고종실록』 1864(고종1)년 11월 28일, 신억계.
[70] 『고종실록』 1864(고종1)년 11월 28일, 이조구전정사.

오히려 무단행위를 할 수 없게 된 토호에 의한 것이고 군주에게 허위사실을 상주한 강장환을 처벌해야한다는 신억의 보고도 그대로 받아들이지 않았다. 그리고 보다 정확한 진상 파악을 위해 문제를 제공한 당사자인 강장환을 파견해 직접 조사하도록 명했다. 이러한 고종의 전교에 대원군, 혹은 신정왕후의 의사가 반영되어 있었는지 관찬사료에서 찾아 볼 수는 없지만, 고종의 행동이 강연관에 대한 배려와 진위를 정확하게 파악하려는 의도 때문이었다는 것은 다음에 살펴볼 내용으로부터도 확실하다.

고종의 명령에 대해 강장환은 사핵어사의 직무를 사퇴한다는 상소를 올리며 스스로가 무단토호임을 인정했다.71) 그리고 고종의 조치에 감탄해 상황을 상세하게 조사하는 것으로 속죄하려고 했지만, 도저히 군현의 이민(吏民)과 얼굴을 맞댈 면목이 없기 때문에 직무를 수행할 수 없다며 사직을 청했다. 강장황이 스스로 무단토호임을 자인하자 고종은,

> 강장환의 주대는 내가 연석에 임하여 질문한 것으로 인한 것이었으니, 어찌 감히 관민의 사의(私義)를 돌아보아서야 되겠는가? 진실로 지적해 말할 만한 꼬투리가 있으면 일을 조목조목 숨김없이 명백하고 솔직하게 고하는 것이 가하다. 그가 우물쭈물하여 혐의를 멀리하려는 듯했으나 끝내 원망을 품고 있다는 자취를 숨길 수 없기에, 나의 마음에는 오히려 도사가 미진했을 염려가 있다고 생각하여 그로 하여금 스스로 가서 사실을 자세히 조사하게 한 것이었다. 그런데 갑자기 이렇게 상소를 하니, 이것이 무슨 말인가? 명을 무시한 죄 이미 용서하기 어려운데, 명색이 유신으로서 무단토호로 각각 조사 계문에 낭자하게 실렸으니, 조정에 욕을 끼친 것이 이보다 심한 것이 없다.

고 개탄했다. 그는 자신이 강연관의 혐의와 원망을 풀기 위해 배려했고, 관찰사의 조사가 불충분하다고 여겨 강장환에게 재조사를 명했던 것임을 밝힌 후, 강연관들이 권강에서 사심 없이 지방행정의 실태에 대해 상세하게

---

71) 『승정원일기』 1864(고종1)년 12월 12일, 강장환상소.

보고해야 한다고 강조한 것이었다. 여기에 유신이 무단토호라고 지적된 것은 결코 용서할 수 없다며 강장환에 대한 처벌을 명하는 한편, 도신에게 조사하도록 지시한 일이 해당고을의 인구·토지와 그에 대한 행정의 시비뿐이었음에도 불구하고 도신이 유신의 처벌에 대해 논한 것은 잘못이라며, 충청도관찰사 신억의 죄도 묻도록 했다.[72] 이는 국정에 관리 개인의 감정과 이해가 반영되어서는 안 된다는 것을 명확히 한 조치이며, 무엇보다도 고종이 각 지방의 실상에 대한 정확하고 철저한 조사·보고를 적극적으로 요구했음을 보여준다.

고종이 강연에서 지방행정을 질문해 발발한 이 사건은 강연관과 지방관 모두의 처벌로 종결되었지만, 그 전개과정에서 드러나듯 고종은 국가기강의 확립과 민생안정에 지방관의 행태가 얼마나 중요한지 인식하고 있었다. 따라서 그는 강연에서 지방사정을 파악하며 정치문제에 개입하고자 했고, 이를 통해 수신에 치중하면서도 장래의 치국 상황에 대비해 나갔다고 하겠다.

그런데 강연 자리에서의 상주가 해당관료의 처벌을 초래하는 사태로 전개됨에 따라 권강에서 지방사정을 질문하는 일은 더욱 곤란하게 되었다. 그러자 고종은 자신이 먼저 강연에서 자유롭게 민생문제에 대해 질문해도 좋은 환경을 만들려고 했다. 그는 강연에서 통치행정의 실상 관련 질의응답뿐만 아니라, 강관이 자발적으로 민생상태를 상주하는 분위기를 형성하기 위해 1864년 11월 18일의 권강에서 다음과 같이 논했다.

고종 "어제 옥당(조성하)이 써 올린 고사에 의하면 숙묘 때 강연에서 '글의 뜻만을 강론할 것이 아니라, 여항 물정의 어렵고 고생스런 실상도 반복 효유하여 나의 귀로 하여금 익히 들을 수 있도록 하는 것이 좋겠다'고 하교하셨다고 한다. 오늘날 역시 권강이나 소대 때에 입시한 제신들이 이 하교대로 진주하는 것이 좋겠다."…
윤치정 "숙묘께서 경연석상에서 내리신 이 하교는 참으로 만만 번 흠송할 일입니다.

---

[72] 『승정원일기』 1864(고종1)년 12월 12일, 고종전교.

예로부터 명철한 군주는 정무를 보고난 여가에 예모를 간촐히 하고 뭇 신하들을 불러 앉힌 다음, 민간의 질고와 치정의 득실을 자문하는 것으로 이목을 밝히는 길을 삼지 않은 이가 없습니다. 전하께서도 제신의 등연 때에 여항 물정과 민간 질고의 실상을 조용히 하문하신다면 누가 감히 진심으로 대답하지 않겠습니까?"…
이명응 "전하의 하교는 타당하고도 타당합니다. 구중의 깊은 궁궐에 처하시다 보면 민간의 실정을 자세히 듣지 못할 듯하나, 날마다 근신들과 강설을 하며 물정의 질고와 어려움을 들어보신다면 이는 실로 크나큰 덕화라 하겠습니다."73)

여기에서 고종은 숙종이 경연할 때 민생 상황에 대해서 반복해 보고하도록 관원에게 요구했다는 고사를 인용해 강연관이 권강과 소대를 불문하고 적극적으로 민생문제를 상주하라고 촉구했다. 당시 고종은 1864년 10월 6일의 권강에 참찬관으로 참석한 박도빈의 제안에 따라, 매일 홍문관관원이 써서 제출한 조종 고사를 읽고 있었는데,74) 그 속에서 숙종의 경연고사를 인용해 자신의 의지를 관철시키고자 한 것이었다. 고종이 조종의 전례를 빌어 민정에 대한 상세한 보고를 독려하자, 강연관들도 인정하고 따르지 않을 수 없었고, 앞으로 고종의 질의에 성실히 답할 것을 다짐했다. 이처럼 고종은 권강과 소대가 경전의 의미 해석에 의한 이론 공부에 머물지 않고, 다양하고 폭넓은 세상의 정보, 특히 민생의 실상을 파악할 수 있는 수단으로 존재하기를 바라고 있었다.75)

---

73) 『승정원일기』 1864(고종1)년 11월 18일, 권강.
74) 『승정원일기』 1864(고종1)년 10월 6일, 권강.
75) 이러한 즉위 초기 고종이 강연에 임한 자세, 혹은 열정은 1867년 김영작의 발언에서 엿볼 수 있듯이 서서히 변질되어 갔다. 당시 김영작은 고종이 질문하기 않기 때문에 자신이 우울하다고 말한 후, '진강뿐만 아니라 모든 강연에서 상하가 이야기를 교환하고 경사의 의미를 토론하거나, (고종이)여항의 질고에 대해 자문하거나 하면, 聖智의 개발에 도움이 되고 下情이 통하지 않을 우려가 없어져, (상하가 서로)흘러 통하고 서로 믿어, 다스림은 뜻을 거스르지 않게 될 것'이라며, 고종에 의한 적극적인 강연 참가와 주도를 독려했다. 이는 강연관의 비협조적인 태도에도 적극적으로 민생문제를 들으려고 했던 즉위 직후 강연에서의 고종 모습과는 크게 다르다고 하겠다(『승정원일기』 1867(고종4)년

고종은 그 후에도 강연관 중에 지방에 거주하는 자가 있는지를 물어 지방관의 정치와 민생에 대한 질문을 계속해 갔다. 1865년 12월 13일에는 강관 유후조에게 경상도의 사정을 상세히 아뢰도록 했다.[76] 이 날 고종은 이전에 군주와 강연관들과의 사이에 민생문제에 대한 질의가 있어야 한다고 표명했음에도 불구하고, 자신의 물음에 강연관이 또다시 부정적인 반응을 보일까 의식한 탓인지, 지방관의 정치 득실에 대한 질문이 신정왕후의 지시에 의한 것임을 강조하며 허심탄회하게 대답하도록 요구했다. 이렇듯 강연관들의 비협조적인 태도에도 조종과 신정왕후의 권위까지 빌려 지방 실정을 파악하고 문제점 개선을 촉구한 고종의 자세는 주목해야 할 점이다.

고종의 지방통치·민생을 향한 관심은 나라의 근본이 백성이라는 유교 전통적인 민본사상을 바탕으로 한 것이었다. 그는 민본통치의 바탕이 민생안정에 있고, 그것은 백성을 가까이서 다스리는 지방관에 의해 좌우된다고 판단하고 있었다. 그러나 아직 실질적인 통치권을 갖고 있지 못했던 고종은 강연을 통해 민생상황과 지방관들의 통치실상을 파악하고자 노력했고, 이 과정에서 백성에 대한 군주의 역할을 자각하며 실질적인 정치에 참여할 기회를 만들어 갔다고 하겠다.

(3) 조종계승과 군신관계의 중시

조선시대 군주는 전통의 유일한 계승자로 이를 유지해야 할 권리와 의무를 갖고 있었다.[77] 이러한 조종전통 계승은 어린 나이에 방계왕족으로 왕위에 오른 고종에게 더욱 절실한 사명으로 다가왔다. 고종은 즉위 직후부터 종묘사직의 보존·전달과 조종 법도의 습득·준수를 바탕으로 통치활동을

5월 3일, 권강).
[76] 『승정원일기』 1865(고종2)년 12월 13일, 권강.
[77] 김성혜, 「고종즉위 초기 군주관 형성과 그 내용」, 145쪽.

펼치도록 요구받았다.78) 그리고 이는 그의 정통성 확보와 입지 강화 작업의 일환으로 추진되어 갔다.

재위 전기 10년간 어린 고종에게 주어진 과제는 전통을 직접 실천·전수하는 일보다 하루라도 빨리 전통을 익혀 전통계승자로서의 주체로 성장하는 것이었다. 고종이 스스로 당당히 군주 정통성을 내세우기 위해서는 먼저 역량을 키우지 않으면 안 되었고, 그것은 고종의 성학 향상과 밀접한 관계를 갖고 주창되었다.79) 따라서 고종은 사고와 행동기준을 성현과 조종의 전통에 두고, 교육을 통해 전통을 숭배하고 계승하는 방법을 배워 갔다.

이렇게 전통계승의식이 강조되는 가운데, 고종은 역대 왕들이 학문과 정치에 정진한 고사를 빈번하게 언급하게 되었다. 전술한 대로 그는 1864년 10월부터 박도빈의 제안에 따라 옥당이 제출한 조종고사를 읽고 있었는데,80) 그 내용을 군주별·내용별로 구성한 것이 [표 6]이다.

---

78) 이러한 예로는 "伏願殿下, 克法祖宗朝盛德, 日夕孜孜於聖學, 以臻至治焉"(『일성록』 1865(고종2)년 2월 6일)·"致治之道, 亶不在他講學. 而先小學爲修治之基. 伏願殿下, 法我英廟重講此書"(『일성록』 1865(고종2)년 3월 16일)·"世宗大王嘗曰, 予在宮中無斁手間, 坐時輪對經筵, 盛暑極寒未嘗少懈. 肅廟朝敎筵臣曰, 自前暑月例有賜對之擧. 伏望殿下, 仰法朝宗講論經史, 陳設古今熟讀詳知, 以爲措諸萬幾之本焉"(『일성록』 1865(고종2)년 6월 10일)·"萬化之源服膺一話一言, 庸行庸德不外於是, 則堯舜可期祖宗"(『승정원일기』 1866(고종3)년 2월 17일)·"欲法堯舜當法祖宗勤學崇儉, 即我列聖朝傳授心法. 殿下以祖宗朝所嘗行者, 爲一心上規模. 則億萬太平之休其, 自今伊始矣懸哉懸哉"(『승정원일기』 1866(고종3)년 2월 27일) 등이 있다.

79) 특히 1864년 3월 『소학』을 읽기 시작하면서부터 강연관들은 고종의 성학 증진과 매진을 강조하는 데 영조가 소학을 중시한 예를 들면서 전통을 활용했다(김세은, 「고종초기(1863~1876)국왕권의 회복과 왕실행사」, 76~77쪽).

80) 당시 고종이 홍문관 관원이 본받아야 할 조종고사를 제출했다고 하면서 인용한 『승정원일기』 기록 중에서 그 내용을 확인할 수 있는 것은 1864년 11월의 20회, 12월의 2회, 1865년 2월의 3회, 합계 25회이다. 이러한 옥당이 고사를 써서 올리는 예는, 1865년 5월 2일 강관 이우가 고종에게 "최근에 옥당이 고사를 쓰는 규정이 없어졌는데, 강독하는 틈틈이 무엇을 읽고 계십니까?"라고 질문한 점에서 1865년 3월을 전후로 없어졌다고 판단된다(『승정원일기』 1865(고종2)

[표 6] 옥당고사의 내용 분석

	세종	문종	세조	성종	선조	인조	숙종	영조	정조	순조	익종	합계
정치	①			②		①			①		①	6(24%)
민본				①		①		①	①			4(16%)
검소			①					①	①	①		4(16%)
성학		①			①	②	③		②	②		11(44%)
합계	1(4%)	1(4%)	1(4%)	3(12%)	1(4%)	3(12%)	4(16%)	2(8%)	5(20%)	3(12%)	1(4%)	25

이 표를 보면, 왕조 초기인 15세기 세종에서부터 19세기 익종에 이르기까지 비교적 다양한 조종의 치적이 거론되고 있었음을 알 수 있다. 그 중에서 18세기 정조 고사가 가장 많았던 이유는 정조통치기가 조선 후기의 전성기로 간주되었기 때문이었다. 이에 반해 세도정치기 군주 중에 초기의 순조와 고종의 양부인 익종의 고사가 인용될 뿐, 헌종·철종의 고사가 하나도 없는 까닭은 고종이 익종의 양자로 입적됨에 따라 철종시대가 부정되었고, 헌종이 고종의 형제에 해당하기 때문이었다고 보인다.

조종고사 내용은 정치·위민·검소(절약)·성학으로 나눌 수 있다. 정치에는 근면한 정무활동, 간언의 수용, 인재등용, 조종정치의 구현 등이, 성학에는 근면한 성학 태도, 빈번한 강연 개최, 경전에 대한 존중 등의 내용이 포함되었다. 특히 조종고사에는 성학을 향한 근면과 전념이 가장 많이 인용되었는데, 이는 조종 전례를 통해 학습에 대한 의지를 높여 고종이 성학에 정진하도록 독려하기 위해서였다. 반면, 고종 스스로가 조종고사를 적극적으로 내세우며 논했던 것은 자신이 조종을 본받아 행동하고 있음을 피력함과 동시에 앞으로의 결의를 드러내기 위해서였다고 판단된다.[81] 즉, 그는

년 5월 2일, 권강).
[81] 『승정원일기』 1864(고종1)년 11월 6일(권강)·11월 7일(권강)·11월 10일(권강)·11월 12일(권강)·11월 22일(권강)·11월 24일(권강).

조종의 업적을 이어 성학을 존중하고 민생을 안정시키는 성군이 되고자 노력하고 있음을 강조한 것이었다. 이처럼 재위 전기 성학으로의 전념이 우선시되는 가운데, 고종 역시 이를 이용해 군주로서의 자질여부를 밝히고 입지를 굳히려 했다고 하겠다.

또한 고종은 강연을 통해 군신관계의 중요성을 내세우고 있었다. 군주가 통치하는 데 신하를 존중하고 신하와 함께 하지 않으면 안 된다는 것은 즉위 당시 신정왕후가 고종에게 내린 교서에서 이미 강조된 사실이었고, 고종도 신하와의 관계 설정에 대한 중요성을 인지하고 있었다. 따라서 그는 강연에서 기회가 있을 때마다 군신관계를 언급하며 자신의 군신관을 드러내려 했다. 군신간의 관계 존중과 간언 수용, 언로 개방을 호소하는 고종의 발언은 상당히 많은데, 그 예를 몇 가지 들어보면 다음과 같다.

> 군주에게 과실이 있어도 신하가 고치지 않고, (군주의)면전에서는 선하다고 칭찬하고 물러서서는 뒷말이 있는 사람이 있는데, 이것이 어찌 신하가 다할 도리라고 말할 수 있겠는가?…간언이 이르지 않으면 어떻게 정치를 하겠는가? 간언하는 신하가 있고서야 비로소 정치를 할 수 있다.[82]

> 만약 간언하는 일을 어렵다 생각하면 어떻게 여러 신하와 함께 정치를 할 수 있겠는가? 도리에 맞는 직간하는 발언을 내가 어찌 귀에 거슬린다고 해서 듣기를 꺼려하겠는가?[83]

---

[82] 이 날 권강에서는 숙종이 당태종의 간언 수용방법을 칭찬했음을 들어 고종과 강관 김학성 사이에서 충신과 간신을 구별하는 방법과 군주의 분별력 등이 상세하게 논해졌다. 고종은 여기에서 군주가 충신과 간신을 구별하는 것을 막기 위해 군주의 학문 상달을 방해한 '당의 仇士良' 패거리는 죽어 마땅한 사람들이라 말할 정도로 신하의 구별과 등용에 지대한 관심을 표명했다(『승정원일기』 1864(고종1)년 11월 22일, 권강).

[83] 고종은 자신이 책을 읽는 법의 좋고 나쁨을 (강관이 자신에게)정확하게 말할 것과 잘못 읽은 부분에 대해서는 읽어야 할 횟수로 계산하지 말도록 지시했다. 이에 박규수가 삼가 말하지 못했던 것을 사죄하자, 고종은 자신이 도리에 맞는

군신간에 직언하고 보도하며 이끄는 일은 강학의 자리만을 가지고 일컫는 것이 아니고, 정치를 행하는 과정에서 나에게 과실이 있으면 반드시 직언으로 상주하는 것이야말로 군신간의 정이 통하고 의가 있다고 말할 수 있을 것이다. 그렇지 아니하면 어떻게 서로를 믿을 수 있겠는가?…직언으로 엄중하게 간언하는 것은 처음에는 귀에 거슬리지만 그 말을 깊이 생각하면 반드시 효과가 있다. 따라서 위에서 설령 듣고 싶어하지 않는다고 해도 밑에 있는 자가 일을 할 즈음에 과실을 직언한다면 군신간의 화기가 쌓여 자연스럽게 나라가 다스려지고 백성이 편해지니 이 어찌 아름답지 않겠는가?…강연의 자리든지 한가로운 때든지, 조정의 신하가 나의 과실을 지적하는 것은 그 직무일 터인데 무슨 곤란이 있겠는가?[84]

오늘날 조정대신의 이야기는 모두 귀에 거슬리는 것이었으면 한다.…강독할 때에 대해 말하자면 나에게 잘못 읽은 부분이 있는데도 불구하고, 신하가 잘 읽는다고 하면, 그것은 아부하는 것이다. 잘못이 있을 때마다 경고한다면 그것이 고치는 일일 것이다.…내 희망은 조정 신하가 모두 쟁신이 되는 것이다.[85]

내가 정심(正心)을 갖고 정치를 할 뿐만 아니라 아래 사람들도 또한 성실한 마음을 갖고 내 뜻에 응해 모든 것을 정도(正道)에 따라 행해야 한다.…많은 신하가 열심히 근면하며 내게 과실이 있다면 곧바로 바로잡아 주기 바란다.[86]

신하의 간언을 바라고 있다고 강조했다(『승정원일기』 1864(고종1)년 12월 13일, 권강).
[84] 이 날 고종은 자신의 학습상태에 따라 강관이 강의 진행상황을 조절할 것과 자신에게 정확하게 보고할 것을 요구했다. 그리고 이것이 간언을 받아들이는 군주의 자세라고 말한 후, 당일의 권강 내용을 조지에 반포하도록 명해 자신의 입장과 인식을 신민에게 폭넓게 알리려고 했다(『승정원일기』 1865(고종2)년 2월 6일, 권강).
[85] 이 날은 정기세가 먼저 읽는 방법을 조언함에 따라 또다시 군주의 간언 수용방법과 충언·간언의 구별방법 등이 논의되었다. 고종은 이 날의 권강 내용도 조지에 반포하도록 명했다(『승정원일기』 1865(고종2)년 5월 7일, 권강).
[86] 이 날 고종은 권강의 내용을 조지에 반포해 신하에게 알려 그들에게 군주에 대한 보도의 책임을 다해야 할 의무가 있음을 강조하고, 그것을 행동에 옮기도록 촉구했다(『승정원일기』 1865(고종2)년 5월 8일, 권강).

이처럼 고종은 군신관계에 서로간 협력이 중요하다는 것과 아끼지 말고 간언할 것, 군주의 정치활동에 신하가 적극적으로 보좌할 것 등을 요구했다. 또한 책을 읽는 방법의 잘잘못을 정확하게 지적하고 잘못 읽은 부분에 대해서는 읽어야 할 횟수에 넣지 말도록 지시할 때에도 신하의 간언을 바라고 있음을 강조했다. 성종의 간언 수용방법을 언급할 때도 '내가 간언을 듣고자 하는데, 신하가 말하지 않는 것은 어째서인가?'라며, 스스로가 적극적으로 신하의 직언을 수용할 자세를 갖고 있다고 주장했다.[87]

이러한 고종의 군신관계에 대한 인식은 정치운영에서 신하의 의견 존중과 협력관계 형성을 강조하는 한편, 군주의 능동적이고 주도적인 활동을 역설하는 것이기도 했다. 여기에 강연 내용을 조지에 공표하도록 명하여 자신의 발언과 행동을 널리 알리고자 한 사실은 조종고사를 인용해 군신간의 관계를 지속적으로 강조한 고종의 의도가 어디에 있었는지를 드러낸다. 즉, 고종은 자신이 군주에 걸맞은 자세를 갖고 있음을 과시함으로써 군주의 정통성을 획득하려 한 것이었다.

고종은 즉위 초기 대원군과 신정왕후, 그리고 정치세력의 이해와 타협에 의해 즉위한 데 따른 잡음을 제거하고 군주의 지위를 확립, 표방하기 위해 강연에 적극 참여했다. 방계왕족으로 12살의 어린 나이에 군주의 자리에 오른 고종에게 군주로서의 정통성을 확보하는 일은 그 무엇보다 중요했고, 그는 성학에 충실하며 조종의 업적을 계승하고 신하를 존중하겠다는 의지를 드러냈다. 특히 임술민란 이후에 표면화된 민생 파탄과 지방관리의 행정과 조세제도 등의 모순 극복이 절실한 상황에서 민생에 적극적인 관심을 보이면서 군주의 사명을 배워갔다. 다시 말해 고종은 즉위 이후의 강연에서 민생과 지방사정에 대한 지속적인 관심 표명, 고종의 행적과 군신관계의 바른 형성, 간언의 경청을 역설해 군주의 역할에 대해 자각하고, 그것을 수행하기 위한 마음가짐과 자세를 갖추는 한편, 군주인 자신의 입지를 강화

---

[87] 『승정원일기』 1864(고종1)년 11월 11일, 권강.

해 간 것이었다. 그리고 이는 신정왕후와 대원군이 정치를 담당하는 가운데 치국보다는 수신에 전념할 수 있는 배경이 전제되어 있었기에 가능한 일이었다고 하겠다.

4. 제2장 제1절 정리

고종은 대원군정권기 10년간, 권강과 진강을 통해 유교적 사상과 이론을 비롯한 성현과 조종의 전통에 대해 배우고 있었다. 강연에서의 학습은 단순히 교재의 의미 강독에 그치지 않고, 다양한 대내외 상황과 정보를 습득하고 파악하는 데 이르고 있었다. 고종은 모두 시원임정부관료로 구성된 강연관과 함께 경전·사서를 강독하는 가운데, 그와 관련된 정치적 문제와 해결방안에 대해 토론하면서 당시의 정치상황을 자연스럽게 습득해 갔다. 고종이 유약했다고는 해도 성학 목적이 통치자로서의 기본자질과 지식 등을 양성하는 데 있었던 만큼, 그의 강연이 정치현실에 대한 이해와 판단, 대책 모색으로 이어지는 것은 당연했다. 특히 고종은 생부인 대원군에게 국정운영을 위임해 주변의 정치적 현안과 정치세력과의 알력으로부터 비교적 자유로운 상황 속에서 성학에 전념하는 동시에, 곁에서 대원군의 정책결정과 추진에 협력하며 통치적 자질과 역량을 키워 갔다.[88] 이것은 세도정치기의 유약한 군주가 수렴청정이 끝난 후 곧바로 심각한 정쟁 속에 편입되었던 사실과 비교해 고종에게는 군주의 역량과 입지를 굳힐 수 있는 환경과 시간이 주어져 있었음을 의미했다. 이 때문에 고종은 스무 살이 될 때까지 대원군의 정치적 보좌하에서 제왕교육을 받고 대원군의 정치방식을 배우면서 착실하게 통치자로서의 사고와 행동의 틀을 형성할 수 있었다.

재위 전기 고종의 강연은 1864년부터 1876년까지 개최되었다. 강연의 개최 총수는 2047회로 연평균 157회 실시되었는데, 이를 세분하면 권강기(1864년~1865년) 338.5회, 진강기(1866년~1873년) 160.9회, 일강기(1874년~1875년) 27.3

---

[88] 팔레 씨는 대원군이 국가의 구체적인 문제와 씨름하면서 왕실의 권위를 시험하는 새로운 예를 만들고 있을 때, 고종은 유교 조력자로서 덕과 겸양 있는 국왕의 존엄에 대해 배우고 있었기 때문에, 1874년 이후에 통치방식에 변화가 나타난 것은 당연하다고 평가했다(James Palais B, *Political Leadership in the Yi Dynasty*, p.68).

회로, 친정 이후의 일강은 권강의 12분의 1에 불과했다. 이처럼 고종의 강연은 신정왕후의 수렴청정기인 1864년과 1865년에 집중되고 있었다.

즉위 초기 권강을 행하고 있을 때에 고종은 규정상의 휴일을 제외하면 매일 진강과 소대를 실시해 학업에 전념하는 모습을 보여 주었다. 방계왕족으로서 12살의 어린 나이에 왕위에 오른 고종에게 군주의 정통성을 획득하는 일은 무엇보다 중요했고, 그는 신정왕후를 비롯한 주변의 기대와 독려 속에 자신이 군주의 자질과 정통성을 갖추고 있으며, 이를 위해 더욱 노력하고 있음을 과시하기 위해 성학에 열중했다. 그러나 고종의 강연 개최 횟수는 1865년 겨울 방학을 거쳐, 신정왕후의 수렴청정이 끝나고 공식적인 친정체제가 갖추어지면서 계속 줄어들었고, 1876년 이후에는 거의 실시되지 않게 되었다. 이러한 이유로 대원군집권기, 특히 권강기 교육이 고종의 군주로서의 성장에 미친 영향은 지대하다고 할 수 있다.

이 시기 고종은 유교전통적인 민본관을 배우며 민생안정에 대해 특별한 관심을 드러냈다. 또한 조종계승과 군신관계를 중시하면서 자신이 유일한 전통계승자이며, 이를 바르게 실천하려 한다는 사실을 표명해 갔다. 특히 그는 세도정치기 심화된 민생파탄과 지방행정·조세제도의 문란, 서원·토호문제 등을 비판하고 개선을 촉구하는 등, 이전시대와의 차별성을 내세우면서 군주 지위를 안정·강화시키고자 했다. 다시 말해 고종은 민생안정이라는 절대적 과제를 제시함으로써 현실정치 관련정보를 획득하고 실질적으로 정치에 개입할 수 있는 명분과 기회를 만들며 정치적인 입지를 확대해 갔던 것이었다.

이렇게 고종은 대원군정권기 군주의 자질을 습득하고 전반적인 정치에 대한 이해를 심화시키며 정치세력과의 이해관계를 조성해 나갔다. 그는 대원군이 등용한 고위관료들과 성학과 차대, 소견 등을 통해 지속적으로 교류하면서 그들로부터 정치상황과 정책결정 방법과 정치기술을 익혔다. 이는 고종이 부친인 대원군의 영향을 받으며 군주로서의 통치양식을 배워갔음을 의미했다. 그리고 이시기 형성된 고종의 군주관과 대민관을 비롯해 정치과 권력에 대한 전반적인 인식은 실질적인 친정을 선포한 1873년 말 이후 그의 통치활동에 반영되었다고 하겠다.

제2절
고종 강관의 구성

1. 시기별 강관의 구성

앞서 설명한 대로 고종의 강연은 1864년 1월 13일 조정회의를 거쳐 명칭을 '권강'으로 하고, 15일에 강연의 방법과 절차가 정해짐에 따라, 17일부터 정식으로 시작되었다. 이러한 고종의 강연 내용과 진행과정, 그리고 고종의 성학적 관심과 태도는 고종의 학습을 보도, 또는 주관하던 강관에 의해 크게 좌우되고 있었다. 강관은 당대 예문관·홍문관·규장각관직을 거친 최고의 학자·정치가로 구성되었으며, 군주는 강연 자리뿐만 아니라, 정치적 문제를 논하는 차대와 소견 등에서 그들과 빈번하게 접하고 있었다. 따라서 강관은—고종의 주변인물 중에서도 대원군·명성황후·신정왕후를 제외하고는— 고종과 밀접한 관계를 갖고 가장 큰 영향을 미칠 수 있는 존재였다.

이처럼 고종의 군주로서의 성장에 중요한 역할을 수행한 강관은 주로 시임 고위관료 중에서 선택되었고, 강관의 구성에는 자연히 당시 정치세력의 동향이 반영되게 되었다. 다시 말해 고종의 제왕교육을 담당하는 강관들은 그 시기 정치적인 사건과 정계개편, 또는 정치세력들 간의 알력 등의 정치적인 문제와 밀접한 관계를 갖고 구성·변화되었다는 것이다. 여기에 고종의 강연이 재위 전기, 특히 대원군정권기에 집중되었다는 사실은 고종이 대원군정권기 주요한 정치세력의 영향 속에서 제왕교육을 받으면서 군주로 성장하고 있었음을 의미했다.

고종의 교육 명칭은 그의 정치적 위상이 변화되는 시점, 또는 실질적인 통치권자의 변화에 따라 권강, 진강, 일강의 순으로 변화되어 갔다. 강연 명칭이 당시 정치적 상황과 함께 변했다는 것은 군주의 교육이 단지 군주 개인의 수신 문제가 아니라 정국상황과 밀접한 관련을 갖고 있었음을 보여준다. 그리고 당시 정치적 현상과 정계인사 변동과의 연장선상에서 이루어진 제왕교육은 고종의 군주로서의 역량과 인식의 형성에 지대한 영향을 미침으로써 이후 고종이 통치권을 회복하고 국정을 운영하는 사상적 기반을 이루게 되었다.

이 절에서는 고종의 인식·사고·통치활동의 틀 형성에 크게 기여한 강관의 출신을 분석해, 첫째 고종이 주로 어떠한 인물들로부터 교육을 받았는지, 둘째 강관 구성과 대원군정권기 정계변화와는 어떤 관련이 있었는지를 고찰하고자 한다. 이 작업은 재위 전기 고종의 수업 명칭이 변화되는 시점을 기준으로 권강(신정왕후 수렴청정기), 진강(대원군집권기), 일강(고종친정 직후)기로 구분한 후, 각 시기별로 교육을 담당한 강관의 실체를 파악하고, 이들과 당시 정치세력의 움직임과의 관련성을 검토하는 수순으로 이루어질 것이다.

여기에 당시 정계인사 구조와 밀접한 관계를 가지는 강관 구성을 보다 정확하게 살피기 위해 연도별·성씨별·당파별로 구분된 [표]로 제시하도록 하겠다.[1] 강관의 구성 [표]에서는 당파와 성씨별 참가 인물과 참가회수를 첨부하고, 연도별로 고종 교육의 담당주체를 당파와 성씨별·시원임의정[2]·개인참가의 순으로 고찰할 것이다. 그리고 이를 바탕으로 각 당파와

---

[1] 강관 구성표는 고종 재위 전기에 해당하는 1864년부터 1875년까지를 —일강이 개최되지 않았던 1876년을 제외하고— [표 7]에서 [표 18]까지로 정리했다.

[2] 본고에서 시원임의정의 변화양상에 주목한 이유는 고종즉위 초기인 신정왕후

성씨 그리고 인물이 강연에 미친 영향과 각 부분의 변화양상을 검토하고자 한다.

이러한 연구는 재위 전기 고종의 교육에 영향을 미친 인물의 성향을 분명히 할 뿐만 아니라, 강관 구성의 추이 속에서 당시 정계변화의 양상을 추론하고 양자간의 밀접한 연동관계를 밝혀 고종이 받은 제왕교육의 실태 규명에 바탕이 될 것이다.

(1) 권강기(신정왕후 수렴청정기) 강관의 구성

고종의 강연은 권강이 즉위1년 1월 17일부터, 소대가 동년 1월 12일부터 시작되었다. 1864년과 1865년에는 각각 권강 210과 소대 181, 권강 183과 소대 103을 합쳐 391회와 286회가 개최되었다.

1864(고종1)년 강연을 담당한 인물은 [표 7]대로이다. 1864년에는 17개의 성씨에 속하는 28명의 강관이 287회의 강연에 참가했다. 1864년 노론의 비

수렴청정기와 대원군집권기, 고종친정 직후 시원임의정의 강연참가 비율에 변화가 나타나기 때문이다. 이러한 변화는 당시 정권담당자의 정치적 의도와 관련되어 있을 뿐만 아니라, 당시 최고위층 권력구도를 반영하고 있었다. 따라서 시원임의정의 강연참가 실태를 동시에 분석해 이러한 상황변화의 추이를 분명히 하고자 한다.

〈고종 재위 전기 의정역임자 명단과 취임기간〉

	권강기	진강기	일강기
영의정	김좌근(1863/9/8~1864/4/18) 조두순(1864/6/15~1866/4/13)	이경재(1866/4/13~4/29) 김병학(1867/5/18~1872/9/29) 홍순목(1872/10/12~1873/4/29)	이유원(1873/11/13~1875/4/22) 이최응(1875/11/20~1882/1/13)
좌의정	조두순(~1864/6/15) 이유원(1864/6/15~1865/2/25) 김병학(1865/3/3~1867/5/3)	유후조(1867/5/18~7/15) 이유원(1868/윤4/11~윤4/22) 강로(1872/10/12~1873/11/4)	이최응(1874/12/7~1875/11/20)
우의정	이경재(1864/1/2~6/7) 임백경(1864/6/15~1865/2/25)	유후조(1866/1/16~1867/5/18) 홍순목(1869/1/22~1872/10/12) 한계원(1872/10/12~1873/11/4)	박규수(1873/12/2~1874/9/26) 김병국(1874/12/7~1878/8/18)

* 출처는 『승정원일기』·『일성록』·『고종실록』. ( )안은 재직기간.

[표 7] 1864(고종1)년의 강관 명단

성씨(17)	노론	소론	남인	북인	성씨합계
경주김씨		김영작5			1/5
안동김씨	김좌근6 김흥근7 김병기1 김병학5 김병국2 김보근0 김현근2				7/23
청풍김씨	김학성26				1/26
반남박씨	박규수24				1/24
은진송씨	송근수7				1/7
평산신씨	신석우10				1/10
해평윤씨	윤치정28				1/28
경주이씨		이유원6			1/6
우봉이씨	이우22				1/22
전주이씨	이최응1	이돈영2			2/3
한산이씨	이경재3				1/3
풍천임씨				임백경10	1/10
동래정씨		정원용6 정기세23			2/29
창녕조씨		조석우25			1/25
양주조씨	조두순20	조득림10			2/30
풍양조씨	조헌영7				1/7
남양홍씨	홍종응2 홍재철1 홍종서26				3/29
합계(인물/ 강연참석총수)	20(71.5%)/ 200(69.7%)	7(25%)/ 77(26.8%)	0/0	1(3.5%)/ 10(3.5%)	28/287

· 범례: 굵은 글씨는 시원임의정 취임자(해당연도를 기준으로 한다). 괄호 안은 개명 전 이름. 이름이 사선으로 되어 있는 자는 참판·아경 이하 취임자. 이름에 밑줄을 그은 자는 무신. 이름 옆의 숫자는 1년간 강연에 참가한 횟수이다. 강연참가 횟수 옆의 괄호 안 숫자는 그 해 참찬관으로서의 참가수이고, 이름 옆의 *표시는 참석 횟수 속의 한 번을 특진관으로서 참가했음을 나타낸다.
(예를 들어 *김상현*6(2)* 의 해석방법은 김상현이라는 문신이며 참판·아경출신자가 그 해 6회의 강연참가 중에 2회는 참찬관으로, 1회는 특진관으로 출석했다는 의미이다.)
표 우측과 하단은 성씨별/당파별 강관의 합계이다. 합계에서 사선 좌측은 인물 총계를, 우측은 강연참가 횟수의 총계를 나타내며, 합계의 괄호 안은 퍼센트를 나타낸다.
성씨는 가나다순. 이하 [표 18]까지 동일.
· 출전: 『승정원일기』·『일성록』·『고종실록』.
· 비고: ① 안동김씨 김보근은 강관으로 임명되었지만, 실제 강연에는 한 번도 참가하지 않았다.
② 흥인군 이최응은 종친이 아닌 제조로 참가했기 때문에 노론으로 분류했다.

중은 참가인수 20명과 참가 횟수 200회로 양쪽 모두 전체의 70%에 달한 정도로 압도적인 점유율을 나타냈다. 노론 중에서는 안동김씨 7명이 23회 출석해 노론 전체 성씨의 25%와 총 강연참가 횟수의 8%를 차지했다. 남양홍씨는 3명이 29회로 성씨와 횟수의 양쪽 모두 10%를 점했다. 안동김씨에서는 김좌근과 김흥근이 시원임의정으로 각 6회와 7회, 김병학이 강관으로 5회 참가했다. 그 밖에 청풍김씨・반남박씨・은진송씨・평산신씨・해평윤씨・우봉이씨・전주이씨・한산이씨・양주조씨・풍양조씨・남양조씨에서 한 명씩 강관을 배출했다. 이 중에서도 청풍김씨 김학성・반남박씨 박규수・해평윤씨 윤치정・우봉이씨 이우・남양홍씨 홍종서는 20회를 넘는 강연에 참석해 고종의 성학에 크게 관여했다.

소론은 총 참가인수 7명이 77회의 강연에 참가해 전체의 25% 이상을 차지했다. 동래정씨 2명이 29회 출석했고, 그 밖에는 경주김씨・경주이씨・전주이씨・창녕조씨・양주조씨가 한 명씩 참석했다. 소론 중에서는 동래정씨 정기세와 창녕조씨 조석우가 20회를 넘는 참석률을 보였다. 1864년에 남인에서 강관을 담당한 인물은 없고, 북인으로는 풍천임씨 임백경이 10회 참가했다. 이처럼 고종즉위1년의 강연은 노론과 소론이 주도했는데, 이는 당시 정권담당자 구성의 반영이었다고 할 수 있다.

시원임의정의 강연참가를 보면, 김좌근과 김흥근이 각각 6회와 7회, 한산이씨 이경재가 3회, 양주조씨 조두순이 20회(노론), 경주이씨 이유원 6회, 동래정씨 정원용 6회(이상 소론), 풍천임씨 임백경이 10회(북인) 출석했다. 시원임의정의 강연참가 비율은 7명이 58회 참가해 전체의 20%를 점했다. 이는 시원임의정이 강연에 빈번하게 참여해 고종에게 군주 성학의 중요성을 강조하고, 학업정진을 독려하기 위해서였다고 생각된다.

개인의 출석상황은 해평윤씨 윤치정이 28회로 강연개최 총수의 9.75%를 점하여 최고 점유율을 보였고, 다음으로는 청풍김씨 김학성과 남양홍씨 홍종서(이상 노론)가 각 26회로 9%, 창녕조씨 조석우(소론)가 25회로 8.7%, 반남

[표 8] 1865(고종2)년의 강관 명단

성씨(17)	노론	소론	남인	북인	성씨합계
경주김씨		김영작14			1/14
안동김씨	김좌근3 김병학16 김세균2 김현근2				4/23
청풍김씨	김학성26				1/26
풍산류씨			유후조3		1/3
반남박씨	박규수27				1/27
고령박씨		박영보3			1/3
해평윤씨	윤치정12				1/12
경주이씨		이유원7			1/7
우봉이씨	이우20				1/20
한산이씨	이경재7				1/7
풍천임씨				임백경1	1/1
동래정씨		정원용1 정기세22			2/23
창녕조씨		조석우22			1/22
양주조씨	조두순10				1/10
풍양조씨		조병창(연창)3			1/3
남양홍씨	홍종서35				1/35
풍산홍씨	홍우건3				1/3
합계(인물/강연참석총수)	12(57%)/ 163(68%)	7(33%)/ 72(30%)	1(5%)/ 3(1%)	1(5%)/ 1(0.5%)	21/239

 박씨 박규수(노론)가 24회로 8.3%, 동래정씨 정기세(소론)가 23회로 8%, 우봉이씨 이우가 22회로 7.66%, 양주조씨 조두순(이상 노론)이 20회로 7%의 비율을 나타냈다. 이들 8명은 194회의 강연에 참가해 전체의 67.6%를 차지함으로써 즉위원년의 교육을 주도했다. 이 밖에 1864년 참찬관으로 43회나 강연에 출석한 진주강씨 강난형(남인)은 1866년부터는 강관으로 고종 학습에 기여하게 된다. 종친·선파에서는 이최응과 이돈영이, 풍양조씨에서는 조헌영이 참가했다.
 [표 8]은 1865(고종2)년의 강관 구성이다. 17개 성씨로부터 21명의 강관이 239회의 강연에 참가했다. 1865년의 각 당파의 비율은 전년도에 비해 노론

비중이 다소 감소하고, 소론 비중이 증가했다. 전년도에는 0%였던 남인에서 한 명이 등장했고, 북인에서는 여전히 임백경 한 사람만이 참가했다.

노론에서는 12명의 강관이 163회의 강연에 출석해, 전체의 57%와 68%의 비율을 나타냈다. 노론강관의 구성은 전년도에 비해 큰 차이가 없는데, 안동김씨가 4명으로 가장 많고, 청풍김씨·반남박씨·해평윤씨·우봉이씨·한산이씨·양주조씨·남양홍씨에서 한 명씩 참가했다. 전년도에 등장했던 은진송씨·평산신씨·전주이씨·풍양조씨 출신자가 없어지고, 풍산홍씨 한 명이 새로이 등장했다. 노론의 강연관여는 참가인원보다 참가 횟수가 10% 이상 높아 소수 인원이 빈번하게 출석했음을 알 수 있다.

소론은 7명의 강관이 72회의 강연에 참석해 각 33%와 30%를 차지했다. 전년도보다 전체에서 차지하는 비중이 5% 이상 증가했으며, 동래정씨가 2명, 경주김씨·경주이씨·창녕조씨에서 한 명씩 참가했다. 전년도의 전주이씨·양주조씨가 없어지고, 고령박씨와 풍양조씨가 한 명씩 등장했다. 남인은 풍산류씨 한 명이 3회, 북인에서는 풍천임씨 한 명이 단 1회 참가해 양 쪽 모두 극히 저조한 참가율을 나타냈다.

1865년에는 전년도와 마찬가지로 안동김씨를 제외한 각 성씨 배분이 거의 균등하며, 노론과 소론의 강연참가율이 전체의 98%에 달해 양당파가 교육을 전담했다. 전년도에 2명이던 종친·선파 출신이 없어졌고, 풍양조씨에서는 조병창(소론)이 참가했다. 이 때 처음으로 남인에서 등장한 유후조는 1866년에 우의정을 거쳐 다음해에 좌의정에 오르게 된다.

1865년에 강연에 참가한 시원임의정은 김좌근과 김병학이 각 3회와 16회, 이경재가 7회, 조두순이 10회(이상 노론), 이유원이 7회, 정원용이 1회(이상 소론), 임백경이 1회(북인) 참가했다. 이는 전년도와 비슷한 전체의 18.8%로, 즉위 초기 강연에는 시원임의정이 깊숙이 관여했다.

개인의 참가는 홍종서가 35회로 전체의 14.6%를 점해 상당히 높은 참가율을 나타냈다. 그 다음으로는 박규수가 27회, 김학성(이상 노론)이 26회로,

각 11.2%와 10.9%, 조석우와 정기세(이상 소론)가 각 22회로 9%를, 이우(노론)가 20회로 8.4%를 점유했다. 총 152회의 강연에 참가해 전체의 63.6%를 차지한 이들 6명은 모두 고종즉위1년에도 20회 이상의 강연에 참가한 인물들로 고종이 가장 열심히 공부하고 있던 즉위 초기 권강을 주관함으로써 고종의 군주자질 형성에 크게 기여했으리라 판단된다.

권강이 이루어진 시기의 강관 구성을 종합하면, 총 21개의 성씨에서 33명의 강관이 526회의 강연에 참가했다. 노론은 13개의 성씨에서 22명이 363회의 강연에 관여해 인물과 강연에서 각각 66%와 69%의 비중을, 소론은 7개의 성씨에서 9명이 149회의 강연에 참석해 27%와 28%를, 남인은 한 개 성씨에서 한 명이 3번 참석해 3%와 0.5%를, 북인 또한 한 명이 11번 참석해 3%와 2%를 차지했다. 강연에서 노론과 소론이 차지하는 비율은 1864년에 96.5%, 1865년에 98%로, 권강기의 교육은 노론과 소론에 의해 이루어졌다고 해도 과언이 아니다.

성씨별로는 안동김씨 출신 강관이 8명으로 가장 많고, 남양홍씨에서 3명, 동래정씨와 양주조씨에서 2명씩 참가했다. 권강에는 철종시기 세도가문인 안동김씨들이 다수 강연에 참여했으나, 실질적으로 강연에서 차지하는 비중이 압도적인 것은 아니었다. 남양홍씨에서는 홍종응·홍재철·홍종서 3명이 총 64회의 가장 높은 강연관여도를 나타냈고, 다음으로는 동래정씨 정원용·정기세 2명이 52회, 청풍김씨 김학성이 52회이며, 안동김씨 8명이 51회, 반남박씨 박규수 51회, 창녕조씨 조석우 47회의 순이다. 개인별로 보면 홍종서가 61회로 전체의 11.6%를 차지했고, 김학성이 9.9%, 박규수(이상 노론)가 9.7%, 조석우가 8.9%, 정기세(이상 소론)가 8.5%이다. 이들 5명은 강연에서 과반에 가까운 비중을 점유함으로써 권강기 고종의 성학을 이끌었다.[3]

---

[3] 권강기 홍종서는 이조·예조·형조판서를, 김학성은 판의금부사·규장각제학을, 박규수는 도승지·예문관제학·대사헌·예조판서를, 조석우는 홍문관제

이 시기에는 시원임의정이 대거 참여해 고종에게 성학의 중요성을 강조하고 군주교육의 위상을 높이는 역할을 수행하고 있었는데, 그중 4명(정원용·김흥근·김좌근·조두순)은 철종시대 의정 출신이었다.4) 또한 강관의 대부분이 철종시대 비변사당상을 지낸 고위관료들인 점을 감안하면 고종즉위 초기에는 철종시대의 고관들이 그대로 정권상층부를 이루었다고 할 수 있다.5) 여기에 1864년에 풍양조씨 조헌영이 강관으로 등장한 것도 신정왕후의 수렴청정과 관련해 주목되는 점이다.6)

학과 예조·형조판서를, 정기세는 병조판서와 우찬성을 지냈다.
4) 이렇게 즉위 초기 철종시대 의정이 강연에 다수 참여한 이유는 그들에게 고종의 교육 보도를 맡김으로써 현정권에 대한 지지 혹은 묵인을 이끌어내 고종의 불안정한 지위를 보강하기 위해서였다. 그러나 이들의 강연참가는 대원군의 권력기반이 안정, 즉 고종의 군주로서의 입지가 견고해짐에 따라 더 이상 철종시대의 의정과 정치적 제휴를 할 필요가 없어지면서 사라지게 된다.
5) 1863년 12월 고종즉위 직전의 비변사당상을 보면 총 인원 50명 중에 노론이 35명으로 전체의 70%를 차지했다. 이 중 안동김씨가 12명으로 가장 많고(金炳冀·金炳國·金炳學·金炳雲·金炳德·金炳地·金翊鎭·金應均·金炳㴻·金炳喬·金大根·金輔根), 남양홍씨 3명(洪在喆·洪鍾序·洪鍾應), 의령남씨 2명(南秉吉·南獻敎), 평산신씨 2명(申錫愚·申錫禧), 해평윤씨 2명(尹致定·尹致秀), 풍산홍씨 2명(洪祐吉·洪說謨), 광주김씨 1명(金箕晩), 청풍김씨 1명(金學性), 광산김씨 1명(金輔鉉), 대구서씨 1명(徐戴淳), 은진송씨 1명(宋近洙), 청송심씨 1명(沈宜冕), 기계유씨 1명(兪章煥), 우봉이씨 1명(李垾), 전의이씨 1명(李根友), 한산이씨 1명(李景在), 전주이씨 1명(李寅皐), 풍천임씨 1명(任泰瑛)이다. 소론은 12명으로 24%를 차지하며, 용인이씨 2명(李源命·李參鉉), 동래정씨 2명(鄭憲容·鄭基世), 양주조씨 2명(趙得林·趙徽林), 경주김씨 1명(金永爵), 경주이씨 1명(李裕膺), 전주이씨 1명(李敦榮), 창녕조씨 1명(曹錫雨), 풍양조씨 1명(趙然昌), 양천허씨 1명(許棨)이다. 남인은 광주이씨 李宜翼 1명뿐으로 2%를 차지하며, 북인은 풍천임씨 2명(任百經·任百秀)으로 전체의 4%를 차지한다(『비변사등록』 1863(철종14)년 12월 좌목). 이들 중 1864년의 강관 중에서 1863년 비변사당상에 포함되지 않은 인물은 김현근·이최응·조헌영이며, 1865년에는 김현근·김세균·홍우건·박영보·유후조이다.
6) 조헌영(1782~1850)은 신정왕후의 작은아버지이다. 철종12(1861)년 1월부터 충청도감사를 지내다가 1864년에는 형조판서·한성부판윤·예조판서에 임명되었다.

고종즉위 직후 신정왕후가 수렴청정을 행사하는 가운데 고종에게는 성학에의 전념이 요구되었다. 이때 고종은 조종의 전통을 계승하고 군주로서의 정통성을 확보하기 위해 스스로 권강에 충실하고자 노력했고, 이와 함께 그의 교육을 보도하는 강관들의 역할도 중시되었다. 이 시기에는 거의 매일 강연이 개최되고 시원임의정의 강연참여 또한 그 어느 때보다 높은 가운데, 고종은 민생에 대한 지대한 관심을 드러내면서 강관들에게 자신의 잘잘못을 지적해 주기를 수차 강조했다. 이러한 사실은 고종이 강연을 즉위 초기 군주로서의 면목과 위상 과시에 적극적으로 활용했음을 보여준다. 또한 당시 고위관료로 구성된 강관의 면모가 철종시대 고위관료의 그것과 별 차이가 없었다는 것은 이 시기에 아직 대원군의 정계개편이 본격화되지 않았음을 의미한다. 이처럼 권강기 강관 구성에서는 군주의 입지 안정을 위해 철종 말기 고위관료들을 등용해 권력기반으로 삼고 있었음이 드러난다고 하겠다.

(2) 진강기(대원군집권기) 강관의 구성

1866년 2월 13일, 신정왕후가 고종의 국혼 준비 과정에서 수렴청정의 종료를 공표하면서 고종의 공식적인 친정이 시작되었다. 같은 해 3월 6일에는 영의정 조두순이 민치록가와의 국혼 결정을 축하하는 자리에서 '권강'이라는 칭호가 일의 체면에 적절하지 않기 때문에 '진강'으로 바꾸고, 강연관을 전례에 따라 참가시키도록 제안했다. 따라서 고종의 강연은 혼인과 친정을 계기로 '진강'으로 변경되었다. 진강이 시작된 이후 강연은 1866년에 135회, 1867년에 166회, 1868년에 149회, 1869년에 121회, 1870년에 165회, 1871년에 99회, 1872년에 81회, 1873년에 83회 개최되어 점차 감소하는 양상을 보이게 된다.

공식적인 친정이 시작되고 진강이 시작되었지만, 진강에서의 학습교재와 강관 구성은 이전의 권강과 비교해 큰 차이가 없었다. 그러나 정치적으로는 대원군이 통치권을 장악해 정계개편이 본격화되면서 고위관료로 이루어진 강관 구성에도 변화가 생기고 있었다. 다시 말해 대원군이 노론과 소론보다는 남인과 북인 그리고 종친·선파 세력을 자신의 권력기반으로 형성하고, 성씨내부의 권력구도가 달라지는 현상이 고종의 강관 명단에서도 드러나게 되었다는 것이다. 여기서는 고종의 진강이 행해지던 대원군집권기 강관 구성에 일어난 변화와 그것이 즉위 초기와는 어떠한 차이가 있었는지 살펴보도록 하겠다.

[표 9]는 1866(고종3)년의 강관 구성으로 22개의 성씨에서 30명의 강관이 167회의 강연에 참가했다. 강관 배출 성씨와 강관수가 증가한 데 반해 참가 횟수는 급감했다. 1866년에는 이전과 같은 특정인물의 집중적인 강연참가 현상이 없어지고, 비교적 균등하게 참여한 것이 특징이다. 여기에 각 당파의 비율도 이전과 비교해 노론과 소론의 비중이 감소하고, 남인과 북인이 증가했다.

노론강관은 17명으로 전체의 57%, 그 참가비율은 61%를 차지해 이전에 비해 감소했지만, 여전히 과반이 넘는 우위를 나타냈다. 노론 중에서는 안동김씨가 5명으로 가장 많고, 청풍김씨와 남양홍씨가 2명씩 참가했다. 전년도에 이어 해평윤씨·우봉이씨·한산이씨·풍산홍씨가 한 명씩 참여했고, 반남박씨와 양주조씨가 없어졌으며, 광산김씨·평산신씨·파평윤씨·창원황씨에서 한 명씩 등장했다.

소론은 참가인원 6명이 33회 참가해 전체의 20%로 전년보다 10%의 감소율을 보였다. 경주김씨·동래정씨·창녕조씨·양주조씨·풍양조씨가 한 명씩이며, 청풍김씨에서 한 명 등장하고, 고령박씨와 경주이씨 출신이 없어졌다. 남인은 전년도에 참가했던 풍산류씨 이외에 진주강씨·선산김씨·경주이씨·삭녕최씨에서 한 명씩 등장했다. 이들 5명은 20회의 강연에 출석해 총 강연개최 횟수의 12%를 차지했는데, 이는 대원군정권에 남인이 고위관료로 다수 기용되게 된 사실과 관련 있다고 보인다. 북인은 임백경 대신에

[표 9] 1866(고종3)년의 강관 명단

성씨(22)	노론	소론	남인	북인	성씨합계
진주강씨			강난형2	강로11	2/13
경주김씨		*김영작*1			1/11
광산김씨	*김상현*9				1/9
선산김씨			*김익용*1		1/1
안동김씨	김좌근1 김병학14 김세균6 김병국3 김대근4				5/28
청풍김씨	김학성11 김익문8	*김기찬*3			3/22
풍산류씨			유후조8		1/8
평산신씨	신응조4				1/4
파평윤씨	*윤육*5				1/5
해평윤씨	*윤정선*4				1/4
경주이씨			이명적4		1/4
우봉이씨	이우8				1/8
한산이씨	이경재8				1/8
동래정씨		정기세5			1/5
창녕조씨		조석우9			1/9
백천조씨				조계승1	1/1
양주조씨		조병휘(휘림)2			1/2
풍양조씨		조병창(연창)3			1/3
삭녕최씨			최우형5(1)		1/5
창원황씨	*황종현*5(2)				1/5
남양홍씨	홍종서8 홍순목3				2/11
풍산홍씨	*홍우건*1				1/1
합계(인물/강 연참석총수)	17(57%) /102(61%)	6(20%) /33(20%)	5(17%)/ 20(12%)	2(6%)/ 12(7%)	30/167

진주강씨와 백천조씨가 새로이 참가했다. 특히 1866년부터 등장한 진주강씨 강로는 1873년의 고종의 친정선포까지 거의 지속적으로 강연에 참가해 고종의 학습을 보도하게 된다. 풍양조씨에서는 소론 조연창이 전년과 마찬가지로 3회 출석했을 뿐이다. 이처럼 1866년에 들어 새로운 성씨 인물이 다수 등장하고 강관에서 제외되는 성씨 또한 증가한 것은 대원군이 정권을 장악한 이후 정계내부에 일어난 변화와 관계있다고 하겠다.

시원임의정의 강연참가를 보면, 권강기와 비교해 원임의정보다 시임의정이 중심이 되고 있다. 안동김씨에서는 김좌근과 김병학(이상 노론)이 각 1회와 14회에 걸쳐 출석했는데, 원임의정인 김좌근의 참가 횟수가 1회에 그친 반면, 시임좌의정인 김병학의 그것이 14회에 이르러, 안동김씨 세력내부에서 세대교체가 일어나고 있었음을 보여준다. 여기에 이경재(노론)가 8회로 1864년부터 지속적으로 참가하고, 유후조(남인)가 전년도보다 많이 출석했다. 1864년과 65년에는 이유원·정원용·조두순·임백경(1865년 2월 27일 사망)이 강연에 참가하지 않았다. 시원임의정 역임자는 총 4명이 31회 출석해, 전체의 18.6%의 점유율을 나타내 참가인원수의 감소에도 불구하고 여전히 빈번히 강연에 참석해 고종의 현실인식과 학업정진에 협력했다.

개인의 출석상황을 보면, 김병학이 14회를 출석해 8.4%, 김학성과 경주김씨 김영작(소론)과 진주강씨 강로(북인)가 각 11회로 6.6%를 차지했다. 이밖에는 광산김씨 김상현(노론)과 조석우(소론)가 9회, 청풍김씨 김익문(노론)·유후조·이우·이경재·홍종서가 각 8회에 걸쳐 참석했다. 이처럼 1866년에는 개개인의 높은 참여가 사라지고 각 성씨 인물이 비교적 균등하게 참가했다.

[표 10]은 1867(고종4)년의 강관 구성이다. 22개의 성씨에서 33명의 강관이 214회의 강연에 참가했다. 이는 전년도에 비해 참가강관인원·참가 횟수 양쪽 다 증가한 수치이다. 1866년의 각 당파 비중을 보면, 전체적으로 노론이 지속적인 감소 현상을 보이는 가운데, 소론은 다소 증가, 남인과 북인에

는 큰 변화가 없다.

　노론강관은 18명이 121회 참가했는데, 안동김씨가 4명, 남양홍씨·평산신씨가 2명씩이고, 새로운 성씨로는 광산김씨와 기계유씨 인물이 2명씩 등장했다. 전년도에 이어 청풍김씨와 창원황씨에서 한 명씩 참가했고, 파평윤씨·해평윤씨·우봉이씨·한산이씨·풍산홍씨가 없어지고, 새롭게 대구서씨·청송심씨·남원윤씨·임천조씨에서 한 명씩 출석했다. 고종즉위1년부터 3년까지 강관으로 다수 참석했던 우봉이씨 이우와 한산이씨 이경재—1866년 4월 29일에 영의정을 사직—가 사라지고, 새로운 성씨 인물이 많이 등장한 것이 특징인데, 이는 대원군의 권력기반 조성문제와 관련해 주목해야 할 점이다. 노론 중에서는 안동김씨가 약 40%의 비중을 차지했고, 그 다음은 남양홍씨＞청풍김씨＞기계유씨 순이다.

　소론은 총 참가인원 9명이 47회 참가해 전체의 25%와 22%를 차지해 전년보다 조금 증가했다. 나주임씨 2명과 고령박씨·대구서씨·용인이씨에서 각 한 명이 새롭게 등장했고, 전년도에 이어 경주김씨·동래정씨·창녕조씨·풍양조씨에서 한 명씩 참가했다. 소론 중에서는 경주김씨＞동래정씨＞창녕조씨＞고령박씨 순으로 강연참여 비중이 높다. 남인에서는 풍산류씨 한 명 외에 전주이씨와 한양조씨에서 한 명씩 총 3명이 34회에 걸쳐 강관으로 활동했다. 이는 전년보다도 증가한 전체의 16%로, 남인이 강연에서 차지하는 비중이 점점 증가추세에 있었음을 알 수 있다. 북인은 진주강씨·청풍김씨·전주이씨가 한 명씩 12회 참가해 여전히 5% 전후의 참여율을 보여주었다. 1867년에는 안동김씨를 비롯한 상위 5위까지의 성씨가 전체 57%를 차지하며 성학을 주도했다. 풍양조씨에서는 강관인 조병창(소론)이 2회, 참찬관인 조강하(노론)가 14회 강연에 관여했고, 종친·선파에서는 이승보(남인)와 이회순(북인)이 새롭게 강관으로 등장했다. 1867년에 등장한 이승보는 1874년까지 꾸준히 강관으로 활동하게 된다.

　시원임의정의 강연참가를 보면, 김좌근과 김병학이 각 1회와 23회 출석

[표 10] 1867(고종4)년의 강관 명단

성씨(22)	노론	소론	남인	북인	성씨합계
진주강씨				강로6	1/6
경주김씨		김영작14			1/14
광산김씨	김재현3 김수현1				2/4
안동김씨	김좌근1 김병학23 김세균15 김병국9				4/48
청풍김씨	김학성11			김세호5	2/16
풍산류씨			유후조21		1/21
나주임씨		임긍수1 임영수1			2/2
고려박씨		박영보6			1/6
대구서씨	서승보7	서당보4			2/11
평산신씨	신석희9 신응조9				2/18
청송심씨	심경택1				1/1
기계유씨	유진오8 유치선2(1)				2/10
남원윤씨	윤병정1				1/1
용인이씨		이원명4			1/4
전주이씨			이승보5	이회순(종순)1	2/6
동래정씨		정기세8			1/8
창녕조씨		조석우7			1/7
임천조씨	조기응(재응)1				1/1
풍양조씨		조병창(연창)2			1/2
한양조씨			조성교8		1/8
창원황씨	황종현1				1/1
남양홍씨	홍종서9 홍순목10				2/19
합계(인물/강 연참석총수)	18(55%) /121(57%)	9(27%) /47(22%)	3(9%) /34(16%)	3(9%) /12(5%)	33/214

했고, 유후조가 21회 참가했다. 1867년에 시원임의정으로 강연에 관여한 인물은 이들 3명밖에 없지만, 그 참가수는 모두 합쳐 45회인 21%로 이전보다 오히려 조금 증가했다. 특히 좌의정에서 1867년 5월 18일에 영의정으로 승진한 김병학은 지속적으로 고종의 성학 보도에 적극적으로 관여했고, 같은 날 좌의정이 된 유후조—동년 7월 15일에 사직—도 강연에 다수 참가해 고종의 학업을 독려했다. 이렇게 신정왕후가 수렴청정을 종료한 1866년 이후, 원임의정의 강연참여가 줄어들고 시임의정 중심으로 바뀌었는데, 이는 대원군 정권기 들어 권력의 중심이 변화됨을 반영하는 것이었다. 다시 말해 안동김씨 내부에서 김좌근 대로부터 김병학과 김병국으로의 세대교체와 철종시대 의정이 아닌 새로이 발탁된 의정을 중심으로 한 국정운영 양상이 강연에서 원임의정 참여가 줄어드는 모습으로도 드러났다는 것이다. 또한 신정왕후 수렴청정기를 거치면서 고종의 입지가 안정되고, 대원군 중심의 권력체제가 구축되고 있었다는 점도 성학에서 원임의정의 역할이 감소하는 데 영향을 미쳤다고 하겠다.

개인의 출석상황은 김병학이 23회, 유후조가 21회에 걸쳐 참석했고, 안동김씨 김세균(노론)이 15회, 경주김씨 김영작(소론)이 14회, 김학성이 11회, 홍순목이 10회 출석해 전년도에 이어 높은 관여도를 나타냈다. 1866년 강관으로 등장한 홍순목은 1872년 영의정에 오른 대원군정권기의 중심인물로 이때부터 강연에 적극 참여하기 시작했다. 이들 6명이 44%의 비중으로 강연을 주도하는 가운데, 평산신씨 신석희·신응조과 남양홍씨 홍종서(이상 노론)가 9회씩, 기계유씨 유진오(노론), 정기세(소론), 한양조씨 조성교(남인)도 8회씩 참가했다.

[표 11]은 1868(고종5)년의 강관 구성이다. 18개의 성씨에서 23명의 강관이 169회의 강연에 참가했다. 전년도에 비해 참가강관·참가 횟수 모두 크게 감소했다. 1868년의 각 당파의 비중을 보면, 노론과 소론의 비중이 다소 증가했고, 남인의 비중이 줄어든 반면, 북인이 10% 이상 증가했다. 노론강관

[표 11] 1868(고종5)년의 강관 명단

성씨(18)	노론	소론	남인	북인	성씨합계
경주김씨		김영작5			1/5
광산김씨	김재현10				1/10
안동김씨	**김병학**18 김세균14 김병국2				3/34
연안김씨	김유연1				1/1
청풍김씨	김학성11				1/11
밀양박씨				박승휘10 박효정2	2/12
고려박씨		박영보4			1/4
평산신씨	신석희2 신응조4				2/6
남원윤씨	*윤병정*13				1/13
경주이씨		이유원3			1/3
연안이씨		이풍익3			1/3
용인이씨		이원명8			1/8
전주이씨				이회순(종순)5	1/5
동래정씨		정기세9			1/9
창녕조씨		조석우9			1/9
임천조씨	조기응(재응)14				1/14
한양조씨			조성교9		1/9
남양홍씨	홍종서5 홍순목8(1)				2/13
합계(인물/강연참석총수)	12(52%)/102(60%)	7(30%)/41(24%)	1(4%)/9(5%)	3(13%)/17(10%)	23/169

의 구성은 12명의 인물들이 102회에 걸쳐 참가해, 각 52%, 60%의 비율을 차지했다. 노론에서는 안동김씨가 3명으로 가장 많았고, 전년도에 이어 평산신씨와 남양홍씨가 2명씩, 광산김씨·청풍김씨·남원윤씨·임천조씨가 한 명씩 참가했다. 이 밖에 새로이 연안김씨에서 한 명이 참가했고, 대구서씨·청송심씨·기계유씨·창원황씨는 없어졌다. 특히 1867년에는 2명이 18

회나 강연에 출석한 평산신씨가 1868년에는 한 번도 참가하지 않았다. 여전히 안동김씨가 압도적인 우위를 점하는 가운데, 임천조씨>남양홍씨·남원윤씨>청풍김씨>광산김씨 순으로 강연에 참여했다.

소론은 총 참가인수 7명이 41회 참가해 전체의 30%와 24%를 차지해 전년보다 조금 증가했다. 전년에 이어 경주김씨·고령박씨·용인이씨·동래정씨·창녕조씨가 한 명씩 참가했고, 경주이씨 이유원이 재등장, 연안이씨가 새롭게 등장했으며, 나주임씨·대구서씨·풍양조씨가 없어졌다. 남인에서는 한양조씨 한 명이 9회 참석했을 뿐으로 전년에 비해 10% 이하로 떨어졌는데, 이것은 전년에 21회나 강연에 참가했던 유후조가 의정직을 사직한 것이 원인이었다고 생각된다. 북인은 3명이 17회 참석해 10% 이상의 관여도를 나타냈다. 진주강씨와 청풍김씨가 불참한 반면, 전주이씨 한 명과 밀양박씨 2명이 참여해 고종즉위 이후 처음으로 10%를 넘는 비중을 차지하게 되었다. 1868년에는 풍양조씨·여흥민씨 출신 강관이 없고, 종친·선파에서는 이회순(북인)만이 강관으로 활동했다.

시원임의정으로는 김병학과 이유원이 유일하게 강연에 참가했다. 이들의 참여는 전체의 12%를 겨우 넘는 비율로 고종즉위부터 1867년까지 20% 전후의 비중을 점했던 시원임의정의 강연관여도가 크게 감소했음을 알 수 있다. 그 주요한 이유는 1866년부터 원임의정을 배제한 채 시임의정을 중심으로 강연에 출석하는 상황에서 1868년에는 영의정 김병학의 독상체제가 거의 지속—이유원의 좌의정취임 명령은 윤4월 11일에 행해졌는데, 이유원의 사퇴의 사로 인해 동월 23일에 취소되었다—되고 있었기 때문이었다. 이처럼 1868년에는 김병학의 독상체제 속에서 시임의정만이 강연에 참여했는데, 이는 대원군의 국정운영방식의 일단면을 보여주는 것이라 하겠다.

개인별 출석상황을 보면, 김병학이 18회, 김세균과 조기응(이상 노론)이 각 14회 참석해 10.6%와 8.3%의 비율을 나타냈다. 그 다음으로는 남원윤씨 윤병정이 13회, 김학성이 11회, 김재현(이상 노론)과 밀양박씨 박승휘(북인)가 각 10회에 걸쳐 참가했다. 이들 7명은 강연참가 총 횟수의 53%를 차지해 고종의 학습을 주도했다. 그 밖에는 정기세·조석우(이상 소론)·조성교(남인)가 각 9회씩 참가했는데, 이들은 고종즉위 초기부터 지속적으로 강연에 관여해 고종의 학문향상에 협력한 인물이었다.

[표 12]는 1869(고종6)년의 강관 구성이다. 24개의 성씨에서 35명의 강관이 180회의 강연에 참가했다. 이는 고종 재위 전기 강연에서 연도별 강관수가 가장 많은 수치지만 이에 비해 강연참가 횟수는 많지 않다. 이렇게 강관의 수가 증가한 것은 영의정 김병학의 건의로 5월 중에 일강(조강1회와 주강6회)이 7회 실시되어 의정과 강관의 출석과는 별도로 특진관이 참석했기 때문이다.[7] 1866년의 각 당파 비중을 보면 노론이 차지하는 비율이 강연 시작 이래 처음으로 50% 이하로 떨어졌고, 그 외 당파의 참가율을 전반적으로 상승했다.

노론강관은 14명이 81회의 강연에 출석해 40%와 45%의 비율로 전년도에 비해 약 15%정도 격감했다. 노론에서는 강관 2명과 특진관 한 명이 26회 참석한 안동김씨가 전체의 14%를 차지했고, 광산김씨 2명이 16회, 남양홍씨 한 명이 12회 참가했다. 이 밖에는 연안김씨·청풍김씨·평산신씨·남원윤씨가 한 명씩 전년에 이어 출석했고, 반남박씨·청송심씨·기계유씨 강관이 또다시 등장했다.

소론에서는 13명이 52회에 걸쳐 참가, 전체의 37%와 29%를 차지해 3년 연속 증가 양상을 나타냈다. 소론은 고종의 강연개최 이후 처음으로 참가인원이 10명을 넘었다. 이 중에는 동래정씨 2명이 12회, 경주이씨와 용인이씨에서 각 2명이 8회씩, 청풍김씨·고령박씨·대구서씨·파평윤씨·전의이씨·전주이씨·창녕조씨에서 한 명씩 출석했다. 남인은 5명이 26회 참가해 전년의 하락을 만회하며 또다시 14%에 이르렀다. 남인에서는 한양조씨가 14회 참석했고, 전주이씨·삭녕최씨와 함께 양천허씨가 새롭게 등장했다.

---

[7] 『승정원일기』 1869(고종6)년 5월 1일.

[표 12] 1869(고종6)년의 강관 명단

성씨(24)	노론	소론	남인	북인	성씨합계
진주강씨			강난형*	강로10	2/11
광산김씨	김재현10 *김상현*6(2)*				2/16
안동김씨	**김병학**11 김세균14 김익진*				3/26
연안김씨	김유연1				1/1
청풍김씨	김학성8	*김기찬**		김세호3	3/12
고려박씨		박영보4			1/4
반남박씨	박규수4 *박내만**				2/5
대구서씨		서당보4*			1/4
평산신씨	신응조3				1/3
청송심씨	심승택3				1/3
영월엄씨				엄석정6	1/6
기계유씨	유진오*				1/1
파평윤씨		윤자승4			1/4
남원윤씨	*윤병정*6				1/6
경주이씨		**이유원**6 이유응2			2/8
용인이씨		이원명2 이삼현6			2/8
전의이씨		이근필1			1/1
전주이씨		*이인명*4	이승보6	이회순(종순)2	3/12
동래정씨		정기세7 *정기회*5(2)			2/12
창녕조씨		조석우6			1/6
한양조씨			조성교14		1/14
삭녕최씨			최우형4		1/4
양천허씨			허전1		1/1
남양홍씨	홍순목12				1/12

| 합계(인물/강
연참석총수) | 14(40%)
/81(45%) | 13(37%)
/52(29%) | 5(14%)
/26(14%) | 3(9%)
/21(12%) | 35/180 |

· 비고: 영의정 김병학의 건의에 따라 5월 중 7회에 걸쳐 일강(조강1회와 주강6회)이 실시되었고, 시원임의정과 강관 외에 특진관이 출석했다.

이때 강관이 된 허전은 1875년 일강이 중단될 때까지 강관으로 활동하게 된다. 북인에서는 3명이 21회 참석해 전년도에 이어 10% 정도의 점유율을 나타냈다. 진주강씨가 10회로 가장 많고, 새로이 영월엄씨가 참석했다. 1869년에는 풍양조씨·여흥민씨 출신 강관이 없고, 종친·선파에서는 이인명(소론)·이승보(남인)·이회순(북인) 3명이 12회에 걸쳐 참여했다.

시원임의정의 강연참가에서는 시임영의정인 김병학과 1869년 1월에 우의정에 임명된 홍순목이 11회와 12회를, 원임의정인 이유원이 6회 참여했다.[8] 이들 3명은 29회의 강연에 참가해 전체의 16%를 차지했는데, 이는 영의정 김병학의 독상체제가 유지된 전년도보다는 다소 증가한 수치이다.

개인별 출석상황을 보면, 김세균과 조성교가 각 14회로 가장 많고, 이어서 홍순목이 12회, 김병학이 11회, 강로와 김재현이 10회씩 참가했다. 전체 강연에서 40%의 비중을 차지한 이들 6명은 진강이 시작된 이래 지속적으로 강연에 관여한 대표적인 인물들이다. 그 다음은 김학성(노론)이 8회, 정기세가 7회, 조석우·이유원·이삼현(이상 소론)·김상현·윤병정(이상 노론)·이승보(남인)·엄석정(북인)이 6회씩 출석했다.

다음으로 [표 13]은 1870(고종7)년의 강관 구성을 정리한 것이다. 19개의 성씨에서 21명의 강관이 213회의 강연에 참가했다. 최고의 강관수를 기록

---

[8] 김병학은 대원군정권 초반부터 좌의정과 영의정을 지속적으로 담당했으며, 홍순목은 우의정을 거쳐 대원군의 권력 독점이 심화된 대원군정권 말기에 영의정으로 임명된 인물이다. 또한 이유원은 고종이 친정체제를 안정시키기 위해 영의정으로 선택한 사람이다. 1869년 당시 이들 3명만이 의정으로 강연에 참여했다는 것은 대원군정권하의 최고권력층이 윤곽을 드러냄과 동시에 대원군정권이 안정기에 접어들었음을 의미한다고 하겠다.

한 전년도에 비해 14명이나 줄었지만, 강연참가 횟수는 오히려 증가해 강연이 소수의 강관에 의해 집중적으로 이루어졌음을 알 수 있다. 노론 비중이 45%를 밑도는 가운데, 소론이 25% 이하로 감소하면서 남인이 소론을 상회해 고종의 강관참가율에서 두 번째를 차지하게 되었다. 북인은 전년도의 절반 수준인 5%에 머물렀다.

 노론의 강관 구성을 보면, 9명이 94회의 강연에 관여해 43%와 44%의 비율로 전년도와 거의 같았다. 노론에서는 안동김씨 강관이 2명으로 줄었고, 그 외에는 모두 한 명씩 참가했다. 참가비중은 안동김씨 2명이 26회로 12%, 남양홍씨 한 명이 20회로 9.4%의 우위를 점했고, 이어서 반남박씨 > 청송심씨 · 임천조씨 > 광산김씨 순이다. 임천조씨와 한산이씨가 재등장했고, 연안김씨 · 평산신씨 · 기계유씨는 없어졌다.

 소론은 5명이 52회에 걸쳐 참가해 각 24%를 차지했다. 소론에서 새롭게 등장한 성씨는 없고, 용인이씨가 16회, 고령박씨와 경주이씨가 각 10회, 동래정씨가 9회 참가했다. 전년도에 출석했던 청풍김씨 · 대구서씨 · 파평윤씨 · 전의이씨 · 전주이씨로부터는 한 명도 나오지 않았다. 남인은 6명이 56회, 각 28%와 26%의 비중을 차지해 전년도보다 배가 증가했다. 그 중에서는 한양조씨가 19회나 되는 높은 참석율을 보였고, 양천허씨 · 전주이씨 · 삭녕최씨도 다수 참가했으며, 고려신씨와 경주이씨가 새롭게 등장했다. 남인은 1870년부터 고종의 친정선포까지 지속적으로 높은 점유율을 나타냈는데, 이것은 대원군정권 후반기에 남인이 고위관료로 대거 등용된 사실의 반영이라 하겠다. 북인은 진주강씨 한 명이 11회 참석했을 뿐이다. 1870년에도 풍양조씨 · 여흥민씨 출신 강관은 없고, 종친 · 선파에서는 이승보만 참여했다.

 시원임의정의 강연참가 상황을 보면, 전년도와 마찬가지로 영의정인 김병학과 우의정인 홍순목(노론)이 11회와 20회, 원임의정인 이유원(소론)이 10회 출석했다. 이들 3명은 41회의 강연에 참가해 전체의 19%의 비중을 차지했다. 이들 3명은 강연에 꾸준히 참여했을 뿐만 아니라, 차대 · 소견 등에서

[표 13] 1870(고종7)년의 강관 명단

성씨(19)	노론	소론	남인	북인	성씨합계
진주강씨				강로11	1/11
광산김씨	김재현8				1/8
안동김씨	**김병학**11 김세균15				2/26
고려박씨		박영보13			1/13
반남박씨	박규수13				1/13
고령신씨			*신좌모*6		1/6
청송심씨	심승택9				1/9
남원윤씨	*윤병정*7				1/7
경주이씨		**이유원**10	이명적1		2/11
용인이씨		이삼현16			1/16
전주이씨			이승보9		1/9
한산이씨	이승오2				1/2
동래정씨		정기세9			1/9
창녕조씨		조석우4			1/4
임천조씨	조기응(재응)9				1/9
한양조씨			조성교19		1/19
삭녕최씨			최우형8		1/8
양천허씨			허전13		1/13
남양홍씨	홍순목20				1/20
합계(인물/강연 참석총수)	9(43%)/94(44%)	5(24%)/52(24%)	6(28%)/56(26%)	1(5%)/11(5%)	21/213

도 고종과 빈번히 접함으로써 고종의 군주관 형성에 크게 영향을 미쳤을 것이라 판단된다.

개인의 강연참가에서는 참가인원의 감소에 의해 특정인물의 비중이 증가했다. 그 중에서 홍순목이 20회로 가장 많고, 조성교가 19회, 이삼현이 16회, 김세균이 15회 참석했는데, 이 4명이 전체에서 차지하는 비율은 33% 나 된다. 다음은 박규수 · 박영보 · 허전이 각 13회, 김병학과 강로가 11회씩, 이유원이 10회, 심승택과 조기응 · 정기세 · 이승보가 각 9회, 김재현과 조석우가 각 8회의 순이다. 이들 모두는 전년도에도 강관으로 활동한 인물로, 1870년에는 1, 2회만 강연에 참석한 자가 한산이씨 이승오(노론)와 경주이씨 이명적(남인)밖에 없다. 이처럼 강연에 참가하는 인물의 변동이 줄어들고, 특정 강관의 강연참가가 일정비율을 유지하게 된 것은 대원군정권하의 정치세력 안정, 즉 대원군 세력기반의 확립을 보여준다.

[표 14]는 1871(고종8)년의 강관 구성이다. 21개의 성씨에서 24명의 강관이 131회의 강연에 참가했다. 1871년에는 전년도에 비해 강관수가 증가한 반면, 강연참가 횟수는 급감했는데, 이는 고종이 점차 성학에 태만하게 되었기 때문이었다. 전체적으로는 노론의 강연참가가 감소하고, 소론과 북인이 다소 증가했으며, 남인은 전년보다는 감소했지만 여전히 20%를 넘는 높은 참여도를 나타냈다.

노론은 9명이 56회의 강연에 출석해 37%와 43%의 비율로 전년도의 급락에서 더욱 감소했다. 노론에서는 대구서씨 2명을 제외하면 모두 기존 인물로 구성되었고, 남양홍씨 한 명이 14회로 10.7%, 안동김씨 2명이 12회로 9.2%, 임천조씨 7.3%, 반남박씨 6.1%, 광산김씨 5.3%의 비율로 참가했다. 1871년 노론강관 구성의 특징은 전년까지 상당한 우위를 점하던 안동김씨 비중이 하향현상을 보인 점인데, 그 이유는 영의정으로 빈번하게 강연에 관여했던 김병학의 참가가 격감했기 때문이었다.

소론은 7명이 35회의 강연에 참석해 29%와 27%의 비중을 차지했다. 이는 전년보다 다소 증가한 수치이며, 또다시 제2당으로써의 면목을 회복했다. 소론에서는 전년에 이어 용인이씨 · 경주이씨 · 동래정씨 · 창녕조씨 · 고령박씨가 참가했고, 새롭게 나주임씨와 해평윤씨가 등장했다. 남인에서는 5

[표 14] 1871(고종8)년의 강관 명단

성씨(21)	노론	소론	남인	북인	성씨합계
진주강씨				강로7	1/7
광산김씨	김재현7				1/7
안동김씨	**김병학**4 김세균8				2/12
연안김씨	김유연1				1/1
풍산류씨			유후조4		1/4
나주임씨		임긍수1			1/1
고려박씨		박영보5			1/5
반남박씨	박규수8				1/8
대구서씨	*서경순*2 서상정2				2/4
영월엄씨				엄석정2	1/2
해평윤씨		*윤자덕*1			1/1
경주이씨		**이유원**7			1/7
용인이씨		이삼현9			1/9
전주이씨			이승보4	이회순(종순)2	2/6
동래정씨		정기세6			1/6
창녕조씨		조석우6			1/6
임천조씨	조기응(재응)10				1/10
한양조씨			조성교13		1/13
삭녕최씨			최우형3		1/3
양천허씨			허전5		1/5
남양홍씨	**홍순목**14				1/14
합계(인물/강연 참석총수)	9(37%) /56(43%)	7(29%) /35(27%)	5(21%) /29(22%)	3(13%) /11(8%)	24/131

명이 29회의 강연을 주관해 각각 21%와 22%의 비율을 차지했다. 전년보다는 다소 감소했지만, 20%가 넘는 비중은 유지되었다. 그 속에서는 한양조씨 한 명이 13회 참가해 전년과 마찬가지로 높은 비중을 차지했고, 양천허씨·

전주이씨·풍산류씨·삭녕최씨에서 한 명씩 참여했다. 북인은 3명이 11회 참가했으며, 진주강씨·영월엄씨·전주이씨가 총 11회 참석해 전년보다 약간 상승했다. 1871년에도 풍양조씨·여흥민씨 출신 강관은 없고, 종친·선파로부터는 2명이 참여했다.

시원임의정의 강연참가는 전년보다 한 명 증가해 영의정인 김병학과 우의정인 홍순목이, 원임의정으로는 이유원과 유후조가 참가했다. 이들 4명의 강연은 총 29회로 전체의 22%를 넘어, 1871년에는 시원임의정의 참여가 증가했다. 홍순목은 14회로 10.7%의 높은 참여도를 나타냈고, 이유원이 7회로 5.3%, 김병학과 유후조가 각 4회로 3%의 비율을 차지했다. 1871년에는 김병학의 강연참가 감소가 주목된다.

개인의 강연참가는 강연 횟수가 급감했을 뿐만 아니라, 특정인물의 참가빈도도 줄었다. 홍순목이 14회로 가장 많고, 조성교가 13회, 조기응이 10회, 이삼현이 9회, 김세균과 박규수가 8회씩 참가했다. 이들 6명이 절반에 가까운 점유율로 전년에 이어 고종의 교육을 주관했는데, 참가빈도의 감소에도 불구하고 오히려 이들의 비중은 커졌다. 이 밖에는 김재현·이유원·강로가 각 7회, 정기세·조석우가 각 6회, 박영보·허전이 각 5회, 김병학·유후조·이승보가 각 4회씩 참석했다. 이렇게 1871년에 전년과 같은 구성원이 거의 같은 비중으로 강연에 관여한 것은 대원군정권내부의 정치세력 안정화에 대한 반영이라 하겠다.

[표 15]는 1872(고종9)년의 강관 구성을 정리한 것이다. 19개 성씨에서 24명의 강관이 93회의 강연에 참가했다. 1872년에는 고종즉위 이래 처음으로 강연참가 횟수가 100회를 밑돌며, 전체적으로 노론과 소론의 비중 증가와 남인과 북인의 감소 양상을 보였다.

노론은 11명이 44회 출석해 46%와 47%의 비율을 차지했다. 노론에서는 안동김씨와 남양홍씨가 2명씩 참여했고, 전년과 마찬가지로 광산김씨·연안김씨·반남박씨·임천조씨 각 한 명이 강관으로 활동했다. 여기

[표 15] 1872(고종9)년의 강관 명단

성씨(19)	노론	소론	남인	북인	성씨합계
진주강씨				강로4	1/4
광산김씨	김재현4				1/4
안동김씨	김세균6 김병지1				2/7
연안김씨	김유연1				1/1
청풍김씨	김학성1				1/1
나주임씨		임긍수1			1/1
여흥민씨	민치상5				1/5
반남박씨	박규수3				1/3
청송심씨	심승택2				1/2
파평윤씨		윤자승4			1/4
용인이씨		이삼현2			1/2
전주이씨			이승보10		1/10
동래정씨		정기세7 정건조1 정순조1			3/9
온양정씨		정태호3(2)			1/3
창녕조씨		조석우8 조석여2			2/10
임천조씨	조기응(재응)14				1/14
한양조씨			조성교5		1/5
청주한씨			한계원1		1/1
남양홍씨	**홍순목**4 홍종운3(2)				2/7
합계(인물/강연참석총수)	11(46%)/44(47%)	9(37%)/29(31%)	3(13%)/16(17%)	1(4%)/4(4%)	24/93

· 비고: ① 1872년에는 진강이 5월 14일부터 시작됐기 때문에 강연 횟수가 적다.
　　　　② 1872년 11월 5일, 고종은 병조판서인 여흥민씨 민치상을 강관으로 임명했다.
　　　　③ 1872년에 강로의 강연참가는 그가 10월 13일에 좌의정으로 임명되기 전의 일이다.

에 청풍김씨와 청송심씨가 재등장했고, 처음으로 여흥민씨에서 강관이 배출되었다. 이 중 임천조씨가 15%, 안동김씨와 남양홍씨가 각 7.5%를 차지했다.

소론은 9명이 29회의 강연에 참석해 37%와 31%의 비중을 차지했으며, 참가인원과 횟수 둘 다 30%를 넘었다. 창녕조씨 2명이 10회, 동래정씨 3명이 9회의 강연에 참가했으며, 전년에 이어 용인이씨와 나주임씨가 출석했다. 새로운 성씨로 파평윤씨와 온양정씨가 참여하고, 지속적으로 강관을 배출하던 고려박씨가 없어졌다. 남인은 3명이 16회의 강연에 참가해 각 13%와 17%의 비율을 차지했으며, 1870년과 71년에 이르는 2년 연속의 20%를 넘는 비중으로부터 하락했다. 남인성씨에서는 전년에 이어 전주이씨와 한양조씨가 강연에 관여했고, 청주한씨가 새로이 등장한 반면, 양천허씨·풍산류씨·삭녕최씨 출신이 사라졌다. 북인은 진주강씨 한 명이 4회 출석해 강관으로서의 면목을 유지했을 뿐이었다. 1872년의 성씨 구성에서 주목되는 점은 왕비의 가문인 여흥민씨가 고종즉위 이래 처음으로 강관으로 참가하게 되었다는 것이다. 풍양조씨 출신 강관은 없고, 종친·선파는 이승보 한 명으로 줄었다.

시원임의정은 영의정인 홍순목이 4회, 우의정인 한계원이 1회 참가하는데 그치는 격감현상을 나타냈다.[9] 이는 전체의 5.4%에도 못미치는 수치로 이때까지 20% 전후였던 시원임의정의 높은 참가율과 비교해 그 관여도의 급락을 알 수 있다. 1872년 들어 시원임의정이 강연에 출석하지 않게 된 원인은 명백하지 않으나, 1872년 9월 영의정 김병학이 모친상을 당해 사직하기 이전에도 강연에 참가하지 않았고,[10] 강로가 10월 좌의정 임명 후에는

---

9) 1872년에 강로는 4회 강연에 참가했는데, 그것은 1872년 10월 13일에 그가 좌의정에 임명되기 전의 일이기 때문에 시원임의정출석 합계에서 제외했다.
10) 고종즉위 초기부터 지속적이며 능동적으로 성학을 보도해 왔던 김병학의 전년에 이은 강관참여에서의 후퇴는 대원군정권기 그의 정치적 행적과 그 맥락을 같이 하는 것이었다.

한 번도 출석하지 않았으며, 시임의정인 홍순목과 한계원도 그다지 강연에 관여하지 않은 점으로 볼 때, 더 이상 의정역임자가 고종 교육을 적극적으로 주관하지 않은 것은 확실하다. 이러한 현상은 다음해에도 지속되어 강연은 시원임의정이 아니라 강관에 의해 주도되게 되었다.

개인의 강연참가 실태를 보면, 강연참가 횟수가 급감한 탓에 특정인물의 참가빈도 역시 줄었다. 조기응(노론)이 14회의 15%의 비율로 단독 우위를 점했으며, 이승보(남인)가 10회 10%를 넘는 비중으로 뒤를 이었다. 이 2명 이외에 10회 이상 참가한 인물은 없고, 여전히 조석우가 8회, 정기세(이상 소론)가 7회, 김세균(노론)이 6회 참가했다. 이들 5명이 전체에서 차지하는 비중은 48.4%로 지속적으로 성학을 주관하는 대표적인 인물로 존재했다.

[표 16]은 1873(고종10)년 강관의 구성이다. 19개의 성씨로부터 20명의 강관이 97회에 걸쳐 강연에 참가했다. 1873년의 전반적인 모습은 각 성씨로부터의 인물들이 비교적 균등하게 강연에 참가했다는 것이다. 1872년에 이어 강연참가 횟수는 100회를 밑돌았으며, 노론과 소론의 강관참여도가 감소하고 남인과 북인은 증가했다.

노론은 7명이 41회 출석해 35%와 41%의 비율을 차지해 또다시 하락했다. 노론에서는 2명 이상을 배출한 성씨가 없어지고, 각 성씨에서 한 명씩 강연에 참여했다. 1864년 강연이 시작될 때 7명이나 강관으로 활동했던 안동김씨 출신이 한 명으로 줄어든 사실이 주목되며, 1872년에 이어서 여흥민씨 인물이 강연에 출석했고, 평산신씨가 재등장했다.

소론에서는 5명이 17회의 강연에 참석해 25%와 18%의 비중으로 양쪽 모두 전년보다 10% 이상 급락했다. 소론 중에서는 풍양조씨·대구서씨·양주조씨가 재등장했고, 기존의 창녕조씨와 파평윤씨가 강연에 출석했다. 남인은 1873년에 다시 제2당이 되었고, 5명이 30회의 강연에 참가해 25%와 31%를 차지하며 소론을 크게 상회했다. 전년에 이어 전주이씨가 가장 많이 참여했고, 기존의 한양조씨와 청주한씨와 함께 재등장한 양천허씨와 진주강

[표 16] 1873(고종10)년의 강관 명단

성씨(19)	노론	소론	남인	북인	성씨합계
진주강씨			강난형2	강로1	2/3
광산김씨	김재현4				1/4
안동김씨	김세균7				1/7
여흥민씨	민치상6				1/6
반남박씨	박규수8				1/8
대구서씨		서당보1			1/1
평산신씨	신응조1				1/1
영월엄씨				엄석정5	1/5
파평윤씨		윤자승2			1/2
진보이씨				이계로3(2)	1/3
전주이씨			이승보12		1/12
창녕조씨		조석우3			1/3
임천조씨	조기응(재응)12				1/12
양주조씨		조병휘(휘림)5			1/5
풍양조씨		조병창(연창)6			1/6
한양조씨			조성교6		1/6
청주한씨			한계원2		1/2
양천허씨			허전8		1/8
남양홍씨	홍순목3				1/3
합계(인물/강연참석총수)	7(35%)/41(42%)	5(25%)/17(18%)	5(25%)/30(31%)	3(15%)/9(9%)	20/97

· 비고: ① 1873년 3월 5일, 예조판서 조병휘와 이조판서 신석희를 강관으로 임명.
② 1873년 10월 27일, 홍문관제학 허전을 강관으로 임명한 뒤, 10월 30일 형조판서로 지명.
③ 1873년 12월 25일, 새로이 이승보·조병휘·김세균·김재현·엄석정·민치상·조기응·조성교·김세호·허전을 '일강관'으로 임명.

씨가 강연에 관여했다. 북인은 진주강씨·영월엄씨·진보이씨에서 총 9회의 강연에 출석했다. 1873년에는 여흥민씨가 전년에 이어 강연에 관여했고, 종친·선파와 풍양조씨에서는 각 한 명이 출석했다.

시원임의정의 강연참가 실태를 보면, 전년에 이어 의정역임자의 강연관여가 저조했음을 알 수 있다. 원임의정의 출석은 없어지고, 영의정 홍순목이 3회, 좌의정 강로가 1회, 우의정 한계원이 2회 강연에 참여했을 뿐이다. 이는 전체의 6.2%에도 미치지 않는 전년과 같은 낮은 비율로 시원임의정이 강연을 통한 고종의 학습 장려에 더 이상 적극적으로 관여하지 않게 되었음을 드러낸다.

개인의 강연참여는 조기응과 이승보가 각 12회의 강연에 출석해 12%를 넘는 높은 비중을 차지했다. 2명의 강연관여도는 전년에 이어 가장 높은 수치이다. 박규수와 허전은 각 8회의 강연에 관여했는데, 이 상위 4명의 점유율은 40% 이상이다. 다음으로는 김세균이 7회, 민치상·조성교가 각 6회, 조병휘 5회, 김재현 4회의 순으로 참가했는데, 이들은 모두 기존에 강연에 참여했던 인물들이다.

이상 1866년부터 1873년까지 진강이 행해지던 시기의 강관 구성에 관해 살펴보았다. 진강기 강관의 실태를 종합하면, 44개의 성씨에서 총 78명의 강관이 1264회에 걸쳐 강연에 참가했으며, 그 중 노론은 19개 성씨에서 37명이 641회의 강연에 참석해 47.4%와 50.7%(권강기 66%와 69%)의 비중을 차지했다. 소론은 17개의 성씨에서 23명이 306회의 강연에 참석해 29.5%와 24%(권강기 27%와 28%)를, 남인은 10개 성씨에서 10명이 220회의 강연에 출석해 13%와 17.4%(권강기 3%와 0.5%)를, 북인은 7개의 성씨에서 8명이 97회의 강연에 참가해 10%와 7.7%(권강기 3%와 2%)를 차지했다. 노론과 남인은 소수의 인원이 다수의 강연을 주도한 반면, 소론과 북인은 강관수에 비해 강연참여 횟수가 적었다. 진강기 강관의 당파 구성에서 드러나는 가장 큰 특징은 권강기와 비교해 노론강관의 역할이 감소되고 남인과 북인 강관의 활동이 강화되었다는 점이다. 특히 노론의 강연 비중이 20% 가까이 줄어든 데 반해 남인의 비중이 17%나 상승한 것은 대원군집권기 정계변화와 관련해 주목할 점이라 하겠다.

성씨별로는 안동김씨 출신 강관이 7명으로 권강기와 마찬가지로 가장 많고, 대구서씨와 청풍김씨가 각 4명, 광산김씨·경주이씨·전주이씨·동래정씨·남양홍씨에서 각 3명씩 참가해 이들 성씨 인물수가 강연에서 차지하는 비중은 38%에 달했다. 성씨별 강연참가 횟수는 안동김씨가 총 188회로 전체의 15%를 담당했고, 남양홍씨가 99회로 7.8%, 한양조씨가 74회로 5.9%, 청풍김씨가 62회로 4.9%, 전주이씨와 임천조씨가 각 60회로 4.7%, 동래정씨가 58회로 4.6%를 나타냈다. 권강기와 비교하면 김병학과 김세균의 강연참여 증대로 안동김씨 비중이 커졌으며,11) 청풍김씨·동래정씨·남양홍씨는 여전히 강관으로 크게 활동했다. 한양조씨와 임천조씨 비중이 증가하고, 전주이씨 강연참여가 활발해진 것도 특징이다. 이들 7개 성씨는 과반에 가까운 강연 비중을 차지함으로써 진강기 교육을 주도했다.

개인별로는 김세균이 85회로 전체의 6.7%를 차지해 가장 높은 참여도를 보였으며, 김병학이 81회로 6.4%, 조성교와 홍순목이 각각 74회로 5.9%, 조기응이 60회로 4.7%, 조석우가 52회로 4.1%, 정기세가 51회로 4%, 강로가 50회로 4%를 나타냈다. 이들 8명이 전체에서 차지하는 비중은 약 42%로, 진강기 즉 대원군집권기 강연은 이들이 주관했다고 할 수 있다. 개인의 참여도를 권강기와 비교해 보면, 안동김씨 내부의 세대교체를 보여주듯 김세균과 김병학의 활약이 두드러졌고, 남인 조성교와 북인 강로가 크게 활동한 점도 주목된다. 남양홍씨에서는 홍종서에 이어 홍순목이, 동래정씨에서는 정원용에 이어 정기세가 중심인물로 부각되었고, 조석우와 조기응의 관여

---

11) 안동김씨 세도정치가 대원군의 집권으로 타격을 받았음에도 불구하고 이들이 고종강연에서 큰 비중을 차지한 것은 그들이 여전히 권력의 중심부에 존재하고 있었음을 보여준다.

가 증대되었다. 그 밖에 박규수와 김학성도 권강기에 비해 참여도는 줄었지만 여전히 강관으로 활동했고, 종친·선파이며 남인인 이승보는 이 시기 새롭게 등장해 고종의 강연을 이끌었다.[12]

당시는 대원군이 권력을 장악해 고종의 통치권을 대행하던 때로 정계에는 대원군이 등용한 인물이 부상하여 권력기반으로 정착되고 있었다. 그리고 정계 고위관료로 등장한 인물들은 강관 구성의 면목과 추이에 반영되어 특히 1866년과 1867년에는 강관에 많은 교체가 일어나게 되었다. 그러나 이런 현상은 1868년 이후에 급속히 줄어들어 강연을 담당하는 주요한 강관들이 정착되어 가는데, 이는 대원군정권 상층부의 안정화와 관련된 것이었다. 이처럼 강관 구성이 당시 정치적 상황을 반영하고 있었다는 사실은 조기응·조성교·정기세 등 고정적인 강관의 등장, 김병학·홍순목·강로 등 의정 참여도의 증감, 친정을 전후해 고종이 친군주세력을 확보하기 위해 여흥민씨 민치상[13]과 양천허씨 허전 등을 직접 강관으로 임명한 등의 예에서도 잘 드러난다.

또한 진강기에는 절대우위를 차지했던 노론과 소론의 비중이 줄어들고, 남인과 북인의 강관 비율과 참여도가 증가한 점, 특히 1864년에 단 한 명도 강관으로 참여하지 못했던 남인이 1866년부터 평균 5명 정도의 강관을 배출

---

12) 진강기(대원군집권기)에 김세균은 예조·이조판서를 거쳐 호조판서를, 김병학은 좌의정과 우의정을, 조성교는 도승지를 거쳐 좌참찬과 예조·형조판서를, 홍순목은 이조판서를 거쳐 우의정과 영의정을, 조석우는 예문관·홍문관제학과 이조·예조·공조판서, 우참찬·우찬성을, 조기응은 예문관제학과 이조·형조·공조판서를, 정기세는 형조판서·예문관제학·광주유수를, 강로는 홍문관제학과 예조·병조판서를 거쳐 좌의정을 역임했다. 이들 모두는 대원군집권기 의정이나 판서를 지낸 최고위층관료라고 할 수 있다.

13) 고종은 충청도관찰사로 오랜 기간 지방에서 근무한 민치상을 서울로 불러들여 1870년 11월에 지경연사에, 12월에는 형조판서에 임명했다. 민치상은 1872년 8월 예조판서, 10월 공조판서를 거쳐, 좌의정으로 승진한 강로 후임으로 병조판서에 임명되었다.

하며 소론을 상회하는 20% 전후의 점유율을 차지하게 된 점은 대원군정권기 남인세력의 정치적 영향력이 증가했음을 반증한다. 여기에 신정왕후의 수렴청정기까지 활발했던 원임의정의 강연참여가 점차 줄어들면서 1868년을 즈음해서는 시임의정을 중심으로 참여했는데, 이는 고종의 지위 안정으로 철종시대 의정이 강연에 관여해 권위를 드러낼 필요가 없어졌을 뿐만 아니라, 대원군이 정권을 장악해 권력의 중심이 바뀐 현상을 보여준다고 할 수 있다.

(3) 일강기(고종친정 직후) 강관의 구성

1873년 10월 고종은 스스로 친정을 선포하고 즉위 이후 실질적인 통치권을 회복했다. 그러자 고종은 성학의 측면에서도 보다 정식적인 강연 형태를 갖추어 친정에 적합한 군주의 입지를 구축하려 했다. 따라서 1869년과 1872년에 두 차례 '진강'의 명칭을 '일강'으로 개칭해야 한다는 김병학의 의견을 거절한 것과는 달리, 1873년 12월 24일에는 이유원의 제안을 받아들여 '일강'으로 개칭하고, 1874년부터 일강을 개최했다. 이는 성학이 단지 군주의 자질을 갖추는 수신의 차원을 넘어 군주의 정통성과 권위를 확보하는 역할을 수행하고 있었음을 말해준다.

또한 고종은 통치권을 회복하는 과정에서 홍순목·강로·한계원 등이 자신의 친정에 반대하자, 이들을 모두 퇴진시키고 영의정 이유원과 우의정 박규수로 구성된 의정체제를 발족시켰다. 이렇게 고종이 실질적인 통치권을 회복해 삼의정을 교체한 이상 정계에 변화가 생기는 것은 불가피했고, 이는 강관 구성에도 반영되었다. 그러나 실질적으로는 친정선포 이후의 강연개최 급감으로 이전 시기와의 비교가 곤란하기 때문에 여기에서는 일강기 강관 구성에서 드러나는 특징을 중심으로 고찰하고자 한다.

일강이 시작된 이후, 강연은 1874년에 48회, 1875년에 7회, 1876년에는 단

[표 17] 1874(고종11)년의 강관 명단

성씨(17)	노론	소론	남인	북인	종신	성씨합계
광산김씨	김재현3					1/3
안동김씨	김세균4 *김학근*4					2/8
청풍김씨		*김기찬**		김세호1		2/2
여흥민씨	민치상2					1/2
수원백씨	*백낙정**					1/1
반남박씨	**박규수**2					1/2
청송심씨	심승택1					1/1
영월엄씨				엄석정2		1/2
파평윤씨		*윤자덕*3				1/3
경주이씨		**이유원**3				1/3
용인이씨		이돈상3				1/3
전주이씨	*이규영** *이응진*/1	*이경우**	이승보7		이인설1 이경하 1 이연응1 이승수1 이규영1 이돈응1(노론)	4/10
임천조씨	조기응(재응)8					1/8
양주조씨		조병휘(휘림)1				1/1
풍양조씨		*조기영**				1/1
양천허씨			허전10*			1/10
남양홍씨	**홍순목**1					1/1
합계(인물/강 연참석총수)	11(50%) /28(46%)	7(32%) /13(21%)	2(9%) /17(28%)	2(9%) /3(5%)	6/6	22/61

· 범례: 종신의 참가는 합계에서 제외하고, 품계와 당파를 구분하지 않았다.
· 비고: ① 1874년에는 시원임의정과 강관 이외에도 종신이 강연에 참가했다.
　　　② 고종의 강연의 명칭이 일강으로 개칭됨에 따라 특진관이 강연에 참가했다.
　　　③ 전주이씨 이규영은 특진관으로서의 참가와 종신으로서의 참가를 구분해 표기했다.

한 차례도 실시되지 않았다.[14] 따라서 강연에 참가한 강관수도 급격히 줄었다. [표 17]과 [표 18]에서 드러나듯, 1874년에는 17개 성씨에서 22명의 강관이 61회 강연에 참석했고, 1875년에는 11개 성씨에서 13명의 강관이 16회에 걸쳐 강연에 참가했다. 이 수치가 나타내는 것처럼 하나의 성씨에서 거의 한 명의 강관이 배출되어 한두 번의 강연밖에 참석하지 않았다. 이때는 고종의 강연이 일강으로 승격됨에 따라, 1869년 5월 영의정 김병학의 건의로 조강·주강이 개최된 예와 같이 특진관이 강연에 출석했다. 또한 종신이 특별 게스트로 출석해 강연의 위상을 높이려 했는데, 여기에는 생부인 대원군을 정계에서 퇴진시킨 데 따른 고종의 의도, 즉 정권장악의 정당성과 명분을 주장하면서 종친·선파를 친군주세력으로 포섭하려는 목적도 포함되어 있었다.[15]

1874년에 강연에 다수 출석한 강관은 조기응·이승보·허전이다. 이들은 모두 1870년대 이후 강연을 주도한 인물로, 조기응은 고종친정 이후 곧바로 이조판서로 임명되어 약 1년간 재임하며 인사정책을 주관했고, 이승보는 선혜청당상으로 청전폐지 이후 심각한 정부재정난 타개에 협조했다. 허전은 그의 뛰어난 학문적 소양과 근기남인에 대한 회유 차원에서 계속 강연을

---

[14] 소대는 1874년에 4회, 1875년에 0회, 1876년에는 23회 개최되었다. 이처럼 권강기 매일 행해졌던 강연이 일강이 시작된 이후, 한 달에 한 번 정도 밖에 개최되지 않았던 것은 고종이 유교경전과 사서 강독을 통해 성현과 조종의 가르침을 배우는 성학에 더 이상 주의를 기울이지 않게 되었음을 명백히 보여준다.
[15] 김병우, 『대원군의 통치정책』, 413쪽.

[표 18] 1875(고종12)년의 강관 명단

성씨(11)	노론	소론	남인	북인	종신	성씨합계
진주강씨			강난형2			1/2
안동김씨	김병국1 *김학근**					2/2
수원백씨	*백낙정*2*					1/2
대구서씨	서승보1					1/1
평산신씨	신헌*					1/1
광주이씨			*이병교*2*			1/2
용인이씨		이원명1				1/1
전주이씨	이연응* *이규영*1				이방현1 이종승1 이돈응2 이명응1(노론) 이기용1(소론)	2/2
풍천임씨				임상준*		1/1
양천허씨			허전*			1/1
풍산홍씨			홍원식1			1/1
합계(인물/강연참석총수)	7(54%)/8(50%)	1(8%)/1(6%)	4(30%)/6(37%)	1(8%)/1(6%)	5/6	13/16

담당했다.

　일강기 특징으로는 종친·선파가 다수 참여하고, 이전에는 참찬관으로밖에 참여하지 않았던 무신이 강관으로 등장한 점을 들 수 있다. 또한 안동김씨에서는 김학근이, 파평윤씨에서는 윤자승에 이어 윤자덕이, 용인이씨에서는 이삼현에 이어 이돈상이 새로이 등장해 강관내부에서도 세대교체가 보이는 것이 주목된다. 여기에 지속적으로 높은 강연참여도를 보이며 1874년에까지 일강에서 고종과 재정문제를 논의하던 김세균과 이승보가 각각 호조판서와 선혜청당상·무위소제조를 그만두면서 강관 활동도 하지 않은 점도 고종친정 전후의 정치권력 변화와 관련된 특징이라고 할 수 있다.
　이상 고종친정 직후 강관 구성을 살펴보았다. 고종은 실질적인 통치권을 회복한 이후, 강연을 '일강'으로 개칭함으로써 성학적 측면에서도 친정을 행하는 군주의 위상을 정립하고자 했다. 그리고 무신과 종신을 다수 참석시켜 가까이서 접할 기회를 만듦으로써 그들과 밀접한 유대관계를 형성하려고 했다. 즉 고종은 이들을 자신의 권력기반으로 흡수해 친정체제를 공고히 하고자 한 것이었다. 그러나 고종이 공부에 태만하게 되어 강연이 그다지 개최되지 않았기 때문에 의도한 만큼의 성과는 거둘 수 없었을 것이라 판단된다.
　이처럼 고종의 실질적인 친정이 시작된 이후에는 새로운 인물이 등장하고 종친·선파가 대거 참여하는 등, 진강이 행해진 시기와 비교해 강관 구성도 변화를 보이게 되었다. 그러나 1874년까지 실질적으로 강연을 주도하는 인물들 면목에 직전과 큰 차이가 없는 것은 친정을 선포할 당시 아직 자신만의 확고한 세력기반을 확보하지 못했던 고종이 대원군집권기 고위 관료들을 그대로 자신의 세력기반으로 끌어들여 정국의 신속한 안정을 꾀했기 때문이었다. 다시 말해 고종은 자신의 정권장악에 반대한 홍순목·강로·한계원과 최익현의 처벌과정에서 강렬하게 항의했던 조병창과 조성교를 퇴진시키는 정도를 제외하면 친정에 항의했던 세력들을 대부분 복귀시켜 국정을 정상화시키려 했고, 이러한 변화를 강관 구성에서도 엿볼 수 있다 하겠다.[16]

---

[16] 이러한 친정 직후의 정계는 1874년 말부터 1875년 초에 거쳐 일어난 대원군의 양주은둔사건과 대원군의 귀경을 요구하는 상소운동으로 정국이 불안정하게 되면서 대대적인 개편과정을 거쳐 고종의 측근 중심의 국정운영방식이 정착해 나가게 된다.

2. 강관 구성의 특징

(1) 강관의 전체 구성

고종 재위 전기 강관이 참가한 강연이 행해진 것은 1864년부터 1875년까지이다. 이 사이 교육을 담당한 강관은 모두 107명이고, 이들의 출신성씨 총수는 48, 강연참가 총수는 1867회이다. 1875년을 제외하면 20명 이상이 강연에 참가해 연평균은 24.4명을 기록했다. 강관의 강연참가 횟수는 거의 지속적인 감소 추세를 나타내 연평균 155.5회이다. 이를 세분하면, 권강(1864년~1865년)이 행해지던 때는 263회, 진강(1866년~1873년)이 행해지던 때는 158회, 일강(1874년~1875년)이 행해지던 때는 36회로, 친정 이후 일강 개최는 즉위 직후 권강 때의 7분의 1에도 미치지 않았다. 이로부터 고종이 친정 선포 이후 성학에 소홀했다, 혹은 공부를 게을리 하게 되었음을 알 수 있다. 강관과 강연참가 횟수는 연도별 편차가 크지만, 출신성씨는 1875년의 11개 성씨를 제외하면 17에서 24개 사이로 연평균 약 20개 성씨로부터 강관이 배출되고 있었다. 이는 강연개최 횟수와 관계없이 비교적 다수의 성씨에서 강관이 선택되었음을 드러낸다.

고종 재위 전기에 강연에 참여한 인물의 당파·성씨·참가 횟수는 [표 19]와 [표 20]으로 정리했다. 먼저, 각 당파가 강연에서 점하는 비중을 정리하면, 강관총수/강연참가 총횟수에서 노론은 51.4/55.7%, 소론은 28/25.1%, 남인은 11.2/13.2%, 북인은 9.4/6%가 된다. 이는 가스야(糟谷憲一)가 분석한 대원군정권기 권력구조에서 의정·판서 이상 취임자 비율이 각 56.1/24.5/8.6/9.4%, 참판 이상 취임자 비율이 각 48.3/25.8/13.2/6.6%였던 것과 거의 일치한다.[17] 따라서 고종의 교육을 담당한 강관은 당시 정권상층부의 권력구조와 연동해 구성·변화했다고 판단해도 좋을 것이다.

---

17) 糟谷憲一, 「大院君政權の權力構造」, 『東洋史硏究』 49-2, 1990, 144·148쪽.

[표 19] 고종 재위 전기 강관 총명단

성씨	노론	소론	남인	북인	합계
진주강씨			1 강난형 7	1 강로 50	2/57
경주김씨		1 *김영작* 49			1/49
광산김씨	1 김재현 49 2 *김상현* 15 3 김수현 1				3/65
선산김씨			1 *김익용* 1		1/1
안동김씨	1 **김병학** 102 2 김세균 91 3 **김병국** 17 4 김좌근 11 5 **김흥근** 7 6 *김학근* 5 7 김현근 4 8 김대근 4 9 김병기 1 10 김병지 1 11 김익진 1 12 김보근 0				12/244
연안김씨	1 김유연 4				1/4
청풍김씨	1 김학성 94 2 김익문 8	1 *김기찬* 5		1 *김세호* 9	4/116
풍산류씨			1 **유후조** 36		1/36
나주임씨		1 임긍수 3 2 임영수 1			2/4
여흥민씨	1 민치상 13				1/13
고려박씨		1 박영보 35			1/35
밀양박씨				1 박승휘 10 2 박효정 2	2/12
반남박씨	1 **박규수** 89				2/90

	2 *박내만* 1			
수원백씨	1 *백낙정* 3			1/3
대구서씨	1 *서승보* 8 2 *서경순* 2 3 *서상정* 2	1 서당보 9		4/21
은진송씨	1 송근수 7			1/7
고령신씨			1 *신좌모* 6	1/6
평산신씨	1 신응조 21 2 신석희 11 3 신석우 10 4 <u>신헌</u> 1			4/43
청송심씨	1 심승택 15 2 심경택 1			2/16
영월엄씨			1 엄석정 15	1/15
기계유씨	1 유진오 9 2 유치선 2			2/11
남원윤씨	1 *윤병정* 27			1/27
파평윤씨	1 윤육 5	1 *윤자승* 10 2 *윤자덕* 4		3/19
해평윤씨	1 *윤치정* 40 2 *윤정선* 4			2/44
경주이씨		1 **이유원** 42 2 이유응 2	1 이명적 5	3/49
광주이씨			1 *이병교* 2	1/2
연안이씨		1 이풍익 3		1/3
용인이씨		1 이삼현 33 2 이원명 15 3 이돈상 3		3/51
우봉이씨	1 이우 50			1/50

전의이씨		1 이근필 1			1/1
전주이씨	1 *이규영* 2 2 *이응진* 1 3 이연응 1 4 이최응 1	1 *이인명* 4 2 이돈영 2 3 *이경우* 1	1 이승보 53	1 이회순 10	9/75
진보이씨				1 *이계로* 3	1/3
한산이씨	1 이경재 18 2 이승오 2				2/20
풍천임씨				1 **임백경** 11 2 *임상준* 1	2/12
동래정씨		1 정기세 96 2 **정원용** 7 3 *정기회* 5 4 *정건조* 1 5 *정순조* 1			5/110
온양정씨		1 *정태호* 3			1/3
창녕조씨		1 조석우 99 2 조석여 2			2/101
백천조씨				1 조계승 1	1/1
양주조씨	1 조두순 30	1 조득림 10 2 조병휘 8			3/48
임천조씨	1 조기응 68				1/68
풍양조씨	1 조헌영 7	1 조병창 14 2 *조기영* 1			3/22
한양조씨			1 조성교 74		1/74
삭녕최씨			1 최우형 20		1/20
청주한씨			1 **한계원** 3		1/3
양천허씨			1 허전 38		1/38
창원황씨	1 황종현 6				1/6

남양홍씨	1 홍종서 83 2 **홍순목** 75 3 홍종운 3 4 홍종응 2 5 홍재철 1				5/163
풍산홍씨	1 홍우건 4		1 홍원식 1		2/5
종신	이돈응3 이방현1 이인설1 이경하1 이연응1 이승수1 이규영1 이종승1 이기용1 이명응1				11/12
총합계	55(51.4) /1040(55.7)	30(28) /469(25.1)	12(11.2) /246(13.2)	10(9.4) /112(6)	107/1867

- 범례: 이름이 굵게 표시된 자는 의정취임자. 이름에 밑줄을 그은 자는 무신.
  이름이 사선으로 되어있는 자는 참판·아경 이하의 취임자이고 그 기준은 대원군 정권기(1864년~1873년)로 한다.
  이름 왼쪽의 숫자는 참가 횟수가 많은 순이고, 오른쪽의 숫자는 강연참가의 총수.
  오른쪽의 합계에서 왼쪽은 성씨에서의 강관 총수, 오른쪽은 강연참가 총횟수이고, 하단의 합계 왼쪽은 당파로부터의 강관 총수, 오른쪽은 강연참가 총횟수이며, 괄호는 각각의 퍼센트를 나타낸다.
  종신으로서 출석한 자는 전주이씨에 포함시키지 않고 별도로 분류했으며, 합계 산출에서도 제외했다.
  성씨는 가나다순.
- 출전: 『승정원일기』·『일성록』·『고종실록』.

다음으로 강관을 배출한 성씨를 살펴보면, 모두 48이다. 성씨별 참여 인원은 진주강씨 2명, 경주김씨 1명, 광산김씨 3명, 선산김씨 1명, 안동김씨 12명, 연안김씨 1명, 청풍김씨 4명, 풍산류씨 1명, 나주임씨 2명, 여흥민씨 1명, 고려박씨 1명, 밀양박씨 2명, 반남박씨 2명, 수원백씨 1명, 대구서씨 4명, 은진송씨 1명, 고려신씨 1명, 평산신씨 4명, 청송심씨 2명, 영월엄씨 1명, 기계유씨 2명, 남원윤씨 1명, 파평윤씨 3명, 해평윤씨 2명, 경주이씨 3명, 광주이씨 1명, 연안이씨 1명, 용인이씨 3명, 우봉이씨 1명, 전의이씨 1명, 전주이씨 9명, 진보이씨 1명, 한산이씨 2명, 풍천임씨 2명, 동래정씨 5명, 온양정씨 1명, 창녕조씨 2명, 백천조씨 1명, 양주조씨 3명, 임천조씨 1명, 풍양조씨 3명, 한양조씨 1명, 삭녕최씨 1명, 청주한씨 1명, 양천허씨

1명, 창원황씨 1명, 남양홍씨 5명, 풍산홍씨 2명이다.

　가장 많이 강연에 참가한 성씨는 안동김씨이다. 12명이 244회의 강연에 관여해 전체에서 11.4/13%의 비중을 차지했다. 그 다음은 남양홍씨로 5명이 163회 참여해 전체의 4.7/8.7%를, 청풍김씨는 4명이 116회 참여해 3.8/6.2%를, 동래정씨는 5명이 110회 참여해 4.7/5.9%를, 창녕조씨는 2명이 101회 참여해 1.9/5.4%를, 반남박씨는 2명이 90회 참여해 1.9/4.8%를, 전주이씨는 9명이 75회 참여해 8.5/4%의 비율을 차지하면서 뒤를 이었다. 이처럼 강연에 관여한 상위성씨 중에서도 안동김씨는 전체의 10%를 넘어 단독 우위를 보였으며, 강연참가 횟수 100회 이상의 상위 다섯 개 성씨, 즉, 안동김씨·남양홍씨·청풍김씨·동래정씨·창녕조씨는 28명이 734회의 강연에 참가해, 전체 26.4/39.3%의 비율을 차지했다. 이는 약 40%의 강연을 이들 다섯 개 성씨가 담당했음을 나타내는 수치로 이들 가문이 고종의 교육을 주도했다고 간주할 수 있다.

　다음으로 당파별 구성 변화를 살펴보도록 하자. 먼저 강연참가에서 지속적으로 제1당을 유지한 노론강관의 변천과정을 보면, 고종즉위1년에 70%의 비중으로 압도적인 우위를 차지했던 것이 점차 감소해 1869년에는 점유율이 반을 넘지 않게 되었고, 그 후에는 거의 40%대를 유지했다. 노론은 55명의 강관이 1040회의 강연에 참여해, 전체의 51.4/55.7%를 차지했는데, 이는 한 명당 약 19회의 강연을 담당한 수치이다. 연평균 강관수는 12.1명이고, 연평균 강연참가 횟수는 86.6회이다. 노론에서 강관을 배출한 성씨는 광산김씨·안동김씨·연안김씨·청풍김씨·여흥민씨·반남박씨·수원백씨·대구서씨·은진송씨·평산신씨·청송심씨·기계유씨·남원윤씨·파평윤씨·해평윤씨·우봉이씨·전주이씨·한산이씨·양주조씨·임천조씨·풍양조씨·창원황씨·남양홍씨·풍산홍씨의 24개 가문이었다.

　이를 강연참가 인수와 횟수가 많은 순으로 보면, 안동김씨에서 12명이 244회의 강연에 참석해 우위를 점했고, 남양홍씨 5명이 163회로 그 뒤를

[표 20] 고종 재위 전기 강관을 다수 배출한 성씨

안동김씨(12)	전주이씨(9)	남양홍씨(5)	대구서씨(4)	청풍김씨(4)	광산김씨(3)	양주조씨(3)
노론	노론	노론	노론	노론	노론	노론
1 김병학 102	1 이규영 2	1 홍종서 83	1 *서승보* 8	1 김학성 94	1 김재현 49	1 조두순 30
2 김세균 91	2 이응진 2	2 **홍순목** 75	2 *서경순* 2	2 김익문 8	2 *김상현* 15	소론
3 김병국 17	3 이연응 2	3 홍종운 3	3 서상정 2	소론	3 김수현(1)	1 조득림 10
4 **김좌근** 11	4 이최응 1	4 홍종응 2	소론	1 *김기찬* 5		2 조병휘 8
5 **김흥근** 7	소론	5 홍재철 1	1 서당보 9	남인	경주이씨(3)	
6 *김학근* 5	1 *이인명* 4			1 김세호 9	소론	
7 김현근 4	2 이돈영 2				1 **이유원** 42	
8 김대근 4	3 *의경순* 1				2 이유응 2	
9 김병기 1	남인	동래정씨(5)	평산신씨(4)	파평윤씨(3)	남인	풍양조씨(3)
10 김병지 1	1 이승보 53	소론	노론	노론	1 이명적 5	노론
11 김익진 1	북인	1 정기세 96	1 신응조 21	1 윤육 5		1 조헌영 1
12 김보근 0	1 이회순 10	2 **정원용** 7	2 신석희 11	소론	용인이씨(3)	소론
		3 정기회 5	3 신석우 10	1 *윤자승* 10	소론	1 조병창 14
		4 정건조 1	4 **신헌** 1	2 *윤자덕* 4	1 이삼현 33	2 *조기영* 1
		5 *정순조* 1			2 이원명 15	
					3 이돈상(3)	

· 범례: 표시는 [표 19]와 동일.
  성씨 옆의 ( )안의 숫자는 각 성씨에서 배출된 강관의 총수.

이었다. 청풍김씨와 반남박씨에서는 각 두 명의 강관이 102회와 90회를, 임천조씨에서는 한 명이 68회를, 광산김씨에서는 3명이 64회를 담당했다. 우봉이씨는 한 명이 50회, 해평윤씨는 두 명이 44회, 평산신씨에서는 4명이 43회, 전주이씨에서는 4명이 5회의 참가를 보여주었다. 고종의 권강이 시작된 1864년부터 일강이 행해지는 1875년까지—1882년의 2회를 제외— 지속적으로 강관을 낸 성씨는 안동김씨가 유일하며, 남양홍씨는 1864년부터 1873년까지 10년간, 광산김씨는 1866년부터 1874년까지 9년간, 반남박씨는 1864년·1865년과 1869년부터 1874년까지 합계 8년간, 청풍김씨는 1864년부터 1869년까지와 1872년을 더해 합계 7년간, 강연에 관여했다.

소론은 강관 총수 30명, 강연참가 횟수 469회로 전체의 28/25.1%를 기록

했다. 소론은 1870년·1873년·1875년을 제외하고는 노론 다음으로 고종의 성학에 크게 관여했고, 강관수에 비해 강연참가 횟수 비율이 낮은 것이 특징이다. 소론강관 한 명이 담당한 강연수는 약 16회이고, 연평균 7명의 강관이 연평균 39회의 강연에 참가했다. 소론강관으로서 강연에 참가한 성씨는 경주김씨·청풍김씨·나주임씨·고령박씨·대구서씨·파평윤씨·경주이씨·연안이씨·용인이씨·전의이씨·전주이씨·동래정씨·온양정씨·창녕조씨·양주조씨·풍양조씨의 16개 가문이다.

그 중에서는 동래정씨 5명이 110회로 가장 많고, 그 다음은 창녕조씨 두 명이 101회, 용인이씨 3명이 51회, 경주김씨 한 명이 49회, 경주이씨 두 명이 44회로 뒤를 잇고 있다. 그 밖에는 전주이씨에서 3명, 나주임씨·파평윤씨·양주조씨·풍양조씨에서 두 명씩 배출했다. 소론에서는 창녕조씨가 가장 장기간에 걸쳐 고종의 학습을 담당했는데, 이는 1864년부터 1873년까지 10년간이고, 그 다음은 동래정씨로 1864년부터 1872년까지 9년간, 경주이씨는 1864년·1865년·1874년과 1868년부터 1871년까지를 더해서 합계 7년간, 용인이씨는 1867년부터 1872년까지 6년간, 경주김씨는 1864년부터 1868년까지 5년간, 강연에 참가했다.

남인은 강관 총수 12명으로, 합계 246회의 강연에 출석해 전체의 11.2/13.2%의 비율을 차지했다. 남인은 고종즉위1년에 한 명의 강관도 배출하지 못했지만, 서서히 비중이 증가해 1870년에는 소론을 상회해 두 번째로 많아졌고, 1872년을 제외하면 20%대를 유지하면서 성학에 적극적으로 관여했다. 남인의 연평균 강관수는 3.3명이고, 연평균 20.5회의 수업에 참석했다. 남인 한 명당 강연참가 횟수는 20.5회로, 노론 19회와 소론 16회보다 많아 한 명당 강연집중도가 높았다, 바꿔 말해 한 명이 다수의 강연에 참가했다고 할 수 있다. 남인에서는 두 명의 강관을 배출한 성씨가 하나도 없으며, 진주강씨·선산김씨·풍산류씨·고려신씨·경주이씨·광주이씨·전주이씨·한양조씨·삭녕최씨·청주한씨·양천허씨·풍산홍씨 12개 성씨로부터 각 한 명씩 활동했다.

　남인에서는 한양조씨가 74회의 강연에 참가해 가장 많았고, 전주이씨가 53회, 양천허씨가 38회, 풍산류씨가 36회, 삭녕최씨가 20회의 강연참가를 기록했다. 한양조씨는 1866년부터 1873년까지 8년간 고종의 교육에 관여했고, 전주이씨는 1867년과 1869년부터 1874년까지 합계 7년간, 양천허씨는 1869년부터 1871년까지, 1873년부터 1875년까지를 합쳐 6년간, 풍산류씨는 1865년부터 1867년까지와 1871년을 합해 4년간, 삭녕최씨는 1866년과 1869년부터 1871년까지를 합해 4년간, 고종의 학문정진을 보좌했다.

　북인은 12년간 10명의 강관을 배출했으며, 112회의 강연에 참가해 전체에서 9.4/6%의 비중을 차지했다. 북인에서는 연평균 두 명의 강관이 9.3회의 강연에 출석했다. 한 명당 강연담당 횟수는 약 11회로 네 개의 당파 중 가장 적은데, 북인은 강관 총수·강연참가 총수·한 명당 강연담당 비중 등 모든 면에서 저조했다.

　북인 중에서는 밀양박씨와 풍천임씨가 두 명의 강관을 내었고, 한 명씩 참가한 성씨는 진주강씨·청풍김씨·영월엄씨·전주이씨·진보이씨·백천조씨였다. 북인에서는 진주강씨가 50회로 압도적인 우위를 보였으며, 영월엄씨가 15회, 밀양박씨와 풍천임씨가 12회, 전주이씨가 10회, 청풍김씨가 9회의 순으로 되어 있다. 진주강씨는 1866년, 1867년과 1869년부터 1873년까지를 합해 7년간 강연에 관여했고, 영월엄씨는 1869·1871·1873·1874년을 더해 4년간, 전주이씨는 1867년부터 1869년까지와 1871년을 합해 4년간, 청풍김씨는 1867·1869·1874년의 합계 3년간, 강연에 참석했다.

　다음으로 시원임의정의 강연참가 실태를 보면, 성학에 관여한 의정역임자는 14명으로, 노론이 8명, 소론·남인·북인이 2명씩이다. 안동김씨에서는 4명의 시원임의정이 강연에 관여했고, 대원군정권기 의정역임자 중에서 고종의 교육에 참여하지 않은 인물은 없다. 전술한 대로 시원임의정의 강연관여는 고종즉위 직후부터 빈번히 행해져, 1871년까지 약 20% 수준을 유지할 정도로 그 관여도가 컸다.

　이들 시원임의정의 구체적인 활동 내용을 살펴보면, 안동김씨 김병학(노론)이 1864년부터 1871년까지 8년에 걸쳐 102회의 강연을 주관함으로써 가장 높은 참여도를 나타냈다. 김병학은 1865년 3월 3일에 좌의정으로 임명된 후, 1867년 5월 18일과 1868년 4월 23일에 영의정으로 승진한 인물이며, 대원군정권 최고위관료로서 고종의 학습보도에 적극적으로 임했다. 그 다음은 반남박씨 박규수(노론)가 89회의 강연에 참가했다. 박규수는 고종이 친정을 선포한 직후인 1873년 12월 2일에 우의정으로 취임해, 친정 직후 고종의 정치활동에 협력했다. 그가 고종의 강연에 관여한 시기는 1864년·1865년과 1869년부터 1874년까지 합계 8년간이며, 1873년 이전에는 강관으로, 이후에는 우의정으로 출석했다. 남양홍씨 홍순목(노론)은 75회의 강연에 1866년부터 1874년까지 9년간 참가했다. 홍순목은 1869년 1월 22일에 우의정으로 임명된 후, 김병학이 모친상으로 사퇴한 것을 계기로 1872년 10월 12일에 영의정으로 승진했다. 그는 의정이 되기 이전에도 이후에도 지속적으로 고종의 학습을 보도했다.

　진주강씨 강로(북인)는 50회의 강연에 1866년부터 1867년까지와 1869년부터 1873년까지 7년에 걸쳐 참가했다. 그가 북인전체의 강연참가 횟수에서 차지하는 비중은 45%로, 고종 재위 전기 북인을 대표하는 강관으로 활동했다고 할 수 있다. 강로는 홍순목과 함께 1872년 10월 12일에 좌의정으로 임명되었는데, 좌의정이 된 뒤부터는 한 번 밖에 강연에 출석하지 않았다. 그는 1873년 11월에 고종의 친정을 주장하는 최익현의 처벌을 강력하게 호소해 파면되었다. 경주이씨 이유원(소론)은 1864년 6월 15일에 좌의정으로 임명되어, 처음부터 의정으로서 42회의 수업에 1864년·1865년·1874년과 1868년부터 1871년까지를 합쳐 7년간 출석했다. 이유원은 1865년 2월에 좌의정을 사퇴한 후, 1869년 4월에 또다시 좌의정으로 임명되었지만 곧 사임했다. 고종이 친정을 선포한 1873년 11월 13일에 영의정으로 등용되어 친정 이후의 정계개편과 정치운영을 이끈 인물이다.[18] 풍산류씨 유후조(남인)는 36회의 강연에 1865년부터 1867년까지와 1871년의 4년간 참가했고, 1866년 1월 4일에 우의정으로, 1867년 5월 3일에 좌의정으로 임명되었다.

양주조씨 조두순(노론)은 30회의 강연에 1864년과 1865년에 관여했다. 조두순은 좌의정으로서 고종즉위에 따른 다양한 절차를 주관하며 협력했고, 1864년 6월 15일에 영의정으로 승진했다. 권강에는 2년에 걸쳐 30회나 참가해, 고종즉위 초기 학습 장려에 크게 기여했다고 할 수 있다. 그의 연평균 강연참가 횟수는 15회로, 최대 강연참가수를 기록한 안동김씨 김병학의 연평균 12.8회보다도 높은 수치를 나타냈다. 한산이씨 이경재(노론)는 18회의 강연에 1864년부터 1866년까지의 3년간 참가했다. 이경재는 고종즉위 직후인 1864년 1월 2일에 우의정으로 발탁되어 같은 해 6월에 사직한 후, 1866년 4월에 영의정으로 임명되었지만 곧 사임했다. 안동김씨 김병국(노론)은 17회의 강연에 참가했는데, 그 시기는 1864년·1875년과 1866년부터 1868년까지 5년간이다. 김병국은 김병학의 동생이며, 1872년 9월에 모친상을 당하기 전까지 대원군정권에서 장기간에 걸쳐 병조판서를 담당한 인물로 고종친정 이후 제2차 정계개편, 즉 1874년 12월 17일에 우의정으로 발탁되었다.

안동김씨 김좌근(노론)은 고종즉위 당시의 영의정으로 11회의 강연에 1864년부터 1867년까지 4년간 참가했다. 김좌근의 영의정사직이 1864년 4월 18일이었던 점을 감안하면, 그의 강연참가는 ─비록 참가 횟수가 적다고는 해도─ 비교적 길게 지속되었음을 알 수 있다. 풍천임씨 임백경(북인)은 1864년과 1865년에 걸쳐 11회의 강연에 참석했다. 그는 1864년 6월 15일에 좌의정으로 임명되었지만, 1865년 2월 27일에 사망했기 때문에 더 이상 강연에 관여할 수 없었다. 안동김씨 김흥근(노론)은 1864년에만 7회의 강연에 출석한 철종시대의 영의정이다. 동래정씨 정원용(소론)은 1864년과 1865년의 2

---

[18] 고종이 친정을 선포한 직후인 1874년 이유원의 정치운영에 대한 깊은 관여는 제4장 제2절 참고.

년간, 7회의 강연에 관여했다. 정원용은 헌종 서거 때에는 영의정으로서 철종의 즉위를 주장하며 그 절차와 명분 확보에 기여했고, 철종 서거 때에는 원상이 되어 고종즉위 이전의 정치와 즉위과정을 주관한 인물이다. 1868년 4월에 영의정으로 임명되었지만 사퇴했다. 청주한씨 한계원(남인)은 강연에 1872년과 1873년에 3회 출석했다. 육조판서와 좌참찬, 평안도관찰사 등을 거쳐 1872년 10월에 우의정으로 발탁되었지만, 고종의 교육에는 그다지 관여하지 않았다.

이처럼 시원임의정은 고종 재위 전기 교육에 크게 관여했다. 그들은 경륜과 정치적 경험으로 볼 때 미숙한 군주를 이끄는 적임자였다. 때문에 차대와 소견뿐만 아니라, 강연에 적극적으로 참여해 고종의 통치자 자질 양성에 협력했다. 특히 시원임의정은 1864년에는 7명이 58회, 1865년에는 7명이 45회, 1866년에는 4명이 31회, 1867년에는 3명이 45회의 강연에 참가했는데, 이는 고종즉위 초기에 시임·원임을 불문하고 다수의 의정이 강연에 출석해 학문정진을 독려하고 있었음을 나타낸다. 그러나 전직 의정의 참석이 줄어들고 김병학의 강연참여가 감소하자, 시원임의정의 강연관여도 자체가 전반적으로 낮아져 갔다. 그 이유는 고종이 성장함에 따라 시원임의정에게 보다 강조된 군주 보도의 명분이 감소했고, 즉위 초기와는 달리 강연진행과 정국상황이 안정되면서 고종에게 소견·차대 등에서 대신들과 정치에 대해 논할 기회가 증가, 제공되었기 때문이라고 생각된다.

(2) 강연 최대 참여자의 성격 분석

여기서는 강관 개인의 강연참가 횟수와 비중을 분석해, 고종 재위 전기 강관 구성의 특징에 대해 살펴보도록 하겠다. [표 21]은 강관의 강연참가 순위를 정리한 것이다.

개인의 강연참가 횟수 10위까지에는 시원임의정이 3명, 안동김씨와 남양홍씨에서 각 두 명과 창녕조씨·동래정씨·청풍김씨·반남박씨·한양조

[표 21] 강연참가 횟수 상위자 명단

순위	당파	성씨	이름	횟수	비고
1	노론	안동김씨	김병학	102(5.5%)	(1821~1879). 1853(철종4)년 정시문과병과(庭試文科丙科)에 합격. 이조·공조판서 등을 거쳐 좌의정·영의정을 역임.
2	소론	창녕조씨	조석우	99(5.3%)	(1810~). 1835(헌종1)년 증광문과을과(增廣文科乙科)에 합격. 홍문관제학·우찬찬·우찬성·이조판서 등을 역임.
3	소론	동래정씨	정기세	96(5.1%)	(1814~1884). 1837(헌종3)년 정시문과병과에 합격. 병조·형조판서 등을 역임.
4	노론	청풍김씨	김학성	94(5%)	(1807~1875). 1829(순조29)년 정시문과병과에 합격. 판의금부사·규장각·홍문관제학·좌찬성 등을 역임.
5	노론	안동김씨	김세균	91(4.9%)	(1812~1879). 1841(헌종7)년 정시문과을과에 합격. 이조·호조·예조·공조판서 등을 역임.
6	노론	반남박씨	박규수	89(4.8%)	(1807~1877). 1848(헌종14)년 증광문과병과에 합격. 예조·형조판서·평안도관찰사 등을 거쳐 우의정 역임.
7	노론	남양홍씨	홍종서	83(4.4%)	(1809~1868). 1850(철종1)년 증광문과병과에 합격. 홍문관제학·예조·형조·이조판서 등을 역임.
8	노론	남양홍씨	홍순목	75(4%)	(1816~1884). 1844(헌종10)년 정시문과에 합격. 황해도관찰사·이조판서 등을 거쳐 우의정·영의정 역임.
9	남인	한양조씨	조성교	74(4%)	(1818~1876).1859(철종10)년 증광별시문과병과(增廣別試文科丙科) 합격. 한성부판윤·좌참찬·예조·공조판서 등을 역임.
10	노론	임천조씨	조기응	68(3.6%)	(1803~). 1847(헌종13)년 정시문과병과에 합격. 경기도관찰사·홍문관제학·공조판서 등을 역임.

· 범례: 표시는 [표 19]와 동일.
· 비고: 박규수는 고종친정 이후의 의정이다.

씨·임천조씨에서 한 명씩이 포함되어 있다. 노론 출신이 7명으로 압도적으로 많고, 소론이 두 명, 남인이 한 명이며, 북인은 들어있지 않다. 이들 10명은 871회의 강연에 참가해 전체의 46.7%, 즉 과반에 가까운 비중을 차지했다.

개인 중에서 강연에 가장 많이 참석한 인물은 안동김씨 김병학(노론)이다. 김병학은 1864년부터 1871년까지 8년간 102회 강연에 참여했다. 이는 연평균 12.8회로, 한 달에 한 번 이상 강연을 주관한 셈이 된다. 그는 좌의정을 거쳐 영의정에 임명된 후에도 지속적으로 성학에 관여했고,[19] 차대·소견을 통해서도 고종과 빈번히 접하고 있었다. 이러한 점을 감안하면, 고종의 통치자로서의 자질 양성과 현실인식, 정책의 판단과 결정에 큰 영향을 미쳤을 것이라고 판단된다. 김병학은 1872년 9월에 모친상을 당해 의정을 사직한 후, 고종친정 이후에는 영중추부사로서 일본서계 수리 등의 문제에 의견을 개진했지만, 정치에 크게 관여하지는 않았다.

그 다음은 창녕조씨 조석우(소론)로 1864년부터 1873년까지 10년에 걸쳐 99회, 연간 약 10회의 강연에 참가했다. 조석우는 가장 장기간에 걸쳐 지속적으로 고종의 교육에 관여한 인물이다. 그는 1873년 1월 3일에 광주유수로 임명되어 지방에 체재 중이었기 때문에 친정선포과정에서의 최익현 처벌을 둘러싼 군신간의 정쟁을 피할 수 있었다. 조석우는 1876년부터 또다시 판의금부사·공조판서·한성부판윤 등의 요직에 등용되어 친정 이후 고종의 정치적 기반으로 활동했다.

개인별 순위 세 번째는 동래정씨 정기세(소론)로 1864년부터 1872년까지 9년간 96회, 연평균 10.7회의 강연에 참가했다. 정기세는 전영의정 정원용의 아들로 중용되었으며 1873년 1월에 부친인 정원용이 사망해 정계를 떠나 있었기 때문에 최익현 처벌을 둘러싼 고종과 신하들 간의 대립에 관여하지 않고 지나갈 수 있었다. 1875년 4월에 또다시 예조판서에 임명된 후, 한성부판윤·공조판서·이조판서·수원유수 등을 역임한 그는 대원군정권기뿐만 아니라, 고종친정 이후의 정치운영에도 적극적으로 참여했다고 하겠다.

네 번째로 강연에 다수 참가한 인물은 청풍김씨 김학성(노론)으로 94회의 강연에 1864년부터 1869년까지와 1872년을 합해 모두 7년간, 연평균 13.4회 참석했다. 김학성은 강관으로 크게 활동한 10명 가운데 유일하게 판서직을 담당하지 않은 인물로 실질적인 정책을 주도하기보다는 주로 예문관과 규

---

19) 김병학은 1865년 3월 3일 좌의정에 임명되어 1867년 5월 3일까지 좌의정을 역임했으며, 동월 18일에 곧바로 영의정에 제수되어 1872년 9월 29일까지 영의정을 담당한 당대 최고 고위관료였다.

장각에서 학자로 활동한 인물이었다. 이러한 정치행적과 맞게 그는 고종친정 이후에도 검교제학으로 강관직을 유지했지만, 여전히 정치현안에는 깊이 관여하지 않았다.

다섯 번째는 안동김씨 김세균(노론)으로 1865년부터 1874년까지 10년간 91회, 연평균 9회의 강연에 참가했다. 창녕조씨 조석우와 함께 가장 장기간에 걸쳐 고종의 교육을 보좌한 인물이다. 1873년 10월, 고종이 친정을 선포할 당시 호조판서였던 김세균은 최익현에 대한 엄중한 처벌을 주장하며 상소하고 사직을 청했지만, 그 후에도 계속해서 강관으로 활동하며 다음해 11월까지 호조판서직을 유지했다. 이후에는 판의금부사·우참찬·좌참찬 등을 거쳐 강원도관찰사·함경도관찰사·수원유수 등의 지방관으로 임명되어 중앙정계에 관여하지 않게 되었다.

여섯 번째로 많은 인물은 반남박씨 박규수(노론)로 1864년·1865년과 1869년부터 1874년까지의 합계 8년간 89회, 연평균 11회의 강연을 주관했다. 박규수는 최익현에 대한 엄한 처벌을 주장해 고종의 의사를 거역했음에도 불구하고, 1873년 12월 3일에 우의정으로 발탁되어 고종친정 직후 정치운영과 안정에 기여했다. 박규수가 고종의 정권장악 이후 우의정으로 임명된 것은 신정왕후의 지지에 의한 것이었지만,[20] 대원군정권기 강연을 통해 고종과 오랫동안 친분을 쌓아 온 것도 주요한 원인이었으리라 판단된다. 박규수는 무위소 설치와 진무영개편에 반대해 고종과 대립한 결과 사직했으나, 일본서계 접수에 찬성하며 조일수호조규 성립에 영향을 미쳤다.

일곱 번째는 남양홍씨 홍종서(노론)이며, 1864년부터 1868년 사망할 때까지 5년간 83회의 강연에 참가했다. 이는 연평균 16.6회 강연에 참석한 것으로 10위까지의 상위자 명단 중에서 가장 높은 수치이다. 특히 1864년과 1865년 권강을 행할 당시에 61회나 출석해 최다를 기록한 홍종서는 즉위 초기

---

[20] 고종은 박규수가 익종·헌종·신정왕후로부터 지대한 기대를 받고 있다고 강조했다(『승정원일기』 1873(고종10)년 12월 10일, 차대).

고종의 군주로서의 인식과 자세 성립에 가장 많이 관여한 인물이라고 할 수 있다. 남양홍씨에서는 이러한 홍종서의 뒤를 이어 홍순목이 부상하여 강연뿐만 아니라, 대원군의 권력기반으로 활동하게 된다.

여덟 번째는 남양홍씨 홍순목(노론)으로 1866년부터 1874년까지 9년간 75회, 연평균 약 8회의 강연에 참석했다. 홍순목은 1869년 1월에 우의정으로, 1872년 10월에 영의정으로 임명된 대원군정권 후반기 권력실세였다. 그는 고종이 통치권 회복을 시도할 당시, 최익현 처벌문제에 반대해 파면되었으나 곧 영중추부사로 복귀되었다. 그 후 내의원도제조를 담당하면서 고종과 빈번하게 접하고 있었지만, 정치에는 크게 관여하려고 하지 않았다. 그러나 1882년 3월에 또다시 영의정으로 임명되어 1883년 6월까지 재임하면서 임오군란 이후의 정국안정을 주도했다. 1884년 갑신정변에 아들인 홍영식이 가담함에 따라 자결했다.

아홉 번째로 많은 인물은 한양조씨 조성교(남인)이다. 그는 1866년 참찬관으로 활동하기 시작해 1867년부터 1873년까지 7년간 74회, 연평균 10.6회의 강연에 참가했다. 남인 중에서 가장 많이 고종의 학습에 관여했고, 고종이 친정을 강행하는 1873년 11월에 두 차례 강연에 출석해 군주의 덕목과 왕업, 천명을 받아 군주가 통치권을 행사하는 일에 대해 논했다. 그는 고종이 친정을 선포할 당시 예조판서로서 최익현에 대한 처벌을 강력하게 호소한 탓에 1873년 12월 23일에 전라도관찰사에 임명되어 지방으로 좌천되었다.

마지막으로 임천조씨 조기응(노론)은 1867년·1868년과 1870년부터 1874년까지를 합해 7년간 68회, 연평균 8.6회의 강연에 참석했다. 조기응은 고종이 친정을 준비하던 1872년과 1873년에 각 14회와 12회, 친정 이후인 1874년에도 8회의 강연에 참가해 3년 연속으로 최다 강연참가 횟수를 기록했다. 또한 최익현 처벌문제에 대해서는 최익현의 국청설치를 요구하는 연명계에 단 한 번 참여했다. 조기응은 고종이 친정을 준비할 때 가장 많이 강연에 참여해 신뢰를 쌓은 것을 기반으로 1874년 1월 14일에 이조판서로 임명되었다. 그는 다른 이조판서 역임자들보다 다소 긴 약 1년간 재임하면서 친정 직후 고종의 인사정책에 협력했다.[21]

이상 고종 재위 전기 강연 상위참가자의 실태와 추이를 분석해 보았다. 당시 강연의 다수 참석 인물 면목에서 드러나듯이, 이들은 대략 8~9년을 강연에 참여하면서 지속적으로 고종의 교육에 영향을 미쳤다. 뿐만 아니라, 이들 10명은 총 강연 횟수의 과반에 가깝게 참석함으로써 고종의 사고 형성에 개입할 수 있었다.

상위 10위 안에는 시원임의정이 3명이나 들어 있고, 김학성을 제외하고는 모두 이조·호조·병조판서를 지낸 권력의 실세들이었다. 이처럼 고종의 학문과 군주로서의 자질 형성에 관여한 인물들은 모두 당시 정계의 최고 관료들이었는데, 이는 고종의 강관 구성이 당시 정계변동과 밀접한 관련을 갖고 움직였다는 것을 의미한다. 다시 말해 대원군정권기 10년간 고종에게 우선시된 과제가 실질적인 통치보다 성학으로의 전념이었다고는 해도 강연이 중심적인 정치세력들과의 교류를 통해 이루어지는 이상, 고종은 대원군정권기의 정치적 인식과 정국운영방식을 자연스럽게 습득하며 제왕교육을 받게 되었다는 것이다.

고종의 강관 구성은 대원군정권기 정계변동과 연동되어 이루어지고 있었다. 여기에 고위관료가 크게 참여했다는 사실은 고종의 권력과 군주권, 대민관 등의 형성에 대원군정권기가 지대한 영향을 미쳤음을 말해준다. 대원군정권하의 고위관료들이 반드시 대원군과 정치적 이해를 같이 한다고 볼 수는 없으나, 그들이 대원군의 권력기반으로 정책을 추진하고 있었음을

---

[21] 고종 재위 전기 이조판서의 재임기간은 평균 6개월 정도이다. 조기응 이후에는 고종의 확고한 권력기반으로 형성된 광산김씨 김재현, 김보현과 여흥민씨 민규호 등이 이조판서에 임명되었다. 이런 상황에서 조기응이 친정 직후에 이조판서로 임명되었다는 것은 그가 고종의 친정에 대한 인식과 의지에 동조했기 때문이라 판단된다. 그리고 이러한 양자간의 신뢰는 강연을 통해 돈독해졌을 것이라 생각된다.

볼 때, 이들의 사고가 강연과 많은 정치적 회합을 통해 고종에게 전해졌음은 쉽게 예상할 수 있다. 결국 대원군정권기의 고위관료들에 의해 제왕교육을 받은 고종은 부친으로부터의 직접적인 영향과 더불어 간접적으로 대원군의 방식을 배우며 통치권력에 대한 인식을 형성하고 친정 이후의 포부를 키워나갔다고 하겠다.

한편, 대원군정권기에 강연에 크게 영향을 미친 인물들은 그들이 고종의 통치권 회복에 어떠한 인식을 갖고 있었는지, 또는 최익현 처벌을 둘러싼 군신간의 대립에서 어떠한 태도를 취했는지에 따라 고종의 권력기반으로 재편되거나 또는 도태되어 갔다. 조기응은 고종의 통치권 회복과 이해를 같이 해 곧바로 이조판서로 임명되었고, 조석우와 정기세는 당시 군신대립에 관여하지 않은 결과 큰 문제없이 중앙정계 요직에 배치되었다. 대원군정권하에서도 크게 활동한 박규수와 김세균은 친정선포 직후에 우의정과 호조판서로 활약했지만, 고종의 군사와 재정정책에 반대해 대립하면서 사임하게 되었고, 남인 출신으로 최익현 처벌을 강력하게 주장했던 조성교는 지방으로 좌천당했다. 이렇듯 고종이 대원군세력을 약화시키고 통치권을 장악하기 위해 군주의 권력기반을 형성·강화해 가는 과정은 대원군정권기 강연을 다수 담당했던 강관들의 이후 정치행적에서도 드러나게 되었다.

(3) 강관 구성의 특징

전술한 대로 고종의 성학정진을 위한 강연에는 48개의 성씨로부터 107명의 강관이 1867회의 강연에 참가하고 있었다. 이러한 고종 재위 전기에 교육을 담당·주도한 강관의 특징을 들어 보면 다음과 같다.

첫 번째, 권강·진강·일강이 행해지는 12년간, 48개의 다양한 성씨에서 107명의 강관이 고종의 교육현장에 투입되었지만, 고종에게 실질적인 영향을 미칠 정도로 장기간에 걸쳐 다수의 강연에 참가한 성씨와 인물은 상위 20%에 지나지 않았다. 그 밖에는 단순히 강관으로 이름을 올리고 있을 뿐이거나, 혹은 참가 횟수가 많다고 해도 2·3년밖에 강연에 관여하지 않았기 때문에 고종의 성학에 지속적인 영향을 미쳤다고는 말하기 어렵다. 강연에 지속적으로 참석하면서 교육에 높은 관여도를 나타낸 인물로는 안동김씨 김병학·김세균을 비롯해, 남양홍씨 홍종서·홍순목(이상 노론), 창녕조씨 조석우, 동래정씨 정기세(이상 소론), 청풍김씨 김학성, 반남박씨 박규수(이상 노론), 한양조씨 조성교(남인), 임천조씨 조기응(노론), 전주이씨 이승보(남인), 진주강씨 강로(북인), 경주이씨 이유원(소론)의 13명을 들 수 있다. 이들 13명이 총 강연 횟수에서 차지하는 비중은 54.4%로 과반을 넘었고, 평균 강연참가 연수도 약 8년 정도였다. 이는 그들이 고종 강연에서 주도적인 역할을 수행하고 있었음을 나타낸다. 또한 13명 중 5명이 의정역임자이며, 이 밖에도 모두가 육조판서를 거친—김학성 제외— 고위관료였다는 점을 감안하면, 그들이 강연과 정치현장에서 고종에게 미친 영향이 상당히 컸음은 틀림없다. 다시 말하면 소수의 고위관료들이 지속적으로 성학을 주도하고 정치활동을 보좌하면서 고종의 통치자로서의 자질과 역량 형성에 크게 공헌했다는 것이다.

두 번째, 고종의 강관은 시원임고위관료, 특히 현직관료를 중심으로 구성되었기 때문에 당시 정계의 인사개편·이동과 밀접한 관련을 갖고 변화되고 있었다. 따라서 강관의 구성과 참가 횟수, 및 각 당파 비중의 추이로부터는 대원군정권기 정치집단의 변동, 즉 대원군 권력기반의 변화양상을 살펴볼 수 있다. 고종즉위1년에 70%에 달하는 압도적인 비중을 차지했던 노론이 서서히 감소하는 추세를 보이다가 그 점유율이 50% 이하로까지 떨어진 것은 정계내부에서 노론세력이 약화되었음을 반영한다.—이러한 노론세력의 감퇴는 그들을 반대원군세력으로 결집시키는 원인이 되었다— 또한 남인강관과 그들의 강연참가 횟수가 서서히 증가하여 결국 소론을 상회하게 된 사실과 고종1년에는 7명이 참석한 안동김씨 출신 강관이 점차 줄어들어 한 명이 된 점, 안동김씨 김병학의 강연참가 횟수의 증감 현상이나, 외척(풍양조씨·

여흥민씨)과 종친·선파(전주이씨) 세력의 강관 진퇴여부 등, 모두 당시 정계 상황과 연동된 변화였다. 이렇게 교육을 보도하던 강관들이 당시 정국과 밀접히 관련·구성되었다는 점에서 고종의 성학, 즉 통치자로서의 사고와 역량 형성에 정권담당자들의 의도가 크게 투영되어 작용하고 있었다고 판단할 수 있다.

세 번째, 안동김씨 세력은 강관 구성에서 계속 우위를 점하고 있었다. 안동김씨는 세도정치기 약 60년간 외척으로서 정권을 장악했으나, 고종즉위 이후 대원군의 정계개편에 의해 그 절대적인 우위를 상실하게 되었다. 그렇다고는 해도 안동김씨는 여전히 최고의 세력과 지위를 유지했고, 이는 고종의 강관 구성에도 나타났다. 안동김씨는 강관인원수, 강연참가 횟수, 개인 등 모든 부분에서 단독 우위를 점하고 있었고, 시원임의정의 참여에서도 김좌근을 비롯해 김흥근·김병학·김병국 4명이 참가해 교육을 주도했다. 특히 대원군정권기에 가장 오랫동안 좌의정과 영의정을 맡았던 김병학은 9년에 걸쳐 102회의 수업에 출석해 고종의 학문과 통치활동의 보도에 크게 기여했고, 김병학의 동생인 김병국은 친정선포 이후 제2차 정계개편에서 우의정으로 임명되어 통치권을 회복한 고종의 정치운영에 협력했다. 이러한 사실에서 안동김씨 세력은 고종 재위 전기 최대 권력가문으로서의 면목을 유지하고 있었다고 할 수 있다.

이 밖에 고종의 강관 역임자에서 보이는 특징으로는 고종이 친정을 선포할 당시 의정 선임에서 강연에 크게 관여하던 경주이씨 이유원을 영의정으로, 반남박씨 박규수를 우의정으로 선택해 그들과 함께 정권장악 초기의 정국안정화를 추진해 갔음을 들 수 있다. 고종이 이 두 명을 의정으로 택한 이유에는 주변의 권유―특히 명성황후와 신정왕후―도 있었겠지만, 원임의정 중에서 영의정으로 임명할 수 있는 인물이 이유원밖에 존재하지 않았던 것과,22) 강연과 소견 등에서의 접촉을 통해 그들을 정치적 파트너로서 신뢰,

---

22) 철종대부터 고종이 친정을 선포할 때까지 의정을 역임한 인물 중에서 김좌근,

또는 기대할 수 있는 인물로 판단했던 것도 한 요인이라고 생각된다.

여기에 고종이 강연을 자신의 의사를 표명할 수 있는 자리로 이용한 점에도 주목해야 한다. 고종은 즉위 초기부터 강연에서 지방행정과 민생실태에 대한 적극적인 질문과 민본의식 개진을 통해 통치자로서의 면목을 보임과 동시에 정치활동에 관여하려 했다. 또한 친정체제를 구축하려는 의도에서 1872년에 직접 병조판서로 임명한 여흥민씨 민치상을 강관으로도 기용했고, 1873년 3월에는 예조판서 조병휘와 이조판서 신석희를, 10월에는 지경연사 허전을 강관으로 임명해 군주의 권한인 인사권 회복을 시도했다. 고종은 최익현문제로 정계가 큰 혼란에 빠져 있던 10월 27일에 행해진 강연 자리에서 지경연사 허전의 경전해석이 알기 쉬운 것은 그의 학문 수준이 높기 때문이라고 칭찬한 후, 즉석에서 허전을 홍문관제학 겸 일강관으로 임명했다. 이는 허전을 비롯한 근기(近畿)남인을 정치적 기반으로 포섭하려고 했기 때문이었다.23) 특히 친정선포과정에서 자주 강연을 개최하고 강연관들과 격렬한 토론을 벌여 최익현 처벌의 정당성을 주장하고 자신의 의지를 관철시키고자 노력했다.24) 뿐만 아니라, 이후에는 무신과 종신을 강연에 참가시켜 가까이서 접하는 일을 통해 친군주세력의 확대와 재편성을 꾀해 갔다. 이렇게 고종은 정부관료가 참가하고 국정문제에 대해 자유롭게 토론

김흥근, 조두순, 이경재, 임백경, 정원용은 이미 죽었고, 유후조는 70살이 넘어 정계에서 은퇴한 상태였다. 김병학은 아직 모친의 상중에 있었으며, 홍순목, 강로, 한계원은 고종의 친정선포 직전 의정으로 고종의 의지에 반한 탓에 파면된 상태였다. 때문에 고종이 시원임의정 중에서 의정으로서 재임용할 수 있는 인물은 이유원밖에 남아 있지 않았다.

23) 김병우는 고종이 학문과 덕망을 겸비한 近畿南人의 宗匠인 허전을 중용해 근기남인을 지지기반으로 흡수해 친정선포에 대한 남인계 유생의 저항을 억누르려고 했다고 설명했다(김병우, 『대원군의 통치정책』, 425쪽). 허전은 형조판서직의 수락을 거절해 실질적인 국정운영에 관여하려고 하지 않았지만, 1874년에도 강연관과 홍문관제학을 겸임하며 고종의 학문정진에 대한 임무를 수행했다.

24) 제4장 제1절 고종의 친정선포과정 참조.

할 수 있는 강연을 군주로서의 자질을 표출하고 정치적 명분을 제시하거나 설명하는 장으로 이용함으로써 권력기반을 확보하고 정치활동을 확대해 갔던 것이었다.

3. 제2장 제2절 정리

 군주의 교육은 그것이 통치의 기반이 되는 상황에서 무엇보다 중시되었다. 그리고 성학의 중요성은 군주 성학을 직접적으로 책임지고 보도하는 강관의 역할이 동시에 강조되는 상황을 가져왔다. 따라서 강관은 학벌·가문 등의 배경에 아무런 결점도 없는 예문관·홍문관·규장각 출신 종2품 이상의 고위관료 만으로 구성되었는데, 이는 곁에서 군주 교육을 담당하면서 군주에게 막대한 영향을 미칠 수 있는 강관의 중요성을 익히 알고 있었기 때문이었다. 이런 상황에서 즉위한 후 제왕교육을 받게 된 고종은 강관들의 지대한 영향 속에서 군주로서의 인식과 자질을 형성해 가게 되었다.
 고종 재위 전기 강연은 1864년부터 1875년까지 개최되었다. 이 사이 교육을 담당한 강관은 모두 107명이고, 이들의 출신성씨 총수는 48, 강연참가 총수는 1867회이다. 1875년을 제외하면 20명 이상이 강연에 참가해 연평균은 24.4명을 기록했다. 강관과 강연참가 횟수에는 연도별 편차가 크지만, 출신성씨는 1875년의 11개 성씨를 제외하면 17에서 24개 사이로 연평균 약 20개의 성씨로부터 강관이 배출되고 있었다. 이는 강연개최 횟수와 관계없이 비교적 다수의 성씨에서 강관이 선택되었음을 드러낸다.
 강관의 강연참가 횟수는 거의 지속적인 감소 추세를 나타내 연평균 155.5회이다. 이를 세분하면, 권강(1864년~1865년) 때에는 263회, 진강(1866년~1873년) 때에는 158회, 일강(1874년~1875년) 때에는 36회로, 친정 이후의 일강은 권강의 7분의 1에도 미치지 않았다. 이렇듯 고종이 친정선포 이후 공부를 게을리 하거나, 성학을 통한 제왕교육을 중시하지 않게 된 점을 감안하면, 고종의 강연을 통한 통치관 형성은 권강과 진강기에 이루어졌다고 할 수 있다.
 이러한 강관에는 당대 정부고위관료가 대거 임용되었고, 강관의 구성은 당시 정국의 움직임과 밀접한 관련을 갖고 변동되었다. 이는 대원군정권의 인사와 정책 변동이 강관의 성향을 규정하는 결정적인 요인이었음을 의미하며, 고종은 그들과 경전·사서에 대해 학습·토론하는 가운데, 자연스럽게 당시 정권담당자의 현실인식과 정책방향을 배우게 되었다. 다시 말하면 정치 일선에서 활동하는 인물들로 구성된 강연관이 주도하는 강연을 통해 직간접적으로 그들의 사상과 행동을 습득해 갔다는 것이다. 그리고 당대, 즉 대원군정권기 정권담당자의 의도와 성향이 성학에 투영되는 상황 속에서 형성된 고종의 통치자로서의 인식과 역량은 그가 실질적으로 권력을 회복한 친정선포 이후의 통치활동에 기반이 되었다고 하겠다.

제 3 장

대원군정권기의 통치

고종의 생부인 흥선군은 고종이 즉위함에 따라 대원군에 봉해지고, 대군의 예우를 받게 되었다. 그의 공식적인 지위는 대원군이었으며, 종친부에서는 대원군에게 '위(位)'를 붙여 대우해 다른 대군과 구별함으로써 특별한 권위를 나타냈다.[1] 대원군은 '대원군'보다는 왕의 부친을 의미하는 '국태공'이라는 호칭을 즐겨 사용해 자신의 지위를 드러내려고 했는데,[2] 이것은 1864년 5월 4일, '국태공에게 바친다'는 문장이 쓰인 도기가 발견된 때부터였다고 보인다.[3] 또한 그의 명령은 공식적으로는 '감결'의 형식을 갖고, '대원위분부'라는 이름으로 내려졌다.

대원군은 고종즉위 이전부터 종친부 유사당상으로 활동하면서 왕실과 종친의 권위를 높이고자 노력했다. 그러나 군주의 통치권 행사가 약화되고 종친이 부족한 세도정치기에 활동에 필요한 방대한 자금과 인력을 왕실과 정부로부터 지원받는 것은 쉽지 않았다. 따라서 대원군은 왕실과 종친의 지위를 강화하기 위해 먼저 정치적 영향력을 행사할 수 있는 기반을 조성하려 했다. 대원군이 신정왕후와 안동김씨에게 접근·제휴하면서 고종을 군주로 즉위시키려 노력한 것은 이러한 정치개입과 세력 확대의 토대를 확보하기 위해서였다.

---

[1] 김병우, 「대원군의 정치적 지위와 국정운영」, 『대구사학』 70, 2003, 212쪽.
[2] 대원군은 보정부에 억류되었을 때 자신이 본국에서는 재상 위의 지위인 국태공으로 자존하고 있었다고 말했다고 한다(성대경, 「대원군보정부담초」, 『향토서울』 40, 1982, 132쪽).
[3] 이를 본 박규수는 도기에 쓰여 있는 문장이 우연이 아니라 대원군에게 바치고 축복하기 위해 태공에 비유한 것이라고 설명했다(『승정원일기』 1864(고종1)년 5월 4일).

그런데 아들인 고종의 즉위가 그대로 대원군의 정계진출 기회를 제공한 것은 아니었다. 당시 조선 법률에서는 종친의 정치참여가 엄격히 제한되어 있었고, 정부관료들은 대원군과의 접촉조차 염두에 두지 않으며 정치활동 통로를 차단하려고 했다. 따라서 대원군은 이러한 상황을 극복하고 직접 정무에 관여할 수 있는 정당한 명분과 정치적 기반을 구축해야 했다. 이를 위해 그는 신정왕후와 고종의 지지를 이끌어내 정당성을 획득함과 동시에 종친·선파와 안동김씨를 중용해 세력기반을 확보하고, 종친부·의정부·삼군부의 기능을 복구·강화하면서 정권장악을 꾀해 갔다.4)

이 장에서는 대원군이 국정주도권을 확보하는 과정과 이에 대한 고종의 지지·협력 여부를 고찰해 대원군 권력기반의 실태를 분석하고자 한다. 또한 대원군이 각종 정책을 수립·추진하는 상황과 고종이 이를 어떻게 인식

---

4) 대원군정권의 권력구조와 통치정책에 관해서는, 성대경, 「대원군정권성격연구」, 성균관대학교박사논문, 1984; 안외순, 「대원군집권기 권력구조에 관한 연구」, 이화여자대학교박사논문, 1996; 연갑수, 『대원군집권기 부국강병정책연구』, 서울대학출판부, 2001; 김병우, 『대원군의 통치정책』, 혜안, 2006; 原田環, 『朝鮮の開國と近代化』, 溪水社, 1997; James Palais B, *Political Leadership in the Yi Dynasty*, University of Washington Press, Seattle and London. 1976, 藤間生大, 「大院君政權の構造」, 『近代東アジア世界の形成』, 1977; 藤間生大, 「大院君政權の歷史的意義 I II—東アジア近代史研究の方法論と關聯させて—」, 『歷史評論』, 1971, 254~255; 糟谷憲一, 「大院君政權の權力構造」, 『東洋史研究』 49-2, 1990; 「大院君政權の地方官の構成」, 『東洋文化研究』 1, 學習院大學東洋文化研究所, 1999 등의 연구가 있다. 이러한 선행연구에서는 대원군이 권력을 장악해 가는 과정과 그의 권력기반, 정책추진 등을 다루어 대원군정권의 실태를 파악하는 데 상당한 도움을 주었다. 그러나 이러한 연구에서는 대원군이 실제로 권력을 행사하는 데 고종이 어떠한 역할을 수행하고 있었는지에는 그다지 주목하지 않았다. 대원군이 고종즉위에 결정적인 역할을 했다고 해도 대원군 권력의 근원은 고종의 왕권에 있었고, 대원군이 국정을 장악하고 운영하는 작업에는 고종의 절대적인 지지와 협력이 필수적이었다. 따라서 본고에서는 고종이 친정을 선포하기 전까지 대원군의 가장 큰 정치적 협력자, 또는 동지로서 대원군 권력의 원천이 되고 있었다는 사실에 주목하면서 대원군의 권력기반 확립과정을 고찰하고자 한다.

해 협력하고 있었는지 살펴 대원군정권기가 고종의 친정선포와 이후 통치 활동에 미친 영향에 대해 논하려고 한다.

제1절
대원군의 권력기반 형성

1. 대원군의 정치참여과정과 고종의 지지

 대원군은 아들인 고종의 군주로서의 지위를 기반으로 정치운영에 관여하게 되었다. 약 10년에 걸쳐 정권을 장악하면서도 단 한 번도 정부의 공식적인 관직에 취임하지 않았던 대원군의 통치권 행사는 고종을 매개로 한 것이었고, 당연히 고종의 이해와 지지가 필요했다.[1] 다시 말하면 정부 내에서 어떠한 관직도 갖고 있지 않았던 대원군이 정치적 지위를 확보하고 국정에 영향력을 발휘하기 위해서는 군주의 통치권력 위임이 반드시 필요했다는 것이다. 그리고 이러한 작업은 군주인 고종과 수렴청정을 행하는 신정왕후의 권위를 빌려 왕실의 공식행사에 고종과 동석하고, 신정왕후로부터 경복궁중건공사 담당을 위임받으며, 나아가서는 종실로서 국혼과 왕가의 출산 등에 개입하며 진행되어 갔다.
 군주의 생부인 대원군에 대한 처우문제는 고종즉위식이 행해진 1863년 12월 13일부터 본격적으로 논의되게 되었다. 신정왕후는 수렴청정 의식이

---

[1] 이러한 사실은 대원군의 권력이 유동적이고 불안정한 것이었음을 의미하는 한편, 권력 행사상의 한계와 범위가 정해지지 않았기 때문에 군주를 필적하거나 상회하는 통치권 행사가 가능했음을 나타낸다고 할 수 있다.

끝난 후, 대원군의 대우와 관련해 대신들과 상담하고, 호조에서 대군의 예에 따라 대원군에게 궁결과 제택 지급을 정하도록 명했다.[2] 그리고 동월 15일, 호조는 대원군궁에 은화 2천 냥과 콩 100석, 선혜청의 쌀 100석을 지급하겠다고 보고했으나,[3] 대원군이 거절함에 따라 매월 쌀 10석과 돈 100냥만을 지급하도록 결정되었다.[4] 또한 1864년 1월 7일, 호조에서 대원군 사가인 운현궁 보수공사를 위한 재원이 지급되었고, 동월 10일에는 영의정 김좌근이 대원군의 친·외가 양쪽 3대 추증을 건의해 실시되었는데,[5] 이는 모두 대원군의 권위를 높이기 위한 작업의 일환이었다.

이 과정에서 대원군에게 국가행사에 공식적으로 참여할 기회를 제공한 사람은 신정왕후였다.[6] 그녀는 대신들과 철종의 국장 절차를 의논하던 중, 철종이 평소에 검소한 생활을 했다며 그의 뜻에 따라 국장을 간소하게 해야 한다고 강조한 후, 여러 대신들이 국장에 관련된 제반 문제를 대원군과 상담해 처리하도록 명했다.[7] 신정왕후는 대원군이 국장이라는 국가와 왕실

---

[2] 『일성록』 1863(고종즉위)년 12월 13일. 김병우는 대원군에 대한 재정지원이 국가공식기관으로부터 제공된 것은 대원군의 정치적 지위를 나타내기 위해서이고, 대원군이 이를 거부한 것은 신하의 대우를 거절함으로써 신하로서의 지위를 탈피하기 위해서였다고 해석했다(김병우, 「대원군의 정치적지위와 국정운영」, 44쪽). 대원군의 지위가 일반대군이나 대신과 달랐던 것은 그만이 유일하게 대원위로 불렸으며, 아래 각주 6번의 '待以不臣之禮'와 '設座位於大臣之上'라는 문구에서도 엿볼 수 있다.

[3] 『일성록』 1863(고종즉위)년 12월 15일.

[4] 『일성록』 1863(고종즉위)년 12월 18일.

[5] 『승정원일기』 1864(고종1)년 1월 10일.

[6] 관찬사료에 따르면, 신정왕후에 의해 대원군의 대군봉작 등의 대우가 지시된 것은 1863년 12월 13일부터이고, 공식 업무를 담당하게 된 것은 철종 국장이 논의된 12월 27일부터이다. 그러나 정교와 박제형은 고종즉위 당일에 신정왕후가 대원군의 서정참결과 不臣의 예우에 대한 명을 내렸다고 했다(정교, 『대한계년사』 1, 1쪽, "存私親興善君爲大院君, 參決庶政, 待以不臣之禮"; 박제형, 『근세조선정감』 (상), "大王大妃下教曰…大院君宣協贊大政…大王大妃下教, 百官有司, 先稟事於大院君第…朝參別設座位於大臣之上").

의 최대행사를 공식적으로 주도하도록 지지한 것이었다. 따라서 대원군은 신정왕후의 적극적인 협력을 얻어 국정문제에 개입할 수 있게 되었다.

또한 대원군은 군주의 생부로서 정식으로 국가행사에 등장하게 되었다. 고종은 1864년 4월 18일, '이번 태묘에 전알할 때에는 종친부당상이 선파인 중 서울에 거주하는 문음무(文蔭武)·유생을 이끌고 참가하라'며[8], 선파인이 종묘참배에 동석하는 것을 허가했고, 이를 정식화하도록 지시했다.[9] 이에 따라 4월 21일, 고종의 종묘·영희전·경모궁[10] 배알에 대원군을 비롯한 다수의 종친과 선파인이 정부관료들과 함께 참석했다. 이때 고종은 종묘에 배알하기 전, 두 번에 걸쳐 대원군을 불러 동석을 요구하며[11] 대원군이 단지 종친이 아니라 왕의 생부라는 사실을 강조하고자 했다.[12] 군주와 함께 종묘에 배알하는 것은 그가 갖는 특별한 지위를 확인·표명하는 최고의 방법이었고, 대원군은 이런 기회를 이용해 자신의 권위를 주변에 인식시키려고 한 것이었다. 이처럼 대원군은 역대 군주의 위패가 모셔져 있는 곳에 고종과 동석해 배알함으로써 군주의 실부로서 군주와 유사한 지위를 갖고 있음을 드러냈다고 하겠다.

이 자리에서 고종은 일가의 친목을 중시하는 것이 왕가의 법도라 말한 후, 『선원보략』의 신속한 간행을 명하고 왕족의 계통과 족보를 정확하게 할 것을 요구했다. 그러자 호조판서 이돈영(전주이씨 효령대군파)은 철종의 의향에 따라 1860년부터 『선원속보』 간행을 전개했지만, 『선원보략』 편찬에 협력하지 않는 파가 있어 작업이 진행되지 않고 있다고 대답했다. 이에

---

[7] 『일성록』 1863(고종즉위)년 12월 27일.
[8] 『승정원일기』 1864(고종1)년 4월 18일.
[9] 『승정원일기』 1864(고종1)년 4월 21일.
[10] 영희전은 태조·세조·원종·숙종·영조·순조의 영정을 봉안해 제사 드리는 곳이고, 경모궁은 정조의 부친인 장헌세자와 모친인 혜경궁 홍씨의 사당이다.
[11] 『승정원일기』 1864(고종1)년 4월 21일.
[12] 김병우, 『대원군의 통치정책』, 130쪽.

고종은 이 일을 즉위 전부터 알고 있었다며 종친과 선파문제에 관심을 갖고 있었음을 내비쳤다.13) 고종의 잠저에서의 생각에 부친인 대원군이 큰 영향력을 미치고 있었다는 점을 감안하면『선원보략』간행이 대원군이 추진하는 왕실과 종친의 지위 및 권위 강화작업의 일환이었다고 간주할 수 있다.

고종은 이미 동년 4월 11일, 종친부의 지위·역할을 강화하기 위해 종부시를 종친부에 합하라는 지시를 내린 후,『선원보략』간행작업을 종부시로부터 종친부로 이전시켰다. 이때도 그는 즉위 전부터 양 기관에 대한 합설 이야기를 자주 들었다고 말해14) 그것이 대원군의 계획이었음을 암시했다. 전술한 대로 대원군은 철종대부터 철종의 협력을 얻어 종부시가 주관하는 『선원보략』수보작업을 종친부로 옮겨 종친부의 역할 증가와 지위향상을 꾀하는 동시에 왕가의 계보를 정확하게 정리해 왕실 권위를 높이려고 했다. 이것이 철종의 서거, 종친의 비협조, 임술민란의 발발 등의 상황 악화로 지연되다가 대원군의 영향을 받은 고종이 즉위해 그의 의도를 충실히 대변함으로써 재개된 것이었다.

여기에 고종은 선파 유신과 무신을 대상으로 한 시험 실시를 명해 선파인이 관직에 나갈 수 있는 길을 열고자 했다. 그는 직접 시험장에 친림하겠다며 종친·선파 세력의 확대 중요성과 적극적인 관여를 표명했다.15) 이 또한 정계에 종친·선파 등용을 늘려 정책추진의 기반으로 삼으려는 대원군 의도의 반영이었다고 판단된다. 왜냐하면 군주가 된 지 반년도 지나지 않은 13세의 고종이 종친·선파의 규합과 관직등용에 대한 계획을 본격적으로 수립하는 것은 무리였기 때문이다. 따라서 고종은 즉위 이전부터 종친·선파의 지위와 역할 강화를 통해 왕실기반을 확고히 하려 한 대원군의 정책을 적극적으로 수행했다고 말할 수 있다.

13)『승정원일기』1864(고종1)년 4월 21일.
14)『승정원일기』1864(고종1)년 4월 11일.
15)『승정원일기』1864(고종1)년 4월 11일.

이처럼 대원군이 태묘에 배알하는 고종과 동석해 자신의 존재를 공식적으로 드러내는 가운데, 그의 특별한 지위가 더욱 부각된 사건은 고종과 신정왕후, 그리고 헌종의 계비(효정왕후)가 대원군 저택인 운현궁을 방문한 일이었다.16) 고종은 신정왕후와 왕대비를 비롯해 승정원·춘추관·규장각 관료들을 대동하고 대원군을 만나러 갔는데, 이는 대원군과 고종, 신정왕후 사이의 밀접한 관계를 공표하기 위해서였다. 운현궁에서 고종은 선조인 은신군과 남연군 사당을 방문하고, 대원군의 집무실인 노안당 영화루에서 소대를 연 후, 과거합격자에 대한 시상 등 간단한 정무를 행했다.17) 이러한 고종의 행동은 대원군의 정치적 지위를 높일 뿐만 아니라, 그의 집인 운현궁에 정치적 장으로써의 의미를 부여하는 것이었다. 결국 대원군이 고종 재위 전기 10년간, 정부정책의 결정과 명령 등의 공식 업무를 주로 운현궁 노안당에서 행할 수 있었던 것은 이 같은 고종의 배려가 있었기 때문이라고 하겠다.18)

이 밖에도 고종이 대원군의 권위를 높여 국정활동의 편의를 제공한 일로는 같은 해 6월 6일에 운현궁과 금위영을 가로막는 벽에 특별한 문을 설치한 것을 들 수 있다.19) 고종은 대원군을 위해 별도의 문을 설치해 대원군이 고종과 신정왕후를 비롯한 정부관료와의 회견, 정무 수행을 위한 궁궐 출입을 편리하게 하려고 했다. 이러한 조치는 대원군의 궁궐 출입은 물론, 정부관료들의 운현궁 방문도 쉽게 만들어, 세간의 눈을 피하는 통로로 유용하게 활용되었으리라 생각된다. 또한 1865년 10월에는 이미 폐지된 '봉례'(의식을

---

16) 『승정원일기』·『일성록』 1864(고종1)년 9월 24일.
17) 운현궁으로의 행행을 기념해 운현궁 주변에 거주하는 유생과 동몽에게 응제를 행하라는 명이 내려졌는데, 이는 대원군의 권위를 과시하기 위한 조치의 일환이었다(『일성록』 1864(고종1)년 9월 22일).
18) 김병우, 「대원군의 정치적지위와 국정운영」, 47쪽.
19) 『승정원일기』 1864(고종1)년 6월 6일. 9월 1일에는 운현궁의 새로운 길에, 외문에는 敬觀門, 내문에는 恭觀門이라는 간판을 붙이라고 명했다.

행할 때 대군을 이끄는 관원) 역할을 대행시키기 위해 '겸인의(兼引儀)'를 대원 군에게 제공해 그에 대한 우대를 나타냈다.20)

대원군과 고종의 특별한 관계에 대한 정치적 표명은 왕릉으로의 행행에 서도 엿볼 수 있다. 고종은 대원군정권기 모두 14번 왕릉을 참배했고, 그 중에 11번은 대원군을 동행시켰다.21) 그리고 대원군이 동행한 친제시, 고종 은 초헌관이고 대원군은 아헌관을 담당했는데, 이는 대원군 스스로의 요청 에 의한 것이었다.22) 여기서 초헌관은 제사를 지낼 때 맨 먼저 술을 올리는 사람, 아헌관은 두 번째로 술을 올리는 역할을 담당하는 사람을 가리키며, 일반적으로 아헌관은 차기 왕위 계승자나 시원임의정이 담당하는 것이 전 례였다. 대원군은 이러한 아헌관 임무를 자임해 수행함으로써 고종과의 관 계와 자신의 정치적 지위·역할을 드러내고자 했다.

이처럼 신정왕후와 고종의 배려로 범위가 확대되던 대원군의 왕실행사에

---

20) 『승정원일기』 1865(고종2)년 10월 10일.
21) 고종이 왕릉에 행행한 것은, 1864년에 8월 15·25일의 2번, 1866년 9월 4일에 1번, 1867년에 3월 13일·8월 29일·9월 9일에서 12일까지 3번, 1868년에 3월 14일부터 16일까지·8월 5일부터 10일까지 2번, 1869년에 3월 13일부터 15일 까지·8월 9일부터 10일까지 2번, 1870년에 3월 11일부터 16일까지·9월 6일 부터 7일까지 2번, 1871년에 2월 18일부터 20일까지 1번, 1872년에 3월 1일부 터 8일까지 1번으로 합계 14번이다. 이 중에서 대원군은 1864년의 2번과 1867 년 봄의 능행을 제외한 11번의 행행에 동행했다(김세은, 「고종초기의 국왕권의 회복과 왕실행사」, 106쪽의 [표3-1], 111쪽의 [표3-2], 112쪽의 [표3-3]을 참조).
22) 『승정원일기』 1868(고종5)년 3월 9일, 1870(고종7)년 3월 11·13일. 1864년과 1865년의 아헌관은 시원임의정이 담당했고, 대원군이 아헌관으로 활동하게 된 것은 1866년부터이다. 대원군이 왕릉으로 행행할 때, 아헌관을 담당한 것은 1866년 9월 4일(綏陵), 1867년 8월 29일(綏陵), 1867년 9월 10일(仁陵), 1868월 3월 14일(乾陵), 1868년 8월 9일(崇陵·綏陵·景陵), 1869년 3월 13일(綏 陵)·14일(徽慶園), 1869년 8월 9일(綏陵), 1870년 3월 11일(仁陵)·13일(乾 陵), 1870년 9월 6일(綏陵), 1871년 2월 19일(長陵), 1872년 3월 3일(齊陵·厚 陵)의 11차례 행행에서 16번의 참배다. 1866년부터 1872년까지는 대원군과 시 원임의정이 교대로 담당했고, 1874년부터는 또다시 시원임의정만이 담당했다.

대한 관여는 고종의 왕비 간택을 결정하고 간택된 왕비 거처로 운현궁을 사용하면서 공식화되었다. 원래 조선왕실에서는 일단 왕비로 간택되면 본가로 돌아가지 않고 별궁으로 가게 되어 있었다. 때문에 인조대부터 철종대까지는 별궁으로 효종 잠저였던 어의궁이 사용되었는데, 이때는 어의궁 대신에 운현궁 사용이 결정되어 다음날 운현궁 수리가 지시된 것이었다.[23] 이에 따라 고종과 왕비와의 혼례는 창덕궁과 운현궁을 무대로 행해지게 되었고, 국혼 당일 고종은 왕비를 맞이하기 위해 또다시 운현궁을 방문했다.[24] 대원군이 고종 즉위 이전에 오갔던 김병학 딸과의 국혼에 대한 약속을 깨고, 여흥민씨 민치록의 딸을 왕비로 결정한 이유에는 여러 가지 설이 있지만,[25] 운현궁을 혼례 전 왕비 거처로 제공한 일에서 드러나듯이 대원군이 고종의 혼례를 주관하려는 강력한 의지를 갖고 있었음은 틀림없다. 또한 대원군은 이전에는 대체로 외척과 중신들이 맡았던 비빈의 임신 보고와 산실청 설치 등을 총괄하면서 자신이 왕실의 최고 어른임을 드러냈다.[26] 그리고 대원군

---

[23] 『승정원일기』 1866(고종3)년 1월 16·17일, 김용숙, 「왕실의 혼속」, 『조선조궁중풍속의 연구』, 일지사, 1896, 229~237쪽 참조.

[24] 고종의 국혼에 관한 상세한 연구는, 한영우, 『명성황후와 대한제국』, 효형출판, 2001, 23~27쪽 참조.

[25] 대원군의 이러한 행동 원인에 대해서는 여러 가지 설이 있는데, 가장 대표적인 이유로는 첫째, 안동김씨 세도 지속을 억제한다, 둘째 외척의 정권장악 여지를 미연에 방지하고자 부친이 없는 명성황후를 적임으로 판단했다, 셋째 대원군의 모친과 부인이 여흥민씨로 대원군 개인이 여흥민씨와 친밀한 관계를 맺고 있었고 부인의 권유도 있었다는 것을 들 수 있다. 결국 대원군은 외척 세도가 강화되는 것을 염려해 부친이 없는 민치록의 딸을 왕비로 결정했고, 대원군 부인의 친동생이 민치록의 양자로 입적된 명성황후의 오빠 민승호였던 것도 대원군이 자신의 정권장악에 필요한 세력기반으로 여흥민씨를 이용하려고 생각하게 된 원인이었다고 할 수 있다.

[26] 산실청 설치·폐지 등의 출산문제와 관련해 이전에는 삼의정·약방도제조·왕비와 후궁의 아버지가 보고했지만, 당시에는 대원군의 의사를 대신들이 대변하는 형태를 띠고 있었다. 대원군이 비빈의 출산문제를 주관했다는 내용은 김세은, 「고종초기의 국왕권의 회복과 왕실행사」, 149~154쪽 참조.

이 국가와 왕실 행사에 공식적으로 관여해 정치적 지위와 역할을 확대할 수 있었던 배경에는 군주인 고종의 적극적인 지원이 존재하고 있었다.

이러한 고종과 신정왕후에 의한 대원군의 정치활동 지지는 왕실행사 영역에 그치지 않았다. 고종은 종친부의 지위 강화 작업뿐만 아니라, 대원군이 추진하는 인사정책, 서원정리, 무단토호제거, 행정기관개편, 군사·외교 정책 등에 적극적으로 협력했고, 신정왕후는 경복궁중건공사를 대원군에게 위임함으로써 정치참여의 길을 열었다.

1865년 4월 3일, 희정당에는 고종을 비롯해 신정왕후와 대신들이 모여 경복궁재건이라는 국가적 대사업에 관한 의견을 나누었다. 여기에서 신정왕후는 '이러한 중대 임무를 자신이 담당할 수 없기 때문에 대원군에게 일임한다'고 명해 경복궁사업을 대원군이 주관하도록 했다. 이에 대해 영의정 조두순은 '하교대로 하겠다'며, 대원군의 정치참여를 받아들이겠다는 뜻을 밝혔다.[27] 경복궁재건은 단순히 왕실의 권위를 높이기 위한 정책이 아니라, 국가재건을 목표로 하는 원대한 목적을 가진 대규모 사업이었고, 이를 대원군에게 일임한다는 사실은 그의 정치활동이 공식적이고 공개적인 형태로 변하게 되었음을 의미했다.

그 후 1866년 2월, 신정왕후가 수렴청정의 종료를 선언하자, 고종은 국정업무를 대원군에게 일임해 갔다. 즉위 초기부터 고종은 무단토호 단속문제와 서원·사우 철폐 등[28] 대원군의 정책을 지지했는데, 그가 처음으로 국정문제를 대원군의 재결을 받아 결정하도록 명한 것은 친정 직후인 3월 17일의 일이었다.[29]

---

[27] 『승정원일기』 1865(고종2)년 4월 3일.
[28] 제3장 제2절 대원군의 통치정책 참조.
[29] 신정왕후의 철렴 이후, 고종친정을 기념하는 행사가 열린 것은 1866(고종3)년 2월 24일이었다.

각사에서 답습해 온 옳지 않은 조례를 오랫동안 행해왔다는 것을 이유로 방치해 둔 것을 논하지 않을 수 없다. 무릇 헛된 비용과 행하(行下)에 대해서는 각사 당상이 조정에서 묘당과 의논하고, 또한 대원위에게 상주해 그것을 임시로 줄이든지 완전히 폐지하든지 좋은 방법을 택해 바로세우도록 하라.30)

여기에서 고종이 언급한 것은 지속된 정부기관의 나쁜 관행에 대한 대대적인 수정이었다. 그 때까지의 문란한 정부기관 운영체제 개혁을 주장한 고종이 이를 대원군의 재결을 받아 결정하도록 지시한 것은 대원군에 의한 정치운영을 천명한 것과 다름없었다. 그리고 행정체제 개혁을 대원군에게 일임한 고종의 행동은 그 개혁 자체가 대원군의 계획이었음을 드러내는 것이었다. 여기에 고종은 같은 해 4월, 무재(武宰)를 대우하는 방법에 대해 논할 때에도 대원군의 처분을 따르도록 해 대원군의 정치관여를 공식화하려 했다.31)

이처럼 대원군은 자신이 군주의 생부라는 사실을 이용해 왕실과 국가 행사에 참여하면서 서서히 정치적 입지와 영향력을 확대해 갔다. 그는 신정왕후와 고종으로부터 제공받은 정당성을 바탕으로 단순히 왕실행사에 참가하는 종친이 아니라 정부의 공식 업무를 주관할 수 있는 인물로 부상하고 있었다. 다시 말해 대원군은 신정왕후와 고종의 통치권을 기반으로 경복궁 재건공사를 담당하고 고종의 국혼과 왕실의 출산문제를 관장하며 고종의 종묘 참배와 왕릉 행행에 계속 동행하는 가운데, 고종으로부터 권력을 위임받아 제반 정치문제를 통괄하며 자신의 정치기반을 확고히 구축해 갔던 것이었다.

대원군의 통치권력은 신정왕후의 수렴청정 종료 이후 고종의 전적인 지원에 의해 더욱 강화되었다. 고종은 종친과 관련된 문제는 물론 중요한 국

---

30) 『승정원일기』 1866(고종3)년 3월 17일.
31) 『승정원일기』 1866(고종3)년 4월 25일.

정현안을 대원군에게 보고·상담해 결정하라며 대원군에 의한 국정주도를 분명히 했다. 이러한 고종의 대원군에 대한 정책결정권의 위임은 그가 실질적인 통치권 회복을 기도하는 1873년경까지 지속되었다. 1869년 1월, 고종은 종친의 관직진출 규정에 대한 개정을 대원군과 상담해 정하도록 명했고,32) 같은 해 9월에는 화재로 피해를 당한 시전상인 구휼을 대원군의 지시에 따라 실시하라고 했다.33) 또한 성균관에서의 학문진흥을 위해 남재와 북재에도 장의34) 등을 설치하는 문제도 성균관 대사성이 대원군에게 보고해 정하도록 지시했다.35) 그 밖에도 고종은 친진(親盡)36)한 사우의 이동과 봉안수속,37) 애례(哀禮)·경례(敬禮) 중에서 낭비가 심한 일의 삭감,38) 서원 정리·폐지,39) 중첩서원에서의 제사 중지,40) 서원으로의 결복(結卜)지급 문제,41) 종친 사우의 건설과 제사절차42) 등, 각종 국정문제를 각사 담당관원이 대원군과 상담해 대원군의 결정을 받들도록 명했다. 또한 고종은 자신의 명을 받아 시관(試官)으로 파견되는 이승보와 김세균을 소견할 때도 그들에게 퇴궐 후 대원군을 알현해 시관의 차임에 관한 내용을 상세히 보고하라고 요구했는데,43) 이는 자신의 행동에 대한 대원군의 양해를 얻는 동시에 대원

---

32) 『승정원일기』 1869(고종6)년 1월 9·24일.
33) 『승정원일기』 1869(고종6)년 9월 4일.
34) 성균관·향교에 머물면서 공부하는 유생 중의 최고위직.
35) 『승정원일기』 1869(고종6)년 9월 13일.
36) 제사를 모셔야 할 代가 끝난 것. 왕가는 5대까지, 일반백성은 4대까지이다.
37) 『승정원일기』 1870(고종7)년 1월 2·3·5일.
38) 『승정원일기』 1870(고종7)년 5월 20일.
39) 『승정원일기』 1870(고종7)년 9월 10일·1871(고종8)년 3월 9·18·20·25일·6월 24일.
40) 『승정원일기』 1871(고종8)년 3월 18일.
41) 『승정원일기』 1871(고종8)년 3월 25일.
42) 『승정원일기』 1871(고종8)년 12월 4일.
43) 『승정원일기』 1873(고종10)년 2월 10일.

군으로부터의 별도 지시를 염두에 두었기 때문이라 생각된다. 이렇게 고종은 통치에 필요한 권한을 대원군에게 위임하고 정부정책에 대한 대원군의 의견을 우선·존중하면서 대원군이 실질적으로 정치할 수 있도록 했다.

고종이 국정운영을 어디까지 대원군에게 맡기고 있었는지는 다음 김병학과의 대화에서 잘 드러난다.

> **김병학** "신들이 묘당 업무로 대원군에게 품지할 것이 있습니다만, (대원군은)지금 공덕리에 행차해 계십니다. 신들이 마음대로 떠날 수 없기 때문에 감히 아룁니다."
> **고종** "임의로 왕래해도 좋다."
> **김병학** "후일 만약 이런 일이 있으면 또다시 임의로 왕래해도 되겠습니까?"
> **고종** "그렇게 하도록 하라."
> **김병학** "병판과 각 영 장수, 좌우포도대장이 만약 아뢸 것이 있으면 일률적으로 편하게 왕래해도 되겠습니까?"
> **고종** "그렇게 하도록 하라."44)

고종과 영의정 김병학 사이에 오고간 대화에서는 당시 국정이 대원군을 중심으로 운영되고 있었음을 엿볼 수 있다. 여기에 김병학은 자신뿐만 아니라 다른 관료들도 임의로 왕래할 수 있도록 건의함으로써 대원군이 정치문제를 재결하고 있는 상황을 분명히 했다. 다시 말해 김병학이 대원군이 있는 곳에 다녀오겠다는 상주는 고종의 허락을 전제로 한 형식적인 절차였다는 것이다.

그러나 김병학이 마음대로 떠날 수 없다는 발언에서 드러나듯 비록 당시 통치권을 대원군이 장악하고, 고종의 허락이 형식에 지나지 않는다고 해도 관료들은 자신의 이동을 고종에게 보고하고 공식적인 허락을 얻어야 했다. 이는 실질적인 국정운영자로 활약하는 대원군의 권력이 고종이 가진 군주의 권력과 지위에서 파생된 것이고, 대원군의 권력행사에 국가 최고통치권

---

44) 『승정원일기』 1870(고종7)년 7월 18일.

자인 고종의 용인과 동의가 필요했음을 의미했다. 결국 당시 대원군의 통치권자로서의 지위와 권한은 모두 군주인 고종의 그것에 기인하는 것이었고, 고종에 의한 정식적인 위임이 반드시 요구되었다는 것이다. 따라서 정부관료가 대원군으로의 상주·품의를 위한 행선지 방문에 앞서 고종의 허락을 받는 상황은 이후에도 지속되었다.[45]

한편, 1870년대가 되면서 대원군의 통치활동은 국정 전반으로 확대되어 갔다. 대원군은 왕실관리[46]를 비롯해 서원철폐를 주도했고, 각 군영재정과 군비확충 등의 운영[47], 군장 임명,[48] 백성에 대한 각종 구휼정책,[49] 각사

---

[45] 훈련대장 임상준과 금위대장 이장렴이 대원군에게 보고·결정할 일이 있어서 三溪洞 행차소를 방문한다고 보고했고(『승정원일기』 1872(고종9)년 6월 2일), 어영대장 이용희가 삼계동 행차소로의 방문을 보고했다(『승정원일기』 1872(고종9)년 6월 5일).

[46] 1869년 1월에는 종실의 제도변경 문제(『승정원일기』 1869(고종6)년 1월 24일), 1870년 1월에는 경수궁신주와 제사비용 준비, 각 궁의 결수 조정 등(『승정원일기』 1870(고종7)년 1월 5일), 1870년 5월에는 『五禮便攷』·『대전회통』·『육전조례』 편찬(『승정원일기』 1870(고종7)년 5월 20일), 종친의 祠宇건설 절차(『승정원일기』 1872(고종9)년 12월 4일), 중궁의 산실청설치(『승정원일기』 1873(고종10)년 1월 1일)를 대원군의 재결을 받아 정하도록 했다.

[47] 수원유수 이재원은 馬步軍 설치·유지비용으로 대원군에게서 내탕금 4만 냥을 받아 이용했다고(『승정원일기』 1869(고종6)년 12월 8일), 병조판서 이경하는 대원군이 폐해를 제거해 병조와 각 군영 재정이 풍족해 졌다고(『승정원일기』 1870(고종7)년 2월 30일), 영의정 김병은은 경기감영과 총융청의 향곡·군수부족문제 해결을 위해 대원군이 선혜청예산을 제공했다고(『승정원일기』 1870(고종7)년 윤10월 10일), 통제사 채동건은 안주의 향곡문제를 대원군에게서 내탕금을 받아 해결했다고(『승정원일기』 1871(고종8)년 12월 7일), 영의정 김병학은 대원군이 모든 軍器제도를 고심해 계획하고 있다고(『승정원일기』 1872(고종9)년 6월 7일), 병조판서 민치상은 대원군이 병조재정 문제를 개선·보충했다고(『승정원일기』 1872(고종9)년 10월 21일) 영의정 홍순목은 대원군이 북병사에 자금을 지원했다고(『승정원일기』 1872(고종9)년 12월 4일), 호조판서 김세균은 대원군 재결을 받아 군자감의 체납문제 처리를 정했다고 고종에게 상주했다(『승정원일기』 1873(고종10)년 3월 5일).

[48] 병조는 대원군의 지시로 북병영장교 황계현을 동관첨사에 임명했고(『승정원일기』 1871(고종8)년 4월 5일), 경흥절충장군 나하민을 유원첨사에 임명했고(『승

관리와 단속, 재정 관리·보충50) 등을 총괄했다. 또한 전결 조사를 실시해 부정 면세지를 적발함으로써 세수를 늘렸고,51) 호포징수를 일반화해 양반으로부터도 거두었으며,52) 상평창 폐해 개선도 주도했는데,53) 그가 특히

정원일기』 1871(고종8)년 4월 15일), 경흥절충장군 나경운을 미전첨사에 임명했고(『승정원일기』 1871(고종8)년 6월 20일), 군율을 위반한 군사를 엄격히 처벌했고(『승정원일기』 1872(고종9)년 6월 7일), 훈련도감 장교 김정호를 진무영 관할 주문진첨사에 임명했다(『승정원일기』 1872(고종9)년 10월 21일).

49) 대원군은 화재로 인한 시전상인 피해를 구제하도록 지시했고(『승정원일기』 1869(고종6)년 9월 4일), 공덕리 행차시 경계를 100리로 정해 백성이 거주할 장소를 제공했으며(『승정원일기』 1870(고종7)년 8월 25일), 강화도와 경기도 고을의 기근을 해결하기 위해 운현궁으로부터 강화도에 5,000냥, 경기도에 1만 5,000냥을 지급했다(『승정원일기』 1870(고종7)년 10월 15일). 경기감사 박영보는 대원군의 특별 지시로 結所를 조사했고, 대원군으로부터 別下錢 3천 냥을 받아 대민구휼에 이용했다고 보고했다(『승정원일기』 1871(고종8)년 2월 20일).

50) 김병학은 사유화된 전결·漁箭·蘆田 중에서 부당하게 면세된 것을 대원군이 일일이 조사·징수하도록 명한 후, 이를 영원한 법식으로 하도록 했다고(『승정원일기』 1870(고종7)년 6월 29일), 호조는 대원군 지시로 호조낭청을 조사·적발했다고 고종에게 보고했다(『승정원일기』 1871(고종8)년 1월 4일). 김병학은 대원군이 사역원 포삼별장직을 둘러싼 싸움을 알고 30명으로 규정했으며(『승정원일기』 1871(고종8)년 1월 20일), 대원군이 국가재정에서 무익한 수용을 개정했다고 보고했다(『승정원일기』 1872(고종9)년 2월 10일). 호조판서 김세균은 호조 미곡과 선혜청 경비 부족문제를 대원군이 해결했으며(1872(고종9)년 9월 20일), 호조 재정부족을 타개하기 위해 別備米 10만 석을 대원군이 제공했다고 상주했다(『승정원일기』 1873(고종10)년 7월 10일). 여기에 대원군은 사신파견시 동행관원 증원을 지시해 사역원당상의 적체문제를 해결했다(『승정원일기』 1873(고종10)년 8월 26일).

51) 김병학은 1869년 8월, 대원군이 강구한 끝에 전정 조사를 지시해 수입이 증가했으며(『승정원일기』 1869(고종6)년 8월 20일), 1870년 6월에는 대원군 지시로 전결의 총수·수세·면세품목을 일일이 조사해 바로잡았다고 강조했다(『승정원일기』 1870(고종7)년 6월 29일).

52) 『승정원일기』 1871(고종8)년 3월 25일.

53) 김병학은 상평창 미곡 부족사태를 대원군이 해결했다고 칭찬했다(『승정원일기』 1872(고종9)년 9월 20일).

관심을 가지고 장악한 부분은 국가재정과 군정이었다.

　대원군의 통치활동이 국정 전반에 걸쳐 전개되었다는 것은 1870년을 전후한 차대와 소견에서 대원군의 치적에 대한 성과와 칭찬, 그리고 대원군의 정책지시에 대한 언급이 자주 등장한 점에서도 엿볼 수 있다.54) 1869년 3월, 김병학은 안으로는 각사에서 밖으로는 감영·병영까지 모든 재물의 왕래를 대원군이 경영·정리하고 있다고 말했고,55) 1870년 8월 홍순목은 대원군의 행동 하나 하나가 모두 법률이 되고 있다고 평했다.56) 이러한 사실은 대원군이 국정에 미치는 영향력이 얼마나 컸는지를 보여준다.

　고종 즉위 이전, 대원군은 종친의 지위 강화를 기도하는 과정에서 왕실과 종친세력의 무력함을 통감하게 되었다. 또한 세도정치기 안동김씨가 정권을 장악한 가운데 약화된 왕실의 권위를 향상시키기 위해서는 군주의 통치권 회복과 군주 중심의 정계개편이 절실하다고 생각했다. 대원군이 고종을 즉위시키고자 총력을 기울인 것은 이런 자신의 목표를 실현시키기 위해서였다. 대원군은 고종의 즉위하자, 고종의 통치권을 기반으로 왕실·국가행사에 참가해 국정에 관여하면서 권력기반을 확대해 자신의 계획을 추진해 갔다. 그 결과 1870년경 대원군의 권력은 국정을 주도하는 데까지 도달하게 되었다. 군주인 고종의 권력을 배경으로 성립되어 어린 고종을 보도한다는 명분으로 시작된 대원군의 통치권 행사가 고종의 그것을 상회하는 수준에 이른 것이었다.57) 그러나 군주를 초월하는 대원군의 권력장악은 고종에게

---

54) 상세한 내용은 제3장 제2절 정리를 참조.
55) 『승정원일기』 1869(고종6)년 3월 8일.
56) 『승정원일기』 1870(고종7)년 8월 25일.
57) 대원군의 통치 목적이 고종에 대한 보좌에 있었다는 사실은 김규락의 『雲下見聞錄』과 박주대의 『羅巖隨錄』으로부터 엿볼 수 있다. 김규락은 『雲下見聞錄』에서 대원군 치적을 찬미하면서 대원군의 정치활동 목적이 고종 보도와 보호에 있었다고 논했다. 박주대는 『羅巖隨錄』에서 대원군이 '고종이 성인이 되어 補政을 그만두었다'고 말한 사실을 게재했다. 여기에 대원군은 청의 保定府에 유폐됐을 때, 자신이 어린 국왕을 위해 10년간 보좌하며 국가를 부강하게 만들려고 했다

심각한 위기감을 불러일으키지 않을 수 없었고, 결국 고종이 대원군의 은퇴와 세력기반 해체를 꾀하는 원인이 되었다.

고 회고했다. 이러한 사실로부터 대원군이 정국을 주도한 목적이 기본적으로 고종의 통치권 보도·보좌에 있었다고 할 수 있다(金奎洛, 『雲下見聞錄』, 栖碧外史海外蒐佚本, 아시아문화사, 1990; 朴周大, 『羅巖隨錄』, 1980; 성대경, 「대원군의 보정부담초」, 『향토서울』 40, 1982, 135쪽에서 재인용). 또한 신헌도 고종과 대원군의 관계를 '周公과 成王'의 역할에 비교해 대원군정권에 대한 정통성을 부여했다(신헌, 「我笑堂記」, 『신헌전집』, 아시아문화사, 197쪽; 김병우, 『대원군의 통치정책』, 128쪽에서 재인용).

2. 대원군의 권력기반 형성과 실태

전술한 대로 대원군은 정권을 주도한 약 10년간 정부의 공식적인 자리에 취임하지 않았다. 그는 헌종대부터 철종대까지 갖고 있던 종친부의 유사당상직도 고종이 즉위하자 사퇴해 실무활동이 가능한 정식 관직을 갖고 있지 않았다. 그럼에도 불구하고 대원군은 군주의 생부로서 왕실과 종친, 그리고 국정업무에 관여해 갔다.

대원군의 확고한 권력기반과 체제는 고종즉위 초기부터 구비된 것이 아니었다. 오히려 대원군의 정치참여는 군주의 근친으로서 제한되어 있었다. 이렇게 닫힌 대원군의 정계진출을 용인한 것은 수렴청정을 행하던 신정왕후였고, 그녀는 자신을 대신해 어린 군주를 보도·보좌하며 국정을 총괄하는 역할을 대원군에게 위임함으로써 대원군의 정치참여를 정당화했다.[58] 따라서 대원군은 위로는 신정왕후와 고종이 가진 통치권을 대행하고 밑으로는 친대원군세력을 형성해 정계에 배치하는 것으로 권력기반을 확보·확대해 가게 되었다.[59]

대원군이 국정을 주도한 시기는 고종즉위부터 고종이 실질적인 친정을 선포하는 1873년 10월까지로 볼 수 있다. 또한 이 시기는 그의 권력기반 형태와 통치활동 양상에 따라 셋으로 구분할 수 있는데, 제1기는 신정왕후의 권위에 기대면서 종친부 권한을 확대하고 선파 세력을 권력기반으로 형성하는 고종즉위부터 신정왕후의 철렴까지이다. 이 시기에 대원군은 주로 신정왕후의 전폭적인 지원을 받아 의정부 기능의 부활과 비변사 해체를 통해 스스로 권력을 확보·행사할 수 있는 정치체제를 형성하려고 했

---

[58] 신정왕후와 고종은 대원군이 정치를 주도하는 사이 한 번도 그에게 명령을 내린 적이 없었다고 한다(김병우, 『대원군의 통치정책』, 117·118·125·133쪽).
[59] 이렇게 대원군이 특정 관직을 갖지 않았던 사실은 오히려 아버지로서 아들의 신하가 되지 않을 수 없었던 대원군에 대한 배려이며, 대원군의 권력이 통상적인 권력체제를 초월할 수 있었음을 의미한다.

다. 또한 종친부의 지위신장과 선파 세력의 규합, 그리고 그들의 정계진출을 통해 권력기반을 조성하려 했다. 이렇듯 제1기에 대원군은 급진적인 정책추진과 정계개편보다는 스스로 권력을 행사할 수 있는 기반확보에 힘을 쏟고 있었다.

제2기는 신정왕후가 철렴한 후부터 김병학이 영의정을 사임하는 1872년까지이다. 이 시기 대원군은 경복궁공사 주관이라는 정치적 지위와 고종의 지지를 바탕으로 본격적으로 국정현안을 담당·처리하게 되었다. 그리고 안동김씨 세력, 특히 김병학형제와 제휴해 의정부·육조를 장악함과 동시에 지속적으로 종친·선파의 정계진출과 다양하고도 새로운 세력의 등용을 꾀했다. 또한 1868년 6월에 공식적으로 삼군부를 부활시켜 이를 중심으로 군권을 장악하면서 중앙과 지방통제를 강화해 갔다. 이때는 대원군의 주요정책, 즉 서원철폐·군영정비·국방력 강화·무신의 지위향상·각종 세금 신설과 면세지의 사적인 수세 적발 등, 재정확충과 군정개혁을 비롯한 국가 재정비 사업이 본격적으로 추진되었다. 여기에 1866년과 1871년 두 차례에 걸친 서양함대와의 전쟁 승리는 대원군의 문호개방반대정책에 대한 지지를 확대시켜, 그의 권력 강화와 원활한 국정운영에 기여했다. 이처럼 권력기반을 조성하고 정책 결정·추진을 통해 통치권을 강화한 대원군은 제2기 후반이 되면 서원철폐와 호포징수 등을 강행하고, 남인·북인·무신 세력의 등용을 확대하며 기존 정치세력 특히 노론의 반발을 사게 되었다. 그렇다고 해도 대원군정권 제2기는 아직 정치운영에서 안동김씨 세력과의 제휴가 필요했고, 여전히 고종의 통치권 위임도 요구되는 시기였다고 할 수 있다.

제3기는 의정부삼정승을 모두 친대원군세력으로 구성한 1872년 10월부터 고종의 실질적인 친정이 선포되는 1873년 10월까지이다. 대원군정권의 안정기임과 동시에 그의 독단적인 국정운영에 대한 불만이 고조되는 시기이기도 했다. 이 시기 대원군은 새로운 정책의 수립·시행보다는 제2기 정책을 지속·유지하면서 의정부와 삼군부를 장악했는데, 군주를 배제한 독자적인 명령과 정책 시행이 점차 고종에게 위기감을 불러일으키게 되었다. 또한 노론세력의 정계 비중 감소와 영의정 홍순목의 사직, 서원정책 등은 노론을 중심으로 반대원군세력을 결집시키고 있었다. 결국 1870년 이후 정권을 완전히 장악해 고종을 소외시킨 대원군의 통치권 행사는 여러 정치세력의 경계심을 높여 그의 정계퇴진을 초래하는 원인이 되었다.

정부 내 정식 직함이나 직책을 갖고 있지 않았던 대원군은 주로 종친부, 의정부와 육조, 삼군부를 통치권 행사기반으로 형성해 갔다. 그리고 이는 제1기에는 종친부, 제2기에는 의정부와 육조, 제2기 후반부터는 삼군부가 중심이 되었다. 대원군은 신정왕후와 고종의 권력을 바탕으로 정계에 진출해 종친·선파와 외척인 안동김씨 중심의 노론세력을 권력기반으로 확보하고, 소론·남인·북인과 무신세력까지 정계에 대거 등용해 갔는데, 이러한 대원군의 세력기반은 이전 세도정치기에 비해 다양성을 띠고 있었다고 말할 수 있다. 여기서는 정권 초기에 대원군이 종친부와 의정부를 개편하는 과정을 고찰하고, 친대원군세력의 형성과 구성에 대해 검토함으로써 대원군 권력기반의 실태를 규명하고자 한다.

(1) 종친부의 역할확대와 종친·선파 세력 강화정책

고종즉위 직후 특별한 정치적 기반을 확보하지 못했던 대원군이 먼저 그 대상으로 주목한 것은 종친·선파 세력이었다. 대원군은 왕실의 가장 강력한 기반인 종친·선파의 정계진출을 확대하고, 종친부의 역할을 강화하는 것으로 왕실 권위를 확립함과 동시에 스스로 권력을 행사할 수 있는 기반을 만들려고 했다. 대원군의 종친부 역할확대 기도는 헌종대부터 시작되었으나 정부의 인적·재정적 지원이 부족했기 때문에 부진한 상황이 계속되고 있었다. 이러한 종친부의 권위 향상과 활동 강화정책이 고종즉위 직후부터 신정왕후와 고종의 적극적인 지지하에서 재개되게 되었다.

고종즉위년 12월 23일, 신정왕후의 명에 따라 종친부에는 종래의 지급

이외에 선혜청으로부터 매년 4천 냥의 돈과 포목 10동이 지급되도록 정해졌다.[60] 이러한 조치는 그때까지 심각한 경제난에 빠져 있던 종친부의 재정을 확충해 그들의 활동을 원활하게 하기 위해서였다. 그 후 1864년 4월 11일, 흥인군 이최응이 종부시와 종친부의 통합을 건의하자 고종은 즉위 이전부터 알고 있었다며 그 시행을 명했다.[61] 이로써 대원군이 추진해 왔던 종부시와 종친부의 합병이 정식으로 논의·결정되었다.[62] 또한 같은 달 18일에 종묘참배 시 종친의 참가가 지시되었고,[63] 이와 함께 유배 또는 처벌된 왕족을 조사해 그들에 대한 죄명취소와 명예회복 작업이 추진되어 갔다. 1864년 2월, 철종의 국구인 김문근을 비난했다는 이유로 유배된 이세보[64]가 방면되어[65] 1865년 5월에 동지돈녕부사에 임명되었다.[66] 1864년 3월에는 역적으로 사사된 이하전의 부인이 유배지에서 방면되었고,[67] 동년 7월에 이하전의 죄명취소와 관직회복이 명해졌다.[68] 이것들은 모두 대원군의 종친·선파강화정책의 일환이었다.

종친·선파 세력과 종친부의 지위·활동 강화정책은 신정왕후의 수렴청정기에 다양하게 실시되었는데, 이 시기 종친부 관련 주요 정책·사건을 순서대로 정리한 것이 [표 22]이다.[69]

---

60) 『일성록』 1863(고종즉위)년 12월 23일.
61) 『일성록』 1864(고종1)년 4월 11일, 興寅君最應上疏請宗簿宗親兩衙合而爲一 賜批.
62) 『일성록』 1864(고종1)년 4월 11일, 議政府以興寅君最應上疏覆啓.
63) 『일성록』 1864(고종1)년 4월 18일.
64) 1860(철종11)년 11월, 국구 김문근을 비난했다는 이유로 풍계군의 양자로부터 방출되고, 작위를 환수당한 경평군이다.
65) 『승정원일기』 1864(고종1)년 2월 21일.
66) 『승정원일기』 1865(고종2)년 5월 4일.
67) 『승정원일기』 1864(고종1)년 3월 28일.
68) 『승정원일기』 1864(고종1)년 7월 18일.
69) 『승정원일기』·『일성록』·『고종실록』·『종친부등록』에서 작성.

[표 22] 신정왕후 수렴청정기 종친·선파 관련 주요 정책

연월일	발제자	주요내용
1863년 12월 23일	신정왕후	종친부로의 재정지원을 지시.
1863년 12월 29일	종친부	종친부가 함흥과 영흥에 사는 선파에게 회량(왕래비용)을 지급해야 하는데, 그들이 귀경하지 않아 낭비와 폐해를 가져올 뿐이라며 제공 금지를 요구
1864년 4월 11일	이최응	홍인군 이최응의 상소로 종부시를 종친부로 통합
1864년 4월 12일		종친부의 관제이정과 인사이동을 단행해 교정당상에 행호조판서 이돈영 외 13명, 유사당상에 행호조판서 이돈영·행호군 이승보를, 충의에 이기현, 낭청에 이헌수를 임명
1864년 4월 18일	고종	종묘참배 때 종친참가를 명함
1864년 4월 21일	고종	소현세자와 인평대군의 후손을 소견하고, 종친의 친목을 강조. 참반(參班)한 선파 중에서 유신·무신을 대상으로 한 과거 실시를 명하고, 직접 과거장에 친림할 것을 표명
1864년 4월 21일	고종	종부시의 『선원보략』과 『국조어첩』을 수정해야 한다는 건의를 받아들이고 종부시에게 주관하도록 함
1864년 4월 23일	고종	종친부당상을 소견
1864년 4월 24일	고종	종친부당상이 함흥과 영흥, 양 본궁의 의대(왕의 의복), 향촉 등을 포장·제공하는 업무를 담당할 것을 정식화시킴
1864년 4월 24일	고종	후손이 과거에 합격한 일을 칭찬하기 위해 양녕대군사판, 능원대군사판, 고상신문익공 이상황사판에 승지를 파견해 제사
1864년 8월 11일	신정왕후	종친부교정당상을 종정경으로 임명하도록 명하고, 16명의 담당자를 결정
1864년 8월 26일	신정왕후	종정경의 지위와 대우 승격을 지시
1864년 8월 29일	신정왕후	덕흥대원군방의 제수와 세입 등의 절목을 종친부가 주관하도록 함
1864년 12월 17일	고종	태묘 춘향 때 선파인의 참가를 명령
1865년 1월 10일	신정왕후	덕흥대원군가의 수리를 종친부가 담당하도록 명령
1865년 2월 20일	고종	종친부건물 중수 완성에 따른 현판을 직접 쓸 것임을 언명
1865년 3월 15일	고종	올해 식년시 회시 응모자 중 선파인 모두의 합격을 명령

		(풍양조씨 모두의 합격도 명령)
1865년 4월 2일	신정왕후	생원진사시 다음 날, 종친에게 사찬하고 종친간의 친목을 강조
1865년 6월 10일	고종	종친부 지위상승에 따른 관직 변경을 지시
1865년 7월 1일	고종	종친부낭청의 적체 해결을 의정부에 지시
1865년 7월 21일	고종	종정경의 계급을 분별해 대군·왕자군은 영종정경대신으로 정1품은 판종정경, 종1품·정2품은 지종정경, 종2품은 종정경으로 함
1865년 9월 11일	고종	종친과 의빈이 돈녕부·의금부 직에 취임할 수 있도록 함
1865년 10월 5일	고종	종친부의 승습도정(도정은 종친부·돈녕부·훈련원의 정3품 당상관) 외에 도정직을 하나 증설하고 종정경의 예에 따라 유사당상을 예겸하도록 명한 후, 이재면을 임명
1865년 10월 5일	고종	조회 때 종친부와 의빈부가 동반(東班)에 입참할 것을 명령
1865년 10월 6일	고종	건원릉 참봉은 반드시 대군과 왕자의 봉사손 중에서 연령·생원·진사·유학을 상관하지 않고 종친부에서 판단해 임명할 수 있도록 할 것을 정식화함70)
1865년 11월 4일	신정왕후	철종 어진을 종친부가 이봉하도록 명령

[표 22]에 제시된 고종1년과 2년에 나온 종친부 관련 기사로부터 종친·선파 세력과 종친부 강화정책이 착실히 진행되어 갔음을 알 수 있다. 종친부 강화정책은 주로 종친부의 역할 증대와 종친·선파의 국가행사 참가에 대한 정식화, 종친부의 관제·관직 정비와 확충 등으로 전개되었다. 이렇게 대원군은 고종즉위 직후부터 종친부의 지위 강화와 종친·선파의 정계진출을 통해 국정에 영향력을 행사할 수 있는 기반을 조성하려 했다. 대원군이

---

70) 이 규정은 1874년 8월, 통치권을 회복한 고종에 의해 구례로 회복되었다. 당시 고종은 건원릉참봉을 종성에서만 뽑는 일이 구례가 아니라며 구례를 회복하는 편이 좋겠다고 말했다. 이에 이유원은 이미 시행한 지 몇 년이 지났지만 모두가 고종의 처분에 달려 있다며 의사표시를 분명히 하지 않았고, 박규수는 이 교지가 인재를 고루 사용하는 방법이며 종성이 아니라도 현재 신하 중에서 태조의 외손이 아닌 자가 없다며 찬성했다. 그러자 이유원은 타성과 종성을 교대로 임명해야 한다고 상주했다. 고종의 이러한 결정은 그의 대원군정책에 대한 수정이 종친·선파에게까지 미치고 있었음을 의미한다(『승정원일기』 1874(고종11)년 8월 11일).

종친의 권위신장을 얼마나 중시하고 있었는지는 다음 고종의 발언으로부터도 엿볼 수 있다.

> 내가 잠저에 있을 때, 종친부가 황량히 무너져 있다는 이야기를 듣고 심히 우려하고 슬펐다. 우리 왕조가 번성했을 때는 이러했을 것인가. 본손과 지손이 백세로 이어져 공족이 번성했었다.⋯내가 즉위한 후 중건하려 생각했는데 여유가 없었다. 우리 대원군이 신속하게 수리해 모두 예전의 모습을 회복해 성대한 아름다움이 예전보다 낫다. 본궁의 의대(衣襨)를 봉진하는 것은 이미 옛 법규를 회복했고, 『선원파보(璿源派譜)』 편집도 이미 완성되었을 것이다. 종친부가 백사(百司)보다 중요하다는 것은 누가 모르겠는가.⋯천만년을 나라의 행복과 함께 하는 것이 내가 기원하는 심정이다. 종친부 편액은 내가 직접 써서 내리겠다.71)

여기에서 고종은 종친부가 백사(百司)보다 중요하다고 말해 대원군에 의한 종친부의 재건작업을 상찬했다. 그리고 종친부 편액을 직접 쓰겠다며 자신이 대원군의 정책을 적극적으로 지지하고 있음을 드러냈다. 종친·선파의 국가행사 참가 정식화, 관제조정, 경비제공, 후사지정, 족보수정, 관직진출 기회확대 등의 실질적인 지원을 통해 종친·선파와 종친부 역할을 강화·확대하던 고종과 대원군은 종친부의 외관까지 정비해 상징적인 권위를 드러내려 한 것이었다. 이러한 정책은 종친부를 중심으로 종친·선파의 세력을 규합해 군주와 왕실기반을 확보함으로써 정권을 안정시켜 국정을 원활히 운영하려는 데 그 목적이 있었다고 할 수 있다.

그렇다면 고종즉위 초기에 종친으로서 중앙과 지방의 주요관직에서 활동한 인물에는 누가 있었을까. 그 주요 인물과 관직을 정리한 것이 [표 23]이다.72) [표 23]은 고종1년부터 3년까지 종친부 판종정경·지종정경·종정

---

71) 『승정원일기』 1865(고종2)년 2월 20일.
72) (노)는 노론, (소)는 소론, (남)은 남인, (북)은 북인, (종)은 종실, (무)는 무신이며 괄호 안은 임명일이다. 당시 관례로부터 2, 3개 관직을 겸임하는 경우가 많았다(『승정원일기』 『일성록』에서 작성).

[표 23] 고종즉위 직후 주요 종친·선파 명단

인물	당파	관직 (임명일)
이돈영	소론	의정부좌참찬(1864년 1월 12일), 판의금부사(1864년 2월 7일·4월 20일·8월 16일·11월 20일), 호조판서(1864년 3월 9일)
이경하	노론/무신	좌승지(1864년 2월 13일), 좌변포도대장(1864년 5월 8일), 병조참판(1864년 5월 13일·1865년 1월 2일), 총융사(1864년 7월 28일), 우변포도대장(1864년 8월 14일), 금위대장(1864년 8월 20일·1865년 3월 4일), 훈련도정(1864년 10월 12일), 형조판서(1866년 3월 25일), 훈련대장(1866년 4월 17일), 경기연해도순무사(1866년 9월 8일), 수원부유수(1866년 10월 24일)
이도중	노론	호조참의(1864년 1월 10일), 공조참판(1864년 5월 10일), 공조판서(1865년 4월 11일), 판의금부사(1865년 7월 25일), 한성부판윤(1865년 8월 2일·1866년 4월 4일)
이시원	소론	사헌부대사헌(1864년 6월 7일·8월 21일), 의정부우참찬(1864년 8월 13일), 예조판서(1864년 8월 21일), 홍문관제학(1865년 윤5월 15일), 이조판서(1865년 6월 27일), 운문관제학(1865년 7월 3일), 한성부판윤(1865년 7월 23일)
이재원	종실	동지경연사(1864년 1월 1일), 행도승지(1864년 1월 28일), 사헌부대사헌(1864년 3월 16일), 이조참판(1864년 4월 25일), 홍문관부제학(1864년 5월 28일), 규장각직제학(1865년 2월 25일), 공조판서(1865년 8월 15일·1866년 2월 11일·2월 25일·11월 5일), 예조판서(1865년 10월 15일), 형조판서(1865년 12월 13일), 한성부판윤(1866년 4월 24일), 이조판서(1866년 6월 26일), 의정부우참찬(1866년 11월 10일)
이승보	남인	이조참판(1864년 2월 5일), 홍문관부제학(1864년 6월 3일), 사헌부대사헌(1864년 6월 20일), 개성유수(1864년 10월 21일), 규장각직제학(1865년 윤5월 23일), 공조판서(1866년 6월 9일)
이규철	노론	공조판서(1864년 4월 29일), 판의금부사(1864년 5월 9일·8월 12일), 형조판서(1864년 11월 18일), 병조판서(1865년 12월 27일), 총융사(1867년 7월 22일)
이재면	종실	규장각대교(1864년 5월 22일), 홍문관부수찬(1864년 7월 25일) 승정원동부승지(1865년 1월 1일), 성균관대사성(1865년 4월 2일), 이조참의(1865년 8월 20일·11월 19일), 홍문관부제학(1865년 11월 1일·1866년 3월 3일)

이인고	노론	의정부좌참찬(1864년 4월 20일), 예조판서(1864년 8월 11일)
이봉주	노론/무신	삼도수군통제사(1864년 2월 4일), 공조판서(1866년 5월 13일)
이주철	노론/무신	우변포도대장(1864년 10월 5일), 총융사(1866년 2월 18일), 금위대장(1866년 4월 17일), 공조판서(1866년 5월 22일), 형조판서(1866년 8월 18일)
이경순	소론/무신	판의금부사(1865년 4월 11일·1866년 5월 10일·1866년 10월 3일), 판의금부사(1865년 12월 19일)
이인석	소론	사헌부대사헌(1864년 3월 21일·1865년 1월 9일·1866년 8월 25일), 이조참판(1864년 12월 12일)

· 비고: 승정원승지-이휘중(노), 이승수(노), 이돈응(노), 이인명(소), 이장렴(소/무), 이종순(북), 이인응(노)
　　　 강화유수-이장렴(소/무), 이인기(노)

경73)으로 교정당상74)과 유사당상75) 등을 담당하면서 정부의 주요관직에 임명되었던 종친·선파 명단이다. 이들은 왕실행사와 종친부 관련 업무에 대해서는 종친부 유사당상과 종정경으로 관여하는 한편, 여러 관청의 관직에 취임해 종친·선파의 정치활동 폭을 넓히고 있었다. 또한 강연관으로 고종의 교육에 참여했으며, 경복궁중건공사를 위한 영건도감과 고종의 혼인을 위한 가례도감에 도제조·제조로 참가해 다양한 국가·왕실 사무에 적극적으로 관여했다. 이렇듯 종친부당상으로서 대원군의 지시를 받고 있던 종친·선파들은 고종즉위 초기 대원군의 정부 내 권력기반, 즉 권력행사 통로가 확립되지 않았을 당시 정부요직을 담당하며 대원군의 정책추진을

---

73) '宗姓二品以上, 宗正卿隨品下批 大君王子君則領宗正卿 大臣上輔國及正一品則 判宗正卿 從一品正二品 則知宗正卿 從二品則宗正卿', 『大典會通』, 吏典京官職.
74) 교정당상은 『철종실록』과 각종 종친 관련 도서의 편찬·수정을 담당했다. 교정당상에는 이돈영·이인고·이경순·이규철·이용은·이승보·이인기·이인석·이경하·이재원·이승수·이주철·이명석·이남원·이종승·이기현·이헌수 등이 임명되었다.
75) 유사당상은 종친부로 출근해 근무하면서 제반 실무를 담당했다. 이돈영·이승보가 임명되었다.

돕고 있었다. 다시 말해 종친·선파는 종친부의 종정경과 정부요직에서 활동하며 대원군과 고종의 정치활동과 권력 확대에 기여해 간 것이었다.

종친·선파 중에서 특히 주목되는 인물은 이돈영·이재원·이경하이다. 이돈영(1801~1884/소론)은 고종즉위 직후부터 1866년 4월까지 약 2년에 걸쳐 호조판서를 맡아 대원군정권의 재정을 담당했다. 그는 서원토지조사·경복궁재건공사·종친부관제복구 등을 담당하며 대원군정책의 지원자로 활동했다. 이재원(1831~1891)은 대원군의 친조카로 고종즉위 초기부터 육조와 승정원·규장각·홍문관 등의 주요관직을 거쳐 공조·형조·이조판서로 승진을 계속했다. 그는 종친부에서는 종정경으로서, 정부에서는 정부당상, 특히 유사당상으로 활동하며 대원군의 정책추진에 편의를 제공했다. 1869년 2월부터 수원유수에 임명되어 마병·보병을 증원시켰고,[76] 전세 과세대상에서 누락된 전결을 적발하여[77] 대원군의 부국강병정책에 크게 공헌했다. 이재원은 1874년 9월부터 약 2년간 병조판서를 맡아 실질적인 친정선포 이후 고종이 병권을 장악해 통치권력을 확대하는 일에도 기여했다.

이경하(1811~1891/노론)는 신정왕후와도 인척관계를 가진 군영대장으로서 대원군세력의 무력기반이 되었다. 그는 1866년 병인양요 때는 쇄국정책을 충실히 수행했으며, 1868년에 대원군이 부활시킨 삼군부 고관으로 일하며 대원군의 군사정책 추진을 도왔다. 또한 고종이 통치권을 회복한 1874년 이후에도 훈련대장·어영대장·무위도통사 등 중앙군영의 대장을 역임하며 고종의 안정적인 권력기반 형성에도 협력했다. 그 밖에 이승보(1814~1881/남인)는 종친·선파 중에서 강연에 가장 많이 참가해 고종과 종친문제에 대해 상담하며 종친의 지위·권한 강화에 적극적으로 참여했다. 승정원 승지와 규장각·홍문관관원, 개성유수, 한성판윤을 거쳐 이조판서·판의금부사 등에 오른 이승보는 고종이 통치권을 회복한 후에도 우찬성과 선혜청

---

76) 『승정원일기』 1869(고종6)년 12월 8일.
77) 『승정원일기』 1869(고종6)년 12월 16일, 1870(고종7)년 5월 26일.

당상, 무위소제조로서 부족한 재정을 보충·운영하면서 원활한 국정운영에 공헌했다. 그러나 1874년 후반부터 불거진 영남남인들의 대원군환궁상소에 연루됐음이 드러나 1875년 8월 탄핵을 받아 파면·유배되었다.

이처럼 종친·선파의 정계진출을 확대하며 다수의 종친·선파들을 정부 요직에 배치하려 했던 대원군은 그들에게 등용통로를 제공해 권위와 품계를 유지할 수 있는 정책을 실시하고 제도적으로 정착시키려 했다. 이는 안정된 정치·사회적 지위를 가진 종친·선파로 하여금 자신의 권력기반으로써의 역할을 수행하도록 하기 위해서였다. 이러한 대원군의 종친·선파정책은 주로 다음의 네 가지 방향으로 전개되었다.

첫째, 대원군과 고종은 종친·선파에게 관직으로 진출할 수 있는 길을 열어주려고 했다. 고종 재위 전기에는 선파를 대상으로 한 응제가 10번이나 실시되었는데,[78] 여기에는 선파의 대규모 정계진출을 가능하게 하고 왕실의 정치적 기반을 확대하려는 목적이 있었다. 다양한 은혜와 기회를 제공받은 종친·선파 세력은 혈연적 유대관계를 바탕으로 자연스럽게 대원군과 고종의 확고한 권력기반으로 활동할 것이기 때문이었다. 따라서 대원군과 고종은 선파 세력에게 정계진출 기회를 제공해 그들을 권력기반으로 흡수함과 동시에 선파의 사회적 지위를 향상시켜 왕실의 위엄을 높이려 했다.

이러한 정책은 1869년 1월, 익종의 환갑을 기념하기 위해 종친의 정계진출 정식화가 정해지면서 마무리되었다. 고종은 익종의 춘향대제를 할 때 종친에 관한 축문을 만들어 열성조 앞에 꺼내 슬픈 마음을 드러낸다고 말한 후, 조선 중기까지 번성했던 종친이 오해로 인해 배척되어 결국 종친세력이

---

[78] 선파응제는 군주 명령으로 종친·선파만을 대상으로 실시된 특별 시험이었다. 대원군정권기에는 1864(고종1)년 4월 23일, 1865(고종2)년 1월 5일, 1866(고종3)년 2월 8일, 1867(고종4)년 1월 10일, 1868(고종5)년 3월 20일, 1869(고종6)년 1월 9일, 1870(고종7)년 4월 7일, 1871(고종8)년 1월 3일, 1871(고종8)년 3월 22일, 1872(고종9)년 1월 7일 10번 실시되었고, 우수자에게는 과거 최종시험인 殿試에 응시할 수 있는 자격이 주어졌다.

쇠퇴했다며 한탄했다. 그리고 대군과 왕자군의 4대 자손까지 관직에 오를 수 없었던 이제까지의 구례를 바로잡지 않으면 문제 해결이 불가능하기 때문에 반드시 개정해야 한다며 다음과 같은 전교를 내렸다.[79]

 이제부터는 대군·왕자군·적왕손·왕손 이외에는 모두 균등하게 외조(外朝)의 예를 따라 과거에 응시해 관직에 오르는 데 조금도 지장이 없도록 하고, 그 품계가 종2품에 이르면 군으로 봉하는 예로 하는 것은 훈군(勳君)[80]의 예와 같이 해 조금의 장애도 없도록 하는 것을 영구한 정식으로 하라. 이것은 신정왕후의 교지를 받드는 일이며, 우리 만세의 지자(支子)·지손(支孫)을 지키려는 계이다. 이후 또다시 다른 의견을 제시하는 자가 있다면 우리에게 죄인일 뿐만 아니라, 실로 태묘의 죄인이다. 대소신료들은 각각 이를 잘 숙지하라. 이를 종친부, 의정부, 이조판서에게 제시해 상시 보도록 하고, 이 관제의 이정 절차에 대해서는 여러 종신과 이조판서가 충분히 검토해 안을 만들어 묘당에 품의하고 대원군에게 보고해 정해 사리에 맞도록 별단을 붙여 보고하라.

 고종은 여기에서 군주의 직계 자손과 손자 이외의 종친이 사대부 예에 따라 과거시험과 관직진출을 가능하게 하고, 그것이 신정왕후의 의사임을 강조해 정당성을 확보하려 했다. 또한 종친의 정계진출에 반대하는 자는 군주와 조종의 죄인이라고 역설해 종친의 지위·활동 강화정책에 대한 반론을 철저히 봉쇄하려 했다. 뿐만 아니라 상세한 내용의 결정권을 대원군에게 위임해 종친정책이 대원군 주도하에 이루어짐을 분명히 했다. 이렇듯 고종이 종친의 정치참여를 공식화한다는 교지를 내리면서 신정왕후로부터의 정책지시와 대원군에 의한 추진을 역설한 부분은 주목되는 점이라 하겠다.

 1869년 정월에 내려진 대대적인 종친의 관직·관계 개정에 대한 교지는

---

79) 『승정원일기』 1869(고종6)년 1월 2일.
80) 국가에 공이 있는 신료가 봉해지는 君이며 2품 이상이다.

오랫동안 계속된 종친의 지위와 활동 강화정책이 완성되었음을 의미했다. 그리고 이에 따라 성종 이후 폐쇄된 종친의 관직진출이 광범위하게 개방되어 종친에게 정치적·사회적인 권위를 향상시킬 수 있는 기회가 제공되었다. 이러한 종친들의 세력 강화는 직접 왕실안정으로 이어지는 것으로 대원군과 고종은 종친을 정치운영에 참여시킴으로써 통치권의 안정적인 유지와 확립을 꾀하려 했다. 이 밖에 1871년에는 승습군[81]의 아패[82]에 금을 박아 넣는 일을 명하는 가운데, 지종정경 이재원, 종정경 이재면, 직부 이재긍이 승습군의 예에는 해당되지 않지만 특별한 지위에 있기 때문에 아패와 각패에 금을 새겨 넣도록 지시해 종친에 대한 우대 뜻을 드러냈다.[83]

둘째, 대원군과 고종은 죄인으로 되어 있는 종친·선파의 명예회복과 작호부활을 추진하고 종친·선파 내에서도 양반처럼 적서를 구별해 질서를 엄격히 하려 했다. 전술한 대로 1864년 2월에 이세보가 방면되어 1865년 5월 동지돈녕부사로 임명되었고, 1864년 7월에는 이하전의 죄명취소와 관작회복이 명해졌다. 이 때 이하전과 함께 150명 이상의 선파인도 죄명삭제와 관작회복 등이 행해져[84] 많은 종친·선파가 국가와 왕실에 대한 반역자로서의 불명예를 씻고 가문을 재건할 기회를 얻게 되었다.

여기에 고종은 종친에게 적서 구별이 없는 것이 오히려 종친의 격을 떨어

---

[81] 왕족 중 대군·왕자·왕손 이외에 아버지 뒤를 이어 군으로 봉해진 사람. 승습(부친의 뒤를 이음)인으로 아직 군에 봉해지지 않은 자도 같은 취급을 했다.
[82] 2품 이상이 갖는 현재의 신분증명서와 같은 것. 상아로 만들어서 아패라고도 부른다.
[83] 『승정원일기』 1871(고종8)년 3월 20일.
[84] 이 중에서 安貞副正昀·楊平守得慶·昌山君相·樂新守人煥·德新守人爀·密平君㙫·寧雲君壎·驪川守垌·潘陽都正炤·麟坪大君玄孫鎭厚·德陽君八代孫範濟는 죄명을 삭제했고, 都正人燁·壺山君橲·密豐君坦·福昌君楨·福善君栴·驪興君㘾·驪陵君圻·東平君杭·德興大院君十三代孫夏銓·守道正十世孫培·德陽君九世孫東讓은 관작이 복구되었다. 그 밖에도 다수 선파의 죄명이 삭제되었다(『승정원일기』 1864(고종1)년 7월 18일).

뜨린다고 말하며 대군 이하 서자와 서녀의 혼인과 관직진출을 양반가의 구례에 따르도록 명하고, 왕가 법식을 엄격히 하려 했다. 또한 왕족과 왕손의 부인, 그들의 사위에게도 관직을 주는 규정을 정해 종친의 관직 범위를 넓힘으로써 종친에게 관직진출의 통로와 관작제공의 기회를 확대하고, 적서 구별을 정확히 해 종친의 위엄과 지위를 향상시키고자 했다.[85]

셋째, 종친·선파 회합을 구례대로 회복하고 군주가 친림한다고 천명해 종친·선파의 지위와 권위를 드러냄과 동시에 결속을 강화하려 했다. 종친·선파 회합의 부활은 1871년부터로 대원군정권기 종친·선파정책 중에서 가장 늦었다고 할 수 있는데, 이는 우선 종친·선파의 지위와 역할을 신장시킨 후에 대대적인 회합을 소집함으로써 종친·선파의 위엄 과시라는 정책의 실질적인 효과를 거두기 위해서였다.[86] 1871년 1월 1일, 고종은 대종회·소종회의 구례 회복을 명하고, 종친·선파 회합의 정식 개최를 촉구했다.[87] 이 날 종친부는 대종회를 3년에 한 번, 계춘(3월)에 개최하는 것이 정식이기 때문에 이번에는 금년 3월 20일에 거행하겠다고 보고했다.[88] 또한 1872년 2월에는 소종회를 1년에 한 번, 계춘에 개최하는 것이 정식이므로 금년 3월 18일에 거행하겠다고 상주했다.[89] 이에 따라 3년에 한 번은 대종회를, 그 사이 두 번은 소종회를 개최한다는 내용이 복구되었다.

대종회 개최가 결정되자, 1871년 1월 2일부터 대종회 준비가 본격적으로

---

[85] 『승정원일기』 1869(고종6)년 1월 2일.
[86] 그 이유는 대원군이 피폐한 종친·선파에게 모이라 명한다 해도 그들이 솔선해 응하지 않을 것이며 피폐한 종친·선파의 모임으로는 그들이 갖는 권위를 보이거나 정치적 영향력을 행사하는 일이 무리라 판단해 먼저 종친·선파의 지위와 역할확대·강화정책을 추진해야 한다고 생각했기 때문이라고 사료된다.
[87] 『승정원일기』 1871(고종8)년 1월 1일.
[88] 『승정원일기』 1871(고종8)년 1월 1일, 종친부계.
[89] 『승정원일기』 1872(고종9)년 2월 1일.

시작되었다. 고종은 대종회에 직접 참가하겠다고 언명했으며,90) 1월 8일에는 대종회 도유사에 이규철, 부유사에 이회순, 삼유사에 이승수를 임명해91) 대종회 개최 절차를 담당하도록 했다.92)

고종이 대종회를 그때까지 추진해 온 종친·선파정책의 연장선상에서 개최하려 한 사실은 다음의 발언에 잘 드러나 있다.

> 선파 후예는 같은 근원이다. 열성 비복의 뜻과 오늘날 돈후한 정이 속보(續譜)를 만든 이유이며, 계춘(季春)의 대종회도 친척인 자와 친하려는 뜻에서 나온 것이다. 이 예는 백여 년이 지나 처음 행하는 성대한 행사이며, 공족(公族)이 번성하고 자손이 퍼져 백세일실(百世一室)의 아름다움은 실로 만억무강(萬億無疆)의 휴(休)이다. 종회 다음 날 당연히 선파인을 이끌고 종묘에 전알(展謁)해야 한다. 함께 경무대에 친림해 유생의 응제와 무사의 시사를 행한다.93)

이처럼 종친·선파정책은『선원보략』간행, 대종회 개최, 선파를 대상으로 한 시험을 통해 모든 선파 세력이 후대에까지 성대히 유지될 수 있는 기반을 형성하는 데 그 목적이 있었다. 특히 대원군과 고종은 백년 만에 재개되어 그 개최가 어려웠던 대종회를 어느 정도 종친·선파정책이 진행된 마지막 단계에서 실시해 왕실의 권위를 드러내는 효과를 최대화하고자

---

90) 『승정원일기』 1871(고종8)년 1월 2일.
91) 『승정원일기』 1871(고종8)년 1월 8일.
92) 1월 9일에는 대종회 회장을 隆文堂으로 할 것이, 1월 10일에는 대종회 때의 贊禮(왕을 도와 제사를 지내는 사람)에 이승보, 副贊禮에 이인설·이회정·이기용·이시하·이돈하, 부장헌에 이후선·이응진·이택응·이기호·이헌영, 司宴에 이종진을, 1월 16에는 대종회 때의 도청에 이승우, 낭청에 한병교·정기붕, 감조관에 강범수·이계하를, 2월 13일에는 대종회 때의 낭청에 전부 김창식을, 3월 7일에는 최존행에 종정경 이규철, 부존행에 전정 이정모, 행저반수에 지종정경 이재원을, 3월 14일에는 대종회 때 할 일이 많다는 이유로 부찬례에 수찬 이재만을 추가하고 司宴에 정주목사 이근수·부호군 이재봉·전현감 이상응을 임명했다.
93) 『승정원일기』 1871(고종8)년 1월 8일.

했다.

　그 후 3월 15일, 고종은 대종회 때 시원임의정과 정부의 문·무신, 육조판서·한성부판윤이 참가하도록 명하고,[94] 대종회 행사연습을 두 번에 걸쳐 거행해 종친·선파 회합이 단지 왕실행사에 그치지 않는 대대적인 국가행사임을 분명히 했다. 또한 1873년 1월에는 같은 해 개최예정인 소종회를 대종회 예에 따라 거행한다는 것과 경무대에 친림할 것이라 명해 종회의 규모확대와 성대한 개최를 요구했다.[95] 그러나 대종회가 개최되기 직전에 각 도에 수해가 발생했다는 소식이 전해지자, 민정을 염려한 고종은 종회 개최를 바라지 않는다며 다음 년도로 연기할 것을 지시했다.[96]

　대종회는 종친·선파 간 화합을 돈독히 함과 동시에 그들의 지위를 높여 왕실 권위 향상과 권력기반의 강화·안정을 이루려는 계획하에 1871년 100년 만에 부활되었다. 그러나 종친회합은 1871년 대종회가 1번, 1872년 소종회가 1번 개최되었을 뿐, 고종이 친정을 선포한 후 또다시 중지되었다. 이는 고종이 종친·선파의 친대원군적인 성격 때문에 그들이 대대적으로 모여 공론을 형성하는 행위 자체를 바라지 않은 점, 대원군세력 약화를 기도한 고종이 대원군이 추진한 종친·선파정책을 계속할 필요가 없어진 점, 대원군과도 큰 연관을 갖고 있는 그들보다는 외척을 측근으로 성장시키는 일이

---

[94] 『승정원일기』 1871(고종8)년 3월 15일.
[95] 『승정원일기』 1873(고종10)년 1월 1일. 이 밖에 대종회 때 행사를 일제히 外進饌의 규례에 따를 것이(『승정원일기』 1873(고종10)년 2월 29일), 신미년(1871)예에 따라 행사를 실시하고 宗會가 끝난 후, 각 파의 종손을 경회루에 모아 연회를 열 것이(『승정원일기』 1873(고종10)년 윤6월 2일), 이승수를 도유사로, 이회정을 부유사로, 이용직을 삼유사로 임명할 것이(『승정원일기』 1873(고종10)년 윤6월 5일), 贊禮에 이명응, 副贊禮에 이돈하·이후선·이택응·이건창·이헌영, 掌憲에 이인명, 副掌憲에 이근수·이응진·이인만·이기용·이복영, 司宴에 이재붕을 임명할 것이 결정되었다(『승정원일기』 1873(고종10)년 윤6월 7일).
[96] 『승정원일기』 1873(고종10)년 윤6월 29일.

믿을 수 있고 용이하다고 판단한 점 등이 주요한 이유였다고 생각된다. 무엇보다도 청전폐지 이후 심화된 재정난 때문에 절약이 강조되는 가운데[97] 세간의 이목을 고려하지 않을 수 없었던 상황이 대종회 등을 중지시킨 요인으로 작용했다. 따라서 1873년부터 대종회·소종회 등의 대규모 종친·선파회합은 열리지 않았고, 평상시 종친부 회합의 출석률도 낮아져 갔다.[98]

넷째, 대원군정권기에는 종친·선파의 대를 이어주는 일, 즉 후손을 세우는 작업이 지속적으로 추진되었다. 이는 대가 끊긴 종친·선파 본인의 명예와 지위 회복은 물론, 종친·선파의 수를 늘리고 유대관계를 강화해 왕실의 기반을 견고히 하려는 데 목적이 있었다. 1864년 7월 27일, 고종은 이 달 18일에 관작이 막 회복된 복창군·복선군·여흥군의 후사를 이을 방법을 강구하라고 종친부에 명하며 명예가 회복된 선파의 후사 결정에 대한 중요성을 강조했다.[99] 같은 해 8월에는 흥완군의 후사로 정한 이재면을 대원군가로 되돌리고 또다시 흥완군의 후사를 정할 것과[100] 이하전에 이어[101] 9월에는 영평군의 후사 결정이 논의되어[102] 대가 끊긴 종친·선파에게 후계자를 세워 그들 가문을 존속시키려는 활동이 계속되었다.

종친·선파의 후사를 잇는 문제는 1872년 7월 25일, 고종이 대군·왕자에

---

97) 제4장 제2절 2-(2) 고종의 재정경제정책 참조.
98) 1874년 11월, 고종이 이승보에게 종친부에 몇 명이나 모였는가 물었을 때, 이승보가 자신을 포함해 이경하·이승수·이인설·이돈응·이종승 6명이 모였다고 답할 정도로 종친·선파 회합의 출석율은 저조했다. 당시 종정경 회합은 선파의 후계문제를 재고하기 위해 종친부에 모여 의논하라는 고종의 지시에 따른 것이었다. 이때 고종이 이 문제를 신속하게 해결하라고 재촉했음에도 불구하고 이승보는 종정경들의 출석율이 낮은 상황에서 서두를 문제가 아니라며 나중에 종정경들과 상담하겠다고 상주했다(『승정원일기』 1874(고종11)년 11월 12일).
99) 『승정원일기』 1864(고종1)년 7월 27일.
100) 『승정원일기』 1864(고종1)년 8월 11일.
101) 『승정원일기』 1864(고종1)년 8월 29일.
102) 『승정원일기』 1864(고종1)년 9월 19일.

대한 관작수여(1869년 1월 2일에 교지 반포)에 이어 '대군·왕자로서 후손이 없는 모든 사람에 대해 종친부가 명해 세계(世系)를 상세히 고찰해 사손(祀孫)을 세우는 일을 멈춰서는 안 된다'고 지시한 것을 계기로 본격화되었다.103) 그는 종실에서 왕사(王事)를 위해 죽거나 무고한 죄명을 쓴 후손이 없는 사람에게도 후사를 정하도록 명하고, 종친·선파의 후사문제에 직접 관여하려 했다. 이 명령에 따라 같은 해 12월에 영창대군 이기, 영풍군 이전, 구성군 이준의 양자가 정해졌다.104) 그러나 종친·선파에 대한 후사 결정은 1873년 10월에 이미 죽은 사람을 후사로 하는 일이 부자관계를 문란하게 만든다는 최익현의 비판에 따라105) 재고가 이루어지게 되었다.106) 종친·선파의 후사를 세워 왕실기반을 안정·강화하려 한 계획은 후사 선택 과정에서 야기된 불분명한 계통문제뿐만 아니라, 서로 불만족스러운 후사 결정이 발생해 각 파로부터 세워진 후사를 모두 본종으로 되돌리고 다시 조사해 후사를 정하지 않으면 안 되게 된 것이었다.107) 그렇다고는 해도 종친·선파에게 후사를 이어주는 정책은 그들 가문을 재건하고 왕실의 후손을 증가시켜 권력기반의 확대·확립에 기여했다고 할 수 있다.

---

103) 『승정원일기』 1872(고종9)년 7월 25일.
104) 『승정원일기』 1872(고종9)년 12월 3일. 이러한 대군·왕자에 대한 후사입후 문제는 대군·왕자의 권위를 높이는 일로 이어졌다. 1873년 2월에는 德安大君·安平大君內外·仁城大君·平原大君·齊安大君內外·永昌大君·龍城大君·錦平君·永豐君·興安君內外·綾豐君·義昌君·樂善君內外·慶完君·福善君內外의 祠版에 대한 특별 제사 봉행이 명해졌다(『승정원일기』 1873(고종10)년 2월 22일).
105) 여기에서 최익현은 종친·선파에게 후사를 세우는 문제가 부자간의 친밀함을 문란하게 만들고 있다고 주장했다(『승정원일기』 1873(고종10)년 12월 3일).
106) 고종은 연전에 선파 중에서 후사가 없는 문제를 해결하도록 지시해 이미 모두가 후사를 이었는데, 각 파의 출계에 의심스러운 곳이 있다고 말한 후, 종정경들이 상담해서 파기·유지 등을 정리해 바로잡을 것을 명했다(『승정원일기』 1874(고종11)년 10월 8일).
107) 『승정원일기』 1874(고종11)년 10월 29일.

이렇게 대원군과 고종은 종친부 역할을 강화하고 종친·선파를 종친부와 정부에 다수 배치해 국정을 운영할 수 있는 기반을 확보해 갔다. 여기에 선파를 대상으로 한 시험을 정기적으로 실시함과 동시에 종친·선파의 명예 및 관작 회복을 시행해 종친부가 직접 조사해 종통 후계자를 정하도록 했고, 100년 이상 열리지 않았던 대종회를 부활시키는 등 다양한 정책을 실시하며 그 정식화를 추진해 갔다.

10년간 지속된 종친·선파정책의 성과는 1873년 6월, 고종이 당시 종친부 상황에 대해 언급한 내용에서 간략하게나마 드러난다.

> 종친부는 여러 종친의 체부(體府)이며, 열성 보략을 봉안하는 중요한 곳이다. 근래 쇠퇴해 볼 것이 없어졌는데, 최근 대원군이 고심해 다시 세워 지금은 다양한 세입이 있어 조금 지탱할 수 있게 되었다. 그러나 후세 사람들이 잘 지키지 않으면 쉽게 무너져 버려 두 번 다시 복구할 희망도 없어질 것이다. 듣자니 이번에 조례를 다시 간인한다는 데 내가 직접 서문을 써서 영구히 금석의 법전으로 하겠다.108)

여기에는 종친부가 왕실과 종친·선파에게 특별히 중요한 역할을 하는 기관이라는 사실과 대원군의 지대한 노력에 의해 피폐된 종친부가 개선되었음이 드러나 있다. 또한 중요한 종친부를 지키기 위해 금후에도 지속적으로 관리하지 않으면 안 된다는 언급에서는 종친부를 권력기반으로 활용·보존하려는 고종의 강력한 의지를 엿볼 수 있다.

고종즉위 전 종친부는 단순히 명목을 유지하는 기관에 지나지 않았다. 종친부는 왕족이 피폐함에 따라 활동 위축과 경제적 곤란을 피할 수 없었고, 종친·선파 관리도 충분히 할 수 없는 상황이었다. 대원군은 이러한 종친부의 쇠퇴를 놓치지 않고 통치권 강화에 이용해 갔다. 그는 왕실과 중앙권력을 강화하고 국가를 재건한다는 명분을 내세워 종친부의 지위향상·역

---

108) 『승정원일기』 1873(고종10)년 6월 2일.

할확대를 정당화하며 종친부를 중심으로 결집된 종친·선파 세력을 자신의 권력기반으로 편입해 간 것이었다.

이처럼 대원군은 종친·선파 세력을 정계에 적극적으로 배치해 국정운영의 편의를 꾀했지만, 그들이 왕실의 정치적 기반 이상의 세력으로 성장하는 것을 원하지 않았다. 또한 종친·선파만으로는 완전한 정권장악이 어렵다고 판단하고 있었다. 따라서 자신의 기반을 더욱 강화하기 위해 종친·선파 이외의 세력등용을 확대함과 동시에 행정·군정을 일률적으로 장악·운영하는 데 필요한 의정부와 삼군부 부활을 시도했다. 결국 대원군은 종친·선파를 권력기반으로 유지하면서 의정부와 삼군부의 기능회복을 통해 정부의 행정·명령체제를 구축하고 거기에 새로이 형성된 친대원군세력을 배치해 장악함으로써 국정을 총괄하려 했다고 하겠다.

(2) 의정부 기능의 복구작업 추진 및 권력기반의 형성

세도정치기에 국정운영을 주도한 정부기구는 비변사였다. 전술한 대로 19세기 들어 외척가문은 16세기 중반 이후 의정부와 나란히 정치를 행하던 비변사에 친외척세력을 집중적으로 배치하고 비변사 중심으로 국정을 운영하려 했다. 1800(순조즉위)년 8월, 비변사제조에 임명된 김조순은[109] 1802년에 딸이 순조비가 되고 1805년 경주김씨 정순왕후가 사망하자, 순조의 지지를 얻어 경주김씨 중심의 노론벽파세력을 제거하고 안동김씨에 의한 세도정치를 시작했다. 고종즉위 전, 비변사가 국정을 총괄했음은 순조대에서 철종대까지 각 행정기관·군영·지방으로부터의 보고가 비변사를 거쳐 군주에게 전해졌고, 고종대에는 대신과 의정부당상이 출석한 차대·인견에 대신과 비국당상이 참가한 사실에서도 알 수 있다.[110] 그 한 예로 1853(철종

---

[109] 『순조실록』 순조즉위(1800)년 8월 4일.
[110] 국정이 비국당상들과의 의논으로 운영되게 된 것은 비변사가 설치된 선조대부터였다. 세도정권기에는 비국당상과 비변사제조에 외척이 다수 등용되었고,

4)년 4월, 영의정 김좌근이 '사문(私門)에서 고리를 거두는 행위와 낭관이 강제로 빌리는 폐해를 엄격히 지시해 금단해야 한다'고 상주했을 때 철종은 양반과 낭관의 악행에 대해 개탄한 후, 비변사가 듣는 대로 상주해 법률에 따라 유배에 처하도록 명했다.[111] 이는 대원군정권기 서울과 지방 양반과 관원이 악행을 범했을 경우, 의정부와 암행어사가 상세한 내용을 군주에게 보고한 후, 의정부·호조·병조·해당도신이 문제의 해결방법을 상담·상주해 처결한 사실과 구별된다.[112] 결국 외척세력을 억제하고 정권을 잡기 위해서는 국정운영체제를 개편할 필요가 있었고, 이 작업은 고종즉위 직후부터 의정부와 육조의 기능회복을 통해 이루어지게 되었다.

1864(고종1)년 1월 13일, 고종즉위 후 처음 열린 차대에서 신정왕후는 '의정부와 비변사를 함께 '묘당'으로 부르면서 문무 전부를 비변에서만 다루는 것은 극히 문제가 있기 때문에 이제부터는 따로따로 다루는 것이 좋을 것'이라며 비변사에 독점되어 있는 정무의 의정부 분담을 제안했다. 그러자 비변사를 통해 정국을 장악하던 영의정 김좌근은 '(이는)수백 년을 계속되어 온 일로 물러난 후 상담하는 것이 사리에 맞는다'며 의정부와 비변사의 역할 분담에 신중한 태도를 취했다. 반면, 좌의정 조두순은 신정왕후의 의견에 찬성한다는 뜻을 내비쳤다.[113] 의정부의 권한회복이 고종즉위 후 첫 차대에서 제기되었다는 사실은 대원군이 고종즉위 이전부터 행정구조를 개

다양한 정치현안이 외척이 주도하는 비변사에서 처리되었다.
[111] 『철종실록』 철종4(1853)년 4월 5일.
[112] 대원군정권기에는 서울과 지방 양반의 무단행위에 대해 대원군과 고종이 직접 파악하거나 의정부와 암행어사로부터 보고를 받아 해당 관리와 인물을 직접 처벌하거나 해당 기관에 처결을 지시했다. 또한 고종친정 이후인 1878년 3월, 우의정 김병국이 私門에서 고리를 거두는 행위에 대한 단속을 상주할 때에는 각 도와 해당 도신에게 엄금시키도록 지시했고, 관원임명에 책임이 있는 이조와 병조에 신칙하고 좌우포도청이 감시해 처벌하도록 했다(『승정원일기』 1878(고종15)년 3월 29일). 상세한 내용은 다음절 대원군의 통치정책을 참조.
[113] 『승정원일기』 1864(고종1)년 1월 13일.

편할 의사를 지녔음을 의미한다. 그러나 당시 실질적으로 국정을 운영하고 있던 최고의 정무기관인 비변사의 세력과 활동을 단번에 약화 또는 제거하는 일은 쉽지 않았다. 무엇보다도 대원군은 아직 비변사를 대신해 국정을 운영할 수 있는 세력기반을 갖고 있지 않았다. 따라서 그는 비변사 중심의 정국을 서서히 변화시키고 정치 일선에서 활동할 수 있는 자신의 세력기반을 확보하면서 급격한 비변사 폐지가 초래할 수 있는 정치 운영상 혼란과 반발을 최소화하고자 했다. 때문에 의정부와 비변사에 의한 이중행정체제 운영을 제안했다고 하겠다.

같은 해 2월 10일, 김좌근이 '의정부와 비변사에 계품·천망 등 일을 적절히 나누어 담당하게 해 중국 송대의 중서성과 추밀원과 같이 병행하겠다'는 의견을 제시함으로써114) 다음 날 비변사와 의정부의 분장절목이 정해졌다.115) 여기에는 대체로 내정은 의정부가, 외교와 변경 관련문제는 비변사가 담당하도록 규정되었다. 이로써 오랫동안 비변사에게 장악되었던 정무가 의정부에 정식으로 분담되어 의정부는 최고 행정기관으로써의 지위를 회복할 수 있었다. 물론 비변사는 아직 외교와 군정을 담당하는 중요한 정부기관으로 존재하고 있었지만, 비변사 역할이 공식적으로 제한되었다는 사실만으로도 큰 의미가 있었다. 이렇듯 비변사의 기능 축소가 진행되는 가운데 안동김씨 중심인물인 영의정 김좌근이 시대 흐름을 감지하고 사임하자,116) 비변사를 기반으로 한 안동김씨 내부의 권력재편도 불가피하게 되었다.

비변사의 역할 일부가 의정부로 분담된 후 그 해체작업은 더욱 빠르게 추진되었다. 1864년 9월 24일 비변사 간판이 묘당으로 바뀌어 걸렸고,117)

---

114) 『승정원일기』 1864(고종1)년 2월 10일.
115) 『고종실록』 1864(고종1)년 2월 11일.
116) 김좌근은 1864(고종1)년 4월 18일, 영의정을 사임한 후에는 주로 정치적·의례적인 자문을 하는 명예직을 맡았다.

1865년 2월 9일에는 고종이 재건된 의정부 간판을 직접 쓰겠다고 언명했다.[118] 이때 신정왕후는 '중외(中外)로부터 존경받는 중요한 장소인 의정부가 폐허가 되었다. 도(道)를 논하고 나라를 존경하고 백관을 통솔하고 기강을 바로 세우는 장소가 이렇게 초라하고 빈약해도 좋겠는가?'라며, '의정부를 재건한 후 삼공이 의정부에서 정무를 상담·결정하고 왕에게 상주해 가부를 정해야 한다'고 강조했다. 특히 '군자가 의정부에 있으면서 성심과 충성을 다해 연소한 왕을 보도하기 바란다'며, 의정부 부흥의 의도와 목적을 분명히 했다. 다시 말해 신정왕후는 의정부 기능을 부활시켜 의정부대신에게 군주 보도와 보좌 역할을 맡기고 군주와 의정부 중심의 국정운영체제를 확립하려 한 것이었다. 이처럼 군주를 보도해 국정을 담당할 권한을 가진 의정부를 대원군이 장악한다는 것은 정치주도권과 군주보호의 권한이 대원군에게 위임됨을 의미함에 다름아니었다. 결국 비변사정책은 세도가문의 권력기반을 해체해 통치권을 군주와 의정부에 귀속시키려는 대원군의 의도에서 진행된 것이라고 할 수 있다.

1865년 3월 28일, 신정왕후는 정식으로 비변사를 의정부와 통합하라는 교지를 내렸다.[119] 그녀는 '의정부는 대신이 백관을 통솔하고 모든 정무를 규찰하는 기관이며 그 중요성이 다른 부서와는 유별하다. 서울과 지방 정무가 전부 비변사로 위임된 것이 언제부터인지는 모르지만, 이것은 있어야 할 모습이 아니다'라며, '의정부 관청이 완성된 지금 종부시를 종친부로 통합한 전례에 따라 비변사를 의정부로 통합'하도록 명했다. 이에 따라 세도정치기 외척세력이 장악했던 비변사는 의정부로 통합·해체되었다.

이렇게 고종즉위 직후부터 의정부의 기능회복을 시도한 대원군은 의정부 중심의 행정체제 속에 비변사가 자연스럽게 병합되는 작업을 추진했다.

---

117) 『승정원일기』 1864(고종1)년 9월 24일.
118) 『승정원일기』 1865(고종2)년 2월 9일.
119) 『승정원일기』 1865(고종2)년 3월 28일.

여기에 비변사당상의 예에 따라 의정부당상을 평균 50~70명 정도로 구성한 후,[120] 의정부당상에 종친을 비롯한 친대원군세력을 기용해 정치운영의 편의를 꾀했다. 그리고 대원군이 의정부를 친대원군세력으로만 구성해 장악하게 된 것은 대원군정권 제3기에 해당하는 1872년 10월 이후였다.

전술한 대로 대원군은 종친·선파 세력으로는 정권을 주도하는 데 부족하다고 판단하고 있었다. 또한 군주권에 직접 위협을 미칠 가능성이 있는 종친·선파 세력이 정국을 장악할 정도로 진출하는 것을 원치 않았다. 다시 말하면 대원군은 종친에게 군주와 왕실의 지속적이며 안정적인 권력기반으로써의 역할을 기대하면서도 그들 세력이 이전의 외척처럼 확대되는 것은 저지하려 한 것이었다. 따라서 대원군에게는 특정 이해집단의 권력장악을 막기 위해서라도 종친·선파를 비롯한 다양한 정치집단을 형성·등용할 필요성이 있었다.

대원군의 권력기반은 각각의 집단이 갖는 성격과 시기별 등용인물의 변화 등에 따라 다르고 그 내용에도 차이가 있지만, 김정희[121] 계열, 김정희의 문인이었던 신헌과 관련된 무장세력, 그리고 남인·북인세력으로 구분할 수 있다.[122]

김정희와 대원군의 친밀한 관계에 대해서는 이미 설명한 대로지만, 김정희계열로 주목되는 인물로는 홍순목과 신헌이 있다. 홍순목(1816~1884)[123]

---

[120] 糟谷憲一,「大院君政權の權力構造」, 143쪽.
[121] (1786~1856). 경주김씨. 헌종·철종대에 반외척세력으로 활동한 대표적 인물이며 철종즉위문제로 유배당해 정계에서 배제되었다. 대원군의 인척이며 스승이기도 한 인물로 대원군에게 큰 영향을 주었다.
[122] 김명숙에 의하면, 조인영 계열에는 조성하·조영하·김세균·조두순·이경하·박규수 등이, 김정희 계열에는 홍순목·민규호·강위·신헌 등이, 김정희계열 무장세력에는 임태영·임상준 등이, 남인·북인세력에는 한계원·강로·강난형·임백경 등이 있다(김명숙, 『19세기 정치론연구』, 235~246쪽).
[123] 홍순목은 부인이 김교선의 딸이며, 김교선은 김정희의 사촌형으로 김정희와 인척관계를 맺고 있었고, 남양홍씨 홍재룡(헌종계비 부친)과는 24촌관계였다.

은 고종즉위 초기 황해감사를 거쳐 1866년 4월부터 6월까지, 같은 해 12월부터 다음해 7월까지 이조판서를 역임하며 대원군의 인사정책에 협조했다. 그 후 홍순목은 1869년 1월 우의정이 되었고, 1872년 10월에는 영의정으로 임명되어 당시 병조판서에서 좌의정이 된 강로와 평안감사에서 우의정이 된 한계원과 함께 대표적인 친대원군세력으로 활동했다. 그는 고종이 친정을 선포할 때 최익현에 대한 처벌을 강력하게 주장해 파면당했지만 곧바로 정계에 복귀했고,124) 1882년 3월 또다시 영의정에 임명되었다.

신헌(신관호: 1810~1888)은 김정희의 문인으로 임태영과 인척관계를 갖고 있었다.125) 1864년 2월에 형조판서에 오른 것을 시작으로 병조판서·공조판서·한성부판윤·판의금부사·총융사·의정부좌참찬·훈련대장·행지삼군부사 등을 역임했다. 그는 판서와 각 군영대장으로 이경하와 함께 대원군의 군사기반이 된 대표적 인물이다. 신헌은 대원군정권 말기 공조판서를 거쳐 고종친정 이후 또다시 진무사겸삼도수군통어사·판의금부사·어영대장 등 군영대장으로 활동했고, 대일본강화정책과 대미수호조약 체결에 관여하는 등, 대원군정권기뿐만 아니라 고종친정 이후 군사·외교정책 추진에도 크게 기여했다.

이전과 비교해 대원군정권기 들어 고위관직에 폭넓게 등용된 세력은 남인·북인이며, 강로·한계원·임백경 등이 요직에 진출해 활동했다.126) 강

---

124) 홍순목은 1873년 4월 29일부터 11월 11일까지와 1873년 12월부터 1874년 11월까지 영돈녕부사를, 1874년 11월부터 12월까지 영중추부사를, 1874년 12월부터 1875년 2월까지와 1875년 4월부터 1879년 10월까지 행판중추부사를, 1875년 2월부터 4월까지 영중추부사를, 1879년 10월부터 1882년 1월까지 영돈녕부사를, 1882년 1월부터 3월까지 영중추부사를 역임했다.
125) 신헌의 조부 신홍주의 형인 봉주의 딸이 임성고의 부인이며 임태영의 어머니이다.
126) 이전 순조대에서 철종대까지 남인·북인의 의정·판서 취임자 비율은 각각 5.3%, 3.0%로, 대원군정권기의 남인8.6%, 북인9.4%에 비해, 각각 3.3%, 6.4%나 적었다. 이는 대원군정권기에 남인과 북인의 등용이 확대되었음을 보여주

로(1809~1887)는 대원군정권 제3기에 좌의정에까지 오른 북인을 대표하는 인물이며, 임백경[127]과 인척관계였다. 강로는 1865년 윤5월 동래부사에서 이조참의로 발탁되었으나 치적이 탁월하며 아직 임기가 남았다는 이유로 유임된 후,[128] 1866년 7월에 병조참판으로 임명되어 중앙정계에 진출했다. 같은 해 10월에 강화도위유사 역할을 수행했고, 12월에 성균관대사성이 된 후, 1867년 4월에 이조참판으로 임명되었지만, 동래부사 시절의 비리로 인해 탄핵당해 정계를 떠나게 되었다. 1869년 고종의 특별 사면으로 이조참판에 복귀했고, 공조판서·홍문관제학·예조판서·병조판서를 거쳐 1872년에 좌의정에 발탁되었다. 강로는 경복궁중건과 『오례편고』 편찬작업에 참가했고, 1871년 청파견사신 임무를 수행했으며, 서원철폐정책에 적극적으로 협력했다. 1873년 11월, 고종의 친정선포 당시 최익현의 처벌을 주장하며 대원군의 하야를 저지하려 했기 때문에 유배당했으나 곧 사면되었다. 그 후 12월에 영중추부사로 임명되어[129] 원임의정으로서 국가행사·인견 등에 참여하도록 요구되었지만,[130] 정치에 관여하려 하지 않았다. 1878년

는 사실이다(糟谷憲一, 「大院君政權の權力構造」, 144·157쪽).

[127] (1800~1865). 풍천임씨. 북인. 고종즉위 직후 우의정이 되어 대원군의 정권장악에 기여했다.

[128] 1865년에 강로를 중앙정계에 진출시키려 한 계획이 무산된 사실로부터 당시는 아직 대원군의 인사권 장악이 확립되지 않았을 가능성을 엿볼 수 있다.

[129] 『승정원일기』 1873(고종10)년 12월 25일. 강로는 1873년 12월부터 1874년 11월까지 영중추부사를, 1874년 11월부터 1878년 6월까지와 1879년 3월부터 같은 해 11월까지 행판중추부사를, 1879년 11월부터 1883년 5월까지와 1886년 12월부터 1887년 4월까지 奉朝賀를 역임했다.

[130] 『승정원일기』 1873(고종10)년 12월 29일. 여기에서 고종은 왕비 출산이 다가 왔음을 이유로 강로에게 서울과 정계로 돌아오도록 회유했지만, 강로는 자신이 죄인이라는 이유로 정계에 복귀할 의사가 없음을 분명히 했다. 이후에도 강로는 시원임이 참석하는 인견·소견에 참가하지 않으며 정치에 관여하려 하지 않았는데, 이는 전영의정 홍순목이 1874년부터 원임의정과 약방도제조로 활동한 사실과는 구별된다.

6월에 또다시 유배된 후 같은 해 12월 특별 사면을 받아 1879년 3월에 한계원과 함께 판중추부사로 복직되었고, 같은 해 5월부터는 왕실행사와 시원임의정과의 소견에도 참가해 정치적 활동을 재개했다. 1883년 5월, 임오군란과의 관련혐의로 또다시 탄핵받아 유배에 처해졌다.[131]

대원군정권기의 남인을 대표하는 인물은 한계원(1814~1882)이다. 그는 1864년 3월 사헌부대사헌에 임명된 후 공조판서·형조판서·한성부판윤·예조판서·판의금부사·이조판서·의정부좌참찬·평안도관찰사 등, 각 요직을 거쳐 1872년 10월 우의정으로 취임했다. 한계원이 대원군정권에 의정 후보로 이름을 올리게 된 것은 1869년부터였다. 당시 공석이었던 우의정 선택을 위해 영의정 김병학은 정원용·김흥근·김좌근·조두순·이경재·이유원·유후조의 7명을 추천했는데, 고종은 이를 거부하고 행대호군 홍순목과 행상호군 한계원을 후보로 들었고, 이 중에서 홍순목이 선택되었다.[132] 이러한 사실은 대원군이 1869년에 이미 한계원을 의정 후보로 염두에 두고 있었음을 드러낸다. 특히 1869년 5월에 탄핵을 받아 파면된 강로가 또다시 이조참판에 임명되고 한계원·홍순목이 의정 후보로 등장한 사실에서 1869년경에는 대원군이 인사권을 장악하고 있었다고 판단할 수 있다. 한계원은 평안도관찰사로 임명되어 1869년부터 1872년까지 지방에 근무하며 1871년 신미양요 당시 대원군의 쇄국정책을 충실하게 대변·수행했을 뿐만 아니라, 환곡의 비축과 개선에 관여했다. 1872년 대원군의 명령에 의해 평안도관찰사에서 우의정으로 전격 발탁된 한계원은 대원군의 측근으로 활동한 대표적 인물이었다. 1873년에는 최익현의 국청설치와 국문 계속, 대원군에 대한 지지를 표방해 파면·유배되었다. 1874년 2월, 원임의정으로 판중추부사에 임명되어 정계에 복귀했지만,[133] 강로와 마찬가지로 1874년

---

[131] 『승정원일기』 1883(고종20)년 5월 19·26·27일.
[132] 『승정원일기』 1869(고종6)년 1월 22일.
[133] 한계원은 1874년 2월부터 같은 해 12월까지, 1877년 2월부터 1878년 6월까지,

인견에는 한 번도 참가하지 않았다.[134] 그 후 1879년 3월 강로와 함께 판중추부사로 복직했고, 같은 해 5월부터는 왕실행사와 시원임의정과의 소견에도 참가하며 정치에 참여했다. 1881년 윤7월에 내의원도제조로 임명되었고,[135] 같은 해 8월 대원군세력인 안기영 등의 반역사건에 대한 추국에서 위관을 담당했다.[136]

이처럼 대원군은 세도정치기에 탄압을 받던 김정희 계열의 인물과 남인·북인을 적극적으로 등용해 의정으로 임명하며 권력의 중심에 편입시켜 나갔다.[137] 이들은 대원군에 의해 중용되어 대원군의 정치기반 역할을 충실히 수행했으나, 친정선포 이후 고종이 대원군기반의 축소를 추진함에 따라 또다시 약화되어 갔다.

그렇다면 친대원군세력으로 성장한 김정희 계열과 남인·북인 이외에 대원군정권기 지속적으로 권력기반이 된 세력은 누구였을까. 그것은 종친·선파인 전주이씨, 김병학·김병국형제를 중심으로 한 안동김씨, 외척인 풍양조씨와 여흥민씨, 세 그룹이었다고 말할 수 있다.

대원군정권기 정부요직에 가장 많이 등용된 것은 종친·선파인 전주이씨였다. 종친·선파는 세도정권기 그 정치적 지위·활동이 쇠퇴되었지만,

---

1879년 3월부터 1880년 10월까지, 1882년 1월부터 같은 해 3월까지 행판중추부사를, 1880년 10월부터 1881년 7월까지, 1881년 11월부터 1882년 1월까지, 1882년 3월부터 같은 해 5월까지 영중추부사를 역임했다.

134) 강로와 한계원은 만동묘 제사절차·물품 등에 대한 의견이 요구됐을 때에도 두렵고 근신해 감히 의견을 상주할 수 없다고 답해 정치문제에 관여할 뜻이 없음을 밝혔다(『승정원일기』 1874(고종11)년 9월 17일).
135) 『승정원일기』 1881(고종18)년 7월 19일.
136) 『승정원일기』 1881(고종18)년 8월 30일.
137) 세도정권기에는 물론 고종이 통치권을 회복한 1873년 11월부터는 의정부의정에 남인·북인 등용이 거의 없었다는 점에서 대원군정권 제3기에 2명의 남인·북인이 동시에 의정으로 임명된 사실은 대원군의 남인·북인중용정책을 분명히 보여준다. 특히 고종은 남인·북인 출신 의정을 한 명도 기용하지 않음으로써 대원군정권기의 남인·북인정책을 백지화시켰다.

대원군의 종친·선파강화정책 추진으로 세력이 급속히 확대되어 갔다. 당시 의정부당상·육조판서·한성부판윤 등 정2품 이상의 관직에 진출한 총인원 147명 중, 전주이씨는 노론 8명, 소론 8명, 남인 1명, 북인 1명의 총 18명으로138) 안동김씨의 16명보다 많았다. 철종 말기 비변사당상에 이인고(노론)와 이돈영(소론) 두 명 밖에 임명되지 않은 데 비해 1866년에 이경하·이규철·이주철·이봉주·이인기(노론), 이경순·이돈영(소론), 이승보(남인), 이최응·이재원(종친)이 선출된 사실은 대원군정권기 전주이씨 세력의 정치참여 확대를 드러낸다.139) 전술한 대로 이돈영은 대원군정권 제1기에 호조판서에 취임해 재정을 담당했고, 이경하는 지속적으로 각 군영대장으로 활동하며 군사적인 기반확보에 협력했으며, 대원군의 조카인 이재원은 이조 등 요직에 진출해 대원군의 통치정책 추진에 기여했다. 이러한 종친·선파 세력의 확대는 고종즉위 이전부터 종친의 지위를 높여 왕실의 권력기반으로 조성하려는 대원군의 계획과 실행의 결과였고, 그들은 대원군정권 전반에 걸쳐 중용되며 최대 정치집단을 이루고 있었다. 그러나 종친·선파 세력은 그 지위향상과 영향력 확대를 꾀한 주체가 대원군이었던 만큼, 고종 친정 이후 서서히 활동에 제한을 받게 되었다. 종친·선파는 대원군의 세력기반인 동시에 고종의 기반으로 군주의 통치권 안정을 위해 노력했지만, 고종이 친대원군세력에 대한 탄압을 강화하며 새로운 종친·선파 세력의 발굴과 등용을 꺼려했기 때문에 그 세력 감소가 불가피하게 된 것이었다.140)

---

138) 노론은 이재봉·이도중·이휘중·이인고·이규철·이경하·이주철·이세보 8명이며, 소론은 이돈영·이시원·이경순·이인석·이장렴·이건필·이동현·이남식 8명이다. 남인은 이승보 1명, 북인은 이회순 1명이다(糟谷憲一, 「大院君政權の權力構造」, 368~370쪽).
139) 『비변사등록』 철종14(1863)년 12월자, 고종3(1866)년 3월자. [표 24]를 참조.
140) 고종이 실질적인 친정을 시작한 1874년 이후 종친·선파의 활동은 대원군정권기에 비해 감소경향을 드러내게 되었다. 이는 친정선포의 계기를 제공한 최익

대원군의 세력기반, 특히 대원군정권 제2기에 가장 중요한 역할을 담당한 것은 김병학형제를 비롯한 안동김씨 일문이었다. 안동김씨 세력은 고종 즉위 초기 김좌근이 비변사 해체과정에서 사임한 탓에 약화되는 듯이 보였으나 이는 세대교체에 불과했고, 김좌근 다음 세대인 김병학·김병국·김병기[141]·김병주 등의 활동이 지속되었다. 대원군정권기에 육조·한성부 당상 이상을 역임한 안동김씨는 16명으로 종친·선파 전주이씨 18명과 함께 최대 정치세력을 이루었다.[142] 이는 안동김씨 세도가 절정에 달한 철종대 비변사당상 68명 중 안동김씨가 12명으로 전체의 17.6%를 점했던[143] 시기와 비교하면 147명 중 16명 10.9%의 비중으로 6% 가까이 감소한 것이지만 여전히 그 위세를 유지하고 있었다고 간주할 수 있다.[144]

현이 종친세력의 정권참여를 비판하고 종친·선파의 무리한 후사설정작업을 문제시했기 때문에 최익현을 옹호한 고종이 대원군정권기와 같은 종친·선파 강화정책을 계속할 수 없었기 때문이었다. 또한 고종이 대원군의 세력기반을 와해시키기 위해 1874년 12월에 대원군과 대립하던 이최응을 좌의정으로 임명하고, 1875년 8월에는 대원군환궁상소사건과 관련된 이승보를 유배시킨 일도 종친·선파의 활동과 선택 폭을 좁히고 있었다. 여기에 대원군정권기에는 10번이나 실시된 선파대상 특별 임용시험이 1874년부터는 한 번도 실시되지 않아 고종이 더 이상 새로운 종친·선파 세력의 확보·기용에 힘을 기울이지 않게 된 점, 대종회·소종회 등 종친·선파의 대대적인 회합이 또다시 중지된 것도 종친·선파의 유대관계와 세력을 약화시키는 원인이었다. 그러나 이 중에서도 종실인 이최응·이재원·이재면과 이경하·이종승 등의 무신세력은 여전히 고종의 권력기반으로 활발한 활동을 펼치고 있었다. 상세한 내용은 제4장 제2절 고종의 권력기반 참조.

[141] 김좌근의 아들. 김좌근의 영의정 사퇴 직전인 1864년 3월에 광주부유수에 임명되었으나, 1865년 1월 병조판서에 임용되어 중앙정계로 복귀했다.
[142] 당시 한성부당상 이상에 등용된 노론 안동김씨는 김좌근·김병기·김병국·김병학·김보근·김대근·김병교·김병운·김병덕·김병주·김응균·김한순·김세균·김병지·김병필·김익진 16명이다(糟谷憲一,「大院君政權の權力構造」, 368~370쪽).
[143] 안외순,「대원군집정기 인사정책과 지배세력의 성격」, 144쪽.
[144] 순조즉위 초기에 세도를 행한 정순왕후 경주김씨 일문으로 철종대에 고위관직

안동김씨 세력 중에서도 특히 주목되는 인물은 김병학형제와 김병주이다. 김병학은 철종비 부친인 김문근의 형 김수근의 아들이며, 대원군과 사돈관계를 맺는다는 구두약속을 해 고종즉위에 협력했다고 말해지는 인물이다. 그는 결국 국구가 되지 못했지만, 1864년 1월에 이조판서 임용을 시작으로 예조판서·공조판서·좌찬성을 거쳐 1865년 3월 좌의정에 올랐다. 1867년 5월부터 1872년 9월까지 거의 단독으로 영의정을 독점하며 대원군정권의 최고 권력자로 활동했다. 김병학은 경복궁공사에서의 경비조달을 위한 당백전주조와 양이정책 수행에 명분을 제공했고, 무신대우개선과 삼군부강화 등 군정정책을 주도했다. 이렇듯 그는 대원군정책을 적극적으로 지원·협력했을 뿐만 아니라, 고종의 성학에도 가장 많이 관여했다. 김병국은 김병학의 동생으로 1866년 4월부터 1872년 9월까지 호조판서를 맡아 대원군정권의 재정기반 형성과 확보를 장기간 담당했다. 고종친정 이후 제2차 정계개편145)에서 우의정으로 발탁되어 고종 치하에서도 크게 활약했다. 김병주는 1866년 1월 형조판서로 임명된 후 판의금부사를 거쳐 같은 해 7월 병조판서에 올랐다. 특히 병인양요 당시 병조판서로서 대원군의 문호개방 반대와 전쟁수행에 도움을 주었다.

　이처럼 안동김씨 세력은 대원군정권기에 지속적으로 활동하면서 대원군의 통치권 확립과 정책수립, 추진에 크게 공헌했다. 특히 대원군정권 제2기는 안동김씨 세력과의 연립정권이라 해도 과언이 아닐 정도로 안동김씨는 정부요직에서 활동하면서 대원군의 통치권력과 기반안정, 정책수행에 적극적으로 협력했다. 그러나 1870년대 이후 대원군이 노론 이외에 남인·북인과 무신세력의 기용을 확대하고 우대정책을 펼치며 세력기반 확대와 권

　　에 오른 자는 단 한 명이며 대원군정권기에는 한 명도 없었다는 점을 감안하면, 대원군이 안동김씨 세력을 억압했다고 생각하기는 어렵다.
145) 고종친정 이후의 제2차 정계개편은 영의정 이유원·우의정 박규수체제에 이은 1874년 12월 17일 좌의정 이최응·우의정 김병국체제의 출범을 가리킨다.

력 독점을 꾀함에 따라 안동김씨를 중심으로 한 노론세력과의 사이에 불화가 생기게 되었다. 또한 서원정책 추진은 안동김씨를 비롯해 노론과의 갈등을 심화시켜 오히려 대원군의 정치기반을 와해시키는 원인이 되었다.

세도정치기 외척으로서 대원군정권에 들어서도 지속적으로 활동한 안동김씨 외에 이 시기에는 고종의 외척인 풍양조씨[146]와 여흥민씨 세력이 대원군과 고종의 권력기반으로 등장했다. 고종즉위 이후 정계에서 활동한 풍양조씨로는 조귀하·조헌영 및 신정왕후 조카인 조성하(1845~1881)와 조영하(1845~1884)가 있다. 조귀하는 헌종대에 정계에 진출했지만, 요직에 오르지 못한 채 철종대 말까지 이조참의 등에 임명되었다.[147] 그는 고종이 즉위한 후 승진을 거듭해 1864년 이조참판이 된 이후 1866년에는 형조판서·예조판서 등을 역임했다. 1867년 말부터 1870년까지 황해도관찰사·강원감사로 지방에 파견되었지만, 1871년 1월 한성부판윤에 임명되어 중앙으로 복귀한 후, 고종이 통치권을 회복한 1874년에 의정부우참찬·공조판서에 등용되었다.

조귀하와 마찬가지로 헌종대부터 정계에 등장한 조헌영[148]은 철종대에는 이조참판·충청도관찰사를 역임했다. 그는 고종이 즉위한 1864년에 형조판서·한성부판윤·예조판서와 1865년에 수원부유수를 거쳐 1867년에 이조판서, 1868년에 판의금부사에 취임했다. 1869년 1월, 노년을 이유로 정계에서 은퇴할 때까지 풍양조씨의 세력유지에 기여한 인물이다. 이 밖에 고종즉위 이후 조성하와 조영하가 등용되었으나 아직 나이가 어린 탓에 육

---

[146] 고종은 신정왕후 남편인 익종의 양자로 입적되었기 때문에 신정왕후가 고종 모친이 되면서 풍양조씨가 고종의 모계 친척이 되었다.
[147] 조귀하는 조병현의 아들로 조병현이 1849년에 안동김씨와의 정쟁에 패해 사사된 후 승진하지 못하고 있었다.
[148] 풍양조씨. 형인 조만영의 딸이 익종비로 고종의 즉위를 결정한 신정왕후이다. 헌종대에 4번에 걸쳐 영의정을 역임한 풍양조씨 세도의 중심인물이다.

조판서까지는 오르지 못했다. 그러나 두 사람은 승정원·규장각·홍문관에서 고종의 측근으로 활동하면서 신임을 획득했고, 꾸준한 승진을 거듭한 결과 고종이 정권을 장악한 이후 권력의 중심에서 활동하게 되었다.149)

풍양조씨 세력은 고종의 즉위로 외척으로서의 지위를 되찾음과 동시에 신정왕후가 수렴청정을 했기 때문에 그 세력을 강화시킬 수 있었다. 대원군과 결탁해 고종을 즉위시킨 신정왕후가 고종즉위 이후 풍양조씨를 정계로 진출시켜 그들 가문이 번성하기를 기대한 것은 당연한 일이었다. 그러나 신정왕후의 근친인 조만영·조인영 등이 이미 사망했고, 조카들은 어렸으며, 대원군이 외척의 성장과 정권장악을 바라지 않았기 때문에 풍양조씨는 대원군의 권력기반으로 활동하면서도 세력을 크게 확대시키지는 못했다. 그렇다고 해도 풍양조씨 일문은 다양한 가문과 혼인관계를 맺어 정계에 진출하며 대원군에게 지속적인 권력기반을 제공했고, 고종친정 이후에는 조성하·조영하·조강하·조창하 등이 중용되어 고종의 통치권 장악에 크게

---

149) 신정왕후 가문인 노론의 풍양조씨와는 당파가 다르고 혈연적으로 멀기 때문에 풍양조씨 외척 범위에서 구별할 필요가 있지만, 소론 풍양조씨인 조병창을 거론하지 않을 수 없다. 조병창은 친대원군세력의 대표적 인물로 대사헌·대사간 등을 거쳐 1865년에 공조판서, 1866년에 의정부좌참찬을 역임했다. 그는 반송사와 가례도감제조·상호도감 金寶篆文書寫官·春官通攷 교정당상 등, 의례·행사에 크게 관여했으며 강관으로도 활동했다. 1867년부터 판의금부사 및 각조 판서를 거쳐 고종이 친정을 선포할 때 형조판서로 임명되었지만, 고종의 교지에 따르지 않아 탄핵을 받고 유배되었다. 그는 대원군정권기 중용된 풍양조씨 중에서 가장 크게 활동한 친대원군적인 인물로 고종친정 이후 배척되었다. 조병창이 얼마나 친대원군적 인물이었는가는 고종이 대원군세력인 조병창을 제거했다는 황현의 기록으로부터도 엿볼 수 있다. '雲邊人排斥. 不逞之徒 於雲峴廢後 扇動流言 希復進用. 上惡之 金世鎬·鄭顯德·趙秉昌等 次第竄逐','雲峴人八名 賜死. 四月壬午(高宗十九年)夏 雲峴旬月當路 會正以禮官撰定國恤儀節 應準以文任撰奏淸國文 秉昌復入幕 囁嚅密議 顯德·載晚等又世所稱雲峴爪牙 兩殿積怒 議誅之 而閔台鎬奉行于下 規畫已定 台鎬以松留辭朝出城 明日事發 卿宰八人 騈首就戮 百年來始有之慘 而秉昌父子幷命 人尤悲之 是日命下 都下震悚 南村紳士爲之重足喪氣 時雲峴未還 京鄕無賴子 潛往閽謁 浮言交煽 上恐秉昌諸人有交通之謀故 先除之(『매천야록』, 21쪽, 70~71쪽)'.

협력함으로써 고종의 안정된 권력기반으로 자리잡게 되었다.

고종의 외척으로 대원군정권하에서 세력을 확대한 또 하나의 집단은 여흥민씨이다. 여흥민씨는 왕비를 3명이나 배출한 명문가였지만, 조선후기 들어 그 위세가 약화되어 있었다.150) 이러한 여흥민씨는 대원군의 어머니와 부인, 그리고 고종비의 가문으로 고종즉위 이후 또다시 그 세력을 향상시킬 수 있게 되었다. 이는 여흥민씨가 철종대에는 비변사당상에 한 명도 임명되지 않았던 데 반해151) 대원군정권 들어 육조·한성부당상 이상의 관직에 4명이나 등용되고 의정부당상을 겸임한 사실에서도 잘 알 수 있다.152)

대원군정권기 고관으로 활동한 여흥민씨에는 민치구(1795~1874)가 있다. 그는 대원군의 장인으로 1864년 12월 특지로 공조판서에 발탁된 후, 1865년 1월 광주부유수를 거쳐 1868년에 판의금부사, 1869년에 다시 공조판서에 임명되었다. 1866년에 가례부사로 고종의 혼인을 관장한 민치구는 대원군·고종과의 관계로 인해 우대되었지만, 이미 칠순에 가까운 나이였기 때문에 정치일선에서 크게 활동하지는 않았다.

민치상(1825~1888)은 고종즉위 당시 도승지로 신정왕후의 교지를 받들며 즉위절차에 관여했다. 그 후 이조참판·병조참판·도승지 등 대원군정권 제1기에 행정실무자로 활동했고, 1867년부터 1870년까지 충청도관찰사로 근무하며 오페르트의 남연군묘 도굴사건에 적절하게 대처했다. 1871년에 동지정사로서의 임무를 수행했으며, 1872년에 병조판서·강관에 등용되면

---

150) 여흥민씨에 대해서는, 糟谷憲一, 「閔氏政權上層部の構成に關する考察」, 『朝鮮史研究會論文集』 27집, 1990·「閔氏政權の權力構造とその開化政策·外交政策」, 『日韓歷史共同研究プロジェクト』 第6回シンポジウム報告書, 2004; 이배용, 「개화기 명성황후민비의 정치적 역할」, 『국사관논총』 66, 1995; 한철호, 「민씨척족정권기(1885~1894) 내무부의 조직와 기능」, 『한국사연구』 90, 1995 참조.

151) 안외순, 「대원군집정기 인사정책과 지배세력의 성격」, 144쪽.

152) 이들 4명은 민치구·민치상·민승호·민영위이다(糟谷憲一, 「大院君政權の權力構造」, 145쪽).

서 고종의 측근으로 활동하게 되었다. 민승호(1830~1874)는 명성황후의 오빠로 1864년에 과거에 합격한 후, 홍문관관원·이조참의·호조참판을 거쳐 1867년에 도승지로 임명되었다. 그 후 각조 참판과 승지, 직제학·형조판서를 역임했고, 1873년 9월 수원유수 재직시 고종의 교지를 받아 병조판서 민치상과 교체되어 병조판서가 되었다. 그는 대원군에 의해 거부된 최익현 상소를 접수해 고종의 친정선포에 크게 공헌했다. 대원군정권기 들어 요직에 등용되어 세력을 확대한 여흥민씨는 고종이 실질적인 친정을 선포할 때에는 반대원군세력 규합과 반대여론 형성을 도모해 고종의 통치권 확립과 정책수행에 협력해 갔다.[153]

이렇게 풍양조씨와 여흥민씨는 대원군과 고종의 외척으로서 정계에 진출해 대원군정권의 세력기반이 되었다. 왕실의 인척인 그들은 군주의 최측근으로 성장해 특히 친정 이후 고종의 권력기반으로 활동했다.[154] 대원군정권기 풍양조씨와 여흥민씨 중에서 육조와 한성부당상 이상에 취임한 관직자는 모두 7명으로 전체의 5% 비중에 지나지 않지만, 이들 외척세력은 중앙과 지방 요직에서 활동하며 대원군의 권력 강화와 정책추진의 기반이 되었다고 할 수 있다.

대원군의 주된 정치기반인 종친·선파, 안동김씨와 풍양조씨·여흥민씨 외척, 이들 세력은 육조 이상 주요관직을 30% 가깝게 점하면서 대원군정권의 안정에 기여했다. 그리고 서원철폐, 경복궁중건, 양이정책, 군비확충 등에 필요한 명분제공과 자금조달에 힘쓰는 등, 대원군정책의 원활한 수행에 적극적으로 관여했다.

그런데 이러한 상황은 1870년을 전후해 달라지게 되었다. 대원군이 한층

---

153) 여흥민씨 세력의 성장은 고종친정선포 이후에 급속히 확대된 것이 아니라, 이미 대원군정권기부터 영향력 증대가 가능한 기반이 조성되어 있었다. 다시 말하면 고종친정 이후 여흥민씨 세력의 권력장악은 그들을 자신의 권력기반으로 확보하려는 대원군에 의해 그 등용 기반이 마련되었다는 것이다.
154) 이들의 승진과 활동에 대해서는 제4장 제2절 참조.

강화된 권력집중을 꾀하며 남인·북인·무장세력의 정계진출을 확대하자 종친·선파, 안동김씨 중심의 노론세력, 풍양조씨·여흥민씨 외척은 기득권을 유지하고자 남인·북인·무장세력과 경쟁해야 했던 것이었다. 이처럼 권력을 장악하기 위한 정쟁이 심화되는 가운데 고종과도 긴밀한 유대관계가 있고 군주 권위를 바탕으로 더 큰 권세를 잡을 수 있었던 안동김씨를 중심으로 한 노론은 고종의 통치권 회복과 강화를 지지하며 권력을 유지하려 했다. 또한 고종 및 대원군과 동일한 친인척관계에 있던 종친·선파와 풍양조씨, 여흥민씨는 고종에게 협력해 권력 확대를 도모하게 되었다. 대원군정권에 적극적으로 참여하면서 대원군에게 안정된 기반을 제공하던 이들 세 그룹은 고종의 친정선포 이후에도 여전히 강력한 세력을 유지해 나갔는데, 그 이유는 처음부터 같은 세력을 권력기반으로 가질 수밖에 없었던 대원군과 고종의 관계뿐만 아니라, 세대교체를 통해 새로운 인물이 고종의 신임을 얻으며 측근으로 성장했기 때문이었다. 결국 지속적으로 권력을 강화·유지하려는 각 정치세력의 치열한 경쟁과 노력이 통치권을 회복하려는 고종의 이해와 일치한 결과, 대원군정권기의 권력기반이 거의 그대로 고종의 기반으로 재편되었다고 하겠다.

　마지막으로 비변사당상·의정부당상의 구성상 변화를 [표 24]로 정리·제시해 대원군정권기의 주요한 정치세력의 추이를 살펴보겠다. 여기에서는 고종즉위 직전인 1863년 12월 1일자 비변사당상과 신정왕후가 철렴해 고종의 공식적인 친정이 시작되는 대원군정권 제2기 초인 1866년 3월의 의정부당상, 그리고 대원군이 의정부대신을 모두 친대원군세력으로 구성한 대원군정권 제3기 초인 1872년 11월의 의정부당상 명단을 비교해 철종대에서 대원군정권 후반에 걸쳐 정부고위층에서 일어난 변화의 추이를 검토하고자 한다.

　대원군은 안동김씨가 다수 배치된 비변사 약화와 의정부와의 통합을 추구했고, 이를 위해 차대에 참가해 의정부의 실무를 담당하는 의정부당상에

[표 24] 철종 말기와 대원군정권 제2·3기 초 비변사·의정부당상 구성

일자	노론	소론	남인	종실
1863년 12월자 비변사당상 총원 50명	합계 35명(70%) (안동김씨12) 김병기·김병국·김병학 김병운·김병덕·김병지 김익진·김응균·김병주 김병교·김대근·김보근 (남양홍씨3) 홍재철·홍종서·홍종응 (의령남씨2) 남병길·남헌교 (평산신씨2) 신석우·신석희 (해평윤씨2) 윤치정·윤치수 (풍산홍씨2) 홍우길·홍설모 (광주김씨1) 김기만 (청풍김씨1) 김학성 (광산김씨1) 김보현 (대구서씨1) 서재순 (은진송씨1) 송근수 (청송심씨1) 심의면 (기계유씨1) 유장환 (우봉이씨1) 이우 (전의이씨1) 이근우 (한산이씨1) 이경재 (전주이씨1) 이인고 (풍천임씨1) 임태영	합계 12명(24%) (용인이씨2) 이원명·이삼현 (동래정씨2) 정현용·정기세 (양주조씨2) 조득림·조휘림 (경주김씨1) 김영작 (경주이씨1) 이유응 (전주이씨1) 이돈영 (창녕조씨1) 조석우 (풍양조씨1) 조연창 (양천허씨1) 허계	합계 1명(2%) (광주이씨1) 이의익 **북인** 합계 2명(4%) (풍천임씨2) 임백경·임백수	**시원임의정** 영중추부사 정원용 (소론/동래정씨) 행판중추부사 김흥근 (노론/안동김씨) 영의정 김좌근 (노론/안동김씨) 좌의정 조두순 (노론/양주조씨)
1866년 3월자 의정부당상 총원 64명	합계 37명(58%) (안동김씨9) 김병기·김병국·김세균 김병운·김병덕·김병지	합계 18명(28%) (전주이씨2) 이돈영·이경순	합계 5명(8%) (진주강씨1)	합계 2명(3%) 이재원 이최응

	김병주·김병교·김대근 (전주이씨5) 이인기·이규철·이경하 이주철·이봉주 (남양홍씨3) 홍재철·홍종서·홍종응 (대구서씨2) 서재순·서형순 (평산신씨2) 신석희·신헌 (해평윤씨2) 윤정구·윤치수 (전의이씨2) 이근우·이흥민 (광산김씨1) 김보현 (청풍김씨1) 김학성 (의령남씨1) 남병길 (여흥민씨1) 민치구 (청송심씨1) 심경택 (파평윤씨1) 윤교성 (기계유씨1) 유장환 (우봉이씨1) 이우 (풍천임씨1) 임태영 (풍양조씨1) 조헌영 (청주한씨1) 한정교 (풍산홍씨1) 홍우길	(양주조씨2) 조득림·조휘림 (동래정씨2) 정기세·정건조 (경주김씨1) 김영작 (나주임씨1) 임긍수 (고령박씨1) 박영보 (반남박씨1) 박제소 (대구서씨1) 서헌순 (평산신씨1) 신명순 (전의이씨1) 이희동 (경주이씨1) 이유응 (용인이씨1) 이원명 (창녕조씨1) 조석우 (풍양조씨1) 조연창 (양천허씨1) 허계	강시영 (전주이씨1) 이승보 (경주이씨1) 이현직 (광주이씨1) 이의익 (청주한씨1) 한계원 **북인** 합계 2명(3%) (풍천임씨1) 임백수 (의령남씨1) 남성교	**시원임의정** 영중추부사 정원용 (소론/동래정씨) 영돈령부사 김좌근 (노론/안동김씨) 영의정 조두순 (노론/양주조씨) 행판돈령부사 이경재 (노론/한산이씨) 좌의정 김병학 (노론/안동김씨) 우의정 유후조 (남인/풍산류씨)
1872년11월자 의정부당상 총원 60명	합계 33명(55%) (안동김씨7) 김병기·김대근·김병교 김병주·김세균·김병운 김병지 (전주이씨4) 이경하·이주철·이재봉 이인응 (기계유씨3) 유장환·유진오·유치선	합계 15명(25%) (전주이씨3) 이경우·이장렴 이건필 (동래정씨2) 정기세·정건조 (풍양조씨2) 조병창·조희복 (반남박씨1) 박제소 (연안이씨1) 이풍익	**남인** 합계 6명(10%) (경주이씨2) 이현직·이학영 (전주이씨1) 이승보 (기계유씨1) 유치숭 (한양조씨1) 조성교	**종실** 합계 1명(1.7%) 이재면 **시원임의정** 영중추부사 정원용 (소론/동래정씨)

(풍양조씨3) 조귀하·조영하·조성하 (청풍김씨2) 김익문·김원식 (여흥민씨2) 민치상·민승호 (평산신씨2) 신헌·신석희 (연안김씨1) 김유연 (광산김씨1) 김수현 (반남박씨1) 박규수 (대구서씨1) 서형순 (청송심씨1) 심승택 (우봉이씨1) 이우 (덕수이씨1) <u>이용희</u> (전의이씨1) 이흥민 (임천조씨1) 조기응 (남양홍씨1) 홍종운	(경주이씨1) 이유응 (용인이씨1) 이원명 (나주임씨1) 임긍수 (연일정씨1) 정기원 (양주조씨1) 조병휘 (창녕조씨1) 조석우	(삭녕최씨1) 최우형 **북인** 합계5명(8.3%) (풍천임씨2) 임백수·<u>임상준</u> (의령남씨1) 남성원 (전주이씨1) 이회순 (영월엄씨1) 엄석정	행판중추부사 이유원 (소론/경주이씨) 영의정 홍순목 (노론/남양홍씨) 좌의정 강로 (북인/진주강씨) 우의정 한계원 (남인/청주한씨)

· 범례: 밑줄을 그은 사람은 무신이다.
　　　성씨 옆의 숫자는 각 성씨로부터 배출된 총인원이다.

대원군세력을 배치·교체해 갔다. 따라서 대원군의 국정운영 이후 의정부 당상 구성으로부터는 대원군의 권력기반이 어떻게 변화되어 갔는지를 엿볼 수 있다.

[표 24]의 1863년 12월자 비변사당상의 구성을 보면 총인원은 50명이며, 노론이 35명으로 70%, 소론이 12명으로 24%, 남인이 1명으로 2%, 북인이 2명으로 4%를 차지했다. 4명의 시원임의정에서 소론은 정원용 한 명이며, 김흥근·김좌근·조두순은 노론이다. 이 중에서 두 명이 안동김씨이고, 원임의정은 두 명 모두 노론이다. 비변사당상 구성은 노론이 70%를 차지했고, 그 중에서도 영의정 김좌근이 안동김씨이며, 안동김씨 출신 당상이 12명으로 24%를 점해 안동김씨를 중심으로 한 노론이 정권을 총괄했다고 할 수

있다. 이 때는 종실이 한 명도 없고, 선파에서도 노론 이인고와 소론 이돈영이 포함되었을 뿐 종친·선파의 활동이 크지 않았다. 특히 비변사당상에 여흥민씨와 풍양조씨는 한 명도 임명되지 않아 철종이 순조의 양자로 입적되어 즉위한 이래 풍양조씨 세력의 쇠퇴가 진행되었음을 알 수 있다. 또한 비변사당상 50명 중에서 무신당상이 겨우 2명으로 비변사 내부 무신세력의 활동도 저조했다. 다시 말해 고종즉위 직전의 정계는 안동김씨를 비롯한 노론세력이 비변사를 장악하는 가운데, 영의정 김좌근을 중심으로 한 안동김씨의 세도정치가 펼쳐지고 있었다고 하겠다.

그런데 이러한 상황은 고종즉위 후, 정치세력 재편과 새로운 등용을 통해 권력기반을 강화·안정시키려 한 대원군의 정책에 따라 변화하게 되었다. 신정왕후의 철렴이 끝나 고종이 대원군에게 권력을 위임하자 대원군의 통치권 행사가 본격화되었는데, 이것이 대원군정권 제2기이다. 제2기가 시작된 1866년 3월자 의정부당상 구성을 보면, 총인원 64명으로 1863년 12월 비변사당상과 비교해 큰 폭으로 증가했다. 그 비중은 노론이 37명으로 58%, 소론이 18명으로 28%, 남인이 5명으로 8%, 북인이 2명으로 3%, 종실이 2명으로 3%이다. 고종즉위 전과 비교해 노론이 10% 이상이나 줄었고, 소론은 조금 증가, 남인은 4명이나 증가했다. 이렇게 1866년 의정부당상에서 노론 비중이 60%를 밑돌게 된 사실은 노론이 주도하는 정국에 변화가 생겼음을 의미한다.

원임의정은 소론 정원용과 노론 김좌근·이경재이며, 시임의정은 노론 영의정 조두순, 노론 좌의정 김병학, 남인 우의정 유후조로 구성되어 남인 의정이 또다시 등장했다. 노론의 안동김씨는 여전히 9명이나 당상관을 배출했지만, 1863년 12월의 24%에 비하면, 14%에 그쳐 10%나 감소했다. 종실로부터는 이최응·이재원 두 명이 의정부당상으로 등장했는데, 세도정치기 비변사당상 또는 고위관직에 종친이 임명되지 않았던 점을 감안하면, 종실의 정치 참여와 활동이 공식적으로 인정되고 있었다고 간주할 수 있다. 두 명의 종실 임명과 함께 종친·선파 출신 당상 역임자가 증가해 노론이 이인기·이규철·이경하·이주철·이봉주 5명, 소론이 이돈영·이경순 2명, 남인이 이승보 1명으로 8명이나 당상으로 선출되었다. 특히 이들 중 5명이 무신인 점은 종친·선파에서 다수의 무신을 등용해 군사적인 기반을 확보하려는 대원군의 의도를 반영한다. 여기에 1863년 비변사당상에 한 명도 포함되지 않았던 여흥민씨와 풍양조씨에서 민치구와 조헌영이 임명되었고, 두 명에 불과했던 무신 당상이 11명으로 전체의 17%를 점한 사실은 무신의 지위향상과 역할확대가 진행되었음을 보여준다.

1863년 12월 비변사당상 역임자와 1866년 의정부당상의 구성원 변화를 상세히 제시하면, 김병학(좌의정으로 취임)·김보근·김익진·김응균(안동김씨4), 김기만(광주김씨1), 남헌교(의령남씨1), 송근수(은진송씨1), 신석우(평산신씨1), 심의면(청송심씨1), 이경재(한산이씨1/행판돈령부사로 취임), 이인고(전주이씨1), 윤치정(해평윤씨1), 홍설모(풍산홍씨1)(이상 노론), 이삼현(용인이씨1), 정헌용(동래정씨1)(이상 소론), 임백경(풍천임씨1/사망)(남인)이 포함된 16명이 빠지고, 김세균(안동김씨1), 민치구(여흥민씨1), 서형순(대구서씨1), 신헌(평산신씨1), 심경택(청송심씨1), 윤교성(파평윤씨1), 윤정구(해평윤씨1), 이흥민(전의이씨1), 이인기·이규철·이경하·이주철·이봉주(전주이씨5), 조헌영(풍양조씨1), 한정교(청주한씨1) 15명(이상 노론), 임긍수(나주임씨1), 박제소(반남박씨1), 박영보(고령박씨1), 서헌순(대구서씨1), 신명순(평산신씨1), 이희동(전의이씨1), 이경순(전주이씨1), 정건조(동래정씨1) 8명(이상 소론), 한계원(청주한씨1), 강시영(진주강씨1), 이승보(전주이씨1), 이현직(경주이씨1) 4명(이상 남인), 남성교(의령남씨1)(이상 북인), 이재원·이최응(이상 종실2)이 포함된 30명이 새로이 등장했다. 이렇게 3년도 되지 않은 사이에 과반이 넘는 의정부당상이 교체된 것은 대원군의 정권장악 후 대대적인 정계개편이 이루어진 증거라고 할 수 있다. 또한 종친·선파 세력이 다수 등용된 점은 정권 초기 대원군이 안정된 기반을 확보하려 했기 때문이라고 판단된다.

이러한 대원군의 권력기반은 김병학형제가 모친상을 당해 정계를 떠난 1872년 후반이 되면 의정부대신이 모두 친대원군세력으로 임명되는 등 한층 강화되었다. 대원군정권 제3기 초인 1872년 11월자 의정부당상 구성은 총인원 60명이며 노론이 33명으로 55%, 소론이 15명으로 25%, 남인이 6명으로 10%, 북인이 5명으로 8%, 종실이 1명으로 약 2%를 차지했다. 노론은 1866년보다 줄었지만, 여전히 반수를 넘어 최대 정당의 지위와 면목을 유지했다. 소론은 다소 감소, 남인은 다소 증가, 북인은 5명으로 8%까지 늘어났다. 종실에서는 이재원만이 활동했는데, 이는 같은 해 10월까지 행판돈녕부사로 당상을 역임하던 이최응이 모든 관직의 사임을 청한 것을 고종이 받아들였기 때문이었다.155)

원임의정은 소론 정원용·이유원이며, 시임의정은 새로이 임명된 노론 영의정 홍순목, 북인 좌의정 강로, 남인 우의정 한계원으로 구성되었다. 시임의정에 남인과 북인 출신이 두 명이나 임명된 것은 대원군의 남인·북인에 대한 지위·역할 확대정책의 반영이었다. 안동김씨는 김병학형제가 퇴진함에 따라 조금 감소했지만, 여전히 다수의 당상을 배출했다. 종친·선파 출신 의정부당상은 노론이 이경하·이주철·이재봉·이인응 4명, 소론이 이경우·이장렴·이건필 3명, 남인이 이승보 1명, 북인이 이회순 1명으로

---

155) 흥인군 이최응은 1864년 1월 12일에 영희전제조에 임명된 후 같은 달 15일 司䆃寺제조, 2월 26일 宗廟署제조, 4월 22일 내의원제조에 임명되었다. 1865년 9월 19일에 호위대장을 맡은 후, 1866년 4월 19일 판의금부사가 되었고, 1869년 2월 10일에는 판돈녕부사가 되었다. 이 밖에도 掌樂院·景慕宮·社稷署 등의 제조를 담당했다. 그러나 1872년 10월 30일, 이최응이 종친부·돈녕부·호위청의 모든 관직에서 물러나겠다고 제출한 상소를 고종이 수리함에 따라—판돈녕부사를 제외한 종친부유사와 호위대장직의 사퇴를 수리—잠시 정치에 관여하지 않았다. 그렇지만 1872년 12월에 생긴 고종존호추상문제를 주도하는 등, 왕실관련문제에는 참여했다. 그 후 1874년 12월, 고종의 명령으로 좌의정에 취임한 뒤 영의정까지 승진하며 고종의 정권안정에 기여했다(『승정원일기』 1872(고종9)년 10월 30일).

총 9명이며, 1866년보다도 1명 증가했다. 종친·선파는 노론뿐만 아니라 각 당파로부터 등용되어 그들이 대원군의 안정된 정치기반 공급원으로 정착했음을 보여준다. 또한 이 중 5명이 무신이라는 사실로부터 대원군이 신뢰할 수 있는 종친·선파에게 군정을 담당시키려 했거나, 군정을 맡길 정도로 종친·선파를 신뢰했음을 알 수 있다. 외척으로는 풍양조씨 조귀하·조영하·조성하 3명과 여흥민씨 민치상·민승호 2명이 당상으로 임명되어 그 비중이 늘었다. 특히 조영하·조성하와 민치상·민승호는 1873년 11월, 고종의 실질적인 친정선포와 그 후 통치권 확립에 크게 기여한 인물로 이 때부터 의정부에서 활동한 점이 주목된다. 무신 당상은 11명으로 전체의 18%를 점해 무신이 지속적으로 고위관직에서 활동하면서 정치에 깊이 관여했음을 엿볼 수 있다.

이처럼 대원군의 정치기반은 고종이 즉위하기 전과 비교해 크게 달라지고 있었다. 대원군은 비변사를 폐지해 의정부 권한을 회복시키는 한편, 김병학을 의정부에 중용해 안동김씨 세력과의 마찰을 줄임과 동시에 그들을 자신의 세력기반으로 편입해 통치권을 안정시키고 있었다. 또한 종친·선파의 권한회복을 통해 왕실권력을 강화하고 다양한 정치세력을 등용하며 정권장악을 꾀해 갔다. 다시 말하면 대원군은 기존의 안동김씨를 중심으로 한 노론세력을 권력기반으로 재편하고 종친·선파 세력과 여흥민씨·풍양조씨 외척의 정계진출 기회를 확대했을 뿐만 아니라, 남인·북인·무신 등 다양한 세력을 등용해 특정 정치집단의 권력집중을 저지함으로써 중앙정부의 통치권을 강화해 간 것이었다. 이렇게 대원군은 자신과 긴밀한 유대관계를 갖고 정치적 제휴를 한 세력을 정권에 대거 참여시키는 정책을 추진했는데, 이러한 대원군의 권력기반 형성이 가능했던 배경에는 초기에는 신정왕후의, 신정왕후의 철렴 이후에는 고종의 적극적인 지원이 존재하고 있었다. 특히 고종이 대원군을 절대적으로 지지·신뢰해 그에게 군주의 인사권을 비롯한 통치권을 위임했기 때문에 대원군은 정계를 친대원군세력으로 구성해 국정을 주도·통괄할 수 있었다고 하겠다.

3. 제3장 제1절 정리

　이상, 대원군의 정치권력기반에 관해 살펴보았다. 고종즉위 이전, 대원군·신정왕후·안동김씨 세력은 각각의 의도를 갖고 고종의 즉위를 주도 또는 협력해 이후의 정국주도권을 획득하려고 했는데, 실질적으로 정권을 장악한 것은 대원군이었다. 여기에는 대원군이 고종의 실부라는 사실과 함께 그가 가진 탁월한 정치적 능력이 작용하고 있었다. 당시 왕실과 종친 이외에 대원군의 정치참여를 바란 세력은 없었다. 이런 상황 속에서 대원군이 신정왕후와 고종의 통치권을 이용해 왕실행사에 관여하면서 서서히 국정을 장악하게 된 것은 대원군 개인의 정치적 역량이 컸기 때문이었다.

　대원군은 고종이 즉위하자 김병학형제와 제휴해 기존의 안동김씨 세력을 권력기반으로 재편함과 동시에 종친·선파와 풍양조씨·여흥민씨를 정계에 진출시켜 정치적 영향력 확대를 꾀해 갔다. 그는 고종즉위 초기에는 신정왕후로부터의 통치권 위임과 세도정치기 정치세력과의 협력을 통해 정계에 진출할 수 있는 명분과 기반을 확보했다. 여기에 종친·선파를 대거 기용하면서 의정부·육조 중심의 행정체제를 회복시켜 군주 중심의 통치구조를 확립하려 했다. 그리고 신정왕후가 철렴한 이후에는 군주의 인사권을 이용해 기존 정치세력의 개편과 강화 작업을 반복하면서 새로운 인재, 즉 남인·북인·무장세력의 등용도 확대해 갔다. 이처럼 대원군은 자신의 통치권이 안정됨에 따라 안동김씨를 중심으로 한 노론, 종친·선파와 풍양조씨·여흥민씨 친인척을 기반으로 다양한 정치집단을 친대원군세력으로 만들었는데, 대원군정권기 정치세력의 정계진출과 권력장악의 동향은 통치권을 확립하려는 대원군의 의도에 의해 좌우되고 있었다.

한편, 대원군이 행사하는 권력은 군주인 고종의 통치권으로부터 파생된 것이었다. 대원군은 어떤 공식적인 관직을 맡고 있지 않았고, 정치에 관여할 수 있는 제도상 근거도 갖고 있지 않았다. 그가 정권에 참여할 수 있는 유일한 명분은 대원군에게 권한위임을 지시하는 고종의 교지였다. 그리고 고종의 대원군에 대한 권력위임이 효과를 발휘할 수 있었던 이유는 제도상의 규정보다 군주의 명령이 우선시되는 조선 특유의 정치적 상황 때문이었다. 왕의 생부인 대원군의 존재는 제도나 법으로 규정되는 것이 아니었고, 이는 군주 명령에 의한 대원군의 광범위한 권한행사를 가능하게 했다. 전술한 대로 김좌근은 대원군의 정치관여를 막으려 했지만, 그도 대원군을 정계로부터 배제할 수 있는 정당한 명분을 제시할 수 없었다. 이러한 상황에서 신정왕후와 고종이 대원군에게 권력을 위임하며 공식적인 정치 참여를 인정한 것은 대원군이 10년간이나 권력을 장악할 수 있는 최고의 근거가 되었다.

그러나 대원군의 권력은 군주처럼 죽을 때까지 계속되는 것이 아니었다. 대원군의 권력행사가 고종의 지지로 유지된다는 사실은 고종의 의사에 따라 그것이 변화 또는 제한될 가능성이 있음을 의미했고, 대원군도 자신의 지위와 역할 한계를 잘 알고 있었다. 또한 대원군은 세도정치기와 같은 특정 가문과 당파에 의한 권력 독점을 저지하며 군주 중심의 국정운영을 지향했다. 여기에 그가 처음부터 군주인 고종의 보도 역할을 자임했고, 그의 정권장악 목적이 중앙집권화와 국가재건에 있었던 점을 감안하면, 대원군의 정치활동이 권력이양 후 고종의 안정적인 통치권 장악에 필요한 조건 마련을 위해서였을 수도 있다. 결국 1873년 11월 대원군이 고종에게 권력을 돌려준다는 뜻을 드러내기 위해 운현궁에 은둔하고, 같은 정치적 기반하에서 대원군세력이 군주의 그것으로 전환됨에 따라 고종의 친정체제는 대원군정권기 정치세력을 거의 그대로 유지, 받아들인

채 시작되었다.156)

---

156) 대원군이 처음부터 군주 통치권을 초월할 정도의 권력행사를 꾀했는지, 또는 고종즉위 이후 통치권을 확대해 가는 과정에서 당초에 의도한 군주로의 권력 집중이 아니라 스스로에게 권력을 집중하게 되었는지를 판단하는 일은 극히 어렵다. 지금까지 두 사람의 관계에 관한 연구는 고종의 실질적인 친정이 고종의 의지에 의해 이루어졌고, 대원군이 몇 번이나 정계에 복귀해 고종의 군주권에 위협을 가했다는 이유로 대원군의 통치권 강화정책이 군주권, 그 자체를 위한 것은 아니었다고 보는 견해가 많다. 그러나 고종즉위 초기에 대원군은 군주를 중심으로 한 일원적인 행정체제 구축을 지향했고, 대원군이 군주가 될 수 없으며 언젠가는 군주에게 권력을 돌려주지 않으면 안 되는 위치에 있었음을 감안하면, 그가 자신의 권력행사와 정책이 군주 보도를 위한 것이라 믿고 있었다고 판단할 수도 있다. 따라서 대원군에 의한 왕실 · 중앙권력의 집중 · 강화정책은 결국 군주인 고종의 통치권 확립 · 안정정책이었으며 그가 적어도 처음부터 군주를 초월하는 통치권 소유 · 행사를 계획하고 있지는 않았을 것이라 생각된다.

제2절
대원군의 통치정책

대원군은 연소한 고종을 보도한다는 명분으로 약 10년간 국정을 총괄했다.[1] 그동안 그는 세도정치기에 피폐된 조선을 총체적으로 개선하고자 다양한 정책을 추진했다. 그는 국가기강을 바로잡고 곤궁한 민생문제를 해결하기 위해 국가권력의 중심에 있는 왕실이 견고하지 않으면 안 된다고 생각했고,[2] 군주와 왕실, 그리고 종친·선파의 권위회복을 실행해야 할 최대

---

[1] 대원군의 통치정책에 관해서는 다음과 같은 연구가 있다(연갑수『흥선대원군의 부국강병정책연구』, 서울대학교출판부, 2001; 김병우,『대원군의 통치정책』, 혜안, 2006; 이선근,『한국사최근세편』, 1967; 菊池謙讓『近代朝鮮史』上(鷄鳴社, 1937; 田保橋潔,『近代日鮮關係の硏究』上下(朝鮮總督府中樞院編, 朝鮮總督府, 1940); James Palais B, *Political Leadership in the Yi Dynasty*, University of Washington Press, Seattle and London, 1976; 성대경, 「대원군정권성격연구」, 성균관대학교박사논문, 1984; 안외순, 「대원군집정기 권력구조에 관한 연구」, 이화여자대학교박사논문, 1996; 안외순, 「대원군의 보수주의정치」,『행정사연구』3, 1996; 유국현, 「대원군의 개혁정책에 관한 연구」,『한국행정사학지』3, 1994; 이민수, 「흥선대원군의 개혁정치와 그 한계성」,『동학연구』11, 2002; 이민수, 「흥선대원군의 내치 재조명」,『사회문화연구』2, 대구대학교, 1983; 송이랑·김경호, 「조선후기 사회구조적 변화와 대원군정책」,『동아논총-동아대학교』37, 2000; 서종태, 「흥선대원군과 남인」,『한국근현대사연구』16, 2001; 정옥자, 「흥선대원군의 왕실교육강화」,『한국사연구』99·100, 1997; 석파학술연구원편,『흥선대원군사료휘편』1-4, 현음사, 2005).
[2] 왕실 권위 신장이 국가와 민생 안정에 기여한다는 인식은 종친부와 경복궁재건 사업에 관한『승정원일기』1865(고종2)년 2월 20일과 4월 2일자 기록을 참조.

목표로 내걸었다.3)

　대원군정권의 정책 목표와 평가에 대해서는 이론의 여지가 있지만, 이 절에서는 대원군의 왕실과 중앙권력 확립과 지방세력 통제정책을 검토하고, 그의 10년간에 걸친 통치정책이 중앙정부 통치권 강화를 통한 국가재건작업이었음을 분명히 하려 한다. 이는 첫째, 경복궁중건공사가 왕실 권위 신장과 국가결집력 강화에 어떤 영향을 주었는지, 둘째 서원폐지에서 드러난 대원군의 재지양반세력 약화와 여론통제 방침이 무엇이었는지, 셋째 지방무단토호 억제정책이 지방세력 통제와 중앙권력의 안정적 수행과 어떻게 관련되어 있었는지, 넷째 대원군이 추진한 군사정책이 그의 권력집중과 안정화에 어떻게 작용했는지로 나누어 고찰한다. 그리고 대원군이 궁극적 목표인 왕실과 중앙권력 기반 확보·확대를 위해 실시한 이러한 정책이 실제로 그의 의도에 어느 정도 부합·기여했는지를 분석한다. 또한 대원군정책이 고종의 친정선포 및 친정 이후 정책추진에 미친 영향과 이 시기 고종이 대원군의 통치정책을 어떻게 이해하며 관여하고 있었는지 설명할 것이다.

---

3) 대원군의 정책, 특히 왕실·군주·종친의 권위향상정책을 일률적으로 논하는 것은 쉽지 않다. 왜냐하면 대원군의 왕실과 종친의 권위 강화정책이 바로 군주인 고종의 권위와 권력신장으로 이어지는 것인지 어떤지는 간단히 답할 수 있는 문제가 아니기 때문이다. 그러나 대원군의 왕실강화와 중앙집권화정책은 통치권 집중에 크게 공헌했고, 고종이 친정을 선포할 때 대원군에게 집중된 권력을 이어받을 수 있었다는 측면에서 군주권 강화로 연결되는 것이었다고 판단하는 게 옳다고 생각된다.

1. 왕궁재건 및 정부기관 증축에 의한 중앙권력의 확대·안정화정책

대원군정권기 10년간은 다양한 건축공사가 끊임없이 행해진 시기였다. 대원군은 경복궁을 비롯한 각종 궁전과 정부관사를 재건·증축했는데, 이는 왕실과 정부 권위를 높이려는 작업의 일환이었다.[1] 그리고 그는 자신이 계획하고 신정왕후가 발의한 경복궁공사에 의해 국정에 공식적으로 참가할 수 있는 기회를 얻어 국가를 재건하려는 계획을 실행해 갔다.

고종즉위 이전부터 종친의 지위향상과 왕실의 권위회복에 힘을 기울이던 대원군은 고종이 즉위하자 종친부와 의정부의 기능회복과 확대를 시작했다. 전술한 대로 그는 종친부와 의정부의 역할을 확대하고 관원을 늘리는 등, 실질적인 지위와 권한 강화를 추진했다. 여기에 정부관사를 재건·확장해 외적으로 표출되는 전시효과를 통해 중앙권력의 변화양상, 즉 강력한 중앙권력이 회복되었음을 드러내려 했다. 이렇게 중앙집권화정책이 추진되는 가운데, 그는 대대적인 경복궁재건사업을 추진해 왕실과 국가 권위를 더욱 확립시킴과 동시에 삼군부도 부활시켜 왕조 초기 모습을 재현하고자 했다.[2]

1865(고종2)년 4월 2일, 이미 건물을 신축한 의정부와 종친부 관사에 이어 신정왕후는 경복궁재건사업에 대한 교지를 내렸다.[3] 여기에서 그녀는 경복궁이 왕조통치의 시원이며 그 재건은 국가중흥의 대업이라고 말하고, 조선에서 경복궁이 갖는 역사적인 상징성을 강조했다. 또한 남편인 익종과

---

[1] 최종덕, 「경복궁복원의 의미」, 『건축역사연구』 35, 2003; 이강근, 「경복궁중건」, 『건축』 35-2, 1991; 조재모·전봉희, 「고종조 경복궁중건에 관한 연구」, 『대한건축학회논문집』 계획계16-4, 2000.

[2] 『일성록』 1865(고종2)년 5월 26일. 경복궁 앞에 의정부·삼군부 배치 및 육조와 각 군영 이동·재배치에 대해서는 최병옥, 『개화기 군사정책연구』, 경인문화사, 2000, 28~31쪽을 참조.

[3] 『승정원일기』 1865(고종2)년 4월 2일.

아들인 헌종이 경복궁재건을 시도했고, 지금은 고종이 조종을 계승하려는 뜻에서 경복궁중건에 대한 결단을 내렸다며, 경복궁중건이 정조 → 순조 → 익종 → 고종으로 이어지는 대통의 정통성과도 관련 있음을 표명했다.

신정왕후의 교지가 전해진 다음 날, 경복궁재건과 관련해 2품 이상 관료의 의견이 수렴되었다. 그리고 경복궁공사를 담당할 영건도감 도제조에 영의정 조두순·좌의정 김병학, 제조에 흥인군 이최응·좌찬성 김병기·판중추부사 김병국·겸호조판서 이돈영·대호군 박규수·종정경 이재원, 부제조에 대사성 이재면·부호군 조영하·부호군 조성하가 임명되었다.[4] 또한 이 날 신정왕후와 정부관료 사이에 경복궁공사 문제를 둘러싼 회의가 열렸다.[5] 이때 신정왕후는 이 공사가 백성을 위한 것이므로 민력을 소모해서는 안 된다고 재차 강조했다. 그러자 정부관료들은 이에 동의하면서도 백성이 국가적 대사업에 기뻐하며 자발적으로 참가할 것이라 말해 경복궁공사가 기본적으로 민력에 의해 진행될 수밖에 없다는 인식을 드러냈다. 이 과정에서 신정왕후는 자신의 역부족을 이유로 공사를 대원군에게 모두 위임할 것이니 의정부 이하 모든 관료가 대원군의 지시에 따르도록 공식적으로 명했다. 이에 따라 대원군은 이미 시작된 왕실과 종친 관련 업무활동과 함께 정부정책을 담당하며 정부관료를 통솔할 수 있는 지위를 획득했다. 다시 말해 고종즉위로 인해 비공식적으로 정계에 등장한 대원군이 경복궁재건이라는 국가적 대사업을 주관함으로써 자신의 정치적 영향력을 확대할 기반을 확보한 것이었다.

경복궁재건에서 가장 문제시된 것은 자금조달이었다. 당시 정부재정으로는 궁궐건설에 필요한 막대한 경비를 준비할 수 없었기 때문에 민생에 대한 세금증가로 이어질 위험을 안고 있었다. 따라서 4월 5일, 정부관료들은 정부재정보다 민간으로부터의 기부를 주요한 자금원으로 활용하는 방

---

[4] 『승정원일기』 1865(고종2)년 4월 3일.
[5] 『승정원일기』 1865(고종2)년 4월 3일.

안을 제시하며, 그것도 강제가 아니라 자발적인 형태를 취하도록 정했다.6) 이러한 기부금 납부방안은 같은 날 신정왕후가 이미 도성 안과 선파로부터의 기부금이 상당량 모였다고 언급한 사실에서 대원군이 사전에 선파 세력에게 기부금 납부를 호소했음을 알 수 있다. 신정왕후는 기부금의 순조로운 모금 현황을 두고 하늘의 뜻에 민심이 부합하는 증거라며 전국의 부유한 백성에게 의연금을 납부하도록 촉구했고,7) 솔선해 내탕금 10만 냥을 제공했다.8) 이것이 이른바 원납전9)으로 불리는 기부금의 시작으로, 그 후 경복궁중건을 위한 기부금 모집이 지속되었다. 모집된 기부금은 경복궁재건을 위해 특별히 설치된 영건도감에서 관리하며 거의 매달 납부된 원납전을 회계부에 기재해 보고했는데, 약 8년에 걸쳐 모금된 원납전 총액은 774만 냥에 가까웠다.10)

이러한 궁전과 정부관사 공사는 막대한 재정·인력 소비에 대한 반대, 화재 등 악조건 속에서도 계속되었다.11) 대원군정권기에 행해진 정부공사와 그 경비조달 과정을 정리하면 다음과 같다.12)

---

6) 『승정원일기』 1865(고종2)년 4월 5일.
7) 『승정원일기』 1865(고종2)년 4월 5일.
8) 『승정원일기』 1865(고종2)년 4월 8일.
9) 황현은 원납에 대해 그것이 백성의 원망을 샀다는 이유로 '願納'이 아니라 '怨納'이라고 했다(황현, 『매천야록』, 4쪽).
10) 『고종실록』 1872(고종9)년 9월 16일. 이 날 기록에 의하면, 원납에 따른 모집금액은 7,736,898냥이다. 경복궁재건에 든 비용의 총액은 학자들에 따라 다르지만, 원납전 이외에 선혜청·호조로부터도 상당한 지원이 있던 사실에서 천만냥이 넘었음은 확실하다. 菊池謙讓은 약 1,500만 냥 정도였다고 추정하고 있고, 팔레도 이에 동의하고 있다(菊池謙讓, 『近代朝鮮史』 上, 84·89쪽; 이선근, 『한국사최근세편』, 192·198쪽; Palais, *Political Leadership in the Yi Dynasty*, 76쪽).
11) 『승정원일기』 1867(고종4)년 2월 10일, 경복궁화재발생.
12) 『승정원일기』·『일성록』·『고종실록』에서 작성. (신)은 신정왕후의, (고)는 고종의 교지이며, (대)는 대원군 지시이며, (의)는 의정부의, (종)은 종친부의, (삼)

1864(고종1)년 7월 13일, 시어소(군주의 임시거처) 수리를 지시.

1865(고종2)년 1월 27일, (의)의정부청사 재건을 위해 포삼세 활용을 요구하여 허가됨.13)

1865(고종2)년 2월 9일, (신)의정부청사 재건을 명령 - 내탕금 2만 냥을 제공.

1865(고종2)년 2월 20일, (고)종친부건물 중수가 완성되면 간판을 직접 쓰겠다고 언명.

1865(고종2)년 3월 26일, (신)의정부청사 역사를 의정부가 담당해 웅장히 세워 조정의 사체를 엄중히 할 것을 지시.

1865(고종2)년 4월 2일, (신)경복궁중건을 명하고 원납전 납부를 권유.14)

1866(고종3)년 2월 6일, (종)정족산성 선원각 수리를 요청.

1866(고종3)년 5월 10일, 좌의정 김병학이 예조 방사 수리를 건의 - 호조에게 맡김.

1866(고종3)년 9월 7일, (고)원납전 1만 냥 이상 상납자의 조사·보고를 명령.

1866(고종3)년 9월 12일, 토목공사 중지를 요구하는 이항로의 상소 → (고)염두에 두겠다고 회답.

1866(고종3)년 10월 13일, 토목공사는 조종의 절약 정신에 반한다는 전헌납 박주운의 상소 → (고)경복궁공사는 천명을 맞이하기 위한 일이며, 대신들도 동의한다고 회답.

1866(고종3)년 11월 6일, 당백전주조를 결정 - 호조 주관하에 금위영에서 제조.

1866(고종3)년 11월 28일, (고)태안(泰安) 외 5곳에 진영 설치를 지시 - 호조가 각 오천냥을 제공.

은 삼군부의 계이다.

13) 1865(고종2)년 2월 9일, (신)의정부대신들의 청사뿐만 아니라 속人들이 사용하는 中書堂까지 공사하도록 지시하고 내탕금지급 → 1865(고종2)년 2월 9일, (고)의정부 각 간판을 친필로 쓰겠다 → 1865(고종2)년 3월 26일, (신)의정부 건물을 웅장하게 짓도록 명령 → 1865(고종2)년 10월 1일, 의정부 건물 완성.

14) 1867(고종4)년 2월 9일, 경복궁재건을 위해 준비해 둔 목재에 화재 발생 → 1867(고종4)년 11일, 경복궁 근정전 완성 → 1868(고종5)년 6월, 중건 완료 → 1868(고종5)년 7월 2일, 고종 이어.

1867(고종4)년 2월 18일, (의)순천진영의 관사 등 재건을 건의 - 호조에서 5천 냥을 제공.

1867(고종4)년 3월 4일, (의)태량진(泰梁鎭)·구소비진(舊所非鎭) 설치 이후 경비 조달에 대해 건의 - 호조에서 4만 냥을 제공하고 환곡으로 이용할 것을 결정.

1867(고종4)년 6월 3일, 청전유통을 합법화.

1867(고종4)년 11월 17일, 경복궁 수정전 완성 축하 소견.

1867(고종4)년 11월 17일, 김병학이 건축비용 삭감을 요구.

1868(고종5)년 4월 14일, (고)경복궁중건 담당관리에게 5일마다 사용경비를 보고하도록 지시.

1868(고종5)년 7월 2일, 고종이 경복궁으로 이어.

1868(고종5)년 7월 4일, (고)창덕궁·창경궁 수리를 지시15) → 영의정 김병학이 경복궁공사의 재정긴축을 강조.

1868(고종5)년 9월 7일, (고)중추부·사헌부·육조·사학·의금부 감옥 및 각 성문을 순차로 수리하도록 지시. 민력을 소모하지 않도록 절약 강조.

1867(고종5)년 10월 6일, 결두전 징수를 실시.16)

---

15) 1869(고종6)년 11월 21일, 창덕궁·창경궁의 影幀 봉안장소 수리를 12월 4일에 하도록 결정.

16) 결두전 실시 시기에 대해서는 연구자에 따라 설이 다르다. 이선근은 1867년부터 결두전이 징수되었다고 하면서 원전을 제시하지 않았다. 菊池謙讓은 경기도에서 1결당 엽전 100文을 부과해 200만 냥의 수익을 올렸다고 했고, 팔레는 『고종실록』 1868년 10월 6일자에 대원군이 호조 감결을 통해 전국에 부과한 토지세가 결두전이라고 하고 있다(이선근, 『한국사최근세편』, 195~196쪽; 菊池謙讓, 『近代朝鮮史』 上, 87쪽; Palais, *Political Leadership in the Yi Dynasty*, 77쪽). 일반적으로 결두전은 대원군정권기에 궁전 등 다양한 공사로 인해 부족해진 재정을 보충하기 위해 토지에 새로 부과해 징수한 것이고, 결렴은 원래 결세에 다양한 명목의 세를 부가해 함께 징수하는 것을 가리킨다. 그러나 결두전도 토지에 부과하는 세금이었기 때문에 당시에는 결두전과 결렴이 혼용되어 사용되었고, 따라서 결두전과 결렴의 구별이 쉽지 않다. 실제로 1873년 10월 29일, 고종이 홍시형 상소를 받아들여 백성에게 폐해가 된다며 원납전과 결렴 폐지를 명했는데, 여기서의 결렴은 토지에 부가해 징수하던 모든 잡세를 의미하는 게 아니라, 대원군정권기 신설된 결두전만을 가리킨다. 현재 필자는 결두

1868(고종5)년 10월 10일, 토목공사 중지를 요구하는 최익현의 상소 → (고)어쩔 수 없는 일이라고 회답.

1869(고종6)년 6월 3일, (고)대성전 수리와 비천당17) 개축을 지시. 위정척사와 공자의 도를 분명히 하기 위함이라 주장.18)

1869(고종6)년 6월 11일, (고)문묘 개축 - 선혜청에서 2천 냥과 단목(丹木) 2천근과 백반 1천근을 제공.

1869(고종6)년 6월 30일, 김병학이 건원릉 정자각과 비각 개축을 제안.

1869(고종6)년 7월 25일, (대)전국에 원납전 납부를 재촉.

1869(고종6)년 8월 20일, 계성사와 사현사 수리 개시일을 9월 8일로 결정.

1869(고종6)년 9월 4일, (삼)종각소실을 보고하고 재건을 명함.19)

1869(고종6)년 11월 2일, 연이은 과도한 공사 중단을 요구하는 지평 조재구의 상소 → (고)좋아서 하는 일이 아니라고 회답.

1869(고종6)년 11월 10일, 김병학이 종묘와 영녕전 개축을 건의해 허가받음.20)

1870(고종7)년 1월 22일, 김병학이 각 릉·원·묘의 정자각 개수를 건의해 허가받음.21)

전 징수에 대한 정확한 시행시기를 파악할 수 있는 사료를 발견하지 못했지만, 1868년 당시에 결두전이라는 명목의 결세가 징수되고 있었고, 고종이 1873년 10월에 그것을 폐지한 것은 틀림없다. 그리고 고종은 1874년 1월부터 전국의 결두전으로 조성된 환곡미를 또다시 돈으로 바꾸어 정부에 납입하도록 해 청전 폐지에 따른 재정난을 타개하려 했다. 고종친정 이후의 결두전 이용 상황과 결렴 징수에 대해서는 제4장 제2절 2-(2)의 재정경제정책을 참조.

17) 성균관을 가리킨다. 泮宮이라고도 한다.
18) 1869(고종6)년 6월 11일, 재차 신속한 추진을 명령 → 1869(고종6)년 6월 12일, 聖廟改築을 같은 달 26일부터 시작한다고 보고 → 1869(고종6)년 7월 23일, 성균관의 신속한 완성을 명령 → 1869(고종6)년 8월 20일, 대성전 완성 → 1869(고종6)년 9월 13일, 고종이 문묘를 참배하고 '展拜文廟讀書魯論'라는 문구를 친필로 써서 제공.
19) 1869(고종6)년 9월 21일, 건축개시를 같은 해 10월 15일로 한다.
20) 1869(고종6)년 11월 27일, 종묘와 영녕전 신주를 임시로 봉안할 장소 수리가 결정 → 1870(고종7)년 1월 13일, 선혜청으로부터 종묘와 영녕전의 수리비용 5만 냥 제공.

1870(고종7)년 4월 24일, (삼)삼군부 서쪽의 외행각, 금위영 장막고에 화재 발생을 보고해 재건이 지시됨.

1871(고종8)년 2월 10일, 김병학이 각 원소의 비석 개수공사를 개시해야 한다고 상주하자, 고종은 영건도감으로 하여금 즉시 추진토록 하라 명함.[22]

1871(고종8)년 3월 29일, (의)무주부 적상산성의 선원각·사각 개수를 명함.

1871(고종8)년 8월 29일, 금위영이 남관왕묘의 정전 및 묘지 내 여러 곳을 개수했다고 보고.

1872(고종9)년 4월 26일, 신무문(경복궁 북문) 좌우 벽의 석축이 파손된 곳을 개수.[23]

1872(고종9)년 9월 15일, 모든 공사 완성으로 영건도감을 철폐.

1873(고종10)년 5월 10일, 건청궁공사가 낭비라며 토목공사의 비용 절약을 요구하는 부호군 강진규의 상소 → (고)사치를 하지 않도록 하고 있고, 충성이 넘치는 말에 감복한다고 회답한 후, 강진규를 예조참판에 임명.

1873(고종10)년 8월 19일, 강진규 상소에 의해 처음으로 건청궁공사 사실을 알게 된 좌의정 강로가 건청궁공사를 들어 절약을 건의 → (고)내탕금만을 사용하며 절약하고 있다고 회답.

1873(고종10)년 12월 10일, 경복궁 자경전 등에 화재 발생.

1874(고종11)년 1월 29일, 이유원이 시어소수리를 위해 호조에서 20만 냥을 지출한다고 보고.[24]

---

[21] 1870(고종7)년 1월 24일, 능·원 등의 정자각 개건·보수를 위해 선혜청으로부터 5만 냥 제공 → 1870(고종7)년 1월 28일, 각 능의 훼철날짜를 결정 → 1870(고종7)년 2월 27일, 선혜청으로부터 10만 냥 제공 → 1870(고종7)년 4월 6일, 선혜청으로부터 10만 냥 제공.

[22] 1871(고종8)년 2월 15일, 순창·소경·영회 三園에는 원래부터 비석이 없었으므로 懿寧·孝昌 2園所의 비석만을 개수.

[23] 1872(고종9)년 4월 27일, 선혜청의 儲留庫錢 3만 냥과 호조 儲留庫錢 1만 냥, 병조 예산 1만 냥 제공.

[24] 1874(고종11)년 2월 5일, 고종이 시어소수리를 위해 호조에서 20만 냥 이외에 별도로 목재를 준비하도록 지시 → 1874(고종11)년 3월 1일, 시어소수리를 왕비 출산으로 인해 3개월간 연기.

1874(고종11)년 4월 5일, (고)경비부족으로 송악산성 건설 중지를 지시.

1874(고종11)년 4월 29일, 영의정 이유원이 경복궁수리 개시를 강조하며 미리 목재를 준비해 둘 것을 제안. 고종은 농번기이기 때문에 가을로 연기할 것을 명령.

1874(고종11)년 5월 5일, (고)경복궁을 수리할 때 구조를 조금 변경하라고 지시.25) - 호조판서 김세균이 이미 벌채해 둔 목재를 먼저 운송하겠다고 함.

1875(고종12)년 3월 18일, (고)경복궁 삼전각(자경전·자미당·인지당) 중건.26) - 무위소제조·종사관·호조판서·별예방 낭청이 담당할 것을 지시.

1875(고종12)년 3월 25일, 고종과 이유원이 경복궁수리 비용조달문제를 논의. 이유원이 군주는 절대로 재물조달을 강구해서는 안 되며, 신하에게 맡겨야 함을 강조.

1875(고종12)년 3월 29일, 고종과 시원임의정, 정부관료가 모여 경복궁 건물배치 계획 변경과 경비조달을 논의. 고종의 건물배치 계획 변경안에 대해 신하들이 강력히 반대.

1875(고종12)년 4월 5일, 고종이 경복궁 건물배치를 변경하지 않겠다고 언명 - 비용으로 호조로부터 20만 냥과 선혜청으로부터 10만 냥을 지급.

이상의 공사 내용에서 알 수 있듯이, 대원군정권기에는 다양한 공사가 계속되었다. 이러한 공사과정에서 가장 문제시되는 것은 자금을 어떻게 조달해 민력 사용을 조금이라도 줄이는가였다. 그리고 처음에 영건도감이 주관하고 원납전 납부로 충당되던 각종 공사비용은 서서히 선혜청·호조 등 정부예산을 사용하게 되었고, 결렴(결두전) 징수, 당백전 제조27)와 청전유통

---

25) 1874(고종11)년 5월 12일, 경복궁수리에 필요한 목재·돌의 조달상황을 논의. 고종이 또다시 경복궁 구조변경을 지시. 1874(고종11)년 11월 1일, 경복궁수리에 관한 고종과 정부대신 간 협의.

26) 1875(고종12)년 3월 22일, 경복궁 삼전각 개수일을 같은 달 27일로 결정 → 1875(고종12)년 3월 25·29일, 삼전각 개수문제를 둘러싸고 고종과 정부관료들이 논쟁. 많이 고칠 것을 요구하는 고종에 대해 신하들은 재정부족과 구례 준수 등을 들어 반대.

27) 당백전주조에 대한 정부관료들의 의견은 그것이 물가상승과 私錢造로 인한 부

으로까지 확대되어 갔다.

실제로 1865년 4월, 경복궁공사에 필요한 노동력과 자금조달에 대한 논의가 이루어졌을 때 신정왕후는 "정부관료가 공사에 민력을 사용하자고 상주했지만, 가엾은 백성은 환곡과 군포 등을 매년 수를 채워 납부하는 것도 할 수 없을 만큼 곤궁하다. 여기에 며칠이나 부역을 하게 되면 어찌 불쌍하지 않을 수 있겠는가? 민력을 사용하는 일은 일단 보류하라"[28]며 가능한 한 민력을 사용하지 말도록 해야 한다고 강조했다. 그러나 신정왕후의 당초 배려와는 달리 공사가 확대·장기화됨에 따라 백성의 부담 증가는 불가피해져 갔다. 그러자 고종은 공사 지연과 확장의 책임을 영건도감 당상·낭관에게 지움과 동시에 민력 사용이 불만이라며 신속한 공사 종료를 요구해 가능한 한 민생부담을 줄이려고 했다.[29]

한편, 이러한 신정왕후와 고종의 태도와는 달리 대원군은 수도를 세울 때에 민력을 동원하는 것이 당연하다며 인력과 경비를 한층 더 제공하도록 촉구했다.

> 호조 감결에 '대원군이 분부하기를, "대궐 안의 건설 부역은 갈수록 방대해지나 도성과 각 성문, 각 관청도 이때에 함께 고쳐 짓지 않을 수 없다. 그런데 전후로 백성들에게서 걷은 수용이 적은 것은 아니지만, 이것은 옛날부터 수도를 세울 때에 백성들의 힘을 동원하고, 백성들도 자식이 부모를 생각하여 달려오는 뜻과 같은 것이다. 지금 재료와 힘이 고갈되고 경비도 계속 댈 수 없는 만큼, 안으로는 경성에서 밖으로는 팔도와 사도에서 대소 백성들, 관리 집안과 양반들 집안에 있는 하인으로서 신역을 면제받은 사람들은 매 부, 매 사람당 당백전 1엽씩 자원하여 바치되 5부 안에서는 이번 15일 안으로 납부할 것을 일일이 깨우쳐주어 한

정축적을 초래한다며 민생에 미치는 악영향을 우려하면서도 국가재정 부족을 보충하기 위해 시의에 맞추어 변통하지 않을 수 없다는 것이었다(『승정원일기』 1866(고종3)년 11월 6일).

[28] 『승정원일기』 1865(고종2)년 4월 5일.
[29] 『고종실록』 1868(고종5)년 4월 14일.

사람이라도 모르는 폐단이 없도록 하라"고 했다.'30)

여기에서는 경복궁공사를 더욱 확장할 뿐만 아니라, 다른 관청청사와 성문까지 재건해야 하며 백성이 공사 경비와 인력을 부담하는 것이 당연하다는 대원군의 인식이 드러나 있다. 이처럼 대원군은 민생을 생각해 공사를 신속히 종결, 나아가서는 중지하지 않으면 안 된다고 강조한 고종을 비롯한 정부대신, 유생과 달리 왕실과 정부의 권위 향상을 위해 백성이 희생해도 된다며 이를 정당화시키고 있었다.

대원군정권기에 행해진 공사와 관련 내용을 보면, 그 추진 과정에서 주목해야 할 점이 몇 가지 있다. 첫째, 경복궁공사를 비롯해 정부청사 개축과 재배치 등은 왕실과 중앙정부의 권력집중과 권위확립을 위해 행해진 것이었다. 당시 경복궁공사는 경복궁을 중심으로 그 주변에 각종 정부관청과 다른 궁전을 재건·배치하는 형태를 띠고 있었는데, 이는 왕조 초기 모습을 재현하기 위해서였다. 또한 대원군정권기 공사는 경복궁·의정부·종친부에 그치지 않고, 창경궁·능원·종묘·영녕전 등으로부터 정부·지방관청과 지방진영, 성곽의 증축·수리에까지 이르고 있었다. 이렇게 대원군이 왕실과 정부의 실질적인 역할확대와 함께 훌륭한 외관 구비를 추구한 것은 그가 권력을 행사하는 데 외관이 보여주는 존재감, 즉 상징적 이미지를 중시했고, 그것이 중앙권력 강화에 기여한다고 판단했기 때문이었다.

둘째, 처음에는 원납전의 자발적인 납부로 충당하던 경비가 공사확장과 규모확대로 인해 서서히 부족하게 되었다는 사실은 정부재정으로부터의 막대한 지출을 비롯해 결렴 등 각종 조세의 신설과 신화폐 주조, 청전유통 등이 이루어지는 원인이 되었다. 공사자금이 바닥남에 따라 정부관료는 그 비용을 조달하기 위한 대책수립에 고심하지 않을 수 없었고, 다양한 정부정

---

30) 『고종실록』 1868(고종5)년 10월 6일.

책이 공사 수행과정을 고려해 구상·추진되게 되었다. 다시 말해 대원군정권기 공사는 단순히 왕실과 정부관청을 재건하는 차원을 넘어 재정운용뿐만 아니라 다른 정책수립과도 밀접한 관련을 갖고 전개되었다는 것이다. 이는 대규모 공사를 추진하는 대원군의 의도가 왕실과 국가재건에 있었던 만큼 당연한 결과였다고 하겠다.

셋째, 영건도감에서 활동하던 관료가 정부관료, 즉 군사와 행정관원인 상황에서의 빈번한 공사는 군사훈련 및 행정업무 수행상 큰 차질을 초래하게 되었다. 이러한 예는 당시 기록에서 쉽게 찾아 볼 수 있다. 일례로 영건도감이 '영건도감 제조 박규수가 지의금부사에 임명되었는데, 직임이 서로 방해가 되기 때문에 의금부 직을 교체하는 편이 좋겠다',[31] '영건도감 도청 이명응이 집의로 임명되었는데, 직임이 서로 방해가 되기 때문에 태직을 교체하는 편이 좋겠다',[32] '영건도감 도청 이종준이 사간에 임명되었는데, 직임이 서로 방해가 되기 때문에 태직을 교체하는 편이 좋겠다'[33]고 보고했는데, 이로부터 행정부관원이 영건도감 일을 겸임하고 있었고, 정부행정업무보다 영건도감의 그것이 우선시되었음을 알 수 있다. 또한 삼군부는 '다음 날에 습진이 있는데 훈련도감 대장인 신헌이 영건도감 제조로 연일 공무가 있어 훈련할 수 없다',[34] '다음 날에 습진이 있는데 금위영 대장인 이장렴이 영건도감 제조로 연일 공무가 있어 훈련할 수 없다',[35] '다음 날에 습진이 있는데 어영청 대장인 이원희가 영건도감 제조로 연일 공무가 있어 훈련할 수 없다'[36]며 영건도감 활동을 군사훈련보다 우선시했다. 여기에

---

31) 『승정원일기』 1865(고종2)년 4월 15일.
32) 『승정원일기』 1865(고종2)년 10월 14일.
33) 『승정원일기』 1865(고종2)년 10월 22일.
34) 『승정원일기』 1870(고종7)년 5월 18일.
35) 『승정원일기』 1870(고종7)년 5월 19일.
36) 『승정원일기』 1870(고종7)년 5월 20일.

경복궁화재 이후 호조판서에게 내려진 '공사 종료까지 매일 경복궁으로 가 감독을 전담해 공사를 신속히 완성하라'37)는 명령은 정부재정을 총괄하는 호조판서가 공사 현장에 투입되었음을 보여준다. 이처럼 당시에는 최우선 과제·정책이었던 경복궁재건공사 담당자에 현직관료가 임명되어 관료들의 업무 중복·과중이 야기되고 있었다.

넷째, 국가와 민생의 안정·번영을 내걸고 착수한 공사는 그 진행과정에서 다양한 문제를 불러일으켜 대원군정권의 정당성을 훼손시킴으로써 대원군 은퇴의 결정적인 원인으로 작용하게 되었다.38) 대원군은 공사경비 충당을 위해 다양한 정책을 계획·실시했는데, 그가 추진한 당백전주조, 청전유통, 각종 세금신설 등은 물가불안과 화폐에 대한 불신을 조장하고 재정경제 운용에 막대한 손해를 입히고 있었다. 또한 공사 장기화로 조세와 인력 동원이 증가한 것은 민본을 내걸고 시작된 경복궁중건의 명분을 손상시킬 뿐만 아니라, 반대원군세력의 결집, 공사중단과 절약을 요구하는 여론형성, 대원군정책에 반대하는 의견을 정당화시키는 구실이 되었다. 당초 왕실과 정부의 상실된 권위회복을 위해 '위국위민(爲國爲民)'을 내걸고 추진된 건설공사가 국가재정과 민생 부담을 증가시키고 시장경제 불안을 높여 대원군의 국정운영에 대한 정당성을 훼손시킨 결과, 그의 정계퇴진을 초래하는

---

37) 『승정원일기』 1867(고종4)년 2월 10일.
38) 1866년 11월 6일, 대신들이 모여 당백전 주전에 관한 문제점과 필요성을 거론했다. 당백전은 1866년 12월 1일에 주전이 개시되었고, 1867년 5월 4일, 동월 15일부터 철폐하도록 명해져 반년도 지나지 않아 주조가 중지되었다. 당백전 유통이 초래한 폐해에 대해서는 『고종실록』 1868년 2월 30일자 대원군 지시를 참조하면 좋은데, 여기에서 대원군이 거론한 당백전의 문제점은 당백전의 액면가보다 평가절하된 교환, 사적 주전으로 인한 유통구조의 문란, 奸吏의 세금에 대한 상평전 징수와 당백전 납부 및 이로 인한 부당이익 취득, 그 밖에 물가상승, 민심혼란 등이다. 여기에 성문세는 상인에게만 징수하도록 했는데, 실제로는 유생과 일반백성에게까지 수세되었고, 청전은 당백전과 같은 문제를 야기하고 있었다. 청전과 성문세·연강세 등 신설세의 문제점에 대해서는 고종이 대원군 재정경제정책의 폐해를 거론해 수정을 추진한 제4장 내용을 참조.

원인으로 변질되었다는 것이다.

　마지막으로 고종은 대원군이 공사경비를 충당하기 위해 실시한 청전유통·결두전·각종 세금징수 등이 민생에 폐를 입힌다면서도 궁전공사를 중단하려 하지 않았다. 그는 재정이 부족한 상황에서도 건청궁공사를 강행했고, 친정선포 이후에는 한층 대대적인 경복궁 개축을 시도했다. 특히 대원군의 재정확보정책 대부분을 폐지하고 청전유통을 금지한 탓에 정부재정이 심각한 부족에 빠졌음에도 불구하고, 경복궁 건물배치 계획을 변경해 공사를 확대·실시하려고 했다. 이러한 국가재정을 고려하지 않은 고종의 태도는 그도 대원군과 마찬가지로 궁전재건이 군주와 왕실 권위를 상징하는 중대한 문제라고 인식하고 있었음을 보여준다. 다시 말해 고종은 경복궁을 확장해 군주의 위엄을 드러내는 일이 친정 이후 통치권 확립에 기여한다고 생각했던 것이었다. 결국 대원군과 고종이 국가의 재정부족을 초래하면서까지 왕실과 정부 관련 건물의 증축·재건을 지속한 이유는 그들이 이러한 공사를 통치권 강화에 필요하다고 판단했기 때문이라고 할 수 있다.

　대원군은 왕실과 정부의 권력과 위엄을 되찾아 국초와 같은 중앙통치권 확립을 목표로 했다. 그는 목적 달성을 위해 의정부와 종친부의 실권과 외관 회복을 꾀하면서 임진왜란 이후 300년이나 방치된 경복궁재건공사에 착수했다. 이는 경복궁중건을 알리는 신정왕후의 교지에서 드러나듯이, 선대의 영광과 번영을 구현하려는 고종의 조종계승 의사—보다 정확하게 말하면 대원군의 의지—의 발현이며, 고종즉위에 대한 정통성을 확보하려는 의도가 포함되어 있었다. 여기에 신정왕후의 명으로 대규모 경복궁공사를 주관하게 된 대원군은 종친의 지위를 넘어 국정에 관여할 수 있는 권리를 획득했고, 자신의 탁월한 정치적 감각을 살려 국정운영권을 장악해 갔다. 그러나 아이러니하게도 대원군에게 정계진출과 장악의 기회를 제공한 경복궁공사는 그것이 장기간 지속됨에 따라 경비와 인력의 과도한 소모라는 비난과 반대여론을 불러일으켰고, 그 결과 그를 정계에서 퇴진시키는 요인으로 작용하게 되었다.

2. 서원철폐와 무단토호억압에 의한 지방통제정책

대원군의 정책은 중앙정부로의 권력집중에 따른 국가와 왕실의 기반 강화를 추구하는 것이었다. 그는 종친부와 의정부 권한을 확대해 이 곳을 중심으로 왕실과 정부 업무를 이끌어나가려 했다. 그리고 중앙통치권을 보다 효과적으로 집행하기 위해 지방세력 억제정책을 동시에 실시했는데, 그 대표적인 정책이 서원철폐와 무단토호억압이었다. 여기에서는 서원과 무단토호정책의 진행과정을 검토해 대원군정책의 의도, 목적이 무엇이며, 그것이 실질적으로 어떻게 지방통제와 중앙집권화정책에 기여했는지 고찰하도록 하겠다.

(1) 서원정책 추진에 의한 지방통제와 국가재정 확충

전술한 대로 대원군은 고종즉위 이전부터 종친부 지위 강화를 위해 노력했는데, 이는 정부의 재정지원 결여와 지방관원 및 종친의 비협조로 제대로 이루어지지 않았다. 이러한 상황에서 중앙통치권의 집중·강화를 위해 지방세력 통제가 불가피하다고 인식한 대원군은 고종즉위 직후 서원이 정치운영에 미치는 악영향을 지적하면서 서원문제 해결에 힘을 기울이게 되었다.[39]

실제로 국정운영 정상화를 위해 서원 개혁이 시작된 것은 18세기 무렵부터였다.[40] 이전에도 서원 폐지와 남설금지 문제는 지속적으로 제기되었지

---

[39] 대원군의 서원정책에 관해서는, 이수환, 『조선후기 서원연구』, 일조각, 2001; 정만조, 『조선시대서원연구』, 집문당, 1997; 전용우, 「화양서원과 만동묘에 관한 일연구」, 『호서사학』 18, 1990; 윤희면, 「고종대 서원철폐와 양반유림의 대응」, 『한국근현대사연구』 10, 1999; 이은송, 「대원군정권의 교육정책에 관한 연구」, 『한국교육사학』 19, 1997 등을 참조.

[40] 설립초기 서원은 인재를 양성하고 선현을 모시며 유교적 향촌질서를 유지하고 시정을 비판하는 사림의 공론장으로서의 역할을 담당하는 등, 긍정적인 기능을 수행했다. 그러나 그것이 중설됨에 따라 혈연·지연관계와 학벌·사제·당파

만 개혁이 실시된 예는 거의 없었다. 이는 서원이 지방뿐만 아니라 중앙정계에까지 막대한 영향력을 행사하고 있었기 때문이었다. 1862(철종13)년, 경상도 진주를 발단으로 삼남지방에 확대된 민란의 직접적인 원인은 삼정문란이었지만, 그 사후 수습 과정에서 서원문제가 거론되어 폐해가 논해진 사실은41) 삼정문란을 일으키는 원인 중 하나가 서원이었음을 보여준다. 재지양반세력의 결집을 주도하던 서원은 각종 면세지 획득과 소속양민의 군역회피, 그리고 정부로부터의 재정지원 등을 통해 국가조세제도와 재정문란을 초래했던 것이었다. 여기에 서원에 할당된 조세와 부역을 백성에게 전가시켜 민생부담을 가중시키고, 사채발행과 사세(私稅)징수 등 수탈을 자행하고 있었다. 또한 서원은 지방 여론과 행정을 좌우하며 중앙정부의 지방통제에 제약요인으로 작용하고 있었다.

강력한 중앙통치권 확립을 추구하는 대원군으로서는 임술민란 이후 혼란상황을 수습하고 민생안정이라는 당면 과제를 해결해 확고한 통치의 정

등의 인맥과 연결되고 재지양반층의 이익을 대변하는 장소로 변화해 갔다. 또한 사액서원의 경우, 면세지 소유와 소속된 양민의 免役이 국가로부터 인정되어 있었기 때문에 양민의 투탁을 유도해 경제적 기반을 확대해 갔다. 따라서 서원은 양민이 院僕이 되어 군역을 피하기 위한 도피 장소로 변해 국가에 군정이 부족한 상황을 초래했을 뿐만 아니라, 불량 유생의 본거지가 되었다. 또한 재지유생은 서원의 강력한 힘을 이용해 지방관인 수령을 좌우하며 고을행정에 관여했다. 다시 말해 서원은 각종 면세특권을 이용해 국가재정 축소를 야기함과 동시에 지방여론을 통제함으로써 중앙권력의 지방통치를 저해하고 붕당을 활성화시켜 중앙정계에서의 당쟁 과열화에 영향을 미친 것이었다. 이러한 서원폐해에 관한 논의는 인조대부터 있었지만, 특권계급의 이해와 관련되어 있었기 때문에 개혁에 착수하지 못했다. 1657(효종8)년 서필원은 서원폐해를 주장한 탓에 파면되었고, 효종·숙종대에는 사액을 통제하고 중복설립자를 처벌하는 규정을 두었지만, 서원증설을 막을 수는 없었다. 그 후 1738(영조14)년, 안동의 김상헌 院享 철폐를 비롯해 대대적인 서원정비에 착수해 200여 곳이 폐지되었으나, 여전히 700여 곳이 남아 있었다. 그 중에는 송시열의 院享가 36곳이나 되는 등, 서원중첩의 성행은 심각한 사회문제가 되고 있었다.

41) 『철종실록』 철종13(1862)년 5월 26일.

통성을 확보하기 위해서도 서원문제를 반드시 해결해야 했다. 따라서 대원군은 서원이 갖는 권력과 부를 중앙정부로 흡수시키고자 서원철폐정책을 구상·시행하게 되었다.

대원군정권기 서원정책은 서원의 존재와 서원소속 토지·인원 등을 정확하게 파악하는 작업에서부터 시작되었다. 먼저 신정왕후는 각 지방관청에 각 읍 소재 서원에 대해 상세히 조사해 보고하도록 명했는데,[42] 이는 서원폐지 단행에 필요한 정확한 정보를 얻기 위해서였다. 당시 서원은 전국에 산재해 재지양반세력 결집의 본거지가 되고 있었고, 서원해체작업을 수행하는 데는 기득권 세력의 엄청난 반발이 예상되었다. 따라서 우선적으로 서원의 문제점을 파악해 개혁 명분을 제시함으로써 유생의 반대를 억누를 필요가 있었다. 때문에 신정왕후는 각 지방관리를 동원해 전국의 서원 실태를 조사·보고하도록 촉구함으로써 서원폐지에 대한 정당성을 확보하고자 했다.[43]

1864(고종1)년 8월, 이러한 조사결과를 바탕으로 신정왕후는 서원뿐만 아니라 사원의 문제점도 지적하며 사원의 폐해와 서원의 중복설치 금지 교지를 내렸다.[44] 이 내용에서는 당시 사원 및 서원이 정치운영에 어떤 문제를 불러일으키고 있었는지를 엿볼 수 있는데, 그녀는 양반가의 사원보솔[45]문제를 개혁하고자 대원군의 아버지 고(故)남연군의 사원보솔문제를 꺼내 그것이 큰 토지와 다수의 소속인원을 가지면서도 군역·환상(환곡) 등의 조세 의무를 이행하지 않고, 군정 허액 폐해의 근원이 되고 있음을 강조했다. 또한 대원군이 그 폐해를 염려해 바로잡으려 한다고 역설해 근친의 사원문제부터 솔선해 개선함으로써 반대여론을 억누르고 정책의 신속한 수행을

---

[42] 『승정원일기』 1864(고종1)년 4월 22일.
[43] 『승정원일기』 1864(고종1)년 6월 7일.
[44] 『승정원일기』 1864(고종1)년 8월 17일.
[45] 일반 농민들로 구성된 正兵에 소속된 경제적 보조자와 노동자.

꾀하려 했다. 그리고 난립한 서원설립 문제와 해결방안에 대해서는 다음과 같이 언급했다.

우리 국조는 유를 숭상하고 도를 중히 여겨 4, 5백 년 동안에 성명과 문물이 찬란히 크게 갖추어졌는데, 사림이 옛 어진 이를 존모하여 서원을 세우고 사당을 세운 것은 본디 그 학문을 강습하고 그 도를 창명하려는 데에서 나왔다. 따라서 국가에서 액호(額號)를 내리고 전결과 보솔을 준 것은 뜻이 매우 성대하고 은혜가 매우 두터운 것인데, 어찌하여 그 말류의 폐단이 이루 말할 수 없게 되었는가. 현송하는 소리는 고요하여 들리지 않고 주식으로 경쟁하는 것이 훌륭한 일처럼 되었으며 군오를 도피하는 자는 반이 보액에 들어가고 평민을 침학하는 자가 버젓이 다니며, 서로 이익만을 찾는 것을 본뜨고 사설·첩설이 곳곳에서 잇달며 빙자하고 공갈하여 다툼이 그치지 않으니, 사원의 본의가 어찌 이러하겠는가.…사액 서원이 스스로 장만한 전지 3결을 법전에 따라 면세하는 이외에 스스로 장만한 것이 3결이 못되는데 함부로 민결로 수를 채운 경우가 있으면 일체 적발하여 바로잡으라. 원생·보솔은 정식이 있기는 하지만 들쭉날쭉하여 지나치게 많은 폐단이 없지 않다. 원복·고직 등 긴절한 명색은 묘당에서 똑같이 액수를 정하고 그 밖에는 일체 없애서 모두 군액에 채우라. 향현사는 본디 사액 서원이 아니니, 어찌 보솔이라는 명색이 있겠는가. 모두 삭제하여 군정으로 등록하라.…연전에 대신이 복주촌(福酒村)을 없앨 것을 아뢰었는데 몇 해 되지 않아서 폐단이 다시 전과 같다 하니, 소재한 각 읍을 시켜 성책을 수정해 신보하여 전금(前禁)을 다시 밝히라. 무릇 사원의 첩설·사설에 관계되는 것은 일체 방금(防禁)을 엄하게 세워서 다시는 난잡하지 않게 하되 금단을 무릅쓰는 일이 있으면 곧 철훼하고 중률로 다스릴 것이라는 뜻으로 정식하고 준행하라고 묘당에서 각도에 공문을 보내어 알리도록 하라.

그녀는 본래 서원설립의 취지와 현재 상황을 설명한 후, 국가조세제도 문란과 민생침해의 온상이 되고 있는 서원의 실상을 철저히 규명해 그 관리와 단속을 지속적으로 행하지 않으면 안 된다고 주장한 것이었다. 이러한 신정왕후의 교지에서 드러난 서원의 대표적인 문제점은 ① 백성에 대한 학대·약탈 및 세금 전가로 인한 민생부담 가중, ② 면세지 확대와 군역회피, 전결·보솔 지급에 따른 국가재정 감소, ③ 중앙정부의 규제 무시와 국가기강 저해, ④ 지방행정·재정·군역체제의 문란 초래였다. 이로부터는 당시 서원이 유도(儒道)와 유학자(儒學者) 숭상이라는 본래 설립취지에서 벗어나 국가의 정치·경제에 얼마나 심각한 장애요인으로 작용했는지를 분명히 알 수 있다.

신정왕후의 서원 교지에 이어 1865(고종2)년 4월, 고종은 보다 구체적인 대책수립을 위해 화양서원의 실태를 거론하며 국가재정과 민생안정을 해치는 요인을 제거하도록 명했다.

> 내가 잠저에 있을 때, 화양서원이 별고전(別庫錢)으로 각 고을에 이자를 놓아 여러 고을 백성들에게 해를 끼치고 있다는 말을 듣고 항상 분통하게 여겼다. 그 장부나 표기는 모두 거두어다 그곳 감영에서 즉시 지워 버리도록 하라. 그리고 복주촌으로 말하면 전후 경연 석상에서 신칙한 것도 이미 여러 번인데, 이제 과연 영구히 혁파했는지 모르겠다. 백성들의 폐단을 바로잡는 이때 징계하지 않을 수 없으니 일제히 조사해서 첨정을 찾아내고, 평민의 묵투서(墨套書)를 조사해 내어 또한 감영 마당에서 영구히 삭제하도록 정부에서 도신들에게 통지하라.46)

여기에서 고종은 잠저에서부터 화양동서원이 별고전을 이용해 돈을 벌며 민생에 폐해를 끼치고 있음을 들었다며, 화양서원의 영리행위가 장기간에 걸쳐 이루어진 심각한 사회문제라고 강조했다. 전술한 대로 고종이 잠저에서 들었다고 전제한 후 하는 발언이 대원군의 의견이었다는 사실을 감안하면, 화양서원에 대한 고종의 이해가 대원군의 그것을 대변했다고 할 수 있다. 다시 말해 서원문제의 심각성을 인식해 개선을 구상해 온 대원군이 고종이 즉위하자 서원문제 해결에 적극적으로 대처하기 시작했다는 것이다. 특히 서원의 대표격인 화양동서원과 만동묘문제 해결이 서원정책의 성패를 좌우하는 중대한 사항이었던 만큼, 대원군은 화양동서원에 대한 특별한 단속을 지시했다.

---

46) 『승정원일기』 1865(고종2)년 4월 13일.

이러한 대원군의 서원정책은 두 가지 목적을 달성하는 방향으로 전개되었다. 그 하나는 전국서원의 토지와 원복의 소속 상황을 파악해 면세지와 군역 등을 국가로 귀속시켜 재정수입을 늘리고 군수물자를 확충하는 것이었고, 또 다른 하나는 화양동서원뿐만 아니라 각 서원의 문제점을 구체적으로 거론해 반론의 여지를 제거함으로써 이후 대대적으로 서원을 정리하기 위한 명분을 확보하는 것이었다.
　이와 같은 목적하에서 실시된 서원정책의 전개과정을 정리하면 [표 25]와 같다.[47]
　[표 25]의 서원정책 추진과정에서 알 수 있듯이, 대원군의 서원정책은 정책 명분과 정당성 확보에 주력하면서 서서히 확대되어 갔다. 원래 서원은 유교와 유학자를 존경하기 위해 세워졌고, 군주가 친필현판·면세지·노비를 하사해 그에 대한 존경을 표할 정도로 중시되는 곳이었다. 그러나 이러한 특혜·특권으로 인해 서원의 중복설립과 경쟁이 증가·심화됨에 따라 국가재정감소·여론장악·파벌조성·민생폐해 등을 불러일으키는 주요한 원인으로 변질되어 갔다. 특히 국가로부터 면세지와 노비가 지급된 사액서원은 그들이 갖는 특권을 이용해 사적인 이익추구를 도모하며 국정운영에 심각한 차질을 초래했다. 따라서 정부는 문제해결을 위해 서원에 대한 대책 수립과 시행을 시도했지만, 세도정권기 더욱 약화된 중앙정부의 통치권을 가지고 기득권 유지를 위해 대항하는 재지유생양반의 반발을 억누르는 것은 무리였다.
　재지양반의 서원을 중심으로 한 특권과 이해관계 형성·유지는 고종즉위 이후에도 지속되었다. 이러한 상황 속에서 급격한 서원개혁은 오히려

---

[47] 『승정원일기』·『일성록』·『고종실록』에서 작성. (신)은 신정왕후 전교이며, (고)는 고종의 전교 및 발언이며, (의)는 의정부 계, (대)는 대원군의 이야기다. 고종즉위 직전인 1862년 5월 26일, 이미 서원규제·정리 정책이 실시되었는데, 철종은 1850(철종즉위)년 이후에 만들어진 서원 중에서 사액서원 이외 모든 서원에서의 撤享을 지시해 서원의 제사 확대를 저지하려 했다.

[표 25] 고종 재위 전기 서원 관련정책

연월일	주요내용	비고
1864(고종1)년 4월 22일	(신)각 고을의 서원과 서원소속 결총(토지세징수 기준이 되는 논밭의 전체 면적)을 기록해 보고하는 일 등을 지시.	
1864(고종1)년 6월 7일	(고)이미 2개월 전에 신정왕후가 명한 각 고을의 서원·향사·생사(生祠) 및 그 소속 결총수와 보액(保額)에 대해 보고할 것을 촉구. 강화·수원·광주유수 외에 보고하지 않은 도사·유수의 처벌을 지시.	
1864(고종1)년 7월 27일	(고)제주 서원·향현사(鄕賢祠)·생사(生祠) 건에 관한 성책(成冊) 보고를 지시.	
1864(고종1)년 7월 27일	(신)서원·향현사의 첩설(疊設)·사설(私設) 폐해와 존폐 여부 결정을 지시.	
1864(고종1)년 8월 17일	(신)서원의 백성에 대한 학대·면세 등 폐해를 엄금. 서원의 원복과 고직 규정을 설정. 사액서원 이외 서원의 보솔을 군적으로 등록, 복주촌의 복구 저지 등을 지시.	
1864(고종1)년 8월 17일	(의)향현사 제수를 위해 예조의 관문을 받으려는 행위와 관청이 봉친하는 구례를 정지.	(신)사액서원이 법전의 정액 외에 인력을 모아 소속시키는 행위 및 사설서원과 향현사가 인력을 모아 소속시키는 행위 폐지를 명령. 각 지방관이 직접 문부를 갖고 바로잡아 책자로 만들어 보고할 것을 지시.
1864(고종1)년 10월 2일	(고)서원·향현사 소속 결복총수와 보액수 문서에 따라 각 고을마다 규정액·수를 결정하도록 지시.	
1865(고종2)년 3월 29일	(신)만동묘제향 정지 및 지방신위(紙榜神位)와 편액은 대신·예조판서가 배봉(陪奉)해 황단경봉각(皇壇敬奉閣)으로 옮겨 보존할 것을 지시.	(신)조지로의 반포를 금지. 만동묘 정철과 이봉에 의한 조치로 화양서원에 승지를 파견해 제사지낼 것을 지시.
1865(고종2)년 4월 13일	(고)만동묘 지방신위는 상설이 아니라는 것이 판명되었기 때문에 대신과 예판이 배래(陪來)할 필요가 없다고 결정. 묘문(廟門)의 현판은 지방관이 배봉해 옮길 것을 지시.	
1865(고종2)년 4월 13일	(고)민폐인 화양서원 별고전 장부와 표기를 폐기하도록 명령.	

1865(고종2)년 5월 13일	만동묘향사 정지와 편액 철거에 반대하는 성균관제주 송래희의 상소.	(고)신정왕후의 명령이며, 예는 시의에 맞추어야 한다고 회답.
1865(고종2)년 윤5월 2일	만동묘제향 정지에 반대하는 행부호군 임헌회의 상소.	(고)예는 시의에 맞추어야 한다고 회답.
1865(고종2)년 7월 26일	만동묘제향 정지에 반대하는 충청도유생 김건수의 상소.	(고)신정왕후의 명이라고 회답.
1865(고종2)년 11월 26일	만동묘제향의 정지에 반대하는 경상도유생 성석청 등의 상소.	(고)정의와 의문을 파괴하는 것이 없다고 회답.
1866(고종3)년 6월 2일	(의)향교·서원 소속 보솔의 군역면제를 조사해 단속하고 군역으로 충당해야 한다고 강조.	
1866(고종3)년 10월 7일	만동묘제향 정지에 반대하는 행호군 이항로의 상소.	(고)만동묘제향 정지는 신정왕후의 명이라고 회답.
1866(고종3)년 10월 21일	만동묘제향 정지에 반대하는 부호군 박규서의 상소.	(고)이미 답했다고 회답.
1867(고종4)년 8월 9일	만동묘제향 정지에 반대하는 이조판서 송근수의 사임 상소.	(고)사임 허가. 만동묘제향 정지는 신정왕후의 명이라고 회답.
1868(고종5)년 9월 3일	(고)서원·재생의 정원 이외 사람은 모두 군액으로 충당, 사액서원 원장은 소재지 수령이 겸임, 서원 신설을 금지하고 제사를 지내야 할 사람에 대해서는 이미 편액을 받은 서원에 추가로 배향하는 것만을 허가.	
1870(고종7)년 9월 10일	(고)폐해가 많은 사액서원 철폐.	(고)그 절차는 대원군 명에 따라야 한다.
1871(고종8)년 3월 9일	(고)한 사람당 배향서원을 하나로 한정하고 그 밖의 모두를 철폐.	(고)남겨야 할 서원은 예조판서가 대원군에게 품의해 상주해서 정하고, 『오례편고』에 실어 만세의 법식으로 할 것을 지시.
1871(고종8)년 3월 10일	고종즉위 후 처음으로 대보단 친제를 실시.[48]	
1871(고종8)년 3월 12일	(고)문묘에서 작헌례를 행할 때, 사재(四齋) 장의(掌儀)와 참반유생에게 서원의 첩설·신설 규제를 설명하고 수행을 지시	(고)운현궁을 방문.
1871(고종8)년 3월 16일	고종과 김병학이 서원문제에 대해 논의.	
1871(고종8)년 3월 20일	(대)사액서원 47개 이외 모두 폐지.	

날짜	내용	비고
1871(고종8)년 3월 25일	(고)서원결복(結卜) 폐지절차를 호조판서가 대원군에게 상주해 결정하도록 지시.	
1871(고종8)년 3월 28일	(호조 계)사액서원에게 지급하던 결복을 회수.	
1871(고종8)년 8월 16일	(고)서원철폐를 신속하게 수행하지 않는 지방관리에게 신칙하고 그들의 처벌을 지시.	
1873(고종10)년 10월 29일	만동묘·서원 복구를 청하는 홍시형의 상소.	(고)신정왕후의 명으로 재론의 여지가 없다고 회답.
1873(고종10)년 11월 3일	만동묘·서원 복구를 청하는 호조참판 최익현의 상소.	(고)신정왕후의 명으로 재론의 여지가 없다고 회답.
1873(고종10)년 11월 15일	만동묘·서원 복구를 청하는 부사과 강운중의 상소.	(고)지금 논의할 문제가 아니라고 회답.
1873(고종10)년 12월 2일·18일	(고)만동묘 일은 신정왕후의 지시이기 때문에 재론하지 말 것을 임헌회에게 강조.	(고)갑자기 논의할 수 없다고 회답.
1873(고종10)년 12월 19일	만동묘·서원 복구를 청하는 청산 유학 이병규 등의 상소	
1873(고종10)년 12월 24일	만동묘·서원 복구를 청하는 부사과 정극상의 상소.	(고)이미 대답한 일이라고 회답.
1874(고종11)년 1월 14일	만동묘·서원 복구를 청하는 전무신겸선전관 김노수의 상소.	
1874(고종11)년 2월 13일	(고)만동묘봉향 부설을 지시.	(고)신정왕후의 허가가 있었고, 앞으로는 조정에서 주관하도록 명령.
1874(고종11)년 2월 14일	(고)유생들의 상소와 복합행위의 일체 금지를 명령.	
1874(고종11)년 2월 26일	화양동서원 복설을 청하는 지평 김재봉의 상소.	(고)이미 만동묘제향을 복구했다고 회답.
1874(고종11)년 3월 4일	화양동서원 복설을 청하는 유학 황학주 등의 상소.	(고)이미 만동묘제향를 복구했고 서원복설과 송시열의 의리와는 관계없다고 회답.
1874(고종11)년 3월 6일	화양동서원 복설을 청하는 충청도유생유학 이고익 등의 상소.	(고)이미 대답한 일이라고 회답.
1874(고종11)년 3월 10일	화양동서원의 복설을 청하는 경기유생유학 오규선 등의 상소.	(고)이미 대답한 일이라고 회답.
1874(고종11)년	(이유원) 만동묘 재건을 위해 호조 상납전	(고)허가.

3월 20일	5,000냥을 지급을 제안.	
1874(고종11)년 4월 15일	화양동서원 복설을 청하는 경기도유생 성석후 등의 상소.	(고)학업에 전념하라고 회답.
1878(고종15)년 4월 4일	(고)서원복구에 관한 상소의 일체 금지를 명령.	

어린 고종의 정통성에 심각한 타격을 입힐 뿐만 아니라 권력기반 약화로 이어질 우려가 있었다. 때문에 대원군은 우선 서원에 대한 철저한 조사를 지시해 실태를 파악하고 그 문제점을 부각시켜 서원을 개혁·철폐하지 않으면 안 된다는 분위기를 조성함으로써 그 정당성을 확보하려 했다.

이처럼 수차례에 걸쳐 실시된 서원정책은 1871(고종8)년 3월에 마무리되었다. 1871년 3월 12일, 고종은 대원군의 서원철폐정책을 지원하기 위해 성균관유생과 직접 만나 서원정리의 필요성과 정당성을 설명하는 자리에서 다음과 같이 말했다.

> 서원을 설치하는 것은 도학과 충절에 백세가 지나도 바뀌지 않을 공의(公議)가 있는 뒤에야 의논할 수가 있는 것이다. 그런데 지금은 그렇지 않으니, 이것이 어찌 서원을 설치한 본뜻이겠는가. 그리고 한 사람의 서원이 간혹 네다섯 곳에 이르는 경우가 있는데, 이것 또한 매우 잘못된 것이다. 앞으로는 도학과 충절이 공의와 부합된 경우를 제외하고는 절대로 설치하지 못하도록 할 것이며, 비록 서원을 설치한 인물의 경우에도 한 사람에 대해서 한 서원을 설치하는 것 외에는 중첩해서 설치하지 못하도록 할 것이다. 그리고 근실한 도학자나 충절인 외에는 함부로 허락하지 말아 이를 변함없는 국가의 법으로 삼도록 하라.49)

여기에서 고종은 성균관유생을 상대로 서원설치를 위해서는 당사자가 도학과 충절을 갖고 있고 그것도 공공연하게 인정되는 수준이 아니면 안

---

48) 대보단에서의 친제는 서원을 축소·폐지하는 중에도 尊周(崇明)의리를 지키는 모습을 보이기 위해 실시되었다.
49) 『고종실록』 1871(고종8)년 3월 12일.

된다고 강조한 후, 한 사람당 하나의 서원만을 설치하도록 지시했다. 또한 유생과의 소견이 끝난 후 운현궁을 방문했는데, 이 때 대원군과 서원문제를 상담했을 것이라 생각된다. 그리고 1871년 3월 16일에는 영의정 김병학과 서원정리에 대한 의견을 나누었다.

> **고종** "전에 서원의 일에 대해서 전교한 바가 있다. 또한 명륜당 유생들이 입시했을 때에 하교했는데, 경은 이미 알고 있는가?"
> **김병학** "이미 하교를 받들었습니다. 그러나 유생들이 입시했을 때에 하교하신 것은 미처 듣지 못했습니다."
> **고종** "당초 서원을 설치한 것은 고려시대에 문성공 안유의 도학이 서원을 세워 모실 만큼 뛰어나기 때문이었다. 그런데 근래에는 무궁한 폐단이 일어나 집안마다 서원이 있는 실정이다. 그리고 한 사람을 4, 5, 6개 처소에 서원을 세워 모시는 경우가 종종 있는데, 이는 각 본손들이 주선해서 가묘를 세운 것이다. 이렇게 본래는 어진 이를 높이기 위해서 한 것인데, 근래는 조상을 위하는 일이 되었다. 그리고 도학과 충절이 있는 분은 우선 논하지 않더라도 한 차례 보도한 분들도 매양 서원이나 생사를 세우는 경우가 많은데, 이는 당연한 일이 아니다. 들으니, 영안부원군이 주벽(主壁)으로 있는 서원이 있다고 하는데, 이 국구가 수십 년 동안 국가를 위해 노력해 공훈이 있는 것은 참으로 장하고 성대한 일이 아닐 수 없다. 그러나 사론(士論)은 반드시 그렇지 않다. 갑자년 초에 사론이 일제히 일어나 인평대군의 서원을 세우자고 했었는데, 이를 대원군이 즉시 그만두도록 했다. 이번에 서원을 정리한 것은 장구한 계책에서 한 것이다. 자신에게 어진 이를 높이는 마음이 있을 경우 중첩해서 설치하는 것은 실로 어진 이를 높이는 본의가 아니다. 그러므로 이와 같이 한 것이다. 오늘 경연에서 한 말은 조지에 반포하는 것이 좋겠다."50)

이 날 고종의 발언으로부터는 고종—정확하게는 대원군—의 서원철폐에 대한 강력한 의지가 드러남과 동시에 서원정책의 특징을 엿볼 수 있다.51) 첫

---

50) 『승정원일기』 1871(고종8)년 3월 16일.
51) 당시 예조판서는 조병창(1870년 11월 24일부터 1871년 3월 25일까지 예조판서로 재임)이었다. 대원군은 대표적인 대원군파 인물인 조병창을 예조판서로 임

째, 서원정책의 마지막 단계에서는 영의정 김병학이 그다지 관여하지 않았다. 고종은 당시 중요한 정치사항을 주로 의정부가 주도·논의하고 대원군에게 상주해 정하도록 하고 있었다. 이 과정에서 김병학은 대원군의 군정정책을 주도하고 재정확충·군영정비·민생정책·기강확립 등의 활동에 대해 먼저 거론하고 칭송할 정도로 대원군정책을 적극적으로 지지했다. 그러나 서원철폐문제는 예조가 주관하고 대원군에게 상주해 정하도록 명해졌으며, 김병학은 고종과 성균관유생과의 면담 내용도 모를 만큼 서원정책 결정에서 소외되어 있었다. 그 이유는 서원정리가 노론의 세력기반과 관련된 문제였고, 안동김씨 세도의 기원이라고도 할 수 있는 영안부원군 김조순 서원이 직접 거론되는 상황에서 안동김씨 김병학과 서원폐지정책을 상담해 그에게 정책추진을 맡기는 일이 곤란했기 때문이었다고 판단된다.

둘째, 고종은 김조순이 나라에 지대한 공헌을 해 서원에 모시는 것이 당연하다고 해도 사론(士論)은 그렇지 않다며, 서원설립의 원래 취지와는 다른 사론 형성의 문제점을 지적했다. 또한 대원군이 사론에 의해 세워진 인평대군 서원을 곧바로 철폐한 사실을 강조하며, 비록 선조를 받드는 일이라고 해도 사론으로 인한 서원설립을 허용할 수 없다는 뜻을 분명히 했다. 고종은 성현을 모시는 서원을 중심으로 원래 취지와는 다른 사론이 생기고 있음을 비판하며 서원을 폐지하지 않을 수 없다고 주장한 것이었다. 이는 대원군이 고종즉위 초기부터 서원철폐계획을 갖고 있었다는 사실과 철폐의 중요한 이유 중 하나가 서원을 중심으로 한 사론이 지방사회 여론을 주도하며 중앙정계에까지 영향을 미치는 상황을 저지하는 데 있었음을 보여준다.

셋째, 서원정책 초기인 1865년 3월에는 만동묘제향 정지와 관련된 조지 반포를 금지할 정도로 널리 알려지고 화제가 되는 것을 피하려 했던 고종이

명해 서원문제를 담당하게 했다. 이는 대원군이 중대사를 추진시킬 정도로 조병창을 신뢰했다, 또는 서원정리가 친대원군적인 인물이 담당하지 않으면 안 되는 중요한 정책이었음을 드러낸다.

1871년에 되면 전국 서원을 대상으로 하는 개혁을 추진하면서도 당당히 조지에 반포하도록 지시한 점이 주목된다. 이는 만동묘 하나를 개혁하는 데도 여론의 반발을 신경써야 했던 1865년에 비해 1871년경에는 유생 앞에서 서원정책의 당위성을 강조하고 전국적인 공표를 명할 만큼 정권이 안정되어 있었음을 의미한다. 다시 말하면 아직 확고한 통치권을 확립하지 못한 즉위 초기에는 중요한 정치적 기반인 유생과 노론세력의 반발을 불러일으킬 만한 문제를 가능하면 공개·공론화시키지 않으려 했지만, 1871년에는 그 정당성을 적극적으로 주장하면서 철저한 개혁을 추진할 정도로 통치권과 기반이 강화되었다는 것이다.

이렇게 서원정책을 설명하면서 정책추진의 명분을 확보해 나간 고종은 3월 18일, 첩설 철폐를 예조판서가 대원군에게 상주해 정하도록 명했다.[52] 이에 예조는 3월 20일, 대원군의 지시에 따라 사액서원 중에서 47개를 제외한 모든 서원의 철폐가 결정되었다고 보고했다.[53] 그러자 같은 달 25일 차대에서 고종은 또다시 서원정리의 정당성을 강조한 후, 남은 서원의 결복 지급·폐지를 호조판서가 대원군에게 상주해 정하라고 전교했다. 이에 대해 영의정 김병학과 우의정 홍순목은 서원철폐가 백성을 위한 정책이라며 고종의 뜻을 칭송했다.[54] 여기에서 드러나듯이, 서원정책을 실질적으로 주도한 인물은 대원군이었으며 고종은 대원군의 정책과 그의 통치권 행사를 정당화·공표하는 역할을 수행하고 있었다. 결국 대원군은 그를 전적으로 신뢰한 고종이 군주의 권력을 위임하며 국정운영을 지원했기 때문에 보다 원활하게 정책을 추진할 수 있었다고 하겠다.

대원군정권기에 실시된 서원정책에서 주목되는 점은 그것이 대원군의 권력장악·확대과정과 일치하고 있었다는 사실이다. 고종즉위 초기 서원정

---

52) 『승정원일기』 1871(고종8)년 3월 18일.
53) 『승정원일기』 1871(고종8)년 3월 20일.
54) 『승정원일기』 1871(고종8)년 3월 25일.

책은 서원의 문제점 파악과 개선이 모색되었고, 신정왕후와 고종의 지시로 만동묘·화양동서원의 제향정지가 추진되었다. 맨 먼저 노론의 거점으로 송시열에 관계된 만동묘와 화양동서원을 개혁 대상으로 삼았다는 것은 서원정책 목적이 우선 노론세력에게 타격을 주는 데 있었음을 드러낸다. 그러나 정권 초기에 큰 반향을 일으키고 싶지 않았던 고종은 만동묘제향을 중지할 때 이 사실의 반포를 금해 일반에게 알려지는 것을 저지하려 했다. 또한 그 철회를 요구하는 반대상소가 계속되자, 신정왕후의 지시임을 강조하며 사태를 신속하게 수습하려 했다.

그러나 이러한 고종의 태도는 점차 달라지게 되었다. 고종은 1867년에 만동묘제향 중지에 반대하며 제출한 이조판서 송근수의 사직상소를 받아들여 이후 서원과 관련된 상소 제출을 차단하려 했다. 또한 서원신설을 금지하고 폐해가 많은 사액서원을 폐지하는 등, 서원정책을 점차 확대해 갔다. 그리고 1870년대에 들어서면 대원군의 공식적인 주도하에 서원을 정리하라고 지시했다. 특히 서원정리 마지막 단계인 1871년 3월, 47개 이외의 모든 서원철폐를 단행할 때에는 의정부와 상담도 하지 않고 예조판서가 직접 대원군에게 상주해 정하도록 했는데, 이는 대원군의 통치권이 더 이상 노론과 안동김씨 세력과 타협할 필요가 없을 정도로 확립되었음을 의미한다. 다시 말해 아직 확고한 권력기반이 확보되지 않았던 정권 초기에 신정왕후와 군주의 권위를 빌어 서원의 심각한 폐해를 제기하며 서원철폐의 타당성을 주장하고 기존정치세력, 특히 노론의 저항을 무마시키며 추진되었던 서원정책은 대원군의 통치권이 강화됨에 따라 그가 직접적이고 공식적으로 정책을 주도하며 47개를 제외한 모든 서원을 철폐하는 단계에까지 이르렀다는 것이다. 여기에 만동묘와 화양동서원을 폐지할 때 일어났던 것과 같은 유생과 관료의 반발이 대규모로 서원을 정리한 1871년에 발생하지 않았다는 사실도 당시 대원군의 권력이 얼마나 견고했는지를 보여준다고 할 수 있다.

서원정책에서 주목되는 또 하나의 특징은 고종이 친정을 선포한 이후에도 대원군의 서원정책을 유지했다는 점이다. 고종은 통치권을 회복하는 과정에서 대원군정책의 상당 부분을 중단 또는 폐지했는데, 서원정책만큼은 유생과 관료들의 강력한 요청에도 불구하고 만동묘제향을 복설하는 수준에 그치고 있었다. 또한 만동묘제향에 대한 복설을 허가하면서도 복설된 만동묘제사 등의 운영·관리를 정부에서 담당하도록 규정해 만동묘를 비롯한 서원이 또다시 재지유생세력의 결집지가 되는 것을 미연에 방지하려고 했다. 고종은 대원군의 서원정책 실시 이유를 잘 알고 있었기 때문에 대원군의 서원정책을 답습하는 것이 자신의 통치권 확립에 유리하다고 판단한 것이었다. 따라서 그는 서원 재건과 신설을 규제하며 대원군의 서원정책 기조를 유지하는 입장을 견지해 갔다고 하겠다.

당시 대원군이 서원정리를 통해 지향한 것은 지방여론과 각 당파와의 연대, 그들이 중앙통치에 미치는 영향력을 차단해 왕실·중앙권력을 강화하고, 중앙통치력이 지방으로 확대·발휘되도록 하는 것이었다. 또한 서원세력의 지방행정부에 대한 압력행사와 결탁을 저지해 지방행정을 정상화시키고, 서원에 귀속된 세원과 군정을 국가로 복귀시켜 정부재정과 군수를 확충하는 데 목적이 있었다. 이러한 측면에서 대원군의 서원정책은 그 실효를 거두고 있었고—재지유생과 기득권 세력의 반발을 사 대원군 퇴진의 중요한 요인이 되었지만— 강력한 군주의 통치권 확립을 추구하는 고종으로서는 서원정책을 지속할 필요가 있었다. 때문에 고종은 신정왕후의 지시라는 명분을 내세워 만동묘 이외의 서원복설을 허가하지 않았을 뿐만 아니라, 서원복설에 대한 상소를 일제히 금지하는 등 대원군의 서원정책을 유지해 갔다.

대원군의 서원정책은 그의 중앙통치권 강화와 관련되어 추진되었다. 고종즉위 이전부터 대원군은 중앙의 영향력이 약화되어 명령이 제대로 행사되지 않는 상황을 경험했고, 전국에 산재한 수많은 서원이 중앙권력 약화와 지방통제 불능을 초래하는 주요한 원인이라 판단하고 있었다. 당시 서원은 납세와 서원소속 유생·노비들의 군역 회피의 온상이 되어 조세제도와 신역체제를 문란하게 만들었고, 지방여론을 주도해 중앙정책의 신속한 수행에 장애가 되고 있었다. 따라서 대원군은 서원에 소속된 자를 군액으로 충당해 재원을 확대함과 동시에 고금리 등 민생에 부담을 주는 서원문제 해결을 통해 통치권을 강화·안정시키려 했다. 그러나 재지양반의 권력과 기득권 유지의 기반이었던 서원을 단번에 폐지하는 것은 무리였다. 때문에 서원이 갖는 문제점을 부각시키고 신정왕후의 권위를 빌어 반대여론을 설득 또는 통제하면서 서원정책을 추진해 갔다. 이처럼 처음에는 제한적으로 실시된 서원정리정책이 대원군의 통치권이 강화됨에 따라 노론과 유생세력을 배제한 채 대대적으로 추진되어 갔다고 하겠다.

(2) 무단토호정책을 통한 민생안정 및 지방행정통제 기도

대원군이 지방세력 통제와 대민폐해 제거를 통해 중앙통치권의 안정적인 확보를 꾀하며 실시한 또 하나의 정책은 무단토호세력의 억제였다.[55] 토호는 지방 토착세력으로 토지와 부를 축적해 지방사회 정치·경제에 큰 영향을 미치며 조선건국 초기부터 그 문제성이 지적되어 온 세력이었다.[56] 이 집단은 중앙정부의 지방에 대한 영향력 행사 약화를 이용해 지방행정에

---

[55] 대원군의 무단토호정책에 관해서는, 곽동찬,「고종조 토호의 성분과 무단양태」,『한국사론』2, 서울대학교, 1975; 서태원,「영장제와 토호통제」,『경주사학』12, 1993; 황하현,「이조후기 토지소유관계에 관한 연구」,『경제연구』5-2, 한양대학교경제연구소, 1984 등을 참조.

[56] 토호는 고구려·백제·신라 때는 호족으로 불리던 세력이다. 국가의 중앙집권화 이래 중앙권력이 각 지방 유력자와 그 집단을 완전히 통제할 수 없음에 따라 문제시되기 시작했다. 특히 신라 말부터 고려 초까지 호족세력을 억제하기 위한 중앙정부의 노력이 활발히 이루어졌다. 지방 유력자 또는 유력 집단인 토호는 늘 존재해 왔지만, 그들이 문제가 된 것은 중앙권력을 넘는 영향력을 행사하며 지방 재정·군정을 지배함으로써 중앙의 정치운영에 차질을 초래했기 때문이었다. 조선후기 토호의 최대 폐해는 전세를 비롯한 각종 탈세와 사적 징수로 인한 국가재원 축소와 재정 감소, 대민부담 가중 등이었다.

개입했고, 지방관과 결탁하거나 그들을 지배하고 있었다.[57] 또한 그들이 갖는 권력을 이용해 공공연하게 전세와 군역 회피를 자행할 뿐만 아니라, 환곡운영에 개입해 부당이익을 얻으며 조세제도의 혼란과 재정감소를 초래하고 있었다. 여기에 국세 이외에도 사적인 세금을 만들어 일반백성으로부터 징수함으로써 민생부담을 가중시키고 있었다.[58] 따라서 세원을 국가로 환원시켜 재정을 확충하고 백성에 대한 부담을 줄여 권력기반을 안정시키기 위해 무단토호세력의 억제는 불가피했다.

고종이 민생문제에 지대한 관심을 기울이고 있었다는 사실은 제2장과 4장에서 상세히 다루겠지만, 그는 특히 백성의 생활고와 그것을 초래하는 원인 파악과 제거를 강조했다. 고종은 군주된 도리로 백성으로부터 부당한 세금을 징수해 민생부담을 증가시키는 토호세력을 두고 볼 수 없었다. 또한 통치권 안정과 확립을 위해서도 국가기강과 법규를 무시하는 토호의 무단행위를 척결해야 했다.

대원군정권기 무단토호정책은 1866년에 고종이 공식적으로 친정을 천명한 후 본격화되었다. 1866(고종3)년 2월 13일, 신정왕후가 철렴하자 고종은 같은 달 27일에 조참을 열어 친정이 시작되었음을 공표했다. 이 조참에서 고종은 당시 최대 급무가 의정부의 기강확립과 지방무단토호세력 억제를

---

[57] 1864년 11월, 강연에서의 발언으로 문제를 일으킨 강장환처럼 중앙관료가 토호로 무단행위를 하는 경우도 있었다(『승정원일기』 1864(고종1)년 11월 9·28일·12월 12일자 기사와 제2장 제1절 3을 참조).

[58] 순조25(1825)년 11월, 우의정 심상규는 민생 고통을 논한 상소를 제출했다. 그 내용 중에 외읍 백성의 납세 상황을 보면, 수확이 10년 전과 비교해 반감했음에도 불구하고, 그들이 지불해야 할 세금은 전세·대동미·三手糧·衙祿 등을 합쳐 영남·호남이 매 결당 쌀 7, 80두에서 5, 60두, 畿甸의 가장 낮은 곳도 30여 두나 됐다. 그 밖에도 結錢·身布·烟戶役·族徵·洞徵이 있었으며, 鄕廳·作廳·將廳·奴令廳·面任·里任의 수탈과 함께 무단토호로부터도 착취당하고 있었다. 이렇게 백성은 원래 조세 위에 다른 사람의 세금까지 강제로 떠맡아 납부할 뿐만 아니라, 지방관청와 관리, 토호로부터 이중·삼중의 세금 수탈에 처해 있었다(『순조실록』 순조25(1825)년 11월 19일).

바탕으로 한 민생안정이라고 역설한 후, 토호가 민생불안과 곤궁에 미치는 심각한 폐해를 거론하며 그 신속한 해결을 요구했다.

> 내가 어린 나이에 외람되이 어렵고 중대한 책임을 받들게 되었으니, 믿는 것은 안으로 대신과 제신이요, 밖으로 방백과 수령이다. 풍속이 날로 바뀌고 기강이 날로 무너지는데, 이는 모두 법이 미덥지 못하고 명령이 행해지지 않는 것 때문에 그런 것이다. 삼정은 나라의 중요한 기틀인데, 근래 삼정이 문란하니 비단 방백과 수령이 살피지 못한 잘못일 뿐만 아니라, 경재, 명사, 사족, 고을에 사는 읍속, 이민(吏民)의 수령이 마치 객관인 것처럼 해서 그런 것이다. 고을에 사는 토호들에 대해서는 '강은 흘러도 돌은 굴러가지 않는다'고 하는데, 한 고을의 삼정과 크고 작은 공사에 대해 간여하지 않음이 없어 수령은 좌지우지하기가 어렵고 이민은 그들의 요구를 쫓는 데 피곤하다. 그리하여 장차 읍이 없어지고 난 뒤라야 그칠 것이니, 백성이 없는데 관직은 무슨 관직이며, 국가는 무슨 국가이겠는가. 현재의 급선무는 다만 두 가지 일이 있을 뿐이다. 하나는 안으로 묘당이 사사로운 안면을 보지 말고 엄격히 법령을 세우는 것이고, 다른 하나는 밖으로 고을에 사는 토호들이 악습을 거두고 생업을 편안히 즐기며 하는 것이다.…토호의 무단은 내가 잠저에 있을 때부터 이미 익히 듣고 알았던 것이다. 지금 아무개 읍의 아무개라고 비록 일일이 들 필요는 없지만 계단 앞에서부터 만 리 먼 곳까지 아무리 멀어도 환히 알지 못하는 곳이 없다. 이에 대해 침전의 벽에 써 놓았으니, 이는 나름대로 짐작하는 것이다. 지금 국가의 안위는 이에 달려 있을 뿐이다. 의정부에서 문안을 작성하여 팔도에 행회하도록 하되, 진서(眞書)와 언문으로 번역해 등사하여 방방곡곡에 붙여 모두 알도록 해야 할 것이다.[59]

고종의 언급에서 드러나듯이, 당시 토호는 지방관의 통치활동을 제한함과 동시에 고을이서가 지칠 정도로 지방행정에 크게 관여해 삼정문란의 중요한 원인이 되고 있었다. 이처럼 고종이 친정을 개시하는 시점에서 무단토호 문제를 꺼낸 것은 그들이 통치체제에 미치는 영향이 막대함을 의미했다. 또한 단지 무단토호 적발과 처벌만을 요구하는 것이 아니라, 나라의 기강

---

[59] 『승정원일기』 1866(고종3)년 2월 27일.

문란과 법률이 지켜지지 않는 상황을 강조하고 무단토호의 악행을 즉위 이전부터 파악하고 있었다고 말한 것은 토호억압정책이 대원군 의도의 반영이며, 대원군의 궁극적 목표인 중앙통치권 확립의 일환이었음을 드러낸다. 다시 말하면 강력한 중앙권력 회복에 의한 국가재건을 지향하는 대원군이 중앙정부의 권위를 훼손하며 지방행정의 원활한 수행을 방해하고 대민부담을 증가시키는 토호세력의 무단행위를 통제하려 한 것이었다.

대원군의 토호억압정책은 서원의 경우와 마찬가지로 명분획득과 상황파악을 위한 전국 토호의 실태 조사로부터 시작되었다. 1866년, 고종은 토호가 불러일으키는 폐해 파악과 단속을 명해 지방과 경향토호에 대한 제재를 꾀했으며,[60] 1867년에는 전국에 암행어사를 파견해 전국규모의 대대적인 토호규제와 처벌을 추진했다.

이러한 과정을 통해 토호가 갖는 문제점이 부각되어 갔다. 그러자 고종은 '군정을 교원·계방·경향토호의 묘촌으로부터도 공평하게 징수해 충당한다면 충분히 해결할 수 있다'[61]며, 토호가 군정부족의 주된 원인임을 강조했다. 의정부는 '매년 경작하는 토지의 불법면세, 새로이 개척한 토지의 과세누락, 도리(都吏)의 은닉행위가 고을 재정으로 이어지는 곳은 수령에게 명해 조사하라'며 조세에서 토호가 일으키는 부정행위를 고발했다.[62] 또한 토호와 이해관계를 갖는 지방관과 고을이서가 그들의 위세를 두려워해 토지 총결에 대한 정확한 파악에 착수하지 않는다며 백성에게 조세를 부당하게 전가해 원망의 원인이 되고 있는 토지결수의 엄밀한 조사가 선결되어야 한다고 주장했다. 여기에 이조판서 이재원은 '섬과 육지에 대한 입안과 어염의 사세, 향반·토호의 모점늑징(冒占勒徵) 폐해에 관한 법률을 정해야 한다'[63]고 법률에 의한 강력한 규제를 촉구했다. 김병학은 '균역청 소관인 포

---

60) 『승정원일기』 1866(고종3)년 5월 27·6월 2일.
61) 『승정원일기』 1866(고종3)년 5월 27일.
62) 『승정원일기』 1866(고종3)년 6월 2일.

구세·염분(鹽盆)세와 어기(漁基)세를 각 궁·각사와 향반·토호 등이 결탁해 무리하게 징수하고 있다'[64]며 토호 폐해의 심각성을 지적했고, 충청도암행어사 홍철주는 '삼정문란의 모든 원인이 간리(奸吏)와 토호에게 이른다'[65]고 보고해 이들의 부정행위가 국가재정 혼란의 주범이라 강조했다. 이러한 고종과 정부관료들의 발언에서 드러나듯, 토호와 읍리의 결탁은 불공정한 조세제도의 운영, 민심과 민생의 악화·불안을 조장하는 심각한 사회문제였다. 다시 말해 당시 토호문제는 단순히 개개인의 부정 축재 차원을 넘어 수령·읍리 등 지방세력과의 연대를 통해 국가행정과 재정의 근간을 흔드는 심각한 수준에 이르러 있었다는 것이다.

이렇게 무단토호가 불러일으키는 문제를 구체적으로 파악하게 되자, 1867(고종4)년에 전국 각지에 암행어사를 파견해 토호의 대대적인 색출작업에 착수했다. 이 때 암행어사 별단에는 상당수 무단토호들의 이름이 명시되었는데, 여기서는 그들 대부분이 재지유생이나 전직관료였음을 알 수 있다.[66] 이는 무단행위를 자행하는 주체가 지방의 토착지배계급으로 피지배층인 일반백성들이 그들의 횡포를 참을 수밖에 없었고, 통치행정상 재지유생과의 협조가 필요했던 지방관들이 토호의 무단을 철저히 적발해 단속하는 일이 쉽지 않았음을 보여준다. 때문에 대원군은 지방관에 대한 엄격한 규제와 서원폐지정책과 무단토호정책을 동시에 추진하면서 중앙통치권력 확대와 지방행정 정상화를 이루려고 했다.

이와 같은 대원군의 정책을 적극 지지하던 고종은 토호문제 처리과정에서도 단지 암행어사의 보고에만 의존하지 않고, 개인적인 정보—주로 대원군의 의견—를 반영하게 되었다.

---

63) 『승정원일기』 1866(고종3)년 8월 7일.
64) 『승정원일기』 1866(고종3)년 7월 30일.
65) 『승정원일기』 1867(고종4)년 4월 27일.
66) 『승정원일기』 1867(고종4)년 7월 18일, 경상도암행어사 朴瑄壽의 別單.

경상도암행어사의 토호별단은 반드시 도내 구석구석까지 탐문해 단서를 얻고 나서 열거해야 한다. 그러난 짐은 잠저에서 영내에서의 무단토호 주동자가 김석·장응표·성재평이라고 들었는데, 어찌 별단에는 들어있지 않은가? 배려해 기피하는 곳이 있기 때문인가, 그들이 그간 과오를 고쳐 선하게 됐기 때문인가? 상세히 조사하지 않은 죄를 피하기 어렵다. 경상도암행어사 박선수에게 견책 파면의 벌을 시행하라. 그리고 김석·장응표·성재평은 모두 유배형에 처하라.67)

여기에서 고종은 잠저에서 들은 이야기를 꺼내 무단토호 명단에 없는 세 명에 대한 처벌과 그들의 이름을 보고하지 않은 암행어사의 파면을 명해 보다 철저한 무단토호 적발을 요구했다. 또한 무단토호 이름의 기입누락이 암행어사의 불충분한 조사와 토호와의 부적절한 관계 때문이라고도 말해 무단토호를 색출해 단속하는 암행어사도 엄중히 처벌해야 함을 강조했다. 고종은 보고 내용이 부정확하고 불충분하다고 판단한 경우에는 해당 암행어사를 처벌하면서까지 무단토호문제를 적극적으로 해결하려 한 것이었다. 그리고 이때 언급된 세 명이 대원군이 지명한 사람이라는 것은 두말할 필요도 없을 것이다.

무단토호정책은 종친부의 권한·지위 강화를 추진하면서 중앙과 지방관리의 기강문란, 재지유생과 양반의 무단행위 문제점을 심각하게 받아들인 대원군의 중앙통치권 강화정책 연장선상에서 실시되었다. 고종즉위 전부터 무단토호의 문제점을 파악해 온 대원군은 고종이 즉위하자 무단토호를 적발·처벌해 중앙정부에 의한 지방통제력 회복, 조세제도의 확립과 원활한 운영을 시도해 갔다.

이러한 무단토호 관련정책과 진행과정을 정리하면 [표 26]과 같다.68)

---

67) 『승정원일기』 1867(고종4)년 7월 23일.
68) 『승정원일기』·『일성록』·『고종실록』에서 작성. (고)는 고종의 전교.

[표 26] 고종 재위 전기 무단토호 관련정책

연월일	주요내용	비고
1864(고종1)년 1월 15일	부호군 고시홍이 수령·이서의 은결과 무단부호의 방결을 고발.	(고)염두에 두겠다고 회답.
1864(고종1)년 12월 12일	(고)유신이면서도 무단토호에 이름이 있는 충청좌도사핵어사 강장환을 도배형에 처함.	
1866(고종3)년 2월 27일	(고)토호 악습의 엄금을 전국에 통보할 것을 명령.	
1866(고종3)년 5월 27일	(고)교원과 각 처의 계방·경향토호의 묘촌 등에 대해 일제히 군정 관련 과세를 명령.	
1866(고종3)년 6월 2일	(고)경반(京班)의 장원과 지방토호의 토지에서 일일이 수세할 것을 명령.	
1866(고종3)년 8월 7일	(고)섬과 육지로의 입안과 어염에 대한 과세, 향반·토호의 모점늑징(冒占勒徵)의 폐해와 관련된 법률 제정을 약속.	
1866(고종3)년 8월 9일	이조판서 이재원이 상소해 자신의 집에 강진 청산도로부터 지급되던 세금을 중지해 진(鎭)의 경비에 충당할 것과 별자(別子)가 궁방(宮房)을 설치할 때도 무토 면세전(無土 免稅田)으로써 법전에 의거해 지급할 것을 청함	(고)묘당·장신에게 명해 검토·상주시켜 조치하겠다고 회답.
1866(고종3)년 9월 7일	(고)일전에 전결조사에 대한 명령이 토호와 활서(猾胥)의 은식(隱食)으로 기인한 것이었음을 강조하고, 징세 부담을 백성에게 전가시키는 행위를 엄금하도록 지시.	
1867(고종4)년 2월 30일	토호에 의한 연강에서의 사적 징세를 엄금.	
1867(고종4)년 3월 25일	(고)토호가 무단을 자행하는 상황에 대해 질문.	(전충청감사 신억)잘 단속하고 있다고 상주.
1867(고종4)년 4월 20일	(고)토호가 무단을 자행하는 상황에 대해 질문.	(충청도암행어사 홍철주)이미 보고가 끝났다고 상주.
1867(고종4)년 4월 21일	충청도암행어사의 토호별단에 따라 형벌을 결정.	
1867(고종4)년 4월 23일	토호에 관한 보고가 부정확한 충청도암행어사 홍철주를 면직처분.	
1867(고종4)년 4월 24일	충청도암행어사 홍철주의 토호별단에 따라 전정언 남종두 등에 대한 처벌을 결정.	
1867(고종4)년	경상도암행어사 박선수의 토호별단에 따라	

7월 18일	형벌을 결정.	
1867(고종4)년 7월 21일	(이조)안교역의 위토(位土)가 오랜 동안 토호에게 점유되어 왔기 때문에 금지를 명했는데, 창락찰방 김정섭이 토호와 결탁해 암행어사의 존재도 두려워하지 않는다고 보고하고 경상도 창락수령과 창락역찰방의 파면을 청함.	(고)허가.
1867(고종4)년 7월 23일	(고)토호별단의 보고가 불충분했기 때문에 경상도암행어사 박선수를 파면. 무단토호 김석 등을 유배.	
1867(고종4)년 8월 19일	유배에 처해진 토호 성재평이 80세가 되었다며 방면.	
1867(고종4)년 9월 17일	경기도암행어사 박제관의 토호별단에 따라 형벌을 결정.	
1868(고종5)년 10월 7일	(삼군부)경반·토호가 어선·상선에서 사세를 징수하는 행위를 금지할 것과 여각주인을 복설해 공세로 징수해 군수로 보충할 것을 건의.	(고)허가.
1868(고종5)년 10월 27일	강원도에서 토호가 각 역에 대해 위토복결(位土復結)을 강탈하는 행위와 매매행위를 엄금.	
1868(고종5)년 11월 30일	(고)백성이 수령을 쫓아낸 행동은 토호의 무단을 저지하지 못했기 때문이라 말하며 엄중한 조사·처벌을 지시.	
1869(고종6)년 10월 3일	(고)경·재·토호의 토지점탈과 탈세를 호조가 각 도에 명해 조사해 과세할 것을 지시.	
1873(고종10)년 12월 21일	(고)토호의 무단 상황에 대한 질문.	(영의정 이유원)지금은 없다고 상주.
1874(고종11)년 10월 8일	(고)물가 급등의 원인이 토호와 도고 폐해 때문이라고 개탄하고 엄중히 단속할 것을 지시.	
1875(고종12)년 10월 25일	(이최응)토호 무단의 백성에 대한 폐해가 심각하다면 엄격한 처벌을 요청.	(고)토호를 금단할 수 없는 것은 도신과 수령의 방임 때문이라며 엄중히 적발할 것을 지시. 토호의 폐해가 탐관오리보다 심각하며 제거가 곤란하다고 토로. 빈곤한 백성 생활을 걱정.
1878(고종15)년 3월 12일	(고)충청도에서의 토호 무단에 의한 폐해를 엄격히 금할 것을 지시.	

　　1866년경, 고종은 무단토호에 대한 지대한 관심을 표명하며 구체적인 진상파악에 착수했다. 그는 토호정책이 실질적인 효과를 거두고 있는지, 즉

정책시행 이후에 토호의 문제점이 개선되었는지를 강연에 참석한 지방관 경험자에게 물어 확인하는 등, 토호문제에 계속 관여해 갔다.

이러한 무단토호정책과 그 진행과정으로부터는 몇 가지 특징을 볼 수 있다. 첫째, 토호문제는 중앙정부의 재정확보와 밀접한 관련을 갖고 진행되었다. 무단토호는 과세누락과 사적인 징세 등을 통해 국가의 조세제도를 문란시키고 재원을 축소시킴과 동시에 백성에 대한 부담을 가중시키고 있었다. 그들의 부정행위는 개간지·제언·섬·육지 등의 강탈과 과세누락, 묘촌의 탈세, 어염·어선·상선으로부터의 사세징수, 방결(防結)행위, 각 역의 위토복결(位土復結) 강탈과 매매행위, 물가상승 조장 등, 조세와 경제활동 전반에 걸쳐 이루어지고 있었다. 때문에 무단토호정책은 주로 그들의 면세·탈세 사실을 적발해 과세하고 사세 징수를 금지하거나 정식적인 국가 수세로 통합시켜 국가재정을 확충하는 방향으로 추진되었다.

둘째, 무단토호세력은 지방관을 비롯해 서원세력과도 밀접한 유대관계를 맺고 있었기 때문에 지방관 통제 및 서원정책과 함께 실시되었다. 상당수의 무단토호는 지역유력자로 지방행정운영에 영향력을 행사하면서 수령이나 재지유생과 친분관계를 갖고 있었다. 무단토호는 그들의 지위와 권력을 이용해 지방관의 활동과 통치를 규제, 무력화시킬 뿐만 아니라, 지방관·서원세력과 결탁해 각종 부당행위를 자행하고 있었다. 따라서 무단토호에 대한 단속은 국가기강 회복과 중앙통치권 강화를 위해 반드시 실시하지 않으면 안 되는 것이었다. 이러한 상황에서 대원군은 무단토호문제를 서원철폐와 지방관의 관리·감독을 동시에 추진함으로써 실질적인 효과를 높이려고 했다.

셋째, 토호의 무단행위는 단순히 개인의 불법적인 탈세와 수탈의 차원을 넘어 지배계급과 결탁해 위로는 국가 통치권과 재정에, 밑으로는 민생안정에 심각한 위협을 가져왔기 때문에 그들의 부정을 보다 근본적으로 차단할 수 있는 구조 개혁과 조정이 필요했다. 무단토호의 폐해는 민생과 직결된

문제로 고종도 특별한 관심을 갖고 진행상황을 주시하고 있었다. 고종은 강연 중에 무단토호정책 시행과 그 효과에 대한 질의응답을 반복하며 그들이 민생에 악영향을 미치는 실태를 개선하기 위해 고심했다. 그러나 그 추진과정에서 드러나듯이 무단토호정책은 토호개인과 관련자 중심의 처벌, 그들의 부정행위에 대한 예방을 강조하는 데 집중되었고, 토호가 관리와 결탁해 부정을 저지르는 길을 원천적으로 봉쇄하는 제도적 개선이 추진되지 않았다. 이 때문에 대원군정권기 반복적인 규제로 인해 잠잠해진 듯이 보였던 토호의 무단행위는 고종이 통치권을 회복하는 과정에서 지방통제가 느슨해지자 또다시 발현해 물가상승과 민생폐해 문제를 야기하게 되었다.

그 밖에 무단토호정책에서 보이는 특징으로는 신정왕후의 관여가 보이지 않는다는 점, 무단토호에 대한 보고가 불충분하다며 해당암행어사까지 처벌된 점, 관료가 무단토호로 지명되거나 무단토호와 관련이 있었다는 점, 무단토호라도 연장자는 처벌대상에서 제외되었다는 점 등이 있다.

무단토호는 삼정문란의 직접적인 원인으로 민생안정과 국가행정에 심각한 악영향을 미치고 있었다. 때문에 고종즉위 이전부터 무단토호의 근절을 구상해 온 대원군은 1866년 초부터 본격적으로 무단토호문제 해결에 착수했다. 대원군은 무단토호가 지방관 및 서원세력과 맺고 있는 유대관계를 차단하고 원활한 지방통제 실현을 바탕으로 중앙통치권을 확립하고자 했다. 또한 그들이 부정행위를 자행하는 수세 대상을 파악해 금지 또는 국가재원으로 편입시켜 민생안정과 재정확충을 동시에 이루려 했다. 다시 말해 무단토호억제정책은 서원철폐와 함께 부족한 군액을 보충하고 재원을 확보·확대해 통치권을 강화하려는 대원군의 의도에 따라 실시되었다는 것이다. 그리고 1870년부터 73년까지 무단토호문제가 그다지 거론되지 않았고, 1873년 12월에 이유원이 '지금은 무단토호가 없다'고 상주한 사실에서 대원군의 무단토호억제정책이 어느 정도 효과를 거두었다고 판단할 수 있다.

그런데 무단토호문제는 단순히 그들에 의한 악행에 그치지 않고 지방관·읍리와의 유착을 통해 장기간 지속되어 온 것인 만큼, 다양한 토호정책 실시에도 불구하고 근절할 수는 없었다. 이런 상황에서 친정 이후 고종의 관심이 대원군세력 약화와 군주권 확립에 두어져 무단토호에 대한 감시와 단속이 소홀해짐에 따라 그들은 또다시 이전과 같은 불법 수세와 민생 수탈을 자행해 갔다. 그러자 고종은 반복해 토호처벌과 잡세금지 등을 명하며 토호억제를 강조했지만, 실질적인 효과를 거두기 위한 상설감시체제 정비와 조세행정제도 개선 등이 제시되지 않은 상황에서 이를 막는 데는 한계가 있었다. 결국 고종이 지방통제가 불가능한 근본 원인을 파악해 대책수립과 개혁을 시도하는 것이 아니라, 지방관의 책임·감독하에서 문제를 해결하려 함으로써 경반·향반·토호세력의 무단행위와 관리와의 결탁을 근절할 수 없었다고 하겠다.

3. 군사정책을 통한 재정확충 및 권력기반 확대

대원군은 고종즉위 후, 군주와 왕실의 권위를 확립하기 위해 지속적으로 권력기반을 확대해 갔다. 그는 고종즉위 초기에 철종대 집권세력과 협력하면서 정권장악의 편의를 꾀하고, 종친·선파의 정계진출, 의정부 부활, 각 당파로부터의 인재등용을 추진해 권력기반을 안정적으로 확보해 갔다. 그리고 문신을 우대하는 사회적 분위기 속에서 장기간에 걸쳐 멸시당해 온 무신세력에게 관직진출과 지위향상의 기회를 제공해 무신세력의 정치참여를 적극적으로 유도해 군사기반을 확보함으로써 더욱 강화된 통치권의 확대·안정을 추구해 갔다.[69]

고종즉위 초기에는 이양선 출몰과 서양세력의 교역요구가 빈번히 발생하고 있었다.[70] 이는 단순히 무역을 통한 서양의 사치품을 수입하는 데 그치는 것이 아니라, 그들의 종교, 즉 사교(邪敎) 도입과 무력 침입으로 간주되었고, 통치안정과 기강확립 차원에서 차단해야 할 문제로 인식되었다. 당시

---

[69] 대원군의 군사·외교정책에 대해서는, 연갑수, 「대원군집권기(1863~1873) 서양세력에 대한 대응과 군비증강」, 서울대학교박사논문, 1998; 김세은, 「대원군집권기의 군사제도의 정비」, 『한국사론』 23, 1990; 윤진헌, 「대원군의 쇄국정책에 관한 연구」, 『동아논총』 33, 동아대학교, 1996; 김윤곤, 「홍선대완군의 쇄국주의적 정책론」, 『한국행정사학지』 7, 1999; 임재찬, 「병인양요전후 대원군의 군사정책」, 『경북사학』 24, 2001·「삼군부 복설배경」, 『신라학연구』 3, 1999; 김기삼, 「홍선대원군시대의 쇄국정책과 그 정치적 공적에 관한 연구」, 『사회과학연구』, 조선대학교사회과학연구소, 1980 등을 참조.

[70] 당시 조선에 나타나 교역을 요구한 예는 다음과 같다. 1864년 2월, 러시아인이 경흥부 두만강변에 출현해 교섭을 요구(『승정원일기』 1864(고종1)년 2월 28일), 같은 해 7월, 경기도 덕적진 굴업도에 이양선이 출몰해 민가를 약탈하는 소동 발생(1864(고종1)년 8월 8·9일), 1865년 7월, 연일현 임곡진부근에 수상한 서구선박이 표류(1865(고종2)년 7월 27일·8월 3·1일), 같은 해 7·8월, 옹진부 창린도에 정박한 이양선에서 보내진 책자가 경계심을 유발(1865(고종2)년 8월 20일), 같은 해 11월, 또다시 러시아인이 교섭을 유해 경흥부를 방문한다고 통보(1865(고종2)년 11월 10·11일).

조선정부가 갖는 양학과 천주교에 대한 일반적인 견해는 '양학(洋學)은 부(父)와 군(君)도 무시하는 사악한 것이다. 법률이 금하고 정도(正道)를 배신하는 사교를 믿는 일은 이적과 금수'라는 것이었다.71) 때문에 사교를 동반하는 서구와의 교류를 저지함과 동시에 우수한 이양선과 서구무기에 대항해 국가를 보존하기 위해서는 군사력 증강이 필요했다.72)

1866(고종3)년에 들어 조선은 더욱 강경한 서구의 교섭요구에 직면하게 되었다. 오페르트(戴拔, Ernest Oppert)가 두 번에 걸쳐 충청과 경기 각 지역에 출몰해 교역을 요구했고,73) 미선박 서프라이즈(土佛號, The Surprise)호는 부산에 정박해 무역을 요구한 후,74) 평안도 철산부에 출몰해 피해를 입혔다.75) 이는 정부가 내통자 색출과 지방관리 파견·감독 등 행정·법률체제 정비를 서두르는 한편, 군사적 측면에서 변경방위의 중요성을 새롭게 인식하는 계기가 되었다. 따라서 정부는 기강확립을 비롯해 군비확충과 군사증원 등을 통해 외세의 무력을 동반한 통상요구를 배척하고 서구 침입을 저지해 국가를 보존하려 했다.76) 이러한 상황에서 발생한 셔먼(Sherman)호와의 무력충돌과77) 병인양요는 정부뿐만 아니라 일반백성에게까지 심각한 위기의식을 불러일으켰다. 그리고 이와 같은 대외적 정세 변화는 대원군에게 강병정책 추진을 가능하게 하는 명분을 제공했고, 그는 무신의 영향력을 신장시켜 권력기반과 국가결속력을 강화하는 작업에 박차를 가해 갔다.

1866(고종3)년 7월 30일, 고종과 의정과의 소견에서는 국방 관련대책이 주제가 되었다. 여기에서 좌의정 김병학은 먼저 '무비가 정비되지 않음과 해

---

71) 『승정원일기』 1866(고종3)년 1월 20일.
72) 『승정원일기』 1864(고종1)년 7월 22일.
73) 『고종실록』 1866(고종3)년 2월 8일, 『비변사등록』 1866(고종3)년 7월 5·6·12일.
74) 『고종실록』 1866(고종3)년 2월 25일.
75) 『승정원일기』 1866(고종3)년 7월 27일.
76) 『승정원일기』 1866(고종3)년 7월 10·12·14일.
77) 『고종실록』·『비변사등록』 1866(고종3)년 7월 22·23·25·27일자 참조.

방의 불충분이 조선과 같은 나라가 없고 현재와 같은 시기도 없었다'고 역설한 후, 군사력을 강화하기 위해 ① 각 영 병력의 보충, ② 오래된 군기수리, ③ 군사훈련 강화, ④ 전선(戰船) 보수, ⑤ 군령 강화, ⑥ 어염세의 군수비용으로의 전환을 건의했다. 또한 그는 해방뿐만 아니라 국내 도적과 변란에 대비할 것과 서구와의 교역이 국가재물 낭비와 민심의 피폐로 이어지기 때문에 엄격히 단속해야 함을 강조했다. 여기에 국내에 잠재하는 이단세력이 서구세력과 내통해 사학(邪學)·사교(邪敎)와 변란의 원인이 되고 있다며 척사윤음의 반포를 촉구했다.[78] 김병학의 의견은 당시 그가 대원군의 의사를 충실히 대변하고 있었다는 점에서 대원군의 대서양 인식 및 군사정책을 반영한다고 할 수 있다. 이렇게 국방력 강화에 대한 필요성과 기대가 높아지는 가운데 대원군의 군사정책은 순조롭게 추진되어 갔다.

통치권력 강화를 위해 추진된 대원군의 군사정책은 크게 문무신간 세력균형 및 배치, 국방력증강, 양이정책으로 나눌 수 있다. 대원군은 추락한 왕실과 중앙정부의 권위를 신장시키는 정책을 수행함과 동시에 천주교확대와 서구선박의 통상교섭 요구를 차단해 청을 중심으로 한 국제질서를 유지하려 했다. 그리고 이러한 대원군정권기 군사정책의 목적은 국내외 정세 안정을 추구해 통치권을 확고히 하는 데 있었다고 할 수 있다. 여기에서는 대원군의 군사정책 중에서도 통치권 확립을 위해 실시된 무신대우개선과 삼군부부활, 그리고 진무영개편 등 군비확충정책에 중점을 두어 고찰하기로 한다.

---

[78] 『승정원일기』 1866(고종3)년 7월 30일. 이 건의에 따라 척사윤음은 다음 달 3일, 전국에 반포되었다. 또한 김병학의 건의에 따라 본격화된 1866~7년 사이의 주요한 군사정책은 ① 군사요충지에 새로운 진영을 설치하거나 기존 진영을 보강, ② 강화도를 유수제에서 진무영으로 개편하고 군사병영체제로 전환, ③ 러시아 남하에 대비해 북방경비 강화, ④ 대규모 화포군 양성, ⑤ 군기수리와 戰船, 화포 등 무기제조, 등으로 정리할 수 있다(최병옥, 『개화기 군사정책연구』, 39~49쪽 참조).

(1) 무신대우개선정책 추진

대원군은 중앙통치권 강화를 추구했다. 종친부와 의정부 권한 확대와 관청재건을 통해 왕실과 중앙통치권 회복을 추진한 대원군은 동시에 무신세력의 지위를 향상시켜 새로운 권력기반으로 삼으려 했다. 그는 먼저 훈련원의 수리를 명해[79] 그 수리에 관여한 삼영대장 등을 포상하고,[80] 경복궁공사 제조로 무신세력을 임명해 그들의 활동 폭을 넓혔다.[81] 경복궁중건에 각 군영대장을 비롯해 무신세력의 역할이 컸던 사실은 경복궁이어를 축하하는 자리에서 고종이 "호조판서와 각 대장, 그리고 좌변포도대장·우변포도대장은 몇 년간 매일 일하는 데 힘썼다. 어찌 마음을 보이지 않을 수 있겠는가?"[82]라고 말한 사실에서 엿볼 수 있다. 이렇게 대원군은 국가공사에 무신세력을 적극적으로 동원하고 실무를 맡겨 그들의 지위·역할 강화와 권력기반으로의 편입을 동시에 이루려 했다. 또한 장신의 자제에 대한 군사교육을 보강해 군정을 담당할 인력을 확보하기 위해 노력했다.

대원군의 무신대우개선정책은 종친부를 중심으로 왕실 권위를 확립하고, 의정부를 통해 행정권을 중앙으로 집중하며, 삼군부를 부활해 군정을 관장시켜 국가의 통치권을 군주—실제로는 대원군—가 총괄할 수 있는 기반을 조성하려는 목적하에서 추진되었다. 따라서 고종즉위 초기부터 종친·선파의 정계진출을 확대하고 의정부의 권한을 회복시킨 대원군은 무신에 대해서도 문신과 같은 체계적인 규정과 조직을 만들려 했다.

1864년 12월, 신정왕후는 '문관의 분관[83]과 무관의 녹천(錄薦)[84] 규정은

---

[79] 『승정원일기』 1864(고종1)년 2월 20일.
[80] 『승정원일기』 1864(고종1)년 4월 10일.
[81] 『승정원일기』 1865(고종2)년 4월 3일.
[82] 『승정원일기』 1868(고종5)년 7월 2일.
[83] 새로 문과에 합격한 자 중, 문벌에 속한 자를 승문원·교서관·성균관 직에 나누어 채용하는 일.

같은 것이고 경계와 구분이 극히 엄격함에도 불구하고 근래에 무관의 녹천법 기강이 문란해졌다'고 개탄하며, 병조가 시원임 무관장신이 녹천되는 규정에 대해 상담해 개정한 후 절목을 정해 시행하도록 명했다.[85] 이는 무관 출신 문벌자를 선전관 등의 청요직으로 승진시켜 무장가 문벌의 지위를 보장해 줌으로써 그들을 권력기반으로 편입하기 위한 조치였다. 또한 참상·참하의 무신겸선전관 임명기준을 구례로 회복해 선천(宣薦)[86]에 들지 않은 자는 후보자로 하지 말 것을 정했다.[87] 오위도총부 낭청에 대해서도 구례를 회복해 무신겸선전관의 경우와 마찬가지로 무관의 청요직 등용 기준을 공식적으로 정해 무관체제를 재정비하려 했다.[88] 이처럼 대원군은 무신등용과 승진체제를 구례로 회복시켜 무신 내부의 기강확립을 꾀해 갔다.

고종은 이러한 대원군의 무신대우개선정책에 적극적으로 협력하고 있었다. 그는 장군 체면의 각별함을 강조하며 '아장이 대장으로 승진한 후 곧바로 그 품계를 올리는 것은 조정의 체면·위신을 존중하기 때문이다. 이후 무신이 대장으로 승진한 경우, 그 품계를 자헌대부로 하라'[89]고 명해 장신의 품계를 판서와 같이 했다. 또한 '금군 설치가 중요한데, 최근에는 말과 군장도 거의 모양을 이루지 못하니 숙장을 생각하면 한탄스럽다'며, 이후 금군과 용호영의 군총을 구례대로 회복시켜 동영 별장이 군인의 출척을 전담하도록 한 후, 군주친위군 대장인 금군별장의 임기를 24개월로 늘릴 것을

---

[84] 새로 무과에 합격한 자 중, 문벌에 속한 자를 선전관·부장·수문장에 채용하는 일.
[85] 이 교지는 대원군정권의 문벌주의적 성향도 드러낸다(『승정원일기』 1864(고종 1)년 12월 20일).
[86] 무과합격자를 선전관 후보자로 뽑는 일.
[87] 『승정원일기』 1865(고종2)년 9월 10일.
[88] 『승정원일기』 1865(고종2)년 9월 12일.
[89] 이 명령에 따라 그 때까지 종2품의 품계가 수여되던 각 영의 대장에게 정2품 자헌대부가 수여되었다(『승정원일기』 1866(고종3)년 4월 22일).

정식화시켰다.⁹⁰⁾ 고종은 장신의 품계를 판서와 같은 정2품 자헌대부로 승격시켜 무신의 권위 향상을 꾀함과 동시에 군주의 숙위를 담당하는 금위별장의 임기연장을 통해 궁궐 경비를 강화하려 한 것이었다.

당시 무신대우개선정책은 영의정 김병학에 의해 충실히 대변되고 있었다. 그는 '음관은 곧바로 좌이(佐貳, 육조의 참판·참의) 후보자가 되는데, 무관이 그렇지 않은 것은 차별'이라며 이후에는 무관승선으로 곤수(閫帥)⁹¹⁾를 거친 자가 정3품 통정대부라면 병조의 참의·참지 후보자로 하고, 품계를 올린 경우에는 한성부의 아윤(亞尹, 좌윤·우윤)으로 임명할 것을 제의했다.⁹²⁾ 뿐만 아니라, 장신이 곧바로 자헌대부로 승진해 각조 참판 중에 무신 후보자가 없어졌다며, 포도대장 중에서 승지와 좌윤·우윤 경험자에 대해서는 병조참판 후보자로 할 것을 허용해야 한다고 건의했다.⁹³⁾ 여기에 '무신의 승진에는 각각 추천이 있는데, 무과 수석합격자는 음직의 추천이 없으면 일단 직책을 받아도 다른 직으로 옮길 수 없어 무신의 원망이 커졌다'고 개탄한 후, '별천의 예에 따라 무관장신이 추천한 자에게 선천의 대우를 허용할 것'을 상주해 무신의 관직승진 기회를 확대하기 위해 노력했다.⁹⁴⁾

특히 김병학은 무신의 임용체제 문제점을 지적하고 개정을 요구했다. 1868년 10월 10일, '훈련원정직을 한 번이라도 거친 당하무신은 지방관 재직시 죄를 지어 파면된 후에도 또다시 훈련원정으로 등용되고 있다'고 고발해

---

90) 『승정원일기』 1867(고종4)년 11월 5일.
91) 병마절도사와 수군절도사를 가리킨다.
92) 『승정원일기』 1866(고종3)년 7월 30일.
93) 또한 1841년에 본래 변경이력(변경 군무를 담당하는 직책 중 최고위로 정3품 당상관이 해당)이었던 부령부사가 당하관이 되었던 것을 북방 변경이 방위상 중요한 지방이라는 이유로 또다시 변경이력으로 실시해야 한다고 주장했다(『승정원일기』 1867(고종4)년 8월 10일).
94) 이에 따라 훈련대장 신헌이 상주한 前水使 金樂文·吉州牧使 張斗衡·前僉使 具昌植·把總 李德純·捕從 洪運燮·武兼 申相兌 등이 선전관에 임명되었다 (『승정원일기』 1868(고종5)년 3월 23일).

군정의 기강확립을 위해서도 파면자를 또다시 훈련원정 후보자로 하지 말도록 정식화할 것을 개진했다. 그리고 '무과에 합격해 관직에 올라 정3품 통정대부가 된 자가 중군 이력이 있을 때 비로소 수령이 되도록 허용하는 것이 인사의 정식이다. 최근에는 출신이 며칠도 지나지 않아 가자(加資, 정3품 통정대부가 됨)를 꾀해 중앙직의 재임기간을 겨우 채우고 지방관이 되려 하기 때문에 관직 청탁이 심각하다'며, 충장위장(忠壯衛將)과 충익위장(忠翊衛將) 등은 이력으로 인정하지 말고 오위장(五衛將)은 12개월의 재직기간을 요하도록 제안했다.95) 나아가 '군사를 통솔하는 임무에 지나지 않는 어영청의 중초초관과 위내배호(衛內陪扈)의 직인 훈련도감의 협련초관(挾輦哨官) 및 금위영의 창검초관(槍劍哨官)을 같은 초사직으로 하는 것이 부당'함을 지적하며 이후에는 후자를 초사직으로 하지 말라고 상주함과 동시에 도적방지와 성문기찰을 담당하는 포도대장을 삼군부가 추천하도록 요구했다.96) 이렇게 대원군정권기에는 무신의 관직임명과 승진 절차·방법 등을 엄격히 규정해 무신 내부 인사기강을 확립함으로써 보다 체계적인 군정운영체제를 정비하려 했다.

　여기에 무신대우개선정책의 주요한 목적이 무신을 확고한 권력기반으로 확보하는 데 있었던 만큼, 그들에 대한 등용확대가 추진되었다. 1869년 3월, 김병학은 '서북지방 출신자를 승지와 대사간으로 임명해 불만을 해소하는 정책이 이루어지는 것은 정말 훌륭한 일이다. 그러나 서북 출신 무신으로 선천에 들어가도 실제로는 총랑(오위도총부 낭청)·무신겸선전관에 임명되지 않는다'며 서북지방과 송도 지역의 뛰어난 자들을 공평히 등용해 그들의 불만 요인을 제거하려 했다.97) 또한 강로는 임기가 만료된 무신 초사자가

---

95) 『승정원일기』 1868(고종5)년 10월 10일.
96) 김병학은 1869년 3월 8일에도 훈련도감의 挾輦哨官, 금위영의 槍劍哨官은 노고가 많기 때문에 30개월의 재직기한을 거쳐 都政이 되면 6품직으로 제수할 것을 상주했다(『승정원일기』 1869(고종6)년 3월 8일).

허사과(虛司果)에 148명이나 적체되어 있음을 개탄하고 그들을 실무직으로 옮길 수 있는 방안을 제시했다.98) 이에 대해 고종은 개선한 후 실질적인 효과를 거두도록 영구히 시행하지 않으면 안 된다고 강조하며 실무에 참여하는 무신을 증가시키고자 노력했다.

이처럼 다양한 무신정책이 순조롭게 진행되면서 무신의 권력기반이 정착해 가는 가운데, 금군별장에 이어 병조판서의 임기도 연장되었다. 1869년 3월, 영의정 김병학은 '병조판서의 임무는 군을 총괄하며 인사는 이조를 따르고 재정규모는 호조 다음가는 것이니, 그 중요함은 다른 관청에 비할 바가 아니다. …(그 책임을 지속적으로 담당시키기 위해)임기를 24개월로 정해야 한다'99)고 병조판서의 임기연장을 주장했다. 이에 따라 1867년에 금군별장 임기가 24개월이 된 데 이어 군정의 장이며 삼군부제조를 겸임하는 병조판

---

97) 『승정원일기』 1869(고종6)년 3월 8일.
98) 강로는 이 해결방안으로, ① 元司果(정원내 司果)와 權付司果(정원 외 가설된 司果)를 서로 구분하고 서열상 元司果를 앞으로 한다, ② 6월과 12월의 取歲人((과거 이외)잡과·무과 등의 시험 합격자)은 공석이 나는 대로 관직을 제공하고 공석이 없는 경우에는 加設職을 거치지 않고 다음 관리임용에 등용한다, ③ 司果 취임자의 기예 실력을 높인다, ④ 삼조낭청·감찰·의금부도사·군기감 주부에 대해서는 武司果(무신 司果)를 모두 처리할 때까지 兵批(병조 관할 인사)의 實職으로 전환시키고 司果에 복직시키지 않는다, ⑤ 당하무관이 처음 임명되도록 되어 있는 수령직은 정식을 준수하여 당상관을 임명하지 않도록 한다, ⑥ 선전관의 別復職(특별히 재임명되는 일)은 구례이긴 하지만 1년에 한 두 번 이상 임명하지 않는다, ⑦ 참상(정3품 당하관에서 종6품까지 품계에 있는 자)의 公事官(의정부 6품직)과 內乘(內司僕寺 내의 직책의 일종)은 삼군부낭청 규정에 따라 병비의 실직 및 사과 중에서 임명한다, ⑧ 郵官察訪은 그 때마다 융통하고 격식을 위반하지 않도록 한다, ⑨ 邊將(僉節制使·万戶)의 자벽(장관이 후임을 직접 추천·임명하는 일)을 8도감사, 4도유수가 상계해 청원하는 일은 영구히 방지한다, ⑩ 都政(6월·12월에 실시하는 대규모 인사이동) 때 변장 지위에 여유가 있다면 참상 이상 실직에 있는 部薦(무과합격자 중에서 五衛部將 후보자를 뽑는 일) 중에서 순차로 임명할 것을 제안했다(『승정원일기』 1873(고종10)년 1월 20일).
99) 『승정원일기』 1869(고종6)년 3월 30일.

서 임기도 2년으로 정해졌는데, 이는 전곡을 담당하는 금군별장과 병조판서가 빈번히 교체되지 않도록 하기 위해서였다.[100] 다시 말하면 군정뿐만 아니라 관련 재정도 함께 주관하는 병조판서·금군별장의 임기를 연장해 원활한 군정운영을 꾀한 것이었다.

그런데 새로운 세력기반 확보를 위해 실시된 대원군의 무신대우개선과 군정정비 정책은 문신세력의 경계와 견제의식을 불러일으키고 있었다. 이는 문신의 우위가 지속된 상황에서 무신 지위와 역할 향상을 위한 정책이 문신의 기득권 유지에 타격을 입혔고, 한정된 관직에 무신세력이 진출함에 따라 문신이 차지할 수 있는 관직수가 감소했기 때문이었다. 이러한 당시 문·무신의 갈등양상은 다음 고종의 이야기로부터 엿볼 수 있다.

> 일전에 문무관 체통의 화평을 위해 『삼반예식』을 개정·인출해 반사(頒賜)했다. 그러나 문관이 무관에 대한, 무관이 문관에 대한 관계가 평평하지 않고 어긋난 부분이 있기 때문에 더욱 바로잡아 균등하고 공평한 것으로 할 것을 여기에 반사한다. 이전에 내린 책은 실시할 것 없이 일제히 이 방식을 준수해 화평에 임하라. 과연 이것이 조상(朝象)이며 나라의 다행이다. 내 뜻이 경복궁재건과 조정 체제의

---

[100] 고종의 통치권 회복 직후인 1873년 12월, 이유원은 병조판서·금군별장의 임기제를 정한 이유에 대해 이것이 전곡을 담당해서 빈번히 교체해서는 안 되기 때문이라고 상주했다. 이에 대해 고종은 양자의 임기제 규정이 구례가 아니라며 반론을 제기했다. 또한 이유원은 고종이 대장에 오르면 정경이 되는 것도 구례가 아니라고 논한 데 대해 이미 정경이 된 사람은 모두 자격이 있기 때문에 되지 못할 것도 없다고, 고종이 아경·아장이 대장 지위에 오르면 곧바로 병조판서로 추천되는 것도 전례가 아니라 주장한 데 대해서는 이전에는 숙장이 곧바로 임명된 예가 많았다고 대답해 고종이 대원군정권기 강화된 무신우대정책을 고치려는 의사에 반대의 뜻을 드러냈다. 다시 말해 고종이 대원군의 군정관련 인사정책을 구례가 아니라며 부정하자, 이유원은 이것이 정당하며 타당하다고 주장한 것이었다. 그럼에도 불구하고 고종은 위의 세 가지, 즉 병조판서·금군별장의 임기제와 대장에 오르면 정경으로 승진하는 일, 아경·아장이 대장 지위에 오르면 곧바로 병조판서로 추천되는 일을 폐지하도록 지시했다. 제4장 제2절 1-(2) 참조(『승정원일기』 1873(고종10)년 12월 24일).

복구·이정에 있음을 조정신료 모두가 알기 바란다.101)

여기에서 고종은 이전 문·무관의 상호의례에 관한 규정에 바르지 않은 부분이 있었음을 거론하고 문·무관이 새로이 간행·반포하는『삼반예식』102)을 준수하도록 촉구했다. 특히 문·무의 균형과 화평이 나라의 다행이라며 서로가 협력해 국가재건에 노력해야 한다고 강조했다.

실제로 문·무신의 상견에 관한 논의는 이미 고종즉위 직후부터 제기되고 있었다. 1864년 2월, 김좌근은 신정왕후로부터 문관과 무관이 상견하는 일에 대해 건의하도록 명받았다고 언급한 후, '문·무의 체면이 엄격한 것은 예로부터의 일이며 문재 중 종1품 이하 정경이 무재(武宰)와 문답할 때 서로 존중하는 의가 있다. 무재가 스스로 처리하는 방법은 전과 차이가 없다'며 시임포장(時任捕將)이 정경이 앉는 곳에 거리낌 없이 출입할 수 있도록 허가를 요구했다.103) 이는 문·무관의 상견 방식에 존재했던 차별을 없애 문·무관이 서로에게 예의를 갖추는 사이로 만들기 위한 조치였다. 이처럼 고종 즉위 직후부터 대원군은 문·무관의 격식을 바로잡아 무신이 경시당하는 분위기를 없애려고 했다.

그러나 당시는 무신이 상관인 경우에도 자행될 만큼, 문신의 무신에 대한 차별이 일반화되어 있었다. 1866년 3월 15일, 북병사 정기원은 '평사 김병익(안동김씨/김대근의 아들)이 귀경길에 부임하는 자신과 만났는데, 와서 상견하지 않고 즉시 출발했다'고 보고한 후, 김병익을 파면하지 않을 수 없다며 유사에게 죄상을 품처하도록 지시해야 한다고 요구했다. 이에 대해 고종은 장군과 막하의 체통이 서울과 지방이 같은데 이번 평사의 행동에 놀랐다며

---

101)『고종실록』1868(고종5)년 7월 2일.
102) 1866년에 간행된 관리 접대의례에 관한 책. 三班은 문관·음관·무관이다. 이 책에는 대관 이하의 體例와 문관·음관·무관의 相見儀·座避儀·下馬儀·乘馬條例·停望式·銓罰·外官體例·別星之行 등이 수록되어 있다.
103)『승정원일기』1864(고종1)년 2월 10일.

해당 부처가 엄중히 처분할 것을 명했다.104) 또한 다음 날 이 사건을 또다시 거론했다.

> 북병사와 평사 사이가 군장과 그 막하의 체통인 것은 영조대의 정식이다. 병사·수사와 수륙 수령과의 사이가 상관과 하관으로서의 관계에 있는 것도 원래 구례이다. 그러나 근래 전례를 모르는 문관이 조정의 체면이 엄중한 것을 생각하지 않고, 문은 귀하며 무는 천하다는 차별만으로 자신이 귀하며 그는 비천하다고 생각해 (무관 상관으로부터의)절제(節制)를 받지 않는 자가 왕왕 있다고 한다. 이를 생각하면 심히 한탄스럽다. 이제부터는 절제 체통을 복구·시행해 감히 위반하는 일이 없도록 병조에서 명령을 포고하라.105)

위에서 고종은 조정의 전통과 구례를 위반하면서까지 단지 문관이라는 이유로 상사인 무관을 멸시하는 문관의 행동을 바로잡으라고 지시했다. 이는 무신세력을 성장시켜 권력기반으로 확보하려는 상황에서 문관의 무관에 대한 심각한 차별의식과 그 실태를 간과할 수 없었기 때문이었다. 따라서 『삼반예식』의 개정판을 반포해 관료사회의 기강을 확립하고자 했다.

대원군이 문·무관의 상호접대·예의 등에 관한 책까지 간행·배포한 이유는 단순히 종래 무신에 대한 차별을 없애는 데 그치지 않고 그것을 정식화하기 위해서였다. 또한 문신과 무신관계를 새로이 정립해 정부의 상하수평관계를 제도적으로 확립함으로써 군주를 중심으로 한 중앙의 명령체제를 구축하는 데 그 목적이 있었다. 중앙통치권의 안정적인 확보·유지에 문신과 무신과의 균형 있는 관계형성이 필요하다고 생각한 대원군은 문신 주도하의 행정부와 무신 주도하의 군사기관을 독립적으로 운영함과 동시에 양자간의 균형을 유지해 어느 한쪽의 우위와 세력 강화를 저지하려 한 것이었다.

이러한 대원군의 문·무신 관련정책 기조 속에서 1870년 11월 고종은 무

---

104) 『고종실록』 1866(고종3)년 3월 15일.
105) 『승정원일기』 1866(고종3)년 3월 16일.

신의 처우개선에 관한 정책시행 상황에 대해 질문하고 무신의 지위향상에 높은 관심을 표명했다.

> **고종** "무신 재상을 존중하는 뜻을 일전에 명했는데, 과연 준수해 행하고 있는가?"
> **이유원** "연전의 교지는 지금도 받들어 행하고 있습니다."
> **김병학** "병인(1866)년 연석에서 내리신 교지를 들었습니다. 또한 이미『삼반예식』을 간행해 지금까지 준수해 행하고 있습니다."
> **고종** "사대부가 교만한 사람이면 그 가문을 잃지만, (사대부가)조정 내에서 교만하고 거만하지 아니하면 단지 자신에게 좋은 일이 될 뿐만 아니라 나라도 화기(和氣)를 잃지 않게 된다. 내가 잠저에 있을 때 들었는데 조정에서 종반 및 소위 편색 중에서 천대받는 자가 많다고 한다. 무재에 미쳐서도 또한 마찬가지이다. 이는 어찌된 일인가?"
> **이유원** "어전에 들어와서는 일을 고하고 궁전을 나가서는 화기를 잃지 않도록 하는 것이 옛 사람의 일입니다. 지금 전하의 하교가 이렇게 엄중한데 누가 감히 성실하게 임하지 않겠습니까?"106)

이 같은 고종의 언급에서는 즉위 이전부터 종친과 남인·북인, 그리고 무신에 대한 조정 내 차별이 심각했음을 알 수 있다. 그리고 대원군이 종친과 남인·북인, 무신의 지위신장과 역할확대를 위한 정책을 실시했음에도 불구하고, 아직 그들에 대한 차별이 존재했다는 사실도 엿볼 수 있다. 여러 당파와 지역사람들에 대한 능력 중심의 등용정책을 지속적으로 실시한 당시에도 문신 내부에 약소당파 사람들에 대한 냉대가 있었음은 물론, 문신·무신간 알력도 심각했다는 것이다. 때문에 대원군은 문·무 상호간 상견 규정을 넣은『삼반예식』을 간행해 문신 내부의 파벌 대립을 비롯한 문·무 세력간 분쟁을 조정하고 각 집단의 세력을 균등하게 유지하려 했다.

이처럼 대원군이 지속적으로 인재등용을 확대한 것은 문신 중심·노론 중심의 정계를 개편하고 특정집단의 권력 독점과 장악을 저지해 권력기반

---

106)『승정원일기』1870(고종7)년 11월 1일.

을 안정시키기 위해서였다. 그러나 다양한 세력의 정계진출과 성장은 한정된 관직·권력을 둘러싸고 문신 내부뿐만 아니라 문·무간 새로운 세력다툼을 유발하고 있었다. 권력분배를 둘러싼 갈등이 야기되면서 이제까지 우위를 점해 온 세력에게 위기의식과 불만이 고조된 것이었다. 그리고 이는 고종이 친정을 선포할 때 그들을 반대원군세력으로 결집시키는 하나의 요인으로 작용했다고 하겠다.

(2) 삼군부 복구·강화정책 추진

무신세력의 등용과 권한을 확대해 무신대우개선정책을 추진한 대원군은 군권을 집중시켜 총괄할 수 있는 새로운 군사관청 설립을 시도하게 되었다. 그리고 이러한 역할을 수행할 기관으로 삼군부에 주목했다.[107] 삼군부는 태조가 국초에 군사권을 장악하기 위해 설치한 기관으로 종친부가 왕실을 상징한다고 하면 의정부는 행정권(부)을, 삼군부는 군권(부)을 대표하는 정부기관이었다. 이러한 군권을 상징하는 삼군부의 부활은 대원군이 국초와 같은 강력한 군권을 확립해 통치권을 더욱 강화하려는 의도를 갖고 있었음을 드러낸다.

대원군정권기 삼군부 관련정책은 종친부와 의정부 기능을 회복하고 세력을 확대하면서 병권도 장악하려는 과정에서 이루어졌다. 삼군부 복구문제를 처음으로 제기한 것은 당시 영의정 조두순이었다. 1865년 5월에 조두순은 '현재 예조가 있는 장소는 국초 삼군부의 위치이며 이를 의정부와 마

---

[107] 삼군부에 관해서는, 김세은, 「대원군집권기군사제도의 정비」, 『한국사론』 23, 1990; 연갑수, 「대원군집권의 성격와 권력구조의 변화」, 『한국사론』 27, 1992; 연갑수, 「병인양요 이후 수도권방비 강화」, 『서울학연구』 9, 1997; 임재찬, 「병인양요전후 대원군의 군사정책」, 『경북사학』 24, 2001; 임재찬, 「삼군부 복설과 역할」, 『신라학연구』 6, 2002; 임재찬, 「삼군부 복설배경」, 『신라학연구』 3, 1999; 한충희, 「조선초(태조2년~태종1년)의 의흥삼군부연구」, 『계명사학』 5, 1994; 최병옥, 「고종대 삼군부연구」, 『군사』 19, 1989 등을 참조.

주보게 세운 것은 일국의 정치가 문사와 군비이기 때문'이라고 말한 후, '오위의 옛 제도를 갑자기 복구할 수는 없지만, 훈련도감의 신영·남영·마병소와 오위의 집무실을 지금 예조 위치에 함께 설치해 삼군부로 명명하고 예조는 한성부 위치로, 한성부는 훈련도감의 신영으로 옮겨 육조를 왕궁 좌우에 배치해 옛 법규를 따르는 것이 좋겠다'며 문과 대비되는 무의 중요성을 강조하고 군영청사 중 일부 이동과 삼군부 호칭을 제안했다.108)

이에 따라 훈련도감 군영과 오위 집무실이 이설된 예조건물을 삼군부라 명명했는데, 당시 삼군부는 단독 정부기관으로 설치된 것이 아니라, 종친부와 의정부 증축에 맞추어 국초의 건물 모습을 재현하는 데 머물러 있었다. 그렇다고는 해도 삼군부 명칭이 또다시 등장한 것은 태조가 군권을 장악하려 삼군부를 설치한 예와 마찬가지로 비변사가 담당하던 군정을 삼군부로 옮기기 위해서였다. 다시 말해 대원군은 종친부 중심으로 왕실과 종친·선파를 규합하고, 의정부 중심으로 행정부를, 삼군부 중심으로 군정을 운영한다는 중앙집권화정책의 일환으로써 삼군부 복구를 구상한 것이었다.

삼군부 복구문제는 병인양요를 거치면서 보다 체계적인 군령체제와 그것을 지휘할 사령부의 필요성이 증가하고109) 종친부와 의정부의 기능이 회복되어 왕실과 정부의 권위가 안정됨에 따라 본격적으로 진행되게 되었다. 이러한 삼군부 복구과정은 대원군의 통치권 확립과정과도 밀접한 관계를 갖는 것이었다.

1868(고종5)년 3월, 영의정 김병학은 삼군부의 실질적인 복구를 건의했다. 그는 삼군부 관직을 결정하는 데 '장신 경험자 중 대광보국숭록대부는 영사

---

108) 『승정원일기』 1865(고종2)년 5월 26일.

109) 병인양요 당시 출정군 사령부는 순무영이었다. 이 때 순무영은 순조대 홍경래난을 진압하려 설치된 순무영과 같은 방법으로 설치·운용되었다. 순무영은 금위영에 두어진 최고지령관으로 순무사는 훈련대장이 겸임했고, 그 권한은 감사와 병사 이하를 지휘하는 것이었다. 이런 상황에서 임시 사령부가 아니라, 군무를 총괄할 수 있는 상설기구 설립이 요구되었다(임재찬, 「삼군부 복설과 역할」, 105쪽).

로, 상보국숭록대부와 보국숭록대부는 판사로, 숭록대부와 숭정대부는 행지사로, 정헌대부와 자헌대부는 지사로 하고 모두 겸관으로 할 것'을 제안했다. 또한 시임장신도 이에 따라 임명하고 삼영문의 장신 3명을 유사로 정해 삼군부를 감독시키고,[110] 삼영문의 문신종사관이 삼군부종사관을 겸임하도록 건의해[111] 삼군부가 정식으로 발족되었다. 그러자 고종은 삼군부를 정1품아문으로 하고 시임삼의정이 도제조를 예겸해 의정부와 동일한 업무체제를 갖출 것을 지시했다.[112] 그리고 삼군영 대장과 같이 총융사를 삼군부 유사당상으로 임명할 것과[113] 병조판서가 제조를 예겸하도록 명했다.[114] 이 같은 고종의 교지로 삼군부는 명실공이 의정부와 어깨를 나란히 하는 국가최고의 군사기관이 되었고, 체면에 맞는 새로운 제도 강구와 정비가 모색·추진되었다.[115]

삼군부 설치는 고종즉위 초기부터 대원군이 구상한 세 가지 권력기반의 확립, 즉 종친부와 의정부 그리고 삼군부 체제의 완성을 의미했다. 대원군은 국초 정1품아문이었던 세 곳의 실권을 회복해 왕실 권위를 향상시키고 중앙집권화를 이루려 했으며, 삼군부 복구가 그 마지막 단계였다. 대원군이 삼부(종친부·의정부·삼군부)재건을 기반으로 한 왕실과 정부의 권력 강화를 시도했다는 사실은 다음 고종의 발언으로부터 확인할 수 있다.

---

110) 이 제안에 따라 병조가 영삼군부사에 김좌근을, 판삼군부사 3명에 김병기·김병국·이규철을, 행지삼군부사 3명에 신관호·이경순·신명순을, 지삼군부사 5명에 이경하·이현직·김건·이주철·이용희를 임명했다. 또한 같은 달 27일에는 지삼군부사에 이장렴이 추가되었다(『승정원일기』 1868(고종5)년 3월 23·27일).
111) 『승정원일기』 1868(고종5)년 3월 25일.
112) 『승정원일기』 1868(고종5)년 6월 8일, 교지.
113) 『승정원일기』 1868(고종5)년 6월 12일, 의정부계.
114) 『승정원일기』 1868(고종5)년 6월 18일, 교지.
115) 『승정원일기』 1868(고종5)년 6월 8일, 의정부계.

 정아(正衙)의 완성에 이르러 길일을 택해 이어했기 때문에 무궁한 안태(安泰)가
이제부터 시작될 것이다. 종친부와 의정부는 지난 날 이미 재건했고, 삼군부는
이미 복설했다. 이는 조종조의 원대한 규모를 받들고서야 오늘날 다행에 이르렀다
는 것이다. 오랜 동안 계속될 큰 기운을 위해 이를 경하할 행사가 없어서는 안
되기 때문에 종친부·의정부·삼군부에 선온(宣醞, 군주가 술을 하사하는 일)함이 타당
하다.116)

 이러한 언급에서는 삼군부 설치가 종친부와 의정부의 지위·권한 강화
정책 및 경복궁중건과 함께 강력한 중앙통치권 회복작업의 일환이며, 삼군
부가 의정부와 종친부에 비견될 국가최고기관이었음이 드러난다. 고종즉
위 직후부터 종친부의 실질적인 권한과 종친·선파의 정계진출 기회를 늘
려 세력기반을 확대하면서 의정부 기능을 회복해 의정부 중심의 행정체제
구축을 바탕으로 권력을 안정시키려 했던 대원군은 마침내 삼군부를 재건
해 군권을 장악하는 수준에까지 다다른 것이었다. 그리고 종친부와 의정부
기능회복과 경복궁재건에 이은 삼군부 복구는 국초의 모습을 재현해 왕실
과 중앙권력의 확립을 꾀한 대원군정책이 완성 단계에 들어섰음을 의미한
다고 하겠다.
 삼군부 설치의 목적은 군정을 총괄하는 체제의 구축에 있었다. 때문에
전국의 군사관련문제가 삼군부로 집중되었고 삼군부는 중앙과 지방진영의
장신 추천과 출척을 비롯해 왕궁수비와 지방진영 운영, 각 진영의 군사훈련
과 군수물자 조달 등을 주관하게 되었다. 이를 위해 먼저 삼군부의 인사권
확보가 추진되었다. 1868년 7월, 고종은 삼군부 복구에 대해 '동쪽에는 의정
부가 있고, 서쪽에는 삼군부가 존재하는 것이 그야말로 조종조의 원대한
규모와 같다'며 감탄했고, 영의정 김병학은 삼군부가 변정의 총괄기관임을
이유로 종전에는 의정부가 추천하던 북병사와 동래부사의 삼군부 추천을
제안했다.117) 또한 같은 해 10월에 도적 수사·체포와 성문경비의 중임을

---

116) 『승정원일기』 1868(고종5)년 7월 2일.

담당하는 포도대장을 삼군부가 추천하도록 정식화하자고 요구했고, 이 때 삼군부 천망으로 허습이 좌변포도대장에 임명되었다.[118] 이로써 삼군부는 군권과 경찰권을 동시에 장악할 수 있게 되었다. 여기에 김병학은 1871년 7월에도 포도대장의 업무가 특히 중요하기 때문에 군사기밀을 다루는 제도를 갖추어야 한다며 좌포장과 우포장의 삼군부제조 예겸을 건의했다.[119] 정2품 병조판서가 겸임하는 삼군부제조를 종2품 포도대장도 예겸하도록 정해지자, 그들의 지위와 역할이 강화됨은 물론 정부당상으로서 차대에도 참가할 수 있게 되었다. 이는 정치운영에 군부의 영향력을 더욱 확대하려는, 즉 삼군부를 통해 국정운영의 주도권을 장악하려는 대원군 의도의 반영이었다.[120]

삼군부가 설립 초기부터 독자적인 군제운영을 꾀했다는 사실은 다음 사례에서도 엿볼 수 있다. 1868년, 삼군부는 감군(監軍, 도성내를 순찰하는 임시

---

[117] 『승정원일기』 1868(고종5)년 7월 4일.
[118] 『승정원일기』 1868(고종5)년 10월 10일.
[119] 『승정원일기』 1871(고종8)년 7월 20일.
[120] 고종은 이러한 다양한 군정정책이 대원군의 권력기반이 된다고 판단했기 때문에 통치권을 회복하자 곧바로 대원군이 실시한 군정책을 구례로 회복시키라고 명했다. 1873년 12월 8일, 경복궁에서 큰 화재가 발생해 주변경비를 강화하기 위해 한시라도 빨리 군권을 장악해야 한다고 생각하게 된 고종은 1873년 12월 24일, 대원군정권기에 실시된 병조판서·금군별장의 임기제 폐지, 아경·아장의 대장 승진 후 정경품계 수여와 병조판서로의 추천 금지를 단행했다. 또한 1874년 3월 20일, 피폐된 도총부가 본래는 삼군부였다고 말하며 도총부의 지위향상을 명했고, 4월 5일에는 삼군부사가 총관을 겸임하게 함으로써 삼군부와 도총부를 합설하려는 뜻을 드러냈다. 여기에 삼군부의 草記를 금지하고 그것을 조지에 반포하도록 지시했는데, 이는 삼군부의 역할을 축소하기 위해서였다. 4월 25일에는 무신은 (군영)대장이 아니면 정부당상을 겸하지 못하도록 하고 포도대장의 정부당상 겸임도 중지시켰으며, 아장의 徑行疏(정식 절차를 거치지 않은 상소)와 尋單(휴가를 청하는 일), 사직상소 제출을 금지했다. 이렇게 고종은 대원군정권기에 실시된 다양한 무신대우개선정책과 삼군부 중심의 군정운영체제를 개편해 대원군의 군사적 기반을 와해시키려고 했다. 상세한 내용은 제4장 제2절 의 2-(1)의 고종의 군사정책 참조.

[표 27] 대원군정권기 삼군부 구성

직위	정원	비고
도제조	3명	시임삼의정이 겸임(1868년 6월 8일) → 시원임삼의정이 겸임(1869년 4월 25일)
제조	1명 → 3명	병조판서가 겸임(1868년 6월 18일) → 병조판서와 좌우포도대장이 겸임(1871년 7월 20일)
영삼군부사	1명	원임의정이 겸임(1868년 3월 23일)
판삼군부사	정원 없음	시원임장신이 겸임(1868년 7월 2일)
지삼군부사	정원 없음	경영장신·수원유수가 겸임(1868년 7월 2일) → 경영장신·수원유수 및 통제사·진무사가 겸임(1870년 1월 17일)
유사당상	4명	훈련대장·금위대장·어영대장이 겸임(1868년 3월 23일) → 훈련대장·금위대장·어영대장 및 총융사가 겸임(1868년 6월 12일)
종사관	8명	삼군영의 문신종사관이 삼군부종사관을 겸임(1868년 3월 25일) → 훈련원관 4명·무신겸선전권 4명을 종사관으로 임명(1868년 6월 18일)
별초군	200명	반민습포자(泮民習砲者)(1869년 9월 30일)

직) 병조좌랑 오인태가 삼군부에 숙직하던 훈련도감 마병과 어영청 기사를 멋대로 소집한 사건이 발생하자, 오인태와 이를 용인한 초관 심의일, 기사장 손종책 3명의 파면을 주장했다.121) 즉 병조 낭관이 삼군부청사 내부 문제에 개입하는 일을 배제해 삼군부의 독자적인 활동을 확보하려 한 것이었다. 또한 병조의 당상 군관 15명과 삼군영의 별군관 각 10명, 총융청 경리군관 3명은 중요한 직이 아니라는 이유로 각 군영 집사 산하로 소속시켜 지구관과 기패관으로 할 것을 상주했다.122) 이렇게 삼군부는 독자적인 활동과 인사권 행사를 강화해 군정을 총괄하는 기관으로 성장해 갔다.

이러한 과정을 거쳐 정비된 삼군부의 구성을 표로 제시하면 [표 27]과 같다.123)

---

121) 『승정원일기』 1868(고종5)년 7월 21일.
122) 『승정원일기』 1868(고종5)년 8월 24일, 삼군부계.

이처럼 삼군부가 정부고위관료와 장신에 의해 운영되면서 삼군부는 자신들의 실질적인 활동규정을 정식으로 규정하려 했다. 그리고 1868년 6월 16일, 삼군부는 삼군부 업무와 함께 경복궁 내외 수비인원과 경계를 결정·보고하고,124) 궁전방어의 책임을 인수받았다.125) 여기에 훈련도감을 비롯한 각 진영의 훈련 실시·정지를 결정하며 그 이유를 군주에게 상주하고, 각 군영으로부터의 각종 보고에 대한 처리, 변경에 화포군 설치, 어세·염세의 사적 징수금지와 군수경비로의 충당 등, 군정 관련문제를 담당해 갔다.126) 또한 삼군부는 감사에게 각 궁과 사(司)의 사세를 적발하고 포수에게 요미를 지급하며, 군오를 편제하고 세금을 징수·분배하는 문제 관련 절목을 작성해 보고하도록 지시했다.127) 뿐만 아니라, 호남지방 연해 20여 곳의 읍진에 포소를 설치하고 총수 천 명을 배치하는 일과 그 총수에 대한 시험 실시를 제안·추진했다.128) 이러한 삼군부의 역할증대 상황은 충청도관찰사 민치상이 총수의 징병·관리와 포수의 군사훈련을 건의하는 가운데 포군설치와 군기배분을 독단으로 처리할 수 없다며 삼군부가 결정하도록 요청한 일,129) 의정부가 전라도 흥양현 내라로도(內羅老島)와 외라로도(外羅老

---

123) 『승정원일기』·『일성록』·『고종실록』에서 작성. ( ) 안은 전교일.
124) 『승정원일기』 1868(고종5)년 6월 16일, 삼군부계.
125) 『승정원일기』 1868(고종5)년 6월 18일, 삼군부계.
126) 『승정원일기』 1868(고종5)년 8월 8·9·10·18·19·20일 등.
127) 『승정원일기』 1868(고종5)년 8월 30일, 삼군부계. 그 밖에 泰梁鎭와 舊所非鎭에 대한 防結錢의 지급을 위해 호조로부터 4만 냥의 환곡자금 제공(『승정원일기』 1867(고종4)년 3월 4일), 용호영 수리와 이동 건의(『승정원일기』 1868(고종5)년 7월 17일), 화포군의 의료비용 준비를 위해 해주 결성포에 주인을 설치해 수세하는 문제(『승정원일기』 1868(고종5)년 10월 7일), 흥양현 內羅老島·外羅老島의 松田을 원래 소속인 蛇渡로 되돌릴 것(『승정원일기』 1868(고종5)년 10월 8일), 군영소속 松田 단속(『승정원일기』 1868(고종5)년 10월 9일) 등이 삼군부의 지시하에서 결정·추진되었다.
128) 『승정원일기』 1868(고종5)년 9월 27일, 의정부계.
129) 민치상은 9월 25일에도 砲所로 기부한 사람들에 대한 포상과 총수들의 포과

島) 송전(松田)을 사도(蛇渡) 소속으로 되돌릴 것을 삼군부가 상담해 정하라고 상주한 일,130) 관서의 겨울훈련 정지문제를 삼군부가 결정하게 한 사실로부터도 알 수 있다.131)

이 밖에도 삼군부는 황해도포군 증원과 그 의료 경비를 준비하는 방안을 모색했고,132) 평안도감영의 방군(防軍) 결원에 대한 보충·병영장위사(兵營壯衛士)의 급료 준비,133) 충청도 각 고을의 군인모집과 훈련, 의주연변의 민호를 보통(保統)으로 조직해 변경을 지키는 일,134) 전라도 전주 만마동에 진 설치135) 등을 주관했다. 또한 군주 행행을 수행할 대장과 군영을 비롯해 행행시의 궁전수비부대를 결정했고, 지방군영 장신의 퇴진과 실적에 따른 처벌 상주, 각 군영의 병사 증감과 군수물자 제공, 도성수리 등에 관여했다. 이렇게 삼군부는 군정에 관련된 대부분의 문제를 보고받아 그 처리와 군주로의 상주를 담당하며 군정을 총괄해 갔다.

삼군부 조직은 1869(고종6)년 들어 한층 확대되어 시임의정뿐만 아니라 원임의정도 삼군부도제조를 겸직하도록 정해졌다.136) 영의정 김병학은 문과합격자에게 삼관137)으로의 분류와 소속 후 격상되거나 격하되는 규칙이 있는 것처럼, 무반의 삼청138)제도를 정비해 삼군부가 무신의 추천을 엄중

수험 등의 문제를 삼군부가 정하도록 요청했다(『승정원일기』 1868(고종5)년 7월 20일·9월 25일, 삼군부계).
130) 『승정원일기』 1868(고종5)년 10월 9일, 삼군부계.
131) 『승정원일기』 1868(고종5)년 10월 19일, 삼군부계.
132) 『승정원일기』 1868(고종5)년 10월 7일, 삼군부계.
133) 『승정원일기』 1868(고종5)년 11월 5일, 의정부계.
134) 『승정원일기』 1868(고종5)년 11월 9일, 삼군부계.
135) 『승정원일기』 1868(고종5)년 11월 22일, 삼군부계.
136) 『승정원일기』 1869(고종6)년 4월 25일, 교지.
137) 홍문관·예문관·교서관의 총칭.
138) 禁軍三廳(內禁衛·兼司僕·羽林衛).

히 함으로써 요행에 따른 관직진출 저지를 요구했다.139) 또한 총 쏘는 법을 배운 반백성(泮百姓) 200명을 삼군부에 소속·관할시켜 군주 행행시에 궁성을 경호하도록 제안했는데, 이에 따라 정식으로 삼군부 직속 군사가 배치되었다.140)

1870(고종7)년에는 삼군부의 재정확충문제도 등장했다. 당시 김병학은 '삼군부는 군무를 총괄하는 기관으로 숙위 관할과 변경 방위를 담당하고 있어 다른 아문과는 체면이 다르다. 간단히 처리할 수 있는 직무를 행하는 곳과 비교할 수 없다', '점차 엄청난 비용이 필요하게 되었는데, 현재는 세수가 없어 다른 영에 의존하고 있다'고 개탄하며 매년 관세청 세전 중에서 5천 냥을 지급할 것을 건의했다.141) 이 언급으로부터는 1870년 초 이미 삼군부가 군정을 총괄하는 최고 사령부가 되었음에도 불구하고 아직 독자적인 재원을 확보하지 못했음을 알 수 있다.

삼군부 재건과 강화는 고종즉위 초기부터 대원군에 의해 구상된 권력기반 확립과 안정정책의 일환이며 마지막 단계였다. 대원군은 종친이라는 지위 때문에 아들이 왕좌에 올랐음에도 불구하고 정치에 참여할 기회를 획득할 수 없었다. 따라서 먼저 종친부의 권한 강화를 통해 정치적 영향력 확대를 시도하고, 신정왕후와 고종의 권위를 빌려 비변사 중심의 정치운영체제를 의정부 주도로 전환했다. 또한 종친부와 의정부의 본래 기능을 회복시키고, 종친·선파 출신의 무신 기용을 확대하며 군권장악에도 힘을 기울였다. 그러나 종친부와 의정부가 강화된 이후에도 군정을 총괄하는 독자적인 관청을 성립시킬 때까지 몇 년을 더 필요로 했다. 이는 무신세력의 지위와 영향력 약화가 진행되어 문신이 장신을 담당하던 문신우위 사회에서 막대한 경비가 소요되는 군정 정비가 가장 어렵고 신중히 추진해야 할 정책이었

---

139) 『승정원일기』 1869(고종6)년 5월 29일, 차대 김병학의 발언.
140) 『승정원일기』 1869(고종6)년 9월 30일, 차대 김병학의 발언.
141) 『승정원일기』 1870(고종7)년 1월 22일.

음을 보여준다.

　이러한 상황 속에서 빈번한 서구의 통상교섭 요구와 사교의 성행, 병인양요라는 직접적인 서구와의 충돌 발생은 정부뿐만 아니라 일반백성에게까지 위기의식과 국방력 강화 필요성에 대한 인식을 높여 대원군에게 군정체제 강화의 기회를 제공했다. 대원군은 이 기회를 놓치지 않고 삼군부 재건을 시도했고, 군사업무를 삼군부로 총괄시킨 후, 삼군부를 친대원군세력으로 구성해 군권을 장악하려 했다. 이처럼 대원군은 종친부·의정부·삼군부의 삼부체제를 통해 왕실·행정·군정 삼권을 확립하고 각각의 독립성을 유지해 특정세력의 권력장악 저지와 군주 중심의 안정적인 정치운영을 지향해 나갔다고 하겠다.

(3) 진무영 강화정책 추진 및 군수확충

　대원군정권기에는 지방군영과 장신의 지위·역할 강화를 통한 국방력 증강정책이 추진되었다. 1865년 1월, 신정왕후는 통영문제를 꺼내 '통영은 삼도수군을 다스리는 곳이다. 그 직임의 중요함은 서울의 5영이라 해도 이에 더할 곳이 없다'며, 이제부터는 통제사에게 총융사의 예에 따라 외등단[142]을 시행하고 임기를 경영(京營)의 대장과 같이 하라고 지시했다.[143] 또한 고종은 통제사의 외등단이 시행된 이상 절제할 방법도 개정하지 않을 수 없다며 시원임장신이 묘당에 모여 적절한 규정을 정하도록 명했다.[144] 이러한 지방군 지휘관의 승격과 임기연장, 새로운 규칙제정은 무신의 지위·역할을 확대해 변경방어를 강화하기 위해서였다.

　통영에 이어 서울의 관문인 강화도진무영의 제도개선도 추진되었다. 강

---

[142] 지방진영의 지휘관을 중앙군영 대장과 같은 품계로 대우하는 일. 통제사·총융사가 해당된다.
[143] 『승정원일기』 1865(고종2)년 1월 2일.
[144] 『승정원일기』 1865(고종2)년 1월 4일.

화도가 군사적 요충지로 부각된 것은 영국 상인인 오페르트가 강화 월곶에 침입한 사건으로부터였고,145) 직후 병인양요로 인해 그 중요성이 더욱 강조되었다. 정부는 양요로 피해를 입은 강화 공공건물과 군장비 수리를 위한 심도영조도감 설치를 상주했고,146) 고종은 강화유수에게 통영과 같은 외등단 예를 적용하도록 지시했다.147) 이에 따라 강화유수가 진무사 겸 강화부유수삼도수군통제사로 바뀌었고 아장 경험자 중에서 중군을 임명할 것이 정식화되면서148) 진무영은 정2품아문이 되었다. 여기에 진무사가 그 역할에만 충실할 수 있도록 의정부당상 겸직을 폐함과 동시에149) 진무사의 단독 지위와 권한을 확보하고자 경기감사의 강화유수 겸임 규정도 폐지했다.150)

이후 진무영의 운영확대를 위해 경기감영이 자벽(장관이 자신의 뜻으로 관원을 추천·임명하는 행위)하는 장봉별장의 임기를 1년에서 2년으로 연장시켰고, 문수진도 요충지라는 이유로 그 지휘권을 모두 진무영으로 소속시켰다.151) 진무영중군 인사에는 당상관이며 병마절도사 경험자를 후보자로 추천함으로써 고위 무신이 진무중군으로 취임하게 했다.152) 1871년 5월 25일에는 심도(강화도)의 군무절제를 훈련도감의 예에 따라 갖출 것을 삼군부와 상담해 처리하는 데 진무사와 왕복하며 충분히 사리에 맞도록 할 것과 통진·덕포의 병사도 진무영의 군액으로 소속시키도록 지시되었다.153) 다음

---

145) 『고종실록』 1866(고종3)년 7월 12·13일·8월 16일·9월 9일 등.
146) 『승정원일기』 1866(고종3)년 10월 13일, 의정부계.
147) 『승정원일기』 1866(고종3)년 10월 16일, 교지.
148) 『승정원일기』 1866(고종3)년 10월 30일, 차대 김병학의 발언.
149) 『승정원일기』 1866(고종3)년 11월 1일, 의정부계.
150) 『승정원일기』 1866(고종3)년 11월 3일, 의정부계.
151) 『승정원일기』 1869(고종6)년 11월 10일, 차대 김병학의 발언.
152) 『승정원일기』 1871(고종8)년 2월 9일, 병조계.
153) 『승정원일기』 1871(고종8)년 5월 25일, 교지.

날, 김병학은 대부진을 설치할 때 이를 독립 진영으로 하고 그 진장을 수군첨절제사 겸 진무영전해방장으로 하며 임기를 30개월로 정할 것과 관할·전최(殿最, 부하의 치적을 조사·보고하는 일) 등, 진무영이 모든 임무를 주관하고 진무사와 도신이 처리할 것을 요구했다.154) 당시 진무영 편제가 얼마나 확대되었는가는 1872년 4월 삼군부가 진무영에 새로 설치된 군제와 군인수의 별단을 작성해 보고한 사실에서도 알 수 있다.155)

정부는 진무영의 원활한 운영을 위해 군수경비 조달에도 힘을 기울였다. 1866년 10월, 김병학은 진무사에 외등단을 시행해 삼도수군통어사를 진무영에 소속시킨 사실을 보고한 후, 장녕전 위토로부터의 수입 중에서 제향비를 제외한 부분과 5영(육상궁·용동궁·선희궁·어의궁·명례궁)과 내수사, 삼영(훈련도감·금위영·어영청)에서 운영하는 환곡을 모두 진무영으로 귀속시켜 재정에 충당토록 하자고 건의했다.156) 같은 해 11월에는 다음 해부터 진무영에 포삼 만 근을 지급하고, 진무영 부근 갑곶과 조강을 통과하는 상선에 대해 수세해 진무영의 급료로 사용하며, 진무영이 어염세 등 사세징수 폐지 이후의 단속을 담당하도록 제안되었다.157)

1871년에는 신미양요로 인해 진무영 방위가 더욱 중시되었기 때문에 삼군부는 방어에 필요한 마병 2초(1초는 백 명)와 마초(馬草)용 콩 200석의 송부를 요청했다.158) 그러자 고종은 장궁(長弓) 80장, 장전(長箭) 500부, 편전(片箭) 300부, 통아(筒兒) 300개도 하사하라고 명했다.159) 여기에 갑주 구입대금으로 미곡 1000석과160) 제주 공마를 평년에는 30마리, 식년에는 50마리씩

---

154) 『승정원일기』 1871(고종8)년 5월 26일, 文廟展拜仍御春塘台行應製 김병학의 발언.
155) 『승정원일기』 1872(고종9)년 4월 6일, 삼군부계.
156) 『승정원일기』 1866(고종3)년 10월 30일, 차대 김병학의 발언.
157) 『승정원일기』 1866(고종3)년 11월 4일, 의정부계.
158) 『승정원일기』 1871(고종8)년 5월 1일, 삼군부계.
159) 『승정원일기』 1871(고종8)년 5월 1일.

지급하도록 지시했다.[161] 또한 김병학은 70여 만결 납세지로부터 1결당 1두의 쌀을 부과·징수해 '심도포량미'로 명명하여 진무영 경비에 충당할 것과 호조로 납입되던 숙동(熟銅) 등의 철물 중에서 내수사로 이송되는 숙철을 제외하고 10년간 진무영으로 이송해 기계 중에서 가장 시급한 화기 제작에 사용하자고 건의했다.[162] 같은 해 8월에는 파손된 진무영을 수리하기 위해 선혜청으로부터 성첩과 창고 재건에 필요한 금 5만 냥이 지급되었고,[163] 10월에는 진무영의 군기조성소에 선혜청의 금 10만 냥이 분배되었다.[164]

그 후에도 진무영의 중요성이 계속 강조되어 1873년 9월에 고종은 진무영 군병에게 3,000냥의 내탕금을 내려 음식을 제공해 사기를 높이라고 지시했다.[165] 이러한 진무영의 확대·강화는 무신대우개선과 군수물자의 확충과 같은 대원군의 군사정책 연장선상에서 행해졌고, 그 진행과정에서는 강병을 이루어 권력기반을 안정시키려는 그의 의도가 드러난다.

이 밖에도 대원군은 군비를 강화하기 위해 새로운 재원을 확보해 군수비용에 충당해 갔다. 1867년 2월, 김병학의 건의에 따라, 도성 4대문 통행세가 신설되어 훈련도감·금위영·어영청 감독하에 군수로 보충할 것이 결정되었다.[166] 같은 해 9월에는 새로 주조된 전선을 주교사에 편재하고 훈련도

---

160) 『승정원일기』 1871(고종8)년 5월 20일, 교지.
161) 『승정원일기』 1871(고종8)년 5월 25일, 교지.
162) 『승정원일기』 1871(고종8)년 5월 25일, 차대 김병학의 발언.
163) 『승정원일기』 1871(고종8)년 8월 20일, 교지.
164) 『승정원일기』 1871(고종8)년 10월 15일, 교지. 이렇게 진무영에 대한 재정지원이 증가함에 따라, 1872년 12월에는 진무영 군인의 연봉용으로 지급되던 경상도 조세로부터의 목면 60필, 호조·병조로부터의 목면 20필, 선혜청으로부터의 목면 20필의 제공이 중지될 정도로 진무영의 재정상태는 호전되어 있었다(『승정원일기』 1872(고종9)년 12월 4일, 차대 영의정 홍순목의 발언).
165) 『승정원일기』 1873(고종10)년 9월 28일, 삼군부계.
166) 『승정원일기』 1867(고종4)년 2월 30일, 훈련도감어영청금위영계. 고종은 공적인 성문세를 징수할 때 연강에서의 사적 세금징수를 전부 금지하면서 특히

감·금위영·어영청 삼영이 문세를 이용해 전선을 보수하도록 하는 등,167) 문세가 군수경비로 활용되게 되었다. 의정부는 연강세를 신설하고 서울대문에 수세한 예에 따라 청석진을 통과·왕래하는 행상들로부터 통행세를 거두어 해당 진영의 경비로 충당할 것을 제안했다.168) 여기에서 의정부는 '수륙의 도회지에 공세가 있는 것은 각국에서 시행하고 있는 일'이라고 전제한 후, 이미 서울 밖의 사적인 세금이 모두 폐지되어 이중과세가 될 폐해가 없다고 강조하며 청석진 수세에 대한 정당성을 주장했다. 정부가 수세명목을 신설하는 데 다른 나라의 예를 거론함과 동시에 이중과세가 아니라는 것을 호소하며 과세신설의 타당함을 주장한 사실은 주목되는 점이다.

또한 신설된 진영의 요미를 준비하고자 주변의 면세전답·사패전결 중에서 일부를 지급하고,169) 본래 균역청 관할인 각 포구의 염분·어장세 중에서 지방양반과 토호가 사적으로 거두는 것도 적발해 각 고을 군수로 충당하는 것이 정식화되었다.170) 고종은 각 군영장수에게 평소에도 군수준비와 절약방법을 강구해야 한다고 역설한 후, 당사자들로부터 초과 지출된 군영재화의 징수를 명했다.171) 그리고 1868년 8월에는 황해도 산행포수 천 명에 대한 요미를 준비하기 위해 사적으로 징수하던 어장세를 공적 재정에 편입시켜 이용할 것과 그 밖의 각 궁, 각사도 어장세를 모두 적발해 포수들의 식량 재원으로 하라고 지시했다.172)

이와 같은 대원군의 군비·군수확충정책이 어떤 성과를 거두었는지는

토호의 무단행위를 방지해 백성에게 이중납세 폐해가 발생하지 않도록 할 것을 지시했다.
167) 『승정원일기』 1867(고종4)년 9월 25일, 의정부계.
168) 『승정원일기』 1867(고종4)년 3월 28일.
169) 『승정원일기』 1865(고종2)년 6월 11일, 호조계.
170) 『승정원일기』 1866(고종3)년 7월 30일, 차대 좌의정 김병학의 발언.
171) 『승정원일기』 1867(고종4)년 6월 2일, 교지.
172) 『승정원일기』 1868(고종5)년 8월 30일, 삼군부계.

1873년 병조판서 민치상의 이야기에서 엿볼 수 있다.

> 병조가 담당해야 할 경비 명목이 심히 많아 세입으로 지출을 채울 수 없었고, 외읍의 상납이 항상 지연되어 각사로의 정기적인 지급과 아전·관노에 대한 급료 지급도 적체되어 그 곤궁은 말로 다 하지 못할 정도였다. 그러나 대원군이 특별히 본조 경영을 걱정하시어 급하지 않은 비용과 과도한 지출을 제거하고 모든 지출 항목을 바로잡아 절약할 길을 열었기 때문에 8, 9년 사이에 잉여가 해마다 증가해 현재는 지출비용 이외 별치(別置)와 봉불동(封不動)이 은 1만 2000여 냥, 금 3만 5000여 냥, 포목이 합쳐 600여동(1동이 50필)이 되었다. 이후에도 이 규정을 준수해 수입과 지출을 삼가하면, 매년 100개의 포목과 3만여 냥의 돈을 비축할 수 있을 것이다. 옛날에는 부족했지만 지금은 여유가 있다. 여유가 있을 뿐만 아니라, 비축이 증가했다. 나라의 회계를 훌륭하게 다스리고 있는 게 아니라면 어찌 이렇게 되겠는가?173)

민치상은 풍부해진 병조재정 상황에 대해 상세히 보고하는 가운데, 병조의 재정개선이 대원군이 탁월하게 국정을 운영한 결과라고 칭송했다. 이러한 민치상의 발언으로부터는 대원군의 재정정책이 단순히 재원 보충과 신설, 활용에 그치지 않고 적절한 수입과 지출 설계, 재정체제의 재정비, 무엇보다도 절검과 규제를 통한 총체적인 대책이었음을 알 수 있다.

당시 추진된 대원군의 군정정책 진행과정을 정리하면 [표 28]과 같다.174)

대원군의 군정 관련정책은 대원군정권기에 걸쳐 지속적으로 이루어졌다. 이 과정에서 주목되는 점은 대원군의 무신대우개선정책이 서울에서 지방 무신에 이르기까지 폭넓게 추진되었다는 사실이다. 대원군은 단지 중앙의 무신을 우대한 뿐만 아니라 지방에 파견된 무신의 대우개선에도 힘을 쏟았는데, 이는 그의 통치권 집중·강화정책이 전국을 대상으로 한 것이었음을 드러낸다. 대원군은 삼군부의 추천권을 확대함과 동시에 지방군영 대

---

173) 『승정원일기』 1873(고종10)년 3월 5일.
174) 『승정원일기』·『일성록』·『고종실록』에서 작성.

[표 28] 대원군정권기 군정 관련정책

연월일	발제자	주요내용
1864(고종1)년 2월 20일	신정왕후	훈련원 수리를 지시.
1864(고종1)년 12월 20일	신정왕후	시원임무신장신이 무신의 녹천 규정을 논의·확정하도록 명령.
1865(고종2)년 1월 2일	신정왕후	통제사에게 총융사의 예에 따라 외등단을 시행하고 임기를 경영대장과 같이 할 것을 정식화하도록 지시.
1865(고종2)년 5월 26일	조두순	훈련도감 군영과 5위 집무실을 예조로 옮기고 그곳을 삼군부로 할 것을 건의.
1865(고종2)년 9월 10일	고종	참상·참하 무신겸선전관의 임명기준을 구례로 회복하고 선천에 들지 않은 자를 후보자로 하지 못하도록 할 것을 정식화하라고 명령.
1865(고종2)년 9월 12일	고종	도총부 낭청에 대해 옛 법규를 회복해 무신겸선전관 경우와 마찬가지로(선천에 들지 않은 자를 후보자로 하지 못하도록) 할 것을 지시.
1865(고종2)년 11월 10일	조두순	포도대장에 좌윤·우윤 경험자만을 추천할 것과 포도대장에 임명된 후에 정부당상을 겸임할 것, 호위대장의 정부당상 예겸을 건의.
1866(고종3)년 4월 22일	고종	무신이 대장이 되면 품계를 자헌대부로 높이라고 지시.
1866(고종3)년 5월 10일	이규철	훈련원겸도정에 포도대장과 아윤 경험자 또는 타당한 자품을 소유한 자들 중에서 승지와 관찰사 경험자를 추천하도록 제안.
1866(고종3)년 10월 13일	고종	강화유수를 외등단으로 할 것을 결정.
1866(고종3)년 10월 30일	고종	강화유수를 진무사겸강화유수삼도수군통어사로 고침.
1867(고종4)년 8월 10일	김병학	승지·좌윤·우윤 경험자인 포도대장을 병조참판으로 임명할 것을 제의.
1867(고종4)년 11월 5일	고종	금군과 용호영 군총의 구례를 회복하고 금군별장이 동영 군인의 진퇴를 결정할 것과 금군별장의 임기를 24개월로 연장할 것을 지시.
1868(고종5)년 3월 23일	김병학	무신의 승진기회 확대를 위해 무과 장원급제자를 별천의 예에 따라 선천으로 대우하도록 정식화할 것과 시임장신을 삼군부당상으로 임명하고 삼영문의 장신 3명이 삼군부 유사당상을 담당할 것을 제안.

1868(고종5)년 3월 25일	의정부	삼영문 문신종사관의 삼군부종사관 겸직을 건의.
1868(고종5)년 6월 8일	고종	삼군부를 정1품아문으로 하고 시임의정이 삼군부도제조를 담당하도록 지시.
1868(고종5)년 6월 12일	고종	총융사를 삼군부유사당상에 추가하도록 지시.
1868(고종5)년 6월 18일	고종	병조판서의 삼군부제조 겸임과 훈련원정과 무신겸선전관의 종사관 겸임을 명령.
1868(고종5)년 7월 2일	고종	문·무관 사이의 상견방식에 관한 규정을 넣은 『삼반예식』을 간행·배포. 시원임장신이 판삼군부사를, 경영 장신과 수원유수가 지삼군부사를 겸임하도록 지시.
1868(고종5)년 7월 4일	김병학	군부에서 북병사·동래부사를 추천할 것을 건의.
1868(고종5)년 10월 10일	김병학	삼군부가 포도대장을 추천하고 외직에서 파면된 자의 훈련원정 임명을 금지하자고 제안.
1869(고종6)년 3월 8일	김병학	서북·송도 출신자를 무신겸선전관으로 임용하는 것을 확대하도록 요구.
1869(고종6)년 3월 30일	김병학	병조판서 임기를 24개월로 할 것을 제의.
1869(고종6)년 4월 25일	고종	원임의정의 삼군부도제조 겸임을 지시.
1869(고종6)년 5월 29일	김병학	문과합격자의 삼관분속(三館分屬) 후 계강(階降) 규정에 따라 무과합격자가 삼청에 소속된 이후에는 삼군부가 계강을 행할 것을 규정하도록 요구.
1870(고종7)년 1월 17일	삼군부	통제사·진무사가 지삼군부사를 겸임하게 되면 숙배할 것을 제의.
1870(고종7)년 1월 20일	김병학	삼군부에 매년 관세청으로부터 5,000냥을 지급하도록 건의.
1871(고종8)년 7월 20일	김병학	좌우포도대장의 삼군부제조 겸임을 제의.
1873(고종10)년 1월 20일	강로	허사과 승진 적체에 대한 개선 방안을 건의.

장이 삼군부사를 겸임하도록 정해 삼군부에 군권을 집중시킴으로써 군정을 체계적으로 총괄하려 한 것이었다.

대원군의 군정정책에서는 이를 가장 충실히 대변한 사람이 김병학이었다는 사실도 주목된다. 특히 김병학은 삼군부 복설과 역할증대에 크게 기여했는데, 이는 그가 의정부와 삼군부 중심으로 국정을 운영하며 중앙통치권을 강화·안정시키려 한 대원군의 정책에 동의했기 때문이었다. 또한 대원군의 대외정책, 즉 쇄국정책이 적절하다고 판단한 것도 김병학이 대원군의 국방력 강화정책에 협조한 요인 중 하나였다. 그는 대원군정권 제2기에 대원군의 최대 협력자로 활동하면서 경복궁중건, 재정확충, 중앙행정제도 정비, 지방통제 등의 정책에 관여했고, 무신대우개선과 삼군부 강화, 군수경비 확충정책을 주도한 것이었다. 이처럼 김병학이 국구가 된다는 대원군과의 밀약이 깨진 후에도 대원군정권의 최고 실력자로 대원군정책을 적극적으로 지지·대변했다는 사실은 그가 대원군과의 결탁을 통해 안동김씨의 세력을 유지하고자 했거나, 그의 정치적 입장과 지향이 대원군의 기본적인 정책노선과 일치하고 있었음을 보여준다고 하겠다.

이상, 대원군의 통치권 확립을 위한 군사정책을 고찰해 보았다. 대원군은 기존 정치세력, 특히 외척의 세도와 노론 중심의 국정운영을 억제하면서도 그들을 세력기반으로 재편해 중앙집권화정책을 시도했는데, 이를 실현하기 위해서는 무엇보다도 안정된 군사기반 확보가 필요했다. 그리고 대원군의 군정정책은 삼군부 재건, 무신의 정치영향력 확대, 지방지휘관의 지위향상, 각 군영의 군수확충으로 표출되어 갔다.

고종즉위 초기부터 종친부와 의정부 권한 확대를 통해 세력기반을 강화해 간 대원군은 무신세력의 처우를 개선하고 삼군부를 부활시켜 군권을 장악하려 했다. 그는 무신의 추천과 승진 절차를 문신의 예에 따라 정하게 했고, 문·무신간 상견규정을 정해 차별을 줄이고자 했다. 또한 통제사와 진무사를 외등단의 예에 따라 승진시키고 금군별장의 임기를 연장시키며 포도대장을 정부당상 자격으로 차대에 참가시켜 무신의 지위상승을 꾀했다. 그리고 삼군부를 복설해 추천·임명권을 제공하고 각 군영대장에게 삼군부제조를 겸임시켜 군정을 삼군부 중심으로 운영하려 했다. 이러한 대원군의 무신대우개선정책과 삼군부 복설은 무신세력을 권력기반으로 편입해 통치권을 강화하고 삼군부를 통해 군정을 총괄하려는 의도에서 추진된 것이라 할 수 있다.

　대원군정권기에는 군비확충과 군사력 강화정책도 지속적으로 실시되었다. 이것은 막대한 재정지출을 필요로 했기 때문에 대원군은 세수의 일부를 군수로 전환하는 한편, 새로운 재원을 발굴해 나갔다. 특히 그는 과세누락과 사적인 징세를 적발해 국고로 환수시키는 작업을 통해 백성의 부담을 감소시키고 지방의 재정·행정을 정상화시키는 과제를 동시에 실현하려 했다. 다시 말하면 대원군은 지방관리·경반·재지양반·토호 등의 불법적인 세금징수와 약탈, 부정한 면세지 등을 적발·압수해 지방행정제도 정비와 민생안정을 도모하면서 군사정책에 필요한 자금도 확보해 나간 것이었다.

　이처럼 대원군은 중앙·지방 군사행정의 정비, 그 주장의 지위향상, 삼군부로의 군권·군정 집중을 바탕으로 견고한 권력기반을 형성하려고 했다. 그리고 그 배경에는 대원군의 군사정책이 군주의 통치권 안정으로 이어진다고 믿고 있던 고종의 적극적인 지원이 있었다. 즉 대원군의 정책은 그를 지지하던 고종의 협력에 힘입어 순조롭게 진행될 수 있었다는 것이다. 그러나 대원군의 군사정책은 1873년경부터 그것이 군주가 아니라 대원군의 권력기반을 굳건히 하는 일로 군주의 통치권 강화에 저해된다고 판단한 고종에 의해 변경 또는 폐지되어 갔다.

4. 제3장 제2절 정리

이상 약 10년에 걸친 대원군정권기의 국정운영 목표와 정책에 대해 살펴보았다. 대원군의 정책은 왕실과 중앙정부로의 권력집중·강화를 기반으로 부국강병을 이루기 위한 일이었다.

대원군은 고종즉위 이전부터 종친부 활동을 통해 종친의 지위향상을 시도했다. 그리고 세도정권기 왕실과 종친의 권위쇠퇴가 중앙통치권 약화로 이어져 국가의 총체적인 혼란을 초래했다고 판단해 군주 중심의 강력한 중앙권력을 회복하고자 했다. 대원군이 군주에 통치권을 집중시켜 국가를 재건하려 한 정책은 고종즉위 이전부터 구상·계획된 것이었고, 아들인 고종이 즉위함에 따라 실행되게 되었다.

먼저 대원군은 종친부와 의정부의 실질적인 권한회복과 관청 수리·개축작업을 실시해 왕실과 정부의 행정업무가 정1품아문인 종친부와 의정부를 중심으로 이루어지는 체제를 구축하려 했다. 이것은 군주가 양기관을 통해 왕실과 행정부를 원활하게 총괄하도록 하기 위해서였다.―실제로는 고종 재위 전기 10년간 대원군이 통치권을 행사했기 때문에 그가 국정을 장악하기 위한 기도였다고 할 수 있다― 그리고 종친부 권한을 확대하고 비변사 중심의 정치운영을 의정부로 전환해 군주가 통치권을 장악할 수 있는 기반을 정비한 대원군은 본격적인 국가재건을 위해 경복궁중건사업에 착수했다. 그가 주관한 경복궁을 비롯한 정부기관의 건설·재배치는 국초 모습을 재현해 왕실·정부의 위엄을 과시함으로써 통치권을 더욱 강화하려는 작업의 일환이었다.

대원군은 중앙에서는 의정부의 권력 강화, 종친부와 경복궁의 재건을 바탕으로 한 왕실위엄의 회복, 여기에 삼군부 복설을 통해 강력한 통치권 형성과 안정적 유지를 꾀하고 있었다. 그리고 중앙권력 확보·행사를 실현하는 데 필요한 지방행정을 정상화시키고자 서원과 무단토호에 대한 대대적인 개혁을 추진해 갔다. 대원군이 지방통치정책에서 유독 서원과 무단토호를 통제하는 데 초점을 맞춘 것은 그들이 중앙집권화를 방해할 뿐만 아니라, 정부재정과 경제질서를 문란하게 하는 주범이라고 판단했기 때문이었다. 또한 서원과 무단토호에 귀속된 세원과 군정을 적발해 국고로 회수해 재정과 군수에 충당하려는 목적도 포함되어 있었다. 따라서 대원군은 중앙과 지방에서의 행정개편작업을 동시에 계획·실행해 나갔다.

대원군정권 제2기 후반이 되면, 대원군정권하에서 실시된 다양한 정책들이 그 성과를 드러내고 있었다. 그리고 차대 등에서 개진된 정부관료들의 의견으로부터 국정운영 전반에 걸친 대원군정책의 영향을 엿볼 수 있다.

전진무사 이용희는 진무영 상황을 보고하는 자리에서 '난을 거친 후, (강화)부 전체가 소실되고 폐해가 집중되어 갑자기 수습하기가 어려웠다. 대원위의 처분이 있어 일에 따라 조치해 모두 계획이 세워지고 관청건물과 백성재산도 일신되어 예전처럼 되었다'[175]며 대원군의 탁월한 대책수립과 추진능력을 칭송했다. 1870년 8월, 영의정 김병학은 '대원군이 공덕리에 백성의 경작을 허가해 환영받았다'고 칭찬한 후, 그 복이 군주에게 향하고 있음은 기쁜 일이라고 언급했다.[176] 같은 해 10월에도 그는 강화와 경기 7, 8개 고을에서 모내기를 할 수 없어 백성들이 식량부족에 빠졌는데, 대원군의 처분으로 강화에 5천 냥, 경기 여러 고을에 1만 5천 냥이 지급되었다며 그 은혜에 감탄을 표했다.[177] 여기에 고종과 김병학은 대원군의 서원정책이 장구한 계책이라 평가하며 존경을 아끼지 않았다.[178] 이처럼 대원군의 활동은 민생안정·구휼, 지방군영 관리, 서원정책 등 국정 다방면에 미치고 있었고, 그의 명령이 신속하게 전달·수행될 정도로 통치권이 확립·

---

[175] 『승정원일기』 1870(고종7)년 8월 1일.
[176] 『승정원일기』 1870(고종7)년 8월 25일.
[177] 『승정원일기』 1870(고종7)년 10월 15일.
[178] 『승정원일기』 1871(고종8)년 3월 16일.

안정되어 있었다.

대원군정책의 최대 성과는 무엇보다도 국가재정의 확충이었다. 영의정 김병학은 '안으로는 각사와 각종 공물에서부터, 밖으로는 감영과 병영의 읍·진에 이르기까지 모든 재물이 이르는 곳을 대원군이 고심하며 경영해 미치는 곳마다 개선되었다'[179]고 대원군의 재정관리 능력을 상찬한 후, 고종도 국가와 백성을 위한 뜻과 기강을 세우라고 독려했다. 또한 '국가운영에서 가장 중요한 전정의 폐해문제에 대해 대원군이 고심해 과세가 누락된 논을 찾아낸 덕분에 1864년 이후 수입이 큰 폭으로 증가했다',[180] '대원군이 전결·어전·노전 중에서 근거 없이 면세되고 있는 것을 일일이 찾아내 세금을 부과해 만년에 변하지 않을 법식이 정해졌다'며 전정과 조세제도 개혁에서 거둔 성과를 칭송했다.[181] 이 밖에도 1870년 4월, 김병학이 '호조와 선혜청의 세입미가 증가해서 별도로 창고를 만들어야 한다'고 요청한 일,[182] 병조판서 이경하가 '원래 충분했던 병조의 세입이 근래 낭비로 인해 부족하게 되었으나 대원군이 폐해의 근원을 꿰뚫어 철저하게 바로잡았기 때문에 현재는 재정이 충분하며 잉여가 1만여 냥이나 된다'고 보고한 일은[183] 대원군의 재정확충정책이 성공했음을 드러낸다.

대원군이 국정을 완전히 장악해 통치권을 행사하고 있었음은 1870년 8월, 홍순목의 '대원군의 행동 하나 하나가 모두 법률이 되고 있다'[184]는 발언으로부터도 분명하다. 대원군의 명령과 정책은 그에 의해 재건된 중앙정부의 행정운영체제 속에서 신속하고도 체계적으로 수행되고 있었던 것이었다.

---

179) 『승정원일기』 1869(고종6)년 3월 8일.
180) 『승정원일기』 1869(고종6)년 8월 20일.
181) 『승정원일기』 1870(고종7)년 6월 29일.
182) 『승정원일기』 1870(고종7)년 4월 27일.
183) 『승정원일기』 1870(고종7)년 2월 30일.
184) 『승정원일기』 1870(고종7)년 8월 25일.

이와 같은 상황 속에서 1873(고종10) 윤6월, 관학유생·진사 이세우 등은 10년에 걸친 대원군의 공적을 칭찬하며, 그에게 '대로(大老)'라는 칭호를 바쳐야 한다고 주장했다.[185] 그들의 상소에 드러난 대원군의 업적을 정리하면, ① 궁전재건에 의한 옛 법의 회복, ② 종친부재건에 의한 왕실의 친목 강화, ③ 적절한 인재등용에 의한 민생안정, ④ 군제 정비와 강화, ⑤ 공평하고 능력 중심의 인재 등용에 따른 원활한 국정운영, ⑥ 교육기관 증설에 의한 학문 장려, ⑦ 양반묘지 규제로 인한 서민들의 주거공간 확대, ⑧ 잡세 금지, ⑨ 사재(私財) 제공에 의한 대민구휼 증대, ⑩ 농업중시정책 추진, ⑪ 성단(星壇)을 설치에 따른 제사 정비, ⑫ 공정한 재판과 처벌, ⑬ 국가재정 확충, ⑭ 국가기강과 유도(儒道) 확립, ⑮ 국가 안정과 평화 유지이다. 물론 그들이 언급한 대원군정책 평가에 과장된 부분도 있겠지만, 이러한 내용으로부터 대원군이 정권을 장악했던 10년간 적어도 국가의 기강과 질서 확립 차원에서 상당한 성과가 있었음은 틀림없다고 하겠다.

그런데 대원군정책이 좋은 결과만을 가져온 것은 아니었다. 경복궁을 비롯한 궁전공사와 정부건물 개축은 막대한 재정과 민력을 소모시켰고, 원납전·결렴·호포·각종 세금 신설과 과도한 징수는 비난의 대상이 되었다. 또한 대원군이 지방행정의 원활한 운영을 위해 개혁 대상으로 삼은 서원과 무단토호정책은 계급적·당파적인 이해관계가 복잡하게 얽혀 있어 서울·지방 유생과 유력자의 반발을 샀다. 여기에 남인·북인 중용과 무신대우개선정책은 기득권 세력인 노론에게 위기감을 불러일으켰다. 그러자 아들인 고종과 왕실 최고지위를 갖고 있던 신정왕후의 권위로부터 파생되어 유동적일 수밖에 없었던 대원군의 정권장악과 통치권 행사는 고종을 비롯한 권력기반의 이탈로 심각한 위기에 직면하게 되었다.

대원군은 국정을 주도하는 10년간 강력한 국가를 재건하기 위해 다양한 정책을 추진했다. 그는 신정왕후가 수렴청정을 하던 제1기에는 종친부와

---

[185] 『승정원일기』 1873(고종10)년 윤6월 20일.

의정부의 권한·지위를 향상시켜 군주를 중심으로 중앙통치권을 강화할 수 있는 기반을 구축하려 했다. 이 때 대원군은 신정왕후의 권위를 빌려 국정에 관여하면서 철종대 집권세력과도 타협·협력해 자신의 권력기반을 확보해 갔다. 그리고 제2기에 들어 고종으로부터 공식적으로 권력을 위임받은 대원군은 고종의 절대적인 신뢰와 지지를 바탕으로 군주의 통치권을 대행하며 기존 정치세력에 대한 개편을 단행했다. 그는 안동김씨 김병학형제와의 제휴를 통해 노론세력을 규합해 권력기반을 안정시킴과 동시에 종친·선파와 남인·북인·무신을 등용해 세력을 확대하며 직접 계획한 다양한 정책을 추진해 갔다. 제2기 후반이 되면 안정된 통치권력을 바탕으로 삼군부를 복설해 군정개편과 군권장악을 시도했다.

   제3기에 대원군은 의정부를 친대원군세력으로 구성하고 삼군부에 군사행정을 총괄시켜 인사권과 군권을 장악하게 되었다. 그리고 20살이 넘은 고종에게 통치권을 돌려줘야 할 상황 속에서 오히려 국가권력을 자신에게 집중·귀속시키며, 군주인 고종과 상담하지 않고 대민구휼을 명해 군정과 지방행정을 총괄함으로써 고종에게 심각한 위협을 가했다. 또한 기득권 세력을 억제하며 그들에게 희생을 강요했는데, 특히 서원철폐, 언론탄압, 양반으로부터 호포 징수, 노론세력 억제 등은 그들의 위기의식을 높여 대원군을 퇴진시키지 않으면 안 된다는 공론을 야기시켰다. 다시 말해 대원군의 지속적인 권력 확대와 독점은 통치권 회복을 바라는 고종과 기득권 유지를 꾀하는 정치집단을 자극해 그들을 반대원군세력으로 규합시킨 것이었다. 결국 대원군의 권력 강화로 인해 이군(二君)을 섬기는 일이 된다는 김흥근의 우려가 현실화된 결과, 고종과 대원군 중 어느 한 쪽이 정계에서 퇴진하지 않을 수 없는 상황이 발생하게 되었다고 하겠다.

제 4 장

고종의 친정선포와 통치권 강화

고종의 친정이 공식적으로 시작된 것은 신정왕후가 수렴청정을 끝낸 1866년 2월이었다. 당시 고종은 여흥민씨 민치록의 딸과 혼례 준비 중이었고, 군주의 혼인과 함께 수렴청정이 종료된 전례에 따라 친정이 결정되었다. 그러나 고종은 아직 15세의 소년이었고, 한 나라의 국정을 운영할 충분한 역량을 갖추고 있지 못했다. 이는 신정왕후 이외의 다른 세력에 의한 군주 보도가 필요했음을 의미했고, 1866년 이후 그것은 고종의 생부인 대원군에게 장악되었다.

고종의 즉위 이후 10년에 걸친 대원군의 권력장악과 행사는 고종의 통치권 위임에 따른 것으로 대원군은 고종의 전폭적인 지지를 얻어 국정을 운영했다. 이러한 고종의 신뢰와 협조를 기반으로 유지되어 온 대원군의 권력이 위기에 직면하게 된 것은 1870년대에 들어 의정부삼대신을 친대원군세력으로 구성하고 의정부와 삼군부를 동시에 장악해 권력을 독점하면서부터였다.

대원군의 인사권 확대로 인해 그의 의사가 그대로 국정에 반영되자, 다른 세력의 입지는 점차 축소되어 갔다. 또한 대원군이 노론 이외의 정치세력을 다수 등용함에 따라 노론 중심이었던 정계에 변화가 일어났다. 이는 정계에서 배제된 세력뿐만 아니라, 기득권 세력의 불만을 야기했다. 무엇보다 20살이 넘은 자신에게 통치권을 넘기기는커녕, 오히려 정국장악을 강화하는 대원군의 행동은 고종에게 위기감을 불러일으켰다. 이렇게 대원군의 통치권 장악을 경계하는 양자, 즉 고종과 반대원군세력의 이해가 일치한 결과, 고종은 1866년 2월 13일에 시작된 형식적인 친정에 이어, 1873년 10월에 스스로 실질적인 친정을 선포하고 통치권을 회복하게 되었다.

고종은 12살에 신정왕후의 지명으로 조선 최고통치권자로 등극했지만, 그가 신정왕후와 대원군의 섭정을 딛고 통치권을 실질적으로 장악하기까지는 10년이 걸렸다. 또한 그가 탁월한 능력으로 정국을 장악하고 있던 대원군을 퇴진시키고 군주권을 회복하는 과정은 순탄치 않았다. 당시 고종은 자신의 즉위가 여러 정치세력의 이해관계와 알력을 통해 실현된 것과 마찬가지로, 정권장악에서도 권력을 둘러싼 대원군, 또는 정부관료와의 대립과정을 거치게 된 것이었다.[1]

제4장에서는 이러한 고종의 친정선포과정과 그 이후 통치구조와 정책변화를 상세히 고찰한다. 먼저 고종이 친정에 대비해 군주로서 어떤 준비를 하며 명분을 쌓아 갔는지, 그리고 실제로 친정체제 구축과정에서 어떤 장애가 있었고, 고종이 그것을 어떻게 극복해 통치권을 회복해 갔는지 검토할 것이다. 또한 고종의 세력기반의 구성 및 정책 결정·추진의 의도와 과정을 규명해 고종의 활동이 군주 중심의 통치권 안정·확립에 어떻게 작용했는지를 분석하려 한다. 특히 이 장에서는 친정선포와 정책추진 단행을 위해 내세운 명분과 통치권 행사에 필요한 세력기반과 재정·군사권의 형성·장악 과정에 중점을 두어 대원군정권 또는 정책과의 차이 및 유사점을 분명히 할 것이다.

---

[1] 고종의 1873년을 전후로 한 통치권 회복을 위한 활동·과정에 대한 선행연구로는, 김병우, 「고종의 친정체제 형성기 정치세력의 동향」, 『대구사학』 63, 대구사학회, 2001; 김영수, 「대원군의 하야와 고종의 정치적 역할」, 『한국정치사상』, 1991; 한철호, 「고종친정초(1874) 암행어사파견과 그 활동―지방관징치를 중심으로―」, 『사학지』 31, 1998; 김세은, 「고종초기(1863~1876) 국왕권의 회복과 왕실행사」, 서울대학교박사논문, 2003 등이 있다. 이러한 선행연구에서는 고종이 실질적인 친정을 전후해서 어떠한 세력을 등용하고 어떠한 정책을 폈는지 고찰함으로써 당시 고종이 적극적인 활동을 규명하는 데 상당한 성과를 가져왔다. 본고에서는 이러한 연구성과를 바탕으로 1873년의 정치적 상황과 최익현 상소로 인해 야기된 정국의 변화 양상을 보다 상세히 고찰하고, 그 과정에서 드러난 특징과 그것이 이후 고종의 인식과 정국운영방식에 어떤 영향을 미치게 되었는지 살펴보고자 한다.

제1절
1873년 고종의 친정선포과정

1. 군주의 통치역량 형성과 발휘 및 친정 명분의 강화

고종이 즉위한 후 실질적인 통치권자로서 활약하는 데는 약 10년의 시간이 소요되었다. 즉위 초기에는 신정왕후의 수렴청정, 그 후에는 대원군의 정권장악 속에서 고종은 치국보다 수신인 성학에 전념하고 있었다.

조선에서는 군주라 해도 통치권력의 정당성을 유지하기 위해 지속적으로 노력하지 않으면 안 되었고, 이는 천명과 민심에 부합해 조종을 본받음으로 실현된다고 여겨졌다. 그리고 고종처럼 방계왕족으로 잠저에서 추대된 군주는 자신의 통치정통성 표명과 강화 노력이 더욱 필요했다. 이러한 상황에서 고종은 장기간 지속된 세도정권하에서 고통에 빠져 있던 민생을 구제하는 일이 자신의 권력기반을 안정시키는 최선의 방법이라 인식했다. 특히 고종즉위 전년에 발생한 민란은 다양한 사회문제를 부각시켰고, 그에게는 이전 시기의 심각한 문제 해결과 개선책 모색이 당시 주변상황에 대한 대처와 함께 주어져 있었다. 이는 어린 고종이 통치자로서의 기반을 확보하기 위해 민생안정을 최우선시해야 함을 의미했고, 그는 즉위 초기부터 성학을 통해 민생의 중요함에 대해 들으며 성군으로의 길이 민본구현에 있음을 배워 갔다.

전술한 대로 고종은 즉위 초기부터 백성에게 지대한 관심을 보이고 있었는데, 이는 그가 실질적인 친정을 선포할 때에 최고의 명분으로 작용하게 되었다. 10년간 군주를 대신해 국정을 운영한 대원군을 정계로부터 퇴진시키기 위해 고종은 대원군정책의 문제점을 적극적으로 거론했고, 이 때 이용된 구실이 대민폐해였다는 것이다. 고종이 민생문제를 대원군정책 폐지 명분으로 제시할 수 있었던 이유는 조선정치사회에 민본·민생을 넘는 정치적 명분이 존재하지 않았고, 그가 지속적으로 대민정책에 관심을 보였기 때문이었다. 따라서 고종은 군주의 통치활동 관련문제는 민생안정을 내세우고, 그 밖의 문제는 신정왕후의 권위를 빌어 실질적인 친정체제 구축의 정당성을 획득·강화해 갔다.

조선시대의 민본관은 '백성은 나라의 근본이며 백성은 먹을 것을 하늘로 여긴다. 따라서 나라의 근본인 백성을 보호하기 위해서는 생업을 안정시켜야 한다'로 '민본=민생안정'이라는 공식이 성립되어 있었다. 이러한 민본관은 고종시대에 들어서도 지속되었고, 신정왕후가 즉위 당일 고종에게 '경천애민'을 써서 건넨 것처럼, 민본은 어린 고종이 통치자로서 가장 중시해야 할 부분이었다.[1]

이와 같은 시대 상황과 성학교육에 맞추어 즉위 초기부터 고종의 주요한 관심사는 민생문제에 두어져 있었다. 이는 주로 '민본'과 '민생안정'에 집중되었고, 고종은 백성이 나라의 근본이라는 민본관을 반복해서 피력했다.

> (나는 나라의)치법(治法)과 정모(政謨)를 모르고 짐을 견뎌내지 못할까 두렵기만 하다. 다행히 대왕대비가 분명히 훈계하고 경계하신 것은 선조의 왕들께서 하늘을 공경하고 백성을 사랑한 것을 따라야 한다는 것이다. 삼가하고 검약에 힘쓰는 일이 하늘을 공경하고 백성을 사랑하는 근본이다.…군주는 백성을 근본으로 삼고 백성은 먹을 것을 하늘로 삼는다.[2]

---

[1] 『일성록』 1863(고종즉위)년 12월 13일.
[2] 『승정원일기』 1864(고종1)년 1월 11일.

나라의 근본은 백성이며 백성이 부유하면 나라가 안녕하게 된다.…민심은 천심이며 군주는 하늘을 받들어 백성에게 임한다. 하늘이 군주에게 이르고 군주가 백성에게 이르러 하나의 마음으로 진심이 통해 척촌(尺寸)의 사이도 없다면 승평(昇平)은 바라지 않아도 저절로 이를 것이다.…하늘을 공경하는 길은 오직 백성을 사랑하는 데 있을 뿐이다.3)

『서경』에서는 '백성이 유일하게 나라의 근본이다. 근본이 견고하면 나라가 안녕하다'고 했다.4)

백성이 없다면 어찌 나라를 이룰 수 있겠는가? 두려워해야 할 것도 사랑해야 할 것도 백성이 아닌가?5)

여기에서 드러나듯이 고종은 전통 유교적 민본론에 서서 애민·외민(畏民)이 통치근본이라 파악하고 나라의 안녕을 위해 민본을 실천하지 않으면 안 된다고 주장했다. 이러한 고종의 인식은 백성과 군주 사이의 중대한 연관성 인식으로 이어졌다.

군주가 백성을 적자와 같이 보호하면 백성은 인군을 부모와 같이 추대해 상하가 서로 믿을 수 있게 된다. 또한 백성은 물과 같고 군주는 배와 같다. 배는 물이 없으면 나아갈 수 없고, 또한 (물은)배를 전복시킬 수도 있다. 군주되는 자는 하루라도 백성을 잊고 도탄에 버려두어서는 안 된다.6)

고종은 군주가 백성을 적자(갓난아이)와 같이 잘 보살펴야 하며, 군주와 백성이 상호의존관계이기 때문에 군주가 백성을 방치할 경우, 군주의 지위 자체가 위험하게 될 것이라 언급했다. 그리고 이러한 대민의식을 바탕으로

---

3) 『승정원일기』 1865(고종2)년 12월 13일.
4) 『승정원일기』 1866(고종3)년 10월 4일.
5) 『승정원일기』 1873(고종10)년 10월 30일.
6) 『승정원일기』 1865(고종2)년 12월 13일.

실질적으로 국정을 운영할 상황이 아니었음에도 불구하고 민생관련문제에 대해서는 적극적인 대처를 요구했다.[7] 특히 1865년 4월, 화양서원이 갖는 장부를 모두 없앨 것을 지시할 때는 현재가 민막(民瘼), 즉 백성을 괴롭히는 원인을 제거할 시기이고, 민생안정에 초점을 맞춘 정책을 추진해야 한다며 민생개선을 추구하려는 자신의 뜻을 분명히 했다.[8] 또한 강연 중에도 빈번히 민생문제를 거론해 백성에 대한 관심을 드러냈다.

> 오늘날 사정을 말하면 지방백성은 직접 경작해 농사에 힘써 1년 내내 고생해도 따뜻하게 입고 배부르게 먹는 것도 할 수 없는데, 경도 백성은 경작하지 않고 옷을 짓지 않아도 의식이 사치스럽다. 이를 논하면 여항의 질고와 곤란을 묻지 않아도 알 수 있다.[9]

> 삼정 중에서 전결이 근래 큰 폐가 되고 있다는 것을 나는 잠저에 있을 때부터 이미 자주 들었다.[10]

어린 고종에게 고생하는 지방백성이 가난하고 편안하게 지내는 서울사람들이 사치스럽게 지내는 모습은 불공평하게 비춰지고 있었다. 이런 상황에서 그가 군주인 자신이 불평등을 해소·해결하지 않으면 안 된다고 생각하게 되었음은 쉽게 예상할 수 있다. 때문에 고종은 백성의 고통을 파악해 그 개선책 모색을 강조하면서 민심에 응하기 위한 준비를 추진해 갔다.[11]

고종의 민본관은 1865년 4월, 그가 재건에 착수할 경복궁을 시찰하는 과정에서 분명히 드러났다. 당시 고종은 정부관료들과 함께 경복궁을 방문해

---

[7] 『일성록』 1864(고종1)년 9월 27일.
[8] 『일성록』 1865(고종2)년 4월 13일.
[9] 『승정원일기』 1865(고종2)년 12월 13일.
[10] 『일성록』 1866(고종3)년 5월 22일.
[11] 『일성록』 1870(고종7)년 1월 1일, 1873(고종10)년 3월 22일·10월 30일.

돌아보는 가운데 폐허가 된 경복궁 밖에 거주 중인 수많은 가난한 백성 이야기를 꺼내 그들의 이주 후 생활대책을 물었다.

> **고종** "궁궐 밖에 백성들이 집을 지어 살고 있다고 들었는데 장래 이를 어찌 처리하려 하는가?"
> **정원용** "당연히 모두 옮기게 됩니다."
> **고종** "백성의 사정이 가엾다. 돈을 어느 정도 나누어주는 것은 어떠한가?"
> **정원용** "궁 담장 근처에 집을 지어 사는 자는 법을 어긴 것입니다. 처벌을 피하는 것만으로도 다행한 일입니다. 이제부터 궁전공사가 시작되므로 당연히 철거할 뿐입니다. 어찌 별도로 은혜를 베풀 필요가 있겠습니까?"
> **김좌근** "성 밑의 민가는 불법입니다만, 성교가 이와 같으시니 전례에 따라 지급하는 것도 좋겠지요."
> **김병학** "호판에게 물어 보심이 좋겠지요."
> **고종** "호판도 소견이 있으면 말하라."
> **이돈영** "성념이 이와 같으시니 삼가 우러르지 않을 수 있겠습니까? 그러나 소민이 성 밑에 집을 짓는 것은 법률로 금지된 일이기 때문에 유사의 입장으로서는 거행하기 어렵습니다."
> **정원용** "호판의 말도 이와 같습니다."
> **고종** "모두의 상주가 같지만, 소민이 이미 집을 지어 살고 있었는데, 지금 어쩔 수 없이 철저당해 그 살 장소를 잃은 것은 실로 가엾은 일이다. 비록 사례가 없다고 해도 해조(該曹)에서 특별히 두텁게 지급하는 게 좋을 것이다."12)

여기에서 고종은 김좌근을 제외한 관료들이 '법률에 위반된다', '전례가 없다' 등을 이유로 반대했음에도 불구하고, 소민에게 금전적인 보상을 시행해야 한다는 의견을 굽히지 않았다. 그러자 대신들도 결국 민생을 염려하는 고종의 뜻을 거스르지 못해 소민 구휼을 약속했고, 같은 달 29일에 민가철거에 대한 보상으로 약 3천 8백 냥이 배급되었다.13) 위의 대화에서 주목되

---

12) 『승정원일기』 1865(고종2)년 3월 12일.
13) 『승정원일기』 1865(고종2)년 4월 29일.

는 점은 고종이 민생보호라는 명분을 내세워 관료들의 반대를 누를 수 있었고, 그들이 주장하는 위법성과 전례가 없다는 구실이 민생안정 앞에서 그 정당성을 잃었다는 사실이다. 이는 조선정치사회에 민본을 앞서는 명분이 존재하지 않았음을 의미했고, 고종은 이러한 민본·민생문제를 바탕으로 자신의 의지를 관철시키는 통치권자로서의 면모를 드러냈다고 하겠다.

1866(고종3)년 초, 신정왕후는 고종의 결혼준비가 진행되는 가운데, 철렴의 뜻을 드러냈다. 그러자 고종은 1866년 2월 26일, 서정 총괄을 공표하는 행사를 열어 종친과 문무백관이 참석한 자리에서 군주의 공식적인 친정체제 출범 및 통치권자의 권위와 지위를 천명했다.14)

같은 해 8월, 고종은 직접 정부대신을 소집했다.15) 이 회합은 프랑스 선박 침입에 따른 긴급한 상황 속에서 개최된 것으로 고종은 국정현안을 해결하기 위해 대신들의 의견을 적극적으로 청했다. 여기에서 그는 서구의 경강 침입에 의한 민심혼란과 민생폐해를 우려하면서 민정을 수습할 대책수립을 강조했다. 또한 이러한 위기가 백성들의 충성을 시험할 기회라며 공적을 세운 자를 특별히 등용하겠다고 표명함과 동시에 약탈과 절도 등의 범죄를 엄중히 단속하도록 명했다. 즉위 이후 처음으로 직면한 위기 상황에서 고종은 직접 회합을 주최해 사태의 신속한 해결을 촉구하면서 민심안정과 민생보호를 최우선시해야 한다고 역설한 것이었다. 이러한 고종의 능동적인 대처방안 요구로부터는 민생과 국정에 책임지고 그 임무를 수행하려는 그의 강한 의식과 자세를 읽을 수 있다고 하겠다.

그 후 고종의 군주로서의 활동은 더욱 확대되어 갔다. 1866년 10월, 고종은 전투에 참가한 장군과 군인을 직접 만나 그들을 격려하고, 군인을 비롯해 전투에 협력한 보부상·포수·반민(泮民) 등에 대한 특별한 포상을 지시했다.16) 그리고 목숨을 아끼지 않는 백성의 충성심을 칭찬하며 정부가 사망

---

14) 『승정원일기』 1866(고종3)년 2월 26일.
15) 『승정원일기』 1866(고종3)년 8월 18일.

자, 생존자를 불문하고 백성보호에 최선을 다하라고 지시했다. 또한 경복궁 재건을 기념해 행해진 축하 소견에서는 금후 급무는 오직 민생안정에 있을 뿐이라며 통치활동에서 민생문제를 최우선시할 것임을 분명히 했다.[17]

고종이 서원과 무단토호 등의 정책을 지속적으로 추진해 민심과 민생안정을 기도했다는 것은 제3장 제2절에서 설명한 대로지만, 이 밖에도 서울 쌀값의 급등을 억제하는 대책강구를 요구해 소민이 쌀 부족에 빠지지 않도록 하려 했다.[18] 여기에 전결·군정의 폐해제거 방안 모색을 지시할 때는 관찰사에서 서리에 이르기까지 철저히 경계해 소민 부담을 가중시키는 조세폐해를 근절시키라고 했다.[19] 행행 시에는 민폐 유무를 물어 군주의 행행이 민생에 폐해를 주지 않도록 배려했다.[20] 이 같은 고종의 행동은 백성을 적절히 보호하지 않으면 나라 보존이 불가능하다는 일국에서의 민생 중요성을 바탕으로 한 것이었다.[21] 고종은 민생안정을 군주의 최대 과제·임무로 받아들여 민생문제를 적극적으로 거론하는 과정을 통해 군주의 역량을 발휘하고 통치권자로서의 지위를 구축해 간 것이었다.

민본의식을 바탕으로 백성안정을 실현하려 한 고종의 활동은 1870년대 들어서도 계속되었다.

> 이번의 행행은 비 때문에 이미 날짜를 늦추었다. 교량을 개축하느라고 애처로운 우리 백성들이 밤낮으로 고생을 했다. 백성은 나라의 근본인데 일마다 백성들을 괴롭게 하는 것뿐이니, 불쌍하게 여기는 내 마음이 어떠하겠는가. 이런 일로 인하여 좋은 옷, 좋은 음식이 내키지 않는다. 경기 감영에서 별요차(別饒次)를 알맞게

---

16) 『승정원일기』 1866(고종3)년 10월 20일.
17) 『승정원일기』 1867(고종4)년 11월 17일.
18) 『승정원일기』 1866(고종3)년 3월 26일, 慶科庭試文科試取.
19) 『승정원일기』 1866(고종3)년 5월 22일, 교지·1866(고종3)년 5월 27일, 교지.
20) 『승정원일기』 1866(고종3)년 9월 4일, 大駕詣元陵·綏陵·景陵親祭幸行.
21) 『승정원일기』 1869(고종6)년 1월 28일, 진강.

나누어 주도록 하고, 안정을 시켜 생업에 종사하게 할 수 있는 방안을 가지고 나의
지극한 뜻을 받들어 각별히 시행하도록 하라.22)

이는 고종이 행행 도중 즉석에서 고생하는 백성에 대한 특별한 은혜실시와 민생안주 방법을 모색하도록 지시한 내용이다. 당시 고종은 즉위한 지 7년째였는데, 이 대목에서는 그 사이 다양한 교육과 경험을 축적해 온 고종이 민생구휼을 그 자리에서 구상해 명령을 내릴 정도로 통치감각을 익히고 있었다, 즉 그의 정치적인 역량이 성장했음을 엿볼 수 있다.

이렇듯 민생을 중시한 고종은 그 후에도 연로에 있는 3읍 기민의 군포 면제와23) 화재로 소실된 민가를 세워 주거할 수 있는 방법 제공 등,24) 민생구제 관련 지시를 계속해 갔다. 그는 양반의 묘지확대와 강제점유를 저지하는 일에도 힘을 기울여 일반 소민들의 안정된 생활 유지를 위해 양반이 멋대로 산을 점유하는 폐해를 금지시켜 반드시 법률상 묘역 설정에 따라야 함을 강조했다.25) 또한 소민이 제대로 삶을 유지할 수 없는 것은 대민들의 침요가 심각한 때문이라고 말한 후, 의정부가 수령에게 명해 단속하라고 촉구했다.26) 다시 말해 고종은 강자가 약자의 토지를 강제로 빼앗는 행위를 철저히 금지·처벌해 민생안정을 추구하려 한 것이었다.

1870년 9월에는 법률에 따라 양반 묘역의 보수를 정한 규정이 잘 지켜지지 않는다고 개탄하며,

전에 반가 구묘(邱墓)의 보수(步數)를 정식에 따라 바로잡으라는 뜻으로 연석에서 하교한 일이 있었다. 그런데 이번에 연을 타고 가는 길에 각 궁묘의 한계를 나타내

---

22) 『승정원일기』 1870(고종7)년 9월 6일.
23) 『승정원일기』 1871(고종8)년 2월 19일.
24) 『승정원일기』 1871(고종8)년 2월 20일.
25) 『승정원일기』 1870(고종7)년 8월 25일, 차대.
26) 『승정원일기』 1870(고종7)년 윤10월 22일, 교지.

는 입석 금표를 보니 너무 넓은 땅을 차지하고 있었다. 이렇게 넓은 땅을 차지한다면 애처로운 저 백성들은 어디로 가서 살라는 말인가. 한성부 및 경기 감영에 명을 내려 각 궁으로부터 양반의 무덤에 이르기까지 법전대로 경계를 분정(分定)하게 하고, 그 밖에는 도성의 백성들이 서로 들어가 장사 지낼 수 있도록 분부하라.27)

고 자신이 내린 명령을 반드시 실행하도록 독려했다. 그리고 민생안정을 최우선시하는 입장으로부터 춘천부에서 멋대로 이생지(泥生地)를 개척해 제언을 경작한 것은 용서할 수 없는 행위지만, 백성의 고통과 관계되기 때문에 특별히 허가할 것을 지시했다.28) 여기서는 백성구제에 한해 예외가 인정된다, 즉 민생정책이 모든 정부정책에 우선하며 국가재정에 손해가 된다 해도 민생에 편리한 정책을 추진해야 한다는 강한 의지를 읽을 수 있다. 이렇게 민생에 도움이 된다면 법률의 예외적 적용이 가능하다고 주장한 고종은 민생을 위한 정책추진의 당위성을 다음과 같이 호소했다.

들으니 입춘날 삭녕 등 여러 고을에서 바치는 산개(山芥), 심채(沈菜)를 40여 석의 대동태(大同太)로 회감한다고 하는데 이것이 대단한 일은 아니나 민폐에 관계됨이 적지 않다. 비록 이보다 큰 문제라도 백성을 위하여 면제해 주어야 할 터인데 하물며 이런 사소한 물품이겠는가. 특별히 혁파하여 조금이나마 백성들의 힘을 펴게 하라.29)

이처럼 그는 '백성은 국가의 근본으로 근본이 견고하면 나라가 안녕하다'는 대민의식을 바탕으로 군주의 역할이 위에서 은혜를 베풀어 백성의 고통을 해소하는 일이라고 생각해 그것을 실천하려 했다.30)

---

27) 『승정원일기』 1870(고종7)년 9월 6일
28) 『승정원일기』 1870(고종7)년 2월 30일, 차대.
29) 『승정원일기』 1870(고종7)년 10월 15일, 차대. 영의정 김병학과 도제조 홍순목은 고종의 백성을 위한 은혜가 훌륭하다고 칭찬하며 그의 대민정책에 협조했다.

그런데 고종의 민생구휼책이 언제나 찬성과 지지만을 얻는 것은 아니었다. 1873년 7월, 고종은 재해를 만난 불쌍한 백성구제를 위해 세금을 면제하도록 명했다. 이에 대해 좌의정 강로는 국가재정에 관련된 중대한 문제인 감세에 신중을 기해야 한다며 엄정한 조사와 시행의 필요성을 제기했다.

고종 "금년의 수환은 예전에 없는 재앙이었다. 이러한 때에 어찌 백성을 위하는 마음이 없겠는가? 금년에는 어쩔 수 없이 휼재(恤災)를 해야 할 것이니, 정부가 각도에 관문을 보내어 하나하나 정확하게 실제 수를 보고하도록 하여 고루 나누어 주도록 하라."
강로 "백성을 위하는 성상의 마음이 이와 같으신데 어느 누구인들 흠앙하고 대양(對揚)하지 않겠습니까. 그러나 재해를 입은 전결에 조세를 감면하는 것은 위로 국계와 관계된 것이니, 짐작하는 방도가 없어서는 안 됩니다. 이는 허실이 서로 섞이면 일일이 급재(給災)할 수 없기 때문입니다."…
고종 "이번에는 먼저 관문을 보내어 신칙하도록 하라. 옛말에 '백성이 부유하면 나라도 부유하다'고 했다. 만일 백성이 가난하다면 누구와 더불어 나라가 부유할 것인가. 휼재의 도리를 보면 나라 쪽에 치우치기보다는 백성 쪽에 더 치우쳐야 할 것 아닌가. 묘당의 초기가 있으리라고 생각했었는데 지금껏 지체하고 있기 때문에 내가 먼저 말하는 것이다.…실 한 올, 곡식 한 톨도 모두 백성에게서 나오는 것이니, 만일 백성들의 힘이 아니면 어디서 나오겠는가. 전에 행행했을 때, 비록 멀지 않은 거리였으나, 민가에 곡식을 쌓아놓은 것을 볼 때마다 국가의 곡식을 창고에 쌓아 둔 것이나 다름없이 기뻤다. 만일 민가에 곡식이 없는데 나라에는 여곡이 있다면 이것이 어찌 백성을 위하는 도리이겠는가."[31]

여기에서 고종은 재해구제책에서는 나라재정보다 민생안락이 중시돼야 함을 강조했다. 그리고 신중한 대민구제책 실행을 요구하는 강로에게 의정부의 대책이 늦기 때문에 재촉하지 않을 수 없다며 자신이 민생을 최우선시하고 있음을 분명히 했다. 이러한 고종의 발언에는 그가 10년간 배워 온

---

30) 『승정원일기』 1870(고종7)년 11월 15일, 진강.
31) 『승정원일기』 1873(고종10)년 7월 10일, 차대.

유교적 민본관 또는 군주상이 반영되어 있었다고 할 수 있다.

고종의 백성을 우선시하는 정책은 민생구제에 그치지 않았다. 그는 강연 중에 강관에게 감사·수령의 통치방식과 농사상황에 대해 질문했고,[32] 개성 행행 시에는 개성부 시민의 폐해에도 관심을 기울이며 지방행정과 민생책의 실시상황을 파악하려 했다.[33] 또한 경외사대부가 평민을 침해·학대하는 폐해가 심하므로 특별히 단속하라고 명했다.[34] 1870년 11월, 경기도 기민 구제상황을 질문한 후에는 '경기도 삼정이 점차 양반의 분묘 수호 속으로 들어갔다는 사실을 이미 알고 있다'며, 이속과 관장이 이를 방관했기 때문에 삼정 장부가 허구화되었다고 개탄하고, 경기 각 고을의 묘진(墓陳)·계방(契坊)을 일일이 조사해 보고하도록 지시했다.[35] 이렇게 고종은 민생문제를 정확하게 파악해 민생을 안정시킴과 동시에 양반의 무단행위를 금지해 지방행정제도의 문란을 바로잡으려 했다. 그리고 국정운영의 최우선 과제인 민본을 자신의 의지 관철과 정치적 영향력 확대에 이용해 갔다고 하겠다.

고종은 국정운영에 필요한 군주가 취해야 할 자세와 군신관계의 바른 정립에도 지대한 관심을 표명했다. 그는 '군주가 신하의 일까지 하면 신하가 태만해져 정책을 적절히 시행할 수 없다',[36] '어찌하면 인재를 구별할 수 있겠는가?'[37] 등을 고심하며 통치활동의 방법과 양식을 배우기 위해 노력했다. 또한 주대(周代) 군주의 인사권 행사 관련문제를 토론하는 가운데, '주대 유왕(幽王)이 태사(太師) 윤씨에게 권력을 일임했기 때문에 국운이 쇠

---

[32] 『승정원일기』 1870(고종7)년 윤10월 19일, 진강.
[33] 『승정원일기』 1872(고종9)년 3월 6일, 詣麗太祖顯陵親行奠酌禮.
[34] 『승정원일기』 1873(고종9)년 3월 22일, 毓祥宮·延祐宮·宣禧宮展拜.
[35] 『승정원일기』 1870(고종7)년 11월 17일, 진강.
[36] 『승정원일기』 1872(고종9)년 11월 28일, 한계원의 상소에 대한 비답.
[37] 『승정원일기』 1872(고종9)년 12월 19일, 진강.

퇴했다', '옛날부터 나라가 망하고 집안이 평안한 경우는 없다'고 논해 군주의 인사정책이 일국과 민생에 지대한 영향을 미친다는 인식을 드러냈다.38)

고종은 유교적 사고를 바탕으로 형벌을 신중하게 적용해야 함도 강조했다. 1870년 9월, 그는 '흠재흠재 유형지휼(欽哉欽哉 惟刑之恤)'을 거론해 공정한 재판과 처벌의 중요성을 역설하고 대신들이 사형을 주장한 죄인에게 유배를 명했다.39) 뿐만 아니라, '법사와 포도청이 죄가 없는 백성을 체포하는 일이 많다'며 각 도에 명해 한 명의 백성에게도 원죄가 발생하지 않도록 정무를 시행할 것을 요구했다.40) 이처럼 고종은 자신의 애민(哀民)하는 마음과 생민(生民)하는 기분을 적극 드러내려 했다.41)

고종이 형벌을 신중하게 적용하려 한 것은 1872년 4월부터 6월에 걸쳐 벌어진 김응룡·오윤근·김응봉·김준문 등의 처벌과정에서 특히 부각되었다.42) 이 사건은 해주사람인 김응룡이 쓴 제산문(祭山文) 중 '구혹조진(口或祚盡)'이라는 문구로 인해 야기되었다. 대신들은 이 문제가 종묘사직과 관계된 중대한 문제라 주장하며 그들에게 반역죄를 적용해 사형에 처할 것을 요구했다. 이에 대해 고종은 그들의 행동이 천한 마음과 무지의 소산이라며 유배에 처하라는 결단을 양보하지 않았다. 그러자 대신들은 합문 밖에서 항의하거나 소견을 청해 조종과 법률을 따르도록 촉구하는 등, 고종의 뜻을 꺾으려 했다. 그러나 고종은 자신의 결정이 사람을 살리려는 뜻이며, 전례에도 아무런 문제가 없고 민본정신과 조종전통을 수행하는 것이라 강조하며43) 대사간을 해임시키면서까지 유배형의 시행을 주장했다. 그 결과 고종

---

38) 『승정원일기』 1872(고종9)년 12월 18일, 진강.
39) 『승정원일기』 1870(고종7)년 9월 10일.
40) 『승정원일기』 1870(고종7)년 11월 15일, 진강.
41) 『승정원일기』 1870(고종7)년 9월 9일, 교지.
42) 이 사건 경위에 대해서는 『승정원일기』 1872년 4월 24일부터 6월 26일까지의 기사를 참조.
43) 『승정원일기』 1872(고종9)년 5월 18일, 소견 시원임의정 금오당상.

의 판결에 따라 죄인들의 도배가 결정되었다.

여기에서 주목해야 할 점은 1872년 당시 고종이 '생민'이라는 명분으로 정부관료와의 논쟁·대립에서 승리를 거두었다는 사실이다. 다시 말해 이 시기 고종은 이미 정부관료의 반발에 굴하지 않고 당당히 의견을 내세울 정도로 군주로서의 자신감과 역량을 갖추고 있었고, 군주가 가져야 할 통치 자세를 역설하면서 뜻을 관철시킨 것이었다. 그리고 이러한 경험은 그가 1873년 친정선포 과정에서 발발한 정부관료와 유생과의 심각한 갈등을 극복하고 대원군의 퇴진과 실질적인 통치권 회복을 이끌어내는 원동력이 되었다고 하겠다.

1873(고종10)년 이후, 고종은 민생문제를 해결하면서 축적된 명분과 경험을 바탕으로 친정에 대한 준비를 진행시켜 갔다. 먼저 그는 대원군의 세력 기반을 약화시키기 위해 대원군이 실시한 정책폐지를 시도했는데, 통치상 최대 과제로 민생안정을 강조함으로써 현정권에 대한 비판여론을 형성하고 대원군의 퇴진을 요구하는 분위기를 조성하려 했다.

이때 고종은 대신들과의 소견에서 대원군정책의 문제점과 자신의 의견을 적극적으로 개진했다.

> 과거에 응시하는 유생들이 성문을 들어오는 데도 문세를 내게 한다고 한다. 국가에서 선비들을 대우하는 예는 의당 각별해야 하거늘, 어찌하여 이렇게까지 침탈을 하게 되었는가? 나는 그것이 올바른 일인지 모르겠다. 이 세를 거두어들이는 것은 부득이하여 취한 조처인데, 여러 군영에서 전혀 단속하거나 신칙을 하지 않아 받지 말아야 할 사람에게까지 받고 있으니 이것이 무슨 꼴인가?…선비는 국가의 원기(元氣)인데 예우하지 않아서야 되겠는가. 그리고 당초에 세금을 정할 때 수레에 실은 짐에만 부과하고 등짐에는 부과하지 않도록 정했으니, 설령 등짐에 세금을 부과한다 하더라도 큰 짐에만 부과하고 작은 짐에는 부과해서는 안 될 것이다. 지금 이후로는 비록 유생이 아니라 하더라도 작은 등짐에는 세금을 거두지 말도록 하라.44)

이처럼 고종은 성문에서의 징수가 규정을 지키지 않아 폐해를 일으키고 있다며 성문세 부과 기준의 준수를 다시 한 번 지시했다. 이는 지나친 징세를 조정하고 문란한 국가기강을 바로잡으려 한 조치로 유생은 물론 상인과 일반백성의 환심을 사려는 의도가 포함되어 있었다.

　위의 발언에서 주목되는 점은 일반백성이 짊어진 등짐에 부과되던 세금 역시 본래 없어야 할 것이었음에도 불구하고, 고종이 큰 짐에 한해서 징수를 허락한다는 절충안을 제시했다는 점이다. 당시 고종은 유생 우대를 주장하면서 폐해가 많은 성문세 폐지를 시행하려 했지만, 아직 대원군의 정책을 전면적으로 폐지할 만한 기반을 구축하지 못한 상태였다. 또한 각 군영이 성문세를 군수비용으로 이용하는 데 대한 해결방안도 제시하지 못한 상황에서 단순히 폐지한다는 뜻을 드러내는 정도에 그치지 않을 수 없었다. 그렇다고는 해도 군주로서 유생뿐만 아니라 민생에도 폐해를 주는 성문세 문제를 방치할 수 없었던 고종은 대안으로 유생에 대한 징수금지와 짐의 크기에 따른 징수를 지시한 것이었다. 그러나 짐의 크기라는 애매하고 분류하기 힘든 징수 기준이 현장에서 실행되기를 기대하는 것은 무리였고, 고종이 제안한 성문세 해결방안은 처음부터 그 실효성이 의문시되는 것이었다. 결국 그가 성문세 징수를 제한한 진짜 목적은 대원군정책의 문제점을 제기해 대원군의 통치활동 명분을 손상시킴으로써 자신을 향한 지지를 획득하고 친정체제 구축기반을 만들려는 데 있었다고 할 수 있다. 따라서 조지반포와 각 지방으로의 통지를 촉구해 군주의 대민관심을 적극적으로 알리고자 했다.

　이렇듯 1873년 8월에 수세상 제한적인 규제가 실시되었던 성문세는 같은 해 10월에 전면 폐지되게 되었다. 이 때 고종은 '성문세가 각 영의 군수자금으로 중요하지만 과도한 징수에 의한 민폐가 적지 않다'며 모두 철폐하라고 명한 후, 군수 대체방안으로 관세청으로부터 삼영으로 각각 3천

---

44) 『승정원일기』 1873(고종10)년 8월 26일.

냥, 총융청으로 천 냥을 분배하도록 지시했다.45) 1873년 10월, 지난번과 다른 확실한 명분과 사후대책이 준비된 성문세의 철폐 명령은 그가 대원군정책을 전면 재조정할 각오를 갖추었음을 드러낸다. 그리고 이후 고종은 대원군의 각종 정책에 대한 수정을 본격적으로 추진해 갔다.

> 장령 홍시형이 진달한 조항 가운데 취렴을 금하도록 하라고 말했다. 백성을 우려하는 마음이 이와 같으니 고질적인 폐단을 염려하지 않을 수 없다. 원납전과 결렴을 아울러 즉시 혁파하도록 팔도와 사도(四都)에 행회하라.46)

여기서 고종이 즉각적인 폐지를 명한 원납전은 1865년 대원군이 경복궁 재건에 드는 막대한 비용을 보충하기 위해 반강제적으로 모금한 기부금이며, 결두전47)은 1868년 같은 목적으로 전세에 덧붙여 징수하던 것이었다. 이처럼 대원군이 재원확충을 위해 백성의 원망을 사면서까지 실시한 두 가지 정책의 폐지를 명한 것은 대원군정책을 부정함과 동시에 민심을 획득하려 했음을 드러낸다. 특히 고종은 홍시형의 상소 중에서 자신의 정치적 의도와 부합되는 내용만을 선별적으로 거론해─예를 들어 서원복구문제는 신정왕후의 지시임을 이유로 논외라 주장했다─ 교묘하게 이용하는 모습을 보였는데, 이는 그가 국정운영을 장악하기 위해 오랜 기간에 걸쳐 정치적인 기술을 연마해 온 결과였다고 할 수 있다.

군주의 정통성 확보와 정권장악의 명분으로 전통적인 민본의식을 강조한 고종은 연강수세를 금지하는 교지에서도 민생폐해를 들었다.

---

45) 『승정원일기』 1873(고종10)년 10월 10일.
46) 『승정원일기』 1873(고종10)년 10월 29일.
47) 여기에서 고종이 폐지한 결렴은 결두전을 의미한다고 생각된다. 결렴은 結에 각종 수세명목을 첨부해 징수하는 세이며 결두전은 경복궁 등의 수리에 필요한 자금을 조달하기 위해 1868년에 만들어진 세금이다. 결두전징수에 대해서는 제3장 제2절 각주 16번 참조.

듣건대, 강 연안에서 세금을 걷는 것이 크게 백성의 폐단이 되고 있다고 한다. 묘당에서 행회하여 혁파하도록 하라. 『서경』에 '백성은 나라의 근본이다. 근본이 견고해야 나라가 편안하다'고 했다. 이에 생각이 미치니 매우 염려스럽다.[48]

고종은 원납전·결두전에 이어 대원군이 군수비용으로 충당하던 연강수세를 폐지했다. 이때 그는 『서경』의 문구를 인용해 자신의 정책이 민본을 바탕으로 하고 있음을 주장해 명분을 확보하고 반대 의견을 억누르려 했다. 또한 다음과 같이 언급해 자신의 통치 목표가 민생안정에 있고 정책수행에 민본을 최우선시하고 있다는 사실을 부각시키려 했다.

내가 잠저에 있을 때 농민들이 밭일에 힘쓰는 것을 볼 수 있었는데, 더위에 땀이 물 흐르듯 하는 등 노고가 심했다.…연전에 송도에 행행했을 때 영묘조의 어필을 보니, '백성은 나라의 근본이니, 근본이 견고해야 나라가 편안하다'고 했다.[49]

이렇듯 고종은 자신이 민생의 고통을 잘 알고 있으며 백성의 노고에 감사하고 있음을 강조했다. 그리고 영조 고사를 인용해 영조를 본받아 그와 같은 민본책을 펼칠 것을 표명함으로써 스스로의 친정 정통성을 주장함과 동시에 친정에 대한 백성의 기대를 높이고자 했다.

고종이 대원군정책 중에서 특히 재정경제정책을 문제시한 이유는 성학을 통해 형성된 민생관이 작용한 때문이었다. 10년에 걸쳐 제왕교육을 받아 온 고종은 민본과 민생안정이 군주통치의 최대 과제라 인식하고 있었다. 또한 그때까지 경험으로 민본을 거론하는 것이 정치적 명분을 확보하는 최적의 방법이라는 것도 잘 알고 있었다. 고종에게 민본의식을 기반으로 민생안정을 우선시하지 않는 국가정책은 그것이 비록 정부재정 확충에 기여한다고 해도 정당화될 수 없는 것이었다. 이런 상황에서 대원군의 재

---

[48] 『승정원일기』 1873(고종10)년 11월 3일.
[49] 『승정원일기』 1873(고종10)년 10월 30일, 진강.

정확충정책이 백성에 대한 부담 증가로 이어진다고 판단한 고종은 민생폐해를 이유로 대원군의 정치적 명분을 약화시키고 군주의 통치권 회복을 정당화하려 했다.

실제로 1870년 전후가 되면, 대원군의 국정총괄은 기정사실화되어 있었고, 대원군은 국정운영을 완전히 장악해 단독 결정하에 정책을 결정·추진하고 있었다. 1870년을 전후해 대원군의 활동이 거의 모든 정치문제에 미쳤음은 이미 제3장에서 설명한 바 있지만,[50] 대원군은 서울과 지방백성을 구제하는 데 드는 자금지급을 직접 명하고,[51] 각 지방의 전정·전결 등의 조사·수세를 관장하고 있었다.[52] 그의 지시에 따라 지방의 변장이 특별히 채용되었고,[53] 군영 물자와 자금 동원·제공이 정해졌으며,[54] 그 밖의 군기제조·군인처벌 등의 군정문제가 처리되었다.[55] 그는 호조·병조·선혜청·상평창 등 정부기관의 재정부족을 비롯해[56] 각 부서의 관원 적체와 분쟁 등을 해결했고,[57] 종친과 왕실 관련문제를 주도했다.[58] 서원철폐는 거의 대원군의 단독 결정에 의해 추진되었으며, 중앙과 지방의 모든 재물의 왕래를 경영·정리하는 등,[59] 대원군의 모든 행동이 법이 되는 상황이 되어

---

[50] 제3장 제1절 1. 대원군의 정치참여과정과 고종의 지지, 제2절 정리 참조.
[51] 『승정원일기』 1869(고종6)년 9월 4일, 1870(고종7)년 10월 15일, 1871(고종8)년 2월 20일.
[52] 『승정원일기』 1869(고종6)년 8월 20일, 1870(고종7)년 6월 29일.
[53] 『승정원일기』 1871(고종8)년 4월 5·15일·6월 20일.
[54] 『승정원일기』 1870(고종7)년 윤10월 10일.
[55] 『승정원일기』 1872(고종9)년 6월 7일·7월 27일·10월 21일.
[56] 『승정원일기』 1870(고종7)년 2월 30일, 1872(고종9)년 9월 20일·12월 4일, 1873(고종10)년 7월 10일.
[57] 『승정원일기』 1871(고종8)년 1월 4·20일.
[58] 『승정원일기』 1869(고종6)년 1월 2·24일, 1870(고종7)년 1월 2·3·5일·5월 20일, 1871(고종8)년 9월 10일, 1872(고종9)년 12월 4일, 1873(고종10)년 1월 1일.

있었다.60) 이런 가운데 당시 정국에서는 친진(親盡)한 조종의 조천문제를 예조가 대원군에게 보고하면 대원군이 고종과 상담해 정하도록 재지시하거나,61) 고종이 자신의 명령으로 파견되는 시험관을 대원군에게 보내 대원군으로부터 별도의 지시를 받도록 하는 등, 이중명령이 행해지는 경우도 생기고 있었다.62)

이와 같은 사실은 대원군의 통치권 행사가 군주 보좌 차원을 뛰어넘었음을 의미했다. 또한 대원군이 그늘에서의 실권자가 아니라 공식적인 최고통치권자로서 군림하고 있었음을 드러낸다. 대원군의 권력이 고종으로부터 위임된 것이며, 그의 국정운영이 고종의 적극적인 지지와 협조에 의해 이루어졌다는 것은 틀림없다. 그러나 군주의 그것을 능가하는 대원군의 권력과 세력기반 확대는 서서히 고종에게 위기감을 불러일으켰고, 대원군과의 사이에 권력분배를 둘러싼 알력이 발생할 가능성을 높이고 있었다. 따라서 대원군의 중앙집권화정책이 자신이 아니라 대원군을 위한 것이라 판단하게 된 고종은 스스로 통치권 회복을 위해 힘쓰게 되었다. 이런 상황에서 1872년 10월, 고종은 좌의정이 된 강로의 후임으로 병조판서에 민치상을 임명하고 강관으로 발탁했다.63) 1873년 9월에는 수원유수 민승호와 병조판서 민치상의 관직을 교체해 군사적 기반을 확보하려 했고,64) 대원군이 실시한 각종 재정확충정책을 수정해 대원군을 정계로부터 퇴진시킬 준비를 진행해 갔다.

---

59) 『승정원일기』 1869(고종6)년 3월 8일, 인견, 김병학의 발언.
60) 『승정원일기』 1870(고종7)년 8월 25일, 인견, 홍순목의 발언.
61) 『승정원일기』 1870(고종7)년 1월 2·3일.
62) 『승정원일기』 1873(고종10)년 2월 10일.
63) 민치상은 1872년 8월 1일 예조판서에, 10월 4일 공조판서에 임명된 후, 10월 12일 병조판서에, 11월 5일 강관으로 발탁되었다.
64) 1873년 9월 10일, 병조판서 민치상과 수원유수 민승호의 관직이 고종의 명령으로 교체되었다.

고종은 대원군정권하에서 군주로서의 역할을 자각하며 정치활동을 펼치고 있었다. 그리고 장기간 축적된 통치 기술과 역량을 발휘하면서 서서히 권력기반을 확보해 1873년 즉위 10년째 들어 정식으로 국정을 장악하게 되었다. 그가 통치권 회복에 내건 명분은 민본사상과 민생안정이었고, 민생폐해를 야기하는 대원군정책을 폐지함으로써 친정에 대한 정당성을 확보하려 했다. 그는 무엇보다도 우선시되는 명분인 민본을 적절히 이용하면서 대원군추종세력의 반대를 물리치고 대원군의 정계은퇴와 각종 정책의 폐지·개혁을 단행한 것이었다. 다시 말해 고종은 대원군정책이 민생안정을 저해하고 있다고 주장해 대원군의 통치명분을 약화시키고 민심과 정치세력을 규합하며 친정체제기반을 조성해 갔다고 하겠다.

2. 고종의 친정선포과정

(1) 친정을 위한 준비

　전술한 대로 고종의 친정이 시작된 것은 1866(고종3)년 2월 13일, 당시 수렴청정 중이었던 신정왕후가 철렴을 전교한 후였다. 그리고 같은 달 26일, 고종의 서정 총람을 알리는 의식이 거행되었고, 다음 날에는 조참이 열렸다. 여기에서 고종은 정부관료들로부터 군주로서의 자세와 정국현안 등을 보고받고 국가 최고통치자의 자리에 올랐음을 공표했다. 그 후 같은 해 8월, 직접 대신들과의 인견을 소집해 프랑스 침입에 대한 민생대책 수립을 요구하는 등, 군주로서 적극적으로 정무에 임하는 자세를 보였다. 이렇게 고종은 친정 이후 곧바로 발생한 국가 위기상황 속에서 대신들과의 회합을 주도하면서 일국의 통치권자로서의 활동을 시작했다.

　고종의 정치활동은 민생문제에 대한 적극적인 관심과 정책시행 독려로부터 출발해 서서히 일반 정무로 확대되어 갔다. 그는 강연 시에 서구의 침범에 대해 의논하고,[65] 충성을 나타낸 반민·보부상에게 특별한 포상을 지시했으며, 병사를 직접 만나 위로하는 등,[66] 국정현안을 처리했다. 군사정책에도 관심을 기울여 서구 동정에 관해 지속적으로 질문하고, 군비 수리와 정비 상황을 확인하며,[67] 충격기술을 익힌 반민을 삼군부로 소속시킬 것을 지시했다.[68]

　그러나 고종이 정치에 관심을 가지고 관여했다고는 해도 당시 실질적인 국정운영자가 대원군인 상황에서 그가 하는 일은 관료의 의견을 받아들여 그 실시를 명령·공표하거나, 대원군에게 권력위임을 승인하는 수준에 머

---

[65] 『승정원일기』 1866(고종3)년 9월 8일.
[66] 『승정원일기』 1866(고종3)년 10월 20일.
[67] 『승정원일기』 1867(고종4)년 5월 2일.
[68] 『승정원일기』 1869(고종6)년 9월 30일.

물고 있었다. 물론 그는 민생문제에 적극적인 관심을 표하며 특별 교지를 내렸고 대신들의 정책 건의에 대해 상세히 질문하며 문제파악과 정책지시에 힘쓰고 있었지만, 이는 대원군정책의 틀 속에서 이루어지고 있었다.

1870년대 초까지 고종이 정치운영의 실권자로 활동하지 않았던 것은 그가 서구세력의 확장을 염려한 데 대해 관료들이 고종의 급선무는 성학에 전념하는 것이라 강조하거나[69] 1870년을 전후해 재정증가와 민생안정의 상황이 대원군 활동의 성과라고 빈번하게 칭송되었던 사실[70] 등에서 엿볼 수 있다. 또한 1872년 4월 소대에서 고종이 영남감영 사정을 질문하자 참찬관 김규식은 영남감영의 사정 보고가 자신의 직분이 아니며 자세히 모른다고 대답했다.[71] 이에 대해 고종이 소대가 진강과 달리 자유롭게 토론해도 된다고 강조하며 군총·포수 등의 군사상황을 비롯해 결총·호수 등 경제상태까지 물었으나, 김규식은 계속해서 답하기를 주저했다. 이 날의 대화에는 당시 군사·재정정책 실시 현황을 파악하려는 고종의 강력한 의지와 지방행정 관련 보고가 경전·사서의 학습장인 강연에서 교육을 담당하는 신하의 직분이 아니라며 대답을 거부한 강연관의 모습이 드러나 있다. 고종이 정국의 정확한 상황을 파악하려 했음에도 불구하고, 관료들이 학문으로의 전념을 강조한 것은 고종의 역량이 부족한 까닭도 있겠지만, 그보다는 당시 실질적인 국정운영자가 대원군이었기 때문이었다.

한편, 여러 정치세력이 고종을 어떻게 인식하고 있었는가는 차치하고,

---

[69] 『승정원일기』 1866(고종3)년 8월 18일(시원임대신인견, 판중추부사 조두순의 발언), 1866(고종3)년 9월 8일(진강, 강관 홍종서의 발언).
[70] 『승정원일기』 1869(고종6)년 12월 10일, 1870(고종7)년 2월 30일·6월 29일, 1872(고종9)년 12월 4일, 1873(고종10)년 3월 5일·윤6월 20일 등의 기사내용을 참조.
[71] 『승정원일기』 1872(고종9)년 4월 4일, 소대. 여기에서 김규식이 대답을 피한 가장 큰 원인은 당시 경상도관찰사가 부친인 김세호였기 때문이다. 그러나 그에게 반복해 경상도 사정을 질문한 고종의 태도는 주목해야 할 점이라 생각된다.

고종은 오랫동안 제왕교육을 받으며, 비록 궁인과의 사이에서였지만 1868년에 왕자도 태어난 상태였다. 그는 강연과 소견을 통해 자질을 키우고 있었고, 관료들과의 회합에 적극적으로 임하며 치국에 대비하고 있었다. 이처럼 고종이 국정을 주도할 수 있는 조건을 구비해 간 것은 유약한 군주를 보도한다는 명분으로 행해진 대원군의 정권장악이 그 정당성과 명분을 상실하지 않을 수 없게 되었음을 의미했다.

이러한 상황 속에서 1872년 4월경부터는 청에 파견됐던 사신에 의해 청 황제 동치제의 친정준비 소식이 전해지게 되었다.[72] 1872년 4월 4일, 진하겸주청사(進賀兼奏請使) 정사였던 민치상은 황제 얼굴을 우러러 볼 수 있었느냐는 고종의 질문에 '서너 번 연례 때 황제를 가까이서 볼 기회를 얻었다. 거동에 위엄이 있고 인군으로서의 기상이 있었다'고 답한 후, '최근에는 강학에 힘쓰며 모든 일에 마음을 기울여 직접 만기를 총괄하고 있기 때문에 모두가 우러르고 있다. 진심으로 기대하고 있는 군정(群情)을 볼 수 있었다[73]고 보고했다. 민치상은 청황제가 황제에 어울리는 기상을 갖고 만기를 총괄하기 때문에 백성이 황제의 통치에 기대하고 있다며 청황제의 현재 상황과 황제 친정에 대한 여론을 전한 것이었다. 이 날 황제 관련정보를 마음에 두고 있었는지 고종은 4월 30일 뒤늦게 돌아온 서장관 박봉빈에게 황제 이야기를 집중적으로 물었다.

고종 "황제가 총명하고 학문을 좋아하며 직접 여러 정사들을 처리하여 백성들의 바램과 부합된다고 했는데, 과연 그러한가?"

---

[72] 이 시기 고종의 대외인식 변화에 대해서는, 안외순, 「대원군집정기 고종의 대외인식」, 『동양고전연구』 3, 1994; 안외순, 「고종초기(1864~1873)의 대외인식의 변화와 친정」, 『한국정치학회보』 30-2, 1996; 장영숙, 「고종의 대외인식전환과정 연구:1863년~1882년을 중심으로」, 『사학연구-乃雲崔根泳博士停年紀念論文集』, 1999 참조.
[73] 『승정원일기』 1872(고종9)년 4월 4일.

박봉빈 "황상의 타고난 자태가 티 없이 뛰어나고 밝으며 학문을 좋아하고 덕을 숭상하여 조야에서의 기대가 큽니다."
고종 "서양의 오랑캐가 작년에 유구국에 갔으나 뜻을 이루지 못하고 돌아갔다고 하는데 과연 그러한가?"
박봉빈 "과연 그렇습니다."
고종 "중국에서는 서양 오랑캐를 토벌하여 평정하려는 뜻이 없는가?"
박봉빈 "황상이 혼례를 치른 후에 신민들이 모두 호소하여 친히 여러 사무를 처리하기를 청했으니, 서양 오랑캐를 토벌하여 평정하는 일은 순서에 관한 일입니다.…먼저 안에 있는 근심거리를 물리치고 다음에 외구(外寇)를 제거해야 한다고들 합니다."…
고종 "서양의 오랑캐가 왜인들을 끌어들여서 장차 중국과 재물을 유통한다는 설이 있다고 하는데 과연 그러한가?"
박봉빈 "그렇습니다."
고종 "왜국은 본디 중국에 대해서 신하의 나라로 복종하지 않았는데, 어찌 금지시키지 못하고서 이에 오히려 재물을 유통하자는 약속을 하는가?"
박봉빈 "작년 7, 8월 사이에 서양 오랑캐가 과연 왜인들과 함께 와서 교역을 청했는데, 서양 오랑캐가 말을 거듭 어겨서 부득이 허락한 것이며, 왜국은 전부터 중국의 정삭(正朔)을 받지 않았습니다."
고종 "서양의 오랑캐가 중국을 침범한 것은 공친왕이 내응했기 때문에 그렇게 됐다고 하는데, 과연 그러한가?"
박봉빈 "그렇습니다."
고종 "공친왕은 황제의 숙부로 서양 오랑캐를 금지시키지는 않고, 이에 오히려 재물을 교역하여 백성들에게 점차로 해를 입히고 있으니, 어찌 이와 같을 수 있는 것인가?"
박봉빈 "공친왕이 뇌물을 이롭게 여겨서 서양 오랑캐를 몰래 비호하고 있으니, 조야에서 비록 금지시키려는 마음이 있더라도 어찌할 수가 없다고 합니다."…
고종 "공친왕이 서양의 오랑캐를 불러들여 안으로 국가를 좀먹게 했는데, 신민들 중에 간혹 분하고 원통해 하는 마음을 가진 사람은 없던가?"
박봉빈 "조야의 모든 사람들이 격분하여 탄식하지 않는 이가 없었습니다."
고종 "공친왕은 천자의 숙부로 국가를 위하지 않고 외적을 불러들여 국가를 어지럽히고 있으니, 그 사람됨이 선하지 못하다는 것을 알 수 있다."… "중국의 인심이 전에 비하여 어떠하던가?"

박봉빈 "몇 년간 공친왕이 권세를 부린 이래로 백성들이 도탄에서 헤어나지 못하고 있으나, 만약 황제가 직접 정치를 하게 된다면 마땅히 저절로 회복이 되어 소생될 것이라고들 합니다."74)

여기에서 고종은 섭정하에 놓인 청황제가 다양한 정무를 직접 처리해 백성의 희망에 부응하고 있음이 사실인지 확인하며 황제 친정에 관심을 드러냈다. 또한 청에서의 서구와 일본의 활동 실태를 질문한 후, 서구세력의 청에 대한 침범이 황제 숙부인 공친왕의 내응에 의한 것이며 공친왕의 행동이 백성에게 해를 끼친다고 개탄했다. 고종은 공친왕의 실정을 지적하고 모두가 공친왕 퇴진과 황제 친정을 바란다는 상황을 강조했는데, 이에 대해 박봉빈은 공친왕에 의해 도탄의 고통에 빠진 민심이 황제가 친정을 하면 자연히 좋아질 것이라 기대하고 있다고 응대했다. 이렇게 민치상으로부터 들은 이야기를 박봉빈에게 확인하면서 공친왕의 실정이 민생을 악화시켜 백성의 원성을 사고 있으며 백성들의 황제 친정에 대한 기대가 높아지고 있다는 고종 발언으로부터는 자신의 상황을 청황제에, 대원군의 통치를 공친왕에 대비시켜 친정을 향한 의지를 키워 간 고종의 심경을 읽을 수 있다고 하겠다.75)

그 후 1872년 12월에는 청의 예부로부터 황제 친정이 다가왔다는 자문이 전해졌다.76) 그리고 같은 달 26일, 귀국한 진하겸사은사 박규수로부터 청의 여론이 희망하는 황제의 친정이 1873년 정월에 있을 것이라는 보고가 있었다.77) 이 때 정사 박규수는 물가가 급등해 백성이 고통을 받고 있는데, 내년 정월에 황제의 친정이 실시되기 때문에 백성들 대부분이 안심하고 있다며 황제의 친정 소식이 민생안정에 기여하는 상황을 전했다. 또한 지금 청에서

---

74) 『승정원일기』 1872(고종9)년 4월 30일.
75) 안외순, 「고종초기(1864~1873)의 대외인식의 변화와 친정」, 243쪽.
76) 『승정원일기』 1872(고종9)년 12월 16일.
77) 『승정원일기』 1872(고종9)년 12월 26일.

는 서구가 이익을 얻는 물건을 교역하지 않고, 서구의 철포를 모방해 만들어 서구 것을 수입하지 않으며, 화륜선도 만들어 빌리지 않고, 아편도 재배해 수입하지 않는다며 청에서 서구의 위세가 쇠퇴하고 있음을 보고했다. 이에 대해 고종은 황제 모습을 비롯해 강학으로의 전념, 결혼식의 위의(威儀), 황제주변 상황 등을 질문하며 황제에 대한 지대한 관심을 드러냈다.

그리고 1873년 4월, 고종은 귀국한 정사 김수현에게 '황제가 정말로 총명한 자태를 갖고 매일 홍덕전에서 경연을 열고 있는가?'라고 물었다. 또한 청의 민심, 양이의 활동실태, 조선이 양이와 관계하지 않는 데 대한 칭송, 양이를 쫓아내지 못하는 청의 군비상황 등, 황제뿐만 아니라 청의 다양한 상황과 관련해 상세히 질문하며 폭넓은 정보를 습득하려 했다.[78]

이후 친정선포를 앞둔 8월 13일 사신과의 소견에서 또다시 청황제의 친정 이후 정국에 관심을 보였다. 이 날의 대화로부터는 고종이 청뿐만 아니라, 국제정세에 큰 관심을 갖고 있었음이 드러난다.

> **고종** "황제는 자질이 총명하며, 직접 통치를 한 후 처음 낸 정령(政令)으로 볼 만한 것이 있다고 하던가?"
> **이근필** "천하 사람들이 모두 태평을 바라고 있기는 하지만, 직접 통치를 한 후 어떤 정책을 폈는지는 자세히 물어보지 못했습니다."
> **한경원** "백성들의 기대가 매우 크기는 하지만, 아직까지는 어떠한 정령도 내지 않았다고 합니다."…
> **고종** "아라사는 서양에 있는 나라인가?"
> **이근필** "서양에 있는 나라가 아니라 사막 북쪽에 있습니다."
> **고종** "아라사 사람들은 서양 사람들과 비교하여 어떠하며, 그들에게도 군장(君長)이 있는가?"
> **이근필** "…그들 또한 군장이 있습니다. 나라가 막강하여 서양 사람들도 두려워하며, 중국에서는 청나라 초기부터 객관을 설치하여 내왕하는 사신들을 맞아들인다고 합니다."

---

[78] 『승정원일기』 1873(고종10)년 4월 9일.

고종 "왜인 수십여 명이 황성에 와 있는데, 연전에는 복색이 그들 나라의 제도를 그래도 지키고 있다고 하더니, 지금은 대부분 서양 사람들의 모양을 흉내내고 있다고 한다. 이것은 서양 사람들의 유혹에 이끌려 그 본래의 복색을 바꾼 것인가?"
이근필 "과연 그러합니다. 온 나라가 서양의 제도를 따르고자 한다 하니, 반드시 내란이 생겨날 것입니다."…
고종 "왜국에 지금 관백이 없으니 서양 사람들이 왜국과 통교를 하는 것은 왜주가 한 일인가?"
이근필 "왜주가 서양인을 끌어들여서 그들의 힘을 빌려 관백을 제거한 다음 스스로 국가권력을 총괄한다고 말하고 있으나, 실상은 텅 빈 산에 혼자 앉아 있는 것으로 마치 호랑이를 끌어들여 자신을 호위하는 격입니다."
한경원 "지금은 서양이나 왜가 다를 것이 없습니다."…
고종 "다섯 나라(미국, 영국, 프랑스, 러시아, 일본) 사람들로서 황성의 관에 머물러 있는 자는 숫자가 얼마나 되는가? 그리고 황제가 직접 통치를 하게 되면 그들을 축출할 것이라 하던데, 과연 그렇게 되고 있는가?"
이근필 "관에 머물러 있는 사람들의 숫자를 정확하게 듣지는 못했으나 그다지 많은 것 같지는 않습니다. 그리고 황제가 직접 통치를 하게 된 이후로는 백성들의 여론이 그들을 소탕해 버릴 것을 갈망하고 있습니다."[79]

위에서 알 수 있듯이 고종은 황제가 친정 이후에 어떤 통치를 하고 있는지, 황제 친정에 의해 양이가 축출되었는지 등, 황제 친정 이후 통치상의 실질적인 변화에 대해 물었다. 또한 러시아와 일본 상황 중에서도 특히 군장·왜주에 관해 질문해 다른 나라의 통치자 상태에도 관심을 드러냈다. 이는 1873년 8월 당시 이미 실질적인 통치권 회복의 뜻을 갖고 있던 고종이 청황제뿐만 아니라 다른 나라의 군장 모습과 그들의 행동에 따라 국가가 어떻게 변화되는지 등의 정보를 얻으려 했음을 보여준다.

이처럼 고종은 사신과의 대화를 통해 청황제와 공친왕의 상황, 청의 민심 향배, 다른 나라의 군장 관련 이야기를 접하며 해외 정세를 파악할 수 있었

---

[79] 『승정원일기』 1873(고종10)년 8월 13일.

다. 그리고 청황제의 상황에 자신의 입장을 비추어 자신도 백성의 기대에 부응해 친정을 행해야 한다는 각오를 굳힘과 동시에 민생문제와 대외정책 등, 통치권 회복 이후의 정책 또한 구상하게 되었다. 다시 말해 청황제의 친정 소식과 다양한 국가에 대한 정보는 고종의 친정 의지를 높이고 세계로 시야를 넓히는 데 중요한 역할을 수행했다고 하겠다.

(2) 대원군정권에 대한 비판여론의 대두

고종이 청파견사신 민치상과 박봉빈으로부터 황제 친정을 향한 백성들의 기대와 공친왕의 실정에 대해 들으며 스스로의 친정 의지를 키우던 1872년경, 의정부대신은 모두 친대원군세력인 홍순목(남양홍씨/노론)·강로(진주강씨/북인)·한계원(청주한씨/남인)으로 구성되었다.[80] 이는 대원군을 정점에 둔 국정운영체제가 완성되었음을 의미했다. 대원군은 자신을 중심으로 의정부삼상을 각 당파로 등용한 후, 장기간 정계에서 소외되어 온 다양한 정치세력을 중용해 각 정치세력과 연대하고 특정집단의 영향력 확대를 저지하며 한층 강화된 권력기반의 확대를 추구해 갔다.

대원군정권기에 의정부삼상이 모두 존재했던 것은 1864년 1월 2일부터 같은 해 4월 18일까지 2개월 반(김좌근·조두순·이경재/노론), 1864년 6월 15일부터 1865년 2월 25일까지 약 8개월(조두순/노론·이유원/소론·임백경/북인), 1866년 4월 13일부터 같은 해 4월 29일까지 약 15일(이경재·김병학/노론·유후조/남인), 그리고 1872년 10월 11일부터 1873년 4월 25일까지 약 6개월 반(홍순목·강로·한계원)을 합해 4번이었다. 노론만으로 구성된 첫 번째 삼상체제는 비변사와 의정부의 역할이 분담되면서 그 책임과 안동김씨 세도의 쇠퇴를 통감한 김좌근이 사직함으로써 끝났고, 두 번째 삼상체제는 각 당파로부

---

[80] 홍순목은 좌의정을 거치지 않고, 강로는 병조판서로부터, 한계원은 평안감사에서 각각 영의정·좌의정·우의정으로 임명되었다.

터 고루 구성되었지만 다음해인 1865년 2월, 좌의정 이유원이 사직하고 우의정 임백경이 사망해 8개월 만에 끝났다. 세 번째 삼상체제가 20일도 채우지 못하고 끝난 후, 의정부는 1867년 5월 영의정에 임명된 김병학이 1872년 9월 29일까지 거의 독점적으로 영의정을 담당하는 가운데, 독상체제가 유지되었다. 앞서 설명한 대로 안동김씨와 노론의 대표격인 김병학은 고종즉위와 대원군의 통치정책 중에서도 경복궁재건을 비롯해 외교·군사·재정정책 등에 적극적으로 협력한 인물이다. 그는 국구가 된다는 구두 약속이 깨진 이후에도 대원군정권의 최고 지위에서 대원군정책의 명분을 제공하고 정책 발의를 주도하며 대원군의 통치권 확립에 크게 기여했다. 이러한 김병학의 정국관여도와 정계로의 영향력 행사는 대원군이 다양한 세력을 등용해 권력기반을 확대하면서 더 이상 안동김씨와의 제휴 필요성이 감소됨에 따라 약화되어 갔다. 그리고 1872년 9월, 김병학형제가 모친상을 당해 정계를 떠난 것을 계기로 대원군은 의정부를 친대원군세력으로 구성하려 했고, 같은 해 10월 홍순목·강로·한계원이라는 각 당파 출신으로 삼상체제를 갖추었다.

    1872년 10월에 성립된 삼상체제는 우의정 홍순목이 영의정으로 승진해 표면상으로는 노론 중심의 정치운영 형태를 취하면서 노론세력의 반발을 누를 수가 있었다. 그러나 다음해 4월에 홍순목의 두 번째 사직상소를 고종이 수리함에 따라 노론의 정치적 입장 약화가 불가피해지면서 이들의 위기의식이 심화되어 갔다. 이 같은 상황에서 1873년 5월, 10년에 걸친 대원군정권의 통치정책을 총체적으로 평가·비판한 두 통의 상소는 각 정치집단에게 대원군정권에 대한 주의를 환기시키는 기회를 제공했다.

    대원군의 정책은 부국강병과 중앙집권화를 목표로 했기 때문에 수많은 재원확보와 지방세력의 통제를 전제로 하고 있었다. 따라서 대원군은 양반으로부터도 일반민과 같이 호포와 성문세를 징수하고, 서원철폐를 통해 여론형성의 억제와 탈세방지를 꾀했는데, 이것은 특히 기득권 세력과 재지유생들의 반감을 사고 있었다. 그들은 국가재건을 표방하는 대원군의 강력한 정책추진에 억눌려 오랫동안 불만조차 표출하지 못했지만, 노론의 정치적 영향력 저하와 대원군의 권력 독점이 더 이상 방치할 수 없는 수준에 이르렀다고 느끼고 있었다. 이때 고종이 20대가 되었다는 사실은 대원군 퇴진을 주장할 수 있는 충분한 명분이 되었고, 그들에게 반대원군세력으로 결집할 동기와 기회를 부여했다. 그러자 그들은 과도한 토목공사에 따른 각종 세금이 민생에 폐해가 되고 있고, 언로가 차단되어 국가기강이 문란해졌다는 등, 대원군정책에 이의를 제기하면서 정권 총책임자인 대원군에 대한 공격을 시작했다.

1873(고종10)년 5월, 부사과 권인성과 부호군 강진규의 상소가 제출되었다.[81] 먼저, 권인성은 실력보다 가문이 중시되고 인재등용문으로써의 기능을 상실한 과거폐해와 언로차단, 그리고 지방관리의 행정·군사상 책임을 문제시했다.[82] 지난 10년간을 인재등용과 언로개방의 실패로 인한 총체적인 혼란이라고 표현한 그의 비난은 대원군도 세도정치기 특정 가문과 마찬가지로 군주 보좌를 구실로 통치권을 독점·남용하는 세도가로 매도하고 대원군정권의 성과를 부정하는 것이나 다름없었다. 다시 말하면 그는 대원군이 인사권을 장악하고 서원을 철폐함으로써 부적절한 인재등용과 언론차단을 야기시켰다고 비판하며, 노론세력의 영향력 감소에 불만을 토로한 것이었다.

권인성에 이어 상소를 올린 부호군 강진규(진주강씨/소론)는 특히 왕실공사에 문제를 제기했다. 그는 민력 사용을 삼가야 할 군주가 장기간에 걸쳐 토목공사를 계속하는 것이 왕실과 국가의 번영을 위해 어쩔 수 없는 일이라

---

[81] 권인성과 강진규는 그들이 군직으로 상소해 금령을 위반했기 때문에 접수가 거부되어야 했지만, 당시 병조판서인 민치상과 도승지 민규호에 의해 수리되었다고 한다(김병우, 『대원군의 통치정책』, 382쪽).
[82] 『승정원일기』 1873(고종10)년 5월 7일.

고 해도 민력을 낭비하는 건청궁공사는 중지해야 한다고 주장했다.[83] 여기에서 지적된 건청궁은 정부재정이 아니라 왕실의 내탕금을 이용해 건축 중이던 경복궁 내부의 건물로, 상소에 대한 논의가 3개월이 지난 8월에 행해질 정도로 좌의정 강로와 우의정 한계원조차 모르는 왕실차원의 공사였다.[84] 이와 같은 건청궁공사가 왕실 내탕금으로 비공식적으로 이루어졌다는 사실은 그것이 꼭 필요한 공사가 아니었음을 의미했으며, 그들이 사치와 낭비라며 중지를 요구한 것은 당연했다.

그런데 건청궁공사는 비공개로 추진되었기 때문에 그것이 고종과 대원군 중 누구의 지시에 의한 것이었는지 확실하지 않다. 왜냐하면 고종이 자신의 의지로 공사를 단행하고 있다고 주장한 데 반해, 강로는 대원군의 지시라고 말했기 때문이다.[85] 그러나 건청궁공사가 누구의 지시로 추진되었는지 하는 문제는 강진규가 건청궁공사만을 들어 특별히 문제시했다는 점에서 주목하지 않을 수 없다. 이 공사가 대원군의 명령에 따른 것이라고 하면 그가 정부의 최고관료인 강로에게조차 알리지 않고, 국가권력을 사적으로 운용하면서 국정을 독점했다는 뜻이 된다. 반면, 고종이 주도했다고 하면 그가 대신들과의 상담이나 동의 과정을 거치지 않고 단독으로 궁전공사를 진행할 정도로 권력을 확보하고 있었다는 근거가 된다. 이런 복잡한 의미를 갖는 건청궁공사가 누구의 지시로 추진되었는지 단언할 수는 없지만, 그것이 대원군이나 고종에 의해 정부관료와 어떤 협의도 없이, 왕실이 정부 공권력을 이용하는 형태로 행해졌음은 틀림없다. 그리고 이 공사는 반대 의견에도 불

---

[83] 『승정원일기』 1873(고종10)년 5월 10일.

[84] 『승정원일기』 1873(고종10)년 8월 19일.

[85] 선행 연구는 강진규 상소가 대원군을 비판하기 위한 것이라는 사실과 강로의 이야기를 근거로 건청궁공사가 대원군의 지시로 이루어졌다고 판단했다. 그러나 이후 건청궁이 명성황후의 거처로 이용되었고, 그녀가 살해당한 장소이며, 내탕금의 제공자가 고종이었다는 점에서 고종이 대원군과 관계없이 경복궁 내 거처를 확보하기 위해 건설했을 가능성도 배제할 수 없다.

구하고 고종이 지지 의사를 표명함에 따라 계속되게 되었다.

1873년 5월에 제출된 두 통의 상소는 10년간 억제되어 온 대원군정권의 정치·정책에 대한 불만의 표출이었고, 만동묘제향 폐지 반대상소 이후에 차단된 언로가 재개되는 계기를 제공했다. 왜냐하면 고종이 대원군정권에 대한 비판에 '내게도 생각이 있다', '나도 그런 상황을 알고 있다'고 답해, 그가 더 이상 대원군정권의 절대적인 지지자가 아님을 드러냈기 때문이었다. 특히 고종은 대원군정책을 비판한 강진규를 처벌하기는커녕 예조참판으로 승진시켜, 그들의 견해에 동의한다, 즉 스스로 대원군정책의 폐해를 인정한다는 뜻을 보임으로써 이후 반대상소의 제출을 가능하게 했다. 이 같은 고종의 언동은 대원군정권에 대한 자유로운 비판과 문제 제기를 묵인하는 데 그치지 않고, 반대원군적인 여론형성을 허용·지지하는 것이었다.

이렇게 대원군의 권력 독점과 남용에 대한 불만이 커지는 가운데, 같은 해 윤6월, 대원군의 퇴진을 암시하는 상소 한 통이 제출되었다. 성균관유생 이세우 등은 지난 10년간 행해진 경복궁중건, 종친부 지위향상, 적절한 인재등용, 군사정비, 교육기관 증설, 잡세 제한, 재정확충 등이 대원군의 의견 개진과 고종의 실행에 의한 것이며, 민생안정과 국가기강 확립을 가져왔다고 대원군정책의 성과를 칭찬했다. 또한 대원군이 서구세력을 격퇴한 사실을 들어 정도(正道)를 보호하고 사악을 배척한 대원군의 행동은 공맹의 도를 계승한 것이라 부추긴 후, 대원군의 작호에 '대로(大老)'라는 두자를 붙여 그의 공적을 치하해야 한다고 주장했다.[86] 이러한 이세우 등의 제안은 언뜻 대원군정책에 찬성·동조한 듯이 보이지만 실제로는 대원군의 역할을 군주에 대한 보도·보좌에 한정시키고, 고종이 스무 살을 넘은 지금 대원군이 정계를 떠날 때가 되었음을 거론한 것이었다.[87]

---

[86] 『승정원일기』 1873(고종10)년 윤6월 20일.
[87] 황현, 『매천야록』 상, 21쪽, "顯肅之際, 雲峴嘗自號曰, 我亦大老也. 以嘲侮尤庵, 至癸酉(高宗十一年), 崔益鉉疏後, 太學生李世愚者, 請尊大院君爲大老, 上亟可之,

'대로'는 무왕에게 협력해 국가안정을 시도한 백이와 태공의 공적을 표하기 위해 사용된 말로, 나이가 많고 덕이 높은 사람을 가리키며, 조선에서는 우암 송시열이 대로로 불리고 있었다. 이러한 군주의 통치권 행사를 보도하고 국가의 안정·발전에 크게 공헌한 사람을 칭하는 뜻인 대로를 당시 실질적인 국정책임자인 대원군에게 붙이도록 요구한 것은 대원군이 통치권자가 아니라 군주 밑에서 군주를 보좌하는 탁월한 신하에 불과함을 강조하기 위해서였다. 다시 말하면, 이들은 상소를 통해 당시 군주를 능가하는 권력을 소유하면서 국정을 좌우하고 있던 대원군의 존재를 한 사람의 신하로 규정하고, 대원군에게 그 지위에 만족해 정계를 떠나라고 촉구한 것이었다. 이에 대해 고종은 그때까지 송시열을 상징하던 대로라는 호칭을 대원군을 가리키는 말로 바꾸기 위해, 대로로 되어 있는 송시열 사우 현판을 즉시 고치도록 명했다.88) 그는 이세우 등의 제안을 곧바로 수용함으로써 자신이 이미 대원군의 정권장악을 경계, 나아가 억제하려는 의도를 갖고 있었음을 드러낸 것이었다. 결국 1870년대 들어 대원군의 보도·보좌에서 벗어나 군주의 통치권을 회복할 기회를 엿보고 있던 고종은 대원군과 그의 정책에 대해 언급하는 상소를 적극적으로 이용해 적당한 기회와 분위기를 만들고자 했다고 하겠다.

 대원군의 권력장악에 대한 고종의 불만과 비판의식은 강연에서도 드러나고 있었다. 고종은 1873년 9월 소대에서 두 차례에 걸쳐 통치권력을 논하며 국가통치권에 대한 자신의 의견을 피력했다. 여기서 그는 '국가권력이 만약 한 사람에게 위임되면 반드시 신중함이 없어지고 권력천단에 이르기 때문에 어떻게 명령을 유지하겠는가?'라고 말한 후, '안으로는 공경대부에게, 밖으로는 자사수령에게 각각 그 직무를 맡기고 권력은 천자에게 있었다면, 그(두헌)가 어찌 그들(朝臣)을 자신에게 붙일 수 있었겠는가? 신하된 자

外示優崇之意, 盖世愚揣上旨也"; 김병우, 『대원군의 통치정책』, 383~384쪽.
88) 『승정원일기』 1873(고종10)년 윤6월 20일.

에게 주공과 같은 덕이 있다면, 권력을 맡긴다고 해도 스스로 천단하는 데 까지는 이르지 않을 것이다'[89]라며, 신하의 권력천단 경계 및 천자의 권력 소유를 주장했다. 또한 연소한 군주를 즉위시키고 섭정을 통해 국정의 전제적인 장악을 꾀한 한말의 염후(閻后)를 비난하며, 적자에 의한 왕좌계승이 아니라 방계왕족에서 군주를 맞이할 경우에는 어른이며 현명한 사람을 택해야 한다는 의견을 개진했다.[90] 고종은 구례를 언급하는 형식으로 대원군이 연소한 아들을 군주로 즉위시키고 권력을 장악하려 한 사실과 10년에 걸친 전제정치 및 통치권 남용을 비난하며, 국가의 통치권이 군주에게 속하지 않으면 안 된다고 강조한 것이었다. 이 같은 발언은 당시 고종이『자치통감』을 강독하는 중 우연히 나온 것이라고 볼 수도 있지만, 그가 이미 친정의 뜻을 갖고 친정체제 구축을 준비하고 있었다는 사실과 그 후의 상황전개로 볼 때, 대원군 독재에 대한 견제와 자신의 통치권 장악을 정당화하려는 사전작업이었다고 할 수 있다.

1873년 말, 최익현의 상소를 계기로 본격적으로 표출된 고종의 친정 의지는 대원군정권 10년간 성학에 전념하며 군주로서의 자질을 구비하고, 대원군의 정치운영과 정책을 가까이서 접해온 결과였다. 특히 권력과 국가 기반인 백성을 군주의 통치권 회복 명분으로 제시한 고종은 민생안정을 구실로 대원군이 재정을 확보하는 길을 서서히 차단하면서 반대원군세력을 자신의 권력기반으로 확보해 갔다. 또한 상소를 통해 대원군정권에 대한 비판 여론이 형성되도록 조장하려고 했다. 이는 고종으로서도 권력을 되찾기 위해 모든 수단과 방법을 동원하지 않을 수 없을 만큼 당시 대원군의 영향력이 컸음을 보여준다고 하겠다.

---

[89] 고종은 이 때『자치통감』6권을 읽고 있었는데, 이 이야기는 후한의 和帝(재위 88~105)의 외척, 竇憲의 전권을 논한 것이었다(『승정원일기』1873(고종10)년 9월 18일, 소대).
[90]『승정원일기』1873(고종10)년 9월 20일, 소대.

(3) 최익현 상소와 정국

고종이 대원군을 퇴진시키고 친정을 행하려는 강력한 의지를 대대적으로 공표할 기회는 최익현에 의해 제공되었다.[91] 1873년 10월 11일, 고종은 최익현을 동부승지로 임명했다.[92] 그러자 최익현은 동부승지가 자신에게 과분하다며 사직상소를 올렸다.[93] 그런데 이 상소에는 사임을 청하는 내용뿐만 아니라 현정권의 문제점이 언급되어 있었고, 정계는 최익현의 처벌을 둘러싼 치열한 권력투쟁이 벌어지게 되었다. 이는 단순히 정책과 당파간의 이해대립이 아니라, 고종이 즉위할 당시 제기된 이군(二君)을 섬긴다는 염려가 현실화되어, 고종과 대원군 가운데 어느 한쪽을 선택하지 않으면 안 되는 상황에 직면했음을 의미하고 있었다.

1873년 10월 25일에 제출된 최익현의 상소는 동부승지 임명 철회를 요구

---

[91] 처음으로 최익현의 상소를 접수한 경기감사인 김재현은 이를 대원군에게 품의했고, 대원군은 상소 내용에 불만을 표하며 되돌리도록 명했다. 그러자 최익현은 직접 상경해 승정원에 상소문을 올렸고, 그 과정에서 내용이 유출되었다(김병우, 『대원군의 통치정책』, 389~390쪽).

[92] 고종이 최익현을 동부승지로 임명한 것은 최익현의 반대원군적인 성격을 인식한 의도적인 행동이었다고 생각된다. 최익현은 이미 1868년 『掌令時言事疏』에서 토목공사의 정지·취렴의 철폐·당백전사용의 금지·도성문세의 폐지를 요구하는 등, 대원군이 추진하는 정책에 반대하는 뜻을 드러냈다. 이 때문에 고종은 최익현이 또다시 상소를 제출한다면 그것이 반대원군적인 내용이 되리라 예상했고, 이러한 성향을 가진 최익현을 등용해 친군주세력으로 포섭하려 했다. 한편, 대원군에 의해 거부된 최익현 상소가 접수된 것은 대원군의 퇴진을 바라는 병조판서 민승호와 이재면, 조경호 등의 계산에 의한 것이었다(「소」 1868년 10월 10일, 『면암집』 3; 『매천야록』, 17쪽, "從前勢途, 雖一人主之, 亦多旁蹊, 子姪姻黨, 往往能自樹, 故互相管攝, 以補其不逮, 惟恐其顚蹶也, 雖一蔭階, 一邊將, 雲峴不知, 不能差也, 每當政批, 預自注擬填窠以進, 則上依而点之. 其子載冕, 婿趙慶鎬, 妻弟閔升鎬等, 不敢沾丐, 私窃怨之, 上亦年稍長, 厭其顚, 頗不平之, 於是載冕等, 共媒孽之, 積漸至癸酉(高宗十年)之末, 令崔益鉉疏出, 而時局遂大變").

[93] 「疏」·「辭同副承旨疏」, 『면암집』 3, 1873년 10월 16일.

한 것이었다.94) 그는 자신이 관직에 취임할 수 없는 이유를 설명하며, 현재 국가기강이 총체적인 문란에 빠졌다고 논하고, 부적절한 인재등용과 과도한 세금징수 등을 비판했다.95) 그러자 고종은 기다렸다는 듯이 대원군정권과 정책을 매도한 최익현의 충성을 칭찬하고 호조참판으로 임명한 후, 그의 상소에 반론을 제기하지 말도록 명령했다.

그러나 최익현 상소를 문제시해서는 안 된다는 고종의 지시에도 불구하고 정계의 도처에서 사직과 처벌을 요구하는 목소리가 끊이지 않게 되었다. 먼저, 다음날인 26일, 좌의정 강로와 우의정 한계원이 최익현 상소에서 대신과 육경이 건의하는 바가 없다는 말에 책임을 느낀다며 사임을 청했다. 이에 고종은 상소가 충심에서 나온 것으로 군신이 서로 노력해야 하며, 사직할 필요까지 없다고 대답했다.96) 또한 같은 날 강연에서도 상소 내용을 언급하며 근래에 나오지 않았던 충언이라 칭찬한 후, 언로확대를 강조했다.97) 이때 강관 엄석정은 상소를 읽지 않아 최익현의 의도를 명확히 판단할 수 없다고 말하면서도 신하로부터 적극적으로 충언을 구해야 한다는 고종의 의견에는 동의했다.98)

이처럼 최익현 상소를 정치적 문제로 부각시키지 않으려는 고종의 의도와는 달리, 27일에는 최익현의 상소를 구실로 사직하겠다는 상소가 더욱 폭넓게 제출되었다. 그러자 고종은 자신의 강력한 의지를 표현하기 위해 사간원·사헌부·홍문관·승정원의 연명상소에 참가한 관원 모두를 파면시켰다. 그리고 김보현(광산김씨/노론)을 승지로,99) 서당보(대구서씨/소론)를

---

94) 『승정원일기』 1873(고종10)년 10월 25일.
95) 특히 여기에서 사용된 '彝倫斁喪'이라는 단어는 당시 정계에 큰 파장을 불러일으키는 원인이 되었다.
96) 『승정원일기』 1873(고종10)년 10월 26일.
97) 『승정원일기』 1873(고종10)년 10월 27일.
98) 『승정원일기』 1873(고종10)년 10월 27일.
99) 이 밖에 김원성·이기용·박선수·박제관·김창희를 승지로 임명했다.

대사헌으로,100)—취임하지 않고 사직연명에 동참했으나 11월 8일에 재임명되었다— 홍훈(남양홍씨/노론)을 대사간으로,101)—취임하지 않고, 11월 8일에 윤자승(파평윤씨/소론)으로 교체되었다— 황보연을 응교로102) 임명하는 등, 삼사와 승정원 관원에 대한 대대적인 교체를 단행했다.103) 이렇게 고종은 최익현 상소에 대한 반론을 제압하며 자신에게 대항하는 세력과의 정면 대결도 감수하겠다는 결심을 확고히 드러내고자 했다.

특히 고종은 영돈녕부사 홍순목의 사퇴의사 철회를 설득하는 과정에서 최익현이 논한 '정령이 옛 전장을 변경시켰다'라는 문구에 대해 국가전장의 변경 여하가 군주인 자신에게 달려 있는 만큼, 홍순목이 책임질 필요가 없다고 역설했다.104) 이는 스스로 국가전장을 세우고 총괄하겠다는 강력한 의지를 표명한 것과 다름없었다. 또한 자신의 호가 '성헌(誠軒)'인 이유가 성(誠)과 경(敬)을 실천하기 위함이고, 군주는 천명과 민심에 의해 태어난 자로 그 사명을 다해야 한다며 군주의 특별한 지위와 절대적인 권위를 강조했다. 뿐만 아니라 자신의 뜻이라고 말하면서 진강에서 허전(양천허씨/남인)을 홍문관제학과 일강관으로 임명해 군주의 권한을 표방하려 했다.

그런데 최익현을 옹호하려는 고종의 강경한 대응에도 불구하고, 28일에는 호조판서 김세균, 예조판서 조성교, 공조판서 이인응, 병조판서 서상정, 전형조판서 서당보가 연명으로 상소해 사임을 청했다. 여기에 성균관유생들마저 최익현 상소가 부당하다며 권당105)을 일으켜 고종에게 저항했다.

---

100) 서당보는 그 후, 고종의 정책추진에 협력해 1881년에 우의정, 다음해에는 영의정에 임명된 인물이다.
101) 이 밖에 사간원관원에는 사간 장호근, 장령 이순의·홍시형, 지평 이건창, 정언 윤용구가 임명되었다.
102) 이 밖에 부응교에 이만도, 교리에 이재순, 부교리에 강문형, 수찬에 권익수·홍건식, 부수찬에 조우희·어윤중이 임명되었다.
103) 『승정원일기』 1873(고종10)년 10월 28일.
104) 『승정원일기』 1873(고종10)년 10월 27일.

이처럼 최익현 상소에 의정부와 5조 판서, 삼사와 승정원이 사직상소로 반대의 뜻을 표하는 가운데, 친대원군세력인 형조참의 안기영은 국청을 열어 최익현의 의도를 조사할 것을, 전정언 허원식은 최익현을 원지로 찬배할 것을 주장하며, 보다 적극적으로 대원군과 대원군정권을 모욕한 최익현을 처벌하라고 요구했다. 특히 허원식은 지난 10년간 국정이 안정되고 민생이 편해졌음을 강조하며 최익현 상소의 허구성을 고발했는데, 여기서는 대원군정권에 대한 지지와 반대 입장의 논리가 잘 드러난다.

① **최익현** : 이륜이 썩고 없어졌다.
    허원식 : 윤리는 부자와 군신관계보다 중요한 것은 없다. 군신과 부자 사이에 지금 무슨 변이 있는가? 친족의 화목이 번성하고, 사람들이 효제(孝悌)와 충신(忠信)을 닦으며, 사악과 이단을 물리친 공이 커 백성들이 이적과 금수가 되는 것을 면했다.
② **최익현** : 정령이 옛 전장을 변경했다.
    허원식 : 정령은 예악의 교화보다 큰 것이 없다. 예악 중에 무슨 변이 있는가? 오히려 『대전회통』이 간행되어 선왕의 성헌에 어긋남이 없고, 『오례신편』이 이루어져 역대 의식의 모습이 더욱 밝아 졌다.
③ **최익현** : 백성이 짓밟혀 못살게 되었다.
    허원식 : 갑자년 이후, 지방에는 무단의 습속이 끊기고, 길에는 굶어죽는 시체가 굴러다니는 환란이 없어지고, 백성들은 그 생업에 만족하며, 풍년과 좋은 날씨가 지속되고 있다.
④ **최익현** : 정계에 속론(俗論)이 성행하고 아첨꾼이 뜻대로 하고 있다.
    허원식 : 속론이라는 것은 무엇인가? 최익현이 만약 알고 있다면 어째서 확실하게 밝히지 않는가? 아첨하는 사람은 누구인가? 알고 있다면 어째서 명확하게 지적하지 않는가?
⑤ **최익현** : '사(私)'를 받드는 자가 계략을 얻고 있다.
    허원식 : '사'라는 것은 누구인가? 현재 성조에는 권귀의 신하가 한 명도 없다. 최익현에게 필시 미워하는 사사로운 사람이 있고 또 필시 미워하는 일이 있을

---

105) 성균관유생들이 그들의 주장을 관철시키기 위해 하는 일종의 동맹휴학.

것이다. '사'는 상소 중에서 가장 애매한 말이다.
⑥ **최익현**: 은연중에 자신이 정의이며 직사(直士)라고 자임한다.
허원식: 최익현은 대신 이하 조정 백관을 모두 악하고 비방을 피하려는 무리로 몰아세웠는데, 결코 선량한 자의 마음이 아니다.
⑦ **최익현**: (자신이)이유도 없이 파면되었다.
허원식: 군신이 생긴 이래, 면관된 자가 아무 이유도 없이 파면되었다고 스스로 말하며 비리를 위로 돌린 자는 없었다. 어떻게 정당한 의라 하겠는가?106)

이상에서 알 수 있듯이, 최익현은 당시 정권의 문제점으로 윤리와 도덕의 해이와 전통의 파괴, 민생의 고통을 들고 그 책임을 독재를 행한 대원군과 무능한 관료들에게 돌렸다. 이에 대해 허원식은 일일이 반박하면서 대원군 정권의 공적을 강조하고 문제는 현정권이 아니라 공명심에 가득찬 최익현 이라고 주장했다. 다시 말해 최익현은 서원을 철폐하고 권력을 독점하는 대원군을 막으려 대원군정권의 문제점을 지적했고, 허원식은 대원군을 옹호하고 정권을 유지하기 위해 최익현 상소를 강력하게 비난한 것이었다.

이 같은 상황에서 고종은 오히려 최익현을 옹호하고 그의 처벌을 요구한 안기영과 허원식의 관직삭탈과 유배를 명했다. 또한 강연에서 자신의 판단·행동에 대한 타당성을 주장하며 의지를 관철시키고자 했다. 28일의 진강에서는 고종과 강연관 사이에 최익현 처벌을 둘러싼 격렬한 의견 충돌이 있어났는데, 이는 고종즉위 이래 전례가 없던 일이었다.107) 경서강독이 끝난 후, 고종은 최익현 이야기를 꺼내 상소가 단순히 시폐를 논한 것이므로 대신들이 죄를 청할 필요가 없고, 최익현의 처벌을 요구하는 안기영과 허원식이 군주에게 아첨하는 것이라며, 자신의 결정에 대한 양해를 구하려 했다. 이에 강관 이승보와 검교전한 권정호는 관료가 비판에 인혐하는 것이 당연하다며 관료들의 입장을 대변하고, 오히려 고종이 신하의 입장을 이해

---

106) 『승정원일기』 1873(고종10)년 10월 28일, 허원식상소.
107) 『승정원일기』 1873(고종10)년 10월 28일, 진강.

해야 한다고 주장했다. 이러한 고종과 강연관의 논쟁은 단순히 최익현문제를 둘러싼 의견 차이에 그치지 않고, 정국주도권 장악과 관련된 문제로 발전하고 있었다.

고종 "최익현의 상소로 인하여 대신들이 스스로 인혐하는 일이 있게 되었으니 실로 지나치다.…방금 전에 안기영과 허원식 두 사람의 상소를 보니, 국청을 설치하도록 청하면서 한편으로는 찬배하기를 청했는데, 무슨 죄가 있다고 이와 같이 하는 것인가? 이는 아첨하여 윤리를 어그러뜨리는 데 스스로 귀결되게 하는 것이라 할 만하다.…그 두 상소의 내용을 보니 겉으로는 정직한 듯하나 안으로는 실로 아첨하는 것이니, 최익현을 논핵하여 배척한 것일 뿐만이 아니라 그 뜻은 나를 그르게 여겨 그런 것이다. 어찌 이런 도리가 있단 말인가?…최익현의 상소는 남을 논박한 것이 아니다. 대개 시사를 말한 상소이다.…최익현의 상소에 무슨 지나친 말이 있었는가? 받아들여 스스로 인혐해야 옳을 것인데 어찌 상소의 격식이 그르다는 것으로 말하는가?"

권정호 "대신은 체모가 중하여 인혐할 것이 있든 없든 간에 스스로 인혐해야 마땅합니다만, 육경 이하 및 대각과 시종신들은 이미 스스로 인혐할 잘못이 없으면 스스로 인혐해서는 안 되며 또한 언사의 책임이 있으면 분변하는 바가 없어서도 안 되는 것입니다."

고종 "안기영과 허원식 두 사람의 상소는 정직한 사람을 탄핵하여 논박하고 스스로 선하다 했으니, 아첨에 가까운 것이 아니겠는가?"

권정호 "아첨하는 자가 귀에 순하며 강직한 자가 귀에 거슬리는 것 아니겠습니까? 지금 이 위엄스러운 용안 아래 무릅쓰고 직간하는 상소를 올렸으니, 이 두 사람이 바로 정직한 것입니다. 최익현은 단지 이륜이 썩고 없어졌다는 것으로 두리뭉실하게 말하면서 온 조정의 신하들을 지적하여 홀로 정직하다는 이름을 차지했으니, 실로 정직한 것이 아닙니다. 전하께서 정직하다고 인정하신다면 온 조정의 신하들은 과연 무슨 죄가 있다는 것입니까?"

고종 "어디에 온 조정의 신하들을 지적한 것이 있었는가?"

권정호 "최익현의 상소에서 위로는 삼공과 육경으로부터 아래로는 대각과 시종신에 이르기까지 전체를 놓고 차이 없이 일필로 몰아 온 조정의 신료들로 하여금 무르녹아 같은 데로 귀결되도록 했으니 어찌 억울하지 않겠습니까? 저 사람의 말에 누구니 어떤 일이니 하는 것을 지적하지 않고 범범히 이륜을 썩게 한다고 한 것은 비유하자면 속담에 이른바 시골사람이 서울에 와서 남대문을 바라보면서 무슨 동리라고 분명하게 말하지 않으면서 단지 이곳은 살 수 없는 땅이라고 말하는 것과 같습니다. 전하께서 정직한 말이라고 너그러이 받아들이신다면 최익현처럼 과감하게 말하는 자들이 장차 잇따라 나올 것이니, 오늘날 최익현에게 처분이 있어야 마땅할 것입니다."…

고종 "내가 정직한 사람을 칭찬하여 드러낸 것이 도리어 불가하다는 말인가?"

권정호 "만약 일개 최익현을 정직하다 한다면 온 조정의 신료들은 어떤 처지로 귀결되겠습니까? 어찌 억울하지 않겠습니까? 성인이 인재를 등용하는 도리는 탕탕하여 편벽되지 않는 것을 귀하게 여깁니다."

고종 "편벽된 것은 사사로운 것이다. 나를 사사로움을 따르는 데로 귀결시키려는 것인가?"

권정호 "성상께서 이렇게까지 분부하시니 신이 죽을죄를 지었습니다. 너무도 두렵고 떨려 몸 둘 바를 모르겠습니다. 오늘날 신료들은 모두 북면하여 전하를 섬기는 자들입니다. 정직과 충량을 어찌 감히 일개 최익현에게 대부분 양보할 수 있겠습니까? 만약 정직이라는 것을 모두 최익현에게만 돌린다면 삼공과 육경, 대각과 시종신을 어떤 처지에 둘 수 있겠습니까?"

여기에서 드러나듯이, 고종은 최익현의 상소 내용이 단순히 시폐를 논한 것이므로 대신들이 죄를 청할 필요가 없다고 강조한 후, 오히려 최익현 처벌을 주장하는 안기영과 허원식이 군주에게 아첨하고 있다고 역설했다. 이에 반해 강연관은 특정인과 문제를 지적하지 않고 현정권과 정책을 모두 비난하며 자신만이 정직하다고 말한 최익현이 나쁘며 그대로 두어서는 안 된다고 호소했다. 이러한 고종과 강연관들의 논쟁은 최익현을 기준으로, 최익현을 옹호하는 고종이 공정한가, 아니면 최익현 처벌을 주장하는 정부관료가 정직한가를 가늠하는 정치적 분쟁의 양상을 띠고 있었다. 다시 말하면 최익현의 상소는 고종과 정부관료 사이에 누가 보다 정당하며 공정한 정치적 명분을 획득해 이후 정치 패권을 차지할 것인가라는 대립으로 발전하고 있었다는 것이다. 이 문제는 정부를 비판한 최익현이 바르다고 하면, 그의 편을 든 고종이 공정하며 정부관료가 실정을 행한 것이 되지만, 최익현이 옳지 않다고 하면 고종은 한 명만을 편애한 사적인 사람이 되어 정부 관료들이 국정운영에서 유리한 입지를 차지하게 되는, 양측의 명예와 실권이 걸린 중대한 사항이었다.

이처럼 이 날의 고종과 관료 사이의 행태는 상소에 관한 의견대립이나 최익현의 처벌 차원을 넘어 지난 10년간의 대원군정권에 대한 평가와 군주와 관료 사이의 주도권을 둘러싼 쟁탈이었다. 시비논쟁에서의 승리는 향후 정국운영의 정당성으로 이어지는 만큼, 군신 모두 자신들의 입장을 양보하려고 하지 않았다. 무엇보다 최익현을 지지함으로써 현정권의 실정—정확하게는 대원군의 실정—을 폭로해 대원군의 정치적 명분을 약화시키고 친정이 가능한 기반을 조성해야 했던 고종은 정부관료들의 최익현 처벌 주장을 그대로 받아들일 수가 없었다.

그러나 28일의 고종과 관료 사이의 의견대립은 군신간 충돌의 시작에 불과했고, 11월 3일에 최익현의 두 번째 상소가 제출됨에 따라 양측의 관계 악화는 피할 수 없게 되었다. 최익현은 3일자 상소에서 대원군정책의 구체적인 내용을 제시하며 대원군의 실정을 직접 비판함과 동시에 그의 은퇴를 종용했다.[108] 이 상소에서 최익현은 ① 황묘 복구, ② 서원 복설, ③ 종친계절(자손이 없는 자에게 후사를 세우는 일)의 중지, ④ 역적 사면조치 중지, ⑤ 청전유통 금지를 요구했다. 그는 대원군의 대표 정책인 만동묘와 서원철폐, 종친·선파 세력의 지위와 역할 강화, 재원확충정책 등을 모두 복구, 혹은 폐지할 것을 주장하며 대원군정책의 성과를 부정했는데, 특히 대원군의 종친·선파정책과 종친의 정치참가를 강력하게 비판했다.

이른바 귀신의 후사로 나가는 것을 막아야만 한다는 것은 이런 뜻입니다. 신이 삼가 생각건대, 아비와 자식은 대륜으로 그 낳아준 바를 버리고 남에게 후사로 들어가는 것은 인사의 변입니다. 옛날에는 오직 종자(宗子)에게 후사가 없을 경우

---

[108] 『승정원일기』 1873(고종10)년 11월 3일.

에만 이러한 규례가 있었는데, 후세에는 종자인지 지자(支子)인지, 먼 친척인지를 묻지 않고 끊어지게 된 대를 이어주는 길이 매우 넓으니, 이미 주공(周公)의 뜻에 어긋납니다…이 성헌을 변란시키는 몇 가지 문제(상기한 ①~⑤)는 실로 전하께서 어린 나이에 아직 정사를 전적으로 맡아서 하지 않고 계실 때 생긴 것들이니, 모두 다 스스로 초래하신 잘못이지는 않습니다. 다만 일을 맡긴 신하가 총명을 가리고 위복을 조종함에 강목이 모두 해이해져 오늘날의 고질적인 폐단이 있게 된 것입니다. 삼가 전하께서는 지금부터 건강(乾剛)을 분발하여 아침 일찍부터 밤늦게까지 부지런히 정사에 힘써 속론과 사설(邪說)에 이끌리지 말며 권귀(權貴)와 근행(近幸)에 흔들리지 말도록 하소서.…그러한 지위에 있지 않으면서 오직 종친의 반열에 속하는 사람들은 단지 지위를 높이고 녹봉을 후하게 주어 그 좋아하고 미워하는 것을 함께 하도록 하고 나라의 정사에는 간섭하지 못하도록 하십시오.

　최익현 주장의 요지는 종친, 즉 대원군의 국정참여를 저지하는 것이었다. 때문에 그는 이제까지 모든 정치책임이 고종이 아니라, 국정을 맡은 신하에게 있다며, 이후에는 고종이 군주의 통치권을 회복해 적임자 등용을 통한 바른 정치를 펼치라고 역설했다. 또한 지금까지 국정을 총괄한 대원군을 위임된 권력을 행사한 한 명의 신하로 규정한 후, 대원군의 정책을 비판하고, 실정을 행한 대원군의 퇴진을 직접적으로 요구했다. 무엇보다 '친친의 열에 있는 자를 국정에 관여시켜서는 안 된다'는 그의 발언은 이후 종친세력의 정치참여 금지뿐만이 아니라, 10년간 행해진 대원군의 국정운영 정당성을 부인하는 것이었다.
　최익현의 상소가 정계를 비롯해 종친에게까지 파문을 일으키자, 더 이상 그를 옹호하는 일이 불가능해 진 고종은 파장 확대를 막기 위해 즉각 최익현의 유배를 결정했다. 그러나 정부관료들이 국청을 열어 죄상을 분명히 해야 한다고 주장하며 고종의 명을 시행하지 않음에 따라, 정계는 고종과 정부관료와의 정면충돌로 이어졌다.
　최익현의 처벌문제를 둘러싸고 대신들이 고종에게 특별 소견을 요청한 것은 11월 4일과 9일 두 차례였다. 이 두 번의 청대에서 대신들은 최익현을 용서해서는 안 되기 때문에 국청설치와 취조를 요구했다.[109] 11월 4일 밤중에 열린 소견에서 대신들은 최익현 상소에 흉악한 말이 너무 많아 결코 간과할 수 없으며, 그 배후 의도를 추궁하기 위해 국청에서 심문할 필요가 있다고 주장했다. 그러자 고종은 상소의 어디가 그렇게 흉악한가를 반복해 묻고, 이미 유배를 명했다며 국청설치 요구를 거부했다. 이 날 고종과 대신들 사이에 오고간 최익현 처벌을 결정하는 논쟁은 이후 정국의 주도권이 달린 권력투쟁이었다. 따라서 양측은 서로의 정치생명과 관련된 이 문제를 자신들의 주장대로 관철시키려 하며 한 치도 물러서지 않았다. 특히 고종이 대신들에게 한 발 양보해 도배 시행을 약속했음에도 불구하고 국청설치 명이 떨어지기 전까지는 궁궐에서 나갈 수 없다는 대신들의 강경한 태도는 최익현 상소가 정변을 기도한 것이었음을 보여준다. 즉, 정부대신들은 정권교체를 주장하는 최익현에 대한 강력한 처벌을 실현해 그들의 권력을 유지하려 한 것이었다. 결국 고종과 대신들 양측의 강경한 태도로 어떤 결론도 나지 않은 채 대신들이 다시 상담하겠다며 퇴실하려 하자, 고종은 최후 수단으로 친정을 선언하고 대원군의 퇴진을 요구했다.

최익현의 처벌문제를 둘러싼 양측의 치열한 대립은 고종이 최익현의 국청설치를 명하면서 대원군과 관료측의 승리로 끝나는 듯 보였다. 그러나 고종은 신정왕후의 명을 구실로 최익현 국청을 1회로 끝내고 유배를 명한 후,[110] 이에 반발하는 홍순목·강로·한계원을 모두 파면시켰다.[111] 그리고 영의정에 이유원,[112] 우의정에 박규수[113]를 임명해 자신이 국정을 운영할 수 있는 기반을 조성함으로써 마침내 대원군을 퇴진시키고 친정체제를

---

[109] 『일성록』 1873(고종10)년 11월 4일, 召見時原任大臣于慈慶殿·11월 9일, 召見參鞫時原任大臣金吾堂上于慈慶殿.
[110] 『승정원일기』 1873(고종10)년 11월 9일.
[111] 『승정원일기』 1873(고종10)년 11월 11일.
[112] 『승정원일기』 1873(고종10)년 11월 13일. 정식 입궁과 업무 개시는 동월 27일.
[113] 『승정원일기』 1873(고종10)년 12월 2일.

구축하게 되었다.

(4) 친정선포과정과 그 특징

여기서는 대원군정책에 대한 비판여론과 이에 따른 고종의 대응, 그리고 최익현의 1차 상소에서 고종의 친정체제가 일단락하기까지의 경위를 제시하고 그 특징을 살펴보도록 하겠다.[114]

1866년 9월 12일
* 동부승지 이항로의 상소 : 양이 배척과 토목공사 중단을 요구 → 염두에 두겠다.

1866년 10월 13일
* 전헌납 박주운의 상소 : 토목공사에서의 절약·이서에 대한 단속·군비확충을 요구 → 경복궁공사 이외의 사항에 대해서는 염두에 두겠다.

1868년 10월 10일
* 사헌부장령 최익현의 상소 : 토목공사 중지와 당백전 사용 금지를 주장 → 충군애국의 뜻을 읽을 수 있다. 사직하지 말고 일에 전념하라.

1873년 5월 7일
* 부사과 권인성의 상소 : 과거제도 문란과 언관제도 피폐의 개선을 주장. 지방행정의 부정방지를 위해 수령을 엄중히 단속할 것을 요구 → 상소자의 지위를 넘는 말이며, 말하지 않아도 알고 있다.

1873년 5월 10일
* 부호군 강진규의 상소 : 백성을 고생시키고 재정비축을 축내는 사치스러운 건청궁공사 중지를 요구 → 이 이야기는 알고 있다. 건청궁공사는 이미 거의 완성되었고, 간소하게 하려고 유사에게 일을 맡기지 않았다. 그러나 왕가를 위한 중요한 이야기에는 감탄한다.

---

114) 『승정원일기』·『일성록』·『고종실록』에서 작성. *표시는 대원군정책과 고종의 행동에 대한 정부관료와 유생의 대응, **표시는 고종의 지시(교지)와 대응, ***표시는 강연·소견에서 고종과 관료의 의견 제시, →는 고종의 답변·대응을 나타낸다.

1873년 윤6월 20일
* 이세우 등의 상소 : 공적이 많은 대원군을 대로로 칭할 것을 주장 → 그대로 따르겠다.

1873년 8월 26일
** 고종 : 유생에 대한 성문세 징수를 금지.

1873년 9월 18일
*** 소대 : 고종이 서울의 공경대부와 지방의 칙사수령에게 각기 직무를 맡기고, 천자가 권력을 갖고 있으면, 한 명의 신하에 의한 권력천단은 일어나지 않고, 신하에게 주공과 같은 덕이 있으면 권력을 맡겨도 천단하는 데 이르지 않는다며, 신하의 권력천단에 대한 경계와 천자의 권력보유를 주장.

1873년 9월 20일
*** 소대 : 고종이 자신의 권세유지를 위해 아들을 군주로 즉위시킨 염후를 비판하고 적손이 아닌 영입의 경우에는 어른이며 성인을 추대해야 한다고 강조.

1873년 10월 25일
* 최익현의 1차 상소 : 국가기강의 문란과 정권담당자의 실정을 총체적으로 비판 → 예조참판에 임명.

1873년 10월 26일
* 좌의정 강로와 우의정 한계원의 인혐상소 → 최익현의 상소는 충심에서 나온 것이고, 경들과 내가 모두 염두에 두고 행할 일이니 인혐할 필요까지 없다.
*** 진강(강관 엄석정) : 고종이 최익현의 상소가 귀에 거슬리는 간언이라 칭찬하고, 언로를 열려 한다고 강조.

1873년 10월 27일
* 영돈녕부사 홍순목의 인혐상소 → 최익현의 상소 중에 '정령이 옛전장을 변경했다'는 말은 경이 책임질 것이 아니며, 정령을 변경하는가 하지 않는가는 짐에게 달려 있기 때문에 인혐이 타당하지 않다. 사직 요청을 거부.
* 대사헌 홍종운, 대사간 박홍수, 사간 오경리, 장령 김부성·김동식, 지평 이린규, 정언 심동헌의 인혐연차 → 파면.
* 전한 홍만식, 응교 민영목, 부응교 박호양, 교리 장시표, 부교리 이수만, 수찬 장원상·박제성, 부수찬 이재덕·왕성협의 인혐연차 → 파면.
* 도승지 정기회, 좌승지 이계로, 우승지 이현익, 좌부승지 윤자승, 우부승지 정운

구의 인혐연차 → 파면.
** 고종 : 홍문관제학과 강관에 허전, 대사헌 서당보, 대사간 홍훈, 사간 장호근, 장령 이순의·홍시형, 지평 이건창, 정언 윤용구, 응교 황보연, 부응교 이만도, 교리 이재순, 부교리 강문형, 수찬 권익수·홍건식, 부수찬 조우희·어윤중, 승지 김보현·김원성·이기용·박선수·박제관·김창희를 임명.
*** 진강(강관 허전) : 고종이 성·경을 바탕으로 천명·민심에 따라야 함을 특별히 강조.

1873년 10월 28일
* 형조참의 안기영의 상소 : 최익현을 취조할 국청설치를 요구 → 상소를 이해할 수 없다 ⇒ 승정원이 상소 규정을 어긴 안기영의 처벌을 요구 → 원지찬배를 실시하라.
* 전정언 허원식의 상소 : 최익현의 유배를 요구 → 상소를 이해할 수 없다 ⇒ 승정원이 상소의 규정을 어긴 허원식의 처벌을 요구 → 원지찬배를 실시하라.
* 호조판서 김세균, 예조판서 조성교, 공조판서 이인응, 병조판서 서상정, 전형조판서 서당보의 인혐연차115) → 월봉3등의 법전을 시행하라.
* 성균관유생의 권당 → 권당의 부당함과 권당 중지를 효유하도록 하라.
** 고종 : 안기영과 허원식과 같은 상소접수의 금지를 지시.116)
** 고종 : 판의금부사에 최우형, 지의금부사에 박규수, 동지의금부사에 조석여 임명.
*** 진강(강관 이승보) : 고종과 강연관(이승보·권정호) 사이에 최익현 상소를 둘러싼 시비논쟁이 일어남.

1873년 10월 29일
* 성균관유생이 권당을 계속 → 다시 한 번 효유하고 입당 권유를 지시 → 권당을 지속한 성균관유생을 모두 파면하도록 명함 → 지방의 생원·진사로 성균관을 재구성하라고 함 → 주도자의 유배를 지시.

---

115) 이때 이조판서 신응조를 제외한 각조판서가 사직을 청했다. 사직을 청하지 않은 이조판서 신응조는 10월 12일 임명된 상태였고, 11월 초까지 숙배를 행하지 않다가 결국 11월 5일에 김병주로 교체되었다.

116) 이 명령은 10월 28일자 기사에는 없지만, 다음날 진강에서 고종이 '어제 안기영과 허원식과 같은 상소는 두 번 다시 제출하지 말도록 명했다', '봉입하는 자가 있으면 엄중히 처벌하겠다'고 말한 사실에서 이 같은 명이 있었음을 알 수 있다.

* 홍시형의 상소 : 최익현의 직언과 고종의 포용력을 칭찬. 만동묘와 서원의 복구, 호포·원납전의 폐지, 청전의 통용중지를 상주 → 군주를 이끌 관직에 둘 가치가 있다며 부수찬에 임명. 만동묘 복구는 신정왕후의 명이기 때문에 지금 논할 일이 아니라고 강조.
** 고종 : 원납전과 결렴의 폐지를 명령.
** 고종 : 동지성균관사에 황종현·김학초를 임명.
*** 진강(강관 박규수) : 고종이 성균관유생의 권당을 개탄하고 홍시형 상소를 칭찬. 안기영과 허원식 같은 상소의 접수 금지를 재차 강조.

1873년 10월 30일
** 고종 : 사헌부와 사간원 관원 모두를 경질.
** 고종 : 형조판서에 허전을 임명.
** 고종 : 이조가 고종의 명으로 부수찬에 홍시형을 임명.
*** 진강(강관 조기응) : 고종이 농민 고통의 심각성, 백성이 나라의 근본, 민력 사용의 신중 등을 특별히 강조하며 자신의 민생·민본인식을 표명.

1873년 11월 1일
* 성균관유생이 권당을 지속 → 신속하게 효유해 입당하도록 권유할 것을 지시.
* 형조판서 조병창의 상소 : 성균관유생의 권당 행위에 대해 모두 유배에 처하는 것은 포용의 뜻이 부족하다며 재고를 요청 → 조병창을 파면.
** 고종 : 형조판서에 조병창을 임명 → 조병창을 파면 → 이우를 임명.
*** 진강(강관 조성교) : 고종은 문왕이 천명을 받아 왕업을 일으킨 것을, 조성교는 군과 신이 하나되어 서로 필요로 하는 것이 천의에 부합하는 일임을 강조.

1873년 11월 2일
* 성균관유생이 권당을 계속 → 주모자의 형문과 유배, 입당하지 않는 유생의 정거(과거수험자격의 정지)를 명함.
** 고종 : 육경 중에서 월봉 처분을 받은 자와 파면된 승지·대간·옥당 관원 모두를 특별히 용서하도록 지시.

1873년 11월 3일
* 최익현의 2차 상소 : 만동묘·서원폐지에 의해 파괴된 군신과 사제 간 윤리의 복구, 토목공사와 원납전 징수 중지, 종친의 계절행위 중지, 청전유통금지 등을 주장. 이 모두는 고종이 친정할 때의 정책이 아니기 때문에 고종의 책임이 아니라,

정치를 맡은 신하의 책임이라 주장 → 만동묘는 신정왕후의 처분이기 때문에 지금 거론할 수 없고, 기휘에 어긋난 말이 많다며 유배를 명함.
* 성균관유생이 권당을 중지 → 대사성 유초환을 용서하도록 지시.
*** 동지조하 : 고종과 강로가 원납전 징수문제를 논의. 강로가 이미 납부 중지된 원납전이 또다시 징수되게 된 것은 불탄 서창의 재건비용과 불탄 비축미보충을 위해 대원군이 지시한 것이었다고 상주 → 연강세 폐지를 지시.

1873년 11월 4일
* 영돈녕부사 홍순목·좌의정 강로·우의정 한계원의 연차 : 최익현의 국문을 요청 → 유배 명령에 대한 이해를 구함.
* 전한 홍만식, 응교 이만도, 교리 이재순·장원상, 부교리 민영목·이수만, 수찬 홍건식, 부수찬 조우희·홍시형의 연차 : 최익현의 국문을 요청 → 이미 유배를 명했기 때문에 번거롭게 운운해서는 안 된다.
* 대사헌 김익문, 사간 권종록, 장령 박호양, 지평 장시표·이재덕, 정언 심동헌의 연차 : 최익현의 국문을 요청.
* 형조판서 이우의 상소 : 성균관유생에 대한 처벌이 성조의 선비에 대한 포용의 도리에 어긋난다며 재고를 요청 → 성균관유생의 형문을 중지하고 유배에 처할 것을 지시.
** 고종 : 이우를 광주유수에, 박제인을 형조판서에 임명.
*** 진강(강관 조병휘) : 고종이 최익현의 1·2차 상소와 성균관유생의 권당에 대한 처벌 결정의 이유가 붕당의 징후를 사전에 예방하기 위해서였다고 설명.
*** 소견 : 홍순목·강로·한계원이 최익현 상소의 문제점을 강조하며 국청 설치를 강력하게 주장. 고종의 상소접수금지 처분이 지나치다고 역설. 고종의 도배 시행 명령에 대신들은 국청이 설치될 때까지 물러서지 않겠다고 함 → 친정을 선포.

1873년 11월 5일
* 의금부계 : 최익현문제가 아직 논의 중이기 때문에 찬배를 시행할 수 없다 → 즉시 시행할 것을 명령.
* 빈청의 영돈녕부사 홍순목 등의 계117) : 최익현에 대한 국청 설치를 요구 →

---

117) 이 계에 참가한 사람은 영돈녕 홍순목 외에 좌의정 강로, 우의정 한계원, 남령위 윤의선, 지중추부사 김학성, 우찬성 이승보, 상호군 김병주, 호조판서 김세균, 영풍군 최우형, 대호군 박규수, 지삼군부사 이용희, 우참찬 서형순, 지삼군

대신들의 요구에 따라 어쩔 수 없이 국청을 설치하도록 지시.
* 판의금부사 최우형과 지의금부사 박규수의 연소 : 최익현의 국문을 요청 → 찬배를 거행하라.
* 종친부의 흥인군 이최응 등의 연소118) : 최익현 상소에서 지적된 자신들의 처벌을 요구 → 최익현은 진짜 사정을 모르고 말했고, 인혐할 필요가 없다.
* 부사과 조원조의 상소 : 최익현의 국문을 요청 → 상주한 내용이 바른지 모르겠다.
** 고종 : 의금부당상을 파면하고, 판의금부사에 조병휘, 지의금부사에 박규수·심순택, 동지의금부사에 황종현을 임명.
** 고종 : 좌우변포도대장을 파면하고, 지삼군부사 양헌수와 행호군 백낙정을 임명.
*** 진강(강관 이승보) : 고종이 최익현의 유배 처분에 대한 정당성을 주장.
*** 소견 : 고종이 지난밤의 친정선포를 철회하고 이후 최익현문제를 거론하지 말도록 지시.

1873년 11월 6일
* 전지평 기관현의 상소 : 홍시형의 처벌을 요구 ⇒ 승정원이 상소의 규정을 어긴 기관현의 추고를 요구 → 수락.
* 부호군 홍만섭의 상소 : 권당한 성균관유생에 대한 용서를 요구 ⇒ 승정원이 상소의 규정을 어긴 홍만섭의 추고를 요구 → 수락.

부사 정기원, 지종정경 이장렴, 대호군 이원명·김병지·김유연, 판윤 심승택, 지돈녕 조기응, 예조판서 조성교, 우참찬 임상준, 공조판서 이인응, 대호군 김익진·홍종운, 형조판서 박제인, 지삼군부사 양헌수, 종정경 이승수, 공조참판 박래만, 행호군 김기찬·윤종선·서승보·김상현·황종현·정기회, 종정경 이돈응·이철우, 병조참판 이방현, 행호군 김학초·조인희·조희복·민규호·정순조·조병식·정범조·조희풍·서신보, 좌윤 이학영, 종정경 이연응·이인설·이회정·이명응, 이조참판 홍긍주, 우윤 이용직, 풍춘군 조기영, 동돈녕 김학근, 형조참판 한경원, 행호군 유석환, 예조참판 목인배, 행호군 조영하·조성하·김익용 등이다.

118) 이 연소에 참가한 사람은 판종정경 흥인군 이최응 외에 판종정경 영평군 이경응·이경우·완평군 이승응, 지종정경 이승보·이경하·이주철·이휘중·이재봉·이장렴·이인응, 종정경 이승수·이인명·이돈응·이방현·이연응·이용직·이명응·이인설·이회정 등이다.

* 부수찬 홍시형의 인혐상소 : 탄핵을 받았기 때문에 사직할 것을 청함 → 인혐할 필요가 없고, 원리(院吏)의 일은 추후에 처분하겠다.
* 의금부계 : 국문 실시를 위해 최익현을 압송·구금할 것을 요구 → 수락.
*** 진강(강관 박규수)

1873년 11월 7일
** 고종 : 기강해이를 막기 위해 협잡한 말로 상소한 부사과 조원조·부호군 홍만섭·전지평 기관현의 파면을 명함.
** 고종 : 의금부당상을 파면하고, 판의금부사에 김세균, 지의금부사에 박규수와 심승택을 임명.
*** 진강(강관 조기응) : 고종이 조원조와 홍만섭의 상소에 대한 분노를 표출.

1873년 11월 8일
* 선파인 부호군 이시하 등의 연소 : 최익현 처벌을 요구 → 이미 회답했다.
** 고종 : 최익현에 대한 추국 시행을 명령. 위관에 영돈녕부사 홍순목을 지명 → 한 차례 심문 후, 중지를 명령.
** 고종 : 대사헌에 서당보, 대사간에 윤자승, 집의에 최홍주, 헌납에 박호양, 장령에 이순의, 지평에 어윤중·정희를 임명.
*** 진강(지경연사 강난형)

1873년 11월 9일
* 승정원승지들의 세 번의 계 : 최익현 국청철파의 철회를 요청 → 거부. 교지를 즉시 반포하도록 명함.
* 전한 홍만식, 부응교 이만도, 교리 이재순·장원상, 부교리 민영목·이수만, 수찬 홍건식, 부수찬 조우희의 연차 : 최익현 국청철파의 철회를 요청 → 최익현은 시골의 어리석은 자에 지나지 않고, 이미 신정왕후의 지시에 따라 처분했으며, 이러한 상소는 도리가 아니다.
* 대사헌 서당보, 대사간 윤자승, 헌납 박호양의 연차 : 최익현 국청철파의 철회를 요청 → 최익현은 시골의 어리석은 자에 지나지 않고, 주벌할 필요가 없으며, 이미 신정왕후의 지시에 따른 처분이 있기 때문에 두 번 다시 쟁집하지 말 것을 지시.
* 승정원계 : 좌의정 강로·우의정 한계원의 명소패 반납을 보고 → 돌려주라 명함.
** 고종 : 최익현의 공초를 보면 특별히 질문할 것이 없고, 신정왕후가 가볍게 처벌하도록 요구했음을 시원임대신에게 전유하라고 지시.
** 고종 : 신정왕후의 명으로 최익현의 추국철파와 제주목으로의 유배를 명함 ⇒

의금부가 시행을 거부.
** 고종 : 다음 날부터 진강을 중지하라고 지시.
*** 진강(강관 조성교)
*** 소견 : 대신들이 최익현 처벌에 불만을 토로하고, 국문 지속을 요구 → 고종은 신정왕후의 명에 따를 뿐이라며 거부 ⇒ 대신들이 명령 이행을 거부하고 성문 밖으로 퇴거.

1873년 11월 10일
* 홍순목·강로·한계원 : 명소패를 반납.
* 판의금 김세균, 지의금 박규수·심승택, 동의금 황종현의 연소 : 최익현에 대한 엄한 처벌과 국문 계속을 요구 → 어리석은 자의 말을 비난할 필요는 없고 이미 신정왕후의 명을 받아 처분했다며 즉시 거행할 것을 강조.
* 대사헌 서당보, 대사간 윤자승, 헌납 박호양의 두 번의 연차 → 또다시 쟁집하는 것은 도리가 아니라며 번거롭게 하지 말 것을 지시.
* 부응교 이만도, 교리 이재순·장원상, 부교리 민영목·이수만, 수찬 홍건식, 부수찬 조우희의 두 번의 연차 → 또다시 쟁집하는 것은 도리가 아니라며 번거롭게 하지 말 것을 지시.
* 의금부계 : 최익현에 대한 논의가 진행중이기 때문에 제주목으로의 위리안치를 거행할 수 없다고 함 → 즉시 시행하도록 명령.
** 고종 : 최익현을 제주목에 위리안치할 것을 즉시 거행하도록 명함.
** 고종 : 홍순목·강로·한계원에 대한 기대와 의지를 호소하면서 입성하도록 위유 ⇒ 세 명이 고종의 권유를 거절하고 최익현 처벌을 요구.
** 고종 : 부제학 이외 홍문관관원의 교체를 명령.
** 고종 : 사헌부와 사간원 관원의 전원 교체를 명령.

1873년 11월 11일
* 의금부 : 최익현문제가 중대하기 때문에 제주목으로의 위리안치를 거행할 수 없다고 함 → 고종은 4번에 걸쳐 최익현의 처벌을 즉시 시행하도록 엄명.
* 영중추부사 이유원의 상차 : 대신들이 상차·인혐하는 때에 연명에 참가하지 않고, 대론이 성한 때에 참여하지 않은 것은 죽은 시체와 같고, 아무 소용도 없다고 말한 후, 사직을 청함. 하나의 정령을 내릴 때도 상하와 전국의 화기를 고려해야 한다고 조언 → 친정선포는 중론에 따른 것이었고, 가벼운 처벌 시행은 신정왕후의 성덕을 받든 것이라며 사직을 받아들일 수 없다고 대답.

** 고종 : 홍순목·강로·한계원의 파면을 명함.

1873년 11월 12일
* 의금부계 : 최익현을 제주목에 위리안치하는 절차를 상주.
** 고종 : 이유원을 삼영도제조와 약원도제조에 임명.

1873년 11월 13일
** 고종 : 이유원을 영의정에 임명.

1873년 11월 14일
* 헌납 이규형의 상소 : 호포철폐·전세감면·환곡 재고·청전폐지를 주장. 조원조·홍만섭·기관현에 대한 엄벌을 요구 → 상소 내용에는 유념하겠다, 조원조·홍만섭·기관현은 이미 처벌했다고 대답.
* 부사직 오경리의 상소 : 민생안정대책의 수립과 권정호·백규섭의 처벌요구 → 위국애민하는 상소이며, 권정호·백규섭에 대해서는 처분을 내리겠다.
* 승정원계 : 상소를 올리자마자 궐 밖으로 나간 권정호의 추고를 요구 → 허가.
* 영의정 이유원의 상소 : 조정의 모습이 화목하지 않기 때문에 화평을 상주했는데, 고종이 받아들였는가를 질문. 최근 소견에서의 고종 발언은 포용력이 없다고 간언하며, 사직을 요청 → 경에 대한 기대가 크고 빨리 조정에 나와야 한다고 대답.
** 고종 : 지난 번 강연에서 불경한 이야기를 한 권정호와 멋대로 강연 내용을 삭제한 백규섭을 파면하고, 강연 내용을 고쳐 쓸 것을 지시.

1873년 11월 15일
* 부사과 강운중의 상소 : 만동묘와 서원 복구를 요청 → 지금은 논할 때가 아니다.
* 승정원계 : 상소의 규정을 어긴 강운중에 대한 추고를 요구 → 허가.

1873년 11월 16일
* 영의정 이유원의 상소 : 사직을 청함 → 조정에 나와 기대에 부응하도록 권유.

1873년 11월 19일
* 영의정 이유원의 상소 : 사직을 청함 → 의정부의 업무가 쌓여 있고, 경의 행동은 군주를 버리고, 나라의 계획과 백성의 고통을 자신과는 관계없다고 생각한 것과 같으며, 아무리 사직을 청해도 받아들이지 않겠다고 대답.

1873년 11월 20일
** 고종 : 운현궁을 방문.

1873년 11월 24일
* 수찬 권익수의 상소 : 만동묘의 복구, 이봉휘의 추탈, 권정호와 백규섭에 대한 엄한 처벌 요구 → 만동묘는 신정왕후의 교지이기 때문에 번거롭게 하는 것은 도리가 아니며, 권정호와 백규섭은 이미 처벌했다. 이봉휘 문제는 종묘사직에 관련된 것이라 용서할 수 없으니 추탈의 법전을 시행하라.

1873년 11월 26일
** 고종 : 영의정 이유원에게 조정에 나와 기대에 부응하라고 전유.
** 고종 : 이조판서 김병주·병조판서 서상정의 사직상소에 대해 공무 계속을 지시.

1873년 11월 27일
** 고종 : 예조판서에 박제인, 형조판서에 강난형을 임명.
*** 소견 : 고종과 영의정 이유원이 국정운영에 협력할 것을 약속.

이상, 최익현의 상소로 인해 일어난 고종의 통치권 회복과정을 정리해 보았다. 여기에 드러나듯이, 최익현의 상소—특히 2차 상소—는 단순히 현정권의 실정에 대한 비판이 아니라 정권교체를 요구하는 것이었다. 때문에 고종의 최익현에 대한 지지 표명은 군주 대 관료, 혹은 고종 대 친대원군세력 사이의 주도권을 둘러싼 치열한 정쟁으로 발전될 수밖에 없었고, 최익현의 상소 제출로부터 고종이 친정체제를 정비하기까지는 약 1개월이란 시간이 소요되었다.

이러한 고종의 통치권 회복과정에서는 주목해야 할 점이 몇 가지가 있다. 첫째는 고종이 강연장을 자신의 입장과 의지를 표명하는 데 적절히 활용했다는 것이다. 그는 최익현 상소가 제출되고 대신들이 끈질기게 친정선포를 주장하는 동안 지속적으로 강연을 열어 최익현 상소에 대한 자신의 뜻을 설명하며 정부관료들의 양해를 구했다. 또한 군주의 자세와 역할, 그리고 구례를 들어 최익현의 발언이 군주를 향한 충언임을 강조하고 성군으로서 상소를 관대히 받아들여야 한다고 주장했다. 다시 말해 고종은 강연에서 전통적인 군주상과 통치방법을 개진하고 언로개방이라는 명분을 제시함으로써 최익현을 비호하려는 자신의 행동을 정당화하고자 한 것이었다. 당시 실질적인 통치권을 갖지 못한 상태에서 대신들과의 정치회합이 소집되어 문제가 커지는 것을 바라지 않았던 고종이 군신간에 비교적 자유로운 토론이 가능한 강연을 통해 자신의 친정에 대한 강한 의지를 표명한 것은 고종 친정선포과정에서의 큰 특징이라고 하겠다.

둘째, 고종은 곳곳에서 신정왕후의 권위를 빌리면서 자신의 결정에 반대하는 의견을 제압해 나갔다. 고종이 최익현과 홍시형의 상소 내용을 인정하며 그들을 승진시키자, 또다시 만동묘와 서원의 복구 요구가 터져 나오게 되었다. 그러자 고종은 만동묘문제가 신정왕후의 명으로 정해진 것이기 때문에 뒤집을 수 없다고 주장하며 이 문제를 논외로 취급하려 했다. 또한 국청에서 최익현을 계속 취조하도록 요구하는 정부관료들의 상소에 대해서는 '앙봉자성호생지덕(仰奉慈聖好生之德)'을 들어 모친에 대한 효를 다하기 위해 신정왕후의 교지에 따라야 함으로 국청을 재개할 수 없다고 거부했다. 그리고 한편으로는 자신의 도리가 부모에 대한 효인 것처럼 신하의 도리는 군주에게 충성을 다하는 것이라며, 군주의 뜻에 거스르는 신하를 압박하는 수단으로도 이용했다. 이처럼 고종이 최익현 처벌 결정에서 정부관료들의 강한 반대를 극복하고 자신의 뜻을 관철할 수 있었던 배경에는 신정왕후의 적극적인 지지가 존재하고 있었다. 다시 말해 고종은 '효'라는 명분을 교묘히 이용해 최익현문제를 마무리하고 정국주도권을 장악해 간 것이었다.

셋째, 신정왕후에 대해 '효'를 전면에 내세웠던 고종은 생부인 대원군에게는 군신관계인 '충'을 적용하며 반대여론에 대응했다. 고종과 대원군 사이에는 부자관계, 즉 '효'를 다해야 한다는 사실이 내재되어 있었기 때문에 고종 스스로 이 문제를 해결하는 것은 쉽지 않았다.[119] 이 때 대원군을 향한 '효' 문제를 대신 제기해 정리함으로써 고종이 정권을 장악할 수 있는 명분

---

119) 명성황후 또한 고종과 대원군 사이에서 방파제 역할을 하고 있었다(이배용, 「개화기 명성황후 민비의 정치적 역할」, 67쪽).

제공에 기여한 사람이 최익현이었다.[120] 그는 고종즉위 이후 10년간 대원군이 갖고 있던 애매한 지위를 신하로 규정한 후, 대원군의 역할을 군주의 보도·보좌로 한정하며 대원군의 퇴진 및 스무 살이 넘은 고종의 친정 타당성을 주장했다. 최익현이 제시한 고종과 대원군 간의 '충효'라는 개념은 양측의 사적인 부자관계를 단절시키고 군신간의 '충'만을 강조함으로써 애매했던 두 사람의 관계를 명확하게 정리한 것이었다. 따라서 고종은 대원군에 대한 사적인 '효'의 틀을 넘어 실정의 책임을 권력대행자인 대원군에게 지우며, 대원군의 퇴진과 자신의 통치권 회복을 단행할 수 있었다.

넷째, 고종은 최익현의 상소제출로 통치권을 회복할 기회를 얻었지만, 아직 확고한 권력기반을 형성하지 못한 상태였다. 따라서 최익현을 옹호하고 친정의지를 표방하면서도 상소가 정계에 미치는 파문과 충격을 최소화하고자 했다. 이에 최익현 처벌을 서둘러 정국을 안정시키고 현정치세력을

---

[120] 최익현은 1873년 11월 3일 2차 상소에서 대원군이 군주로부터 권력을 위임받은 한 명의 신하라고 강조한 후, 그 신하가 고종의 총명을 가리고 위복을 조종해 강목이 문란해졌다, 즉 신하가 군주에 대한 '충'의 도리를 다하지 못했기 때문에 오늘날의 폐해가 초래되었다고 주장했다. 이것은 고종에게 대원군을 부친이 아니라 신하로 대우하고, 실정을 행한 책임을 물어 퇴진시킬 수 있는 명분을 제공했다. 훗날, 최익현은 이러한 고종과 대원군 간의 관계를 보다 상세하게 설명했다. 그는 태조가 양위하고 함흥에 은둔한 일과 광해군이 선조의 부인이자 계모가 되는 인목대비를 감금한 예를 들면서, (당시의 상소운동이)대원군을 퇴진시키려고 하는 논의를 전파시켜 고종을 곤궁에 밀어 넣고 있다고 논했다. 그는 대원군이 비록 고종의 친부이기는 하나, 그 의리는 군신관계이기 때문에 직통의 부자 사이와는 비교할 수 없다고 주장한 것이었다. 또한 조정과 대원군이 같은 신하이기 때문에 조정의 신하가 고종을 섬기는 방법으로 대원군을 섬겨서는 안 된다고 강조하고, 고종이 유일한 군주이며, 의리상으로는 고종에 대해 대원군과 모든 관료가 같은 신하의 입장임을 역설했다. 그리고 현재 신하는 백성을 사랑하는 마음이 자기 가족을 향한 사랑에 미치지 않고, 고종에 대한 충성이 대원군을 향한 그것에 미치지 않는다며 개탄했다. 최익현은 고종이 군주가 된 이상, 고종과 대원군과의 사적인 사친관계는 끊어졌고, 단지 키워준 은정에 보답해야 한다고 논했다(「書」·「答梁判書」, 『면암선생문집』 7, 1875(고종12)년 5월 13일).

회유·포섭해 나갔다. 그러나 고종의 계획은 시원임의정과 육조판서, 삼사, 승정원, 그리고 성균관유생까지 최익현 상소를 문제시하며 명령에 따르지 않았기 때문에 예상대로 진행될 수 없었다. 여기에 시원임의정까지 성문 밖으로 퇴거함에 따라 내각개편이 불가피하게 되었다. 그럼에도 불구하고 큰 정계인사 변동 없이 대원군의 세력기반을 재편해 순조로운 정권장악을 꾀한 고종은 대원군과 극소수의 친대원군세력을 제외하고는 자신의 뜻에 반대해 파면·처벌을 받은 관료라고 해도 곧바로 용서해 정계에 복귀시켰다. 이것은 아직 확고한 권력기반을 확보하지 못한 고종의 당연한 선택이었고, 그는 최익현문제를 신속하게 종결시켜 생부인 대원군과의 관계 악화를 막고 정국과 세력기반을 안정시키려고 했다고 할 수 있다.

다섯째, 최익현 상소는 정권교체뿐만 아니라, 대원군정권하에서 억압된 신권의 향상을 꾀한 것이었다. 최익현 상소는 처음부터 현정권과 정책을 겨냥한 것이었기 때문에 대원군을 비롯해 국정을 운영하던 정부관료 모두가 이에 반박하는 것은 당연했다. 그러나 고종이 최익현 의견에 동조하고 그를 옹호함에 따라 최익현 상소문제는 군주와 정부관료 간의 대립으로 발전되었다. 당시 고종은 대원군을 퇴진시키고 군주통치권의 정당성을 획득하고자 반드시 현정권의 문제점을 적극적으로 거론하지 않으면 안 되었다. 반면, 정부관료들은 정치적 명분과 명예를 지키기 위해 실정을 인정하라는 고종의 압력에 굴할 수 없었다. 이러한 상황 속에서 양반유생들은 대원군정권하에서 억제되어 온 언로개방을 표방하면서 그들의 입장이 정치에 반영되도록 요구했다. 그들은 최익현 상소를 계기로 또다시 만동묘 복구·민생안정·언로확대·기강확립·각종 폐해제거 등을 주장하며, 군주의 통치활동에 관여하려 한 것이었다. 이는 상소를 통해 군주의 활동을 통제하고 신측의 입지를 강화하려는 움직임이 재개되었음을 의미했다. 그리고 정권교체와 언로개방을 요구한 최익현과 대원군정책 폐지를 건의한 홍시형의 상소를, 자신의 통치권 장악을 위해 인정한 고종으로서는 그들의 주장을 어느

정도 받아들일 수밖에 없었다고 하겠다.[121]

　마지막으로 고종에게 친정선포의 계기를 제공한 것은 최익현이었지만, 그것이 실질적으로 성공한 배경에는 대원군의 중앙집권화정책과 이를 곁에서 지켜보고 협조하면서 제왕교육을 받아 온 고종의 향상된 통치능력이 존재하고 있었다. 또한 대원군의 통치권 행사가 군주인 고종의 권력위임이라는 형식과 틀 속에서 가능했고, 고종 의사에 따라 바뀔 수 있었다는 사실을 간과해서는 안 된다. 즉위 이후 고종은 대원군의 정책을 전적으로 지원했고, 대원군은 군주의 통치권을 빌려 각종 정책을 실시하며 중앙통치권을 강화해 갔다. 그러나 이에 수반된 재원확대와 언론통제로 양반유생의 불만과 민생부담이 가중되었고, 이는 대원군의 통치권 행사에 의문이 제기되는 빌미가 되었다. 그러자 고종은 장기간에 걸친 교육과 경험을 바탕으로 당시 상황을 적절히 이용해 친정의 명분을 쌓아 갔다. 그리고 최익현 상소를 계기로 친정 의지와 정치적 능력을 표출·발휘해 대원군에게 집중되어 있던 권력을 일거에 자신에게 흡수시키며 통치권을 회복했다.

　이렇게 고종은 최익현의 첫 번째 상소가 제출되고 나서 약 한 달의 정쟁을 거쳐 일단 군주 중심의 친정체제를 구축하는 데 성공했다. 정계개편이 일단락된 11월 20일에 고종은 운현궁을 방문했다. 이 날의 상세한 기록은 발견할 수 없지만, 고종과 대원군 사이에 이후의 과제, 즉 대원군의 정계은퇴 약속과 사태의 신속한 해결, 그리고 정부관료의 일시적인 퇴진과 재등용 등에 관련된 합의가 있었으리라 생각된다. 그 결과 고종은 영의정 이유원과 우의정 박규수라는 이상(二相)체제를 기반으로 정계를 개편하고, 본격적으로 군주 주도하에 국정을 운영해 나가게 되었다.

---

[121] 그러나 고종은 1873년 10월 28일에 안기영·허원식과 같은 상소의 접수를 금한 후, 1874년 2월 16일에는 유생들의 연명상소와 복합행위를 금지, 1875년 5월 17일에는 대원군의 환궁을 요구하는 상소를 엄중히 처벌할 것과 1878년 4월 4일에는 서원복설에 대한 상소를 전면 금지하는 등, 자신의 뜻에 반대하는 상소를 제출하는 유생들에 대해 단호한 태도를 취해 갔다.

3. 제4장 제1절 정리

　이상, 고종의 친정선포를 위한 명분 형성과 그 과정에 대해 살펴보았다. 고종은 대원군정권기 10년간, 성학을 통해 군주의 자세와 역할, 통치방법 등을 몸에 익혀 갔다. 또한 실질적으로 국정을 총괄하지는 않았다고 해도, 대원군의 정책에 적극적인 관심을 갖고 정책 결정과 추진과정에 참여하고 있었다. 특히 그는 전통적인 군주상을 바탕으로 민생문제에 특별한 관심을 표하면서 대책수립을 주도하는 가운데, 강력한 왕실과 국가를 위해서라도 민생에 폐해를 초래하는 대원군의 각종 정책에 의문을 갖고 개선책을 모색하지 않으면 안 된다고 생각하게 되었다.

　여기에 1870년대에 들어 한층 강화된 대원군의 권력 독점은 고종에게 위기의식을 불러일으켰다. 고종은 대원군의 여러 통치활동이 군주권 안정과 확립에 기여한다고 믿어 절대적인 지지를 보냈지만, 대원군은 고종에게 통치권을 넘기기는커녕 오히려 스스로의 권력을 강화하고 있었다. 그러자 고종은 점차 대원군의 행동에 의구심을 품고 군주권을 회복하려는 의지를 키우며, 주변에 외척 중심의 측근을 배치함과 동시에 반대원군적인 여론과 분위기를 조장해 갔다. 그 즈음, 청파견사신으로부터 전해진 황제 친정과 이에 대한 백성들의 기대 소식은 고종의 친정을 향한 포부를 높였고, 1873년 10월 최익현의 상소를 계기로 일거에 친정을 선포하게 되었다.

　고종이 친정체제를 구축하는 과정은 최익현 처벌을 둘러싸고 정부관료들의 불만이 커지면서 고종과 정부관료 또는 친대원군세력과의 권력투쟁으로 전개되었다. 정부관료가 고종의 최익현처벌에 반대한 표면적인 이유는 국청을 설치해 최익현의 불순한 의도를 상세히 조사해야 한다는 것이었지만, 실제로는 대원군 퇴진을 저지하고 정권을 유지하는 데 그 목적이 있었다. 이는 대원군을 퇴진시켜 통치권을 회복하려는 고종과 현정권의 정당성을 주장하며 자신들의 지위를 지키려는 정부관료의 정국주도권을 둘러싼 정쟁이었고, 양자는 서로의 입장을 양보하려 하지 않았다. 이 과정에서 최익현 처벌에 대한 요구가 커져 정부관료들과의 정쟁이 심화되자, 고종은 최익현의 국문을 주장하는 영중추부사 홍순목·좌의정 강로·우의정 한계원을 파면시키고, 의정부를 영의정 이유원·우의정 박규수로 새로이 구성했다. 이처럼 고종의 강력한 의지로 한 달에 걸친 고종과 정부관료들 간의 정쟁이 일단락되고 대원군이 정계에서 은퇴하면서 그는 1873년 12월, 즉위 10년 만에 실질적인 통치자로 군림할 수 있게 되었다. 다시 말해 1870년 이후 서서히 통치권 회복을 의도·준비해 간 고종은 1873년 10월 최익현의 상소를 계기로 그것을 표출해 신속히 실행에 옮겼고, 1873년 12월 즉위 10년 만에 명실상부한 조선 최고통치권자가 되었다는 것이다.

제2절
군주 주도하의 통치권력 재편

　1873(고종10)년 11월, 고종은 약 1개월에 걸친 정쟁 끝에 친부인 흥선대원군을 퇴진시키고, 명실공이 조선의 최고통치권자가 되었다. 1863년 12월 즉위한 지 10년만의 일이었다. 당시 22살의 청년군주 고종은 친정을 선포한 후 정계 내에 잔존하는 대원군의 강한 통치력을 와해시키며 자신의 통치권을 확립·안정시키는 데 모든 정력을 집중시켜 나갔다.
　고종 친정선포의 직접적인 계기는 동년 10월 10일에 제출된 최익현의 상소에 의한 것이었다. 그러나 고종은 이미 1870년대에 들어 친정 의지를 키워가고 있었고, 그것은 대원군이 의정부대신을 모두 친대원군세력으로 개편한 1872(고종9)년 10월 이후 더욱 강화되었다.
　고종즉위 이후 대원군은 중앙집권화를 실현해 부국강병한 국가를 재건하려고 했다. 그는 이러한 과제를 원활히 수행하는 데 필요한 권력기반을 확보하기 위해 기존의 안동김씨를 중심으로 한 노론세력과 제휴하고, 종친·선파를 비롯해, 풍양조씨·여흥민씨의 외척, 남인·북인·무신 세력을 등용해 갔다. 그리고 고종은 대원군의 각종 인사정책, 즉 문·무신 세력간의 차별억제와 공정한 등용, 약소당파의 임용확대, 종친·선파의 정계진출 기회 제공과 정식화,『삼반예식』간행과 반포 등에 적극적으로 협력했다. 특히 경복궁재건 및 궁궐 수리·서원정리·무단토호억제·무신지위향상·

진무영 강화 등을 지원하며 대원군이 원활하게 통치권을 행사할 수 있도록 협조했는데, 이는 대원군의 정책이 군주의 권력기반 확립에 기여한다고 믿었기 때문이었다.

그런데 고종의 기대와는 달리 대원군은 20살이 넘은 고종에게 통치권을 양도하지 않고 자신의 재정·군사·인사권의 장악과 행사를 더욱 강화해 갔다. 여기에 대원군이 고종즉위 이후 집권세력이었던 노론의 등용보다는 남인과 북인, 무신의 세력 확대를 꾀했던 것은 노론을 중심으로 한 문신세력의 위기감을 불러일으키고 있었다. 이러한 상황에서 점차 군주권에 대한 위기위식을 느낀 고종은 이들 반대원군세력을 규합해 대원군의 퇴진 분위기를 조성하며, 군주의 권력회복을 시도하게 되었다.

친정을 선포하고 통치권을 회복한 고종은 1874년 초까지는 이유원과 박규수를 의정으로 임명하고, 대원군정권기부터 인사·재정·군사를 담당하던 김세균·이승보·이경하 등을 중심으로 국정을 운영해 나갔다. 그러나 고종이 점차 대원군정책의 수정·폐지를 통해 군주가 재정과 군권을 장악할 수 있는 환경을 조성하려 하면서 고위관료의 반발과 대원군의 경기도 양주은둔사건이 야기되었다. 이런 상황에서 고종의 급격한 정책변화의 문제점과 정치적 기반의 취약함을 드러나게 되자, 고종은 한층 강경한 태도로 친대원군세력을 억압하며, 측근세력 등용해 그들에게 권력을 집중시키는 측근 중심의 국정운영을 기도했다.

제2절에서는 친정선포 이후 고종이 정치운영을 군주 중심으로 개편해 가는 과정을 고찰하려 한다. 먼저 친정 직후 고위관직자 명단을 분석해 고종 인사행정의 특징과 권력기반이 된 세력을 검토하고, 고종이 불안한 권력기반문제를 해결하기 위해 병권의 장악·행사에 힘을 기울였음을 분명히 할 것이다. 또한 친정 이후 고종과 정부관료와의 회합에서 논의·실시된 정책을 파악하고 대원군정권과의 차이와 유사점, 또한 정책이 실시된 이유와 경위를 분석해 민생안정을 내건 고종의 재정경제정책 실태를 규명한다.

이러한 연구를 통해 친정 직후 고종의 통치정책 목표가 친대원군세력 해체와 재정경제·군사권 확보를 바탕으로 군주의 권력기반 확립·안정에 있었음을 밝히고자 한다.

1. 정계개편을 통한 권력기반 형성과 강화

(1) 정계개편과 친군주세력 형성

① 친정선포 이전 정치적 기반의 형성

고종이 친군주세력 형성에 관심을 갖고 주변에 측근을 배치하기 시작한 것은 1870년대에 들어서였다.[1] 고종은 먼저 군주의 명령을 출납하는 승정원에 친군주세력을 등용해 자신의 지시가 정확하고 신속하게 전달될 수 있는 환경을 만들려고 했다.[2]

---

[1] 고종친정 직후 권력기반·정치세력에 관한 선행연구로는, 김병우, 『대원군의 통치정책』제6장, 혜안, 2006; 배항섭, 『19세기 조선의 군사제도연구』, 국학자료원, 2002; James Palais B, *Political Leadership in the Yi Dynasty*, University of Washington Press, Seattle and London. 1976; 김세은, 「고종초기(1863~1876)의 국왕권의 회복과 왕실행사」, 서울대학교박사논문, 2003; 김형수, 「고종의 친정과 개국정책연구(1873~1876)」, 『이대사원』 33·34, 2001; 김영수, 「대원군의 하야와 고종의 정치적 역할」, 『한국정치사상』, 1991; 박진철, 「고종의 군주권 강화책에 관한 연구(1873~1897)」, 원광대학교박사논문, 2002; 송안종, 「1874年日朝代理交渉の展開」(1)(2), 『阪大法學』 46-6·47-1, 1997년 2·4월; 안종철, 「친정전후 고종의 대외관과 대일정책」, 『한국사론』 40, 1998; 연갑수, 『고종대 정치변동 연구』, 일지사, 2008; 연갑수, 「갑신정변 이전 국내정치세력의 동향」, 『국사관논총』 93, 2000; 은정태, 「고종친정 이후 정치체제의 개혁과 정치세력의 동향」, 서울대학교석사논문, 1998; 장영숙, 「고종의 대외인식전환 연구(1863~1881)」, 『상명사학』 5, 상명사학회, 1997; 장영숙, 「고종친정 초기의 군령권의 추이와 군제개편(1873~1884)」, 『사학연구』 58·59, 1999; 糟谷憲一, 「閔氏政權上層部の構成に關する考察」, 『朝鮮史研究會論文集』 27, 1990; 조은주, 「고종의 친정선포와 정권기반 강화」, 한양대학교석사논문, 2005; 최선희, 「고종의 친정체제 형성과 그 성격」, 전남대학교석사논문, 2003; 한철호, 「고종친정초(1874) 암행어사파견과 그 활동—지방관징치를 중심으로」, 『한국근현대사연구』, 1999 등이 있다.

[2] 고종친정 직후 권력실세인 민규호·김보현·조영하·김병시는 모두 대원군정권기에 승지로 활동한 인물이고, 특히 1873(고종10)년에 승정원도승지를 지냈다(김병시는 승지). 또한 조영하를 제외한 세 명이 1874(고종11)년에도 도승지를 담당한 사실은 주변에서 자신의 명령을 출납하는 도승지에 대한 고종의 신

1870년 9월, 명성황후의 오빠인 여흥민씨 민승호를 도승지로 임명해[3] 측근에 둔 고종은 동년 윤10월에는 광산김씨 김보현을 승지로 등용했다.[4] 김보현은 최익현 상소를 계기로 고종이 실질적인 친정을 기도하며 정부관료들과 대립하던 1873년 10월에도 도승지로 임명되어 고종의 군주권 회복에 크게 협력한 인물이다. 또한 1872년 12월과 1873년 4월에는 민규호를, 1873년 7월에는 풍양조씨 조영하를 도승지로 임명했다. 도승지 인사에서 드러나듯이 고종이 친군주세력으로 가장 쉽게 형성할 수 있는 기반은 외척이었다. 따라서 고종은 외척인 여흥민씨와 풍양조씨를 승정원과 규장각·홍문관관원으로 등용해 접촉할 수 있는 기회를 늘리고, 그들에게 고위관직으로 승진할 수 있는 길을 제공하려고 했다.

사실 고종뿐만 아니라 대원군의 외척이기도 한 여흥민씨의 고위관직 진출은 그때까지의 외척 등용상황으로 봐서 당연한 과정이었다. 그러나 1870년 이전에 육조판서직에 임명된 여흥민씨는 1864년 12월 신정왕후의 특명에 의해 공조판서에 취임한 민치구[5]가 유일했다.[6] 민치구는 공조판서로 임명된 지 15일 만에 광주유수로 전임된 후, 1869년 5월에 공조판서에 재임되어 3개월 정도 근무했다. 이렇게 대원군정권기 중반까지 여흥민씨의 고위관직 등용이 이루어지지 않는 상태에서 고종은 충청도관찰사로 오랜 기간 지방에서 근무한 민치상을 서울로 불러들여 1870년 11월에 지경연사에,

---

뢰가 얼마나 컸는지 보여준다.
3) 『승정원일기』 1870(고종7)년 9월 14일.
4) 김보현은 1870(고종7)년 10월에 도승지로 임명되었지만 동년 11월에 모친상을 당해 정계를 떠나게 되었다. 그 후 1873(고종10)년 1월 동지경연사·부총관·동지돈녕부사로 정계에 복귀해 정부당상으로도 활동했다. 고종이 친정을 선포할 당시인 1873년 10월 27일에 또다시 도승지로 임명되어 고종의 명령 수행에 적극적으로 협력했다(『승정원일기』 1870(고종7)년 윤10월 23일·11월 15일, 1873(고종10)년 1월 13·20일·10월 27일).
5) (1795~1874). 대원군의 장인이다.
6) 『승정원일기』 1864(고종1)년 12월 20일.

12월에는 형조판서에 임명했다.[7] 민치상은 청파견사신으로서의 임무를 수행하고, 1872년 8월 예조판서, 10월 공조판서를 거쳐, 좌의정으로 승진한 강로의 후임으로 병조판서에 임명되었다.[8] 그 후 1873년 9월에는 친정에 대비해 군권을 장악하고자 하는 고종의 의도에 따라 수원유수 민승호와 병조판서 민치상의 직이 교체되었다.[9]

그런데 1870년대 들어 민치상·민승호를 각조의 판서로, 민겸호·민규호·민영위·민영목 등을 각조의 참판과 승정원·규장각·홍문관에 등용해 친정기반을 형성하려 했다고는 해도 고종이 최익현에 대한 지지를 표명하며 친정을 선포할 당시, 여흥민씨 중에서 고종의 활동에 적극적으로 동조한 인물은 없었다. 최익현 상소 반입을 주도한 민승호는 모친상으로 정계를 떠나 있었고, 민규호는 최익현을 취조할 국청설치를 요구하는 상소에 참가한 상태였다. 더욱이 고종의 친정을 지원하던 신정왕후의 조카인 조영하와 조성하도 최익현에 대한 국청설치를 주장하며 고종을 곤란하게 하고 있었다.[10] 이러한 상황에서 고종이 통치권 회복을 강행해 갔던 것은 그의 친정을 향한 의지가 얼마나 확고한 것이었는지를 보여준다고 할 수 있다.[11]

이처럼 친정선포를 단행할 당시 고종은 아직 자신을 지지할 확고한 정치

---

[7] 『승정원일기』 1870(고종7)년 11월 2일·12월 5일.
[8] 『승정원일기』 1872(고종9)년 8월 1일·10월 4·12일.
[9] 『승정원일기』 1873(고종10)년 9월 10일. 민승호는 병조판서에 임명된 지 얼마 지나지 않아 모친상을 당했기 때문에 고종이 의도대로 군권장악에 기여할 수는 없었다. 그러나 고종이 친정에 대비해 군부의 최고위직인 병조판서를 대원군정권기의 담당세력인 안동김씨와 전주이씨가 아니라 여흥민씨 출신 인물로 교체한 것은 주목해야 할 일이다.
[10] 고종이 친정기반으로써의 역할을 기대했던 그들이 최익현에 대한 강력한 처벌을 요구했던 것은 당시 정계 분위기에 그들만이 동조하지 않을 수는 없었던 이유가 컸다. 때문에 그들이 실질적으로 고종의 통치권 회복에 반대한 것은 아니었다고 판단된다.
[11] 연갑수, 「갑신정변 이전 국내정치세력의 동향」, 『국사관논총』 93, 국사편찬위원회, 2000, 338쪽.

적 기반을 갖고 있지 않았다. 따라서 그는 대원군의 권력기반을 친군주세력
으로 흡수·재편하는 작업을 통해 대원군의 퇴진에 따른 잡음을 제거하고
정국을 신속히 안정시키려고 했다. 이는 고종이 군주의 가장 안정적인 세력
공급원인 친인척, 즉 종친·선파(전주이씨)와 외척(여흥민씨·풍양조씨)을 대
원군과 공유하고 있었고, 친정 직후의 국정운영에 당시 최대 정치집단이었
던 안동김씨를 중심으로 한 노론세력의 협조가 필요했기 때문이었다. 따라
서 고종은 대원군정권기의 주된 정치세력을 바탕으로 이들의 재배치와 세
대교체를 통해 권력기반을 구축해 가게 되었다.

② 친정 직후의 의정

그렇다면 고종은 친정 직후에 어떠한 인물을 의정으로 임명해 국정을 운
영하려고 했던 것일까? 친정을 선포하는 과정에서 드러나듯이, 고종은 대대
적인 정계개편을 바라고 있지 않았다. 그러나 최익현 상소와 처벌에 대한
정부관료와의 의견대립이 커지고, 최익현에 대한 국청중지 명령에 영중추부
사 홍순목, 좌의정 강로, 우의정 한계원이 명소패를 반납하고 성문 밖으로
퇴거했기 때문에, 고종으로서는 그들을 파면하고 의정부를 새롭게 구성하지
않을 수 없었다. 이 때 고종이 새로운 정치파트너로 선택한 의정은 영의정에
소론의 경주이씨 이유원, 우의정에 노론의 반남박씨 박규수였다. 당시 고위
관료의 파면과 사직, 취임거절이 반복되던 혼란 속에서 정부를 총괄할 영의
정에 미경험자를 발탁할 수 없었던 고종은 임명할 수 있는 유일한 의정 경험
자인 이유원을 등용해 혼란한 정국을 안정시키려고 한 것이었다.

이유원이 고종의 친정파트너로 정계에 재등장한 것은 1873년 11월 13일의
일이었다. 이유원은 대원군정권기에 좌의정을 역임했으며,[12] 강연관으로서

---

[12] 이유원은 1864년 6월 15일에 좌의정에 임명된 후 1865년 2월 25일에 사퇴할
때까지 약 8개월간 의정으로 활동했다. 1868년 윤4월 11일에 또다시 좌의정에
임명되었으나 취임하지 않고 동월 23일에 면직되었다.

진강에, 시원임의정으로서 인견에 다수 참가해 고종과 친밀한 관계를 유지하고 있었다.13) 그는 1872년 12월, 의정부삼의정과 함께 고종의 존호가상문제를 적극적으로 주장했고, 상호도감도제조로서 대전옥책문제술관을 담당했다. 또한 1873년 2월과 3월에는 악천후를 이유로 고종의 행행과 제사 주관의 중지를 상주하는 등, 국가와 왕실의 행사에 관여하고 있었다. 이유원은 1873년 3월, 정원용이 사망함에 따라 판중추부사에서 영중추부사로 승진했고,14) 동년 4월에는 고종으로부터 상호도감도제조로서의 활동에 대한 포상을 받는 등, 1868년 좌의정을 사직한 이후 정치현안에는 크게 개입하지 않았으나, 고종 주변에서 원임의정의 역할을 충실히 수행하고 있었다.

이러한 이유원의 활동에서 주목해야 할 점은 그가 최익현 상소와 처벌에 관련해서 어떠한 입장도 표명하지 않았다는 것이다. 이유원은 상호도감도제조로서의 임무가 끝난 후, 곧바로 사직상소를 내고 정계에서 은퇴한 듯이 양주에 머물고 있었다. 그리고 고종과 정부관료 사이에 최익현 국청설치의 가부를 둘러싼 치열한 정쟁이 펼쳐지고 있을 때 어떠한 의견도 제시하지 않은 채 사태 추이를 관망하고 있었다. 그러나 이유원은 삼의정이 사직을 표명해 성문 밖으로 퇴거하자, 정치상황을 개탄하고 화기를 강조하며 자신이 갖고 있는 모든 관직의 사직을 청했다.15) 이것은 고종의 존호가상문제가 제기되었을 때 곧바로 상경해 고종을 설득하고, 고종뿐만 아니라 대왕대비, 왕대비 등에게도 존호가상작업을 주도했던 행동과는 대조적이며, 그가 적

---

13) 이러한 사실은 1872년 10월 이유원이 노환을 구실로 자신이 담당하고 있던 각 관사 제조 임무의 교체를 요청했을 때, 고종이 이유원에게 시골집과 묘당을 왕래하면서 정무를 행하도록 권유하고, 원임이라는 이유로 이유원과의 관계가 소원해지지 않을 것이며, 정계에서 은퇴하고 싶다는 이유원의 발언에 동의하지 않는다고 말한 점에서도 엿볼 수 있다(『승정원일기』 1872(고종9)년 10월 18일).
14) 정원용의 사망은 1873년 1월 3일이며, 이유원의 영중추부사 승진은 동년 3월 6일의 일이다.
15) 『승정원일기』 1873(고종10)년 11월 11일.

어도 표면적으로는 왕실 이외의 정치적 문제에 개입하려고 하지 않았다는 사실을 드러낸다고 할 수 있다.

1873년 11월 11일 이유원이 정국의 화해를 강조하면서 의례적인 관직조차 사임하겠다고 청했음에도 불구하고, 고종은 다음날 약원도제조와 삼영도제조에 이유원을 임명한 후, 11월 13일에는 영의정에 제수했다. 11월 9일, 영돈녕부사 홍순목, 좌의정 강로, 우의정 한계원이 최익현의 국청을 중지하라는 명령에 불복 의사를 표하기 위해 명소패를 반납하고 돌아오라는 고종의 회유를 거부함으로써 11일에 전원 파면이 결정된 지 이틀 후의 일이었다. 이유원은 의정 모두가 파면된 당일, 자신도 사직하겠다는 의사를 밝혔는데, 고종은 오히려 그에게 영의정을 맡겨 정치운영을 정상화하려 한 것이었다. 이에 이유원은 영의정 지명 철회를 요구하다가 결국 11월 27일에 영의정 취임을 수락했다. 그리고 이후 몇 차례나 사직의 뜻을 드러내면서도 약 1년 반 동안 영의정으로서 국정을 총괄해 갔다.

고종이 친정을 시작한 초기에 의정으로 활동한 인물은 이유원(경주이씨/소론), 박규수(반남박씨/노론), 이최응(전주이씨/종친), 김병국(안동김씨/노론)의 총 4명이다. 이 중 이유원 이외 3명은 의정 초임자이며, 특히 이최응은 종친으로 정부관료의 경험도 없는 인물이었다. 이 시기에는 의정개편이 두 차례 있었는데, 제1차 정계개편은 친정선포 직후 영의정 이유원과 우의정 박규수의 이상(二相)체제가 갖추어진 1873년 12월 2일의 일이며, 제2차 정계개편은 우의정 박규수가 사직한 후(1874년 9월 26일), 좌의정에 이최응, 우의정에 김병국이 임명된 1874년 12월 7일의 일이다. 이최응·김병국체제는 이유원의 사직 이후—최종적인 사임은 1875년 4월 22일— 이최응이 영의정으로, 김병국이 좌의정으로 승진해 1882년 1월까지 계속되었다.16)

---

16) 이최응은 1875년 11월 20일에 영의정으로 승진해 1882년 1월 13일에 최종적으로 사임했다. 김병국은 1878년 8월 18일에 좌의정으로 승진해 1882년 1월 12일에 최종적으로 사직했다.

친정선포 직후, 고종은 이유원과 박규수를 의정으로 임명했다. 그들의 의정임명은 고종의 군주권 확립에 대한 의지가 어느 때보다 확고했다는 점에서 큰 정치적 의미를 갖고 있었다. 특히 고종이 대원군의 권력기반을 약화시키고 군주의 친정체제를 정비하려고 할 즈음에 이 두 사람에게 정치운영의 총괄책임을 맡겼다는 것은 고종의 그들에 대한 기대와 신뢰가 얼마나 컸는지를 말해 준다. 그리고 이러한 이유원과 박규수에게 요구된 것은 오랜 정치적 경륜과 폭넓은 인맥을 살려 대원군세력으로부터의 위협을 제거하고 군주의 권력기반을 확대·안정시킴과 동시에 정치운영을 원활하게 하는 일이었다.

그렇지만 이 두 사람의 정치적 행보를 보면, 그들이 반드시 친군주세력으로 활동했다고 할 수 없다. 대원군정권기에 이유원은 두 차례나 의정에 취임한 경험이 있었고, 박규수는 중앙과 지방정부의 요직에서 대원군의 정책수행에 협력했기 때문이다. 실제로 이유원은 고종의 강력한 신임을 받아 영의정에 취임했지만, 무위소 설치·확대, 진무영개편, 경복궁공사 확장 등 고종의 주요정책에 반대 의사를 표명하고 있었다. 또한 임오군란 직후에 어윤중이 청에 보낸 정보에서 친대원군세력으로 맨 처음 언급된 인물도 이유원이었다.[17] 박규수는 신정왕후의 지지를 얻어 우의정에 발탁되었지만, 고종의 무위소 확대를 반복해서 비판했을 뿐만 아니라, 이유원과는 정책추진과 방향을 둘러싸고 의견갈등을 일으키고 있었다. 이러한 점에서 고종이 이유원과 박규수를 친정 직후의 정치파트너로 선택한 것은 그들의 반대원군적인 성향 때문이 아니라, 두 사람이 갖고 있는 정치적 경험과 경륜에 대한 신뢰에 의해서였다고 할 수 있다.[18]

영의정 이유원과 우의정 박규수체제는 1874년 9월에 우의정 박규수가 사직하고,[19] 이유원이 1874년 11월에 손영로로부터, 12월에는 정면수로부터

---

[17] 『淸季中日韓關係史料』 3, #534-9.
[18] 연갑수, 「대원군집권기(1863~1873) 서양세력에 대한 대응과 군비증강」, 343쪽.

비판을 받아 사직을 청함에 따라 결국 1875년 4월에 면직되면서 막을 내렸다. 그리고 1874년 12월부터는 좌의정 이최응(1875년 11월부터는 영의정)과 우의정 김병국 중심의 체제가 시작되었다. 당시에는 이유원과 박규수가 고종의 정책에 빈번하게 반대 의사를 나타내는 가운데, 친대원군세력이 양주 직동에 은둔한 대원군의 귀경을 요구하며 결집할 태세를 보이고 있었다. 그러자 고종은 그들을 억제하기 위해 대원군과 대립하고 있던 흥인군 이최응과 전영의정 김병학의 동생으로 안동김씨 세력을 흡수할 수 있는 인물인 김병국을 의정으로 등용했다. 다시 말하면 대원군의 형인 이최응으로 하여금 대원군의 정계복귀 명분을 퇴색시키고 종친세력의 규합·통제를 꾀함과 동시에 안동김씨를 중심으로 한 노론세력의 결집을 통해 친대원군세력을 제압할 목적으로 두 사람을 의정으로 임명했던 것이었다.

이처럼 고종은 처음에는 대원군정권하에서 고위관료로 활동하던 이유원과 박규수를 대신으로 등용해 통치권을 확립하려고 했다. 그러나 그들은 고종의 정책에 협력하면서도 대원군정책의 변경·폐지, 무위소 강화, 세금 감면 등에 반대나 우려의 뜻을 나타내고 있었다. 무엇보다도 이유원과 박규수는 친대원군세력을 억제해 외부로부터의 반발과 공격을 차단함으로써 한시라도 빨리 친정체제를 안정시키려고 하는 고종의 기대에 부응하지 못했다. 따라서 고종은 종친·선파와 안동김씨 중심의 노론세력을 규합할 수 있는 이최응과 김병국을 발탁해 정국의 불안을 일소하려 했다. 이 밖에도 1875년 정월부터 세자책봉 문제를 꺼내들어 그 수속을 촉구하는 한편, 세자

---

19) 관찬사서 기록에서는 박규수가 건강상의 이유로 사직을 요구했다고 기록되어 있으나 실제로 박규수는 고종의 무위소 설치·확대에 강한 우려를 드러냈으며 부족한 군수 보충방안과 옥로장식 모자 착용자의 규정문제 등을 둘러싸고 이유원과 의견 대립을 일으키고 있었다. 이러한 상황은 박규수의 사직상소를 재촉하는 원인이었으리라 판단된다. 박규수와 고종과 이유원과의 갈등상황은 『승정원일기』 1874(고종11)년 5월 25일·7월 15일·30일·8월 9일, 사직상소 제출은 『승정원일기』 1874(고종11)년 9월 2·12·23·26일의 기사를 참조.

시강원・익위사의 거처를 확보하고, 경복궁 확장, 『선원보략』 수정, 전직관원의 상소 반입을 제한하는[20] 등, 왕실 권위를 강화하고 왕권을 안정시킬 정책을 펼쳐 나갔다.

③ 친정 직후 고위관료의 구성

a. 육조판서의 구성

친정 직후 고종은 대원군정권기의 주요한 정치집단을 적극적으로 등용해 불안정한 정국을 안정시킴과 동시에 그들은 친군주세력으로 재편성하려고 했다. 또한 인사・재정・군사의 중요한 부분에는 새로운 세력을 발굴・형성해 주위에 배치하는 작업을 수행했다. 여기에서는 고종이 친정 직후 주요 고위관직에 등용한 인물과 그 구성상 특징을 각조와 의정부당상의 임용자 명단을 제시해 살펴보도록 하겠다.[21]

[표 29]는 이조판서 역임자 명단이다. 대원군정권기부터 이조판서에는 비교적 다양한 가문의 인물이 등용되었다. 대원군정권기 이조판서 역임자는 당시 고위관료의 비중과 크게 다르지 않았으나,[22] 남인의 비중이 평균보다 높은 반면, 노론의 비중은 그것보다 낮았다. 이에 비해 고종 친정선포 이후에는 대원군정권기 후반부터 임명되었던 남인과 북인 출신이 한 명도 등용되지 않았고, 노론 비중이 커졌다는 것이 가장 큰 특징이다. 또한 대원군정권기와 비교해 이조판서의 교체가 줄면서 재직기간도 길어졌다. 특히 1874년 1월에 임명된 조기응의 경우에는 약 1년간 이조판서로 활동했는데, 여기에는 친정 직후 원활한 인사정책을 수행하려는 고종의 의도가 반영되어 있었다.

---

[20] 『승정원일기』 1874(고종11)년 12월 24일.

[21] [표 29]부터 [표 31]까지는 육조판서 중에서도 그 권한이 컸던 이조・호조・병조의 판서 명단이다. 이를 대원군정권기의 역임자와 동시에 제시해 대원군정권기와 고종친정 직후의 변화양상을 비교하려고 한다.

[22] 糟谷憲一의 연구에 의하면, 노론 56.1%, 소론 24.5%, 남인 8.6%, 북인 9.4%이다(糟谷憲一, 「大院君政權の權力構造」, 144쪽).

[표 29] 고종 재위 전기 이조판서 명단

연도	노론	소론	남인	북인	종실
1864	홍설모(풍산홍씨) 김병학(안동김씨)1/2 윤치정(해평윤씨)7 김병국(안동김씨)8	조득림(양주조씨)6			
1865	홍종서(남양홍씨)3 이경재(한산이씨)7	이시원(전주이씨)6 홍원섭(남양홍씨)7 조득림(양주조씨)12	강시영(진주강씨)1 이의익(광주이씨)7		
1866	홍순목(남양홍씨)4/12 이재원(전주이씨)6	이원명(용인이씨)10			
1867	송근수(은진송씨)7 조헌영(풍양조씨)8 김병기(안동김씨)9 김병덕(안동김씨)12	조석우(창녕조씨)8			
1868	김병덕(안동김씨)2 김병교(안동김씨)7	서헌순(대구서씨)2 조병창(풍양조씨)12	한계원(청주한씨)3/4		
1869	남상길(선녕남씨)1 김대근(안동김씨)1/12	조병창(풍양조씨)2	최우형(삭녕최씨)8	박승휘(밀양박씨)1 남성원(선녕남씨)6	
1870	신석희(평산신씨)4	조병휘(양주조씨)7		임백수(풍천임씨)3	
1871	김세균(안동김씨)7		이승보(전주이씨)2		이재원1
1872	이근우(전의이씨)3 조기응(임천조씨)5 김병운(안동김씨)7	임긍수(나주임씨)1 조병창(풍양조씨)10	이명적(경주이씨)1	엄석정(영월엄씨)4 송정화(은진송씨)10	
1873	신석희(평산신씨)1 김병기(안동김씨)4 신응조(평산신씨)10 김병주(안동김씨)11			박효정(밀양박씨)10	
합계	21(50%)	9(21%)	6(14%)	5(11%)	1(0.02)
1874	김병주(안동김씨) 조기응(임천조씨)1				
1875	김재현(광산김씨)1 이흥민(전의이씨)8 민규호(여흥민씨)8				

1876	이우(우봉이씨)6 김보현(광산김씨)12	오취선(해주오씨)8 정기세(동래정씨)8		
합계	7(78%)	2(22%)		

· 범례: 이름 오른쪽 숫자는 임명된 달이다. 한 달에 두 명이 임명된 경우에는 임명일이 늦은 쪽 인물의 숫자를 굵게 표시했다.
　　　 밑줄을 그은 사람은 무신이다.
　　　 합계는 대원군정권기와 고종친정 이후를 별도로 계산했다. 이하 [표 32]까지 동일.
· 출전: 『승정원일기』·『일성록』·『비변사등록』.

[표 30] 고종 재위 전기 호조판서 명단

연도	노론	소론	남인	북인
1864	김병기(안동김씨)	이돈영(전주이씨)3		
1865		이돈영(전주이씨)		
1866	김병국(안동김씨)4			
1867	김병국(안동김씨)			
1868	김병국(안동김씨)			
1869	김병국(안동김씨)			
1870	김병국(안동김씨)			
1871	김병국(안동김씨)			
1872	김세균(안동김씨)9			
1873	김세균(안동김씨)			
합계	3(75%)	1(25%)		
1874	김세균(안동김씨) 민치상(여흥민씨)11			
1875	민치상(여흥민씨)			
1876	민치상(여흥민씨)			
합계	2(100%)			

[표 30]은 호조판서 역임자 명단이다. 호조판서에는 대원군정권기부터 모두 안동김씨와 종친·선파, 여흥민씨가 임명되었고, 소론에서는 이돈영이 유일하며, 남인과 북인에서는 한 명도 발탁되지 않았다. 대원군정권기에는 이돈영을 제외하면 안동김씨가 호조판서직을 장악하고 있었고, 고종친정기에 들어서는 1874년 10월까지 김세균이, 1878년까지는 외척인 여흥민씨 민치상이 호조판서를 담당했다. 이들은 모두 노론 출신으로 고종친정 직후에는 노론이 정부재정을 주관해 갔다. 호조판서의 재직기간은 대원군정권기부터 다른 관직에 비해 상당히 길어 재정 담당에 대한 중요성을 드러내고 있다. 여기에서 주목되는 점은 호조판서가 안동김씨에서 친정 이후 여흥민씨로 넘어갔다는 것인데, 이는 고종이 자신의 재정정책에 비판적인 태도를 취하던 김세균을 파면해 보다 용이하게 재정을 운영하고자 했기 때문이었다고 판단된다.[23]

[표 31]은 병조판서 역임자 명단이다. 병조판서에는 호조판서보다 다양한 인물이 등용되었지만, 1872년 10월에 좌의정으로 승진한 북인 강로를 제외하면 남인·북인 출신자는 한 명도 선택되지 않았다. 병조판서에는 주로 종친·선파를 비롯해 안동김씨·여흥민씨·대구서씨가 임명되었고, 1869년 3월에 영의정 김병학이 병조판서의 지속적인 역할수행을 건의함에 따라 임기가 24개월로 연장되었다. 이 같은 조치는 고종의 친정선포 직후인 1873년 12월에 폐지되었지만, 이재원이 약 2년간 재임한 점에서 병조판서가 여전히 장기간 근무했음을 알 수 있다. 친정 직후 병조판서에는 종실인 이재원이 임명되었는데, 당시 중앙군영대장과 무위도통사를 이경하·이종승이 담당한 점까지 감안하면, 종친·선파 세력이 고종의 군사권 장악과 행사의 기반이 되었다고 하겠다. 이재원은 1876년 7월부터 경기감사와 광주유수를 담당한 후, 1878년 8월에 또다시 병조판서로 임명되었다.

고종친정 직후의 병조판서 역임자에서 드러난 특징은 대원군정권기에는

---

23) 『승정원일기』 1874(고종11)년 11월 7일.

[표 31] 고종 재위 전기 병조판서 명단

연도	노론	소론	남인	북인	종실
1864	서재순(대구서씨) 신헌(평산신씨)6	정기세(동래정씨)1			
1865	김병기(안동김씨)1 이규철(전주이씨)12				
1866	김병주(안동김씨)7				
1867	김수현(광산김씨)9				
1868	김수현(광산김씨)				
1869	이경하(전주이씨)6				
1870	이경하(전주이씨)				
1871	이재원(전주이씨)4			강로(진주강씨)4	
1872	민치상(여흥민씨)10				
1873	민승호(여흥민씨)9 서상정(대구서씨)10				
합계	11(84%)	1(8%)	0	1(8%)	
1874	서상정(대구서씨)				이재원(전주이씨)9
1875					이재원(전주이씨)
1876	김병시(안동김씨)8	서당보(대구서씨)6			
합계	2(50%)	1(25%)	0	0	1(25%)

무신도 병조판서에 취임했던 데 반해, 고종친정 이후에는 모두 문신이 등용되었고, 24개월의 임기제가 폐지된 후에도 병조판서의 재임기간은 다른 판서보다 길어 책임 있는 군정의 추진이 요구되었다는 것을 들 수 있다. 병조판서에도 남인·북인은 등용되지 않았다.

이상 육조 중에서도 권력의 중심인 이조·호조·병조의 판서 역임자들은 [표 32]의 예조·공조·형조의 판서 역임자에 비해 그 재임기간이 길었고, 특정 가문 인물이 집중적으로 임명되고 있었다. 또한 1874년에서 1876년 사이에는 대원군정권기부터 노론세력에 의해 주도된 이조·호조·병조판

[표 32] 고종친정 직후 예조·형조·공조판서 명단

		예조판서			형조판서			공조판서		
		1874년	1875년	1876년	1874년	1875년	1876년	1874년	1875년	1876년
노론	광산김씨		김수현6 김보현10	김상현2 김재현7	김재현1 김보현11	김수현4			김상현8	
	안동김씨	김병덕 3/8 김병국11	김세균3 김병시9	김대근1 김병주1	김병교1	김병덕6 김병지6 김병시8		김익진1		
	연안김씨					김시연12				
	청풍김씨						김원식10			
	여흥민씨	민규호10								
	대구서씨		서형순4		서상정12	서형순4			서상정4	서유여4
	은진송씨							송근수4		
	평산신씨	신응조12								신응조9
	청송심씨					심승택4				
	남원양씨					양헌수2				
	우봉이씨				이호준11	이호준4 이우6				
	전의이씨								이시민1	
	전주이씨				이병문12	이주철8	이승수3			
	풍양조씨							조귀하4		조영하2
	남양홍씨	홍종운4								
	풍산홍씨	홍우길 9/12								
	노론합계		15/79%			19/66%			9/56%	
소론	파평윤씨							윤자덕11		
	연안이씨					이풍익9		이풍익12		
	용인이씨		이원명4			이원명10				
	전의이씨			이근필1						
	전주이씨				이경우1					
	동래정씨		정기세4			정기세9 정건조9	정건조10			정기회12
	연일정씨						정기원1			
	양주조씨				조병휘1					
	창녕조씨						조석여2			조석우1

	남양홍씨							홍원섭12		
	소론합계	3/16%				9/31%		5/31%		
남인	삭녕최씨	최우형4								
	청주한씨									한돈원4
	남인합계	1/5%				0/		1/6%		
북인	의령남씨					남정순8				
	전주이씨							이회정9		
	북인합계	0/				1/3%		1/6%		
	총계	6명/8회	8명/8회	5명/5회	8명/8회	15명/15회	6명/6회	7명/7회	2명/2회	7명/7회

서에 남인과 북인이 한 명도 임명되지 않아 중앙요직에서의 노론 우위가 더욱 심화되었다. 이는 고종이 대원군에 의해 중용된 남인과 북인을 권력의 중심에서 배제해 대원군의 세력 약화를 꾀했기 때문이었다고 판단된다.

[표 32]는 고종친정 직후 예조·공조·형조판서의 명단이다. 예조·공조·형조판서는 빈번히 교체되어 각조의 평균근무월수가 2개월에도 미치지 않았는데, 특히 형조판서는 3년간 29명이 임명·교체되어 1인당 약 한 달 정도 근무했을 뿐이었다. 이 시기 예조판서에는 노론이 79%의 압도적인 비율을 차지했고, 1874년의 예조판서와 1875년의 공조판서에는 노론만이 임명되었으며, 공조·형조판서도 노론에 의해 주도되었다. 특히 친정 직후 3년간, 예조판서에는 북인이, 공조판서에는 남인이 한 명도 발탁되지 않는 등, 예조·공조·형조판서에도 남인과 북인이 거의 등용되지 않았다. 이는 고종친정기에 들어 이들의 세력 약화가 진행되고 있었음을 보여준다.

또한 삼조판서에는 노론의 안동김씨·광산김씨·대구서씨와 소론의 동래정씨 인물이 지속적으로 임명되어 그들이 고종의 권력기반으로 흡수·재편성되어 갔음을 엿볼 수 있다. 공조판서인 대구서씨 서유여를 제외하면 모두 대원군정권기부터 참판(종2품) 이상의 고위관료가 판서에 취임해 기존 정치세력이 여전히 육조판서 이상의 고위관직을 점했다고 판단할 수 있다.

고종은 친정 직후 호조와 병조판서에 민치상과 이재원이라는 최측근을 배치해 국가의 재정과 병권을 장악했다. 그리고 이조·예조·형조·공조판서에는 기존의 정치세력, 특히 노론의 안동김씨·광산김씨를 등용해 군주중심의 정치운영을 확립해 갔다. 이처럼 대원군과 차별화된 친군주세력을 형성할 여유가 없었던 고종은 재정·군사라는 중요한 부서에 외척과 종친을 등용하는 동시에 노론 중심의 기존 세력을 재편성하는 작업을 통해 권력기반 안정화를 시도해 갔다고 하겠다.

b. 의정부당상의 구성

다음은 차대에 출석해 수많은 정치현안에 관해 토론·협의하고, 실무를 담당했던 의정부당상[24] 구성을 고찰해, 고종의 권력기반을 분석해 보도록 하겠다. 의정부당상은 의정부대신, 육조판서(겸임)와 함께 정치회합에 출석한 고위관료로서 정책결정과 실무추진에 관여했다. 여기서는 고종의 친정선포 이전과 이후의 당상 구성을 비교해 그 변화를 고찰하기 위해 1873년 10월의 의정부당상과 친정선포 직후인 1873년 12월,—1874년 1월의 기록이 없기 때문에— 1875년 1월, 1876년 1월, 1877년 1월의 다섯 개의 명단을 [표 33]으로 정리해 제시하겠다.

먼저, 친정 초기 의정부당상 구성원수를 보면, 1873년 10월에는 67명, 제1차 정부개편 직후인 12월에는 60명, 1875년 1월에는 63명, 1876년 1월에는 57명, 1877년 1월에는 63명이 임명되어 의정부당상 수는 60명 전후를 유지했다. 의정부당상의 각 당파 비율은 노론이 점차 증가 추세를 보였으며, 소론은 20%대를 유지, 남인과 북인은 친정 직후에 비해 과반수준으로 떨어졌다. 특히 남인은 1873년 12%를 차지하던 것이 1877년에는 4.8%로 급격한

---

[24] 의정부당상은 본래 의정부당상관인 찬성·참찬에 더해 판서·판윤·사도유수(수원부·광주부·개성부·강화부)·군영대장 등이 겸임하는 당상으로 구성되었으며, 그 총수는 대략 50명에서 60명대였다(糟谷憲一, 「閔氏政權前半期の權力構造」, 479쪽 참조).

하향세를 보였다. 성씨별로는 안동김씨(노론)와 전주이씨가 10명 정도로 가장 많고, 다음으로는 풍양조씨와 여흥민씨, 광산김씨(이상 노론)에서 평균 3명 정도, 대구서씨·우봉이씨(이상 노론)·동래정씨(소론)에서 평균 2명씩이 의정부당상으로 활동했다. 이 밖에는 대부분 한 성씨에서 한 명 정도가 대표로 임명되었다.

성씨별 특징으로는 1873년 당시 의정부당상을 맡았던 전주이씨가 1877년에 모두 사라졌다는 점을 들 수 있는데, 이는 전주이씨 내부의 세대교체가 고종친정 직후 빠르게 진행되었기 때문이었다. 또한 1873년에는 의정부당상만을 담당하던 여흥민씨·풍양조씨·광산김씨가 1877년이 되면 유사·공시·제언 등의 중요당상을 맡아 권력의 실세로 성장해 갔다. 의정부당상에서 무신 출신은 11~13명 정도로 전체의 20% 가까운 비중을 유지했는데, 이는 무신세력도 정부고위관료로 정치운영에 관여하고 있었음을 보여준다.

이 기간 지속적으로 의정부당상을 담당했던 인물은 안동김씨가 김대근·김세균·김병주·김병덕·김병문·김병지·김병시 7명으로 가장 많고, 여흥민씨 민치상, 풍양조씨 조귀하·조영하, 광산김씨 김수현·김보현, 대구서씨 서형순, 연안김씨 김유연, 청송심씨 심승택, 남원양씨 양헌수, 덕수이씨 이용희, 우봉이씨 이우, 임천조씨 조기응, 남양홍씨 홍종운(이상 노론 20명), 전주이씨 이경우, 연안이씨 이풍익, 용인이씨 이원명, 동래정씨 정건조, 연일정씨 정기원(이상 소론 5명), 삭녕최씨 최우형, 청주한씨 한돈원(이상 남인 2명), 풍천임씨 임상준(이상 북인 1명)과 종실 이재면을 합해 총 29명이었다. 의정부당상이 평균 60명 정도였음을 감안하면, 과반에 가까운 인물들이 지속적으로 의정부에서 활동하며 정부정책의 수립·추진에 관여했다고 할 수 있다.

먼저, 고종의 친정선포 직전인 1873년 10월의 의정부당상에는 67명이 임명되었다. 당시 각 당파의 비율은 대원군정권기 판서·참판의 그것과 비슷해 노론 56.7%, 소론 22.3%, 남인 12%, 북인 6%, 종실 3%이다. 성씨별로는

[표 33] 고종친정 직후 의정부당상 명단

		1873년 10월 (67명)	1873년 12월 (60명)	1875년 1월 (63명)	1876년 1월 (57명)	1877년 1월 (63명)
노론		38명/56.7%	35명/58.3%	38명/60.3%	34명/59.6%	41명/65.1%
노론	안동김씨	1 김병기 겸이조판서 2 김대근 좌찬성 3 김병교 행상호군 4 김세균 행호조판서 (유사·공시·영남) 5 김병주 행상호군 (관서) 6 김병덕 한성판윤 7 김병운 행대호군 8 김병지 행대호군 (관동) 9 김익진 행대호군 10 김병시 행호군	1 김대근 우찬성 2 김병교 행상호군 3 김세균 행호조판서 (유사·공시·영남) 4 김병주 행이조판서(관서) 5 김병덕 행대호군 6 김병운 행대호군 7 김병지 행대호군 (관동) 8 김병진 행대호군 9 김병시 행호군	1 김대근 좌찬성 2 김병교 행상호군 3 김세균 행상호군 (공시·영남) 4 김병주 행상호군 (관서) 5 김병덕 행대호군 6 김병운 행대호군 7 김병지 행대호군 (관동) 8 김익진 행대호군 9 김병시 행호군	1 김대근 행지중추부사 2 김병교 행상호군 3 김세균 행상호군 4 김병주 행상호군 (관서) 5 김병덕 행대호군 6 김병운 행대호군 7 김병지 행대호군 (관동) 8 김익진 행대호군 9 김병시 우참찬	1 김대근 행지중추부사 2 김세균 행우참찬 (영남) 3 김병주 행상호군 (관서) 4 김병덕 행대호군 5 김병운 행대호군 6 김병지 수원유수 (예겸) 7 김익진 행대호군 8 김병시 병조판서
노론	전주이씨	1 이경하 행형조판서 2 이주철 행지종정경부사 (유사·주교사) 3 이재봉 지종정경부사 4 이인응 공조판서 (예겸)	1 이경하 행지종경부사 2 이주철 행지종경부사 (유사·주교사) 3 이재봉 지종정경부사 4 이인응 공조판서 (예겸)	1 이경하 행지종정경부사 (유사·주교사) 2 이재봉 지종정경부사 3 이병문 지종정경부사	1 이병문 수판종정경부사	1 이병문 지종정경부사 2 이종승 동지삼군부사 3 이명응 종정경부사
노론	여흥민씨	1 민치상 수원유수 (예겸) 2 민승호 병조판서 (예겸) 3 민영위 행대호군	1 민치상 수원유수 (예겸) 2 민영위 행대호군	1 민치상 호조판서 2 민영위 행대호군 3 민규호 우참찬	1 민치상 호조판서 2 민규호 행이조판서 (유사·주교사)	1 민치상 행호조판서(공시) 2 민영목 행호군 (유사)
노론	풍양조씨	1 조귀하 행대호군 2 조영하 행호군 3 조성하 행호군	1 조귀하 행대호군 2 조영하 행호군 3 조성하 행호군	1 조귀하 행대호군 2 조봉하 행호군 3 조영하 동지삼군부사 (유사·제언)	1 조귀하 행대호군 2 조봉하 행호군 3 조영하 동지삼군부사	1 조귀하 행대호군 2 조봉하 행호군 3 조영하 지중추부사 4 조성하 행대호군 (유사)

성씨					
광산김씨	1 김수현 지돈녕부사 2 김보현 행호군	1 김수현 지중추부사 2 김보현 행승정원도승지	1 김수현 행대호군 2 김재현 행대호군 3 김보현 행대호군 (유사)	1 김수현 행대호군 2 김재현 행상호군 (유사) 3 김보현 예조판서 (공시) 4 김상현 공조판서 (유사·제언)	1 김수현 행대호군 2 김재현 행상호군 3 김보현 행이조판서(공시) 4 김기석 지삼군부사
청풍김씨	1 김학성 행지중추부사 2 김익문 행대호군	1 김학성 행지중추부사 2 김익문 행대호군	1 김학성 행지중추부사	1 김원식 지중추부사	
대구서씨	1 서형순 좌참찬 (해서) 2 서상정 행대호군	1 서형순 우참찬 (해서) 2 서상정 병조판서	1 서형순 우참찬 (해서) 2 서상정 형조판서	1 서형순 우참찬 (해서) 2 서상정 행대호군	1 서형순 행대호군 (해서) 2 서승보 행대호군 (유사)
반남박씨	1 박규수 행대호군 (공시) 2 박제인 행대호군	1 박제인 예조판서	박제인 지돈녕부사		
연안김씨	1 김유연 행대호군	1 김유연 행대호군	1 김유연 행대호군 (북관)	1 김유연 행대호군 (북관)	1 김유연 행대호군 (북관) 2 김시연 행대호군
수원백씨		1 백낙정 행호군 (예겸)			
은진송씨			1 송근수 행수원유수(예겸)	1 송근수 행수원유수(예겸)	1 송근수 행지중추부사
평산신씨	1 신헌 판삼군부사		1 신헌 행지중추부사	1 신헌 행지중추부사	1 신헌 행지중추부사 (유사·주교사)
청송심씨	1 심승택 행대호군(호서)	1 심승택 한성판윤 (호서)	1 심승택 행대호군 (호서)	1 심승택 행사헌부대사헌 (호서)	1 심승택 수판중추부사 (호서) 2 심순택 형조판서
남원양씨	1 양헌수 지훈련부사	1 양헌수 지삼군부사	1 양헌수 지삼군부사	1 양헌수 지삼군부사	1 양헌수 지삼군부사
기계유씨	1 유치선 행대호군 (경기)	1 유치선 행대호군 (경기)			1 유치선 행대호군
덕수이씨	1 이용희 지삼군부사	1 이용희 지삼군부사	1 이용희 지삼군부사	1 이용희 지삼군부사	1 이용희 지삼군부사
연안이씨					1 이교익 강화유수

	우봉이씨	1 이우 행대호군	1 이우 광주유수 (예겸)	1 이우 광주유수 (예겸) 2 이호준 행대호군	1 이우 우참찬 2 이호준 행대호군	(예겸) 1 이우 지중추부사 2 이호준 행대호군
	전의이씨	1 이흥민 행대호군	1 이흥민 행대호군			
	양주조씨			1 조병식 강화유수 (예겸)	1 조병식 강화유수(예겸)	1 조경호 행호군
	임천조씨	1 조기응 행대호군	1 조기응 지돈녕부사	1 조기응 이조판서 (경기)	1 조기응 지중추부사(경기)	1 조기응 행대호군 (경기)
	평강채씨			1 채동건 지삼군부사		1 채동건 지삼군부사
	남양홍씨	1 홍종운 행사헌부대사헌	1 홍종운 행대호군	1 홍종운 행대호군	1 홍종운 행대호군	1 홍종운 우참찬
	풍산홍씨			1 홍우길 예조판서	1 홍우길 행대호군	1 홍승억 개성유수 (예겸) 2 홍우길 행대호군
소론	소론	15명/22.3%	12명/20%	13명/20.6%	13명/22.8%	16명/25.4%
	전주이씨	1 이경우 완릉군 2 이장렴 지종정경부사 3 이근필 행대호군	1 이경우 판중추부사 2 이장렴 지종정경부사 3 이근필 지중추부사	1 이돈우 행좌찬성 2 이경우 완릉군 3 이근필 행대호군 (유사)	1 이경우 완릉군 2 이근필 행대호군	1 이경우 완릉군
	안동김씨			1 김선필 지삼군부사	1 김선필 지삼군부사	1 김선필 지삼군부사
	반남박씨	1 박제소 행대호군	1 박제소 행대호군			
	대구서씨	1 서당보 행대호군	1 서당보 행대호군			1 서당보 예조판서
	해주오씨			1 오취선 행상호군	1 오취선 행상호군	1 오취선 행상호군
	파평윤씨			1 윤자덕 행대호군	1 윤자덕 광주유수 (예겸)	1 윤자덕 광주유수 (예겸) 2 윤자승 행대호군
	경주이씨	1 이유응 행대호군	1 이유응 행대호군			
	연안이씨	1 이풍익 행상호군	1 이풍익 행상호군	1 이풍익 행공조판서	1 이풍익 행상호군	1 이풍익 행상호군
	용인이씨	1 이원명 행대호군	1 이원명 행대호군	1 이원명 행대호군	1 이원명 형조판서	1 이원명 지돈녕부사

	전의이씨	(유사·제언)			1 이희승 동지삼군부사	1 이희승 동지삼군부사
	나주임씨	1 임긍수 행대호군 (호남)	1 임긍수 행대호군 (호남)			
	동래정씨	1 정건조 행대호군	1 정건조 수판중추부사 (유사·제언)	1 정건조 행대호군 (유사·호남) 2 정범조 행승정원도승지	1 정기세 행상호군 2 정건조 행대호군 (유사·호남) 3 정범조 행호군	1 정기세 행상호군 2 정건조 행대호군 (호남)
	연일정씨	1 정기원 지삼군부사	1 정기원 행삼군부사	1 정기원 행삼군부사	1 정기원 지삼군부사	1 정기원 지삼군부사
	양주조씨	1 조병휘 행상호군 (유사)	1 조병휘 행상호군			1 조인희 행호군 (유사·제언)
	창녕조씨	1 조석우 행광주유수(예겸)				1 조석우 행공조판서 2 조석여 행호군
	평양조씨	1 조희복 행호군 (예겸)				1 조희복 동지삼군부사
	풍양조씨	1 조병창 행상호군 (북관)		1 조병창 행상호군	1 조병창 행상호군	
	남양홍씨			1 홍원섭 한성판윤 (예겸)		
	남인	8명/12%	7명/11.7%	6명/9.5%	5명/8.8%	3명/4.8%
남 인	진주강씨	1 강난형 행대호군	1 강난형 형조판서	1 강난형 행대호군	1 강난형 한성판윤	1 강난형 한성판윤
	기계유씨	1 유치숭 행대호군	1 유치숭 행대호군	1 유치숭 행대호군	1 유치숭 행대호군	
	경주이씨	1 이현직 행지삼군부사 2 이학영 행호군	1 이현직 행지삼군부사	1 이현직 행지삼군부사	1 이현직 행지삼군부사	
	전주이씨	1 이승보 좌찬성	1 이승보 우찬성	1 이승보 행지종정경부사 (공시)		
	한양조씨	1 조성교 예조판서	1 조성교 행대호군			
	삭녕최씨	1 최우형 영풍군	1 최우형 영풍군	1 최우형 영풍군	1 최우형 영풍군	1 최우형 영풍군
	청주한씨	1 한돈원 개성유수 (예겸)	1 한돈원 개성유수 (예겸)	1 한돈원 개성유수 (예겸)	1 한돈원 개성유수 (예겸)	1 한돈원 행대호군
	북인	4명/6%	4명/6.7%	4명/6.3%	3명/5.3%	2명/3.2%

북인	의령남씨	1 남정익 행호군	1 남정익 행호군	1 남정익 한성우윤	1 남정익 한성좌윤 2 남정순 수판중추부사	1 남정순 행대호군
	영월엄씨	1 엄석정 행대호군	1 엄석정 행대호군			
	전주이씨	1 이회순 지종정경부사	1 이회순 지종정경부사	1 이회순 지종정경부사 2 이회정 수판종정경부사		
	풍천임씨	1 <u>임상준</u> 우참찬	1 <u>임상준</u> 우참찬	<u>임상준</u> 지삼군부사	1 <u>임상준</u> 지삼군부사	1 <u>임상준</u> 지삼군부사
		2명/3%	2명/3.3%	2명/3.2%	2명/3.5%	1명/1.6%
종실		1 이재원 행지종정경부사 2 이재면 종정경부사	1 이재원 행지종정경부사 2 이재면 종정경부사	1 이재원 행병조판서 2 이재면 종정경부사	1 이재원 행병조판서 2 이재면 종정경부사	1 이재면 종정경부사

· 범례: 유사·제언·공시·주교사는 당상이고, 영남·관서·관동·북관·경기·호서·해서는 구관당상이다.
　　　 밑줄을 그은 사람은 무신이다.
· 출전: 『비변사등록』. 『비변사등록』에는 1874년의 1월의 의정부당상 기록이 누락되어 있다.

　안동김씨·전주이씨·풍양조씨·여흥민씨에서 의정부당상을 다수 배출했다. 특히 안동김씨는 유사당상·공시당상과 영남·관서·관동구관당상을 담당하며 중앙과 지방의 재정 및 행정에 크게 관여했다. 전주이씨 선파에서는 무신 출신이 많은 점이 눈에 띤다.
　의정부당상 중에서 특별한 업무를 담당하던 유사당상[25]에는 조병휘(양주조씨/소론)·김세균(안동김씨/노론)·이주철(전주이씨/노론)·이원명(용인이씨/소론)이, 공시당상[26]에는 김세균과 박규수(반남박씨/노론)가, 주교사당상[27]에

---

[25] 유사당상은 의정부에 출근해 의정부 사무를 총괄하는 간사직이며, 3~4명이 임명되었다.
[26] 공시당상은 貢契나 市廛의 사무와 물가 조절을 담당했다.
[27] 주교사당상은 한강에 부교를 설치하는 일이나 영남과 호서지방의 조운 업무를 담당했다.

는 이주철이, 제언당상28)에는 이원명이 임명되었다. 각 도의 일을 관장하는 구관당상에는29) 경기구관당상 유치선(기계유씨/노론), 호서구관당상 심승택(청송심씨/노론), 호남구관당상 임긍수(나주임씨/소론), 영남구관당상 김세균, 해서구관당상 서형순(대구서씨/노론), 관서구관당상 김병주(안동김씨/노론), 관동구관당상 김병지(안동김씨/노론), 북관구관당상 조병창(풍양조씨/소론)이 임명되었다.

　이들 유사·공시·주교사·제언당상과 구관당상은 모두 노론·소론만으로 구성되어 노론·소론이 실무책임자로 활동했음을 보여준다. 특히 호조판서 김세균은 유사당상·공시당상과 영남구관당상까지 겸임하며 정부재정과 경제운영에서 중심적인 역할을 수행했다. 무신 출신 정부당상은 13명으로 전체의 19.4%를 점해 의정부 내 무신활동이 활발했다고 할 수 있다.

　1873년 12월 고종의 친정선포 직후에는 60명의 의정부당상이 임명되었다. 각 당파의 비중은 10월과 거의 같아 노론이 35명으로 58.3%, 소론이 12명으로 20%, 남인이 7명으로 11.7%, 북인이 4명으로 6.7%, 종실이 2명으로 2.2%이다. 당시에는 여전히 안동김씨가 가장 많고, 전주이씨·풍양조씨·여흥민씨가 의정부당상으로 다수 활동했다. 이 때 의정부당상 구성에 큰 변화가 일어나지 않았다는 것은 고종의 통치권 장악이 대대적인 인사개편을 동반하지 않았다, 즉 고종이 대원군정권기의 고위관료를 흡수·재편성하며 통치권을 회복해 갔음을 드러낸다고 하겠다.

　유사당상에는 김세균·이주철·정건조(동래정씨/소론), 공시당상에 김세균, 주교사당상에 이주철, 제언당상에 정건조, 경기구관당상에 유치선, 호서구관당상에 심승택, 호남구관당상에 임긍수, 영남구관당상에 김세균, 해서구관당상에 서형순, 관서구관당상에 김병주, 관동구관당상에 김병지가

---

28) 제언당상은 전국의 水利시설을 관리, 제언 관련업무를 담당했다.
29) 각도의 구관당상은 서울에 거주하면서 의정부에 출석해 각도로부터의 狀啓와 文簿를 주관했다.

임명되었다. 고종의 친정선포 직후 유사·제언·공시·주교사당상직에는 여전히 안동김씨 김세균과 전주이씨 이주철이 유사당상과 공시당상·주교사당상으로 활동했고, 이원명 대신에 동래정씨 정건조가 유사당상과 제언당상의 업무를 담당하게 되었다. 특별당상·구관당상은 여전히 노론과 소론의 인물만으로 구성되었고, 무신 출신은 총11명으로 18.3%를 차지했다.

다음으로 좌의정 이최응과 우의정 김병국체제가 발족한 직후인 1875년 1월에는 63명의 의정부당상이 임명되었다. 각 당파의 비중을 보면 노론이 38명의 60.3%로 다소 증가했고, 소론은 13명의 20.6%로 변함없으며, 남인은 6명의 9.5%로 조금 감소, 북인은 4명의 6.3%, 종실은 2명의 3.2%의 비율로 종전과 비슷했다. 노론에서는 안동김씨가 9명으로 가장 많은 의정부당상을 냈고, 전주이씨·풍양조씨·여흥민씨, 그리고 광산김씨에서 각 3명씩 의정부당상으로 활동했다. 또한 각 당파로부터 다수의 종친·선파 세력이 의정부당상에 임명되었다.

1875년에는 유사당상에 이경하(전주이씨/노론)·정건조·이근필(전의이씨/소론)·김보현(광산김씨/노론)·조영하가, 공시당상에는 이승보(전주이씨/남인)·김세균, 주교사당상에 이경하(전주이씨/노론), 제언당상에 조영하, 경기구관당상에 조기응(임천조씨/노론), 호서구관당상에 심승택, 호남구관당상에 정건조, 영남구관당상에 김세균, 해서구관당상에 서형순, 관서구관당상에 김병주, 관동구관당상에 김병지, 북관구관당상에 김유연(연안김씨/노론)이 임명되었다.

각 도의 구관당상은 고종의 친정선포 직후와 거의 동일하지만, 조영하가 새롭게 유사당상과 제언당상을 담당하게 된 점이 주목된다. 특히 그는 1875년 초 무위도통사와 훈련대장까지 맡음으로써 고종친정 이후 권력의 실세로 등장했다. 남인인 이승보가 공시당상에 임명된 것을 제외하면 특별당상은 노론과 소론이 장악했다. 당시 이승보는 선혜청당상·무위소제조와 공시당상까지 겸임해 정부재정의 운영과 관리에 깊숙이 관여하고 있었다. 무신은 11명으로 17.5%의 비율을 차지해 1873년 10월에 이어 감소했다.
 1876년 1월에는 57명의 의정부당상이 임명되었다. 당파별 구성은 노론이 34명으로 59.6%, 소론이 13명으로 22.8%, 남인이 5명으로 8.8%, 북인이 3명으로 5.3%, 종실이 2명으로 3.5%이다. 노론은 변함 없고, 소론은 조금 줄었으며, 남인과 북인이 감소했다. 안동김씨는 여전히 9명의 의정부당상을 배출했고, 광산김씨가 4명, 풍양조씨(이상 노론)와 동래정씨(소론)가 각각 3명씩이다. 종친·선파 출신은 전년에 11명이 활동했던 데 비해 반수 이하인 5명으로 줄었는데, 이것은 이승보의 퇴진과 함께 남인·북인 세력의 쇠퇴가 본격적으로 진행되었음을 반영한다고 할 수 있다.
 유사당상은 민규호(여흥민씨/노론)·정건조·김재현과 김상현(광산김씨/노론)이, 공시당상은 김보현, 주교사당상은 민규호, 제언당상은 김상현, 경기구관당상은 조기응, 호서구관당상은 심승택, 호남구관당상은 정건조, 해서구관당상은 서형순, 관서구관당상은 김병주, 관동구관당상은 김병지, 북관구관당상은 김유연이 담당했다. 각 도의 구관당상은 전년과 동일했고, 김세균이 담당하고 있던 영남구관당상만이 제시되지 않았다.
 1876년에는 여흥민씨 민규호가 유사당상과 주교사당상을, 광산김씨 김재현이 유사당상, 김보현이 공시당상, 김상현이 유사당상과 제언당상을 맡아 여흥민씨와 광산김씨에 의해 중요 관직이 독점되고 있었다. 특히 1876년 1월 당시 민규호가 이조판서, 민치상이 호조판서, 김보현이 예조판서, 김상현이 공조판서를 담당한 점까지 감안하면, 이들 두 가문의 정치적 비중과 영향력이 급증했다고 판단할 수 있다. 무신 출신은 9명의 15.8%로 전년에 이어 감소했다.
 마지막으로 1877년 1월에는 63명의 의정부당상이 임명되었다. 1877년의 당파별 비율은 노론이 41명으로 65.1%, 소론이 16명으로 25.4%, 남인이 3명으로 4.8%, 북인이 2명으로 3.2%, 종실이 1명으로 1.6%이다. 1873년부터 의정부당상 구성의 비중은 노론·소론의 증가와 남인과 북인의 감소 경향으로 나타났는데, 이는 친정 이후의 당파별 고위관료 취임비율과도 일맥상통한다.30) 이렇게 노론의 의정부당상직 점유가 높아지는 가운데 안동김씨 8명, 광산김씨와 풍양조씨 각 4명, 전주이씨 3명, 여흥민씨·대구서씨·청송심씨·우봉이씨·연안이씨·풍산홍씨에서 각각 2명씩 배출되었다. 종친·선파인 전주이씨에서는 노론에서 새로운 정부당상이 배출되어 3명으로 증가한 데 반해, 소론은 이경우만이 남았고, 전년과 마찬가지로 남인·북인 출신은 없어, 종친·선파 등용에서도 고종친정 직후 인사정책의 특징인 노론의 등용강화현상이 나타나고 있었다고 말할 수 있다.

유사당상은 신헌(평산신씨/노론)·서승보(대구서씨/노론)·조성하(풍양조씨/노론)·민영목(여흥민씨/노론)·조인희(양주조씨/소론)가, 공시당상은 민치상(여흥민씨/노론)·김보현이, 주교사당상은 신헌, 제언당상은 조인희, 경기구관당상은 조기응, 영남구관당상은 김세균, 호서구관당상은 심승택, 호남구관당상은 정건조, 해서구관당상은 서형순, 관서구관당상은 김병주, 북관구관당상은 김유연이 맡았다. 각 도의 구관당상은 전년과 같고, 김병지가 담당하던 관동구관당상만이 제시되지 않았다. 1877년의 당상직에는 무위도통사에 임명된(1876년 7월 12일) 신헌이 유사당상과 주교사당상에, 조인희가 유사당상과 제언당상에 새롭게 발탁된 것 이외에, 김보현·민치상·조성하가 가문의 대표로 활동했다.31) 무신 출신자는 12명으로 19%를 나타내, 1873년의 수준으로 향상되었다.

이상 고종이 친정을 선포하기 직전인 1873년부터 친정 직후에 해당하는

---

30) 糟谷憲一의 민씨정권 전반기, 즉 1874년에서 1884년까지의 의정·판서 취임자의 연구에 의하면, 노론의 비율이 67.2%, 소론 20.5%, 남인 4.9%, 북인 4.1%이다(糟谷憲一, 「閔氏政權前半期の權力構造―權力上層部の構成に關する分析―」, 『朝鮮社會の史的展開と東アジア』, 山川出版社, 1997, 470쪽).

31) 민규호가 1877년에 정부당상직을 역임하지 않았던 이유는 1876년 2월 28일, 輔國崇祿大夫로 품계가 높아져 전례에 따라 유사당상에서 면직되었던 데다가, 같은 해 7월 12일에 모친상을 당해 정계에서 물러났기 때문이었다.

1877년까지의 의정부당상 역임자 명단을 당파와 성씨별로 구분해 제시했다. 의정부당상 역임자에서 나타나듯이 의정부당상을 맡은 고종친정 직후의 관료진은 대원군정권기와 비교해 노론세력의 증가와 남인·북인의 감소 양상으로 전개되고 있었다. 특히 1877년 1월 정부당상에서의 노론비중은 65.1%로, 1873년 10월에 비해 9% 가깝게 증가한 데 반해, 남인과 북인의 비율은 반 이하로 격감해 고종의 통치권 회복 이후 대원군의 지지하에서 성장한 남인·북인세력의 약화가 진행되어 갔음을 보여준다. 또한 이러한 남인·북인의 감소 추세가 전주이씨의 종친·선파에게도 나타난 점, 종친·선파의 정부당상 비중이 점점 줄어든 것도 주목되는 부분이다. 이처럼 고종친정 직후에는 전주이씨의 종친·선파, 여흥민씨·풍양조씨의 외척, 그리고 안동김씨·광산김씨·대구서씨가 높은 비중을 점하면서 군주의 권력기반으로 정착해 갔다.

이러한 성씨는 모두 대원군정권기부터 유력한 권력가문으로써 성씨만으로는 큰 변화를 발견할 수 없다. 그러나 그 중심인물의 태반은 대원군정권기의 참판급 관료로 고종친정 이후에 세대교체가 이루어지고 있었다고 판단할 수 있다. 특히 전주이씨 이경하·이재원, 여흥민씨 민규호·민치상, 풍양조씨 조영하·조성하 등과 안동김씨 김병시, 광산김씨 김보현·김상현, 대구서씨 서상정 등은 의정부당상뿐만 아니라 육조판서를 역임하면서 권력의 중심에 배치되어 갔다고 하겠다.

c. 친정 직후 성장한 주요 인물과 그 활동 실태

고종친정 직후에는 대원군정권기 참판급으로 활동했던 몇몇 인물이 빠른 승진을 거듭하며 고종의 최측근으로 활동하게 되었다. 여기서는 이 시기 권력의 실세로 등장한 대표적인 인물과 그들의 관직·품계 수여실태를 통해 특정인물에게 권력이 집중되어가는 현상을 제시하도록 하겠다.

당시 고종의 최측근으로 권력의 중심에 배치된 대표적인 인물로는 여흥민씨 민규호·풍양조씨 조영하·안동김씨 김병시·광산김씨 김보현을 들 수 있다. 이들은 모두 고종친정을 전후해 승정원에서 활동하면서 군주의 명령출납을 담당했던 인물이다. 이들의 공통점은 그들이 모두 대원군정권기에 승정원·홍문관·규장각·각조의 참판을 거친 명문가출신 관료로서 실제로 그 중용이 예상되고 있었다는 점이다. 그리고 친정 이후 이들의 정치적 지위가 더욱 빠르게 향상된 원인은 측근세력의 성장을 통해 군주의 권력기반을 안정시키려는 고종의 강한 의지와 친대원군세력이 군주권을 위협하는 불안정한 주변 상황 때문이었다.

[표 34]는 고종친정 직후 실세로 급부상한 민규호·조영하·김병시·김보현이 당시 어떠한 관직과 품계를 받았는지를 정리한 것이다. 먼저 친정 직후부터 최고의 실력자로 등장한 인물은 여흥민씨 민규호였다. 민규호는 왕비의 오빠인 민승호가 1874년 12월에 불의의 폭사를 당한 후, 친형 민태호의 외동아들인 영익을 민승호의 양자로 추천하는 과정에서 명성황후의 눈에 들어 여흥민씨의 중심인물로 부상하게 되었다. 이러한 민규호의 정계진출 과정을 보면 고종친정 직후에 도승지로 활동한 후, 1874년 10월에 정2품 자헌대부로 품계가 상승되었으며, 예조판서·우참찬 등에 임명되었다. 그의 활동은 1875년 본격화되어 같은 해 8월 이조판서와 무위도통사에 발탁되고 각종 관청의 제조도 겸임하면서 인사·재정·군사업무를 총체적으로 주관하는 권력의 중심인물이 되었다. 또한 민규호는 1876년 2월에 정1품 보국숭록대부로 승진하고 3월에 판돈녕부사로 임명되었는데, 당시 민규호가 41살이었던 점을 감안하면 그가 얼마나 급속하게 승진했는지 알 수 있다. 1876년 7월 모친상을 당해 정계를 떠날 때까지 이조판서와 무위도통사를 맡아 인사·군사권을 장악한 그는 친정 직후 고종의 최측근이었다고 말할 수 있다.

이들 네 명 가운데 가장 젊고 신정왕후의 조카였던 풍양조씨 조영하는 군권을 장악해 외부로부터의 위협을 차단하고 권력기반을 안정시키려 하는 고종의 의도에 따라 문신이면서 무반직에 주로 기용된 인물이다. 조영하는 친정선포 직후인 1874년 1월에 금위대장에 임명된 후 1875년 1월에는 훈련대장이 되었고, 1874년 7월에 신설된 무위소의 초대 도통사로 발탁되어 1875년 7월까지 군영대장과 무위도통사를 겸임했다. 1875년에 시작된 그의 훈련대장 재임은 1881년 1월까지 지속되어 친정 직후의 훈련도감은 조영하에 의해 장악되었다고 해도 과언이 아니다. 그는 각 관청의 제조로서 궁중 업무를 관장했을 뿐만 아니라, 1876년부터 공조판서 · 판의금부사를 거쳐 예조판서가 되어 훈련대장 임무와 병행했다. 당시 고종이 30세 전후였던 조영하를 각 군영의 대장으로 발탁했던 것은 조영하에 대한 큰 기대와 새로운 군영대장의 출현을 통해 대원군의 군사기반을 신속하게 해체시키려는 의도 때문이었다.

김병시는 김병학과 김병국에 이어 안동김씨에서 중용되어 고종의 최측근으로 활동한 인물이다. 1874년에서 1875년 초까지 도승지 역할을 수행해 고종의 전폭적인 신뢰를 얻게 된 김병시는 1875년 사이에 이조참판 · 형조판서 · 예조판서 · 우참찬이라는 빠른 승진을 거듭하며 1876년 8월에 병조판서의 자리에 올랐다. 그는 병조판서와 함께 군기감 · 금위영 · 어영청제조를 겸임하며 군의 인사권을 비롯해 군수물자조달 · 군기제조 등 군사재정과 행정업무를 주관했다. 또한 1877년에는 무위소제조와 선혜청당상으로 임명되어 군권과 재정권을 동시에 총괄하는 권력의 실세가 되었다.

광산김씨 김보현은 전술한 대로 고종의 친정선포 당시 도승지로서 고종의 명령 전달을 원활하게 수행해 친정체제 성립에 기여한 인물이다. 그는 1874년 9월 이유원의 건의로 정2품 자헌대부로 품계가 올라간 후, 지의금부사를 거쳐 11월에는 형조판서가 되었다. 김보현이 군사 · 재정문제를 관장하는 자리에 오른 것은 이승보의 후임으로 1875년 3월에 무위소제조와 선혜청당상에 발탁되고 나서였다. 약 2년 반에 걸쳐 무위소제조와 선혜청당상을 담당하며 공시당상 · 삼군부제조도 겸임했던 김보현은 정부의 재정운영과 무위소의 재원확보, 경복궁재건 등을 주도해 갔다. 1875년 10월에 예조

[표 34] 고종친정 직후 요직 역임자 4명의 관직·품계 수여 상황

여흥민씨 민규호 (1836생)	풍양조씨 조영하 (1845생)	안동김씨 김병시 (1832생)	광산김씨 김보현 (1826생)
1873.12.02 이조참판	1873.12.17 분승지	1873.11.18 부총관	1873.10.27 도승지
12.06 전설사제조	1874.01.19 금위대장/ 동지삼군부사	1874.05.13 도승지	1874.09.20 자헌대부
1874.01.19 규장각직제학		08.21 부총관	09.27 지의금부사
02.15 도승지	02.24 전설사제조	1875.01.06 홍문관부제학	10.07 도총관
02.24 사포서제조	02.27 우변포도대장	01.12 도승지	11.20 형조판서
03.20 정부당상	03.05 동지의금부사/ 사역원제조	04.05 규장각직제학	1875.02.06 지춘추관사
05.14 이조참판			
08.27 검교직제학	04.20 유사당상	04.11 가의대부	03.14 무위소제조
10.07 지경연사/ 도총관/ 대호군/ 자헌대부	07.04 무위도통사	05.17 유사당상	03.15 선혜청당상
10.19 예조판서	09.14 사복사제조	06.03 행호군	04.22 지경연사
11.08 우참찬	1875.01.15 훈련대장	06.22 이조참판	07.16 우부빈객
1875.01.28 홍문관제학	1876.02.21 지경연사/ 자헌대부	07.10 도승지	08.02 내의원제조
02.14 어영대장/ 지삼군부사		07.16 동지성균관사	08.29 공시당상
02.15 주교사당상	02.22 지삼군부사	08.19 형조판서/ 자헌대부	10.19 예조판서
02.23 우참찬/ 사포서제조	02.26 공조판서	08.20 검교직제학	11.25 상호도감제조
03.02 한성부판윤/ 규장각제학/ 교서관제조	02.27 지춘추관사	08.25 지사	1876.01.09 대호군
03.03 유사당상	03.13 판의금부사	09.03 지경연사	04.01 정헌대부
03.25 지의금부사	03.18 돈녕부도정	09.07 예조판서	윤05.27 판의금부사/ 숭정대부
04.15 숭정대부	04.01 내의원제조	10.07 지의금부사	
04.19 내의원제조/ 판의금부사			
05.23 지훈련원사	05.18 지사	10.18 대호군	06.08 홍문관제학
06.15 지춘추관사	07.16 겸지훈련원사	11.14 우참찬	06.27 좌부빈객
07.16 동지성균관사	08.05 우빈객	11.25 전설사제조	07.12 사복시제조
07.24 좌부빈객	1877.10.07 진찬소당상/ 사역원제조	1876.01.06 도총관	07.16 판돈녕부사
07.28 우빈객			
08.03 이조판서	10.15 예조판서	05.13 선공감제조	07.17 상호군
08.06 무위도통사		06.07 좌부빈객	09.03 내의원제조

08.12 사복시제조/ 군기감제조		06.27 우부빈객	12.25 이조판서/ 경모궁제조
		08.11 병조판서/ 군기감·금위영 ·어영청제조	
1876.02.28 지중추부사/ 보국숭록대부			1877.03.13 숭록대부
03.10 판돈녕부사		12.29 사직서제조	09.12 상호군
윤05.08 시강총담당		1877.09.16 대호군	09.28 공조판서
06.07 상의원제조 〈07.12 모친상〉		09.26 무위소제조/ 선혜청당상	10.07 사재감제조/ 진찬소당상
1878.10.01 지중추부사/ 예조판서/ 사재감제조/ 판삼군부사		10.29 좌부빈객	
		12.13 진찬의궤청 당상	11.16 좌빈객
10.07 우의정			12.13 진찬의궤청 당상
10.08 영삼군부사 〈10.15 사망〉			

· 출전: 『승정원일기』 · 『일성록』.

판서, 1876년 1월에 대호군에 임명되었고, 1876년 4월에는 정2품 정헌대부의 품계가 수여되었다. 그 후에도 판의금부사 · 홍문관제학 · 판돈녕부사 · 상호군 등을 거쳐, 1876년 12월에 이조판서, 1877년 3월에는 종1품 숭록대부로 승진한 김보현은 친정 직후 고종의 최측근이자 확고한 권력기반으로써의 역할을 수행했다.

이렇게 고종친정 직후에는 새로운 권력주체가 등장하며 그들에 의한 요직 점유와 겸임 현상이 심화되고 있었다. 그리고 그 대표적인 인물은 여흥민씨 민규호 · 풍양조씨 조영하 · 안동김씨 김병시 · 광산김씨 김보현의 네 명이었다. 이들은 이조를 비롯해 선혜청 · 무위소 · 중앙군영 · 의금부의 책임자로 임명되어 인사행정에서 재정 · 군정의 관리와 운영에 이르기까지 정치 각 분야에서 활동했다. 또한 규장각 · 홍문관 · 승문원 · 성균관 · 춘추관 · 세자시강원 등의 고위관직에 올라 국가행사에 지속적으로 참가했을 뿐만 아니라, 내의원 · 사포서 · 상의원 · 사역원 · 사재감 · 사직서 · 군기감 · 사복시 · 전설사 · 선공감 · 경모궁 등의 제조로 궁중관련 각종 사무를 주관해 갔다.

이들은 그들이 어떠한 자리에 어떠한 명함을 갖고 참석하는가에 따라 호칭과 역할이 달라질 정도로 다양한 관직과 임무를 병행하고 있었다. 차대·소견 등의 정치회합에 출석해서는 정부당상으로서 중요 정치현안에 관한 대책수립에 관여했고, 부서로 돌아가서는 그 책임자로서 실무진을 관리·감독했다. 각 군영에서는 대장으로서 군사훈련·기강확립 등을 관장했고, 각 관청의 제조로서 재원확보와 물자조달, 재정운용을 담당했다. 또한 국가와 왕실의 행사, 즉 종묘사직으로의 제사·군주의 행행·과거시험 등에는 규장각·홍문관관원으로 참석해 왕실과 국가의 권위를 높이는 역할을 수행했다. 이 밖에도 지경연사와 세자시강원의 빈객이 되어 군주와 세자의 교육을 보도할 뿐만 아니라, 일시적으로 설치되는 도감과 관청의 제조로 임명되어 국가·왕실행사의 추진을 담당했다.

친정 직후 고종은 대원군정권기 때부터 승지·각신·옥당으로서 자신의 측근에서 활동한 관료를 적극적으로 등용해 군주의 권력기반을 확보하고 통치권을 강화하는 작업을 추진하려 했다. 그리고 자신의 정권유지와 정책수행에 동조하는 소수의 특정인물을 권력의 중심에 배치해 신속하고 원활한 정국운영을 꾀해 갔다. 다시 말해 고종은 친정선포 이후 군주의 권력기반이 불안정한 상황 속에서 친대원군세력을 해체하고 군주권을 확립하려는 의도에서 소수의 측근세력에게 인사·재정·군사권을 집중시키는 정치를 추구해 갔던 것이었다. 이러한 고종의 측근 중심의 국정운영방식은 그것이 편중된 인사에 의한 권력집중, 비공개적이고 일방적인 정책결정과 강행, 공론의 차단 등 많은 문제를 일으켜 오히려 고종의 통치권 안정을 위협하는 원인으로 전환되고 있었음에도 불구하고 계속 심화되어, 고종 정치운영의 대표적인 형태로 정착해 갔다고 하겠다.

④ 친정 직후 고종의 권력기반과 그 특징

앞서 말했듯이 친정을 선포할 당시 고종은 자신만의 확고한 권력기반을 형성하지 못한 상태였다. 따라서 고종은 대원군정권기의 주요한 정치집단을 기반으로 자신의 정국운영에 동조하는 인물을 등용·강화하는 형태로 군주의 통치권을 안정시키려고 했다.

이러한 친정 직후 고종의 주된 권력기반으로는 먼저 외척세력을 들 수 있다. 고종의 왕비 가문인 여흥민씨는 이미 대원군정권하에서 그 지위상승과 등용확대가 이루어지고 있었고, 고종이 정권을 장악하고 나서 한층 성장하게 되었다. 당시 대표적인 여흥민씨로는 민승호·민치상·민규호가 있는데, 명성황후의 오빠인 민승호는 고종의 친정선포 당시에 병조판서로 발탁되어 최익현 상소접수에 적극적으로 관여하면서 대원군의 퇴진과 고종의 정권장악을 후원한 인물이다. 그러나 민승호는 그의 중용을 생각했던 고종의 기대와 달리 모친상을 당해 친정체제 확립과정에 참여할 수 없었을 뿐만 아니라, 1874년 12월 갑작스러운 폭발사고로 사망했다.[32] 민치상은 고종의 친정선포 당시에 수원유수였으며, 1874년 11월에 호조판서로 등용되어 1878년 9월까지 장기간 재정을 담당했고, 정부당상도 겸임해 고종의 재정정책에 협력했다.

여흥민씨에서는 민규호의 활동이 주목되는데, 그는 행정부에서는 예조판서, 우참찬, 이조판서를 지내고, 주교사당상, 유사당상 등을 겸임했으며, 군사부분에서는 어영대장, 무위도통사를 담당하는 등, 재정·인사·군사권을 통괄하면서 고종친정 직후 최고권력자로 활동했다. 민승호의 폭사 이후에 여흥민씨의 정권장악을 주도한 민규호가 1876년 7월 모친상으로 정계를 떠나자, 뒤를 이어 민겸호·민영목 등이 등장해 고종의 권력기반으로서 역할하게 되었다. 이렇게 친정선포 이전부터 민치상과 민승호를 병조판서에 임명해 병권을 장악하려고 한 고종은 1874년 이후 여흥민씨세력의 등용을

---

[32] 고종은 이유원에게 장래 민승호를 반드시 크게 기용하려고 했는데, 재앙(민승호의 폭사를 말함)을 만난 것이 조정의 불행이라고 말했다(『승정원일기』 1874 (고종11)년 12월 16일, 소견).

더욱 확대함과 동시에 그들에게 재정·군사 등의 요직을 맡겨 통치권의 안정적인 행사를 기도해 갔다.[33]

고종의 권력 확립에 기여한 또 하나의 외척은 신정왕후 일문인 풍양조씨이다. 풍양조씨는 고종의 친정선포 과정에서 신정왕후가 적극적으로 협력함으로써 그 세력 성장을 예고했다. 신정왕후의 조카인 조영하와 조성하는 대원군정권기 20대의 젊은 나이였기 때문에 육조판서에까지는 임용되지 못했으나, 승정원·규장각·홍문관 관직을 거쳐 참판에 이르러 있었고, 고종이 친정을 선포하자 군주의 세력기반으로 크게 활약하게 되었다. 조영하는 1874년 1월에 금위대장과 동지삼군부사에 임명된 후, 동년 7월 4일 새로이 설치된 무위소의 초대 도통사에 발탁되었다.[34] 1875년 1월에는 이경하와 교체되어 훈련대장에 임명되었으며 의정부유사당상과 제언당상까지 겸임해 재정과 군사문제를 담당했다. 조성하는 1874년 9월에 평안감사에 임명된 후, 1876년 6월 지의금부사로 발탁되었으며, 조귀하·조봉하와 함께 정부당상으로도 활동했다.

두 번째, 이미 대원군정권기 들어 그 세력과 지위 강화가 급속하게 진행된 종친·선파도 고종의 세력기반으로 재편성되었다. 앞서 말한 대로 종친인 이최응이 1874년 12월에 좌의정이 되어 정부를 총괄하는 가운데, 대원군정권기부터 병조판서와 군영대장으로 활동한 이경하는 1873년 12월 금위대장에 임명된 뒤, 1874년 1월에 훈련대장, 1875년 1월에는 또다시 금위대장이 되어 군사기반으로써의 역할을 수행했다. 또한 행지종정경부사 이주철, 지

---

[33] 이 외에 고종친정 직후에 활동한 여흥민씨로는 민영위(감원감사·정부당상 등), 민겸호(유사당상), 민태호(황해감사·경기감사 등), 민영목(응교·교리·승지 등), 민영상(부응교·승지 등), 민창식(승지·예조참의·대사간 등)이 있다(糟谷憲一, 「閔氏政權上層部の構成に關する考察」, 27쪽을 참조).

[34] 고종은 '품계가 낮은 자신(종2품이었다)이 무위도통사를 담당하는 것은 도리에 어긋난다고 사직을 청'하는 조영하에게 관제의 상황에 따른 변통은 전례가 많기 때문에 품계가 낮다고 사양할 필요는 없다고 대답했다(『승정원일기』 1874(고종11)년 7월 8일).

종정경부사 이재봉·이병문·이장렴 등도 이경하와 함께 정부당상을 맡아 고종의 통치권 확립에 기여했다. 이승보(남인)는 1875년 7월 대원군의 환궁상소 관련문제로 탄핵받아 파면·유배될 때까지 선혜청당상과 무위소제조를 담당해 친정 직후 고종의 재정운용과 재원확보에 크게 관여하면서 우찬성·판의금부사도 역임했다. 종실로서는 이재원이 1874년 9월부터 1876년 6월까지 병조판서로 재직하며 군사권 장악에 협력했고, 이재면과 함께 정부당상으로도 활동했다.

종친·선파의 인물 면목에서 나타나듯이, 고종친정 직후에는 기존의 종친·선파 이외에 새로운 인물의 발탁·중용이 이루어지지 않았다. 이는 고종이 대원군과도 깊은 유대관계를 갖고 있는 종친·선파 세력의 등용확대를 원하지 않았기 때문이었다. 고종은 대원군정권기 종친·선파 강화정책으로 10차례나 실시된 선파를 대상으로 한 응제를 더 이상 열지 않았고, 대종회·소종회도 개최하지 않았다. 뿐만 아니라, 종친·선파의 후손을 세워 대를 잇게 했던 문제를 모두 재고할 것과 대원군기에 종성(宗姓)만 임명하도록 했던 건원릉참봉에 또다시 타성(他姓)을 등용해 종성과의 교차임명을 명했다.35) 이는 고종의 대원군정책에 대한 재고가 종친·선파에게까지 미치고 있었다, 또는 고종이 종친·선파 세력의 확대보다는 이미 자신과도 친밀한 관계를 갖고 있던 인물만을 선별적으로 기용하려 했음을 의미했다. 결국 고종은 종친·선파의 세력 확대·안정에 기여해 그들로부터도 많은 지지를 받던 대원군을 견제하기 위해 이들을 더욱 성장시키는 정책보다는, 종친·선파 중에서도 대원군정권기부터 정계의 실력자로 활동했던 기존의 몇몇 인물을 친군주세력으로 흡수·재편성해 정치기반의 안정을 꾀했던 것이었다.

세 번째, 종친·선파와 외척이라는 친인척관계 외에 고종의 중요한 권력기반으로는 안동김씨를 중심으로 한 노론세력을 들 수 있다. 고종은 대원군

---

35) 『승정원일기』 1874(고종11)년 8월 11일.

정권기에 중용된 남인·북인세력을 배제하면서 노론세력의 정계등용을 더욱 확대해 갔는데, 그 중심에는 대원군정권에서도 크게 활동한 안동김씨·광산김씨·대구서씨 등의 노론세력이 있었다. 안동김씨에서는 김병학이 영돈녕부사로 여전히 정부의 주요 현안에 관여하는 가운데, 김병국이 1874년 12월부터 우의정(1878년부터는 좌의정)에 올라 정국운영을 주도했다. 대원군정권기에 장기간 호조판서를 역임하면서 정부재정을 통괄했던 김세균은 고종친정 직후에도 의정부 유사당상·공시당상·영남구관당상을 담당하며 청전폐지 이후 악화된 정부재정의 정상화를 위해 노력했고, 김병주는 이조판서·예조판서·관서구관당상으로 활동했다. 안동김씨의 새로운 실력자로 등장한 김병시는 1874년에서 1875년 사이 도승지를 담당해 고종의 수족 역할을 수행하며 신뢰를 축적한 후, 1875년 말에 예조판서·우참찬에 임명되었다. 1876년 8월부터는 병조판서·무위소제조·무위도통사에 취임해 군권행사를 주관했다. 이러한 안동김씨는 고종친정 직후 10명 정도의 정부당상을 지속적으로 배출하면서 최대의 정치집단을 이루고 있었다.

또한 친정선포 이후, 고종의 지대한 신뢰 속에서 그 세력이 확대된 것은 광산김씨였다. 광산김씨는 김보현이 도승지로서 고종의 통치권 회복에 크게 기여한 것을 계기로 다수의 고위관료를 내면서 군주의 권력기반으로 형성되어 갔다. 그 중심인물인 김보현은 1874년 지의금부사·형조판서를 거쳐 1875년 3월에 이승보와 교체되어 무위소제조와 선혜청당상에 취임함으로써 민치상과 함께 재정운영을 주도해 나갔다. 김재현은 이조판서·유사당상을, 김상현은 공조·예조판서와 유사당상·제언당상을 맡아 친정 직후 고위관료로 활동했다. 무신 출신으로는 김기석이 1876년부터 어영대장·무위도통사·총융사·금위대장 등 중앙군영의 대장에 취임하며 군권장악에 협력했다. 이렇게 광산김씨는 인사와 재정, 군사의 각 분야에서 폭넓게 활약하면서 고종의 친정체제 구축에 기여했다. 이 밖에도 대구서씨 서형순·서상정·서승보 등은 병조·형조·예조·공조판서직과 정부당상을 반복해 담당하며 고종의 정치적 기반으로 재편성되었다.

이상, 친정선포 이후 고종의 주요한 권력기반을 정리하면, 종친·선파인 이최응·이재원·이경하, 외척인 여흥민씨 민규호·민치상과 풍양조씨 조영하·조귀하, 안동김씨 김병국·김병시, 광산김씨 김보현·김상현을 중심으로 한 노론세력이라고 할 수 있다.

고종의 통치권 장악은 대원군의 권력 독점에 대해 위기를 느껴 결집한 반대원군세력과 고종의 이해가 일치한 결과였다. 그러나 고종은 사전에 대원군과 다른 별도의 권력기반을 조성하지 않았던 데다가 친정선포 직후의 불안정한 상황 속에서 새로운 정치세력을 형성할 여유도 없었다. 따라서 그는 자신의 친정에 강력히 반대한 의정부대신과 대원군의 최측근을 제외하고는 이미 대원군정권기부터 중용되던 인물을 각 부서에 재배치하는 것으로 정국을 안정시키려 했다. 그리고 서서히 전주이씨·여흥민씨·풍양조씨·안동김씨·광산김씨 등 기존 가문에서 세대교체된 인물을 등용해 육조판서와 각 군영대장에 임명해 갔다. 1874년 초부터는 전국에 암행어사를 파견해 대원군세력을 제거함과 동시에,[36] 관찰사뿐만 아니라, 통제사·진무사 등, 지방의 행정과 군영의 수장 교체작업을 통해 통치권 확립을 기도했다. 여기에 무위소를 설치해 병력과 군수자금을 집중시키고, 무위소지휘관에 측근을 임명해 병권과 재정을 동시에 장악하고자 했다. 특히 무신의 활동규제와 지위격하, 진무영·통제영 축소 등을 통해 대원군의 군권에 대한 영향력을 제거하려 했고, 이 과정에서 야기된 대원군의 양주은둔사건을 빌미삼아 친대원군세력을 대거 숙청시켰다. 이러한 까닭에 친정 직후의 권력기반은 대원군정권기와 별다른 차이가 없으나, 점차 그 인적 구성면에서 대원군정권기와 큰 차이를 보이게 된다.

고종의 친정선포는 그것이 최익현 상소를 계기로 급히 행해졌다고는 해

---

[36] 한철호, 「고종친정초(1874)암행어사파견과 그 활동─지방관징치를 중심으로─」, 234~237쪽.

도 고종이 약 10년간 제왕교육을 받으며 군주로서의 자질을 키움과 동시에 대원군의 통치권 행사를 곁에서 배우며 준비해 온 결과였다. 그러나 친정을 기도하면서도 최익현 상소가 제출될 때까지 대원군과 차별화된 별도의 정치적 기반을 형성하지 못한 고종은 최익현의 국청설치와 처벌을 둘러싸고 정부관료와의 알력이 커지면서 전격적으로 친정을 선포하게 되었다. 때문에 친정을 선포할 당시 고종의 실질적인 정치적 기반은 군주의 통치권 회복에 적극적으로 협조한 신정왕후와 왕비, 외척인 여흥민씨 민승호·풍양조씨 조영하, 그리고 노론의 광산김씨 김보현 정도로 한정되어 있었다. 이처럼 취약한 권력기반을 갖고 친정선포와 대신들의 파면을 단행한 고종은 한시라도 빨리 정국의 주도권을 장악·안정시키기 위한 기반을 확보해야 했다. 이는 기존 정치집단을 친군주세력으로 재편하는 형태, 즉 종친·선파와 여흥민씨·풍양조씨의 외척기용을 더욱 강화하면서 기존 정치세력인 안동김씨·광산김씨·대구서씨 등을 권력기반으로 적극 흡수·등용하는 방향으로 진행되었다.

  이러한 고종친정 직후 권력기반의 특징을 제시하면 다음과 같다. 첫째, 친정체제하의 정치세력은 1875년을 전후로 크게 변화되었다. 전술한 대로 친정을 선포할 즈음 대원군과 구별되는 정치집단을 형성하지 못한 고종은 의정 경험자인 이유원을 영의정으로, 신정왕후의 신임을 얻고 있던 박규수를 우의정으로 선택해 의정체제를 정비했다. 그리고 기존 정치세력을 육조판서에 재배치하고, 훈련대장을 이경하로, 금위대장을 조영하로 교체해 군사적인 위협제거와 주변안전 확보를 도모해 갔다.

  그런데 이유원과 박규수는 고종과, 또는 서로 간에 의견대립을 일으켜 고종의 효율적인 국정운영을 방해하고 있었다. 또한 이유원·박규수체제는 친대원군세력을 억제하고 그들로부터의 반발과 위협을 차단하려는 고종의 기대에 부응하지 못했다. 그러자 고종은 무위소를 설치·확대해 측근세력을 집중적으로 배치하고, 민치상을 호조판서에, 이재원을 병조판서에 임명해 재정·군사권 장악을 강화하는 한편, 잡음이 많은 이유원·박규수 대신에, 이최응과 김병국을 의정으로 발탁해 종친·선파와 안동김씨 세력을 결집시키려고 했다. 이 같은 상황에서 정부요직은 종친·선파인 이최응·이재원·이경하와 여흥민씨 민규호·민치상, 풍양조씨 조영하·조성하, 그리고 안동김씨 김병국·김병시, 광산김씨 김보현·김상현에게 집중되었고, 고종은 그들을 통해 통치권의 안정·확립을 위한 다양한 정책을 추진해 갔다. 다시 말하면 이유원·박규수체제가 대원군의 권력기반 해체와 군주의 통치권 강화라는 임무를 적절하게 수행하지 못한 결과, 고종은 의정부대신을 전격적으로 교체하고, 군권을 무위소에 집중시켜 조영하·민규호 등에게 맡기면서 재정운영은 김세균과 이승보로부터 민치상·민규호·김보현에게로 전환해 갔는데, 이러한 정치적 변화가 1874년 후반부터 1875년 전반에 걸쳐 일어났다는 것이다.

둘째, 고종친정 직후에 고위관료로 활동하면서 고종의 권력기반이 된 주요한 정치세력은 대원군정권기부터 발탁·중용된 가문의 인물이었다. 이것은 대원군이 고종즉위 초기부터 권력기반으로 확보한 종친·선파, 외척인 여흥민씨·풍양조씨, 그리고 안동김씨까지 모두가 고종의 권력기반으로 재편성되었음을 의미했다. 이렇게 대원군정권기 권력가문이 유지된 주된 이유는 고종의 가장 안정된 세력공급원인 친인척이 대원군과 동일했고, 급속한 통치권 회복으로 인해 별도의 친군주세력을 형성할 여유가 없었기 때문이었다. 친정 직후 대신과 육조판서, 의정부당상, 각 군영의 대장 명부에서 드러나듯이, 고종의 권력기반 대부분은 대원군정권기부터 이미 판서, 또는 참판급 이상을 담당한 고위관료였다. 그 속에서도 특히 참판급 인물의 중용이 확대된 것은 고종 권력기반의 세대교체, 즉 군주를 중심으로 새로운 정치세력이 성장하고 있었음을 나타낸다고 하겠다.

셋째, 고종의 정치적 기반은 권력집단의 급속한 세대교체로 인해 정치세력간의 불화를 불러일으키고 있었다. 최익현 상소를 계기로 일거에 통치권 회복을 선언한 고종은 대원군정권기의 정치세력을 권력기반으로 확보하면서 주요 관직에서는 과감한 세대교체를 단행했다. 그것은 종친인 이최응·이재원, 안동김씨 김병국·김병시, 여흥민씨 민치상·민승호·민영목·민태호·민규호·민겸호, 풍양조씨 조영하·조성하, 광산김씨 김보현을 중심으로 행해졌는데, 이들의 태반은 30대에서 40대의 소장관료였다.[37] 고종친정 이후 이 같은 소장관료층이 육조판서와 각 군영의 대장, 의정부당상의 요직을 급속하게 장악해 간 것은 그들과 원로·장로관료 사이의 권력주도권을 둘러싼 대립·충돌로 이어지지 않을 수 없었다.[38] 특히 재정·군정에서의 소장관료 등용은 기존 권력집단의 반발을 초래하고 있었다.[39] 다

---

[37] 1874년을 기준으로 계산해 이최응(1815~1882)은 60세, 이재원(1831~1891)은 44세, 김병국(1825~1905)은 50세, 김병시(1832~1898)는 43세, 민치상(1825~1888)은 50세, 민영목(1826~1884)은 49세, 민승호(1830~1874)는 45세, 민태호(1834~1884)는 41세, 민규호(1836~1878)는 39세, 민겸호(1838~1882)는 37세, 조영하(1845~1884)는 30세, 조성하(1845~1881)는 30세, 김보현(1826~1882)은 49세이다. 김형수, 「고종의 친정과 개국정책연구(1873~1876)」, 101~102쪽의 주 49를 보충·제시했다.

[38] 宋安鍾은 1874년의 朝日간의 교섭재개의 요인을 분석하는 가운데, 在京양반관료내부의 대립이 내정뿐만 아니라 외교정책의 변화를 규정했다고 평가한 후, 특히 무위소창설이 장로·중견관료와 척족소장관료와의 대립을 초래해 조일교섭에도 이르게 되었다고 분석했다(宋安鍾, 1874年の朝鮮政府の日朝交渉再開要因」, 『阪大法學』 45-6, 1996, 1021~1023쪽).

[39] 무위소를 설치할 때 박규수는 훈련대장인 이경하가 군사를 움직이는 데 노련한 장군임을 강조해 이경하에게 숙영군을 담당시킬 것을 요구했지만 고종은 금위대장인 조영하를 무위도통사로 임명했다(『승정원일기』 1874(고종11)년 5월 25일, 차대). 이유원은 강화도진무영의 대장이 신헌에서 강화유수 조병식으로 바뀐 것에 대해 대장은 적임자를 얻는 것이 중요한 데 고종의 조치 이후에 반드시 軍心의 와해가 있을 것이라고 말해 고종의 진무사교체에 대한 불만을 드러냈다(『승정원일기』 1874(고종11)년 7월 30일, 차대). 1875년 8월 29일, 이최응은 당시 영종도사건을 꺼내 영종도 수비가 너무나 형편없다고 개탄한 후, 군대에는 무엇보다 통솔할 적임자의 임용이 중요하다고 강조해 고종의 부적절한 군장관련 인사를 간접적으로 비판했다(『승정원일기』 1875(고종12)년 8월 29일, 차대). 이러한 예는 고종의 將臣의 교체, 그것도 宿將이 아닌 소장관료를 등용한

시 말하면 민치상이 장기간에 걸쳐 호조판서를 역임하고, 김보현·김병시·민겸호·민태호가 선혜청당상을 거의 독점해 재정을 장악한 가운데, 중앙군영대장과 무위도통사에 30대인 민규호·조영하와 60대인 이경하·신헌 등이 동시에 임명된 상황이 재정운용과 군정을 둘러싼 정치세력의 대립을 가중시켰다는 것이다.

이러한 신구, 또는 원로·소장관료 사이의 알력은 권력의 중심이 부(父)에서 자식으로 이전되는 과정에서 일어나는 불가피한 현상이었다. 그러나 고종의 대원군정책에 대한 대대적인 변경과 특정인물의 중용을 통한 군주 중심의 권력 재배치작업이 기존 정치세력과의 타협·이해가 부족한 채 급속하게 추진된 결과, 불화와 갈등이 더욱 심화되었다고 할 수 있다.

넷째, 고종친정 이후에는 대원군정권기에 등용이 확대되었던 남인·북인·무신집단의 영향력 감소와 지위하락이 진행되어 갔다. 고종은 통치권회복 직후부터 남인·북인·무신이 대원군의 권력기반이라고 판단해 그들의 성장을 규제하기 시작했다. 또한 고종의 통치권 회복에 홍순목의 영의정 사임 이후에 강화된 노론의 결집이 존재했던 것도 노론세력의 확대 배경으로 작용하게 되었다. 더욱이 고종의 안정된 권력기반인 외척 여흥민씨·풍양조씨와 최고의 협력자인 김보현이 노론이고, 정치적 파트너로 반드시 협력해야 할 당대 최대의 세도가인 안동김씨가 노론인 상황에서 고종이 노론 중심으로 정국을 운영하려고 한 것은 당연한 일이었다. 때문에 통치권 회복 이후 고종은 남인·북인의 등용을 축소하고 무신의 역할·지위를 제한하며 대원군의 기반해체와 군주권 확립을 동시에 꾀해 갔다.[40]

데 대한 불만과 반대의 표명이라고 할 수 있다.

[40] 이러한 현상은 종친·선파인 전주이씨에서도 나타나 대원군정권기에 비해 소론·남인·북인의 전주이씨 등용이 감소한 반면, 노론의 전주이씨는 지속적으로 활동했다. 특히 1874년까지 공시당상·선혜청당상·무위소제조를 겸임하고 고종의 강관으로 활동하며 종친·선파의 업무를 주관했던 이승보(남인)가 1875년 7월에 대원군의 귀경문제에 휘말려 정계에서 퇴진한 일은 고종의 종

고종은 친정을 선포한 후에 한시라도 빨리 대원군의 세력을 약화시키고 군주권을 안정·강화하고자 했다. 이러한 목적을 달성하기 위해 그는 대원군정권의 정치집단과 권력중심세력에 대한 재편에 착수했다. 친정 직후의 정부고위관료 구성에서 드러나듯이, 당시 고종의 권력기반은 대원군정권기로부터의 종친·선파, 여흥민씨·풍양조씨의 외척, 안동김씨·광산김씨·대구서씨 등의 노론이 중심이 되고 있었다. 고종은 대원군정권하의 주요 정치집단을 친정체제에 적극적으로 편입시킴과 동시에 그들을 이용해 친대원군세력을 정계에서 퇴출시켰다. 또한 대원군정권기의 소장관료를 측근세력으로 형성하고 그들에게 인사·재정·군사권을 집중시켜 권력기반 안정과 원만한 정책추진을 시도했다. 그리고 이 과정에서 일어난 대원군환궁상소 사건과 일본서계수리 문제를 계기로 다수의 친대원군세력이 제거되면서 친정 직후 고종의 권력기반 확립작업은 일단락하게 되었다고 하겠다.

(2) 군정개편을 통한 군권장악 기도

고종이 친정을 선포하고 한 달 후인 1873년 12월 10일에 운현궁에 큰 화재가 발생했다. 1874년 11월에는 고종의 친정선포에 크게 기여한 명성황후의 오빠인 민승호가 의문의 폭사를 당하는 일이 일어났다.[41] 이러한 사건은 고종에게 대원군세력에 대한 불안과 경계심을 높여 주변수비 강화와 군권장악의 중요성을 통감시키기에 충분했다. 따라서 고종은 무신대우개선정책과 삼군부 부활을 통해 군권을 확대·장악하고, 1874년 5월—고종이 통치권을 회복한 이후—에도 운현궁에서 무기를 직접 제작할 정도로 인적·물적 자

친·선파 세력에 대한 등용을 더욱 신중하게 만들었다고 하겠다.
41) 이후 영선사로서 청에 체류하고 있던 김윤식은 임오군란 소식을 듣고 군란의 배후로 대원군을 지명했고, 고종친정 직후의 궁전화재와 민승호 폭사의 배후도 대원군에게 혐의가 있다고 말했다(『淸季中日韓關係史料』 2, #485-2, 771쪽, "宣君李昰應, 是寡君之本生父也.…素日詭謀, 卽圖奪權柄之計, 而甲戌以來, 結黨蓄謀, 形跡屢著, 再次放火於王宮, 或使人衝火於國戚信臣之家, 指目皆歸").

원을 소유하고 있던 대원군에게서 군권을 빼앗는 일이 무엇보다 시급하다고 판단하게 되었다.[42] 그리고 대원군의 영향력을 약화시켜 군주의 권력기반을 안정시키기 위한 방법으로 대원군정권기에 이루어진 많은 군사정책의 개편을 시도하게 되었다.

고종은 대원군에 의해 등용된 무장세력과 전국에 증강된 군영이 대원군의 권력기반이 되고 있다고 생각해 무신집단과 군영의 개편을 서둘러 대원군세력을 억제·해체하려 했다. 따라서 병조와 중앙군영 대장에 측근세력을 임명해 군주가 군권을 행사할 수 있는 기반을 형성하는 한편, 무신의 지위·역할을 재조정하고 중앙·지방의 군영을 개편함으로써 대원군의 영향력을 축소시켜 갔다. 이와 더불어 친위군을 설립하고 그곳에 군인·군수를 집중시켜 군주가 군정을 직접 총괄할 수 있는 환경을 조성하려 했다. 여기에서는 고종의 군정정책을 대원군정권기에 실시된 정책에 대한 개편작업과 무위소설립 두 가지를 중심으로 고찰하고자 한다.[43] 특히 고종의

---

[42] 연갑수, 「대원군집권기(1863~1873) 서양세력에 대한 대응과 군비증강」, 192~194쪽.

[43] 고종친정 초기의 군사정책에 대한 선행연구로는, 배항섭, 『19세기 조선의 군사제도연구』, 국학자료원, 2002; 최병옥, 『개화기의 군사정책 연구』, 경인문화사, 2000; 강성문, 「조선후기의 강화도관방론연구」, 『육사논문집』 56-2, 2000; 장영숙, 「고종친정 초기군령권의 추이와 군제개편(1873~1884)」, 『사학연구』 58·59, 1999 등이 있다. 이러한 선행연구에서는 당시 군사재정과 군사개편, 군제의 변화 등을 분석해 대원군 정권기와 고종의 친정 이후 군제와 군사력이 어떻게 변화되었는지 상세하게 고찰했다. 그리하여 고종친정 이후의 군사정책의 목표가 국방력 강화보다는 궁궐수비와 친위병 양성에 있었음을 보여주었다. 그러나 고종의 군사정책이 당시 정치세력과 어떠한 마찰이 있었는지, 재정에는 어떠한 영향을 미쳤는지에 대한 연구는 미흡한 편이다. 또한 고종의 군사정책이 대원군의 은둔과 유생들의 집단상소를 불러일으킴으로써 친정 이후 고종의 군권 확립에 큰 타격을 입혔고, 이 과정에서 발생한 정부고위관료들과의 대립이 이후 고종의 정국운영방식을 규정했다는 측면을 간과했다. 따라서 본고에서는 친정 직후 고종의 군사정책의 목표가 어디에 있었는지를 밝힘과 동시에 그것이 당시 정국에 영향을 미치며 또다시 고종의 국정운영을 좌우하게 되었는지에 중점을 두어 살펴보려고 한다.

군사정책과 당시 정치세력의 동향 및 정부재정과의 관련성에 중점을 맞추어 고종친정 직후 군사정책의 목표와 지향, 그것이 향후 고종의 정국운영방식에 미친 영향을 살펴볼 것이다.

① 무신세력의 재편

친정을 선포한 후 고종이 통치권 확립을 위해 가장 먼저 관심을 가진 것은 재정과 군권을 장악하는 일이었다. 이러한 의도하에 고종은 무신의 지위·활동 규제와 기존의 군정과 군영 개편작업을 통해 군부를 유명무실화시키고 군주가 군정을 통괄할 수 있는 친위대의 형성·확대를 동시에 추구해 갔다. 이는 군수확대·군비증강 등의 군사력을 바탕으로 통치권을 강화하려고 했던 대원군의 군사정책에 변화가 불가피하게 되었음을 의미했다.

고종은 대원군의 군정 영향력을 억제하고 권력기반을 붕괴시키고자 대원군정권기에 행해진 군제의 개편작업에 착수했다. 그는 먼저 대원군이 군정장악을 위해 부활시킨 삼군부를 또다시 해체해 대원군의 영향력을 약화시키려 했다. 이를 위해 실질적으로 삼군부를 관장하는 삼군부제조와 유사당상을 겸임하던 중앙군영의 대장과 통제사·진무사·포도대장 등의 지위와 역할에 대한 규제를 시도했다.

1873년 12월 11일, 이경하(전주이씨/노론/무신)를 금위대장에 임명한 고종은 다음해 1월 6일에는 오현문(해주오씨/소론/무신)을 총융사에 등용했고, 1월 19일에 이경하를 훈련대장에, 조영하(풍양조씨/노론/문신)를 금위대장에 발탁해 어영대장이었던 양헌수(남원양씨/노론/무신)를 제외한 모든 중앙군영 장신을 교체했다. 또한 1874년 1월 4일에는 금군별장에 백낙정(수원백씨/노론/무신)을, 1월 12일에는 좌변포도대장에 이경하를 등용하고, 2월 27일에 우변포도대장에 조영하를 임명한 후, 3월 16일에는 백낙정으로 바꿔, 궁전 수비와 도성 내의 경비를 담당하는 금군별장과 포도대장을 재편했다. 여기에 1873년 12월 25일 통제사에 이주철(전주이씨/노론/무신)을, 1874년 1월 6일

진무사에 신헌(평산신씨/노론/무신)을 임용해, 삼군부의 기반이 되는 중앙·지방의 장신 대부분을 교체했다. 이처럼 친정을 선포한 직후부터 행해진 삼군부의 당상·제조를 담당하는 중앙과 지방 장신의 교체작업은 대원군정권기의 군정을 개편해 일단 군주가 삼군부를 통제할 수 있도록 하기 위해서였다.

삼군부 유사당상들을 재편하기 전에 고종은 이미 군영대장의 품계를 판서보다 낮은 종2품으로 복귀시켜 삼군부기능의 축소를 꾀했다. 1873년 12월 24일, 그는 대원군정권기에 조정된 병조판서와 금위별장의 임기와 무장의 품계상승문제에 이의를 제기했다.

> **고종** "병조판서와 금군별장에 정해진 임기가 있는 것은 구례가 아니다."
> **이유원** "돈과 포목을 담당하는 아문이기 때문에 빈번하게 교체하지 않으려는 뜻입니다."
> **고종** "대장이 되면 정경이 되는 것도 구례가 아니다."
> **이유원** "이미 정경이 된 사람은 모두 될 말한 자격이 있는 사람입니다. 어찌 불가하다고 하겠습니까?"
> **고종** "아경·아장이 대장이 되면 바로 병조판서에 추천되는 것도 구례가 아니다."
> **이유원** "이전에는 숙장이 많이 그 직을 담당하고 있었습니다. 이것이 그 예입니다."
> **고종** "지금 구례를 회복시키려고 하는데, 경의 의견은 어떠한가?"
> 이유원이 박규수를 돌아보고 나서 "이것은 당연히 퇴청하고 나서 의논해 정해야 합니다."
> **고종** "전교를 내리면 어떠한가?"
> **이유원** "하교가 더 좋을 듯합니다."
> **고종** "병조판서와 금군별장에 정해진 임기가 있는 것은 옛 법이 아니다. 또한 아경과 아장이 대장에 임명되면 정경이 되고 곧바로 병조판서로 추천되는 것도 옛 법이 아니다. 이것은 도를 넘은 듯하기 때문에 둘 다 구례를 회복해 시행하도록 하라. 지금 아경 등단의 정식에 의해 당연히 동지삼군부사에 임명해야 한다."[44]

---
44) 『승정원일기』 1873(고종10)년 12월 24일.

여기에서 고종은 병조판서와 금군별장의 임기규정과 아경과 아장이 대장이 된 후 정경 품계에 올라 곧바로 병조판서로 추천되는 것이 모두 옛 법이 아니라며 변경 이전상태로 회복하라고 명했다. 그리고 현재의 대장을 종2품인 동지삼군부사에 임명하도록 지시했다. 이에 따라 장신의 품계는 정2품 자헌대부에서 종2품 가선대부가 되고, 정2품 지삼군부사가 아닌 종2품 동지삼군부사를 겸임하게 되었는데, 이는 대장뿐만 아니라 그들이 담당하는 삼군부의 지위와 권한을 약화시키는 조치였다.

이러한 지시에 이유원은 대원군정권기에 시행된 규정변경이 모두 나름대로의 이유가 있고 퇴청 후에 상담해서 결정하겠다며 반대 의견을 상주했다. 그러나 고종은 이유원의 반대를 물리치고 즉석에서 명령을 내려 대원군정권기에 행해진 군정정책에 대한 변경의 뜻을 확실히 했다. 이는 이전에 스스로가 병조판서와 금군별장, 대장의 중요성을 강조하면서 직접 그들의 임기를 연장해 품계상승을 주도한 것에 상반되는 급격한 인식의 전환이었다. 결국 이 같은 변화는 친정 직후 고종이 군정을 개혁한 의도가 대원군의 군사적 기반인 삼군부를 약화시켜 군부를 스스로 통제하기 쉬운 조건하에 두는 데 있었음을 드러낸다. 다시 말해 대원군정권기에 추진된 군사정책을 부정해 대원군의 군권장악 명분을 훼손시킴으로써 군권을 대원군으로부터 자신에게 이전하려고 한 고종은 병조판서·금군별장의 임기를 축소하고 대장의 지위를 격하시키는 등 구례 복귀를 꾀했던 것이었다.[45]

대장의 품계를 판서보다 낮게 규정하는 일로 시작된 무신약화정책은 그 후도 지속적으로 추진되었다. 1874년 1월 13일, 고종은 이유원의 건의에 따

---

[45] 병조판서는 군정의 인사권을 관장하는 중요한 직책이기 때문에 임기규정이 폐지되고 나서도 빈번한 교체는 행하지 않았다. 고종친정 전후의 병조판서 역임자는 1873년 10월 6일부터 서상정, 1874년 9월 16일부터 이재원, 1876년 6월 27일부터 서당보, 같은 해 8월 11일부터는 김병시다. 반면, 금군별장은 수개월을 넘지 못하고 빈번하게 교체되었다.

라 장신과 아장의 출근은 물론, 사적으로 이동할 때에도 편여를 타는 것을 금지하도록 명했다.46) 또한 같은 달 25일에는 문신을 무장직에 임명해도 좋다며 문신을 대장에 등용하려는 의도를 드러냈다.47)

고종 "권율은 본디 문관의 집안이었는가?"
이유원 "권율은 본디 문신이었는데 그가 원수가 되었기 때문에 무신이라 하는 것입니다."
고종 "그때에는 문신 역시 원수가 되었는가?"
이유원 "그때에는 문신으로 많이 임명했습니다. 신의 선조는 일찍이 대신으로 도체찰사가 되어 도원수를 겸했습니다."
고종 "도체찰사는 본디 대신의 직책이다. 원수는 품계가 낮은데도 겸대(兼帶)할 수 있는가?"
이유원 "원수는 품계가 없고 2품 이상이면 모두 될 수가 있습니다."…
고종 "근래에는 문관 장신이 없는데 옛날에는 많이 있었으니, 왜인가?"
이유원 "옛날에는 장천(將薦)이 있어 문신으로서 병사, 수사가 된 자가 많이 있었으나 근래에는 이런 법이 없습니다."
고종 "문신으로 쓸 만한 인재가 있으면 시험삼아 무직(武職)을 겸직시키는 것도 안 될 것이 없다."
이유원 "문신이 만약 장임(將任)을 맡게 되면 무신은 할 관직이 없게 될까 염려됩니다."
고종 "무신은 장임 이외에도 기타 품계가 높은 관직이 있다. 장천은 어느 때부터 폐지되었는가?"…옛사람 중에는 문무를 겸전(兼全)한 인재가 많이 있었다. 국가에서 사람을 쓰는 데 본디 문무의 사이가 없으나, 만약 별천하여 특별히 등용하면 그 집안이 장차 무신의 집이 되니 혹 좋아하지 않았을 듯하다."48)

여기에서 고종은 옛날에는 문신을 무장으로 등용했고, 국가가 인재를 등

---

46) 『승정원일기』 1874(고종11)년 1월 13일.
47) 『승정원일기』 1874(고종11)년 1월 25일.
48) 『승정원일기』 1874(고종11)년 1월 25일.

용하는 데 문무 구별이 없다는 이유로 문신의 대장 임명을 주장했다. 이는 이미 대원군정권기에 무신만으로 구성되어 있던 중앙군영 대장에 문신인 조영하를 어영대장으로 임명한 사실과 이후에는 중앙군영과 무위소 주장에 더 많은 문신을 등용하려는 자신의 행동을 정당화시키기 위해서였다.

고종은 대원군정권 당시, 무신의 중요성을 강조하고『삼반예식』까지 간행·배포하며 무신에 대한 차별적인 태도와 분위기 개선에 솔선해 노력했다.49) 그러나 대원군정권기 무신대우개선정책의 수립·주관자는—비록 고종이 적극적으로 지지하며 교지를 내렸다고는 해도— 대원군이었다. 때문에 고종은 친정선포 이후, 대원군의 군사정책이 군주의 통치권 확립에 저해된다고 판단해 무신등용정책을 재고하며 무장에 문신을, 그것도 측근세력을 대거 등용해 군권을 장악하려고 했다.

고종이 정말로 문신을 무신보다 신용하고 우대해야 한다고 생각했었는지는 차치하고, 문신을 대장에 임명하겠다고 말한 후에 각 군영의 주장을 문신으로 교체해 갔다. 당시 군정을 관장하는 직책에 오른 대표적인 문신은 [표 35]와 같다.50)

병조판서와 중앙군영 책임자 문신 명단에서 드러나듯이, 고종은 대원군정권기 무신만이 임명되던 군영 주장에 총융사를 제외하고는 모두 문신을 등용했다. 그리고 대원군정권기에는 무신인 신헌(1864년 6월 26일~1865년 1월), 이규철(1865년 12월 27일~1866년 7월 20일), 이경하(1869년 6월 30일~1871년 4월 1일)가 임명되었던 병조판서에도 문신을 임용했다. 특히 고종은 1874년 7월에 궁전숙위군으로 신설된 무위소 주장과 제조에 문신을 등용해 문신 중심으로 군정을 운영하려고 했다. 후술하겠지만 무위소는 고종이 경비를 강화하기 위해 설치한 친위군인데, 그는 무위소에 군사·군수 등을 집중시

---

49)『승정원일기』1866(고종3)년 3월 16일;『고종실록』1868(고종5)년 7월 2일;『승정원일기』1870(고종7)년 11월 1일.
50)『승정원일기』·『일성록』·『고종실록』에서 작성.

[표 35] 고종친정 직후 문신 출신 무반직 임명자 명단

직위	인물	임명일
병조판서	서상정	1873년 10월 06일
	이재원	1874년 09월 16일
	서당보	1876년 06월 27일
	김병시	1876년 08월 11일
	민겸호	1877년 09월 16일
	김보현	1878년 07월 04일
	이재원	1878년 07월 20일
	송근수	1879년 07월 29일
훈련도감대장	조영하	1875년 01월 25일
어영대장	민규호	1875년 02월 14일
	김병시	1878년 12월 08일
	민겸호	1880년 04월 20일
무위도통사	조영하	1874년 07월 04일
	민규호	1875년 08월 06일
	김병시	1878년 06월 26일
무위소제조	이승보	1874년 07월 10일
	김보현	1875년 03월 15일
	김병시	1877년 09월 26일
	윤자덕	1878년 08월 28일
	민겸호	1879년 12월 29일
금위대장	조영하	1874년 01월 19일
	민겸호	1878년 07월 04일

켜 군사적 기반을 강화해 갔다. 이러한 무위소 장신에 문신이, 그것도 외척과 종친이 주로 배치되었던 것은 고종이 문신의 측근 중심으로 군권장악을 꾀하고 있었음을 나타낸다. 다시 말하면 고종은 무신의 지위를 격하시켜 그들의 정치적 활동을 제한함으로써 대원군의 세력기반을 약화하고 자신

의 통치권을 안정시키려 한 것이었다.

더욱이 고종은 삼군부가 추천권을 갖고 있고, 삼군부제조로 차대에 참석하고 있던 포도대장에 대해서도 구례의 회복을 요구했다. 그는 포도대장에 의한 정부당상의 겸임, 즉 포도대장이 병조판서와 마찬가지로 삼군부제조를 예겸하는 것은 구례가 아니라고 강조해 포도대장에 대한 규정 변경을 제안했다.

고종 "포도대장이 정부당상을 예겸하는 것은 이미 옛 법이 아니다. 어떻게 하면 좋겠는가?"
이유원 "이전에 비국당상이 있을 때에 포도대장의 겸임은 때때로 가능했습니다. 정부당상에 이르러서는 과연 부당합니다. 전에는 차대하는 날에 포도대장이 단지 궐 밖에서 명령을 기다릴 뿐이었습니다. 최근에는 당상을 예겸하고 있기 때문에 예에 따라 연석에 오르고 있습니다."
고종 "정말로 그러하다. 무신이 대장에 임명되면 정부당상을 겸임할 수 없도록 해야 한다. 지금부터 시작해야 한다. 포도대장의 정부당상(예겸)을 해임하라. 오늘 연석의 이야기 중에 이 조항을 조지에 반포하도록 하라. 아장의 경행소(정해진 격식과 절차를 거치지 않은 상소)와 심단(관료가 휴가를 청하는 일)은 그 예가 있는가?"
이유원 "예전에는 있었습니다만 근래에는 없습니다. 7·8년 전부터 또다시 행하고 있습니다."
고종 "장신의 사직상소는 또한 그 예가 있는가?"
이유원 "문관장신의 사직상소는 있습니다만. 무관장신은 근래에 들어 행하고 있습니다. 예전에는 정경장신의 일이 있어서야 비로소 상소할 수 있었습니다."
고종 "그러한가?"
김규홍 "이 조항도 연석의 반포 속에 넣을까요?"
고종 "반포하지 않는다고 해도 당연히 그렇게 하지 않으면 안 된다."51)

여기에서 고종은 포도대장의 정부당상 예겸이 옛 법이 아니라며 포도대장의 정부당상 겸임을 폐지했다. 또한 무신은 대장이 되지 않으면 정부당상

---

51) 『승정원일기』 1874(고종11)년 4월 25일, 일강.

을 겸임할 수 없도록 정식화했다. 위의 대화에서 엿볼 수 있듯이 포도대장은 정부당상을 예겸해 차대에 공식적으로 참가하고 있었는데, 고종은 포도대장의 정부당상 예겸을 폐지해 포도대장이 차대에 참석할 수 없게 한 것이었다. 이것은 삼군부가 추천하며 삼군부제조를 겸임하던 포도대장의 정치참여를 제한하기 위한 조치였다. 또한 고종은 무신인 장신과 아장의 상소제출에도 문제를 제기해 장신의 문신과 같은 사직상소 제출을 금지함으로써 장신과 아장의 지위를 저하시키고자 했다.

친정선포 직후 고종은 대원군의 군정 영향력을 약화시키고 자신의 군권지배를 강화해 군주의 통치권 확보와 안정을 이루기 위해 군정개편을 시작했다. 그는 삼군부를 구성하는 병조판서·중앙과 지방의 각 군영장신·금군별장·포도대장의 품계 하향조정, 임기제한, 정부회합 참여금지 등의 정책을 실시해 대원군의 세력기반이 되는 삼군부가 군권을 장악하고 정치에 영향력을 행사할 수 있는 길을 차단하려고 했다. 또한 군부의 수장에 대원군정권기 그 임용이 확대되었던 무신을 배제하고 문신을, 그것도 노론 중심의 종친·선파와 외척을 적극적으로 등용해 갔다.

② 군권장악을 위한 무위소의 설립과 확대

대원군의 군사적 기반 해체를 꾀하던 고종이 동시에 힘을 기울인 문제는 자신의 군사기반을 확보하는 일이였다. 전술한 대로 친정선포 직후 경복궁에 원인불명의 큰 화재가 발생한 상황에서 고종은 늘 자신의 신변을 걱정하고 있었다. 따라서 그는 친위군을 설치해 군주의 주변경비를 엄중히 함과 동시에 스스로가 군정을 통제할 수 있는 기반을 만들려고 했다.

고종은 친위대 형성을 제의하기 전부터 군병증강과 정예병양성 및 호위군 문제에 지대한 관심을 기울이고 있었다. 1874년 3월 20일, 그는 군사들의 무예 숙련에 실질적인 효과가 있도록 할 것을 역설한 후, 인조대에 설치된 호위청이 본래 3청이었고 훈척을 대장으로 임명했으며 호위군대의 수도 많앉다고 언급했다. 또한 중앙군영과 진무영의 운영제도와 훈련상태에 대해 질문하고, 군료 부족을 걱정했다.52) 4월 5일에는 비상시의 대비와 우리나라 군사제도의 허술함을 지적한 후, 병조판서와 호조판서가 군액증원과 군료 증가 문제를 의논하도록 지시했다.53) 4월 12일에도 훈련도감의 군료지급에 대한 명령의 시행상황과 군액증원문제에 관해 책임자들의 논의가 어떻게 진행되고 있는지 묻고, 군사증원과 대우개선을 촉구했다.54)

고종이 본격적으로 숙위군의 증설문제를 꺼낸 것은 포도대장의 정부당상 겸임폐지가 행해진 4월 25일의 일이었다. 이유원과의 일강이 끝난 후, 그는 궁전경비를 담당하는 군병의 수가 지나치게 적다며 숙위군 증원 방안을 제시했다.

고종 "궐내의 수직군병이 사백 명에 지나지 않아 항상 부족할 우려가 있다. 몇 명인가 인원을 증가시키는 것이 좋겠다. 반드시 (추가한 병사가)생계를 꾸릴 방안을 세워야 할 것이다."
이유원 "나라의 재용 고갈이 지금처럼 심각한 때는 없었습니다. 먼저 급료를 줄 재원을 준비하고 나서 토론해야 할 것입니다."
고종 "각 영군 속에서 몇 명인가를 추출해 궐내 근처에 입직하도록 하면 어떻겠는가?"
이유원 "이는 신설과는 다르기 때문에 충분히 행할 수 있습니다."
고종 "만약 그렇게 하면 규정 외의 일이 힘들고 하지 않겠는가?"
이유원 "혹은 식량을 할증해 지급하거나, 혹은 본영의 일을 제외시키면 서로 장애가 되는 일은 없을 것입니다."55)

---

52) 『승정원일기』 1874(고종11)년 3월 20일, 차대.
53) 『승정원일기』 1874(고종11)년 4월 5일, 차대.
54) 이 때 고종은 이미 군사를 증원하고 숙위군을 설립하는 문제에 대해 구상하고 있었다. 또한 그가 군료의 지급을 명한 훈련도감 소속 군병을 이후에 숙위군으로 차출한 일도 주목된다(『승정원일기』 1874(고종11)년 4월 12일, 소견봉심대신 이유원).
55) 이처럼 고종은 무신의 지위와 행동을 규제하는 한편, 부족한 정부재정 속에서

여기에서 드러나듯이 처음에 고종이 궁전숙위군 이야기를 꺼낸 것은 궐내를 지키는 군사수가 적어 걱정이라는 이유 때문이었다. 따라서 그는 궁전수비를 강화하기 위해 몇 명인가 증원을 요구했고, 이에 이유원은 심각한 재정난을 구실로 비용이 준비되고 나서 토론할 문제라며 반대의 뜻을 나타냈다. 그러자 고종은 이유원의 동의를 얻어내고자 각 군영에서 조금씩 병사를 차출해 그들에게 궁전숙위와 본영의 업무를 동시에 담당시킬 것을 제안했다.

이러한 고종의 숙위군 증원 발언에서 주목되는 점은 그것이 정부관료가 다수 모인 차대에서 제기되지 않고, 이유원이 영사로서 출석한 일강에서 행해졌다는 것이다. 당시 고종은 정부재정이 상당히 곤란한 것과 숙위군의 설치에 막대한 비용이 든다는 것을 잘 알고 있었다. 그리고 이미 4월 5일의 차대에서 미흡한 군사제도를 변통·참작한 군사증원을 지시했을 때도 이유원으로부터 급료에 필요한 경비를 준비한 후에 증원문제를 토론할 수 있다는 조언을 들은 상태였다.[56] 따라서 고종은 숙위군 증설에 대해서도 이유원이 같은 반응을 보이리라 짐작하고 있었다. 이 때문에 정부당상이 많이 모인 차대가 아니라, 이유원과 개인적인 상담이 가능한 일강에서 숙위군의 인원증가문제를 꺼냈고, 군사도 신설이 아니라 타군영에서 차출하는 안을 제안해 이유원의 지지를 얻음으로써 다른 정부관료의 반대를 효과적으로 억누르려 했다. 그러나 고종이 이전부터 군병의 증가와 정예로운 군사훈련에 지대한 관심을 갖고 있었다는 점에서 이 때 이미 친위군 형성을 통한 군정통괄 의도를 갖고 있었다고 판단된다.[57]

도 숙위군의 증원을 꾀해 대원군세력으로부터의 위협 방지와 군주 직속 군대의 형성을 동시에 이루려 했다(『승정원일기』 1874(고종11)년 4월 25일, 일강).
[56] 『승정원일기』 1874(고종11)년 4월 5일, 차대.
[57] 고종이 특히 정예군의 양성에 지대한 관심을 기울이고 있었음은 1874년 1월 26일의 전진무사 김선필과의 소견, 동년 3월 20일과 4월 5일의 차대에서의 대화로부터도 엿볼 수가 있다.

4월 29일, 고종은 또다시 수비군 이야기를 꺼내 그 준비가 어떻게 되고 있는가를 물었다.[58] 이유원은 각 군영에서 사적으로 훈련하고 있다고 대답한 후, 수비군의 인원을 정하도록 요청했다. 이에 고종이 새로운 숙위군을 현재 궐내에서 수비를 담당하는 부대 중에서 유일하게 신용할 수 있는 무예청과 표리를 이루게 해 수비를 맡기겠다는 의사를 나타내자, 이유원은 그 수가 너무 많으면 군사를 차출당한 각 군영이 모양을 이루지 못하게 된다며 간소화를 요구했다. 이 날의 차대에서는 아직 숙위군이 몇 명이며 군수비용을 어떻게 조달할 것인지 등의 구체적인 내용까지는 제시되지 않았지만, 그 준비가 신속하게 진행되고 있었음을 알 수 있다.

그 후, 무위소 설립작업은 더욱 속력을 내게 되었다. 5월 3일에 고종은 허술한 숙위에 대해 연석에서 명을 내렸다고 말하며, 훈련도감 보군 중 4초를 중앙문 근처에서 수비하도록 하고 훈련대장이 주관할 것을 지시했다.[59] 5월 5일의 일강에서는 고종과 영의정 이유원, 호조판서 김세균 사이에서 숙위군문제가 구체적으로 논의되었다. 이날 고종은 수비군 500명을 4, 5번으로 나누어 교대로 당번을 맡기려 한다고 언급한 후, 궐내 숙위가 너무나 허술하며 행행 때는 무예청의 150명이 왕을 호위해 궁전수비군이 줄어드는데, 현재는 원자도 있기 때문에 수비군을 늘리지 않을 수 없다고 그 증설의 정당성을 강조했다. 이에 대해 이유원은 우리나라의 규칙에는 정해진 범위가 없기 때문에 수비군도 쉽게 군제가 정돈되지 않을 것 같아 걱정이라며, 재차 신중하고 간소하게 할 것을 주장했다. 고종이 수비군에 대한 군료 지급을 무예청보다 한 단계 낮은 수준으로 정하고, 운영자금의 조달에 대해서는 외읍의 은결(징세에서 누락된 결세)과 각 영의 면세에서 취하는 방법, 포량미(진무영 운영을 위해 징수하던 쌀) 잉여분과 선혜청 별치목 잉여분을 이용하도록 제안하자, 이유원과 김세균은 이들 모두가 이미 소용이 정해져 있다며

---

58) 『승정원일기』 1874(고종11)년 4월 29일, 차대.
59) 『승정원일기』 1874(고종11)년 5월 3일.

다른 곳의 수입을 이전하는 방법에 반대했다. 수비군 복장에 대해서는 고종이 무예청의 복장과 대동소이하게 하자고 제안했지만, 이유원은 복장에 차이를 두어야 한다며 다른 군영과 비슷하게 하는 게 좋다고 상주했다. 특히 이유원은 수비군의 식량준비에 대해 모두가 전하의 군사이기 때문에 수비군의 요미를 각 영의 전곡과 둔전으로부터 빼앗지 않도록 요구했다. 그러자 고종은 정조가 장용영을 설치한 예를 들어 확대하지 않으려는 것이 자신의 마음이라고 강조했다.[60]

이 날 고종과 이유원의 대화에서 나타나듯이, 고종은 현재 수비군이 부족하고 허술하기 때문에 증설이 불가피하며, 정조의 장용영을 모방한 숙위군 설치에 아무런 문제가 없음을 호소했다. 이에 대해 이유원은 반복해서 신중하고 간소하게 해야 한다, 경비 책정이 쉽지 않다, 무예청과 차이를 두어야 한다, 현종도 정조를 따라 총위영을 설치했지만 폐해가 많아졌다는 것을 강조하며 고종의 수비군 증설에 우려를 표명했다. 이유원은 고종의 의사에 따라 궁전수비 강화에 동의하고는 있었지만, 당시 심각한 재정난과 군주친위군의 문제점을 잘 알고 있었기 때문에 처음부터 수비군의 확대 저지와 기강확립을 역설했던 것이었다.

이와 같은 상황 속에서도 숙위군 설치문제는 고종의 계획대로 진행되어 갔다. 5월 17일, 훈련도감에서 보군 4초를 선발했다는 보고에 이어[61] 고종은 파수군 설치에 드는 비용을 호조에서 조달하지 않을 수 없다며 훈련대장 이경하가 복장준비에 필요하다고 상주한 1만 냥을 호조에서 지급하도록 지시했다.[62] 또한 전(錢)과 포(布)를 풍부하게 구비해야 한다며 의정부가 적절하게 조치해 다음 날부터 수비군의 거처와 장비의 구비작업을 시작하라고 명했다. 이때도 고종은 비용절약을 위해 5초만을 설치하며, 매초마다 백

---

[60] 『승정원일기』 1874(고종11)년 5월 5일, 일강.
[61] 『승정원일기』 1874(고종11)년 5월 17일, 훈련도감계.
[62] 『승정원일기』 1874(고종11)년 5월 19일, 御春塘台行館學儒生.

명을 넘지 않도록 했음을 강조해 수비군 설치에 대한 우려를 잠재우고자 했다.

이처럼 고종은 현재의 허술한 궁전수비 상황과 정조의 장용영 설치를 예로 들며, 숙위군 설치의 정당성을 역설함과 동시에 그것을 확대하지 않으려 한다고 주장했다. 그렇지만 실제로는 그 증가가 추진되고 있었다. 이는 처음부터 고종의 수비군 설치 목적이 친위군 형성에 의한 군권장악에 있었던 만큼 당연한 전개과정이었고, 결국 대신들의 반발을 불러일으키게 되었다.

5월 25일의 차대에서 고종은 수비군의 당번을 이번 달부터 맡기려 하나 군료의 준비 후에 가능하다며, 당번 분배, 전립(戰笠) 공급, 복색 모양, 군료·무기 준비방법, 규정 성립 등과 관련해 정부관료들과 상담하려고 했다. 그러자 우의정 박규수는 '요즘 연석에서 매일 수비군의 일로 몇 번이나 교지가 있었는데, 이는 단순히 숙위병정을 늘리는 일에 지나지 않는다. 밑에서 거행하는 일이 본래 그다지 어렵지 않고, 식량과 복색, 기장(器仗) 등도 서서히 절목을 갖출 수 있'다며, 숙위군 설치문제를 정부관료들에게 맡기라고 요구했다. 또한 그는 고종의 숙위군 설치를 향한 진정한 뜻이 어디에 있는지 모르겠다며, 고종에게 친병을 만들어 직접 통솔하려고 하는지, 아니면 장신에게 지휘토록 하려는지를 물었다. 이에 대해 고종은 작년 겨울의 화재를 언급하면서 취약한 숙위문제가 드러났기 때문에 수비를 증설하려는 생각을 갖게 되었을 뿐, 수비군의 단속과 규율은 장신에게 담당시킬 것이라 답했다. 박규수는 고종의 이야기가 타당하다며, 5백의 군병이 원래 훈련도감의 군사였고 훈련대장이 군무에 노련한 장신이기 때문에 그에게 군대 통솔을 비롯한 군량·복색 등의 문제를 맡겨 시행토록 하라고 조언한 후, 숙위군을 확대하려 한다는 세간의 의심을 전했다. 이에 고종은 '이미 훈련대장에게 명령을 내렸기 때문에 확대할 리가 없다. 세간은 이 일을 모르기 때문에 의심하는 것'이라며, 박규수의 우려와 세간의 의혹에 근거가 없음을 강조했다.[63]

고종이 이유원에게 수비군의 증설을 제안한 지 불과 1개월 만에 생긴 이러한 의혹은 숙위군 설치과정이 얼마나 신속하고 대규모로 이루어졌는지를 보여준다. 재정부족으로 경복궁 수리조차 중단된 상황에서 이미 훈련도감에서 5백 명을 차출해 숙위군을 형성했다는 것은 정부관료는 물론 세간에 고종의 친위대 형성에 대한 의문을 불러일으키기에 충분했고, 박규수의 발언은 이를 대변한 것이었다.

　이렇게 수비군의 설치확대에 대한 우려가 커지는 가운데에도 수비군 증설에 필요한 경비와 절차관련 논의는 계속해서 이루어졌다. 6월 9일, 이유원은 진무영 군수에 사용되는 포량미의 잉여분 700석을 수비군의 양료(糧料)로 훈련도감에 지급하겠다고 상주한 후, 세간의 의혹이 점점 커지는 상황을 보고하며, 규모와 식례를 정할 때 가능하면 간소하게 해서 폐해발생의 여지를 차단해야 한다고 강조했다.[64] 6월 13일에는 수비군의 복색준비를 위해 이전에 청전 10만 냥을 지급한 것에 더해 10만 냥의 추가 지급이 지시되었고, 주교사의 잡복미, 진무영에 있는 목면과 쌀의 일부를 사용하는 방안도 모색되었다.[65] 6월 20일, 고종의 수비군 신적(信蹟, 인장) 제작 의견에 대해서는 이유원이 '소(所)'라고 새기면 되고 반드시 '영(營)'을 사용할 필요가 없다고 건의함에 따라,[66] 숙위군의 '무위소' 지칭과 훈련대장을 통한 관장이 정해졌다.[67] 6월 25일에는 무위소와 금위영의 무기 수리와 준비를 위해 청전 10만 냥이 또다시 지급되었다. 그리고 7월 4일, 고종은 국초의 도통사제도와 같이 무위소를 통솔하는 지위에 도통사를 두고, 무위도통사를 금위대장 조영하가 겸임하도록 명한 후, 국초의 예에 따라 부신(符信)을 만들

---

[63] 『승정원일기』 1874(고종11)년 5월 25일, 차대.
[64] 『승정원일기』 1874(고종11)년 6월 9일, 차대.
[65] 『승정원일기』 1874(고종11)년 6월 13일, 약방입진.
[66] 『승정원일기』 1874(고종11)년 6월 20일, 약방입진.
[67] 『승정원일기』 1874(고종11)년 6월 20일, 교지.

어 사용할 것을 정식화했다.(68) 이로써 고종이 궁전수비군의 증원을 명한 지 약 2개월 만에 군주친위대인 무위소 설립이 일단락되었다.

　무위소의 설립은 처음부터 경비조달, 군대단속 등의 문제로 인해 반대 의견이 많았다. 그럼에도 고종은 숙위군 증설의 정당성을 토로하고, 확대 방지와 기강확립을 약속하면서 수비군 설치를 추진해 갔다. 특히 그는 이유원이 궁전수비군 형성에는 동의하면서도 그 확대·강화에는 반대의 뜻을 표명하며 세간의 우려를 전했음에도 불구하고, 이유원과의 상담을 통해 숙위군 설립작업을 진행시켰다. 이는 당시 고종의 이유원에 대한 신뢰가 상당히 컸음을 보여준다. 고종이 처음에 수비군 증설의 이야기를 꺼냈던 것도 이유원과의 일강에서였고, 이유원이 매번 귀에 거슬리는 말을 꺼내 송구스럽다고 말했음에도 '경의 말은 충고에서 나온 것이다. 내가 듣는 것을 싫어할 이유가 있겠는가?',(69) '이러한 (귀에 거슬리는)이야기를 개진하지 않으면 어떤 이야기를 하겠는가?(70)라며, 이유원의 충고를 관대하게 받아들이고 있었다. 여기에 숙위군의 설치비용 조달에 이유원이 반대하는 재원을 거의 사용하지 않고, 호조로부터의 지급과 청전을 사용하고자 했다. 이처럼 고종이 이유원의 반대 의견까지 수용하는 태도를 보인 것은 정부를 통괄하는 그의 제안과 역할을 적극적으로 이용해 숙위군 신설이라고 하는 중대한 문제의 순조로운 진행을 바랐기 때문이었다. 그리고 이유원의 중재와 조정에 의해 5백 명으로 구성된 무위소가 신속하게 설립될 수 있었다고 하겠다.

　그런데 무위소가 설립되자 상황은 일변하게 되었다. 일단 숙위군이 정비되자 고종은 이유원을 비롯해 정부관료와는 어떤 상담도 하지 않고, 무위소 확대를 본격적으로 추진해 갔다. 7월 4일, 무위도통사에 외척이며 소장 문신관료인 조영하를 임명한 후, 7월 8일에는 훈련도감의 마군 2초를 무위소

---

68) 『승정원일기』 1874(고종11)년 7월 4일, 교지.
69) 『승정원일기』 1874(고종11)년 6월 20일, 약방입진.
70) 『승정원일기』 1874(고종11)년 6월 25일, 차대.

로 이속시키도록 명했다.71) 11일에는 훈련도감으로부터 표하군(대장 직속부대) 193명과 복마군(운송을 담당하는 군대) 33명, 금위영으로부터 표하군 164명과 복마군 19명, 어영청으로부터는 표하군 162명과 복마군 19명을 차출해 무위소로의 이속을 지시했다.72) 이 두 개의 교지는 사알(내시부 소속의 왕명을 출납하는 사람)을 통해 구전으로 명해진 것으로, 고종이 무위소 확대를 신속하고도 은밀하게 행하려 했음을 엿볼 수 있다. 또한 7월 10일, 무위소 마군과 보군을 총괄할 별장·파총 등의 추천 규정을 정한 후,73) 무위소의 전곡 관장에 필요한 관원을 선혜청당상이 겸임하고, 양향(糧餉) 등의 출납 담당자를 훈련도감의 하도감과 경리청의 구례에 따라 음관 중에 문벌이 있는 수령 경험자로 임명해 '군향색종사관(軍餉色從事官)'으로 부르라고 명했다.74)

결국 고종의 무위소 확대는 또다시 이유원과 박규수의 강력한 반대에 직면하게 되었다.

이유원 "궁궐에 시위가 있는 것은 신체에 사지가 있는 것과 같습니다.···당초 무위소를 만든 성의(聖意)는 오로지 시위와 한어, 궁금(宮禁)에 있을 뿐이었습니다. 지금 보면 담당하지 않는 임무가 없고, 거행하지 않는 일이 없습니다. 일의 확대는 그 이상의 일이 있는 것입니까? 이미 거행한 일은 중지하기 어렵다고 해도 별도로 영문을 세우지 말고 그 세(전개과정)에 따라 이루게 하고, 낭비를 줄여 (수비의)업무를 주로 하게 하고 폐가 싹트는 것을 막고, 사치하는 풍속을 금하고 요행의 문을 막아 근습(곁에서 왕을 받드는 신하)을 억눌러야 합니다. 단지 숙위만을 중시하고

---

71) 『승정원일기』 1874(고종11)년 7월 8일.
72) 『승정원일기』 1874(고종11)년 7월 11일.
73) 고종은 별장은 포도대장·금군별장·도감중군의 경험자 중에서, 把摠은 가선대부로 방어사 경험자로부터, 番將은 변지경험자로부터, 哨官은 정3품 이하의 당하관 경험자 및 추천된 경험이 있는 자를 임명하도록 명했다. 또한 파총과 번장에게는 특지의 예를 인정했다(『승정원일기』 1874(고종11)년 7월 10일).
74) 『승정원일기』 1874(고종11)년 7월 10일.

시위의 병사가 직무에 태만하지 않도록 해서 군을 존중함과 윗사람을 친히 하게 하는 의를 알게 해야 합니다."…

고종 "이미 군사가 있으면 이를 거느리는 사람이 없을 수가 없다. 그러므로 약간 분장하는 직임을 둔 것이다. 당초 제도를 만든 것은 단지 숙위만을 위한 것일 뿐이었지 어찌 다른 일을 하기 위한 것이겠는가?"…

박규수 "영상이 무위소의 일에 대해서 아뢰었는데, 당초 신들은 너무 크게 할까 염려되어 말씀드리자 성상께서는 반드시 크게 하지 않겠다는 뜻으로 하교하셨습니다. 그런데 근일 점차 조처를 행하여 이제는 하나의 큰 군영을 이루게 되었습니다. 인주가 숙위하는 친병을 두는 것은 원래 행할 수 없는 일이 아닙니다. 만약 이러한 뜻으로 신들에게 명하여 강구하고 마련하여 제대로 만들게 하더라도 안 될 것이 없습니다. 그런데 성상 스스로 결단을 내리시고 제반 계획도 혼자만 알고 계신 채 이 일의 편부에 대해 신하들에게 물어본 적이 없습니다. 그러므로 서로 장애되는 단서가 많은 것입니다. 가령 각사나 각 영의 서리 중에서 실무를 잘 아는 자를 택하여 이속시켜 직무를 겸대하도록 한 것에 대해서는 무슨 이유에서 그리 한 것인지 모르겠습니다. 해사와 해영의 제반 사무에 대해 수시로 하문하신다면 참으로 간편하고 용이한 일이 될 것이니, 성상의 의도는 아마 이런 데에서 나온 것인 듯한데, 사체로 볼 때 굳이 이와 같이 할 필요는 없다고 여겨집니다. 각사와 각 영에 모두 장관과 주장이 있으니, 그렇다면 제반 하문하는 것을 미천한 이서들에게 해서는 옳지 않습니다. 그리고 각사와 각 영이 거행하는 일에서도 이따금 이서를 불러서 합문에서 전교를 듣게 하는 일이 있는데, 이에 대해서도 신은 성상께서 간편하고 쉽게 하려는 의도에서 한 것인 줄 알고 있습니다. 그러나 대소나 경중을 막론하고 제반 명령의 출납은 승정원에서 하는 것입니다."…

고종 "각 영 및 각사의 서리들이 합문에서 명을 듣게 한 것은 편리하게 하려는 목적에서 한 것이지 어찌 다른 이유가 있겠는가?"[75]

여기에서 이유원은 무위소 설치 목적이 궁전숙위에 있는데, 지금은 모든 일을 담당·거행하고 있다며 이 이상 확대하지 말고 본래의 숙위 임무로 돌아가야 한다고 조언했다. 박규수는 군주가 친위대를 갖는 것 자체가 문제는 아니나, 고종이 신하에게 상담하지 않고 모든 일을 혼자서 처리하기 때

---

75) 『승정원일기』 1874(고종11)년 7월 15일, 차대.

문에 장애가 발생한다면서 이서가 아니라 각사와 각 영의 장관과 주장에게 명령하고 그들에게 일에 대해 물어야 함을 주장했다. 또한 모든 명령의 출납은 승정원을 통해 하도록 강조하고 고종이 사알을 불러 구전으로 명령을 내리는 행동을 직접적으로 비판했다. 이러한 박규수의 발언은 무위소의 확대보다도 정부의 공식통로를 거치지 않은 고종의 명령전달 방식과 독단적인 의사결정을 문제시했다는 점에서 주목된다. 이유원과 박규수는 무위소의 확대와 고종의 독단적인 정책추진을 비판하고, 정부관료와 상담해 명령을 정식으로 내리라고 요구함으로써 고종의 무위소 확대를 차단하려 한 것이었다.

 그러나 의정부대신의 반대 상주에도 불구하고 고종은 무위소 확대를 계속해 나갔다. 7월 27일, 책응소(군병의 숙직소)를 무위소직방으로 하고, 훈련도감의 동별영을 무위소의 신영으로 하도록 명해 무위소 숙직소가 확보되었다.[76] 8월 2일에는 또다시 사알 구전으로 무예청의 작통안(민호를 통으로 편성하는 일)을 무위소가 수정하며,[77] 8월 20일에는 진무영이 사용하던 삼세 4만 냥을 무위소로 이전하라고 지시했다.[78] 8월 28일과 9월 26일에도 사알 구전을 통해 훈련도감으로부터 별파진 26명과 종표하군 100명, 금위영과 어영청으로부터 각각 선방아병(아병은 대장을 수행하는 병사) 5명씩, 순령수(대장의 전령과 호위를 담당하는 병사)와 뇌자(군대에서 죄인을 다루는 사람) 10명을 차출해 무위소로 소속시키도록 명했다.[79] 이처럼 고종이 대신들의 충고를 무시한 채 독단으로 무위소 소속 군사를 계속 증가시킴과 동시에 군수를 확충해 무위소의 지위와 역할 강화를 추진해 간 사실은 고종의 숙위군 증설 목적이 처음부터 친위대 형성·강화를 중심으로 한 군정개편과 군권장악에

---

76) 『승정원일기』 1874(고종11)년 7월 27일.
77) 『승정원일기』 1874(고종11)년 8월 2일.
78) 『승정원일기』 1874(고종11)년 8월 20일, 약방입진.
79) 『승정원일기』 1874(고종11)년 8월 28일·9월 26일.

있었음을 분명히 보여준다.

고종은 대원군정권기에 확대된 무신세력과 군비가 대원군의 세력기반이라 판단해 이를 억제하지 않고는 자신의 권력기반 안정이 곤란하다고 생각하고 있었다. 따라서 대원군에 의해 부활된 삼군부를 약화시키고자 삼군부 제조·당상을 담당하던 각 군영대장과 포도대장의 지위를 격하시키고 활동을 제한하는 한편, 스스로가 군권을 장악하기 위해 친위대 설립을 꾀해 갔다. 그리고 초대 무위도통사에 외척이며 문신인 조영하를 임명하고, 1875년에는 무위도통사에 민규호를, 무위소제조에 김보현을 등용해 측근으로 하여금 무위소를 총괄하도록 했다. 또한 무위도통사가 훈련도감·금위영·어영청의 제조를 겸임하며, 용호영과 총융청도 관장하도록 명해 각 군영을 통솔하게 만들었고, 동시에 무위소제조의 선혜청과 훈련도감제조 겸임을 지시해 군정뿐만 아니라 정부재정까지 무위소가 주관하는 체제를 조성해 갔다.[80] 다시 말해 고종은 무위소를 통해 군사와 재정을 통괄함으로써 자신의 권력기반을 안정·확립시키려고 한 것이었다.

③ 고종의 진무영개편과 정국변화

고종은 중앙군영의 운영체제와 관련된 재정비와 함께 대원군정권기에 강화된 진무영에 대한 개편을 실시해 갔다. 진무영은 서울의 관문인 강화에 설치된 군영이며, 두 번에 걸친 양요를 경험하면서 그 중요성이 더욱 강조된 곳이었다. 대원군정권기에는 변경의 방위를 중시한 대원군에 의해 일본 침략 대비에 중요한 통제영 통제사에 이어, 서울 방위의 요소인 진무영 진

---

[80] 이 같은 무위소기능과 권한은 ① 각 군영 제조와 당상 겸임에 의한 군정의 총괄, ② 포도대장 겸임과 추천권 확보에 의한 포도청 업무의 관장, ③ 각 영과 각사의 城堞·禁松의 단속, ④ 御寶·印章의 주조·보수, ⑤ 궁전 수리·재건, 성곽 수리, ⑥ 주전·造紙 관장, ⑦ 각 영의 재정운영·군사처벌 등의 일반사무 담당, ⑧ 소속진영의 운영, ⑨ 무기제작으로 정리할 수 있다(배항섭, 『19세기 조선의 군사제도연구』, 127~135쪽 참조).

무사도 외등단의 예에 따라 중앙군영 대장과 같은 품계로의 상승과 삼군부사의 겸임이 정해졌다. 또한 관할지역 확장과 군수물자 증가 등의 정책이 추진되어 진무영 확대와 진무사 역할 강화가 이루어졌다.

친정선포 직후부터 대장 품계를 종2품으로 복귀시키고, 금군별장의 임기제 폐지, 포도대장의 정부당상 겸임 금지 등, 무신 관련규정과 중앙군영에 대한 조정을 꾀했던 고종은 대원군의 군사적 기반을 약화시킬 목적에서 진무영개편을 단행하게 되었다. 그는 진무영이 서울 방위를 위해 중시되어야 할 곳임에도 불구하고, 지삼군부사를 겸임하는 진무사의 지위와 역할 저하를 통해 대원군의 군정에 대한 영향력을 억제하려고 한 것이었다. 이러한 고종의 진무영제도 개혁은 진무사로의 외등단 예 적용을 폐지하고 문신인 강화유수가 진무사를 겸임하도록 함과 동시에 진무영의 군수경비를 축소하는 방향으로 추진되어 갔다.

그런데 고종이 친정을 선포한 직후부터 진무영 약화를 꾀한 것은 아니었다. 그는 중앙군영 개편의 연장선상에서 진무사를 교체하기는 했지만, 직접적으로 진무영체제를 변경하려고 하지 않았다. 오히려 진무영 군제에 지대한 관심을 드러내면서 군비강화를 요구했다. 1874년 1월 26일, 전진무사 김선필과의 소견에서 고종은 진무영의 군비와 군사훈련 상태에 관해 묻고 감탄한 후에 해방에서 강화영이 중요함을 강조했다.[81] 3월 20일에는 '진무영의 군병이 모두 정예군이 되기를 바란다'고 말하고, 진무사가 장계에서 청한 돈과 군기를 전부 조치해 지급하도록 지시했다.[82] 또한 4월 5일에는 '어떻게 진무영의 군병은 정예군이 되었는가?'라고 질문해 진무영과 같은 정예군 형성에 관심을 기울였고,[83] 5월 5일에는 '진무영 군사 3천 명을 잘 훈련하면 좋겠다'며 진무영 강화를 바란다는 뜻을 분명히 했다.[84]

---

[81] 『승정원일기』 1874(고종11)년 1월 26일, 전진무사 김선필 소견.
[82] 『승정원일기』 1874(고종11)년 3월 20일, 차대.
[83] 『승정원일기』 1874(고종11)년 4월 5일, 차대.

이러한 고종의 진무영에 대한 기대와 관심이 진무영의 축소로 바뀐 것은 진무영에 할당된 군수물자가 무위소 설립을 위한 경비조달에 필요하게 되고,85) 문신의 장신등용정책이 진무영으로 확대되면서부터였다. 이때 고종은 이유원을 비롯한 정부관료와 어떤 상담도 거치지 않고, 진무사의 외등단 적용 폐지와 문신인 강화유수의 복구를 명했고, 이는 또다시 대신들의 반발을 야기했다.

고종 "일전에 진무영문제에 대해서 하교하면서 단지 무신 외등단만 혁파하고 유수의 직책만 복구하도록 했다. 문관과 무관을 교차하여 차임하는 것은 인재를 널리 등용하는 도리에 해가 되지 않는다. 제반 군사의 수효를 당초에는 변통하려고 하지 않았는데, 경들은 이러한 것을 아는가? 어찌 진무영을 혁파하는 일이 있겠는가?"

이유원 "신이 일전에 진무영을 처리한다는 말을 듣고 저도 모르게 깜짝 놀랐습니다. 대체로 강화도는 두 번이나 서양 오랑캐들의 난리를 겪었는데, 다행히 이기기는 했지만 오랑캐들이 호시탐탐 엿보는 것을 하루라도 잊어서는 안 됩니다. 이 때문에 성상께서 깊이 생각하시고 계책을 짜서 원대한 조치를 취하고 군량을 많이 비축해 놓았으니, 한 지역을 충분히 감당할 수 있을 것입니다. 그런데 이번에는 조정에 상담하지 않고, 상(象)을 도모하지 않고,86) 홀연히 한 장의 전교를 내려

---

84) 『승정원일기』 1874(고종11)년 5월 5일, 일강.

85) 1874년 5월 5일, 고종은 진무영 재정에는 잉여가 있기 때문에 관세청으로부터 진무영에 할당되는 분을 호조로 넘기도록 제안했지만, 이유원은 이미 귀속된 분을 삭제할 수 없다는 이유로 반대했다. 그러자 고종은 호조가 지급할 군수가 훈련도감보다 진무영 쪽이 더 많다며 불만을 토로했다. 6월 9일, 이유원이 진무영의 잉여 포량미 700석의 수비군 糧料 충당을 상주해 실시되었으나, 6월 13일에 고종이 무위소 복색준비를 위해 진무영의 돈과 목면을 사용할 것을 제안한 데 대해서는 또다시 진무영의 잉여분은 비축해 두어 예상 외의 사태에 대비해야 한다고 주장했다. 그럼에도 불구하고 진무영개편이 이루어지기 직전인 7월 20일에는 총융청과 달라서는 안 된다는 구실로 제주의 貢馬를 지급하지 말라는 명이 내려졌고, 8월 20일에는 진무영 蔘稅인 4만 냥을 내년부터 무위소로 이전할 것이 정해져, 진무영의 재원이 축소되어 갔다.

86) 여기에서 '象'은 대원군을 가리키고 있다고 생각된다. 이유원은 대원군이 힘을

바로 대장을 파직시켰으니, 그 연혁을 바꾸는 데 마치 어린아이를 부르는 것처럼 했습니다. 이와 같고서야 어떻게 대장에게 전권을 맡겼던 고사를 본받을 수가 있겠습니까. 신은 서생이니 군사의 일에 대해서 어떻게 알겠습니까마는 관방(關防)은 반드시 요충지를 잘 방어해야 하고 장수는 반드시 제반 일에 능숙한 자를 가려야 합니다.…장수를 만일 적임자를 얻으면 오합지졸 같은 무리들도 모두 정예병이 될 것입니다. 그리고 인군을 호위하는 일을 맡은 신하는 문신과 무신이 차이가 없습니다. 오늘의 하교는 이와 같이 정중하시니, 신은 우러러 칭송하는 마음 금할 수 없습니다. 절제하는 일과 군사의 수효에 대해서는 하교대로 하고 변동시키지 말기를 바랍니다."

고종 "강화유수가 무신이었던 것은 전에도 있었다."

이유원 "장수의 재목에 어찌 문신이다 무신이다를 논하겠습니까. 그러나 이 영을 설치한 것은 밖에서 오랑캐들이 쳐들어오는 것을 막기 위한 것이었습니다. 그렇다면 문신과 무신에 굳이 구애될 필요가 있겠습니까. 군대를 쓸 때에는 한 사람이 맡아서 여러 사람에게 나누어 맡기는 것도 옛날의 방법입니다. 영종이나 인천 등의 고을은 반드시 진무영에 의지해야 공고해질 것입니다."

고종 "강화영의 군병은 참으로 다른 곳에 내다 쓰기는 곤란하다."

이유원 "장수는 적임자를 얻는 것이 중요합니다. 만약 용병을 잘한다면 군사들을 쓰는 데 무슨 걱정을 할 것이 있겠습니까. 병사들은 그들의 마음을 흔들리게 하지 않는 것이 가장 중요합니다. 그런데 이번 대장을 변통한 뒤에는 군심(軍心)이 반드시 풀어질 것이니, 참으로 작은 걱정거리가 아닙니다."

고종 "무신이 외직의 대장이 된 일이 근래에 많이 있었다. 그러므로 이번에 혁파하라는 명이 있게 된 것이다."

이유원 "옛날 송나라의 제도에 유수의 직은 문관과 무관을 따지지 않았습니다. 우리나라의 관제에서도 이를 장애로 삼지 않았습니다."

고종 "나의 본 뜻은 이와 같다."[87]

기울여 추진한 진무영 강화정책을 대원군에게 아무런 상담도 하지 않고 바꾼 데 대해 우려를 표명한 것이었다. 이 차대가 열린 당일, 대원군은 남연군묘에 성묘한다는 이유로 서울을 떠나 약 11개월 동안 칩거에 들어갔다.

[87] 『승정원일기』 1874(고종11)년 7월 30일, 차대. 이 밖에 이 날의 대화에서는 ① 총융사의 추천·승진의 구례, ② 수어사·총융사의 문신·무신의 임용의 구례, ③ 통제사의 외등단 존폐문제, ④ 통영수비의 견고함, ⑤ 강화영의 중요성,

이 대화에서 드러나듯이 고종은 이유원과의 상의도 없이 진무영제도 개편을 명해 이유원의 우려를 사고 있었다. 이때 고종은 진무사 변경 조치가 문신과 무신을 널리 등용하려는 뜻의 표명이고, 진무영을 폐지하는 일은 결코 없다며 진무영정책에 대한 염려를 불식시키려고 했다. 그러자 이유원은 적을 방어하는 강화도의 중요성을 역설한 후, 진무영 강화정책을 추진한 당사자가 고종이었음을 강조했다. 그리고 이렇게 중요한 진무영 변경을 정부관료와 어떤 상담도 없이 간단하게 지시한 고종의 행동을 비판했다. 뿐만 아니라, 용인(用人)에 문신·무신을 구별할 필요는 없지만, 진무영과 같은 요지에는 숙련된 장수를 임명하지 않으면 안 된다는 사실과 유수에 무신을 등용하는 일도 구례에 어긋나지 않는다고 주장했다.

　이 날의 이유원과 고종의 대화에서 주목되는 점은 직접 진무영 강화정책을 실시한 고종이 이번에는 진무영 약화를 추진했다는 사실이다. 실제로 강화유수에 외등단 예를 적용해 품계를 높이고 솔선해서 진무영에 군기와 군수경비를 지급하도록 지시한 것은 고종 본인이었다. 그러나 이후, 대원군 세력의 억제와 자신의 군사적 기반확보를 추구한 고종은 진무사의 외등단을 폐지하고 문신인 강화유수에게 진무영을 담당하도록 해서 진무영의 지위와 역할을 제한하고자 한 것이었다. 이러한 진무영체제 개편은 병조판서·금군별장의 임기규정 폐지, 장신의 품계 강등, 포도대장의 정부당상 겸임 중지 등, 대원군정권기에 행해진 정책의 정당성을 부정하고 구례로 회복시킨 것과 마찬가지로 대원군의 군사적 기반 해체에 그 의도와 목적이 있었다. 결국 진무영에 대한 정비 목적이 대원군의 세력기반 약화에 있었던 만큼 진무영의 국방 요지로써의 중요한 역할이 부수적인 문제로 취급되지 않

등이 논의되었다. 여기에서 박규수는 통제사의 외등단문제에 대해서 대장만을 임명하면 특정인의 재임이 반복되고, 아장을 임명하면 통제사가 되면 대장으로 승진되는 규정에 따라 대장이 지나치게 많아진다고 논해, 고종의 적절한 판단을 요구했다. 또한 이경하는 강화영이 통제영과 견줄 정도로 중요하기 때문에 경비대책을 강화해야 한다고 주장했다.

을 수 없었다고 하겠다.

  고종의 진무영정책에 따라 1874년 7월, 무신인 신헌을 마지막으로 진무사의 외등단제가 폐지되었다.[88] 그리고 새로운 규정에 의해 문신인 조병식이 강화유수로 임명되어 무신 진무사가 강화유수를 겸임하던 구례가, 문신인 강화유수가 진무사를 겸임하는 것으로 변경되었다. 또한 진무영 중군과 교동부사가 모두 교체되고, 대원군정권기에 방어영으로 격하되었던 교동수영이 재건되어 교동수사가 삼도수군통어사를 겸임하게 되었다.[89] 이에 따라 강화유수가 진무사와 삼도수군통어사를 겸임하던 규정은 진무사와 교동진병마첨절제사를 겸임하는 것으로 바뀌었다.[90] 여기에 12월에는 통제사의 외등단제도 폐지되어,[91] 대원군이 국방력과 통치권 강화를 위해 추진한 진무영과 통제영 중심의 지방진영 증강정책이 폐지되거나 이전 상태로 돌아가게 되었다.

  그런데 이러한 고종의 진무영정책은 예상 외의 파문을 불러일으키게 되었다. 진무영제도 개편에 반대한 대원군이 자신의 불만 의사를 나타내기 위해 서울을 떠나는 사건이 발생한 것이었다. 1874년 7월, 고종의 진무영정책이 공표되자, 대원군은 남연군 무덤에 성묘한다는 구실로 덕산을 방문한 후, 귀경하지 않고 경기도 양주 직동에 은거하며, 고종에게 침묵의 시위를 시작했다.[92] 대원군은 지방에 은둔해 고종의 행동에 대한 불만과 부당함을

---

[88] 『승정원일기』 1874(고종11)년 7월 28일.

[89] 『승정원일기』 1874(고종11)년 8월 4일.

[90] 이 밖에 京畿水軍右防禦使鎭撫營右海防將은 京畿水軍節度使兼三道統禦使로, 鎭撫中軍兼守城將討捕使는 江華府中軍兼守城將討捕使로 바뀌었다(『승정원일기』 1874(고종11)년 8월 6일).

[91] 『승정원일기』 1874(고종11)년 12월 4일.

[92] 진무사의 외등단 폐지와 강화유수의 진무사겸임 결정이 내려진 것은 7월 28일의 일이고, 대원군이 남연군묘에 성묘하기 위해 서울을 떠난 것은 7월 30일, 德山郡에 도착한 것은 8월 3일이고, 瑞山의 補賢洞에 성묘를 간 것은 8월 6일이었다. 원래 대원군은 매년 8월에 부친인 남연군묘에 성묘하러 덕산을 방문했

토로함과 동시에 정책의 전환을 요구하는 정치적 압박을 가하려고 한 것이었다. 이러한 대원군의 은둔을 고종이 방치함으로써 친정을 선포할 때부터 내재되어 있던 '효'의 문제가 수면으로 등장하게 되었다. 그리고 이것이 친대원군세력에게 고종을 공격할 수 있는 구실, 특히 1875년 3월부터 6월까지 진행된 영남재지유생들의 대대적인 상소운동 발발의 계기를 제공하면서 고종과 영남유생 사이의 관계 악화 원인으로 작용했다.[93]

대원군의 귀환요청은 1874년 10월 부사과 이휘림의 상소를 필두로 해서, 다음 해 6월 대원군이 귀경할 때까지 지속되었다. 그들 상소의 주요한 내용은 고종이 사친에게 효를 다해야 하며, 지방에 부친을 방치하는 것은 효에 반하는 행위이기 때문에 대원군을 서울로 환어시키지 않으면 안 된다는 것이었다.[94] 그렇지만 진짜 목적은 고종친정체제에 문제점을 제기해 정책의 변경, 혹은 대원군의 재집권을 요구하는 데 있었다. 이러한 대원군귀경요청

는데, 마침 고종의 진무영 개혁정책 발표와 겹침에 따라 대원군의 楊州 칩거는 고종에게 무언의 항의를 표하면서 압박을 가하는 수단으로 이용된 것이었다. 그러나 고종은 도승지·종정경·의관 등을 보내 안부를 확인하면서도 대원군을 회유하기 위한 어떠한 정책 변경도 행하지 않았고, 대원군은 다음해 6월까지 양주에 머물며 저항을 계속했다. 이러한 대원군의 은둔은 대대적인 유생상소를 불러일으키는 원인이 되었을 뿐만 아니라, 고종과 정부관료와의 불화를 조장해 정치적 분쟁으로 전개되어 갔다. 그러자 대원군은 고종으로부터 어떠한 약속도 받지 못한 채, 서울로 돌아올 수밖에 없었다. 이 사건은 고종이 대원군을 정계로 복귀시킬 의사가 전혀 없음과 친대원군세력의 결집과 활동을 용인하지 않겠다는 뜻을 분명히 드러냄으로써 이후 정치운영을 둘러싼 고종과 친대원군세력과의 갈등을 예고하는 것이었다.

93) 당시 영남유생의 대원군 奉還을 위한 만인소에 관해서는 정진영, 「19세기후반 嶺南儒林의 정치적 동향」, 『한말영남유학계의 동향』, 영남대학출판부, 1998, 135~143쪽을 참조.
94) 이휘림의 상소(『승정원일기』 1874(고종11)년 10월 20일), 손영로의 상소(『승정원일기』 1874(고종11)년 11월 29일), 前都事 이순영의 상소(『승정원일기』 1875(고종12)년 2월 1일), 행부호군 서석보의 상소(『승정원일기』 1875(고종12)년 2월 4일), 疏頭 柳道洙·製疏 이학수·都廳 이상철·서승렬 등의 상소(『승정원일기』 1875(고종12)년 3월 5일, 실제 제출일은 3월 3일) 등.

상소는 고종이 그것을 자신의 권력 또는 정책에 대한 친대원군세력의 반발로 받아들여 강경한 태도를 취함에 따라 이후 정국에 큰 파문을 초래하게 되었다. 고종은 그들의 요구를 받아들이기는커녕, 진무영 재원을 더욱 축소시키고, 진무사에 이어 통제사의 외등단 적용도 폐지했다. 뿐만 아니라, 대원군의 귀경을 요구하는 유생들의 상소접수를 전면 금지하고,[95] 주모자의 사형까지 지시하는 등, 친대원군세력에 대한 압박을 강화해 갔다.

이처럼 고종은 단호한 자세로 대원군의 정계진출과 정책변경 요구를 일축했지만, 연이은 상소 제출은 고종의 통치권 장악 정통성에 타격을 입히고 있었다. 그리고 이는 영의정 이유원에 대한 책임과 비난으로 이어졌고,[96] 1874년 12월 11일부터 사직상소를 반복해 제출하던 이유원은 결국 1875년 4월 22일에 최종적으로 사직하지 않을 수 없었다. 친정선포 직후부터 고종의 친정체제 구축에 중심적인 역할을 수행한 이유원이 대원군세력을 억제하고 고종의 정치활동 명분을 유지시키기 위해 정계에서 퇴진당하게 된 것이었다.

이러한 상황 속에서 1874년 12월 17일, 고종은 대원군과 대립관계에 있던 이최응을 좌의정으로 임명하고, 대원군에게는 어떠한 귀경요청도 하지 않았다. 때문에 대원군은 양주에 머물면서 항의를 계속했고, 1875년 들어 대원군의 귀경요구상소가 본격적으로 제출되면서 고종의 대응 또한 한층 강경한 것으로 변모되었다.

1875년 2월 1일에는 전도사(前都事) 이순영이, 2월 4일에는 행부호군 서석보가 대원군의 귀경요청상소를 제출했다. 그러자 고종은 이순영과 서석보

---

[95] 『승정원일기』 1875(고종12)년 5월 17일. 고종은 동년 3월에도 연명으로 상소한 유생들의 성명을 신속하게 파악해 보고하도록 명했고, 이를 태만히 한 성균관행수수복과 首吏의 처벌을 지시했다(『승정원일기』 1875(고종12)년 3월 22일).

[96] 손영로의 상소(『승정원일기』 1874(고종11)년 11월 29일), 전정언 정면수의 상소(『승정원일기』 1874(고종11)년 12월 24일).

는 물론, 상소를 접수한 승지와 서리도 모두 유배에 처하도록 했다. 1875년 3월 3일부터는 영남유생들에 의한 상소운동이 대대적으로 전개되어, 3월 3일에 돈화문 앞에 모인 77명의 영남유생은 상소접수를 호소하면서 복합(伏閤)을 시작했다.[97] 이에 고종은 3월 5일에 소두(疏頭)인 류도수, 제소(製疏)인 이학수, 도청(都廳) 이상철·서승렬의 유배를 명했고, 5월 17일에는 이순영과 서석보의 도배를 지시했다. 또한 직접 시원임의정을 소집해 유생들의 상소제출 지속 사태를 적극적으로 수습하려고 하지 않는 대신들의 태도를 질책하며 유생들을 회유하라고 촉구했다. 동시에 두 번 다시 대원군의 귀경 문제로 상소를 바치는 자가 있다면 범상불도(犯上不道)의 율을 실시하겠다고 선언했다.[98] 이렇듯 고종이 대원군의 정계복귀를 결코 허용하지 않겠다는 뜻을 분명히 함으로써 사건은 고종과 재지유생, 또는 고종과 정부관료와의 대립으로 발전하게 되었다.

　동년 6월 17일, 고종의 강경한 대처에도 불구하고 유생들이 재차 상소를 올리자, 정국은 고종과 대신들의 충돌국면으로 치달았다. 유생들의 재상소가 행해진 다음날인 6월 18일, 고종은 그들이 5월 17일의 연석에서 정해진 법률을 위반했다며 상소를 주도한 최화식·조충식·조병만·임도준을 서소문 밖에서 사형에 처하도록 명했다. 그러나 6월 19일, 시원임대신들은 유생으로의 사형명령 철회를 요구했고, 의금부는 사형 집행을 거부하며 고종의 명에 따르지 않았다.[99] 다음날에는 고종이 유생들에 대한 사형의 즉각적

---

[97] 1875년 3월 3일부터 시작된 유생의 伏閤은 다음날에는 88명이, 3월 5일에는 100명이 모여 이루어졌고, 경기유생과 평안도유생까지 참가하게 되었다. 이러한 복합은 더욱 확대되어, 영남유생을 비롯해 호남·관서·해서·전라도·함경도유생도 참여해 갔다(정진영, 「19세기후반 영남유생의 정치적 동향」, 11~13쪽 참조).

[98] 『일성록』 1875(고종12)년 5월 17일, 召見時原任大臣. 여기에서 고종은 대원군의 행차에 의문을 제기하며 자신을 불효로 귀결시키는 유생에 대한 분노를 드러내면서 유생의 행동을 방치하고 있는 대신에게도 강한 불만을 표출했다.

[99] 『일성록』 1875(고종12)년 6월 19일.

인 거행을 지시했음에도 불구하고, 시원임대신과 의금부당상, 홍문관관원까지 상소를 올려 사형 중지를 청했다.[100] 나아가 시원임의정들은 고종의 뜻을 바꾸기 위해 21일 명소패를 반납하고 성문 밖으로 퇴거했으며, 의금부는 사형명령을 거행하지 않고 고종을 향해 처분 재고를 강요했다.

이처럼 사태가 고종과 유생뿐만 아니라, 정부관료들과의 갈등으로 발전하면서 국정이 마비되어 갔다. 그러자 대원군은 자신의 탓으로 인한 더 큰 정국혼란을 막고, 유생들의 생명을 구하기 위해 고종으로부터 아무런 약속도 받지 못한 채 11개월간의 칩거를 마치고 6월 22일 서울로 돌아왔다. 대원군이 귀경한 다음 날, 고종도 정부관료와의 불화를 없애고 국정을 정상화시키고자 유생들에 대한 사형 철회와 유배를 명했다.[101] 이로써 대원군의 귀경요구상소 움직임은 일단락되었지만, 그 파장과 후유증은 엄청난 것이었다. 대원군의 은둔과 귀경을 요구하는 상소, 그리고 일련의 사건에 대한 고종의 대처는 이유원·이승보라는 정계 중심인물의 퇴진을 초래했다.[102] 뿐만 아니라 고종과 대원군 세력, 양 쪽 모두에게 상대에 대한 불신과 경계심을 극대화시키는 원인이 되었다.

1874년 8월부터 시작된 대원군의 은둔과 유생상소 사건은 고종이 친정을 강행한 때부터 고종과 친대원군세력 사이에 내재하던 갈등을 표면화시키고, 양자의 대립관계를 분명히 한 것이었다. 또한 친정 직후 고종의 불안정한 권력기반 실태를 노정하고 있었다. 무엇보다도 이 사건이 갖는 가장 중

---

[100] '時原任大臣聯箚請施裁處賜批', '金吾聯疏請亟降處分賜批', '玉堂聯箚請賜裁諒賜批', 『일성록』 1875(고종12)년 6월 20일.

[101] 『일성록』 1875(고종12)년 6월 23일.

[102] 당시 이승보는 대원군 귀경이 자신의 공이라고 자만했다고 해서 탄핵당했는데, 고종은 그들의 의견을 인정한다는 표시로 이승보의 유배를 결정했다. 다시 말해 고종친정 이후에도 의정부당상·선혜청당상·판의금부사·한성부판윤 등을 역임하면서 정부요직에서 활동하고 있던 이승보의 탄핵·유배를 초래할 만큼 대원군의 은둔사건은 친대원군세력에게 타격을 입혔다고 하겠다(『승정원일기』 1875(고종12)년 7월 9일·8월 12일).

요한 의미는 그것이 이후 고종의 정치운영 양상을 규정하는 중요한 전환점이 되었다는 점이다. 대원군의 은둔으로 야기된 상소문제를 해결하는 과정에서 친정 직후 정책추진과 통치권 강화에 기여한 영의정 이유원이 사직하고, 좌의정 이최응·우의정 김병국체제가 발족했다. 그런데 이유원을 제외한 시원임의정은 유생상소를 처리하는 과정에서 유생들의 복합행위 자제와 상소접수 통제에 애매한 태도를 취했을 뿐만 아니라, 유생들을 사형에 처하라는 명령을 거역하며 그들의 유배를 강력하게 주장했다. 친정선포 때와 마찬가지로 대원군귀경을 요구하는 유생들의 처벌과정에서 또다시 시원임의정이 명소패를 반납하고 퇴거하며, 의금부당상이 명령에 응하지 않는 상황이 발생하자, 고종의 정부관료에 대한 불신과 불만은 한층 고조되었다. 1875년 5월 17일과 6월 23일자 시원임의정과의 소견과,[103] 6월 19일부터 21일까지 관료들과 의금부당상의 상소에 대한 비답에는 고종의 대신들을 향한 실망과 의금부당상 태도에 대한 분노가 분명히 드러나 있다.[104] 이러한 정부관료들의 행동은 친정 직후부터 그들이 중요한 정책현안을 둘러싸고 자신의 의견에 반대하던 상황과 맞물려 고종의 정부대신들을 향한 기대

---

[103] 『일성록』 1875(고종12)년 6월 23일, 召見時原任大臣.
[104] 고종은 6월 21일의 비답에서 자신의 명령을 수행하지 않는 의금부당상의 태도가 자신을 모욕하고 우롱하는 행동이며, 군주를 군주로 대하지 않는 무례한 짓이라고 강력하게 비난할 정도로 분노를 감추지 않았다. '金吾聯疏請諸罪人亟賜裁諒賜批', '批以, "旣犯於定律則, 自捧結案, 更有何可問乎. 卽速擧行"'; '時原任大臣聯箚請寢前旨賜批', '批以, "卿等之懇此事, 已與卿等相議定律. 則今忽如, 是豈非意外乎. 甚爲慨然"'(『일성록』 1875(고종12)년 6월 19일), '金吾聯疏請亟降處分賜批', '批以, "屢此聯疏, 欲爲角勝, 愛護而然乎. 臣分不當如是, 擧行與否, 自諒爲之"'; '時原任大臣聯箚請施裁處賜批', '批以, "卿等之懇, 雖犯上不道, 若以士子爲名不誅. 則國無其君, 只有士矣. 卿等之言可乎, 大臣之論, 似不當前後異同也"'; '玉堂聯箚請賜裁諒賜批', '更勿煩聒'(『일성록』 1875(고종12)년 6월 20일), '金吾聯疏請寢成命賜批', '批以, "日筵中, 以擧行告之, 而今忽陳疏者, 欲爲侮弄乎. 若有北面之心, 卽爲擧行"'; '金吾再疏自引賜批', '批以, "如是無嚴乎"'; '堂聯箚請亟收成命賜批', '批以, "已諭於昨日之批, 豈可如是更煩乎"'(『일성록』 1875 (고종12)년 6월 21일).

와 신뢰를 떨어뜨렸다. 또한 고종으로 하여금 군주에게 충성을 다할 측근세력을 형성해 특정인물 중심의 정치운영을 심화시키는 방향으로 나아가게 만들었다. 다시 말하면 대원군은둔사건은 정권 초기 고종의 불안정한 통치권력과 기반을 표면화시킴으로써 고종이 군주의 세력기반 강화를 위해 주변에 친군주세력을 형성·편제해 그들에게 정부요직을 장악하게 하는 측근정치를 본격화시키는 계기가 되었다는 것이다.

대원군은 스무 살을 넘은 고종이 통치권 회복을 바라자, 더 이상 정치를 주도할 명분을 제시할 수 없어 정계에서 퇴진했다. 그러나 국정을 장악한 고종이 대원군정책의 대대적인 변경, 특히 재정·군사정책을 철폐한 일은 대원군의 불만을 높여 은둔을 초래했다. 그러자 친대원군세력은 고종의 친정체제에 비판여론을 조성해 대원군의 정계복귀를 꾀하려고 했다. 이 같은 움직임에 대해 고종은 영의정 이유원의 사직을 허용해 현정권을 향한 비판과 친대원군세력의 반발을 제압하려고 했다. 그는 친정 이후 각종 정책의 책임을 이유원에게 지워 퇴진시킴으로써 친대원군세력이 대원군의 정계진출을 요구할 명분을 무력화시키고 자신의 정권유지에 대한 정당성을 유지하려 한 것이었다. 그리고 친정기반 확립에 기여한 이유원 대신에 이최응·김병국체제를 발족시켜 일본과의 교섭문제를 비롯한 여러 가지 국정현안에서 대원군정권과 차별화된 정책을 추진해 가게 되었다.

④ 고종친정 직후 군정정책의 특징

고종은 1873년 11월, 정부관료들의 큰 반대를 물리치고 통치권을 회복했다. 그러나 당시에는 아직 군주의 세력기반이 확립되어 있지 않았고, 고종은 정권을 안정시키는 데 무엇보다도 중요한 군권을 장악하기 위해 대원군정권기에 행해진 각종 군정정책을 재고해 나가기 시작했다. 특히 그는 대원군에 의해 부활된 삼군부 중심의 군정운영체제를 개편해 대원군의 군사기반을 약화시킴과 동시에 군권을 흡수할 수 있는 새로운 기구로 무위소를 설립·강화해 갔다.

　이러한 고종의 군사정책에 드러나는 특징을 제시하면 다음과 같다. 첫째, 친정선포 직후에 고종이 구례를 회복한 군제의 대부분은 대원군정권기에 고종 스스로가 추진한 정책이었다. 고종이 통치권을 회복한 이후에 구례가 아니라고 언급했던 금군별장의 임기연장, 무장에 대한 정경품계 수여는 모두 고종의 교지에 의해 실시된 것이었다. 그는 대장으로 승진하면 자헌대부의 품계를 받도록 지시할 때 '장신의 체모가 본래 각별하고, 아장이 대장으로 승지한 후에 자급을 올리는 일도 무신의 체면을 존중하고 병무를 중시하기 때문'임을 강조한 후, 시원임의정이 관제 변경과 관련된 중요한 문제를 논의하라고 지시했다.105) 또한 금군 강화를 명할 때는 궁전숙위의 중요성을 역설하며, 군병증가와 금군별장의 임기연장을 명했다.106) 진무사에 외등단 예를 적용할 때도 '강화는 삼남의 요충지로 서울에 들어오는 배의 경유지이기 때문에 그 중요함이 더욱 각별하다'며 외등단의 예를 시행하고 군수문자의 제공방법을 의정부가 의논하도록 요구했다.107) 여기에 『삼반예식』을 간행·반포하고 직접 『삼반예식』의 준수를 촉구하며, 평등하고 서로 존중하는 문신·무신관계를 강조했다.

　이처럼 대원군정권기에 무신의 지위·역할 향상과 진무영 강화를 추진했던 고종은 친정선포 직후부터 구례가 아니라는 이유로 무신대장의 품계를 정2품 자헌대부에서 종2품 가선대부로 낮추고, 금군별장의 임기규정과 진무사의 외등단 적용을 폐지하며, 진무영에 대한 군수물자 지급을 축소시켰다. 이는 고종의 군제개편 목적이 대원군정권기에 강화·확대된 군사제도의 명분과 정당성을 부정함으로써 대원군이 장악하고 있던 군권을 군주에게 전환·귀속시키는 데 있었음을 보여준다. 결국 고종은 문신장신의 등

---

105) 『승정원일기』 1866(고종3)년 4월 22일.
106) 『승정원일기』 1867(고종4)년 11월 5일.
107) 『승정원일기』 1866(고종3)년 10월 16일.

용과 무신활동을 제한하는 등 군제를 재조정함으로써 스스로 군정을 장악할 수 있는 기반을 만들려 했던 것이었다.

둘째, 친정 직후 고종의 군제개편은 정부관료들이 반대하는 가운데 독단으로 결정·추진되었다. 당시 이유원 등은 고종의 군정 관련정책에 빈번하게 반대 의사를 표명하고 있었다. 이유원은 연강세 폐지에 대해 이것이 칭송할 만한 일이지만, 연강수세에 포수 설치비용이 포함되어 있기 때문에 변경수비에 영향을 주지 않을까 염려된다고 언급했다. 고종이 아장·아경의 대장 승진 후의 품계와 병조판서·금군별장의 임기제 등에 이의를 제기했을 때는 그것이 각각의 이유와 전례가 있는 타당한 조치였음을 주장했다. 진무영에 할당된 군수경비를 다른 곳의 재정으로 충당하려는 데 대해서는 진무영 방어의 중요성을 들어 반대했다. 또한 숙위군 설치문제에 관해서는 정부재정이 심각하게 부족하고, 다수의 병사를 규율하는 일이 곤란하다고 토로하며 간소히 할 것을 반복해서 요구했다. 그러나 고종은 이유원의 충고와 반대 의견에도 불구하고 무위소 확대를 지속해 갔고, 정부관료와 아무런 논의도 없이 단독으로 진무영제도를 개편했다. 그러자 이유원은 무위소 확대와 진무영제도 변경에 대해 심각한 우려를 표하며, 무위소 확대를 중지하고 기강을 확립해야 하며, 진무사의 외등단이 폐지되었다고 해도 진무영 강화정책이 유지되지 않으면 안 된다고 호소했다. 또한 박규수는 무위소 설치에 대한 세간의 우려를 전하면서 무위소 관련정책을 정부관료와 상의해 공식적인 명령체계 속에서 추진할 것을 역설했다. 그러나 무위소의 설립 목적이 무위소를 통해 군권을 장악하는 데 있었던 만큼 고종은 대신들의 반대 의견을 받아들이지 않고 단독 결정으로 무위소에 군사와 군수물자를 집중하며 무위소 확대정책을 계속해 갔다.

셋째, 심각한 정부재정난 때문에 다른 군영의 군사 차출과 군수물자 이전을 바탕으로 친위대가 형성된 것은 중앙군영뿐만 아니라 진무영 운영에까지 차질을 초래했다. 고종은 친정선포를 전후해서 연강세, 청석진수세, 결두전 등 대원군정권기에 징수되었던 각종 세를 폐지함과 동시에 청전통용 금지를 단행했다. 이는 사전에 재정확보 방안을 세우지 않은 상태에서 지시되었기 때문에 정부재정을 심각한 곤란에 빠뜨렸고, 고종과 정부관료는 빈번하게 회합을 소집해 재정보충과 청전처분 방안 등을 모색하고 있었다. 고종의 숙위군 증설은 이러한 상황에서 제기되었고, 당연히 이유원은 정부예산 고갈을 들어 경비마련 후에 새로운 군대설립을 논의해야 한다고 주장했다. 이에 고종은 각 군영으로부터 차출하는 방법을 제안했고, 숙위군은 기존 군영의 군병재편을 통해 설립되었다. 그러나 일단 훈련도감에서 5백명의 군사가 숙위군으로 편재되자, 고종은 무위소를 계속해서 확대하고자 했다. 그는 각 영문으로부터 빈번하게 군사를 차출해 무위소에 소속시켰고, 훈련도감의 숙직장소와 진무영의 군수경비인 삼세·포량미를 무위소로 이전하도록 지시하는 등, 군사와 군수를 무위소로 이전·집중해 갔다. 이와 같은 고종의 조치는 다른 군영운영에 문제를 불러일으켰을 뿐만 아니라, 진무영의 활동을 제한하고 군비충당을 곤란하게 만들었다.[108] 다시 말해 당시 예산부족으로 인해 다른 영문의 군사와 군수물자를 변통해 친위대를 편성한 결과, 해당군영의 기능과 역할이 저하되어 중앙군영뿐만 아니라 총

---

[108] 1874년 4월 29일, 이유원은 군영으로부터의 군사 차출이 너무 많으면, 군사를 차출당한 각 군영이 모양을 이룰 수 없게 된다고 염려했고(『승정원일기』 1874(고종11)년 4월 29일, 차대), 1874년 7월 15일, 진무사 신헌은 근래 진무영의 재정 곤란을 이유로 송영의 水蔘 세전 6만 냥 중에서 3만 냥을 10월까지 지급해 줄 것을 요구했다(『승정원일기』 1874(고종11)년 7월 15일, 차대). 또한 1874년 7월 30일, 어영청은 표하군 중에서 183명을 무위소로 이속시킴에 따라, 제반 사역의 할당이 어렵게 되어 東營入直軍 40명 중에 10명, 集春營入直軍 40명 중 15명의 수를 줄여 숙직시키고 있음과 緯支軍을 각 10명씩 순행시키고 있다고 보고했다. 그러자 당일 고종은 병조판서 서상정에게 '금위영과 어영청의 숙직군사에 대해 변통할 일이 있으면, 草記로 하라'고 명한 후, 숙직군을 크게 줄일 필요가 없다고 말했다(『승정원일기』 1874(고종11)년 7월 30일). 이처럼 고종이 각 영문으로부터 군사를 차출하고 재정을 이전한 일은 해당 군영의 원활한 운영과 적절한 역할 수행을 방해하고 있었다고 하겠다.

체적인 국방력 약화가 불가피해졌다는 것이다.[109]

　고종은 자신의 권력기반을 안정시키기 위해 군권을 장악할 필요가 있다고 생각했다. 또한 군사기반 확보는 대원군정권기에 행해진 군제를 개편하고, 대원군에게 집중된 군권을 와해시킴으로써 이룰 수 있다고 판단했다. 따라서 고종은 이전에 자신이 적극적으로 지지·협력했던 무신대우개선과 통제영·진무영 강화정책을 재고해 구례로 회복시켰다. 그리고 장신직에 문신과 무신을 교대로 임명하는 것이 인재를 고루 등용하는 길이라고 주장하며 중앙군영 대장에 문신을 기용했다. 뿐만 아니라, 문신인 강화유수가 진무사를 겸임하도록 해 문신 중심으로 군정을 운영해 갔다. 그는 대장의 품계를 격하시키고 통제사와 진무사의 외등단 적용을 폐지했으며, 궁전수비군 부족을 이유로 창설된 무위소에 군사와 군수물자를 집중시켜 무위소를 통한 군정총괄을 꾀한 것이었다. 결국 통치권을 회복한 이후 고종의 군정정책 목적이 대원군의 세력 약화와 군주의 군권장악에 두어져 있었던 만큼, 중앙군영 정비와 지방진영 강화를 기반으로 한 해방의 중요성은 소홀하게 다루어질 수밖에 없었다고 하겠다.

---

[109] 최병옥, 『개화기의 군사정책 연구』, 133~145쪽.

2. 친정 직후 고종의 정책

친정선포 직후 고종의 통치정책은 당시 고종에게 최대 급무였던 군주권의 확립·안정과 밀접한 관련을 갖고 진행되었다. 고종은 대원군정권기 10년간 중앙통치권의 집중과 확대를 위해 추진된 대원군정책에 대해 그것이 자신의 당면 과제, 즉 대원군의 세력 약화·억제와 군주의 통치권 확립에 어떻게 관련되는가에 따라 선별적으로 수용 또는 개혁·파기했다.

여기서는 고종이 친정을 선포한 이후 추진한 정책 중에서 대원군정권기 그것과 유사, 또는 구별되는 정책을 거론해 고종친정 직후 통치정책의 특징을 고찰할 것이다. 그리고 이를 통해 당시 고종의 통치 목표와 지향을 분명히 하고자 한다.

(1) 차대·소견·강연 내용에 드러난 친정 직후 통치정책의 특징

통치권을 막 회복한 고종은 자신의 입지 강화와 안정을 최우선 과제로 여겼다. 그리고 이를 위한 각종 정책은 군주와 정부관료 간 가장 중요한 협의장이었던 차대에서 논의되었다.110) 따라서 차대에 어떤 인물이 주로 참석해 어떤 주제가 거론되고, 어떤 해결방안이 모색되었는지를 검토하는 작업은 고종친정 이후 정치적 상황을 이해하는 데 중요하다. 또한 고종과 정부관료와의 사이에 어떤 합의와 충돌이 발생했는지 살펴보는 일은 고종

---

110) 관찬사료를 통해 드러난 고종과 정부관료들 간의 주요한 회합은 차대를 비롯해 소견과 강연을 들 수 있다. 고종은 정기적인 차대 이외에 국가가 특별한 행사나 문제가 있을 때 비정기적으로 소견을 소집했는데, 여기에는 시원임의정·종정경·각신·옥당 등이 참석한 소견과 약방입진, 정부고관과의 개별면담 및 파견관료, 즉 관찰사·수령·유수 등 지방행정관, 암행어사와 안찰사, 시험감독관, 봉심관료, 안태사, 지방군영의 장신, 사신와의 면담이 포함되었다. 또한 대원군정권기에 비해 그 개최횟수는 감소했으나 강연자리에서도 관료들과의 회담이 이루어졌다.

의 정국운영방식과 정계에 일어나는 변화의 원인을 파악하는 데 필요하다. 왜냐하면 양자의 회합 내용으로부터는 친정 직후 고종이 가장 중시한 과제가 무엇이며, 그것을 어떻게 결정·추진하려고 했는지가 드러나 있어 그의 세력기반과 군주권의 강화 실태를 알 수 있기 때문이다.

본 절에서는 고종친정 직후, 즉 1873년 11월부터 1876년까지 정부 고위관료와의 차대·소견·강연 내용을 분석해 당시 고종의 최대 관심사는 무엇이며, 어떠한 정책을 누구와 의논해 수립·실행해 나갔는지를 고찰하려 한다. 이 작업은 정부회합에의 주요 참석자 및 안건을 분석한 후에 정부회합에서 드러난 고종의 정국운영방식을 제시하는 순으로 진행될 것이다. 그리고 이를 통해 권력기반 형성과 정책수립의 기준, 즉 국정운영의 지향점을 밝혀 고종친정 이후 통치방식의 특징을 규명하고자 한다.

① 차대 주요 참석자를 통해 본 고종의 정치적 기반

친정을 선포한 후 고종은 대원군정권기와 비교해 정부관료와의 회합을 좀 더 빈번하게 개최했다. 차대는 기본적으로 한 달에 3번, 군주와 의정부대신, 육조판서, 정부당상이 모여 정치현안을 논의하는 장이었다.[111] 그렇지만 차대가 규정대로 행해지는 경우는 없었고, 대원군정권기에는 연평균 7회, 고종친정 이후에는 1874년에 13번, 1875년에 11번, 1876년에 10번 개최되어 그 빈도가 증가했다.[112] 차대개최가 증가한 이유는 대원군정권기에 대원군이 참가하지 않는 정부당상회합을 빈번하게 소집할 필요가 없었지만, 고종이 통치권을 회복한 이후에는 정부관료와 합의해야 할 정치적 사안이

---

111) 김세은, 「고종초기(1864~1876) 국왕권의 회복과 왕실행사」, 17~21쪽.
112) 이 숫자는 김세은의 「고종초기(1864~1876) 국왕권의 회복과 왕실행사」, 200쪽의 차대개최 현황과 차이가 있는데, 차이가 있는 부분의 『승정원일기』 차대 기사는 1874년 7월 15일과 30일, 10월 8일, 1875년 6월 10일과 12월 5일, 1876년에는 2월 27일, 7월 13일, 11월 20일이며, 12월에는 차대가 개최되지 않았다. [표 5]를 참조.

증가했기 때문이었다. 여기에 당시 고종에게 정부의 고위관료가 참가하는 차대를 통해 국정의 주도권, 즉 통치권이 군주에게 있음을 과시할 필요가 커졌다는 점도 차대개최가 증가한 원인이었다. 이렇게 고종은 친정 직후에 정치회합을 자주 소집해 군주에 의한 국정운영 상황을 드러냄으로써 자신의 실질적인 통치를 공식화하려 했다.

고종의 친정 직후 차대가 개최된 시간대는 1874년에는 사시(9시~11시)가 가장 많아 주로 아침에 행해졌지만, 점차 늦어져 1875년과 1876년에는 오시(11시~1시)와 미시(1시~3시) 개최가 증가했고, 신시(3시~5시)에도 소집되었다. 이것은 강연시간이 점차 늦어진 것과 일치하는 현상으로 고종의 생활 패턴 변화와도 관련이 있다고 생각된다.[113]

[표 36]은 삼의정과 정부당상이 참가해 정기적으로 개최되었던 차대에 참석한 주요인물을 정리한 것이다. 차대에는 의정 이외에 6명에서 15명의 정부당상이 출석했다.[114] 고종친정 직후의 정부당상 역임자 총수가 60명 전후였던 점을 감안하면 그들의 차대출석률은 전체의 4분의 1에도 미치지 않는 수준이었다.[115] 특히 1874년 7월 30일 차대에는 겨우 6명만이 참가해

---

[113] 조금 뒤의 이야기이지만, 황현은 고종이 놀기를 좋아해 새벽까지 연회를 열었다고 기록하고 있다. 물론 고종이 새벽까지 놀았다고는 생각하지 어렵지만 그의 생활리듬이 변하고 있었음은 틀림없다고 생각된다(『매천야록』, 40쪽, "倡優・巫祝・工瞽, 歌吹媒嫚, 殿庭灯燭如畫, 達曙不休, 及寅卯辰時, 始掩黑幰施幃帳, 就御酣寢, 晡時乃興, 日以爲常").

[114] 1875년 5월 10일의 차대에는 일본서계수리문제를 논의하기 위해 28명의 정부당상이, 1876년 1월 20일에는 일본과의 수교체결문제를 처리하기 위해 37명의 정부당상이 출석했는데, 이는 특별한 경우여서 평소 참가자 정원과는 구별하기로 하겠다.

[115] 현실적으로 의정부당상의 수가 증가해 그들이 모두 정책결정과정에 참여하는 것이 불가능함에 따라, 소수의 당상만 참여하는 것이 역사적으로 진행된 관행이었으며, 이러한 관행은 1870(고종7)년에 이미 공식화되어 있었다. 정부당상 중에서는 유사・공시・제교사・제언당상의 역할을 맡은 인물이 주로 차대에 참여해 정책결정과정에 참여했다(연갑수, 『대원군집권기 부국강병정책 연구』, 42~59쪽 참조).

[표 36] 고종친정 직후 차대 주요 참석자 명단

성씨	성명	비고	1873년 (2회)	1874년 (13회)	1875년 (11회)	1876년 (10회)	합계
광산김씨	김보현	판서, 유사·공시당상/노론	2	8	7	7	24
	김재현	상호군, 유사당상/노론		2	6	1	9
	김상현	판서, 유사·제언당상/노론			2	4	6
	김수현	대호군/노론			2	1	3
	김기석	삼군부사/노론				4	4
안동김씨	김병학	의정/노론			1	2	3
	김병국	의정/노론			11	9	20
	김세균	호조판서/노론	1	9	1	3	14
	김병시	병조판서/노론		3	4	6	13
여흥민씨	민규호	이조판서, 유사·주교사당상/노론		1	4	3	8
	민치상	호조판서/노론			11	8	19
	민영목	유사당상/노론				7	7
반남박씨	박규수	의정/노론	1	8	1	2	12
대구서씨	서형순	우참찬, 해서당상/노론		5	2	2	9
	서상정	병조판서/노론	2	8	3		13
	서승보	대호군, 유사당상/노론				5	5
남원양씨	양헌수	삼군부사/노론	2	12	10	4	28
경주이씨	이유원	의정/소론	2	13	2	2	19
전의이씨	이희승	삼군부사/소론			10	2	12
전주이씨	이최응	의정/종실			11	10	21
	이재원	병조판서/종실		1	3	1	5
	이승보	찬성, 공시당상/남인	2	8	3		13
	이회정	종정경/북인		3	2		5

	<u>이경하</u>	군영대장, 유사·주교사당상/노론	1	12	2		15
동래정씨	정건조	대호군, 유사·호남당상/소론		6	4	5	15
	정기세	상호군/소론			1	2	3
임천조씨	조기응	이조판서/노론	1	9			10
풍양조씨	조영하	군영대장, 유사·제언당상/노론		6	3	8	17
	조귀하	대호군/노론		3	1	1	5
	조성하	대호군, 유사당상/노론				2	2
남양홍씨	홍순목	의정/노론			1	2	3

· 범례: 밑줄을 그은 사람은 무신이다.
　　　　비고안의 관직은 차대에 주로 참석할 때의 관직을 제시한다. 성씨 가나다순.
· 출전: 『승정원일기』·『일성록』·『고종실록』.

　고종이 불쾌감을 드러낼 정도로 정부당상의 출석률은 좋지 않았고, 1875년에는 11번의 차대개최 중에서 7번이 10명을 밑돌았다. 이처럼 차대라는 국가 최고·최대의 정책토론장에 정부당상의 출석률이 낮았던 것은 당시 정치운영이 정부관료의 폭넓은 의견 수렴을 거치기보다는 일부 특정 정치세력에 의해 이루어졌음을 반영한다고 하겠다.

　이와 같은 사실은 정부당상의 차대출석률 뿐만 아니라, 실제로 차대에 참가한 구성원의 면목에서도 엿볼 수 있다. [표 36]에서 드러나듯, 1874년에 지속적으로 차대에 참석한 정부당상은 시임의정을 포함해 11명 정도이며, 1875년과 76년에는 7명 정도로 그 수가 적었을 뿐만 아니라, 감소하는 양상을 보이고 있다. 1874년에는 의정인 이유원과 박규수를 비롯해 이승보·이경하·김세균·김보현·조기응·서상정·양헌수가 주로 참석해 정책추진 과정에 참여했으며, 1875년과 76년에는 의정인 이최응과 김병국을 비롯해 민치상·조영하·김병시·김보현·양헌수·이희승이 주로 참석했다. 이들은 주로 재정과 군정을 담당하는 인물들로 1875년 이후에 변화가 생긴 것이 주목된다.

차대참석자를 보다 구체적으로 살펴보면, 시임의정으로는 이유원이 1874년까지 영의정을 지내며 매번 차대에 참석했고, 박규수는 1874년 9월 우의정직에서 물러날 때까지 참여했다. 1875년부터는 좌의정으로 임명된 이최응과 우의정이 된 김병국이 거의 모든 차대에 참가해 고종의 국정운영에 협력했다. 원임의정 중에서는 모친상이 끝난 김병학과 영돈녕부사 홍순목이 참여했을 뿐, 강로와 한계원은 관직이 복구되었음에도 출석하지 않았다.

차대에 다수 참석한 정부당상의 면목을 보면, 양헌수가 28번으로 가장 많이 참석했고, 다음으로 김보현 24회, 민치상 19회, 조영하 17회, 이경하와 정건조가 각 15회, 김세균이 14회, 이승보·김병시·서상정이 각 13회씩 출석했다. 1874년에는 재정을 담당한 이승보·김세균과 군정을 담당한 서상정·양헌수·이경하의 출석률이 가장 높았다. 각각 선혜청과 호조를 담당한 이승보와 김세균은 청전폐지 이후의 심각한 재정난 관련방책을 논의하기 위해 지속적으로 차대에 참가했다. 병조판서 서상정과 지삼군부사 양헌수[116]·이경하[117]도 1875년 초까지 거의 매번 차대에 출석해 군정문제 처리에 관여했다.

1874년의 참석자 구성은 1875년에 들어 변화되기 시작했다. 이승보와 김세균이 각각 선혜청당상과 호조판서 자리에서 물러나 차대에 참가하지 않은 반면, 호조판서로 임명된 여흥민씨 민치상이 계속해서 차대에 참여하게

---

[116] 양헌수는 고종의 친정개시 이전인 1873년 6월부터 1875년 1월까지 어영대장을, 1875년 2월부터 1876년 10월까지 금위대장을 담당했다. 그는 1876년 전반까지 거의 매번 차대에 출석했으나, 1876년 중반부터 참석하지 않았다. 때문에 이최응은 1876년 9월 23일 양헌수의 파면을 요구했지만 고종이 거절했다.

[117] 이경하는 1873년 12월, 고종의 실질적인 친정에 따른 정계개편과정에서 금위대장에 임명되었고, 1874년 1월에 훈련대장으로 취임했다. 그는 1875년 초까지 거의 매번 차대에 참석했다.

되었다. 여기에 군영대장을 맡고 있는 풍양조씨 조영하와 병조판서가 된 안동김씨 김병시의 출석도 증가했다. 이렇게 1874년 말부터 정부당상으로 차대에 참석한 인물에 변화가 생긴 것은 고종의 권력기반이 이시기를 전후로 달라지고 있었음을 의미한다. 다시 말해 재정은 이승보·김세균에게서 민치상·김보현으로, 군정은 서상정·이경하에게서 김병시·조영하로 집중되어가는 현상이 차대출석자의 변화에도 반영되었다는 것이다.

정부당상으로 차대에 다수 참여한 인물을 배출한 성씨로는 전주이씨, 여흥민씨, 풍양조씨, 안동김씨, 대구서씨, 광산김씨, 동래정씨가 있다. 이 중 전주이씨·여흥민씨·풍양조씨는 고종의 친인척으로 고종이 자신의 친인척을 주된 권력기반으로 형성해 갔음을 보여준다.

친정 직후 고종의 가장 확고한 권력기반이었던 여흥민씨는 앞서 말한 병조판서 민치상이 1875년부터 거의 매회 차대에 출석하는 가운데, 무위도통사가 된 민규호의 출석이 증가했다. 1876년부터는 민영목도 합세해 1회의 차대에 2명의 여흥민씨가 참석하는 경우도 많았다. 차대에 여흥민씨 참여가 증가한 것은 재정·군사 요직에 여흥민씨가 배치되어 관련정책의 수립을 주도한 상황, 즉 여흥민씨를 중심으로 한 측근정치가 시작되었음을 드러낸다.

이처럼 고종의 가장 안정된 세력기반으로 외척인 여흥민씨의 활동이 부각되는 가운데, 또다른 외척인 풍양조씨에서도 다수의 인물의 배출되어 정부당상으로 활동하기 시작했다. 풍양조씨에서 배출된 대표적 인물은 신정왕후의 조카인 조영하로, 그는 문신으로 장신이 되어 고종의 군사적 기반조성에 기여하게 된다. 여기에 조귀하와 조성하도 다수 참가해 정책수립과 추진을 도왔다.

대원군정권기부터 군주의 확고한 권력기반으로 조성된 종친·선파에서는 선혜청당상 이승보와 군영대장 이경하가 차대에 지속적으로 참여해 고종의 재정과 군정정책 수행에 협력했다. 그러나 1875년부터 종친·선파의 출석이 급감해 1876년에는 의정인 이최응을 제외하고는 거의 차대에 참석하지 않게 되었다. 이것은 종친·선파 출신 정부당상이 계속 감소해 간 상황을 감안하더라도 그 출석률이 지나치게 저조했다고 말하지 않을 수 없다.118) 여기에서 주목되는 점은 종친·선파가 차대에 참가하지 않게 된 것과 이최응이 좌의정에 임명된 시기가 거의 일치한다는 사실이다. 결국 1874년 말 대원군의 은둔과 이최응의 의정임명이 이루어진 상황에서 그 사이─대원군과 이최응─에 놓인 종친·선파의 입장선택과 지지표명이 곤란해진 것이 이들의 차대참석을 막은 원인이었을 것이라 판단된다.119)

친인척 이외에 고종친정 직후에는 광산김씨의 세력이 크게 확대되었다. 광산김씨에서는 5명이 정부당상으로 활약하며 정책결정에 관여했는데, 김보현이 친정 직후부터 지속적으로 참가하는 가운데, 김재현·김상현도 함께 출석했다. 특히 이들은 이조를 비롯한 예조·공조·형조판서에 번갈아 취임하며 고종의 안정된 권력기반으로 활동했다.

1875년 이후, 여흥민씨와 광산김씨 세력이 확대되고, 안동김씨가 고종의 권력기반으로 정착된 것은 1875년 10월 25일의 차대참가자 11명 중 여흥민

---

118) 종친·선파 출신 정부당상은 1873년 12월자로 이경하·이주철·이재봉·이인응·이경우·이장렴·이근필·이승보·이회순·이재원·이재면 11명이고, 1875년 1월자로 이경하·이재봉·이병문·이돈우·이경우·이근필·이승보·이회순·이회정·이재원·이재면 9명이며, 1876년 1월자로 이병문·이경우·이근필·이재원·이재면 5명으로 점차 줄어드는 양상으로 전개되었다. 『비변사등록』에 의함.

119) 1874년 8월 대원군이 경기도 양주에 은둔하자, 유생들의 귀경요구와 정책비판 상소가 제출되어 정국이 불안정한 상황에 빠졌다. 이러한 국면을 타개하기 위해 고종은 한층 강경한 태도를 취하며 대원군과 대립관계였던 이최응을 좌의정으로 발탁했다. 그리고 이러한 정치적 상황이 대원군과 이최응 사이에 놓인 종친·선파의 행동을 제한해 그들의 입지를 축소시켰을 가능성이 있다. 또한 대원군과 깊은 유대관계를 갖고 있는 종친·선파의 성격 때문에, 고종이 대원군을 견제하기 위해서라도 이들 세력을 성장·강화시킬 수 없었던 것도 종친·선파의 정치활동이 축소된 주요한 원인이었을 것이라 판단된다.

씨가 민규호·민치상 2명, 광산김씨가 김재현·김보현·김상현 3명, 안동김씨가 김병국·김병시 2명이나 참여한 사실에서도 쉽게 알 수 있다. 여기에 당시 김병국이 우의정, 민규호가 이조판서, 민치상이 호조판서, 김보현이 예조판서, 김상현이 공조판서였다는 점을 감안하면, 이들이 정부 최고위직을 독차지하고 있었다고 할 수 있다. 또한 1876년 2월 27일의 차대에는 10명의 참가자 중에 민규호·민치상과 김보현·김상현, 김병시, 조영하가, 동년 3월 28일에는 13명 중에 민규호·민치상·민영목, 김보현·김상현, 김병국·김병시가 포함되어 이들 성씨의 차대참석률이 과반을 넘었다. 이 같은 사실은 1875년 이후 국정이 이들을 중심으로 운영되었음을 반증한다 하겠다.

이처럼 차대에 참석한 인물과 성씨 구성은 고종의 권력기반 실체와 일맥상통하고 있었다.[120] 친정 직후 평균 10명 정도인 차대참가 정부당상 중에는 친인척과 광산김씨 이외에 안동김씨·대구서씨·동래정씨가 다수 포함되어 있었는데, 이들은 대원군정권기 이전부터 계속 권력상층부에 존재하며 정치적 활동이 활발했던 가문이었다. 안동김씨에서는 1874년까지 김세균의, 1875년 중반부터는 김병시의 출석이 증가했고, 대구서씨에서는 1875년까지 서상정의, 1876년에는 서승보의 참가가 많았다. 또한 동래정씨에서는 정건조의 지속적인 참여에 정기세도 합류했다. 이렇게 외척과 광산김씨가 고종친정 이후 그 세를 확대하며 고종의 확고한 권력기반으로 자리잡는 가운데, 안동김씨에서는 김병학과 김세균 대신에 김병국과 김병시가, 대구서씨에서는 서승보가, 동래정씨에서는 정건조가 새로운 실세로 등장하게 되었다. 이는 앞서 설명한 대로 고종이 기존의 권력기반을 유지하는 동시에 새로운 측근세력을 양성하고 있었음을 보여준다.

차대에 출석한 인물들의 변화양상에서 드러나듯, 친정선포 당시 친군주세력을 별도로 형성하지 못했던 고종은 우선 대원군정권기 고위관료를 등용해 정책을 추진했다. 그러나 정책 결정과 실행을 둘러싼 갈등이 커지자,

---

[120] 糟谷憲一, 「閔氏政權前半期の權力構造」, 479쪽.

점차 친군주세력을 발탁·중용해 그들에게 권력을 집중시키는 측근정치를 통해 군주권 안정과 정책의 원활한 수행을 꾀해 나가게 되었다.

② 차대의 주요 안건을 통해 본 고종의 국정운영

다음으로 차대의 내용을 보면, 차대는 정부의 공식적인 고위관료회합으로 중앙과 지방의 중요한 정치현안을 비롯해, 정부당상 추천 등의 인사문제가 논의되었다. 따라서 차대의 토론 내용으로부터는 당시 정치·경제·민생·군사 등 국가통치의 전반적인 상황과 당면한 주요 과제를 엿볼 수 있다. [표 37]은 차대의 주요 내용을 제시한 것이고, [표 38]은 당시 차대에서 논의된 안건을 분야별로 정리한 것이다.

[표 38]에서처럼 당시 차대에서 거론된 주요한 정치적 안건은 인사·재정경제·군정·외교·민생·지방행정·국가기강·왕실·절검·성학으로 나눌 수 있다.[121] 고종은 통치권 회복 이후 최대 급선무인 군주권 강화를 위해 인사와 재정, 군정을 스스로 장악할 수 있는 환경을 조성하려 했고, 이러한 요구가 관료들과의 정치회합인 차대에 반영되었다.

인사에는 관료의 품계규정과 정부당상차임, 적체된 관원들의 등용문제 등이 거론되었고, 재정경제는 청전운용 상황과 부족한 정부재정 충당, 물가상승 문제 등이 포함되었다. 군정은 각 군영의 군수·군사상황과 무위소 관련 내용이 주로 다루어졌고, 외교에는 청과 일본, 그리고 동래부 상황에 대한 정보교환이 이루어졌다. 민생은 구휼과 조세탕감 문제가, 지방행정은 각 지방의 현황 해결이, 기강에는 아전·역전·도적·세곡선 단속과 송금(松禁) 실시, 도고·도축·무단토호 금지, 과거부정과 월경 방지 등이 논의되었다. 왕실문제에는 경복궁중건, 산실청설치, 세자책봉, 존호추상, 『선원보략』·『일성록』 수정 등이, 절검에는 사치금지와 절약이, 성학에는 경연개

---

121) [표 38]에서는 논의 내용이 다르더라도 주제가 같은 경우에는 1회로 간주했다.

최가, 기타로는 산림우대와 만동묘재건, 역학 활성화 등이 포함되었다.

[표 38]에서 드러나듯이, 1874년까지는 인사와 재정경제와 군정, 그리고 지방행정과 기강문제가 주요 안건으로 거론되었고, 1875년부터는 재정경제와 군정문제가 줄어든 반면, 외교와 민생문제가 늘어났다. 이렇게 1874년과 1875년 이후 차대에서 논의되는 의제에 변화가 생긴 것은 친정 직후 고종이 추진한 정책이 일단락되었기 때문이었다. 당시 고종은 차대에서 통치권 확립에 관한 문제를 주로 거론해 자신의 의도대로 정책을 결정·추진하려 했는데, 정책이 순조롭게 진행되고 이에 동조하는 세력으로 정계가 구성되면서 관련논의가 자연스럽게 감소해 갔다고 하겠다.

반면, 국가기강 관련문제는 1874년부터 지속적으로 중요한 화두로 다루어지고 있었다. 당시는 기강이 해이해져 각종 문제가 발생하고 있다는 이야기가 매회 차대에서 거론될 정도로 전반적인 국가기강이 문란한 상태였다.[122] 특히 세곡선의 난파와 조세상납 연체 등은 심각한 정부재정 부족으로 이어졌고, 무단토호의 발호와 도고행위, 아전의 부정 등은 민생을 악화시키는 원인으로써 한층 문제시되었다. 이 때문에 고종은 1875년 11월 15일, 근래에 기강이 서지 않아 모든 일이 태만하고 유명무실해졌음을 비판하며 스스로 기강을 세워보기로 결심했다고 선언했다. 그러나 당시 기강문제가 개인의 부정보다 오랜 관행과 제도에 있었음에도 불구하고, 고종의 명령은 여전히 체계적인 제도개편이 아니라 해당 관원의 처벌과 단속에 그치고 있었다.

---

[122] 이유원은 1874년 4월 5일 '조정명령에 대한 기강이 풀린 것이 오늘날보다 심한 적인 없었다'고 개탄했고, 4월 29일에도 '근래에 들어 법과 기강이 더 무너졌다'고 토로했다. 10월 8일에는 이승보가 '법과 기강이 해이해져 지방관원이 제 할 일을 하지 않는다'고 고발했고, 11월 15일에 이유원은 '국가기강이 해이해져 법령이 시행되지 않는다'고 상주했다. 이후에도 각종 법령과 정책이 제대로 추진되지 않는 상황이 거론될 때면 국가기강이 문란해진 탓이라며 이를 특별히 단속할 것이 강조되었다.

[표 37] 고종친정 직후 차대 내용

연월일(시)	참석자	주요 안건
1873년 12월 1일 (사시)	이유원, 정부당상(13)	연강세폐지와 인사문제에 대해 논의.
※ 이유원이 연강세 전면폐지에 대해 신구를 구별해야 한다고 주장하자, 고종이 받아들임.		
12월 24일 (오시)	이유원, 박규수, 정부당상(15)	고종의 강연명칭 변경, 군제개편, 물가상승 방지, 연강세폐지 이후 포수의 군수조달 문제에 대해 논의.
※ 고종이 대장임명 후 정경품계로의 상승과 병조판서로의 추천, 병조판서·금군별장의 임기제에 대한 구례 복구를 제안하자, 이유원은 각각 타당한 조치였다고 반박 → 고종의 명대로 변경. ※ 이유원은 고종이 백성을 위해 면제시킨 북병영·남병영으로부터의 사향(麝香)납부 복구를 건의.		
1874년 1월 13일 (사시)	이유원, 박규수, 정부당상(15)	소의 도축규정 위반을 금지. 암행어사 파견, 청전폐지 후 납세문제, 재정난대책, 청전처리 등을 논의.
※ 이유원이 민생시찰을 위한 암행어사 파견을 제안. 파견 예고만으로도 경계 효과가 있다고 주장. ※ 고종이 평안도 환곡을 정부재정에 충당하려 했지만, 박규수가 평안도에 실곡이 없다고 상주.		
3월 5일 (사시)	이유원, 박규수, 정부당상(13)	절약과 송금을 강조. 호조와 금위영의 재정부족 대책을 논의. 육상궁(毓祥宮)과 선희궁(宣禧宮) 본가 후손의 무신 등용 결정.
※ 이유원이 빈번한 조세감면은 국가재정에 심각한 타격을 준다고 상주.		
3월 20일 (오시)	이유원, 박규수, 정부당상(15)	무술연습 강조. 만동묘재건과 호위청·도총부의 재정보충문제, 진무영·훈련도감·어영청·금위영과 의주·동래 상황 논의.
※ 고종이 진무영에 대한 지대한 관심을 표하고 물자·군수의 제공과 정예군의 육성을 강조.		
4월 5일 (사시)	이유원, 박규수, 정부당상(14)	삼군부사의 총관겸임을 허용. 군기제작을 지시. 지방환곡 문제, 정예군의 양성 등에 대해 논의.
※ 고종이 평안감사가 지원 요청한 20만 냥 중에서 조금이라도 제공하라고 했으나, 이유원이 정부재정 부족을 들어 반대 → 결국 퇴거 후에 정부관료들과 상담하겠다고 함. ※ 고종이 각 군영 병사 증원과 군료 상승, 훈련방법 개선에 대해 논의할 것을 명함.		
4월 29일 (진시)	이유원, 박규수, 정부당상(10)	군기제조 비용의 조달, 아전의 정원 감소, 경복궁수리 지속, 궁궐수비군 신설 등의 문제를 논의.
※ 고종이 새로운 수비군 인원을 자신이 정할 예정이며 기존 무예청과 함께 방위를 맡긴다고 말한 후, 관련사무를 훈련대장으로 하여금 총괄하도록 지시.		
5월 25일 (사시)	이유원, 정부당상(13)	충청·함경감영의 재정·구휼상황 질의. 유현(儒賢)에 대한 표창 지시. 관료융복의 장식건, 궁궐수비군의 재정·무기 지급 문제 등 논의.
※ 박규수가 수비군 증설에 대해 고종이 직접 친위병을 조성하려는 것인지, 장수를 시켜 통솔하게 하려는 것인지를 질문하고, 세간에서 고종의 수비군 확대를 의심하고 있다고 상주. 또한 수비군이 본래		

날짜	참석자	내용
		훈련도감의 군인이며 유능한 훈련대장에게 관련업무를 일임할 것을 제안.
		※ 고종의 융복장식 준비 지시에 대해 이유원이 법령으로 하지 않으면 안 된다고 상주.
6월 9일 (사시)	이유원, 박규수, 정부당상(10)	사치억제와 토호의 사채에 대한 과도한 징수금지를 강조. 통제영 재정상황, 구휼문제, 궁전수비군 경비조달문제 등을 논의.
		※ 이유원이 고종의 수비군 설치가 세간의 의혹을 높이고 있다며 식례를 간소히 할 것을 요구.
6월 25일 (사시)	이유원, 박규수, 정부당상(14)	수재를 만난 백성에 대한 구휼문제, 세곡선의 조난 대책, 양이 상황에 대해 논의. 청(淸)으로부터의 변보에 대한 방책(사학엄금, 수비·용병·군비 강화)을 강조.
		※ 이유원이 청 총리아문으로부터의 자문이 통보 수준을 넘어 공갈에 가깝다고 개탄하며 평상시의 대책수립과 방어를 강조.
7월 15일 (오시)	이유원, 박규수, 정부당상(10), 경상감사 홍훈	재정보충 방안을 모색. 무위소 상황에 대해 논의.
		※ 이유원이 장물을 몰수해 군수에 이용할 것을 상주하자, 고종은 백성에게 반환을, 박규수는 장물 징수의 문제점을 들어 고종 의견에 동의 → 고종이 장물을 압수해 해당읍민에게 분배 지시.
		※ 박규수가 무위소의 권한 확대와 고종이 신하에게 맡기지 않고 혼자 계획·결단하는 상황에 염려를 표시한 데 대해 고종은 단지 편의를 꾀했을 뿐이라고 답변.
7월 30일 (사시)	이유원, 박규수, 정부당상(6)	전결세의 과도한 징수를 금지. 양주 포군 설치를 논의. 각 지방 허결의 감면을 지시.
		※ 이유원은 관료와 상담 없이 고종이 강화유수의 진무사겸임과 문신등용, 외등단 폐지를 정한 데 대한 염려를 표시하고, 진무영 군정을 변경하지 말라고 조언.
		※ 이유원이 구례를 들면서 장물 징수의 타당성·필요성을 주장.
		※ 고종이 정부당상의 차대결석에 대한 불쾌감을 드러내고 다수의 참가를 지시.
9월 20일 (진시)	이유원, 정부당상(10)	재해지역의 세금감면을 지시. 호조 재정부족의 변통방안, 환곡폐지의 폐해와 세곡선 난파문제, 청(淸)자문과 일본서계 관련문제를 논의.
		※ 김세균은 증렬미 면제가 백성이 아닌 아전의 이익이 되기 때문에 면제할 필요가 없다고 주장.
		※ 이유원·홍우길은 환곡이 있는 것보다 없는 쪽의 폐해가 크다고 강조.
10월 8일 (오시)	이유원, 정부당상(10)	무위소 위세의 단속, 납세 엄수, 토호와 도고의 폐해 엄금, 산림의 상경 독려를 강조.
11월 15일 (사시)	이유원, 정부당상(7)	황해·경상도로부터의 장계, 병조의 적체해결방안, 산림의 등용, 만동묘 운영에 대해 논의.
1875년 1월 22일	이최응, 김병국, 정부당상(16)	칙사접대와 조공품 준비, 연로행사 문제, 조선파선의 책임추궁문제에 대해 논의.
2월 5일 (진시)	이최응, 김병국, 정부당상(8)	납세 준수를 강조. 사신왕래에 따른 기전과 양서에 대한 구휼 지시. 일본서계와 동래부 상황을 논의.

3월 2일	이유원, 이최응, 김병국, 정부당상(9)	산실청설치, 세금 감면 실시, 세자시강원·세자익위사의 거처 건설, 『선원보락』의 수정을 지시.
5월 10일	이유원, 김병학, 홍순목, 박규수, 이최응, 김병국, 정부당상(28)	일본서계 문제를 논의.

※ 일본서계 접수에 대해 박규수·이최응은 찬성, 김병학·김병국은 반대, 이유원·홍순목은 중립 입장을 표명. 고종과 김병학형제는 나중에 의견제시로, 이유원과 이최응은 고종의 결단 요구.
※ 고종이 경복궁 이전 준비에 무위소가 협조할 것을 요구하자, 이유원이 경비부족을 염려하며 무위소의 재원 출처에 의문을 제기.

6월 10일	이최응, 김병국, 정부당상(11)	사치·술주정·호적 위조에 대한 엄중한 단속을 강조.

※ 고종이 금주령 실시 의사를 표명하자, 이최응·김병국이 신중한 결정을 요구.

7월 29일 (미시)	이최응, 김병국, 정부당상(6)	과거장의 부정 단속을 지시. 수재상황과 세곡선의 연착문제를 논의.
8월 29일 (미시)	이최응, 김병국, 정부당상(8)	이양선의 침입과 영종도 상황에 대한 방책을 논의.

※ 이양선의 국적과 실태가 규명되어 있지 않음.

9월 23일	이최응, 김병국, 정부당상(9)	조세미납 방지와 징수, 정부재정충당 방안을 논의. 동래부와 일본과의 매매금지를 강조.
10월 25일 (오시)	이최응, 김병국, 정부당상(9)	결가의 과도 징수와 각 역의 폐해, 토호 무단행위와 도적의 엄중한 단속을 지시. 호조 재정부족에 대한 융통문제 논의.

※ 이최응이 1년에 3년분의 세입이 지출되는 상황을 논함.
 (1년 세입이 약 52만 냥, 지출은 약 140~50만 냥)

11월 15일 (오시)	이최응, 김병국, 정부당상(7)	일본서계 원본을 정부에 제출하도록 지시. 조세체납·각종 부정·명령불이행의 엄중단속과 진상품 품질 규제를 강조.
12월 5일 (미시)	이최응, 김병국, 정부당상(11)	사신접대시 절약을 강조. 탈세·부정징수·폭리·장물매매에 대한 엄중한 단속을 지시.
1876년 1월 20일 (미시)	이유원, 김병학, 홍순목, 박규수, 이최응, 김병국, 정부당상(37)	일본과의 수교가부, 청칙사에 대한 증정품과 접대문제, 마정(馬政)의 단속, 왜선입항의 대처방안과 백성의 소요방지·안정화방책 등에 대해 논의.

※ 고종은 이미 왜관이 있기 때문에 또다시 관을 설치해 통상할 필요가 없다고 논함.

2월 27일 (진시)	이최응, 정부당상(9)	세금의 체납과 경차인의 폐해 엄금을 강조. 동래부사를 파면. 정확한 병기수리와 보고를 지시. 역학 활성화를 강조.

3월 28일 (오시)	이최응, 김병국, 정부당상(11)	경복궁공사 진행상황, 경기·황해도 재정부족에 대한 조정방안을 논의.
4월 25일 (오시)	이최응, 김병국, 정부당상(9), 회령부사 정두원	청이 길을 빌리자는 요청에 대해 논의. 공인의 과도한 할당 삭감을 지시. 함경·전라도 재정운용 조정문제를 논의.
5월 25일 (오시)	이최응, 김병국, 정부당상(6)	외읍(外邑)의 화재에 대한 구휼을 지시. 감사·곤수(閫帥)의 밀부(密符) 중요성과 잡기 엄금을 강조.
7월 13일 (미시)	이유원, 김병학, 홍순목, 박규수, 이최응, 김병국, 정부당상(14)	북관육진 주민의 월경폐해 대책을 논의. 천망에서 삭제된 사람 구제, 한발에 대한 구휼, 토호의 고리행위 엄금을 지시.

※ 변경백성의 월경대책으로 박규수는 북평사의 순행과 적절한 감사·병마절도사의 파견을, 이최응은 위무사 파견을, 김병국은 순변사 체류를, 홍순목은 적절한 수령 임명을 상주.

9월 10일 (오시)	이최응, 김병국, 정부당상(7)	변경밀무역의 엄금과 함경도·황해도 재정에 융통성 있는 대처를 지시. 동래부로부터 올라온 왜관과의 생동(生銅)무역 변경요청과 심각한 흉년대책에 대해 논의.
9월 23일 (오시)	이최응, 김병국, 정부당상(13)	민생구휼책, 함경도의 부족한 재정융통, 금주, 탐장재물을 백성에게 제공하는 문제에 대해 논의.

※ 흉년에 대해 고종이 내탕금 지급과 단오절 부채 면제를 지시.
  이최응은 역·목·진·보의 백성에 대한 공평한 구휼을 강조.
※ 이최응이 차대에 빈번하게 결석한 금위대장 양헌수의 파면을 요구했지만 고종이 거절.

10월 20일 (미시)	이최응, 김병국, 정부당상(11)	부정관원의 적발·처벌, 균등한 구휼, 과도한 결가책정과 역원의 폐해 엄금, 방곡 금지를 논의.

※ 이최응이 고종에게 구휼과 감면정책을 적절히 수행하지 못한 수령을 즉각 파면하도록 요구.

11월 20일 (진시)	이최응, 김병국, 정부당상(9)	세금 체납에 대한 엄금·처벌, 금주령위반 단속, 충청도의 부당한 과세지역 대한 구제를 논의.

· 범례: 고종과 정부대신 사이의 의견대립, 혹은 주목해야 할 내용은 ※표시를 해 별도로 설명했다.
  참석자에 덧붙인 숫자는 의정을 제외하고 출석한 정부당상의 총수이다.
  (시)를 표시하지 않은 것은 개최시각이 불분명한 경우이다. 이하 [표 39]·[표 40] 동일.
· 출전: 『승정원일기』·『일성록』·『고종실록』.

[표 38] 고종친정 직후 차대 주요 안건

	인사	재정경제	군정	외교	민생	지방행정	기강	왕실	절검	성학	기타
1873(2)	2	2	1	0	1	0	1	1	1	2	0
1874(13)	11	11	13	4	5	13	13	4	3	4	4
1875(11)	2	6	3	6	4	4	11	6	4	2	1
1876(10)	8	3	3	6	6	6	10	2	1	0	1
합계	23	22	20	16	16	23	35	13	9	8	6

여기에 1875년이 되면 일본서계 수리와 수교문제가 본격적으로 대두되면서 외교에 대한 논의도 증가했다. 1874년에는 주로 청사신 접대와 청으로부터의 통보가 언급되었던 데 반해, 1875년 초에는 일본서계 접수가 논의되었다. 이 문제는 정부관료들 사이의 분분한 의견 대립과 함께 전경상감사와 동래부사가 처벌되는 상황까지 가져왔다.[123] 1875년 8월에는 영종도의 이양선침범을 둘러싼 대책회의가 열렸고, 결국 1876년 1월 일본선박의 강화도 공격을 계기로 양국의 수교가 성립되면서 이후에는 수신사파견이 논의되었다.

이처럼 차대에서는 당시 중요한 정치적 현안이 다루어지고 있었다. 그 중에서도 친정 직후 중점적으로 논의된 문제는 기강확립을 기반으로 한 민생개선과 부족한 중앙·지방재정의 운용·확충, 군정개편의 세 가지였다. 이 세 가지 문제는 고종이 대원군과 차별화된 정책을 추진하고 군주의 통치권을 강화·안정시키기 위해 가장 중시했던 과제였고, 그 과정에서 정부관료와의 의견 차이가 가장 컸던 부분이기도 했다.

먼저 친정 직후, 고종이 정책을 수립하는 데 우선적으로 고려한 문제는 민생안정이었다. 전통적인 제왕교육을 받은 고종은 국가재정보다 민생안정을 우선해야 한다는 판단하에 민생에 폐해를 끼치는 각종 세금과 청전을

---

[123] 김병우,『대원군의 통치정책』, 414~417쪽.

폐지했다.124) 또한 납세 감면과 기간연장, 내탕금지급, 구휼정책 등을 빈번하게 실시하고, 토호의 무단·고리행위의 엄금을 강조했다. 뿐만 아니라, 전세 결가를 과도하게 책정해 민생을 도탄에 빠뜨리는 관리에 대한 엄중한 처벌을 요구했다. 그 밖에도 청전폐지에 따른 이중과세 방지와 변경민의 월경방지대책 수립, 사신왕래연로 주민에 대한 구제, 부정관리의 실태파악과 처벌, 적절한 관리파견 등을 반복해서 언급했다. 정부재정에 손실이 있다고 해도 백성으로의 이익이 중요하다는 인식을 바탕으로 한 고종의 민생정책은 정부재정을 우려하는 신하의 조언에도 불구하고 지속적으로 추진되어 재정부족을 심화시키는 주요한 원인이 되었다.

두 번째, 고종 재정정책의 초점은 청전폐지 이후 대두된 심각한 재정난을 어떻게 극복하는지에 맞추어져 있었다. 사실 대원군정권 후반기가 되면 대원군의 부국강병정책에 의해 호조·병조 등의 정부재정 상태가 상당히 호전되어 있었다.125) 그러나 고종은 자신의 통치권 강화를 위해 대원군의 재정·군사적 기반을 해체시키지 않으면 안 된다고 판단했고, 성문세·연강세·결두전에 이어, 1874년 1월 6일에는 청전의 폐지를 전격적으로 단행했

---

124) 고종은 백성에게 이익이 된다면 국가재정에 손실이 있어도 문제가 없다는 것을 빈번하게 강조했다(『승정원일기』 1873(고종10)년 12월 1일, 1874(고종11)년 1월 17일·29일·2월 28일·5월 12일·9월 20일, 1875(고종12)년 3월 2일 등).

125) 이러한 사실은 다음의 발언에서 엿볼 수 있다. 영의정 김병학은 '안으로는 각사와 각종 공물에서 밖으로는 감영과 병영, 읍·진에 이르기까지 모든 재물의 왕래를 대원군이 고심해 경영해 개선되었다'(『승정원일기』 1869(고종6)년 3월 8일), '국가운영에서 가장 중요한 전정문제를 대원군이 고심해 누락된 땅을 찾아내 1864년 이후 수입이 크게 증가했다'(『승정원일기』 1869(고종6)년 8월 20일), '대원군이 전결·어전·노전에서 근거 없이 면세된 것을 일일이 찾아내 세를 부가해 변하지 않는 법식으로 정했다'고 했다(『승정원일기』 1870(고종7)년 6월 29일). 또한 김병학은 호조와 선혜청 세입미가 증가해 별도로 창고를 만들어야 할 정도라고 건의했으며(『승정원일기』 1870(고종7)년 4월 27일), 병조판서 이경하는 원래 충분했던 병조세입이 낭비로 인해 부족해진 것을 대원군이 폐해 근원을 찾아내 철저히 바로잡아 현재는 재정이 충분해 여분이 만여 냥이나 된다고 보고했다(『승정원일기』 1870(고종7)년 2월 30일).

다. 당시 청전은 부족한 경복궁재건 경비조달을 위해 도입된 이래, 평가절하되어 유통되며 물가상승과 화폐문란을 불러일으키고 있었다. 또한 유통지역에 따라 가치가 달라 수세관원이 상평전을 징수하고 청전으로 바꾸어 납입해 부당차익을 얻는 등, 조세행정에도 나쁜 영향을 미치고 있었다.[126] 그렇지만 정부는 청전이 화폐경제의 혼란을 초래하는 원인이라는 것을 알면서도 그것이 재정을 쉽게 보충할 수단이었기 때문에 폐지하지 못하고 있었다.

이 같은 청전에 대해 고종은 민생폐해임을 들어 그 유통 금지를 선언하고, 1월의 납세분은 종전과 같이 청전으로, 2월부터는 모두 상평전으로 할 것을 명했다. 그러나 고종의 청전유통금지령은 전국에 유통되는 청전의 양과 정부비축량에 대한 정확한 파악, 폐지 이후의 대책이 없는 채 급하게 단행되었다. 때문에 중앙정부는 물론 지방 행정과 군영의 재정에 막대한 타격을 입힘과 동시에 조세행정에도 새로운 문제를 야기시켰다. 이러한 상황에서 차대에서의 주요한 논의는 청전폐지에 따른 대책 모색과 재정운용의 변통에 집중되었다. 그들은 심각한 재정부족 극복을 위한 재원확보, 관리의 부정과 백성으로의 이중과세 방지를 통한 원활한 납세진행, 쓸모없게 된 청전의 처리방법을 논의하는 등, 대책방안을 신속히 결정·추진하려 했다.[127]

이것은 '청전폐지 이후, 고종이 재정곤궁과 백성을 편히 하는 일을 알게 되었다'[128]는 이유원의 지적처럼, 오히려 고종이 국가의 재정경제와 민생문제에 관해 정확하게 파악해 개선할 수 있는 기회이기도 했다. 그럼에도 고

---

[126] 『승정원일기』 1874(고종11)년 1월 13일·2월 5일.

[127] 고종 또한 긴급한 예산 사용처와 비축·유통 중인 청전량을 파악하고, 재정난 극복 방안으로 전국에서 활용할 수 있는 환곡에 대한 작전을 지시할 뿐만 아니라, 이미 징수된 세에 대한 납입을 재촉하고 급하지 않은 지출의 제한·축소를 강조했다.

[128] 『승정원일기』 1874(고종11)년 1월 25일, 약방입진.

종은 이러한 기회를 살려 조세운영과 화폐유통 구조에 대한 전면적인 개혁을 추진하지 않고, 기존 재원의 활용과 용도변경, 조세감면, 수세를 담당하는 하급관리의 단속·처벌 등, 이미 시행되고 있던 정책만으로 대처했기 때문에 재정부족과 민생악화를 방지할 수 없었다.

세 번째, 차대에서는 군정문제가 중대사로 다루어지고 있었다. 고종은 친정을 선포한 직후부터 군정을 군주 중심으로 재편하기 위해 대원군정권기에 행해진 각종 정책을 재고해 나갔다. 그는 표면적으로는 군사증원과 군대정예화, 무기수리, 군수경비 확보, 진무영·통제영의 중요성을 강조하는 등, 대원군의 강병정책을 지지했다. 그러나 실질적으로는 대원군정권기에 정해진 병조판서·금군별장의 임기제 폐지, 대장의 품계 격하, 진무사·통제사의 외등단 폐지, 문신의 장신임명, 숙위군 설치와 강화, 삼군부의 유명무실화, 진무영재정의 무위소 이전 등, 무신의 지위·역할을 제한하고 중앙·지방군영을 축소하며 군주의 친위대를 강화해 나갔다. 이 같은 사실은 고종의 군정정책 목적이 국방력 강화보다 대원군의 군사기반 해체와 군주의 군권장악에 있었음을 드러낸다. 결국 고종의 군정정책으로 해방력이 약화되면서 일본의 무력도발에 대항할 수 없게 되었다고 하겠다.[129)]

친정 직후 고종의 통치는 세 가지 정책, 즉 기강확립을 통한 민생안정, 원활한 재정 확보·운영, 그리고 군권장악을 중심으로 행해졌다. 고종은 이 세 가지 정책을 통해 표면적으로는 대원군과 차별화된 민본정치를 구현하고, 실질적으로는 대원군의 세력 와해와 군주권 강화를 기도했다. 그러나 차대 내용에서 드러나듯이 고종의 재정·군사정책은 정부관료와의 협의와 동의 과정을 거쳐 결정되기보다는 고종의 일방적인 정책수행 지시에 대신들이 대책을 논의하는 형태를 띠고 있었다. 때문에 경비조달과 절차 등의 문제를 둘러싸고 양측간에 이견이 생기지 않을 수 없었고, 순조로운 정책진행에 장애가 초래되었다. 그러자 고종은 서서히 자신과 의견이 일치하는

---

129) 배항섭,『19세기 조선의 군사제도연구』, 147쪽.

측근세력을 인사·재정·군사 요직에 배치해 정책의 신속한 추진을 꾀해 나가게 되었다.

③ 소견·강연 내용으로부터 본 고종의 국정운영

다음으로 고종과 정부관료 사이에서 비정기적으로 개최된 소견에 대해 살펴보겠다. [표 39]는 소견 내용을 정리한 것이다.[130] 소견에는 국가에 특별한 행사나 문제가 생겼을 때 시원임의정·종정경·각신·옥당 등 정부관료가 다수 참가하는 것을 비롯해, 약방입진, 정부고관과의 개별면담, 파견관료[131]의 출발 전 사폐·도착 후 보고 등이 있다.

먼저, 고종의 소견상대는 정부고위관료·약방제조·파견관료, 셋으로 나눌 수 있다. 정부고위관료와의 소견은 주로 국가에 특별하거나 중대한 사건이 발생했을 때 고종이 특별히 소집해 행해지는 경우가 가장 많았다. 소집 이유에 따라 참석하는 관료의 구성과 인원이 달라졌고, 기본적으로는 시원임의정이 출석해 당면 과제를 논의했다.

당시 시원임의정으로 소견에 출석한 인물은 이유원·김병학·홍순목·박규수·이최응·김병국이고, 강로와 한계원은 차대뿐만 아니라 소견에도 출석하지 않았다. 친정 직후 정부고위관료와의 소견에서는 왕비의 출산과 원자탄생, 세자책봉, 익종에 대한 존호추상 등의 왕실 관련문제를 비롯해, 경복궁 화재·수리대책, 대원군귀경요청상소에 대한 대처, 일본의 서계접수·수교 가부 등 긴급한 정치현안이 거론되었다.

---

130) 여기에서 다룬 소견은 고종과 소견상대 사이에 어떤 대화, 정확히는 대화 기록이 남아 있는 경우에 한한다. 이는 소견을 분석하는 이유가 고종이 누구를, 어떤 목적으로 만나 소견을 행했는지를 파악하는 데 있기 때문이며, 신하와의 소견이 실시됐다고 해도 분석할 내용이 없는 경우에는 소견 제시에서 제외했다.
131) 여기에서의 파견관료는 관찰사·수령·유수 등 지방행정관, 지방행정과 민생상태를 시찰하는 암행어사와 안찰사 외에 시험감독관, 왕릉참배 관료, 안태사, 지방군영 대장, 청과 일본 파견사신을 가리킨다.

[표 39] 고종친정 직후 소견 내용

연월일(시)	참석자	주요안건
1873년 11월 27일 (유시)	영의정 이유원	고종이 이유원에게 대신의 역할수행을 기대한다고 강조.
12월 10일	영의정 이유원	경복궁화재의 원인을 질문, 창덕궁으로의 이어 문제 논의.
12월 10일 (사시)	시임의정, 종친, 각신, 옥당 : 영의정 이유원, 우의정 박규수, 지종정경 이승응·이경하·이인응, 종정경 이연응·이인명·이회정·이용직, 제학 이승보, 원임직제학 이재원, 검교직제학 조영하·이재면·한경원, 원임직각 이승순, 검교직각 김영수 원임대교 민규호·정범조, 원임부제학 조귀하·김병지·심순택, 검교부제학 김병시·이인명·조경하 등	박규수에게 우의정 역할을 기대한다고 강조. 경복궁화재의 원인을 추궁. 창덕궁 이어를 위한 창덕궁수리와 화재방지대책 논의.
12월 13일 (오시)	(발)평안도감사 신응조	평안감영의 간리·통인배의 폐해와 후창·자성·의주 등에서의 당선(唐船)왕래와 월경 폐해 엄금 지시.
12월 21일 (사시)	약방, 시임의정, 종정경, 각신, 옥당 : 영의정 이유원, 우의정 박규수, 지종정경 이경하·이인응, 종정경 이인명·이승수·이인설·이회정·이규영 등	충목단 주변의 천민 이장을 금지. 상천(常賤)한 양반의 선산침범과 양반의 과도한 묘지소유 엄금을 지시. 무단토호 근황을 질의.
12월 28일 (오시)	약방, 시임의정, 종정경, 각신, 옥당 : 영의정 이유원, 우의정 박규수, 판종정경 흥인군 이최응, 지종정경 이승보·이주철·이재원 등	중궁전 입진과 산실청설치 문제를 논의. 한림소시합격자를 사관으로 임명할 것을 지시.
1874년 1월 3일 (미시)	약방, 시임의정, 종정경, 각신, 옥당 : 도제조 이유원, 제조 박제인, 부제조 이회정, 우의정 박규수, 이승보·이경하·이주철 등	산실청설치 절차, 경상도 신구(新舊)감사 인계절차를 논의. 이유원의 겸직 축소를 지시.
1월 9일 (오시)	(발)경상도감사 유치선	청전폐지 이후 정부재정보충을 위한 납세 독촉, 간리의 폐해엄금, 왜정 탐색을 지시.

※ 고종이 경상도에서는 원래 청전이 유통되지 않았다며 상납 독촉을 특별히 지시.

1월 10일	(발)동래부사 박제관	납세미·목·포의 적체 단속, 불복종 부하에 대한 엄중 처벌 강조.
1월 17일 (진시)	영의정 이유원	청전폐지 이후 재정보충을 위해 각도의 환곡에 대한 작전 논의.

※ 고종이 오히려 환곡이 민생폐해가 되기 때문에 동환 이외 환곡의 작전을 명하자, 이유원은 재해 시 환곡의 필요성을 거론해 모든 환곡을 작전(환전)하는 것은 좋지 않다고 강조. 고종이 실곡이 없는 환곡의 무용함을 논하자, 이유원은 공문이라 해도 폐지할 수 없다고 주장.

※ 이유원이 근래에 우참찬의 정부당상 겸임이 불가하다고 상주하자, 고종은 국사를 위해 겸임해도 좋다고 함. 이유원이 유사당상과 참찬의 동일함을 호소하며 차후 개선을 건의.

1월 20일 (사시)	약방입진 : 도제조 이유원, 제조 박제인, 부제조 이회정 (발)영흥부사 이승고, 평산부사 정운성, 정산현감 김봉집	청전폐지 이후 긴급한 재정문제, 결두전으로 만들어 둔 환곡의 작전과 상납, 청전 사용방법을 논의. 연해에서의 잠상 엄금을 지시. 수령과 암행어사파견이 민생통치에 중요하다고 강조.

※ 고종은 청전을 사행경비로 계속 제공하는 방안이 청전폐지 명령에 대한 불신을 조장한다고 우려.

1월 23일 (오시)	(발)함경감사 서당보, 전라감사 조성교, 진무사 신헌, 통제사 이주철	국경지역의 특별한 단속과 진무영과 통제영의 군무 상황과 중요성 강조. 문수산성·덕포 관리 등 논의.
1월 25일 (오시)	약방입진 : 도제조 이유원, 제조 박제인, 부제조 이회정	청전폐지 이후 재정부족상황, 청전의 활용, 문신의 무장임명 등 논의.

※ 고종이 문신의 무장 겸직을 명하자, 이유원이 무신 관직의 감소를 우려.
※ 이유원이 청전폐지로 인해 고종이 국가재정 부족과 민생의 편리한 것을 알게 되었다고 언급.

1월 26일 (오시)	(발)남양부사 박원양, 낙안군수 이규봉, 남해현령 이용복, 휘릉참봉 송도순	왕명의 수행, 공무로의 전념을 강조.
1월 26일 (신시)	(착)전 진무사 김선필	진무영의 군정상황·재정운영실태·민생상태· 군수조달방법에 대해 질의응답.
1월 28일 (오시)	(발)경주부윤 임한수, 의주부윤 황종현, 영변부사 이유승, 자산부사 홍은모, 인천부사 박정하, 구성부사 이종관, 진주목사 민창식, 은산현감 홍시형, 태천현감 홍승오	월경과 잠상의 상황 파악·처리 등에 대해 논의. 이단서적의 수입 엄금을 강조. 청전폐지가 잠상폐해 감소에 기여할 것이라는 기대 표명.
1월 29일 (오시)	약방입진 : 도제조 이유원, 제조 박제인, 부제조 이회정	미납된 결렴 면제, 조세납부의 융통방안, 각신의 아패 복구, 관원의 탈 것 규제 등 논의.

※ 고종이 전라·충청도의 추대동의 납입연기를 제안하자, 이유원이 재정부족을 우려하며 추대동법의 납입연기가 불가하다고 주장.
※ 고종이 각신의 아패 복구를 제안하자, 이유원은 근래 들어 막 폐지했기 때문에 복구가 옳지 않다고 상주 → 복구됨. 또한 이유원이 융복의 주립(朱笠)·호수(虎鬚)·패영(貝纓)·좌견(左牽)의 구례 회복에 대해서도 준비가 쉽지 않다고 주장 → 준비되는 대로 착용하라고 지시.

2월 5일 (사시)	약방입진 : 도제조 이유원, 제조 박제인, 부제조 이회정	4명 남여(의자와 닮은 덮개 없는 작은 가마)와 좌견(예식 때 사용하는 말에 붙이는 긴 손잡이)을 사용할 수 있는 품계를 결정. 청전폐지 후 재정보충과 청전의 활용상황 논의.

※ 이유원이 추대동의 납입연기를 한꺼번에 늦추면 재정이 어려워지므로 납입을 재촉하지 말고 점차 납입하는 방법을 취하는 것이 좋다고 제안 → 고종이 이를 수용.

2월 8일	시원임의정, 종정경, 각신, 옥당 : 영의정 이유원, 영돈녕부사 홍순목, 우의정 박규수 등	원자탄생을 축하. 사면정책 실시.
2월 10일 (오시)	시원임의정, 종정경, 제각신, 제유신, 약방삼제조	청전폐지 후 상납이 반려된 3만 냥의 납입 허용. 한성부 내 신설세의 일체 폐지를 명령.
2월 16일 (사시)	(발)평안병사 박승유, 황해병사 이기석, 좌승지 조강하	유생상소 접수 제한, 『일성록』·『승정원일기』를 수정하는 겸리(兼吏)를 구례대로 복구하도록 지시.

2월 21일 (오시)	(발)남병사 조희풍, 충청수사 이태현	변방·해방 중요성을 강조.
2월 28일 (사시)	약방입진 : 도제조 이유원, 제조 박제인, 부제조 민규호	증렬미(물에 빠진 질 나쁜 쌀)에 이어 미증미의 일체 감면을 지시. 환작전의 상납상황, 유지(군인의 동복)의 구례 회복, 월경의 원인, 서류(庶類)등용, 관서문관의 추천복구, 사역원의 세금 면제, 작헌례 실시 등 논의.

※ 고종의 증렬미·미증미 면제처분에 대해 이유원은 미증미 징수가 선원의 의도적인 난파 방지책이라며 빈번한 면제를 경계하라고 조언.

3월 10일 (오시)	(발)전라도경시관 한장석, 평안도경시관 민영상	공정한 시험 실시와 선비에 대한 위무를 강조.
3월 17일 (미시)	(발)충청도경시관 임상호	공정한 시험 실시와 선비에 대한 위무를 강조.
3월 21일 (유시)	(발)일소(一所)시관 심순택·이면영·윤조영, 이소(二所)시관 서신보·이건하·오인영	공정한 시험을 실시해 학업 흥기에 진력해야 함을 지시.
3월 30일 (미시)	(착)진하겸사은정사 정건조, 부사 홍원식, 서장관 이호익	청 비적의 진압상황, 청이 일본과 서구에 대한 조근(朝覲) 허락 상황, 청에서의 서구인 상황, 프랑스의 베트남 침공, 러시아 크기, 청의 서구인 퇴출 가능성 등, 청 상황과 관련된 질의응답.
4월 4일 (오시)	(발)북병사 김영구	변방의 지리, 병영과 행영 위치, 변방에서의 북병사역할 중요성 등 논의.
4월 12일	영의정 이유원	연로의 민생상황, 양주·고양백성에게 특별한 배려 시행, 훈련도감에 대한 군료지급문제, 군액증가 등 논의.

※ 이유원이 연로의 수령이 자신에게 민생 곤란을 호소했다고 상주.
※ 고종의 각 영 군액 증가 지시에 대해 이유원은 호조·병조의 경비부족으로 증원이 곤란하며, 현재 군료도 7천 석이나 부족하다고 상주.

5월 19일 (진시)	시원임의정, 종정경, 각신, 옥당, 유신, 의빈(儀賓)	원자 탄생백일기념행사, 궁전수비군 설치 비용·준비문제 논의.

※ 수비군의 군복 준비만으로도 1만 냥이 듬.
※ 고종은 경비절약을 위해 수비군을 5초만, 매초 당 100명만을 설치했다고 강조.

5월 24일 (사시)	지종정경 이승보	폭우로 인한 민생폐해, 조운선침몰로 인한 재정부족, 증렬미의 처분방법을 논의. 선혜청 회계장부를 3개월마다 제출·보고하도록 지시.

※ 세곡선 12척이 침몰해 약 1만 2천석의 미곡이 손실됨.
※ 이승보가 증렬미를 시가로 매매해 품질이 최악인 것만을 면제할 것을 건의.

6월 13일 (사시)	약방입진 : 도제조 이유원, 제조 오취선 (발)안태사 김익진	전라도 재정부족의 융통방안, 혜민서와 활인서의 활동확대, 수비군의 복색준비, 광동목과 청화(靑花)로부터의 세금을 재정에 충당, 환결이 부족한 이유 등 논의. 복식의 사치 규제 강조.

※ 이유원이 재정보충을 위해 광동목과 청화로부터의 세금을 재정에 이용할 것을 제안.

날짜	참석자	논의 내용
6월 20일 (사시)	약방입진 : 도제조 이유원, 제조 오취선, 부제조 김병시	숙위군의 신적 설정, 금군증원문제, 학자의 학문진달방안 모색 등 논의.

※ 이유원이 큰 거북 포획이 고종의 선정에 대한 표시라고 언급.
※ 이유원이 수비군 표식에 '소'를 새겨 '영'으로 부르지 않아도 좋다고 제언. 세간에서의 수비군설치에 대한 소문을 전하지 않을 수 없는 입장을 설명. 표식 제작작업은 전교가 아니라 예조에게 명하면 된다고 주장.
※ 고종이 수비군을 훈련대장으로 하여금 주관시키겠다는 뜻을 표명.

날짜	참석자	논의 내용
6월 28일 (미시)	검교직각 이호익	연로의 농사상황, 시장물가 상승원인 등 논의.
6월 29일 (오시)	영의정 이유원 우의정 박규수 등	일본과의 관계중단 이유, 부산훈도 안동준의 과실과 처벌, 일본사정 탐문, 서계내용의 분쟁원인 등에 대해 논의.
7월 3일 (진시)	영의정 이유원	도해관 차송 절차, 대일본정책관련자 처벌, 무위소대장 취임자 선택문제 논의.

※ 이유원이 대일관계 혼란의 주범인 전경상감사 김세호·전동래부사 정현덕·훈도 안동준의 처벌을 주장.
※ 고종이 훈련대장의 숙위군 겸임을 명하자, 이유원은 갑작스런 논의가 곤란하므로 퇴청 후 정부관료와 상담하겠다고 상주.

날짜	참석자	논의 내용
7월 25일 (오시)	2품이상 : 시원임의정, 각신, 옥당, 승지, 사관, 종친, 의빈	원자를 피로. 관상감 관생에 대한 포상.
8월 6일 (사시)	(발)강화유수 조병식, 고창현감 정희순	진무영 경비와 운영의 중요성을 강조.
8월 9일 (묘시)	영의정 이유원, 영돈녕부사 홍순목, 우의정 박규수 등	일본서계 개수를 제의하는 일과 옥로(玉鷺)장식 모자 착용자 규제를 논의. 개성유수 한돈원의 유임을 지시.

※ 장식모자 착용을 둘러싸고 이유원은 사신착용금지를, 박규수는 허용을 주장.

날짜	참석자	논의 내용
8월 11일 (묘시)	영의정 이유원 우의정 박규수 등	압록강 책문 사이 비류 토벌을 청에 요청. 건원릉참봉에 종성만 임용하는 제도 폐지. 종성과 타성의 교대 임명 지시.

※ 고종이 건원릉참봉에 종성만을 임명하는 일이 구례가 아니라며 회복할 것을 제안한 데 대해 이유원은 이미 시행된 지 몇 년이나 지났으나 고종의 처분에 맡기겠다고, 박규수는 그것이 폭넓은 인재등용의 길이며 종성이 아니라도 모든 신하가 태조의 외손임을 논하며 고종 의견에 찬성.

날짜	참석자	논의 내용
8월 13일 (오시)	(착)전 제주목사 이복희	군정 실상, 제주도주변 지리, 농사와 소·말 사육 상황, 연로의 농사사정 등에 대한 질의응답.
8월 20일 (사시)	약방입진 : 도제조 이유원, 제조 박제인, 부제조 조강하	무위군 규율·통제 강화를 강조. 변방 비류 진압을 위해 청에 자문 발송 문제를 논의.

※ 이유원이 각 영에서 선발되어 규칙이 없는 무위군의 폭주·무단행위 엄금을 조언.
※ 진무영의 삼세 가운데 4만 냥을 무위소로 이전.
※ 이유원이 현재 청의 기강으로 봐서 변방 비적에 대한 진압은 무리하고 논함.

날짜	참석자	논의 내용
9월 15일 (오시)	약방입진 : 도제조 홍순목, 제조 박제인, 부제조 조강하	곤궁한 약방 삼정의 융통방안 논의.

※ 홍순목이 인삼은 공물이므로 이전해 사용할 때는 미리 통지해야 함을 상주.

날짜	참석자	논의 내용
10월 10일 (미시)	시원임의정, 보양관, 종친, 의빈, 원자보양관, 유선, 각신, 옥당, 예조판서, 승지	원자궁 상견례. 원자보양의 중요성 강조.

10월 16일 (사시)	(발)평안도감사 조성하	평안감사 출발 인사.
※ 조성하가 젊은 나이로 중임을 맡은 데 우려를 표명하자, 고종이 문제 없다고 대답.		
10월 20일 (신시)	(착)전황해도감사 민태호	청석진의 실태, 농사상황, 진결에서의 수세와 초도진의 목축문제 해결 등 질의응답.
10월 24일 (신시)	(착)경기도암행어사 강문형	환곡의 심각한 폐해, 사창법 시행, 진영 상황, 부정관리 실태 등 질의응답.
10월 27일 (신시)	(착)강원도암행어사 유석	환곡폐해의 구제대책, 전세의 감면조치, 송금의 준수, 부적절한 진상품 변경 등 질의응답.
10월 28일 (사시)	(발)동지겸사은정사 이회정, 부사 심이택, 서장관 이건창	청의 상황을 상세히 탐문·보고할 것을 지시.
10월 30일 (신시)	(착)충청좌도암행어사 김명진	전정 폐해를 바로잡기 위한 양전 실시, 구재지역의 수세 정지, 사창법 시행 등 질의응답.
11월 3일 (신시)	(착)충청우도암행어사 박용대	수재 구제 상황, 소나무 사용 축소방안, 제언 수리, 내탕금의 공정한 배분 등 질의응답.
11월 13일 (신시)	(착)황해도암행어사 조병필	삼정의 폐해 개선방안, 초료상(공무수행 관원에게 숙식제공을 지시하는 명령장)의 발행제한, 장연에 방어영 설치 방안 등에 대해 질의응답.
11월 18일 (신시)	(착)평안남도암행어사 홍만식	부정관리 실태, 민생 곤궁 해결방안, 허류(虛留) 존재와 두곡(斗斛)측정의 부정실태, 민고(民庫)의 폐해 규제, 유임(儒任)·향임(鄕任)의 매매, 군정과 병기의 피폐상황, 각 역의 조폐(凋弊), 병선·급수선의 민간사용방안 등 질의응답.
11월 30일 (신시)	(착)평안북도암행어사 심동헌	강계·후창·자성의 삼정 폐해, 성향곡(城餉穀)·역마(驛馬)의 폐해, 의주 야일포(夜一浦)의 통상폐지 등 질의응답.
12월 4일 (신시)	(착)함경도암행어사 조병세	조적(糶糴)·전정·군정폐해의 개선방안, 녹용(鹿茸)의 징수제한, 족징(族徵)·성징(姓徵)의 엄금, 유지의 지급 개선, 북관군수에 따른 민생부담의 감소방안 등 질의응답.
12월 10일 (오시)	(발)동래부사 황정연	변방 방어와 민정에 힘쓸 것과 관련정보 보고를 강조.
12월 13일 (미시)	(발)충청감사 심순택 (착)경상좌도암행어사 박정양	전경상도감사 김세호, 전동래부사, 경주부윤, 부산훈도 안동준의 심각한 부정 실태, 진황구제 방법, 도결·환곡의 폐해, 지방고을에 포군 설치, 왜관 근황 등 질의응답.
※ 고종이 결가의 지속적인 상승과 환곡이 민생폐해를 야기한다며 세금 면제 효과를 강조했지만, 박정양이 국곡(國穀)의 특별한 중요성 때문에 환곡을 탕감해서는 안 된다고 함. ※ 고종이 일본선박 모양에 큰 관심을 표함.		
12월 16일	영의정 이유원	손영로 상소로 인해 이유원이 사직을 요청. 민승호 사망, 고상신(故相臣)의 의시(議諡) 문제를 논의.
※ 손영로 상소에 대해 고종은 그것이 자신에 대한 핍박과 모욕임을 강조.		

12월 16일 (유시)	(착)전라우도암행어사 엄세영	군포·송금·우금문제, 격포조창 폐지 효과, 격포진의 지속 비용, 구휼 진행, 민고폐해, 사환(社還)의 효과 등에 대해 질의응답.

※ 사환곡을 돈으로 바꾸어 재정에 충당하는 방안에 대해 엄세영은 사환이 재해 대책이므로 또다시 작전해서는 안 된다고 상주.

12월 28일 (오시)	좌의정 이최응, 우의정 김병국	좌의정 이최응, 우의정 김병국의 임명 후 소견.
12월 29일 (신시)	(착)전라좌도암행어사 여규익	순천 등의 통영곡(統營穀)의 대전(代錢)납부 시행, 색리(色吏)·경차관(敬差官)·저리(邸吏) 등 폐해 등에 대해 질의응답.
1875년 1월 1일	시원임의정, 예조당상 : 영돈녕부사 김병학, 판중추부사 홍순목·박규수, 좌의정 이최응, 우의정 김병국, 예조판서 홍우길, 참판 목인배, 참의 민창식	원자의 세자책봉·정명(定命)의 절차, 주청사 파견, 종묘사직으로의 제사, 고유제(告由祭) 실시, 세자시강원 관원 임명건 등 논의.
1월 4일	시원임의정, 예조판서 : 영중추부사 이유원, 영돈녕부사 김병학, 판중추부사 홍순목·박규수, 좌의정 이최응, 우의정 김병국, 예조판서 홍우길	이유원을 비난하는 정면수 상소, 청황제 죽음에 따른 칙사 파견 절차, 진위겸진향사의 선택·파견 등 논의. 조병창을 원접사로 임명.

※ 고종이 새로운 황제와 그 가계에 관심을 표명.

2월 3일 (오시)	(발)원접사 조병창	청사신 접대 폐해방지와 제공물품의 신중한 선택, 장기간 칙사접대로 인한 마을의 칙구(勅具) 손상수리·준비문제 등 논의.
2월 8일 (오시)	2품이상 : 시원임의정·원자보양관·유선·종정경·각신·옥당·부·이사·빈객·세자시강원·세자익위사·승지	세자 탄생 1주년을 기념해 1871년의 예에 따라 문·무과 응제 실시, 특별 사면 시행 등 논의.
2월 17일 (사시)	영의정 이유원	이유원이 세자사로서 인사하고 영의정 사직을 요청. 이유원에게 책례도감 담당을 지시.
3월 9일 (미시)	(발)통제사 권용섭	국경지역의 방어·군무 관리 강조. 각 고을 군정을 확립해야 함을 지시.
3월 10일	약방입진 : 도제조 이유원, 제조 박제인, 부제조 김병시	전라도와 금위영의 행정처리를 논의. 조운선지연·월경·잠상 엄금을 강조.
3월 25일	약방입진 : 도제조 이유원, 제조 박제인, 부제조 김병시	경복궁수리 착수준비와 국가재정상태, 명소패·통부의 제작, 수문의 수리 등에 대해 논의.

※ 이유원이 경비부족을 우려하면서도 절대로 군주는 재물의 조달방책을 생각해서는 안 된다고 조언.
※ 이유원이 호조의 재정부족상황이 이웃나라에 알려져서는 안 된다고 역설.
※ 이유원이 세금 감면은 일시적으로 백성에게 득이 되지만, 국가재정이 곤궁하게 된다며 고종에게 빈번히 시행하지 말도록 할 것을 요청.

3월 29일	영의정 이유원, 영돈녕부사 김병학, 좌의정 이최응, 우의정 김병국, 무위소제조 김보현, 호조판서 민치상	경복궁 수리·개축문제 논의.

※ 고종의 경복궁건물 배치변경 의향에 대해 출석관료가 재정부족과 옛 모습대로 해야 함을 들어 반대. 고종은 경복궁재건당시에도 모두 구례를 준수한 것이 아니라 하면서도 건물배치변경을 하지 않겠다고 약속. 대신들은 궁전확장에 대한 세간의 우려를 전하며 고종에게 신속한 건물배치 결정을 촉구.
※ 경복궁수리비용을 둘러싸고 의정부와 호조·선혜청 사이에 갈등이 표출.
※ 이유원·김병학이 군주는 경비조달방법을 생각해서는 안 된다고 상주.

4월 5일 (해시)	약방입진 : 도제조 이유원, 제조 박제인, 부제조 김병시	경복궁수리문제에 대해 논의.

※ 고종이 이유원 등의 의견을 받아들여 경복궁궁전배치 변경과 확장을 하지 않겠다고 언급.
※ 수리경비로 호조로부터 20만 냥, 선혜청으로부터 10만 냥을 할당.

4월 11일 (진시)	약방, 시원임의정, 종정경, 의빈, 각신 : 이유원·김병학·홍순목·박규수·이최응· 김병국 등	왕비의 출산 이후 건강상황을 설명. 이유원이 사직을 요청.
4월 12일 (진시)	시원임의정 : 이유원·김병학·홍순목·박규수·이최응· 김병국 (착)원접사 조병창, 경기감사 민태호	청사신접대 실시와 민생폐해 상태, 신황제 등극 축하문제 등에 대해 논의.
4월 12일	(착)동지겸사은정사 이회정, 부사 심이택, 서장관 이건창	황제 사망 후 청의 물정, 청에서의 서구와 일본 활동 등에 대해 질의응답.
5월 17일	시원임의정 : 영중추부사 이유원, 영돈녕부사 김병학, 판중추부사 홍순목·박규수, 좌의정 이최응, 우의정 김병국	유생의 대원군귀경요청 상소문제, 농사상황, 도축금지, 엄중한 법집행 등을 논의. 이순영과 서석보의 처벌 결정.

※ 고종이 유생상소에는 분노를, 그들을 설득하지 않는 대신에게는 불만을 표출.

5월 25일	(발)진하겸사은정사 이승응, 부사 이순익, 서장관 심동헌	청의 상황을 각별히 탐문할 것을 지시.
5월 29일	시원임의정, 종정경, 규장각원	경복궁공사 출입 규제, 목책 설치, 공사 진행상황과 경비조달 등을 논의.

※ 고종이 경복궁수리 종사자의 궁전출입·관리를 무위소가 담당할 것과 다른 공사 중지를 지시.

6월 19일	(발)경상좌도수군절도사 양주화	국경지역의 경비강화, 군수물자 관리를 논의.
6월 20일 (오시)	의금부당상 이승보·이병문·홍원식·이기용 (발)경상감사 박제인	대원군귀경요청상소를 주도한 유생에 대한 사형명령의 신속한 집행 지시. 국경지역의 경비강화와 왜정탐문을 강조.

※ 고종이 사형명령을 수행하지 않는 이유를 묻고 신속한 시행을 명함.

6월 23일 (신시)	시원임의정 : 영돈녕부사 김병학, 판중추부사 홍순목·박규수, 좌의정 이최응, 우의정 김병국	대신들이 상소주도자에 대한 고종의 사형명령 철회에 감사 뜻을 표시하고, 명령불복에 대한 죄를 청함.

※ 고종이 상소를 제출하고 사형 명령을 수행하지 않는 대신·의금부당상의 행동에 불만을 표명.

7월 30일 (오시)	(발)주청사정사 이유원, 부사 김시연, 서장관 박주양	변방정세·수령 선악에 대한 상세한 보고를 지시. 풍년을 기리는 영제 실시.
8월 10일 (오시)	약방입진 : 도제조 홍순목, 제조 김보현, 부제조 정범조	세자 상견. 동래부 상황에 대한 적절한 대처, 군용(軍容)의 수선, 공정한 과시 실시를 지시.

10월 13일 (진시)	(발)동래부사 홍우창, 경상도경시관 민종묵 (착)진향정사 강난형, 부사 홍긍주, 서장관 강찬	황태후의 수렴청정 지속상황, 청에서의 양이·왜인의 강세 등에 대해 질의응답.
※ 강난형이 『만국공보』에 조선과 일본 관련 무고기사가 게재된 것을 청예부에 강력히 항의한 것을 보고 → 고종이 그 기록을 열람해 칭찬한 후, 대신에게도 상세히 보고하도록 지시.		
10월 29일 (미시)	(발)진하사은겸세폐정사 남정순, 부사 이인명, 서장관 윤치담	청 상황에 대해 상세히 탐지·기록할 것을 지시.
11월 25일 (오시)	시원임의정, 육조판서, 각신, 옥당, 예조당상 : 김병학·홍순목·박규수·이최응·김병국·민규호·이재원·이원명·민치상·김보현·김상현	익종의 세헌례 실시, 세실(世室) 설정, 익종과 신정왕후에게 존호추상, 헌종과 철종의 어진 이전, 존호도감 설치와 진하연 준비 등에 대해 논의.
11월 29일	(착)정사 이승응, 부사 이순익, 서장관 심동헌	토적 상황, 서양인·왜인의 근황, 주변나라의 조공상황 등에 대해 질의응답.
12월 2일 (미시)	(발)원접사 정기세	칙사에게 증정하는 은의 품질관리, 칙사접대가 많은 서로의 폐해 대책을 지시. 연향 실시 등에 대해 질의응답.
12월 16일 (신시)	(착)주청사정사 이유원, 부사 김시연, 서장관 박주양	청칙사의 도착지연 이유, 생원진사 출신의 추천확대, 평안·황해병영의 재정부족 보충방안, 의주의 구휼방안, 사신의 운용비용 개선·절약, 왜정의 실상, 지방군정의 실태 등에 대해 질의응답.
※ 이유원이 연로의 경제·군사·민생·행정사정과 사행시 문제점에 관해 상세히 보고.		
12월 24일 (미시)	(발)강원도감사 민영위	수령에 대한 철저한 관리·감독을 지시.
1876년 1월 11일 (미시)	(발)함경도감사 이회정, 수령	국경관리의 중요성을 강조.
2월 5일 (미시)	시원임의정, 정부당상	일본과의 수교상황과 대책을 논의.
※ 고종이 대일수호가 구례 회복임을 강조. 더 이상 논의하지 말 것을 지시.		
2월 6일	(착)대관 신헌, 부관 윤자승	일본대관들의 지위·역할, 수교 이후 외교절차, 일본농기·병기의 우수성, 일본 사정과 부국이 가능한 이유 등에 대해 질의응답. 양선·양인·서학·아편 엄금과 부국강병 추구를 강조.
※ 고종이 일본의 무기와 화륜선에 큰 관심을 표명.		
※ 신헌이 무력으로 지배되는 현재 세계의 대세를 논하며 조선의 무력약화가 이미 일본에도 알려져 있는 상황과 이후 각국으로의 전파를 우려하며 고종에게 국가방어에 힘쓸 것을 요구.		
2월 8일 (미시)	시원임의정, 각신, 옥당, 춘방, 계방, 승지, 사관	세자의 탄생기념상견. 기념시험 실시를 지시. 청사신의 무사귀환 등 질의응답.
2월 9일 (진시)	(발)전라도감사 정범조	국가재정과 전라도의 중요성을 강조.
2월 27일 (유시)	(착)반송사 김병지	연로접대의 진행상황, 연로고을의 폐해, 증정 은(銀)의 품질 등에 대해 질의응답.

날짜	대상	내용
3월 6일 (진시)	(착)정사 이병문, 부사 조인희, 서장관 정원화	연로의 농사상황, 청에서의 서양인과 일본인의 활동 근황, 진하식 상황 등에 대해 질의응답.
3월 21일 (신시)	(착)동지정사 남정순, 부사 이인명, 서장관 윤치담	청의 물정과 시세, 황제에 대한 정보, 서양인과 왜인 근황, 물가급등 원인, 시장·민생 변화상황 등에 대해 질의응답.
※ 윤치담이 청 총리아문과 예부관원이 군무와 관련해 철저히 비밀을 유지하는 상황을 강조.		
4월 4일 (미시)	(발)수신사 김기수	왜정에 대한 상세한 탐문·기록·보고를 강조. 수신사파견·여정 등 질의응답.
※ 고종이 일본 도착 후 보고를 한글로 하도록 지시.		
4월 15일 (미시)	(발)충청도감사, 전강화유수 조병식	이양선출몰의 각별한 단속, 토호의 무단행위와 수령활동 단속 지시. 왜사의 내조(來朝) 상황, 일본으로의 기술지도에 대한 신청 등 질의.
4월 16일 (미시)	(발)통제사 이종승	통영의 중요성 강조. 왜선출몰 정찰·방어대책 수립과 무기정비 등을 지시.
5월 1일 (오시)	(발)황해도감사 이근필	해방의 중요성을 강조.
5월 16일 (진시)	(발)진하겸사은정사 한돈원, 부사 임한수, 서장관 민종묵	청의 물정을 상세히 탐문할 것과 역관의 빚·하배(下輩)의 국가체면 손상행위 단속을 지시.
윤5월 22일 (오시)	약방입진 : 도제조 홍순목, 제조 김병시, 부제조 윤병정	능침이 많은 여주지역의 민생폐해에 대한 개선방안 논의.
※ 홍순목이 국가상납액 증가로 대민부담이 가중된 상황을 설명.		
6월 1일 (유시)	(착)수신사 김기수	일본의 다양한 상황, 일본의 병기·기술 관제·통치·영토 등에 대해 질의응답.
※ 고종이 일본실정에 관해 지대한 관심을 표명.		
8월 10일	(발)안찰사 김유연	민생폐해의 제거, 수령의 통치단속, 민생폐해 개선방안 모색, 불필요한 6진 상황 처리, 월경문제 개선을 지시.
8월 16일 (오시)	(발)평안도감사 김상현	왕명 수행을 강조.
8월 22일 (미시)	(발)전라도감사 이돈상	왕명 수행을 강조. 민생을 파악해 구휼에 진력할 것을 지시.
8월 28일 (유시)	(착)전평안도감사 조성하	농사사정, 청칙사의 접대상황, 관서의 물가와 감영·병영 실태, 삼마청의 조세 감면 등을 질의응답. 밀무역 엄금을 강조.
9월 5일 (미시)	(착)황해도암행어사 김윤식	칙사에 제공하는 역마의 폐해, 평산의 허결 처리방안, 농사사정 등에 대해 질의응답.
9월 24일 (신시)	(착)진하겸사은정사 한돈원, 부사 임한수, 서장관 민종묵	황제의 근황, 서양인의 위세신장, 청의 서구와의 통상 상황, 대서양정책, 민생·토적 상황, 청의 위세 쇠퇴 등 질의.
9월 30일 (신시)	(착)경상도암행어사 홍대중	부정관리에 대한 보고와 민생구제·조세감면 확대, 결환·통영진의 문제점 개선방안을 질의응답. 과도한 세금징수 금지를 강조.

10월 27일 (오시)	(발)동지겸사은정사 심승택, 부사 이용학, 서장관 윤승구	연로로의 폐해 엄금, 청와 서양과의 통상조약을 상세히 탐문해 오도록 지시.
12월 13일 (신시)	승지 : 행도승지 이명응, 행좌승지 이기용, 우승지 남일우, 좌부승지 조병세, 우부승지 박용대, 동부승지 권영하	세자궁의 절일첩제술인(節日帖製述人)의 선택과 절차, 『일성록』・『승정원일기』의 수정절차, 『승정원일기』 수정 비용을 호조가 제공할 것 등을 논의.
12월 17일 (미시)	(발)통제사 신환	통영해방의 중요성 강조. 군사훈련 강화를 지시

· 범례: (발)은 파견관료가 출발하기 전에 고종과 소견한 것이며, (착)은 임무를 수행하고 돌아온 후 고종과 면담한 것이다.

　고종친정 직후, 특히 이유원이 약방도제조로 재임하던 1875년 전반까지는 약방제조의 입진이 다수 행해졌다. 당시 고종은 다양한 정책을 영의정 이유원과 상담했기 때문에 이유원과의 회합을 겸한 약방입진이 증가한 것으로 보인다. 고종이 이유원과의 논의를 중시한 사실은 1874년 이전에 행해진 정규적인 약방입진이 대부분 중지되거나 차대와 함께 이루어졌고, 약방제조와의 사이에 특별한 정치적인 논의가 이루어진 경우가 거의 없었던 점에서도 엿볼 수 있다. 또한 이유원이 영의정을 사임한 1875년 중반 이후 또다시 약방입진의 중지가 많아지고, 정치적 문제에 대한 언급이 없어진 것도 이유원의 정치적 비중과 고종과의 긴밀한 관계를 보여준다. 특히 이유원에 이어 의정으로 취임한 이최응・김병국과는 개별 면담을 하지 않았던 고종이 이유원과는 약 1년 반 동안에 17번에 걸쳐 거의 단독으로 회담한 사실은 이유원에 대한 고종의 기대・신뢰가 얼마나 컸는지 드러낸다고 하겠다.

　그 밖에 고종은 지방과 청―1876년부터는 일본도 포함―으로의 파견관료와 파견을 전후해 소견하고 지방과 각 나라의 다양한 정보에 관해 질문・토론했다. 당시에는 고종의 통치권 회복과 친대원군세력 제거작업의 일환으로 지방파견관리도 대거 경질・교체되었기 때문에 그들과의 소견이 증가했다. 여기에 지방사정 파악을 위해 파견된 암행어사와 정기적 파견사신 외에도 주청사·진하사·원접사와의 소견도 증가했다.

　1874년부터 1876년까지 행해진 소견의 개최 횟수와 내용을 보다 상세히 살펴보면, 1874년에 소견이 특히 많았던 것을 알 수 있다. [표 39]에 고종과 관료 사이에 행해진 모든 소견이 제시된 것은 아니지만, 1874년에는 주요한 소견이 약 60차례 실시된 데 반해 1875년과 1876년에는 30번 이하로, 반 이상 감소했다. 1874년에 소견이 많았던 주요 원인은 원자탄생으로 인한 회합과 이유원의 약방도제조 재임에 따른 약방관원 입진, 그리고 전반기에는 지방에 교체·파견된 관료와 후반기에는 파견지에서 돌아온 암행어사와의 소견이 증가했기 때문이었다. 고종은 친정 직후에 대원군의 세력 약화와 군주의 권력기반 강화를 위해 중앙정부의 요직뿐만 아니라 관찰사를 비롯해 부윤·부사·목사 등 지방관을 대대적으로 교체하고,[132] 각 도의 병사·수사에서 진무사와 통제사까지 바꾸었다. 이처럼 고종이 통치권 확립을 위해 지방의 행정관·군장을 친군주세력으로 편성하고 중앙과 지방의 행정과 군정을 장악하는 정책을 추진함에 따라 1874년에 소견이 증가했다. 여기에 영의정 이유원과 직면한 다양한 정책현안을 상담하던 고종이 약방입진을 늘리고, 지방사정 파악·친대원군세력 제거 등의 목적으로 파견된 암행어사가 귀경해 고종에게 탐문결과를 보고한 것도 소견이 증가된 원인이었다.

　이러한 파견관료와의 소견은 1875년에 들어 감소하다가 같은 해 말부터 또다시 증가해 1876년 전반에 크게 증가했다. 이는 당시 중앙정계의 정치적 변화가 지방관 구성에도 영향을 미쳤음을 의미한다. 다시 말하면 1874년 말, 의정부를 이최응·김병국체제로 전환하고 여흥민씨를 비롯한 측근세력

---

[132] 당시 고종이 민생안정에 직결되는 수령에게 민생통치의 중요성을 강조하기 위해 소견하지 않아도 되는 수령과 특별히 만나 그들에게 직접 설교한 사실은 고종의 민생정책을 보여주는 부분이라 할 수 있다(『승정원일기』 1874(고종 11)년 1월 20·26·28일).

을 본격적으로 고위관직에 배치하기 시작한 고종이 지방 통치층도 새로이 정비한 사실이 1875년 말부터 지방관과의 소견 증가로 반영되었다는 것이다. 그러나 1875년 전반까지 빈번히 행해진 이유원과의 회합이 그의 영의정 사임으로 인해 중단되고, 후임 약방도제조인 이최응·김병국과는 개별적인 정책상담을 실시하지 않음으로써 1875년 이후 소견은 또다시 감소하는 양상을 띠게 되었다.

다음으로 소견에서 다루어진 안건은 소견상대에 따라 달라졌다. 시원임 의정을 비롯해 다수의 정부관료가 소집된 경우에는 국가와 왕실행사 또는 긴급한 정치적 문제가 논의되었고, 이유원이 출석한 경우에는 고종이 요구하는 정책수립과 명분의 제시·절차, 구체적인 내용 결정 등이 주요 화제가 되었다. 이유원은 차대와 함께 약방도제조·원임의정·영의정·봉심각신·세자사라는 다양한 자격으로 고종을 알현하며 정부재정 부족의 타개방안, 예산집행, 경비조달, 지방행정 관리, 민생대책, 군수물자 조달, 인사행정, 숙위군 설치 등 각종 문제와 관련된 방책을 고안·상주했다. 또한 그는 관료들과 정책의 결정·시행에 관해 의논하며 그들을 설득하는 역할을 담당하고, 담당부서 실무에 직접 관여하는 등 고종의 정책추진에 크게 기여했다.

이 밖에 고종과 파견관료와의 소견에서는 지방관의 실적·민생통치 성과·부패관리 처벌 등, 지방행정 실무자 파악에서 삼정 폐해와 개선방법 모색, 민생구휼 시행과 지방재정의 운용 상황, 각 군영의 군사와 군비 실태, 농사사정, 민생의 폐해제거와 구제방안까지 지방통치 전반이 논의되었고, 청·일본·서양정세로의 이해와 정보가 다루어졌다. 이처럼 고종과 정부관료 사이에 빈번하게 행해진 소견 내용으로부터는 당시 중요한 사건과 시급한 정치현안, 정부정책, 민생상황, 국제정세와 함께 고종의 관심사가 무엇이었는지 읽을 수 있다.

마지막으로 [표 40]은 고종이 강연에서 강관으로 참석한 정부관료들과 정

[표 40] 고종친정 직후 강연 내용

연월일(시)	참석자	주요안건
1874년 4월 25일 (진시)	영의정 이유원	포도대장의 정부당상 겸임을 폐지. 무반장신의 사직상소 금지. 숙위군 증원과 급료지급대책, 청전폐지 후 물가상승문제 논의.
※ 고종의 수비군창설 제안에 대해 이유원이 우선 예산을 확보하고 나서 논의할 문제라 상주하자, 고종이 새로운 설치가 아니라 각 영문에서의 선발을 제안 → 이유원이 받아들임.		
※ 도총부총관의 변경에 대해 김규홍이 격식을 갖추지 않은 수시 상주가 옳지 않다고 주장.		
4월 28일 (진시)	선혜청당상 이승보	강연규정 변경을 제안. 선혜청재정 운용과 규모, 대동미 납부지연 상황·원인, 총융청·선혜청·호조 간의 업무마찰 문제 논의.
※ 이승보가 세금 감면을 빈번히 허락하면 많은 폐해가 거기에서 발생함을 강조.		
5월 1일 (진시)	수원유수 민치상	병조의 세입과 화성 재정 상태, 화성의 결총(結摠)·결가(結價)·이속(吏屬) 상황 등에 대해 논의.
5월 5일 (진시)	영의정 이유원 호조판서 김세균	도백 활동의 중요성, 충청도의 재정부족 융통, 사환곡의 보충, 관세청 상세의 운용방안, 광동직조물의 유통허용, 진하사파견, 궁전숙위군 증원·강화와 군료보충 방안, 복장규정에 대해 논의.
※ 고종이 관세청 경비 중 진무영으로의 할당분을 진무영재정에 여유가 있다는 이유로 호조로 이전할 것을 제안했지만, 이유원은 이미 귀속된 부분을 삭감할 수 없다고 상주.		
※ 이유원이 새로운 수비군 증설을 신중하며 간소히 해 폐해발생 여지를 사전에 차단할 것을 요구.		
※ 이유원이 신설군의 급료 준비가 곤란할 정도로 재정부족이 심각하다고 토로.		
5월 7일 (진시)	선혜청당상 이승보	강연규정 변경을 요청. 대동미 납부지연으로 인한 선혜청재정 부족상황, 갑주(甲冑)제작 비용 조달에 대해 논의. 한자 해독 능력의 필요성 강조.
5월 12일 (사시)	호조판서 김세균	호조회계장부의 상주 변경을 제안. 경복궁수리 상황, 결총의 총수와 백성의 납세액, 호조의 재정부족 상태·보충방안에 대해 논의.
※ 김세균은 고종이 호조의 수입과 지출 회계 장부를 작성해 제출하도록 지시한 데 대해 동일한 두 권의 장부를 매월 교대로 수정해 제출하겠다고 상주.		
※ 고종이 경복궁수리시 건물배치 변경의 뜻을 표명.		
10월 29일 (사시)	행지종정경 이승보	종친·선파 각 파의 후사 재고와 재정립 문제, 『선원보략』 수정에 대해 논의.
11월 1일 (사시)	호조판서 김세균	호조재정 부족의 융통방안, 경복궁의 수리비용 증가 등에 대해 논의.
※ 김세균이 호조로부터 무위소·훈련도감·금위영에 빌려준 돈을 반드시 돌려받아야 한다고 강조.		
※ 김세균이 경복궁재건보다도 수리에 더 많은 비용이 든다고 상주.		
11월 7일 (오시)	행지종정경 이승보	선파종파의 계통 재고 문제에 대해 논의.
※ 고종이 종친·선파의 후계결정에 대해 지대한 관심을 표명.		
11월 12일 (사시)	선혜청당상 이승보	선혜청으로의 납세기한 연장, 종친부회합 상황, 각 파의 계통 재고와 문제 개선 상황에 대해 질의응답.
※ 이승보는 종친회합 출석자가 이경하(노/무)·이승수(노)·이인설(노)·이돈응(노)·이종승(노/무)·이승보(남) 뿐이라 언급.		

| 11월 18일 (오시) | 행지종정경 이승보 | 『선원보략』 개인(開印) 상황에 대해 논의. |
| 11월 20일 (오시) | 영의정 이유원 | 진무영 하급장교 추천문제, 진무영에 대한 공마 제공, 경기도의 진영설치문제, 만동묘현판을 쓰는 일과 제사진행 문제 등 논의. |

치문제를 논의한 내용을 정리한 것이다. 제2장의 [표 3]에서 드러나듯이 1874년부터 1876년까지 1874년 48회, 1875년 7회를 합쳐 55회의 일강이 행해졌다. 그 중에서 고종은 주로 이유원(강연출석3회)·이승보(7회)·김세균(4회)·민치상(2회)이 출석한 강연을 정치문제 상담장으로 이용하고 있었다. 이는 이들 4명이 영의정·선혜청당상·호조판서·병조판서라는 재정·군사 담당자였기 때문이었는데, 실제로 고종은 1874년에 강관으로 가장 많이 참석한 허전(10회)·조기응(8회)과는 정치현안을 논의하지 않았다. 강연에서 논의된 안건은 출석한 강관에 따라 달라졌으며, 이유원과는 군제를 포함한 각종 국정문제를, 김세균과는 호조의 재정상태와 예산운용문제를, 이승보와는 선혜청재정과 종친·선파 관련문제를 주로 논의했다.

위에서 드러나듯, 고종친정 직후에는 강연개최수가 급감해 강관과의 정치문제 관련 논의도 줄어들었다. 때문에 고종의 정치활동에서 강연이 차지하는 비중이 크다고는 말할 수 없다. 그렇다고 해도 고종이 즉위 초기 강연에서 주로 민생실태와 지방관의 통치현황을 질문하고 파악하려 했던 데 비해 친정 직후에는 실질적인 정책수립과 추진, 구체적인 방법에 관해 토론했다는 사실은 주목해야 할 점이다. 또한 1874년 영의정 이유원·선혜청당상 이승보·호조판서 김세균이 강연에 출석한 경우, 고종이 먼저 적극적으로 정치문제를 거론해 재정·군사행정 담당자와 직접 정부정책을 논의한 사실도 주목된다. 여기에 1875년부터는 강연을 거의 개최하지 않았을 뿐만 아니라, 강연에서 당면 과제를 언급하지 않게 된 점도 강연을 겸한 정치회합 또는 정치 운영상의 특징이라고 말할 수 있다.

이상, 고종친정 직후에 행해진 차대·소견·강연의 내용을 정리해 고종이 누구와 어떤 정치적 문제를 상담했고, 그것이 어떤 과정을 통해 정책으로 결정·추진되었는지를 고찰해 보았다. 이러한 차대·소견·강연으로부터는 고종이 중시한 민생안정, 부족한 국가재정 확보와 운용, 군제개혁 등의 정책 지향점이 군주권 강화에 있었음을 엿볼 수 있다고 하겠다.

④ 정치회합을 통해 본 고종 국정운영의 특징

고종의 친정선포 직후 정책추진 목표는 대원군의 통치명분을 제거해 세력을 약화시키고, 군주의 권력기반을 강화해 통치권을 안정시키는 데 있었다. 이를 위해 고종은 민생안정을 우선시하며 대원군정권기에 실시된 정책, 특히 인사·재정·군사정책을 구례로 회복해 대원군의 통치 정당성을 약화시키고 정치활동을 부정하려고 했다. 그리고 대원군과의 차별화를 통해 군주의 친정명분을 강화하고 재정과 군정을 군주 중심으로 재편함으로써 권력기반을 확보해 갔다.

그렇다면 고종과 정부관료 사이의 회합에 드러난 친정선포 직후 정국운영의 특징은 무엇이었을까? 첫 번째, 친정 직후 고종의 정책은 재정확보와 군사개편을 통한 통치권 강화·확립의 실현에 그 목적이 있었다. 당시는 대원군이 은퇴했다고는 해도 아직 중앙과 지방 정계에 수많은 친대원군세력이 잔존하고 있었다. 따라서 고종은 대원군의 재정원인 청전통용과 각종 세금을 철폐하고, 무신 지위·역할의 구례 복구, 진무영 축소·격하, 암행어사 파견을 통한 지방통치세력의 교체를 단행함으로써 대원군의 권력기반을 해체시키려고 했다.

그러나 고종의 통치권 강화정책은 대원군의 재정·군사기반에 타격을 주는 데 그치지 않고, 정부재정의 심각한 부족, 원로·소장관료간의 대립, 각 군영의 군수·군사 확보 곤란에 의한 기능저하를 일으키고 있었다. 특히 진무영개편과 무위소 설치에 불만을 가진 대원군이 양주로 은둔함에 따라 발발한 유생들의 상소사건은 친정 직후 고종이 권력기반으로 포섭하고자 했던 이유원·김세균·이승보 등을 퇴진시키고,133) 이최응·김병국체제 발족, 여흥민씨·광산김씨 세력의 요직 장악 등의 중앙정계개편을 가져왔다. 또한 고종과 친대원군세력·재지유생 및 중앙과 재지양반과의 갈등 원인이 되었다. 무엇보다 이 사건은 고종과 대원군 사이의 불화를 격화시켜 대원군세력에 대한 탄압과 특정세력에 의한 정치주도 강화, 즉 폐쇄적인 국정운영이라는 심각한 부작용을 초래했다. 다시 말해 고종이 통치권 강화를 위해 실시한 각종 정책은 그것이 폭넓은 협의과정을 거치지 않고 급속히 진행된 결과 오히려 정치적 대립 심화와 군주의 권력기반 축소로 이어지는 원인이 되었다는 것이다.

두 번째, 선결정·후대책의 형태로 진행된 고종의 정책은 심각한 재정악화를 가져왔다. 청전·각종 세금 폐지, 환곡철폐 등 경제정책에서 드러나듯이, 고종은 폐해와 문제를 일으킨다고 판단되는 정책을 일단 폐지한 후, 그 대책을 강구하는 절차를 취하고 있었다.134) 또한 그는 극도의 재정부족 상태에서도 숙위군 설치를 명했고, 그 비용 조달을 호조가 임의로 처리하도록 명해 담당관료를 곤란하게 만들었다.135) 실제로 고종은 친정을 선포하기 이전에 국가재정 상태와 운영에 관한 지식을 갖추고 있지 않았고, 깊이 관여하지도 않았다. 그는 1873년부터 1년에 1번 제출하던 회계장부를 1년에 4번 하도록 지시해 군주가 쉽고 빈번하게 정부재정 상태를 파악할 수 있는 환경을 만들려고 했다.136) 그렇지만 1874년 초 정부관료와의 회담에서 드러

---

133) 이유원은 손영로로부터 탄핵을 당해 결국 사임했으며, 이승보는 대원군 귀경이 자신의 공이라고 자만했다고 해서 탄핵·유배당했고, 김세균은 호조재정을 다른 곳으로 이전하라는 고종의 지시에 대해 호조의 재정부족을 이유로 빈번하게 거부 의사를 드러낸 결과 민치상으로 교체되었다.
134) 청전폐지 명이 내린 당일, 의정부에서는 고종의 뜻에 감복하나 재정이 염려된다는 뜻을 표명했다(『승정원일기』 1874(고종11)년 1월 6일, 의정부계).
135) 『승정원일기』 1874(고종11)년 5월 19·25일·6월 13·25일 등.
136) 1873년 2월 27일, 고종은 1년에 4번, 1월·4월·7월·10월 말일에 회계장부를 들이도록 명했고, 다음달 5일의 차대에서 호조판서 김세균의 건의에 따라 4분

나듯 고종의 정부재정에 관한 지식은 많지 않았다.137)

　고종이 재정상태와 경제의 전반적인 상황에 대해 파악할 수 있게 된 것은 청전폐지 이후, 정부가 심각한 재정난에 직면하고 나서였다. 그는 청전폐지로 인해 정부 각사로부터 부족한 재정 충당과 융통방안이 요구되고, 조세 징수상에 문제와 혼란, 물가상승이 심화되자, 적극적으로 각사·각 영·각도의 재정과 근황을 질문하고 그 실태를 파악해 재원을 발굴하고 재정 운용과 수세상의 문제를 개선하려고 했다. 그러나 고종은 정부재정보다 민생안정과 군주권 강화를 우선시했을 뿐만 아니라, 애초부터 경제적 감각이 부족했고,138) 검소한 생활을 좋아하지 않았다.139) 결국 이러한 고종의 총괄하에 무리한 정책이 지속적으로 추진된 것은 재정난 심화를 초래할 수밖에 없었다.140) 여기에 정부관료들이 재정부족 해결을 위해 고심하면서도 고종에게

　　　기 15일자 제출이 정해졌다(『고종실록』 1873(고종10)년 2월 27일·3월 5일).
137) 고종은 폐지를 명한 연강세의 정확한 항목과 유래, 용도에 대해 알지 못했고, 그 군수비용에 대한 대체방안도 준비해 두지 않았다(『승정원일기』 1873(고종10)년 12월 1일·12월 24일). 또한 정부비축 청전과 상평전의 수량, 관서환곡의 실량, 각사의 지출비용 등에 대해서도 파악하고 있지 않았다(『승정원일기』 1874(고종11)년 1월 13일).
138) 고종의 연강세 전면폐지 지시에 대해 이유원은 경상비용에 관한 부분을 구별해야 한다고 주장했고(『승정원일기』 1873(고종10)년 12월 1일), 고종의 호조·선혜청·각 아문에 남은 목면이 1,000여동으로 부족할 염려가 없다는 이야기에, 그 정도로는 여유가 없다고 대답했다(『승정원일기』 1874(고종11)년 4월 25일, 일강). 또한 고종은 경복궁수리경비를 묘당에서 마련하라고 지시하는 가운데, 예전에는 호조와 선혜청에서 쉽게 10만의 재물을 조달했는데, 최근에는 왜 그렇지 못한가를 물었다(『승정원일기』 1875(고종12)년 3월 25일, 약원입진). 이러한 점에서 고종이 정부재정의 운영실태에 대해 잘 몰랐다고 판단할 수 있다.
139) 1874년 1월 13일, 고종이 이유원의 절검강조 충고에 대해 언급하면서 근래 사치 풍조가 자신에 의한 것인가를 묻자, 박규수는 사치 습관은 모두 위로부터의 인도에 달려있다고 대답해 고종이 사치스런 생활을 하고 있음을 암시했다(『승정원일기』 1874(고종11)년 1월 13일). 또한 고종은 스스로 사치스런 복장을 하고 있기 때문에 다른 사람도 그렇다고 말하며 먼저 자신을 반성해야 한다고 강조했다(『승정원일기』 1874(고종11)년 6월 9일).

는 '군주가 재물의 증식방안을 강구해서는 안 된다',[141] '군주가 재정조달 방안을 생각해서는 안 된다'[142])는 등, 유교전통적 태도를 강조한 것도 고종이 보다 적극적으로 재정문제에 관여해 대책을 검토할 수 있는 여지를 차단해 그의 경제관념 둔화를 조장했다고 할 수 있다.

세 번째, 고종은 권력기반이 약하고 그가 추구하는 정책의 실질적인 추진이 쉽지 않은 상황 속에서도 자신의 의지를 계속해서 관철해 나갔다. 고종과 정부관료 사이에는 고종의 정책, 특히 청전통용 금지, 환곡폐지와 조세감면, 경복궁재건, 그리고 친위군확대 등을 둘러싸고 의견 충돌이 일어났다. 구례와 재정·경제, 군사 등 정치운영에 관한 정확한 지식과 정보보다 군주의 통치권 확립을 목표로 하고, 정부관료와의 상담보다는 자신이 결정한 내용을 통보해 시행하도록 촉구하는 경우가 많았던 고종의 정책은 전통과 현실상황을 고려한 정부관료들부터 조정과 재고 요구에 직면할 수밖에 없었다. 그러나 정부관료가 빈번하게 반대 의견을 제시하는 가운데에도 고종이 자신의 의견을 굽히는 경우는 거의 없었다. 이러한 사실은 그가 자신의 지향하는 바를 위해서는 정부재정과 신하의 조언을 고려하지 않고 행동

---

[140] 당시 정부관료는 국가재정이 이렇게 곤란했던 시기가 없었음을 빈번히 상주했다. 이유원은 국가재정 유지를 위해 3년분의 비축이 있어야 하는데 현재는 지금 당장 지불해야 할 공가·급료도 마련하기 어려운 상황이라는 것을(『승정원일기』 1874(고종11)년 1월 20일), 김세균은 경복궁수리에 약 100만 냥이 드는데 지금은 50만 냥도 조달할 수 없는 상황임을(『승정원일기』 1874(고종11)년 9월 20일), 이최응은 호조예산이 약 50만 냥인데, 지출은 그 3배에 달한다고 개탄했다(『승정원일기』 1875(고종12)년 10월 25일). 그 밖에 재정부족에 관한 상세한 내용은 『승정원일기』 1874(고종11)년 3월 5일·7월 4일(김세균상소), 1875(고종12)년 3월 25·29일·9월 23일, 1876(고종13)년 3월 11·13일·4월 28일·6월 4일·8월 4일 등의 기록과 제4장 고종의 재정경제정책을 참조. 그러나 고종은 국가재정 부족을 호소하는 정부관료의 충고에도 불구하고 세금폐지, 조세감면, 무위소 증원·확대, 경복궁 수리·확장 등을 지속적으로 추진해 갔다.
[141] 『승정원일기』 1875(고종12)년 3월 25일.
[142] 『승정원일기』 1875(고종12)년 3월 29일.

했음을 드러낸다. 다시 말해 고종은 주로 단독 결정과 지시 후에 신하와의 협의와 상담을 통해 대책을 검토하거나, 혹은 신하에게 일방적으로 정책추진을 강요하는 형태로 국정을 운영했다는 것이다. 이는 고종의 정책추진 목표가 대원군세력 약화와 군주의 통치권 강화에 규정되어 있었던 만큼 당연한 과정이었다고 하겠다.143)

네 번째, 당시 심각한 재정난을 타개할 최선의 방법이 군주의 절약과 검소라고 반복해 강조되었음에도 불구하고 고종은 통치권 강화에 필요한 곳에는 무리한 재정지출을 강행했다. 1874년 1월 29일, 그는 사치를 금한다고 지시했지만, 장복의 위엄은 갖추지 않을 수 없다며 융복의 주립(朱笠)·호수(虎鬚)·패영(貝纓)·좌견(左牽) 준비를 명했다.144) 이에 대해 이유원은 그 제도가 폐지된 지 얼마 지나지 않았고, 관료 대부분이 기구를 갖고 있지 않다며 융복장식을 구비하라는 명이 타당하지 않음을 상주했다. 그러자 고종은 서서히 해도 좋다고 대답한 후, 2월 5일에는 관료들의 준비가 끝나는 대로 명령을 내리겠다며 그 추진 의사를 분명히 했다.145) 그리고 5월 25일의 차대에서 융복장식의 구비 상황을 질문하고, 또다시 사치 폐해를 금하고는 있지만 장복에 한해서는 아름다움을 다하지 않으면 안 된다며 조신의 융복에 사용할 주립·호수·패영에 대한 구례 회복을 지시했다.146) 이렇게 당시 사치를 억제하는 분위기 속에서 이미 폐지된 융복장식 구비를 요구한 고종의 의도가 군주 위엄을 과시하는 데 있었음은 두 말할 필요도 없을 것이다.

여기에 고종은 경복궁화재 이후, 궁전수비 강화를 논하며 숙위군 증설을

---

143) 아니면 그는 스스로 "군주의 명령이 한 번 내려지면, (신하는)당연히 즉시 따라야 한다"고 말한 대로 군주 명령의 절대성을 철저히 믿고 있었는지도 모른다(『승정원일기』 1874(고종11)년 2월 5일).
144) 『승정원일기』 1874(고종11)년 1월 29일.
145) 『승정원일기』 1874(고종11)년 2월 5일.
146) 여기에서 고종은 이 내용을 모두 신정왕후와 이미 상담했다고 강조했다(『승정원일기』 1874(고종11)년 5월 25일).

계획했다. 그의 숙위군 증원에 대한 의사는 1874년 3월 20일의 '인조대에는 삼청에서부터 군사를 차출해 호위청을 설치해 훈척을 대장으로 했다',147) 4월 5일의 '조선의 군사제도가 허술하기 때문에 변동해 증원하는 편이 좋겠다148)는 언급에서 이미 암시되고 있었다. 따라서 4월 25일의 강연에서 궁전 숙위군의 확충문제를 꺼낸 고종은 재정부족을 염려하는 이유원에게 각 영문에서 군사를 차출해 숙위군 설립을 추진하도록 요구했다.149) 그러나 일단 숙위군인 무위소가 설립되자, 고종은 간소하게 해야 한다는 정부관료의 반대를 누르며 확대를 추진했고, 경비조달·담당자선택·군사증원·활동강화·기강문란 등 여러 문제를 둘러싸고 정부관료와의 갈등을 심화시켜 갔다. 이 밖에도 경복궁을 수리할 즈음, 각 궁전 장소와 건물구조가 불편하기 때문에 변경·확장해야 한다고 주장해 정부대신의 반대를 불러일으키는 등, 군주의 권위와 세력을 향상시키는 곳에는 재정과 신하들의 반대를 고려하지 않았다. 이것은 친정 이후 고종의 정책추진 목표가 군주통치권 확립에 있었음을 분명히 보여준다고 할 수 있다.

다섯 번째, 고종이 민생안정대책으로 빈번히 실시하던 조세 폐지와 감면은 더욱 심각한 재정악화와 민생폐해를 초래하고 있었다. 친정선포 이후, 자신의 정책이 민생안정을 위한 것임을 강조한 고종은 대원군정권기에 신설된 연강수세·성문세·결두전·청전을 폐지하고, 재해 구휼, 원자탄생에 따른 은혜 등의 명목으로 조세감면을 실시했다.

그러나 청전폐지는 중간관리의 이중과세를 조장해 백성부담을 가중시키고 있었고, 각종 세금폐지는 그 재원을 사용하던 관청·군영의 운영부실을 야기했다. 또한 빈번한 조세감면은 재정부족을 한층 악화시키고 있었다.150) 그러자 이유원은 전라·충청 산군의 추대동 면제보다는 납입기한을

---

147) 『승정원일기』 1874(고종11)년 3월 20일.
148) 『승정원일기』 1874(고종11)년 4월 5일.
149) 『승정원일기』 1874(고종11)년 4월 25일, 일강.

늦출 것과150) 사공들의 난파 방지책이 되는 증렬미·미증미 징수를 면제해서는 안 된다고 건의했다.152) 이승보는 대동미를 면제하면 큰 폐해가 생긴다며 반대했고,153) 홍우길·이유원은 환곡폐지가 오히려 민생폐해와 각 도의 경상비용 부족으로 연결되기 때문에 그대로 둘 것을 상주했다.154) 김세균은 고종의 지시에 따라 면제된 증렬미 혜택이 백성이 아니라 서리에게 돌아갔다고 보고했다.155) 1875년 3월 2일에는 이유원이 고종의 조세감면 시행 지시에 대해 현재 국가재정이 심각한 도탄에 빠져 경신(1860)년의 감면 예를 따를 수 없기 때문에 30분의 1의 감면을 적용할 수밖에 없다고 했고, 고종이 너무 적어 백성에게 이익이 되지 않는다고 염려하자, 감면이 지나치면 이후의 각사·각 영의 재정을 어떻게 운영하면 좋겠냐고 고종의 무책임한 조세감면을 지적했다.156) 결국 고종의 민생정책은 재정부족뿐만 아니라 백성에게 베푸는 은혜조차 줄여야 하는 상황을 초래한 것이었다. 그럼에도 불구하고 고종은 자신의 조세정책이 백성을 위한 것이라는 주장을 계속하며 정책추진을 강행해 나갔다.

여섯 번째, 대원군정권기와 친정선포 당시, 대원군과 신정왕후의 권위와 의사를 정책추진의 전면에 내세워 자신의 행동을 정당화시켰던 것과는 달

---

150) 『승정원일기』 1874(고종11)년 3월 5일.
151) 『승정원일기』 1874(고종11)년 1월 29일.
152) 『승정원일기』 1874(고종11)년 2월 28일.
153) 『승정원일기』 1874(고종11)년 4월 28일.
154) 당시 이유원이 환곡폐지에 따른 각 도의 재정부족을 상주하고, 대만에서의 일본 활동을 전하면서 각 영에 비축재정이 없는 상황에서 소요가 일어나면 막을 방법이 없다고 염려한 데 대해, 고종은 이유원에게 대책 모색을 맡기고 좋은 방법이 있으면 따르겠다고 말했다. 이는 고종의 당시 재정 상황에 관한 이해부족과 정부관료로의 책임전가를 분명히 드러낸다고 하겠다(『승정원일기』 1874(고종11)년 9월 20일).
155) 『승정원일기』 1874(고종11)년 9월 20일.
156) 『승정원일기』 1875(고종12)년 3월 2일.

리, 친정 직후 고종은 정부관료와의 회합에서 스스로의 의견을 적극적으로 주창했다. 이 시기가 되면 고종은 서원복구 요구에 대한 비답과 몇몇의 구례 관련정책을 제외하고는 신정왕후의 이야기를 거의 인용하지 않았다. 당시 그가 정책결정에서 신정왕후를 거론한 예는 환곡을 돈으로 바꾸려는 제안에 이유원이 경상도 병인년 별비환이 동묘의 지시에 의한 것이기 때문에 함부로 바꿀 수 없다고 반대하자 신정왕후도 볼 수 있도록 별단을 들이는 편이 좋겠다고 한 것과157) 신정왕후의 허락도 얻었기 때문에 각신 아패의 구례를 회복해야 한다고 말한 것,158) 그리고 종래 행정조치가 신정왕후의 지시였는가159)를 묻는 정도에 그치고 있었다. 다시 말해 고종은 더 이상 정책결정과 실행에서 신정왕후와 대원군의 의견을 대변하는 것이 아니라, 정치현안의 논의와 수립을 직접 주도하며 국정을 실질적으로 운영하게 된 것이었다.160)

마지막으로 고종의 친정선포 이후 정책결정과정에서 드러나는 특징으로는—1875년 전반까지— 이유원의 지대한 정치적 영향력과 정책관여도를 지적하지 않을 수 없다. 이유원은 친정 직후 불안정한 정국을 극복하고 통치권을 확립하는 정치적 파트너로서 영의정으로 선택된 인물이었다. 이유원에 대한 고종의 신뢰와 기대가 얼마나 컸는지는 그가 1874년에만 약 40번에 걸쳐 소견에 참가했고, 그 반 정도가 거의 고종과 이유원과의 단독면담 형식을 취하고 있었던 사실에서 알 수 있다.161) 이와 같은 수치는 이유원이

---

157) 『승정원일기』 1874(고종11)년 1월 17일.
158) 『승정원일기』 1874(고종11)년 1월 29일.
159) 『승정원일기』 1874(고종11)년 2월 28일.
160) 당시를 민씨정권으로 파악하는 연구에서는 친정 이후 고종 행동을 명성황후 의견의 반영이었다고 판단하고 있지만, 필자는 친정 이후 고종의 활동을 10년에 걸친 제왕교육과 대원군의 정책을 직접 지시·협력하면서 습득한 결과라고 판단하고 있다.
161) 시험·제사 때에도 이유원은 고종과 함께 했기 때문에 실질적으로 만난 횟수

탄핵을 받아 사직을 청한 12월에 한 번 밖에 고종과 면담하지 않은 점을 감안하면, 일주일에 한 번은 고종을 만나 정치적 문제를 논의한 것이 된다. 당시 고종은 이유원에게 정치와 왕실 전반에 관한 문제를 질의·상담하고 있었고, 이유원은 고종의 충실한 상담역이 되어 각종 문제에 대한 전통·법률적인 자문을 행하는 동시에, 명분제시와 대책강구에 노력했다.162) 또한 고종과 담당관료와의 사이에서 각종 정책 결정과 추진문제를 중재하는 한편, 고종을 향한 충고와 정책비판도 아끼지 않았다.163)

이유원은 암행어사파견, 경상감사·동래부사·부산훈도 처벌을 제안했고, 정부재정 보충, 숙위군 설치에 따른 경비조달·절차, 일본서계문제의 해결방안을 모색해 고종의 통치권 안정과 정책수행에 적극적으로 협력했다. 그는 조세폐지에 대해서는 전통과 용도를 구분해야 한다고 건의했고, 군영대장의 지위·권한 축소, 문신의 장신 등용, 진무영제도 변경 등의 군제개편에 대해서는 반대 의사를 표명해 고종에게 재정과 군사정책의 신중한 결정과 추진의 중요성을 알리려 했다. 또한 숙위군 설치에 협력해 추진을 주관하면서도 무리한 자금조달과 타군영으로부터의 차출에 반대하고 군사의 규율 강화를 주장했다. 경복궁수리에 대해서는 그 긴급함을 논하는

는 이보다 훨씬 많다.
162) 이유원은 연강세 존폐 여하, 병조판서·금군별장의 임기제, 대장의 품계격하, 문무신의 탈 것 규제, 정부관원의 겸임문제, 융복규정, 인사행정문제, 대장의 활동문제, 세금감면, 무위소 설치, 일본서계접수, 왕실행사·제사, 존호추상 등, 각종 문제에서 고종의 자문역을 수행했다.
163) 고종은 이유원이 매번 귀에 거슬리는 말을 꺼내 송구스럽다고 말한 데 대해 "경의 말은 충고에서 나온 것이다. 나에게 듣는 것을 싫어할 이유가 있겠는가?"(『승정원일기』 1874(고종11)년 6월 20일, 약원입진), "이러한 (귀에 거슬리는)이야기를 개진하지 않으면 어떤 이야기를 하겠는가?"(『승정원일기』 1874(고종11)년 6월·25일, 차대)라며, 이유원의 충고를 관대하게 받아들였다. 여기에 이유원의 제안에 따라 강연명칭을 바꾸고 연강세 수세 전면폐지를 수정했으며, 숙위군의 설치비용 조달에서는 이유원이 반대하는 재원은 거의 사용하지 않고, 호조로부터의 지급과 청전을 사용하려고 했다.

반면, 인력·물자동원을 제한해 간소히 할 것을 주창했다. 여기에 민생구제 정책을 강조하면서도 빈번한 조세감면의 부작용을 경계하는 등, 고종이 통치자로서 균형과 절제 감각을 습득하는 데 일조하려 했다.

친정 직후 정치운영에서 이유원의 역할이 얼마나 중대했는지는 그가 1874년 11월에 손영로의 탄핵을 받아 사직을 청한 후 12월 내내 이유원과 고종 사이에서 사직상소 제출과 그 거부 과정이 반복된 사실에서도 엿볼 수 있다.[164] 나아가 이유원과는 빈번한 회담을 실시했던 고종이 좌의정 이

---

[164] 1874년 11월 29일, 이유원이 명소패를 반납. 11월 30일, 승정원이 이유원으로의 전유결과와 이유원이 여전히 사직을 요구함을 보고 → 승정원이 이유원의 명소패 반납을 보고 → 고종이 돌려줄 것을 지시. 12월 1일, 승정원이 이유원의 명소패 반납을 보고 → 고종이 돌려줄 것을 지시 → 승정원이 이유원으로의 전유결과와 이유원이 여전히 사직을 요구하며 죄를 청하는 상황을 보고 → 겸춘추 金㻒가 이유원으로의 전유결과와 이유원이 여전히 사직을 구하는 상황을 보고 → 승정원이 이유원의 명소패 반납을 보고 → 고종이 돌려줄 것을 지시. 12월 2일, 승정원이 이유원으로의 전유결과를 보고 → 이유원의 명소패 반납을 보고 → 고종이 돌려줄 것을 지시. 12월 3일, 이유원의 명소패 반납을 보고 → 고종은 돌려줄 것을 지시 → 승정원이 이유원으로의 전유결과를 보고. 12월 4일, 승정원이 이유원으로의 전유결과를 보고 → 고종이 이유원의 파면을 명령. 12월 5일, 고종이 이유원의 재임을 명령 → 고종이 이유원을 사직서·영희전·사역원·군기감의 도제조로 임명. 12월 8일, 사변가주서가 이유원으로의 전유결과를 보고. 12월 9일, 고종이 이유원을 내의원도제조에 임명 → 승정원이 이유원으로의 전유결과를 보고. 12월 11일, 승정원이 이유원으로의 전유결과를 보고 → 고종이 이유원을 천안군에 중도부처할 것을 명령 → 이유원이 상소. 12월 12일, 고종이 이유원에 대한 처벌을 철회. 12월 14일, 형조참판 김학근이 이유원으로의 전유결과를 보고 → 이유원이 상소. 12월 15일, 형조참판 김학근이 이유원으로의 전유결과를 보고 → 고종이 이유원의 복귀를 전유. 12월 16일, 형조참판 김학근이 이유원으로의 전유결과를 보고 → 승정원이 이유원이 의금부 문 밖에서 대죄를 청하는 상황을 보고 → 고종이 이유원의 복귀를 전유 → 형조참판 김학근이 이유원으로의 전유결과를 보고 → 고종과 이유원이 소견. 12월 17일, 이유원이 상소. 12월 19일, 이유원이 상소. 12월 20일, 고종이 이유원의 1차 呈辭를 인정하지 않는다고 전유. 12월 21일, 고종이 이유원의 2차 呈辭를 인정하지 않는다고 전유. 12월 22일, 고종이 이유원의 3차 呈辭를 인정하지 않는다고 전유. 12월 23일, 고종이 이유원의 4차 呈辭를 인정하지 않는다고 전유. 12월 24일, 고종이 이유원

최응·우의정 김병국과는 차대 이외에 만나지 않았고 차기 약방관원들의 입진이 거의 행해지지 않은 점도 고종이 이유원의 정치적 견해를 존중해 크게 활용한 증거라고 할 수 있다. 그러나 이유원의 정치적 활동은 대원군의 양주은둔사건으로 인한 정국불안으로 정계를 일신할 필요성이 제기되어 이최응·김병국체제가 출범하면서 줄어들기 시작해 1875년 4월 영의정을 사퇴한 이후에는 사라지게 되었다.

　이상, 고종과 정부관료와의 회합에 드러난 고종의 친정 직후 국정운영 특징에 대해 살펴보았다. 고종의 통치권 강화정책은 1873년 11월 친정이 선포된 이후 본격적으로 행해지게 되었다. 권력을 막 회복했으나 그 때까지 대원군과 다른 세력기반을 형성하지 못했던 고종에게 최대 급무는 안정된 정치기반을 확보하는 일이었다. 따라서 고종은 대원군정권기 고위관료를 적극적으로 등용하고 민생안정을 표면에 내세우며 대원군의 세력 약화와 군주권 강화를 위한 정책을 추진해 갔다. 이는 청전폐지, 각종 세금철폐, 조세감면, 무위소 설치, 융복의 구례 회복, 무신대장의 승진·임기제 수정 등, 대원군정책의 재고를 통해 인사·재정·군권을 장악하는 방향으로 전개되었고, 그 큰 틀은 의정과 정부당상과의 차대에서 논의되었다.

　친정 직후 고종의 대원군정책에 대한 수용과 폐기의 기준은 표면적(이념적)으로는 민생안정에, 실질적(현실적)으로는 대원군세력 약화와 군주권 확

의 5차 呈辭에 대해 사관을 보내 封還하게 할 것을 지시 → 승정원이 이유원의 명소패 반납을 보고 → 전정언 정면수가 이유원을 탄핵 → 이유원이 상소. 12월 25일, 승정원이 이유원의 명소패 반납을 보고 → 사변가주서가 이유원으로의 전유결과를 보고. 12월 26일, 승정원이 이유원의 명소패 반납을 보고. 12월 27일, 승정원이 이유원으로의 전유결과를 보고 → 고종이 이유원의 파면을 명령. 12월 28일, 고종이 이유원의 재임을 명령 → 고종이 이유원을 사직서·영희전·사역원·군기감·훈련도감의 도제조로 임명. 12월 29일, 사변가주서가 이유원으로의 전유결과를 보고 → 병조가 이유원을 영중추부사로 명했다고 보고. 1875년 1월 1일, 이유원이 상소. 1월 3일, 사변가주서가 이유원으로의 전유결과를 보고. 1월 4일, 고종이 시원임의정과 함께 이유원을 소견.

립과의 관련여부에 있었다. 고종은 재정문제에서는 민생안정이라는 절대적인 명분을 내세워 자신의 정책에 반대하는 신하들을 제압해 나갔다. 특히 각종 수세명목 중에서도 대원군정권기에 신설된 세금인 연강세·결두전·성문세·청전 등을 집중적으로 철폐해 민생폐해 제거와 대원군의 재정원 차단이라는 두 가지 목적을 동시에 실현하려 했다. 한편, 군사정책에서는 이유원을 통한 설득과 중재를 바탕으로 삼군부를 구성하는 각 군영대장·통제사·진무사·포도대장의 지위격하와 진무영의 축소·개편, 강화유수의 진무사겸임 복구를 실시했다. 여기에 신설된 무위소에 군사·군수물자를 집중시키고, 무위도통사와 무위소제조에 문신인 측근을 임명하는 등, 대원군의 군사적 기반을 해체하고 스스로 군권을 장악하고자 했다.

이처럼 고종은 각종 정책을 통해 대원군과의 차별을 꾀하며 통치권을 강화해 갔다. 그러나 고종이 일방적으로 정책을 결정할 뿐, 해당정책의 실질적인 문제, 즉 경비조달·인원충당·시행절차 등에 대해 구체적인 안을 제시하지 않았던 것은 신하들을 곤란하게 만들며 갈등을 유발시키고 있었다. 고종은 자신의 통치 목표인 군주권 강화를 위해 정책을 결정하고 실행을 요구하면서도 그 방법의 강구를 담당관료에게 맡기고 크게 관여하지 않음으로써 국정 운영상의 무리를 초래한 것이었다.

이러한 고종의 행동은 신하들의 불만뿐만 아니라, 대원군의 양주은둔사건과 유생들의 상소운동으로 이어져 정국을 불안정한 상황으로 이끌게 되었다. 그리고 자신의 무리한 요구가 정부관료의 불만과 반대를 불러일으키자, 그는 주변을 군주에게 충성·동조하는 측근세력으로 채우며 정책의 원활한 추진을 시도해 갔다. 이는 1875년 이후 차대와 소견 등 정치회합에 여흥민씨·풍양조씨의 외척과 김병시·김보현 등 측근세력의 참가가 증가하고 정책에 반대하는 인물과 의견이 현저히 감소한 사실에서도 분명히 드러난다.

한편, 1874년 중반, 아직 군주의 통치권이 안정되지 못하고 재정·군사정책이 조정 중이던 상황에서 외부로부터의 압력까지 가시화되기 시작했다. 때문에 고종의 군주권 확립은 대내외적인 갈등을 모두 극복해야 하는 힘겨운 상황에 직면하게 되었다. 그러자 고종은 권력에 대한 집착과 측근 중심의 폐쇄적인 국정운영을 한층 심화시키며 이를 타개해 나가려고 했다고 하겠다.

(2) 민생안정을 내건 재정경제정책 추진

고종은 즉위 이후 10년간 대원군이 국정을 총괄하는 가운데, 유교전통적인 제왕교육을 받았다. 그리고 강연과 정부관료와의 차대·소견 등을 통해 민본의식과 민생안정의 중요성에 대해 배워갔다. 통치를 행하는 데 백성이 얼마나 중요한지는 민을 위한 복을 구하는 경복궁중건사업의 추진과정에서 드러난 백성의 적극적인 참여와 협력에 의해 고종에게 전해졌다. 또한 민생폐해 제거라는 명목으로 실시된 서원·무단토호정책을 지시하고 진행상황과 결과를 파악함으로써 위민정치라는 표상이 가진 정통성과 위력을 통감했다. 따라서 고종은 대원군의 퇴진과 통치권 회복의 수단으로 민생에 부담을 주는 대원군정책에 대한 비판과 수정을 이용하게 되었다. 다시 말해 그는 민생안정을 강조해 대원군의 통치상 명분을 손상시킴과 동시에 그를 정치적으로 압박하고자 한 것이었다.

친정 직후 고종이 민생안정을 이루고 대원군의 재정원을 차단해 군주통치권을 확립하고자 재정경제정책을 추진했다는 것은 이미 설명한 바 있다. 여기서는 고종 재정경제정책의 지향성과 전개과정을 당시 정부재정에 가장 큰 영향을 미친 청전통용 금지와 민생정책을 중심으로 고찰하려 한다.[165] 친정선포 직후 고종은 민생안정을 호소하면서 청전의 유통을 전면

---

[165] 조선말기 청전의 수입과 유통, 그리고 금지를 다룬 대표적인 논문은, 원유한, 「이조후기 청전의 수입·유통에 대하여」, 『사학연구』 21, 한국사학회, 1969, 145~156쪽; 안외순, 「대원군의 경제정책 : 재정확보와 관련하여」, 『동양고전연구』 8, 1997, 383~419쪽; 제임스 팔레 저·이훈상 역, 『전통한국의 정치와

적으로 금지시켰는데, 이것이 청전을 대신할 재정을 확보하지 않은 상태에
서 단행됨으로써 정부재정에의 심각한 손실과 조세제도상의 혼란을 가져
왔다. 따라서 청전통용 금지는 민생안정과 화폐유통구조의 개선을 목적으
로 실시되었음에도 불구하고 그 실질적인 효과를 거두기가 어려웠다. 그렇
지만 고종은 민생안정을 이유로 자신의 재정경제정책을 지속해 갔는데, 이
는 민생안정이라는 표면에 드러난 정책 목표의 이면에 급격하게 정책을 수
행할 수밖에 없었던 다른 이유가 존재했음을 의미했다.

  여기에서는 민생안정을 내세워 실시한 고종의 청전폐지가 실질적으로
민생에 어떠한 영향을 미치고 정부재정과 조세행정에는 어떤 파장을 불러
일으켰는지 검토할 것이다. 이러한 분석을 바탕으로 청전정책의 실태와 문
제점을 분명히 함으로써 고종의 재정경제정책 목표가 표면적으로는 민생
안정에, 실질적으로는 대원군의 재정원을 차단해 세력을 약화시키고 군주
가 재정을 총괄하는 데 있었음을 밝히고자 한다.

① 청전통용 금지와 사후 대책

  고종은 친정을 선포하는 과정에서 민생에 부담을 준다는 이유로 성문세
(1873년 10월 10일에 폐지), 원납전과 결두전(1873년 10월 29일에 폐지), 연강수세
(1873년 11월 3일에 폐지)의 징수를 금지했다. 성문세에 대해서는 지나친 징수
가 민폐가 되고 있으므로, 원납전과 결두전은 백성을 우려하는 마음에서,

정책』, 한국학술진흥재단, 1993, 제10장 청전의 유통금지 등을 들 수 있다.
이러한 선행연구에서는 청전이 수입되고 유통되는 과정에서 일어난 현상을
상세하게 고찰해 청전유통이 가지는 문제점을 밝혀냈다. 본고에서는 이러한
연구성과를 바탕으로 고종이 친정선포와 함께 청전유통을 금지한 이유와 이
후 발생한 문제들을 어떻게 해결하려 했는지를 밝혀, 친정 직후 고종의 재정경
제정책 추진의 지향이 어디에 있었는지를 재조명하려고 한다. 특히 선행연구
에서 거의 다루지 않았던 청전폐지와 민생안정과의 관련성에 주목해 고종이
'위민'을 적극 활용해 재정경제정책을 추진하며 국정운영권을 장악·강화하고
자 했음을 밝힐 것이다.

연강수세는 백성에 큰 폐해를 끼치고 있음을 들어 각각 그 폐지를 명했다. 1873년 12월 1일, 이유원은 연강수세 금지문제를 거론하며 그것이 흠앙할 일이기는 하나 구세와 신세를 구별할 필요가 있다고 상주했다.

이유원 "강 연안에서 세금 거두는 것을 혁파하라는 명은 참으로 흠앙해 마지않을 일이었는데, 그 사이 묘당의 업무를 떠맡겨 두어 아직까지 거행하지 못했습니다. 구세와 신세를 하나같이 모두 혁파해야 합니까?"
고종 "한결같이 다 혁파해야 한다."
이유원 "오랫동안 세금을 거둬 온 것으로 경상비용에 관계되는 것은 구별해야 합당합니다."
고종 "더러 몇 백 년 내려온 옛 규례도 있는가?"
이유원 "과연 몇 백 년 내려온 옛 규례가 있습니다. 뚝섬 분원에서 세금을 거두는 것 같은 경우는 행해온 지 이미 오래인데, 근래에는 혹 지나치게 받아들이는 폐단이 없지 않았다고 합니다."
고종 "그렇다면 구세와 신세를 마땅히 구별해야 한다."
이유원 "강화에서 세금을 거두는 것은 군수에 보태 쓰는 것이 많은데, 연석 중에 일찍이 강화 유수를 지낸 사람이 있으니 자세히 알 것입니다."
이용희 "세금을 거두는 것이 1만여 냥인데 그 중 군수에 보태 쓰는 것이 얼마나 되는지는 자세하지 않습니다."
고종 "지금은 강화에 비록 이 세가 없더라도 군수가 여유 있을 듯하다."
이유원 "혁파할 것은 혁파하여 백성들에게 편리하도록 힘쓰되, 삼가 초기(草記)로 품처하겠습니다."
고종 "나라에만 이롭고 백성에게 해가 된다면 이것이 어찌 혁파하는 본의이겠는가?"166)

위의 대화에서 드러나듯이 고종은 연강수세가 백성들에게 해가 되기 때문에 폐지했지만, 연강수세의 유래와 소용에 대해서는 상세히 알지 못했다. 또한 그가 문제시한 연강수세는 옛날부터 있어 왔던 세가 아니라 근래에

---

166) 『승정원일기』 1873(고종10)년 12월 1일 차대.

신설된 것에 한정되어 있었다. 이때 이유원은 뚝섬·분원의 수세와 같은 구세에도 지나친 징수문제가 있다고 상주했으나 고종은 모두 폐지할 것이 아니라 구세와 신세의 구별이 타당하다며 대원군정권기에 신설된 연강수세만을 폐지한다는 뜻을 분명히 했다. 이는 연강수세 폐지 목적에 민폐 외에 대원군의 군사기반인 재원을 차단하려는 의도가 포함되어 있음을 드러낸다. 다시 말해 그는 강화 군수에 사용되는 연강수세를 상세한 사정을 파악하지 않고 폐지하는 과정에서 나라의 이익보다는 민폐제거가 중요하다며 대원군정책의 명분을 훼손시키려 한 것이었다.

고종이 민생안정을 주장하며 실시한 최대 정책은 청전통용을 금지한 일이었다. 1874년 1월 6일, 그는 청전의 유통금지를 전격적으로 단행했다. 청전은 1867년 6월 부족한 환곡의 총액을 보충하기 위해 각 지방에 분배·유통된 이래,167) 당백전과 함께 물가상승과 화폐유통의 문란을 초래하고 있었다.168) 청전은 경복궁을 비롯해 왕궁재건과 군비확장 등의 경비로 충당되었는데, 이것이 액면가보다 평가절하되어 통용되고, 유통되는 지역도 한정되어 화폐유통의 혼란을 불러일으킨 것이었다. 때문에 고종은 청전을 폐지해 화폐안정을 꾀하는 동시에 대원군에게 유입되는 정치자금을 저지하려 했다.169) 그러나 청전폐지는 이후 국가재정에 심각한 타격을 입힐 뿐만 아니라,170) 새로운 문제를 발생시켜 친정선포 이후 고종의 정책추진을 제

---

167) 『승정원일기』 1867(고종4)년 6월 3일.
168) 『고종실록』 1868년 2월 30일자 대원군 지시를 보면, 대원군은 당백전의 문제점으로 다음을 제시했다. 액면가보다 평가절하된 교환, 사적 주전으로 인한 유통구조의 문란, 奸吏의 세금에 대한 상평전 징수와 당백전 납부 및 이로 인한 부당이익 취득, 그 밖에 물가상승, 민심혼란 등이다. 그리고 청전은 당백전과 같은 문제를 야기하고 있었다고 할 수 있다.
169) 연갑수, 「19세기 중반 朝淸間交易品의 변화」, 『한국사론』 41·42, 1999, 712~713쪽.
170) 서영희, 「개항기 봉건적 국가재정의 위기와 민중수탈의 강화」, 『1894년 농민전쟁연구』 1, 역사비평사, 1991, 142쪽.

한·압박하는 원인이 되었다.

  고종은 청전통용을 금지하는 교지에서 '당초 청전을 통용한 것은 그렇게 하지 않을 수 없었기 때문이었다. 그러나 지금에 이르러 물자가 귀하게 되고 화폐가 천하게 되는 것이 나날이 심해 하루도 지탱할 수 없다고 한다'며 민정을 염려해 즉시 개선하지 않을 수 없다고 강조한 후, 전면 폐지를 명했다.[171] 이에 대해 의정부는 '백성을 위해 위에 손해를 주어 아래를 풍족하게 하려는 성의에 감탄한다'면서도 이것이 재정에 미칠 영향을 걱정하며 별도의 방책 모색을 요구했다.[172] 고종은 청전에 대한 명이 내려진 3일 후, 경상도관찰사 유치선을 소견하는 자리에서도 청전금지가 국가재정을 고려하지 않고 완전히 백성의 폐해만을 염두에 둔 정책이라며 자신의 정책에 대한 정당성을 주장했다.[173] 그리고 경상도는 원래 청전이 통용되지 않았던 지역이므로 상납을 독촉하라고 지시했다.

  청전조치 후, 처음으로 열린 1월 13일의 차대에서는 청전폐지로 인한 각종 문제관련 방책이 본격적으로 논의되었다.[174] 먼저 영의정 이유원은 '청전의 폐지는 진심으로 백성을 위한 성의에서 나온 것'이라며 고종의 지시를 칭찬했다. 그러나 한편으로는 이후 납세과정에서 이서들의 이중징세로 인한 폐해가 일어날 가능성이 있기 때문에 상평전을 징수할 때 담당자에게 책임을 물어 백성에게 폐해가 가지 않도록 할 것과 청전의 사용·미사용 고을을 구별해 조치할 것을 요구했다. 또한 민생상태와 이서활동을 살피기 위한 전국규모의 암행어사 파견을 건의했다. 우의정 박규수는 '청전폐지 후, 공화(公貨)를 수용할 자원이 없고, 민재(民財)를 유통할 이익이 보이지 않게 되었다. 그러나 물자유통을 민간에게 맡기고 정부가 관여하지 말아야

---

[171] 『승정원일기』 1874(고종11)년 1월 6일, 교지.
[172] 『승정원일기』 1874(고종11)년 1월 6일, 의정부계.
[173] 『승정원일기』 1874(고종11)년 1월 9일, 경상도관찰사 유치선소견.
[174] 『승정원일기』 1874(고종11)년 1월 13일, 차대.

한다. 주전설을 퍼트리는 자를 엄중히 처벌해야 하며, 주전을 쉽게 행하면 나라에 해가 된다'고 조언했다. 그러자 고종은 상평전과 청전의 정부비축량, 유통 상황을 파악해 재정확충과 청전사용 방안 모색에 적극적으로 임하며 청전유통 금지에 따른 문제 발생을 최소화하기 위해 노력했다.

그런데 이 날의 차대로부터는 백성에게 폐해를 준다며 청전폐지를 명한 당사자인 고종이 이후 문제와 관련해 어떤 대비책도 세우지 않았음을 알 수 있다. 고종은 국고의 대부분을 차지하는 청전유통을 금지하면서 그것이 재정과 조세행정에 미칠 막대한 영향을 고려하지 않았을 뿐만 아니라, 청전 납입을 금지해 발생할 수 있는 징세상의 문제점도 파악하지 못한 상태였다. 다시 말해 그는 아직 국정운영에 관한 정확하고 구체적인 지식이 없으면서 민생안정이라는 원대한 명분만으로 급하게 청전을 폐지한 것이었다. 이처럼 정부재정을 보충할 대안이 결여된 상태에서 차대가 개최됨에 따라, 회의는 향후 대책강구의 필요성과 정부재정 운용의 곤란을 확인하는 데 그치고 말았다. 이 날 호조판서 김세균의 '1년 호조예산이 5, 60만 냥인데, 당시 국고에 있는 상평전이 약 8백 냥에 불과하고, 청전이 2백만 냥 정도 비축되어 있다'는 보고는 청전폐지에 따른 심각한 재정난을 예고하는 것이었다.

그 후 고종과 정부관료는 계속해서 재정난 타개방안을 모색해 갔다. 고종은 1월 13일 결두전을 돈으로 바꾼(작전) 자가 있다는 언급에 이어 17일에는 영남의 결두전을 사용해 환곡으로 만들었던(작환) 것을 다시 돈으로 바꾸어 상납하도록 촉구했다.175)

고종 "묘당에서 공문으로 신칙해서 영남의 결두전을 작환한 것은 조속히 돈으로 만들어 상납하게 해야 한다."
이유원 "영남의 병인년 별비환176)은 위에서도 갑자기 의논하기가 어렵습니다."

---

175) 『승정원일기』 1874(고종11)년 1월 17일, 御春塘台設人日製.
176) 여기에서 이유원이 신정왕후의 지시로 특별히 설치되었다는 병인년 별비환은

고종 "무슨 까닭인가?"
이유원 "이는 동조의 하교를 받들어 시행한 것이어서 감히 마음대로 할 수 없습니다."
고종 "이는 이렇다 하더라도 사창177)의 환곡은 돈으로 만들 수 있겠는가?"
이유원 "사창이 설치된 지 얼마 되지 않는데, 병인년 별비환이 그 가운데 뒤섞여 있어 이 역시 갑자기 의논하기가 어렵습니다."
고종 "손댈 수 있는 것은 손을 대야 한다."
이유원 "신이 손을 댈 수 있는 것을 가려서 별단에 써서 들이니 재결을 바랍니다."
고종 "참으로 좋은 방법이다. 그렇게 하면 동조께서도 들여다가 보실 것이다. 듣자니 관북에도 새로 작환한 것이 있다고 하니, 일체로 관문을 보내 신칙해야 한다."
이유원 "신이 탐지했더니, 과연 어떤 모양으로 작환한 것이 있다고 하는데, 명색과 수효가 우선은 명확하지 않으니, 다시 자세히 탐지하겠습니다."
고종 "모두 돈으로 바꿔야 해야 한다. 별환의 실시 본의는 백성과 나라를 위한 것이었는데, 도리어 고질적인 폐단이 되었다. 동환 외의 별환을 돈으로 바꾸는 것은 불가할 것이 없다."
이유원 "환곡은 수재나 가뭄 등 뜻밖의 일에 대비하기 위한 것인데, 한결같이 아울러 돈으로 바꾼다면 원대한 계책은 아닌 듯 싶습니다."
고종 "환곡을 만든 본의를 모르는 것이 아니나 도리어 간리(奸吏)들이 농간을 부려 다만 종이쪽지의 공문(空文)만 있을 뿐 곡식은 없기에 이르렀으니 어떻게 하랴?… 일전의 빈대에서 우상이 아뢴 바 관서의 곡총 가운데 성향 10만 석 이외에는 포의

1866년 5월 12일, 신정왕후가 내탕금에서 경기도에 4만 냥, 영남에 7만 냥, 호남과 해서에 각 6만 냥, 호남에 5만 냥, 관동에 2만 냥을 분배한 후, '丙寅別備穀'으로 명명해 전부 백성에게 지급하고 이자를 받도록 한 것이다. 이유원은 모든 환곡의 作錢을 막기 위해 이를 일부러 거론해 강조했다고 보인다(『승정원일기』 1866(고종3)년 5월 12일, 의정부계).

177) 사창은 1867년 6월 6일, 호조판서 김병국의 건의로 설치되었다. 당시 김병국은 호조에 별비곡을 비축하도록 지시받았다며 백성이 바라는 사창 설치를 요구했다. 이에 대해 고종은 신정왕후에게 상주했으므로 곧 처분이 있을 것이라 답했다. 그리고 고종의 지시로 의정부 유사당상·구관당상이 모여 의논한 결과, 같은 달 11일에 사창절목이 제출되면서 사창이 운영되게 되었다(『승정원일기』 1867(고종4)년 6월 6·11일).

실곡도 없다고 했다. 이처럼 허위로 기록된 곡식이야 둔들 무슨 이익이 되겠는가?"
이유원 "비록 종이쪽지의 공문일지라도 곡총의 명색은 없앨 수가 없습니다."…
고종 "참으로 백성들에게 이롭다면 국계에 비록 손해가 나더라도 무슨 해로움이 있겠는가?"
이유원 "근일의 처분이 있은 이후, 공화(公貨)에는 크게 손해가 있게 되었습니다. 비단 안으로 경사뿐만 아니라 밖으로 각 도의 영읍에서 그 누군들 위를 덜어서 아래에 보태는 정사를 알지 못하겠습니까?"
고종 "방금 전의 하교는 비단 결두전을 환곡으로 만든 것을 다시 돈으로 바꾸라는 것만 말한 것이 아니다. 비록 별환이라 하더라도 돈으로 바꿔야 한다."

여기에서 고종은 각 지방의 환곡 중에서 환전 가능한 것이 있으면 변통해 상납시켜 부족한 정부재정에 보태는 방안을 제안하고 관북지방의 작환, 각 지방의 별환 등을 환전하라고 지시했다. 이에 대해 이유원은 영남 별비환이 신정왕후의 하교로 비축된 것이기 때문에 쉽게 손댈 수 없으며, 만든 지 얼마 안 된 사창의 환전에도 문제가 있고, 이름뿐인 환곡이라고 해도 천재지변에 대비해 모두 환전해서는 안 된다고 조언했다. 그러나 고종은 별환이 오히려 백성과 나라의 폐가 되고 있으며, 간사한 이서에 의해 실곡이 없고 장부뿐인 환곡에 어떤 이익도 없다며 결두전의 환전을 강하게 요구했다. 이에 이유원도 결국 가능한 것을 추려내 보고하겠다고 대답하지 않을 수 없었다.

이 날의 차대에서 주목되는 점은 고종이 백성과 나라를 위해 설치한 환곡이 오히려 민생에 폐해가 된다며, 백성에게 이익이 된다면 나라에 손해가 생겨도 좋다고 강조한 대목이다. 다시 말해 그는 백성을 위한 조치라고 역설하면서 전국에 이용할 수 있는 환곡을 모두 돈으로 바꾸어 정부예산으로 사용하고자 한 것이었다. 이처럼 민생구휼책인 환곡을 가능한 한 환전해 국고로 회수하려 한 고종의 태도는 당시 재정난의 심각성과 환곡이 민생구제책보다는 나라재정원으로 이용되게 되었음을 보여준다. 또한 고종이 국가재정 확보를 위해 민폐제거라는 명분을 최대한 이용하고 있었음을 드러냈다. 고종의 재정보충안에 따라 동월 20일, 이유원은 함경도로부터의 11만 냥과 관서·영남의 환전을 합쳐 약 130만 냥의 돈을 상납할 수 있다고 보고했다.[178] 그러자 고종은 환곡을 신속하게 돈으로 바꿔 재정에 보탤 것과 보유한 2백만 냥 이상의 청전활용방안도 연구하라고 지시했다.

이와 같은 상황에서 전국에 유통 중인 천만 냥과 정부에 비축된 2백만 냥의 청전처리가 본격적으로 논의되어[179] 1874년 1월 13일과 1월 20일의 회의에서 이유원과 박규수는 청전의 사용방법을 구체적으로 제시했다. 1월 13일, 박규수는 사행단에게 주어 사용하게 할 것과 전부 녹여 후일에 대비하는 방안을 상주했다. 이에 대해 이유원은 또다시 잠상을 활발하게 만들 가능성이 있다며 반대했고, 고종은 그런 방법으로 언제 청전을 모두 사용할 수 있겠느냐며 의문을 제기했다. 1월 20일, 이유원이 지난 번 박규수의 의견이 시험해 볼 가치가 있다며 사신경비로의 지급을 권했는데도 고종은 왕명에 불신이 생길 수 있다며 주저하는 모습을 보였다.[180] 그는 사행 때마다 청전을 사용하면 서로(西路, 평안도·황해도) 백성들이 청전폐지 명령을 믿지 않을 가능성이 있기 때문에 반복해서 시도할 것이 아니라며, 군주 명령에 대한 신용 상실을 염려하는 속내를 드러낸 것이었다.

1월 17일, 고종은 각 영·각사에 있는 청전을 해당 부서가 의정부와 상담해 신속하게 처리하도록 요구했다.[181] 이에 대해 이유원은 2월 5일, 청전이 무용지물이 되었다고 해도 공화(公貨)인데 (각 부에서 멋대로)소비해서는 안 된다며 당백전을 혁파한 예에 따라 한 곳에 모아 금속용 원료로 하자고 건의했다.[182] 그리고 5영문·호위청·무고(武庫)·수부(水部)·사복시(司僕寺)

---

[178] 『승정원일기』 1874(고종11)년 1월 20일, 약방입진.
[179] 『승정원일기』 1874(고종11)년 1월 13일(차대)·1월 20일(약방입진)·1월 25일(약방입진)·2월 5일(약방입진).
[180] 『승정원일기』 1874(고종11)년 1월 20일, 약방입진.
[181] 『승정원일기』 1874(고종11)년 1월 17일, 春塘台人日製.
[182] 『승정원일기』 1874(고종11)년 2월 5일, 약방입진.

를 제외한 중앙의 청전은 모두 호조로 보내고, 외도(外道)의 경우에는 해당 영에서 적절히 처리하게 할 것을 개진했다.

이처럼 폐지된 청전의 처리방안이 확정되지 않자, 청전문제는 각사 간의 갈등을 불러일으키게 되었다. 1874년 2월 28일, 이유원은 사역원이 납부한 청전에 대해 호조가 접수를 거부했다고 보고했고,[183] 4월 28일에는 선혜청 제조 이승보가 전정변통(청전유통 금지) 후 경기감영이 청전을 선혜청으로 보내려 했는데, 선혜청이 무용지물이 된 청전접수를 거부해 양측의 의견이 대립되고 있다고 상주했다.[184] 이러한 관료들의 보고는 당시 정부 각 부서에서 청전처리를 서로 미루며 고심하고 있었음을 보여준다.

무용지물이 된 청전처리를 둘러싸고 의견이 분분한 가운데, 1874년 1월 19일, 광주유수 이우가 어떻게든 조치해 경비부족에 쓰겠다며 청전 8만 냥의 지급을 요구했다.[185] 1월 24일에는 경기감사 김재현이 동철(銅鐵)의 시가(時價)에 따라 매매하겠다며 10만 냥의 청전지급을 요청했다.[186] 이에 대해 고종은 어떻게 사용하려 하는지 모르지만 이렇게 청해서 갖고 가면 청전처리가 쉽고 쌓아두는 것보다는 낫다고 말했고, 이유원은 청전이 전부 버릴 것이 아니기 때문에 각사에서 처리해야 한다고 언급했다.[187] 5월 7일에는 평안감사 신응조가 40만 냥의 상납 운송비용에 충당한다면서 청전 20만 냥을 청했다.[188] 또한 1875년 7월 29일, 수원유수 송근수가 화성행궁 수리를 위해 요구한 예산에 대해 영의정 이최응은 정부에서 지급할 예산이 없다면서 수원감영에 있는 청전 2만 냥을 융통해 사용토록 할 것을 제안했다.[189]

---

183) 『승정원일기』 1874(고종11)년 2월 28일, 약방입진.
184) 『승정원일기』 1874(고종11)년 4월 28일, 일강.
185) 『승정원일기』 1874(고종11)년 1월 20일, 의정부계.
186) 『승정원일기』 1874(고종11)년 1월 24일, 의정부계.
187) 『승정원일기』 1874(고종11)년 1월 25일, 약방입진.
188) 『승정원일기』 1874(고종11)년 5월 7일, 평안감사 신응조의 상소.
189) 『승정원일기』 1875(고종12)년 7월 29일, 차대.

9월 18일에도 같은 목적으로 수원감영의 청전 3만 냥이 추가 지급되었다.190)

이렇게 청전은 지방감영의 부족한 경비보충으로 이용되었는데, 무엇보다도 고종이 요구한 궁전수비군 설치와 군수 비용에 많이 사용되었다. 5월 19일, 이유원은 호조의 예산부족을 이유로 우선 선혜청으로부터 청전 5만 냥을 훈련도감으로 이송해 적절히 조치하도록 하자고 건의했다.191) 5월 25일에는 선혜청 청전 5만 냥의 추가 지급과192) 6월 13일에는 도 수비군 복색을 위한 청전 10만 냥 지급을 요청했다.193) 6월 25일에는 금위영과 무위소의 무기 수리·준비를 위해 청전 10만 냥을,194) 7월 30일에는 경기 양주의 포수설치를 위해 선혜청으로부터 청전 20만 냥을 지급하도록 하는 방안이 거론되었다.195)

이와 같은 사실에서 알 수 있듯이 청전은 사행단으로의 지급과 녹여서 후일을 대비하는 대안보다 각사에 지급해 적절히 융통시키는 방법이 더 많이 이용되었다. 그리고 정부의 청전비축은 서서히 줄어 1876년 7월 이후 재고는 644냥 미만을 유지하게 되었다.196) 호조 예산의 약 4년분에 해당하

---

190) 『승정원일기』 1875(고종12)년 9월 18일, 의정부계.
191) 『승정원일기』 1874(고종11)년 5월 19일, 春塘台應製.
192) 『승정원일기』 1874(고종11)년 5월 25일, 차대.
193) 『승정원일기』 1874(고종11)년 6월 13일, 약방입진, 안태사소견.
194) 『승정원일기』 1874(고종11)년 6월 25일, 차대.
195) 『승정원일기』 1874(고종11)년 7월 30일, 차대.
196) 당시 정부에 비축된 청전 실태를 보면, 1874년 1월 13일자 김세균 발언과 1월 20일에 이유원이 별단에 있는 청전 200만 냥을 처리할 방법이 없다고 말한 점에서 1월의 청전양은 약 200만 냥 정도였다고 판단된다. 또한 1874년 1월 15일에 제출된 「京各司各營進癸酉冬三朔會計簿」에 의하면 錢은 163만 5,498 냥이고, 같은 해 4월 15일자에는 상평전이 26만 3,307냥, 청전이 206만 4,912 냥이다. 그 사이 광주유수 이우가 요구한 8만 냥(1874년 1월 19일), 경기감사 김재현이 요구한 10만 냥(1874년 1월 24일)의 청전이 지급되었고, 2월 10일 고종이 청전 납세분을 되돌려 보낸 것을 그대로 청전으로 거두어 납입하도록

던 청전이 폐지로부터 2년 반 사이에 거의 없어진 것이었다.

 그렇다면 각사에서는 청전을 어떻게 사용한 것이었을까. 청전통용이 금지된 상황에서 무위소 설립과 지방감영에 10만 냥 이상의 청전이 지급되었는데, 이러한 큰 돈이 동철의 시가대로 팔려 사용되었다고는 생각하기 어렵다.197) 왜냐하면 처음 광주유수 이우가 청전을 요구했을 때, 고종과 이유원은 그것을 어떻게 사용하려 하는지 전혀 모르고 있었을 뿐만 아니라, 무위소 설립에 드는 경비와 각사의 실질적인 재정부족분을 감안하면 지급된 청전과 거의 같은 금액이 필요했을 것이기 때문이다.198) 따라서 청전은 그 폐지 이후에도 여전히 화폐로 유통되었을 것이라 판단된다.199) 이처럼 정부가 청전통용을 완전히 금지하는 일보다는 정부에 비축된 청전을 상평전으로 바꾸어 무용지물이 된 청전을 정부비축으로부터 제거하는 일에 주력하는 상황에서 그 피해는 백성들에게 돌아갈 수밖에 없었을 것이라 판단된다.

 1874년 전반 고종과 정부관료와의 회합에서는 청전폐지로 인해 야기된 심각한 정부재정 관련문제가 주요한 테마로 등장했다. 따라서 나라가 보유

  지시함에 따라, 정부의 청전비축량에 변화가 생겼다. 그 후, 「京各司各營進癸酉冬三朔會計簿」에 기록된 청전량을 보면, 1875년 7월 15일까지 청전에 대한 기록은 없고, 1875년 10월 15일자에 또다시 나타나, 1만 3,927냥으로 되어 있다. 이 숫자는 1876년 1월 15일자와 4월 15일자가 같고, 1876년 7월 15일자 기록에서 644냥으로 줄어 1881년 1월 15일자까지 거의 644냥의 상태가 유지되었다. 1881년 4월 15일자에서 또다시 44냥으로 감소해 같은 해 10월 15일 44냥을 마지막으로 청전에 대한 기록은 사라졌다(『일성록』, 「京各司各營進癸酉冬三朔會計簿」 참조).

197) 또한 1874년 1월 20일, 이유원의 제안처럼 그릇을 만드는 원료로 사용하거나 녹여서 양을 재서 군수에 사용했다고도 생각하기 어렵다.

198) 팔레에 의하면 청전의 금속가치는 (청전)액면가의 9분의 1이었다고 한다 (James Palais B, *Political Leadership in the Yi Dynasty*, p.366).

199) '淸錢廢止 在甲戌正月 是時京鄕交易 惟淸錢而已. 一朝令下 擧國錢荒 商貨不行. 失業者衆 蓄常平錢者 坐籠數倍之利. 至數月後 稍稍流通'(황현, 『매천야록』, 18~19쪽).

한 청전의 활용문제와 환곡의 신속한 환전·상납 등이 반복적으로 제기되었다.200) 청전을 금지할 당시, 고종은 그것이 미칠 파문을 정확히 판단하지 못했고 대책도 준비하지 않은 상태였다. 그러나 대책 검토를 명한 후에는 여러 곳에서 정보를 수집해 재정난을 타개하기 위해 노력했고, 1월 25일의 청전에 대한 별단 제출에 의해 보다 명확하게 정부재정 상태를 파악할 수 있게 되었다.

이유원이 '이번 일(청전유통 금지) 후에 경비 곤궁과 민정의 편부에 대해 전하께서 분명하게 알게 되었다'며, 청전금지가 고종의 재정과 민정 파악에 도움이 되었음을 강조한 일이나, 고종이 '그렇지 않았다면 (재정과 민정을) 상세히 알 수 없었을 것'이라며 이유원의 말에 동의한 사실은 대원군정권기 제왕교육에 치중하며 전통적인 군주상을 익혀온 고종이 친정 직후 청전금지 시행을 통해 실질적인 정책추진의 어려움을 파악해 가고 있었음을 보여준다.201) 이렇듯 고종은 아직 국정운영에 대한 경험이 부족한 상태에서 급격하게 청전폐지를 단행해 벌어진 정치현실 속에서 각종 시행착오를 거치면서 현실적인 통치감각을 키워가게 되었다.

② 청전조치가 재정에 미친 영향

청전폐지가 고종에게 재정경제에 대한 감각과 정책시행의 신중, 그리고

---

200) 『승정원일기』 1874(고종11)년 1월 20일(약방입진)·1월 25일(약방입진)·1월 29일(약방입진)·2월 5일(약방입진)·2월 10일(차대)·2월 28일(약방입진)·3월 5일(차대)·3월 7일(永禧殿行酌獻禮)·3월 20일(차대)·4월 5일(차대)·4월 25일(일강)·4월 28일(일강)·5월 5일(일강)·5월 12일(일강)·5월 25일(차대)·6월 13일(약방입진)·7월 15일(차대)·7월 30일(차대)·9월 20일(차대)·10월 8일(차대)·11월 1일(일강), 1875(고종12)년 3월 2일(차대)·3월 25일(약방입진)·3월 29일(毓祥宮延祐宮宣禧宮展拜)·5월 10일(차대)·5월 29일(차대)·6월 10일(차대)·7월 29일(차대)·8월 29일(차대)·9월 23일(차대)·10월 25일(차대) 등.
201) 『승정원일기』 1874(고종11)년 1월 25일, 약방입진.

민생의 중요성을 일깨우고 있었다는 문제와는 별도로 그것은 당시 국정에 심각한 파장을 야기했다. 당시 고종과 정부관료들은 청전폐지로 인한 부작용을 해결하기 위해 총력을 기울였으나 계속해서 재정난에 시달리게 되었다.

고종의 청전통용 금지가 초래한 가장 큰 문제는 이것이 정부에 비축된 청전을 무용지물로 만들어 심각한 재정난을 불러일으켰다는 점이었다. 앞서 말한 대로 1874년 호조 예산이 5, 60만 냥이었던 것과 비교해 청전비축량은 2백만 냥을 웃돌고 있었고, 이를 사용하지 못하게 되면서 정부재정은 위기에 빠질 수밖에 없었다.

당시 재정난이 얼마나 심각했는지는 정부관료들의 발언에서 잘 엿볼 수 있다. 영의정 이유원은 호조의 일용잡화조차도 마련할 방법이 없을 정도고,[202] 국가에 3년의 비축이 있어도 방책이 없는데 눈앞의 소용도 꾀할 수 없다고 개탄했다.[203] 호조판서 김세균은 올해 1년 수입이 50만 냥에 불과하나 이미 정해진 지출이 40만 냥이며, 여기에 정해지지 않은 지출을 생각하면 1년 지출비용을 예측할 수 없어 심히 걱정이라고 토로했다.[204] 3월 20일에도 그는 호조의 저축과 정부가 별도로 비축한 돈이 6천여 냥인데, 모두 청전이기 때문에 쓸모가 없다고, 이유원은 전곡아문에 모두 별도의 비축이 있는데, 청전폐지 이후에 무용지물이 되어 빈 장부뿐이라고, 병조판서 서상정은 매년 말에 각 10동의 포목과 5천 냥의 돈을 별도로 비축하는데, 현재는 목이 70동, 포가 82동, 돈은 청전폐지 후 아직 비축된 것이 없다고 보고했다.[205] 4월 28일, 선혜청제조 이승보는 전정변경(청전금지)으로 호남이 제반 세곡을 기한 내에 납입할 수 없어 대동미 납세를 가을로 연기해 주었다고 상주했다.[206] 김세균은 5월 12일에 영남·관서·관북에서 납입된 환작전

---

[202] 『승정원일기』 1874(고종11)년 1월 13일, 차대.
[203] 『승정원일기』 1874(고종11)년 1월 20일, 약방입진.
[204] 『승정원일기』 1874(고종11)년 3월 5일, 차대.
[205] 『승정원일기』 1874(고종11)년 3월 20일, 차대.

112만 냥 중에서 98만 5천 냥을 각사에, 3만 냥을 평안도에 지급해야 하기 때문에 나머지 10만 냥으로 호조를 운영할 수밖에 없는 곤란한 상황에 처해 있음을 보고했다.207) 5월 25일에는 수비군 설립 자금조달에 대해 호조의 매년 수입이 53만 냥이고 정해진 지출이 45만 냥이므로 나머지가 7, 8만 냥뿐인데, 어떻게 수시로 지급해야 할 돈을 보충하면 좋을지 모르겠다고 토로했다.208) 10월 8일, 이유원은 선혜청이 보유한 돈이 3만 냥이고, 호조에 겨우 8백 냥뿐이라며 재정부족을 지적한 후, 상납기간의 엄중 준수를 호소했다.209) 이러한 사실에서 드러나듯이 청전을 폐지할 당시 정부 각 청사의 비축은 거의 청전이었고, 별다른 대책 없이 청전통용을 금지함에 따라 정부 재정 운영은 심각한 곤란에 빠져 있었다.

---

206) 『승정원일기』 1874(고종11)년 4월 28일, 일강. 이 밖에도 1874년 3월 5일, 경기감사 김재현은 청전폐지 이후에 경비가 곤궁하지 않은 곳이 없음을(『승정원일기』 1874(고종11)년 3월 5일, 차대), 4월 5일에 박규수는 청전조치에 따른 평안도 재정부족을 지적했다(『승정원일기』 1874(고종11)년 4월 5일, 차대). 5월 1일에는 수원유수 민치상이 각종 수리와 행행용으로 비축해 둔 것과 군향 전미분조 등을 합해 청전 5만 4천여 냥이 무용지물이 됐다고 말한 후, 영문비용은 올해 수입의 미납분으로 보충하겠지만 健陵齋室의 재건비용 조달은 곤란하다고 보고했다(『승정원일기』 1874(고종11)년 5월 1일, 일강). 5월 5일에는 충청감사 성이호가 청전폐지 이후 충청도 상납분과 각종 경비조달이 곤궁하다며 사환곡 5천 석의 분배를 요구했고, 이유원은 호조 예산이 100만 냥 있어도 분배해 사용하는 것이 쉽지 않음을 호소했다(『승정원일기』 1874(고종11)년 5월 5일, 일강). 6월 13일에는 전라감사 조성교가 청전조치 이후 본영의 시세가 날로 곤란해지고 있다며 전라도 결전 중 3만 냥을 빌려달라고 요청했다(『승정원일기』 1874(고종11)년 6월 13일, 약방입진 안태사소견).

207) 『승정원일기』 1874(고종11)년 5월 12일, 일강.

208) 『승정원일기』 1874(고종11)년 5월 25일, 차대. 9월 20일 김세균은 올해 경상비용 조달이 곤란하기 때문에 황해도 장산 이북 11곳의 읍에서 돈을 거두어 콩을 사는 데 충당하던 비용을 그대로 돈으로 납입하도록 할 것을 요구하고, 현재 호조에 있는 돈이 1만 6천 냥에 지나지 않는다고 보고했다. 이유원은 경복궁 수리에 백만 냥이 필요한 데 현재 백만 냥은커녕 50만 냥을 조달하기도 무리라고 말했다(『승정원일기』 1874(고종11)년 9월 20일, 차대).

209) 『승정원일기』 1874(고종11)년 10월 8일, 차대.

그렇다면 고종과 정부관료들이 부족한 재정을 보충하기 위해 취한 방법은 무엇이었을까? 우선 절약과 검소가 가장 중시되었다. 그들은 사치 방지와 토산품 사용을 반복해 강조하며,210) 급하지 않은 공사를 중지하고 경복궁공사에서 완급을 조절하며 정식 이외의 것을 행하지 말라고 제언했다.211)

이에 따라 경복궁지붕 기와를 덮는 일이 중지되었고,212) 개성 성곽공사에서는 2월 28일에 긴급하지 않은 것이,213) 4월 5일에는 성을 쌓는 공사 자체가 중단되었다.214) 여기에 6월 25일에는 이유원의 건의로 시어소 수리도 중지되었다.215) 당시 이유원은 광동직조물 수입을 허용해 관세청 수입에 충당하고,216) 광동목과 청화(중국에서 나는 푸른 물감의 한 가지)로부터의 세금을 경상비용으로 돌리며,217) 탐장죄를 범한 관리로부터 징수한 장물을 군수비용으로 조달하자고 건의하는 등,218) 다양한 방안을 제시하며 재정 확보를 위해 노력했다. 그러나 고종은—이유원 등이 민생구휼 비용·대책 부족을 염려해 반대했음에도 불구하고— 각 도에서 이용 가능한 환곡을 돈으로 바꾸어 정부에 납부하는 조치를 취해 갔다.219)

---

210) 『승정원일기』 1874(고종11)년 1월 13일(차대)·3월 4일(약방입진).
211) 『승정원일기』 1874(고종11)년 5월 12일, 일강.
212) 『승정원일기』 1874(고종11)년 1월 13일, 차대.
213) 『승정원일기』 1874(고종11)년 2월 28일, 약방입진.
214) 『승정원일기』 1874(고종11)년 4월 20일, 차대.
215) 『승정원일기』 1874(고종11)년 6월 25일, 차대.
216) 『승정원일기』 1874(고종11)년 5월 5일, 일강, 고종의 발언.
217) 『승정원일기』 1874(고종11)년 6월 13일, 약방입진 안태사소견, 이유원의 발언.
218) 『승정원일기』 1874(고종11)년 7월 15일, 차대, 이유원의 발언.
219) 고종은 삼도 환작전의 준비진행상황과 납부상황, 언제 전부 납입할 수 있는지를 빈번하게 질문하고, 비용을 절약하면 수입을 계산해 지출을 행할 수 있다고 강조했다(『승정원일기』 1874(고종11)년 3월 5일, 차대).

또한 정부가 재정난 타개를 위해 이용한 방법은 예산 용도를 변경하거나 각사로부터 돈을 빌리는 일이었다. 이유원은 부족한 호조 재정을 위해 의정부 세청전 중에서 유지의(군인들의 동복)용으로 할당된 것을 호조로 옮기고,[220] 금위영 군기제조에 필요한 경비를 영남 결두전 중에서 지급할 것을 제안했다.[221] 고종은 관세청 수입 중에서 진무영에 할당된 분을 호조로 이전하자고 했다.[222] 수비군 설립에서는 처음에 호조가 재정조달을 담당했지만, 호조의 예산부족으로 인해 점차 선혜청의 청전과 진무영의 포량미, 주교사 잡복미, 진무영 목면·쌀·삼세 등이 사용되게 되었다. 여기에 김세균이 호조의 공가 지불문제를 건의하는 가운데, 호조로부터 무위소에 5만 천 냥, 훈련도감에 3만 5천 냥, 금위영에 5천 냥을 빌려주었고, 연일에서의 상납분 7,400냥이 무위소로 지급되었다고 보고한 사실에서는 호조 예산이 각 군영으로 차용되고 있던 실상이 잘 드러난다.[223]

이처럼 재정 용도를 변경·융통했음에도 불구하고 정부재정 부족이 1875년에도 이어지면서 절약을 바탕으로 한 긴축재정이 계속해서 강조되었다. 그러나 고종은 더 이상 연기할 수 없다는 이유로 경복궁수리 재개를 촉구했다. 이 때 그는 경복궁의 건물배치 변경과 확장까지 구상했는데, 그 경비조달에 대해서는 여전히 어떤 방책도 제시하지 않았다. 다음의 고종과 이유원의 대화에서는 1875년 초의 정부재정 실태와 재정운용, 그리고 비축된 재원감소에 대한 고종의 무책임한 태도를 엿볼 수 있다.

고종 "경복궁 세 전각을 수리하는 일을 그대로 내버려둘 수 없기에 날을 택하여 역사를 시작하게 했다."

---

[220] 『승정원일기』 1874(고종11)년 3월 5일, 차대.
[221] 『승정원일기』 1874(고종11)년 4월 29일, 차대.
[222] 이는 이유원이 거부해 무산되었다(『승정원일기』 1874(고종11)년 5월 5일, 일강).
[223] 『승정원일기』 1874(고종11)년 11월 1일, 일강.

이유원 "이는 실로 그만둘 수 없는 일입니다. 그러나 현재 재정 상태가 매우 궁핍하므로 어떻게 경비를 마련해야 할지 모르겠습니다."
고종 "묘당에서 조처하지 않는다면 어떻게 일을 해 나가겠는가?"
이유원 "묘당인들 어찌 장구한 계책이 있겠습니까? 선혜청이 비록 텅 비었다고는 하지만 어떻게든 마련할 도리가 있을 것입니다. 재물이 모이는 곳은 원망이 일어나는 곳이니, 상께서는 절대로 재물을 만들어낼 생각을 하지 마소서. 설사 어쩔 수 없는 경비로 인해서 원망을 사면서까지 재물을 마련해야 할 일이 있더라도, 신하가 한다면 모르겠지만 지존의 지위에서는 절대로 하면 안 됩니다. 이것은 신이 죽음을 무릅쓰고 우러러 아뢰는 말씀입니다."
고종 "실로 경의 말과 같다. 근년에 궁궐의 역사로 인해서 재물을 마련하기 위해 원망을 산 적이 많았다."
이유원 "뜻밖의 경비가 어찌 이렇지 않을 수 있겠습니까? 지금 호조에 남아 있는 돈이 몇 만 냥도 되지 않는다고 하니, 실로 이웃 나라가 알게 해서는 안 될 일입니다."
고종 "호조는 본래 재정을 담당하는 곳인데 어찌하여 이렇게까지 텅 비게 되었단 말인가?"
이유원 "그렇게 많이 낭비한 곳이 없는데도 저절로 이렇게 되고 말았으니, 이것이 신이 우려하고 탄식하는 바입니다."
고종 "일찍이 들은 바에 의하면, 뜻밖으로 쓸 일이 생길 경우 비록 10만에 달하는 재물이라도 호조와 선혜청이 어렵지 않게 마련했다고 한다. 그런데 근래에는 어찌하여 지난날과 같지 않은 것인가?"
이유원 "지난날에는 곡식 장부가 넉넉했기 때문에 마련하는 데 여유가 있었지만 지금은 그렇지 않습니다."
고종 "환자곡을 탕감한 이후로 국가의 재정이 이렇게 곤란해지기는 했지만 백성들에게는 이로움이 있는가?"
이유원 "그 당시에는 백성들에게 조금 보탬이 되었지만 국가의 재정은 고갈되고 말았습니다. 대개 탕감하는 정사는 자주 시행하면 안 됩니다. 그러므로 주자가 말하기를, '탕감의 혜택은 아래로 돌아가지 않는다.' 했으니, 이는 실로 격언입니다. 신은 일찍이 탕감이라는 두 글자를 우러러 성상의 앞에서 진달드린 적이 없습니다. 전하께서 신이 아뢴 것을 염두에 두시어 탕감하는 정사를 좋아하지 않으신다면 매우 좋겠습니다."[224]

이 대화에서 드러나듯이, 고종은 경복궁수리를 지시하면서도 경비조달 문제를 의정부에 전가시키고 있었다. 또한 호조와 선혜청의 재정곤궁을 개탄하며 옛날에는 풍족했는데 지금은 왜 이렇게 부족하냐고 질문해 마치 자신이 실시한 조세감면과 청전폐지가 재정에 어떤 영향을 미쳤는지 모르는 듯한 태도를 취하고 있었다. 특히 당시 심각한 재정난 속에서도 고종이 막대한 비용이 드는 경복궁수리를 요구하면서 어떤 재원의 조달방법도 제시하지 않은 점, 이유원이 군주가 재원 발굴을 강구해서는 안 된다고 거론한 점은 주목해야 할 대목이다. 이러한 두 사람의 태도가 국정을 총괄해야 할 군주에게 중요한 경제적 감각과 지식의 습득·발휘에 장해가 되었음은 말할 필요도 없을 것이다. 또한 고종이 '근년에 재물을 마련하기 위해 원망을 산 적이 많았다'고 말한 것은 대원군정권기 재정확충정책이 지나쳐 불만을 초래했음을 빗댄 것으로 대원군정책의 문제점을 강조한 것이었다. 반면, 대원군정권기에는 재정이 풍족했다, 환곡폐지 이후에 재정이 더욱 곤란해졌다는 언급은 고종의 대원군정책에 대한 수정·폐지가 재정난의 주요 원인이 되었음을 드러낸다. 여기에 이유원의 발언으로부터는 민생안정이 우선임을 내세운 고종의 탕감정책이 재정부족을 한층 더 심화시켰음을 엿볼 수 있다.

 이처럼 국가재정에 관한 고종과 이유원의 대화로부터는―청전조치로 인해 재정운영에 대한 지식이 증가한 듯이 보였던― 고종의 재정현황 파악과 재원의 조달과정이나 실태 관련 이해 부족, 고종이 민생을 위해 빈번히 실시했던 조세감면의 문제점, 대원군정권기 정부재정의 여유, 그리고 당시 심각한 재정상태를 알 수 있다. 무엇보다도 정부재정을 위기로 몰아넣은 장본인인 고종이 그 원인을 정확하게 파악하지 못했을 뿐만 아니라, 왕실의 위엄을 높이기 위해 아무런 대책도 없이 대대적인 경복궁 보수·증축공사를 계획하고 있었다는 사실은 통치권자로서 국정운영을 총괄해야 할 고종의 무책

---

224)『승정원일기』1875(고종12)년 3월 25일, 약방입진.

임한 자세와 그가 정치활동과 정책수립에서 무엇을 최우선시하고 있었는지 분명하게 보여준다.225)

이런 상황에서 국가재정은 궁핍한 상태가 지속되었다. 1875년 3월 2일, 이유원은 재정부족을 이유로 (왕비 출산이 다가오는 것을 축하하기 위한)특별면세정책 실시에서 경신년의 10분의 1이 아니라 30분의 1을 실시할 수밖에 없으며, 그 이상을 행하면 각사와 각 영으로 돈을 지급할 방법이 없다고 상주했다.226) 3월 25일, 경복궁수리문제를 논의할 때는 이유원이 경비조달 방법이 없음을, 호조판서 민치상이 현재 지불하지 못한 공가가 15만 냥이나 되며, 모든 면에서 이렇게 곤궁하고 곤란한 때가 없었음을 토로했다.227) 9월 23일에는 좌의정 이최응이 경사(京司)의 재정이 고갈되어 급료조차 조달할 방법이 없다고 개탄했고,228) 10월 25일, 호조판서 민치상은 호조 1년 수입이 52만 냥인데, 이미 정월부터 지급한 돈이 80여만 냥이며 지불하지 않은 공가가 50만 냥이라고 언급한 후, 1년에 3년치 수입을 사용했다며 절약을 강조했다.229) 그 결과 경복궁 삼전각 수리를 제외한 각사의 공사 중지와230) 공복 이외의 사치에 관한 모든 것들의 금지가 명해지게 되었다.231) 또한 고종이 이전부터 주장했던 양조금지가232) 한재를 이유로 1876년 6월 11일 공식적으로 실시되었다.233)

---

225) 『승정원일기』 1875(고종12)년 3월 29일, 毓祥宮延祐宮宣禧宮展拜時 시원임의 정들과의 대화 내용 참조.
226) 『승정원일기』 1875(고종12)년 3월 2일, 차대.
227) 『승정원일기』 1875(고종12)년 3월 29일, 육상궁연우궁선희궁전배.
228) 『승정원일기』 1875(고종12)년 9월 23일, 차대.
229) 『승정원일기』 1875(고종12)년 10월 25일, 차대.
230) 『승정원일기』 1875(고종12)년 5월 29일, 소견시원임대신각신종정경우만경전.
231) 『승정원일기』 1875(고종12)년 6월 10일, 차대.
232) 고종의 음주 폐해에 대한 우려와 양조 금지에 대한 의사는 이미 즉위 초인 1864년부터 드러나고 있었다(『승정원일기』 1864(고종1)년 3월 30일, 권강).
233) 『승정원일기』 1876(고종13)년 6월 10일, 의정부계.

고종이 친정을 선포한 직후에 단행한 청전통용 금지는 중앙정부뿐만 아니라, 지방감영과 각 군영에 심각한 재정부족을 초래했고, 그 여파는 1876년에도 지속되었다. 1876년 7월 15일 이후부터 정부의 회계장부 속 청전은 644냥에 지나지 않았지만 청전이 국가재정에 미친 영향은 엄청난 것이었다. 여기에 고종은 재정난을 겪으면서도 경복궁수리에 막대한 예산을 사용함으로써 재정부담을 가중시키고 있었다고 하겠다.[234]

③ 청전조치가 민생에 미친 영향

고종이 청전통용을 금지시키며 내세웠던 이유는 청전이 민생안정을 저해하고 물가상승을 부추긴다는 것이었다. 따라서 고종은 청전을 폐지해 위에서 손해가 난다고 해도 아래에 이익이 된다면 족하다며 그것이 민생을 안정시키는 데 기여할 것이라 언급했다. 그러나 실제로 청전폐지는 수세과정에서의 부정으로 인해 민생의 부담 증가와 새로운 명목의 납세 강요라는 문제를 야기하고 있었다.

고종이 청전을 폐지한 이유는 불쌍한 백성 구제에 있었고, 실제로 그는 정책결정과정에서 민본을 빈번하게 역설했다. 1874년 1월 17일, 고종은 백성에게 이익이 된다면 나라에 손해가 있어도 좋다며 서류상의 공문에 지나지 않는 환곡을 돈으로 바꾸라고 명했다.[235] 1월 29일에는 결렴이 백성에게 폐해가 되므로 특별히 청전으로 징수할 것을 지시하면서 백성에게 폐해가 된다는 것을 안 이상 면제하지 않을 수 없고, 백성에게 편리하다면 국가재정에 손실이 있어도 상관없음을 재차 강조했다.[236] 또한 전라도와 충청

---

[234] 호조판서 김세균은 경복궁수리에 들어간 돈이 이미 30만 냥과 수만 냥이라고 보고했고(『승정원일기』 1874(고종11)년 11월 1일, 일강), 1875년 4월, 고종은 경복궁수리를 위해 호조로부터 20만 냥, 선혜청으로부터 10만 냥을 지급하라고 지시했다(『승정원일기』 1875(고종12)년 4월 5일, 약방입진).

[235] 『승정원일기』 1874(고종11)년 1월 17일, 어춘당대설인일.

[236] 『승정원일기』 1874(고종11)년 1월 29일, 약방입진.

도 산군(山郡)의 전세에 대해서는 작년 가을 청전으로 거둔 것을 상평전으로 또다시 납부하지 않으면 안 되는데, 가난한 백성이 대응할 방법이 없고 반드시 관으로부터 독촉이 일어난다며 민력 사용을 늦추던가, 아니면 추대동으로 연기해 납부하도록 할 것을 요구했다. 여기에 행행 때에 연로 백성이 가난하게 보여 공세를 납부할 수 없을 것 같았고, 근기가 이러한데 외읍 상황은 보다 심각할 것이라며 세금 면제와 연기를 주장했다.

2월 28일에도 고종은 증렬미(물에 잠겨서 젖은 적이 있는 질이 나쁜 쌀)에 이어 미증미(물에 잠긴 쌀)도 면제하도록 명한 후, 아래에 이익이 된다면 손실이 있어도 어려울 일이 없다고 언급했다.[237] 3월 5일, 이유원이 각 아문과 각 영문의 상납에서 돈·목·포를 불문하고 인정미(서리에게 수수료 명목으로 지불하는 돈) 지불이 오랜 동안 계속되었는데, 대변통(청전폐지)을 맞이해 구습을 고쳐야 한다고 건의하자, 외읍에서 백성으로부터 매 결당 1석을 거두어 이서에게 지급하는 것은 전례가 없고 백성에게 폐해가 되므로 특별히 단속하도록 지시했다.[238] 1874년 12월 13일에도 도결과 환곡의 폐를 없애기

---

[237] 『승정원일기』 1874(고종11)년 2월 28일, 약방입진.

[238] 『승정원일기』 1874(고종11)년 3월 5일, 차대. 이 밖에 4월 5일에 이유원이 재정부족으로 평안감사가 요구한 돈을 지급할 수 없다고 하자, 4, 5만이 아니라면 1, 2만 냥이라도 제공할 것을 요구했고(『승정원일기』 1874(고종11)년 4월 5일, 차대), 5월 12일에는 농민이 1년 내내 일해도 세금을 지불하면 자신들은 기근과 추위에서 벗어날 수 없어 불쌍하다고 말한 후, 백성은 착실하게 납세하고 있는데, 이서들에 의해 상납이 연기되는 것이라 개탄했다(『승정원일기』 1874(고종11)년 5월 12일, 일강). 6월 9일에는 사채에 公錢을 넣어 징수하는 폐해를 철저히 단속할 것을(『승정원일기』 1874(고종11)년 6월 9일, 차대), 7월 15일에는 구제를 위한 내탕금 지급이 실효를 거두기 위해 재해지와 상황을 철저히 파악해 보고하도록 요구했다(『승정원일기』 1874(고종11)년 7월 15일, 차대). 7월 30일, 이유원이 논에 부과하는 결가에 각종 명목을 붙여 징수해 백성들의 수확 모두를 관이 갖고 간다고 보고하자, 정말로 민생폐해라며 엄히 단속할 것을 지시했고, 이유원이 과천 등의 세금을 10년간 정지하자고 한 제안에 대해서는 효과가 있는지를 물은 후에 시행하도록 명했다(『승정원일기』 1874(고종11)년 7월 30일, 차대).

위해 도결의 철저한 단속과 환곡면제를 명했으며,239) 1875년 3월 2일에는 감면정책을 실시해 백성에게 이익이 있도록 하라고 촉구했다.240)

그런데 고종이 민생안정을 위해 청전유통 금지와 민생폐해 제거를 강조했음에도 불구하고 청전을 폐지한 조치는 수세상 두 가지 문제를 일으키고 있었다. 그 하나는 거두어들인 세금을 곧바로 정부에 납입하지 않는 관례에 따라 청전과 상평전의 이중징세가 발생했다는 것이었다. 1874년 1월 13일, 이유원은 '상납 규정에는 월당이 있고, 당초 아전이 백성에게서 대부분 상평전을 징수해 두고, 즉시 납입하지 않다가 청전으로 바꾸어 납입하려고 한다'며 상납과정에서 상평전을 청전으로 바꿔 납입하고 있는 실태를 보고 했다. 또한 아전이 경사로부터 거절당했다며 백성으로부터 또다시 징수할 가능성이 있어 백성의 소요와 아전의 부정이득의 원인이 된다며 청전이 통용되는 읍과 상평전이 사용되는 읍을 구별해 적절하게 조치해야 한다고 주장했다.241) 2월 5일에도 영남은 본래 청전이 통용되지 않았는데 경차인(京差人)이 청전으로 바꿔 납입하고 있다며, 거두어 둔 것을 상평전인 채로 해당 읍에 유치하도록 하는 편이 좋겠다고 건의했다.242) 이에 대해 고종은 이미 상평전을 거두어 두고 어째서 청전으로 납입하는가 의문을 제기하며 상평전과 청전 혼용으로 발생하던 부정의 실태를 제대로 파악하지 못하는 모습을 드러냈다.

청전폐지로 인한 이중과세 문제는 이뿐만이 아니었다. 2월 28일, 이유원은 사역원이 이미 호조에 납부했으나 영수증을 받지 않아 거부된 청전 3만 5천 냥에 대한 면제를 요구하며 지금 다시 징수하면 이중징수가 된다고 조언했다.243) 4월 5일에는 청전폐지에 따라 평안도 공납과 감영의 비용이 20

---

239) 『승정원일기』 1874(고종11)년 12월 13일, 소견 충청감사 심순택.
240) 『승정원일기』 1875(고종12)년 3월 2일, 차대.
241) 『승정원일기』 1874(고종11)년 1월 13일, 차대.
242) 『승정원일기』 1874(고종11)년 2월 5일, 약방입진.

만 냥이나 무용지물이 되었기 때문에 정부가 환곡용 20만 냥을 보조하지 않으면 또다시 백성으로부터 징수하지 않을 수 없음을 언급했다.244) 1874년 11월 충청우도암행어사 박용대는 남포현감 김양연이 쇄마전(刷馬錢, 지방관아에서 사용하는 교통비)과 청전을 이미 징수했는데 다시 거둔 것이 212냥이라고 상주했다.245) 1875년 1월에는 전라좌도암행어사 여규익이 전남원부사 윤횡선이 작년 10월에 독촉해 징수한 7만 냥과 공전 4만 냥을 즉시 납입하지 않고 관리에게 빌려주었다가 청전폐지 후 청전 100냥당 상평전 20냥으로 바꾸어 납입금을 채우려 해 백성으로부터 또 상평전이 징수되었다고 보고했다.246) 이러한 암행어사의 계로부터는 청전폐지 이후 관리들이 부정하게 유용한 상납분을 보충하고자 백성으로부터 또다시 상평전을 거두었음을 알 수 있다.

이미 고종은 1874년 1월 19일, '청전을 폐지한 이후에 결렴이 문제를 일으키고 있다. 납세기일을 연기한 것은 특별히 청전으로 징수하고, 도에서 이미 징수했지만 아직 납입하지 않은 것은 해당 고을에 유치하고, 아직 백성으로부터 거두지 않은 것은 일제히 면제하라'며 백성에게 이중징수의 폐해가 미치지 않도록 하라고 지시한 바 있었다.247) 또한 2월 10일에는 이미 납입된 청전을 되돌리도록 했던 조항을 뒤집어 그대로 청전으로 거둘 것을 명함과 동시에 한성부 구역 내 토지에 신설된 수세 결정을 철회하라고 명하는 등,248) 백성에 대한 세금부담 가중을 방지하려 했었다. 그러나 위의 보고에서 드러나듯 고종의 지시는 백성들의 납세 피해를 방지하

---

243) 『승정원일기』 1874(고종11)년 2월 28일, 약방입진.
244) 『승정원일기』 1874(고종11)년 4월 20일, 차대 박규수의 발언.
245) 『승정원일기』 1874(고종11)년 11월 6일, 이조계.
246) 『승정원일기』 1875(고종12)년 1월 4일, 이조계.
247) 『승정원일기』 1874(고종11)년 1월 29일, 교지.
248) 『승정원일기』 1874(고종11)년 2월 10일, 교지.

지 못하고 있었다.

청전폐지가 조세행정에 초래한 또 다른 문제는 재정난을 타개하기 위해 고종이 실시한 환곡의 작전과 면제가 정부의 중요한 조세원인 환곡미를 없애 더 큰 재정부족으로 이어지면서 다른 명목의 징세가 발생했다는 사실이다. 1874년 9월, 이유원은 환곡을 없앴기 때문에 이후 각 도의 경상비용이 부족하게 되었음을 지적하며 고종이 이 문제를 어찌 수습할지 걱정이라고 개탄했다.[249] 1875년 3월에는 고종이 '환곡을 면제한 후 나라재정은 곤란해졌지만 백성에게는 이익이 있는가'라고 질문하자, 당장 백성에게는 조금 이익이 있지만 재정이 고갈되었다면서 면제정책을 빈번히 시행하지 말도록 충고했다.[250]

이처럼 고종의 환곡에 대한 작전과 면제 조치는 중앙과 지방의 재정운영에 심각한 타격을 입히고 있었다. 그러자 각 지방에서는 행정·군정 운영을 위해 새로운 세원의 발굴, 즉 다양한 명목을 만들어 결에 붙여 징수하는 결렴을 강화해 갔다. 1874년 8월 2일, 부사과 오인태는 (지방감영이)1864년에 60만석의 환곡을 거의 면제하고 15년 후에 재개하겠다고 한 후, 토지면적과 호구에 따라 할당을 정해 매년 6만석을 민호로부터 징수했는데, 실제로는 그 규정을 지키지 않아 피폐한 백성만이 피해를 입는다며 환곡을 부활시켜야 한다고 주장했다.[251] 여기에서는 지방감영의 환곡폐지가 또 다른 세금의 분배·수세로 이어져 백성의 부담을 증가시킨 사실을 엿볼 수 있다.

이와 같은 결가 상승은 1874년 7월, 이유원의 '본래 전세가 10분의 1보다 가벼웠는데, 근래는 결가가 나날이 증가해 예전에는 밭에 7냥, 논에 8냥이었던 것이 현재는 5, 60에서 7, 80냥까지 올랐으며 다양한 명목을 첨부해 징수하고 있다. 두 번 다시 과중하게 걷지 않도록 지시해야 한다'[252]는 주장

---

249) 『승정원일기』 1874(고종11)년 9월 20일, 차대.
250) 『승정원일기』 1875(고종12)년 3월 25일, 약방입진.
251) 『승정원일기』 1874(고종11)년 8월 2일, 부사과 오인태의 상소.

에서도 잘 드러난다. 또한 1874년 11월, 평안남도암행어사 홍만식은 환곡면제 이후 간활한 자에 의한 각종 명목의 결렴이 증가해 피폐한 백성의 고통이 환곡면제 이전보다 줄지 않았다고 보고했다.253) 1875년 10월에는 좌의정 이최응이 외읍의 결가가 급증해 심각한 민폐가 되었음을 논하는 가운데, 의정부와 어사의 엄중한 명령에도 불구하고 수령들이 '공납이 부족하다, 고을의 경비를 조달하는 일이다, 폐해를 바로잡는다, 포흠을 없앤다'는 등의 다양한 구실로 결가를 줄이지 않았을 뿐만 아니라, 이서의 포흠조차 완전히 없애지 못한 채 민결에 부과해 징수하고 있다고 개탄했다.254) 1876년 8월, 전평안감사 조성하는 갑자(1864)년에 환곡을 면제하고 결전으로 바꿀 때 매 호마다 4두씩을 할당했다며 결렴이 환곡을 대신하고 있음을 분명히 했다.255)

1877년 2월 25일의 차대에서는 환곡면제 이후에 부족한 재정수입을 보충하려 결렴이 생긴 상황에 대한 논의가 이루어졌다. 고종은 정공(正供)이 백성에게서 나오기 때문에 징수하지 않을 수는 없지만, 가결(1결당 조세율을 올리는 일)이 옳지 않다고 강조하며 변통할 방법이 있으면 결에 붙여 부과하는 다양한 명목의 세금을 폐지하도록 명했다. 이에 대해 호조판서 민치상은 결전(結錢)의 분배를 폐하고 환곡을 늘리는 일이 오히려 백성의 부담이 된다며 재정경비 충당을 위한 결렴폐지의 곤란함을 상주했다.256)

청전폐지 이후, 고종은 민생폐해를 줄이고 재정부족을 채우기 위해 실곡이 있는 환곡을 돈으로 바꾸어 정부에 납입시키고 실곡이 없는 것을 폐지했다. 또한 백성의 이중납세를 저지하고 민생을 안정시키기 위해 조세감면을

---

252) 『승정원일기』 1875(고종12)년 7월 30일, 차대.
253) 『승정원일기』 1874(고종11)년 11월 18일, 소견 평안남도어사 홍만식.
254) 『승정원일기』 1875(고종12)년 10월 25일, 차대.
255) 『승정원일기』 1876(고종13)년 8월 28일, 소견 전평안감사 조성하.
256) 『승정원일기』 1877(고종13)년 2월 25일, 차대.

빈번히 실시했다. 그리고 백성에게 조세감면의 실질적인 혜택이 미치게 하고자 세금을 징수해 운반하는 담당자—서리·경차관·사공·격군—에 대한 엄중한 단속과 처벌을 반복해 명령했다. 그러나 이러한 정책은 중앙정부와 각사의 재정을 더욱 악화시킴으로써 다양한 세금을 결에 붙여 징수하는 결렴이라는 수세형태를 강화시키는 원인이 되었다. 여기에 세금징수원으로의 급료 지급과 생계수단 제공 등, 부정방지 대책이 수반되지 않은 상황에서 감세정책의 효과는 한계가 있었다. 다시 말해 고종이 청전폐지 이후에 민생을 안정시키려고 실시한 관련정책은 정부와 각 지역의 재정을 곤궁에 빠뜨렸고, 이 문제를 해결하기 위해 다른 명목의 수세가 증가된 결과, 백성은 여전히 과도한 세금을 부담하지 않을 수 없는 상황에 놓여 있었다는 것이다.

이 밖에도 청전유통 금지는 더 큰 물가상승을 초래하고 있었다. 고종은 그 목적이 민생안정에 있었음에도 불구하고 물가가 급등한다며 걱정했고,[257] 9월에도 청전을 폐지한 이유가 물가상승 억제에 있었는데, 폐지한 후 더욱 올랐다고 우려했다.[258] 그러자 이유원은 북경의 물가도 오르고 있으며 물가가 오른다고 해도 청전폐지는 어쩔 수 없는 일이었고, 하지 않았으면 더욱 올랐을 것이라며 청전정책의 타당성을 주장했다.

이처럼 청전통용 금지조치는 폐지 이후의 대책이 준비되지 않은 채 명해졌기 때문에 국가경제에 막대한 영향을 미치게 되었다. 이는 정부의 재정부족은 물론, 백성에게 이중과세의 부담을 주었고, 화폐유통 혼란으로 물건매매가 막혀 물가급등을 가져왔다. 정부가 부족한 재정을 메꾸기 위해 각 지역에 납세를 재촉한 일은 수령·서리들의 백성에 대한 납세 강요로, 지방감영의 재정부족은 다양한 명목의 수세 신설로 이어져 민생폐해를 증가시키고 있었다. 또한 부족한 재정을 채우고자 환곡을 돈으로 바꾸어 상납시킨

---

[257] 『승정원일기』 1874(고종11)년 4월 25일, 일강.
[258] 『승정원일기』 1874(고종11)년 9월 20일, 차대.

일은 환곡의 구휼책으로써의 기능을 상실시켜 정부가 재해 발생시 취할 수 있는 방법을 세금면제로 한정시키게 만들었다. 다시 말해 고종이 친정을 선포한 직후 실시한 청전폐지는 정부재정 부족 → 백성에게 납세 강요 → 민생 악화 → 세금감면 실시 → 정부재정 부족이라는 악순환이 되풀이되는 주요한 원인이 되었다는 것이다.

친정선포 직후 고종이 단행한 청전정책의 목적은 민생안정을 바탕으로 한 군주권 확립과 강화에 있었다. 그러나 고종의 정책이 더 큰 재정부족과 민생곤궁을 초래해 그가 의도한 대로 진행되지 못함에 따라 군주의 권력기반은 여전히 불안정한 상태에 머무를 수밖에 없었다고 하겠다.

④ 고종의 민생안정책과 재정경제정책의 특징

앞서 말한 대로 고종은 민생안정을 내걸며 재정경제정책을 추진해 갔다. 이러한 정책은 친정을 선언하기 전부터 시작되어 친정을 선포한 이후에도 지속되었다. 여기서는 고종이 재정경제정책을 실시하며 가장 강조했던 민생안정에 대한 언급과 정책을 정리한 후, 그 특징을 제시하도록 하겠다.[259]

> 1873(고종10)년 10월 10일, 성문세로 인한 민폐가 적지 않으므로 철폐를 지시.
> 1873(고종10)년 10월 29일, 원납전·결렴 폐지를 지시.
> 1873(고종10)년 12월 1일, 연강세 등의 폐지 명령이 나라에만 이익이고 백성에게 폐가 된다면 폐지하는 본 뜻과는 다르다고 언급.
> 1873(고종10)년 12월 12일, 화재 원인이 자신의 부덕에 의한 것임을 강조하며 백성이 곤궁하고 보호할 수 없는 것이 부끄럽고 두렵다고 언급.
> 1873(고종10)년 12월 15일, 백성의 휴척이 수령에게 달려 있음에도 불구하고 각 도의 포폄(관찰사가 수령의 치적을 조사·보고하는 일)의 계본(啓本) 제목과 등제가

---

[259] 이 내용은 『승정원일기』 기록에서 작성. 이름이 제시되지 않은 것은 고종의 발언과 지시.

맞지 않고 소홀해 한심하다며, 도신과 수신에게 책임을 물을 것과 계본을 이조에 내려 등제를 정하도록 지시.

1873(고종10)년 12월 21일, 양반·일반백성 묘지 규정에서 대소민 모두에게 편리한 방법의 모색을 강조.

1873(고종10)년 12월 24일, 이유원이 내장원에서 사용하는 인삼과 녹용 등의 상납감면이 고종의 백성을 위한 특별한 자비에서 나온 것이라 칭찬. 고종이 형벌 남용 금지를 강조.

1874(고종11)년 1월 6일, 백성 사정을 생각하면 비단 옷과 쌀밥도 즐겁지 않다며 청전통용 금지를 지시.

1874(고종11)년 1월 9일, 청전폐지가 나라 재정을 고려하지 않는 오로지 백성을 위한 일이라 강조한 후, 영남간리 폐해의 엄중 단속을 지시.

1874(고종11)년 1월 13일, 이유원이 청전유통 폐지가 민생을 위한 것임을 칭찬한 후, 민생 시찰을 위해 암행어사 파견을 요청. 고종이 민생폐해 원인인 환곡의 처리 방안 모색을 지시.

1874(고종11)년 1월 17일, 환곡을 돈으로 바꾸는 일을 논하면서 백성에게 이익이 된다고 하면 국계에 손실이 있어도 해가 아님을 강조.

1874(고종11)년 1월 29일, 결렴 징수에서 연기한 것은 그대로 납입시키고, 외읍에 거두어 두고 납입하지 않은 것은 해당 고을에 두고, 미납분은 면제할 것을 지시. 전라·충청 산군의 전세를 추대동으로 연기해 상납시킬 것을 제안. 행행시 연로에 있는 백성이 피폐해 보여 공세를 납부할 방법이 없을 듯 했다며 외읍 백성의 납세 고충을 우려. 백성의 빈곤을 안 이상 걱정하지 않을 수 없다고 개탄.

1874년(고종11)년 2월 5일, 전라·충청 산군의 전세를 추대동으로 납부하는 일을 취소하고 민력을 감안해 징수하되 독촉할 필요가 없다는 공문을 보낼 것을 제안.

1874년(고종11)년 2월 10일, 청전을 폐지한 날 납입된 것을 되돌리도록 한 규정을 취소하고 그대로 청전으로 징수하라고 지시. 한성부 내 토지로부터 새로이 수세하기로 한 결정을 철회.

1874년(고종11)년 2월 28일, 변방 백성에게 이익이 되는 유지의 회복을 지시. 백성의 월경이 환곡 폐해에 따른 것이라고 언급한 후, 밑에 이익이 된다면 비록 손실이 있어도 상관없다고 논함. 증렬미에 이어 미증미도 일제히 면제하도록 지시. 서류의 관직등용 기회 확대와 관서지방 문관의 천거를 구례로 회복하도록 지시.

1874년(고종11)년 3월 5일, 각 아문과 군문이 매 결당 1석의 쌀을 부과해 거두어 아전에게 지급하는 인정미가 구례가 아니라며, 백성에게 폐가 되므로 영구히 폐지할 것을 지시.

1874년(고종11)년 3월 22일, 강원감사 윤병정의 고성군 민가화재사건에 대한 보고에 원래 구휼 이외에 더욱 보조하고 불타 죽은 자의 환곡과 신포 면제, 그리고 즉시 집을 지어 주도록 지시.

1874(고종11)년 4월 5일, 평안도의 20만 냥의 보조 요구에 대해 이유원이 재정부족 때문에 무리라며 반대하는데도 4, 5만 냥 또는 1, 2만 냥이라도 지급할 것을 요구. 군병의 급료부족을 우려하며 대신들이 상담해 대책을 강구하도록 지시. 선혜청 설치가 지방백성의 폐를 없애고 도성 백성에게 생계를 세우도록 하는 방법이라 논함.

1874(고종11)년 4월 25일, 청전폐지가 백성을 위해서였는데, 근래 물가가 몇 배나 더 올랐음을 우려. 백성을 이끄는 법은 백성의 마음이 저절로 느끼도록 하는 일이라고 강조.

1874(고종11)년 4월 28일, 북한산성의 환곡폐지가 백성에게 혜택을 주기 위해서 인가를 논의.

1874(고종11)년 4월 29일, 경복궁수리가 중요하지만 지금은 농번기로 목재를 준비하는 일이 농사에 방해가 된다며 가을이 되면 거행하도록 지시. 수령이 탐학을 멈추지 않는 실태를 들어 이제부터는 장죄를 범한 자를 5년과 10년 금고형에 처할 것과 법대로 엄중히 시행할 것을 강조.

1874(고종11)년 5월 7일, 균매(3냥 5전을 공인에게 주고 쌀1석을 사는 일)가 공물을 담당하는 백성에게 더욱 해가 된다며 쌀과 돈을 반 씩 하면 공인에게 해가 없겠는가를 질문. 그것이 물건을 직접 납부하는 일보다 낫고 백성에게 이익이 될 것이라 언급.

1874(고종11)년 5월 9일, 일강관 허전에게 현재 백성이 바라는 것이 무엇인가 질문하고, 이미 은결 폐해에 대해 듣고 있다면서 양전하면 폐해를 바로잡을 수 있다고 주장.

1874(고종11)년 5월 12일, 결가가 높아 농민이 1년 내내 일해도 세를 내면 자신들은 기근에서 벗어날 수 없으니 심히 불쌍하다고 개탄. 상납세금이 연기되는 이유가 백성이 납세했음에도 불구하고 아전이 부정을 저지르기 때문이라고 주장.

1874(고종11)년 6월 9일, 토호가 빚을 일가친척으로부터 거두는 행위가 민생에 막대한 해가 되고 있다며 엄중한 단속을 강조.

1874(고종11)년 7월 15일, 이유원이 장죄를 범한 관리로부터 추징금을 거두어 군수에 충당하자고 제안하자, 고종이 그것을 해당 고을의 백성에게 분배하라고 지시.

1874(고종11)년 7월 18일, 전라감사 조성교가 제주목에서 소를 상납할 수 없다고 보고한 데 대해 우역(牛疫)이 성행하고 경작에 소를 사용하기 때문에 불쌍한 백성이 가을에 수확할 것이 없을 것이라고 우려. 제주도는 매매가 제한되어 백성 곤궁이 더욱 크다고 말하며 민정이 불쌍하기 때문에 백성을 위로해 안정시킬 방법을 찾아 한 명의 백성도 업을 잃지 않도록 하라고 지시.

1874(고종11)년 7월 30일, 결에 다양한 명목을 붙여 부과·징수하는 일이 백성에게 막대한 해를 끼친다며 각별히 단속할 것을 지시.

1874(고종11)년 8월 10일, 경상감사 임철수의 금산 등 민가가 떠내려갔다는 보고에 대해 원래 구휼 이외에 더욱 보조하고 도신이 백성의 유랑을 방지하도록 지시.

1874(고종11)년 8월 26일, 황해감사 민태호의 서흥 등 고을의 진재와 곡물 손실 보고에 대해 민정을 생각하면 저절로 가엾은 기분이 된다면서 위로하고 안주할 방법을 찾고 도신이 백성의 유랑을 방지하도록 지시.

1874(고종11)년 9월 9일, 근래 물가가 급등하는 이유를 묻고 도가를 일절 금지할 것과 도가를 행하는 자에 대한 엄벌을 지시. 물가 상승으로 인해 백성이 살 수 없게 될까 우려.

1874(고종11)년 9월 20일, 김세균이 증렬미 면제 혜택이 백성에게 돌아가지 않는다고 상주한 데 대해 아전도 백성이므로 면제한 것을 철회할 필요가 없다고 주장.

1874(고종11)년 10월 8일, 지방의 물가상승은 토호와 도가의 폐가 원인이라고 언급. 무단하는 습성이 관리의 탐묵보다 심각하다며 백성을 위해 폐해 제거를 최우선으로 해야 한다고 강조.

1874(고종11)년 10월 24일, 경기암행어사 강문형을 소견할 때 삼정 이외의 폐해와 환곡을 분배할 때에 조미(粗米)로 바꾸고 잡곡을 섞는 폐해와 사창법 시행상의 폐해에 대해 묻고 처음에는 폐가 없어도 서서히 폐가 생긴다며 지속적으로 단속할 것을 강조.

1874(고종11)년 10월 27일, 강원도암행어사 유석을 소견할 때 환곡을 분배할 때는 1석에 나쁜 쌀 6, 7두를 분배하는 데 지나지 않는데, 거둘 때는 1석에 좋은 쌀 16, 17두를 징수하기 때문에 백성이 살 수가 없다고 개탄. 백성을 살리기 위한 전세 연기 방법과 각 고을로부터 토산물이 아닌 물품의 상납 폐해 등을 질문.

1874(고종11)년 10월 30일, 충청좌도암행어사 김명진을 소견할 때 전정 문란을 바로잡기 위해 토지 측량이 필요한지를 묻고 지난 번 평택 등 고을에 대한 급재(재해로 인한 조세 감면)에 10년간 세금 연기가 효과가 있었는지를 확인. 열읍에서 결가를 과도하게 책정하는 행위가 이미 백성에게 고질적인 폐가 되고 있음을 개탄.

1874(고종11)년 11월 3일, 충청우도암행어사 박용대를 소견할 때 내탕금 지급이 포민에게 균등하게 나누어졌는지를 묻고 백성에게 도움이 되도록 할 것을 강조. 제언 운영을 재개하면 백성에게 이익이 될 것이라 언급.

1874(고종11)년 11월 13일, 황해도암행어사 조병필을 소견할 때 삼정 폐해를 저지할 방안과 군포 감소를 백성들의 바램대로 별단에 기재했는지를 질문.

1874(고종11)년 11월 15일, 황해도감사 민태호를 소견할 때 고을의 형세가 곤궁하기 때문에 보살피는 정사가 없어서는 안 된다고 강조한 후, 영속(營属)이 백성을 괴롭히고 있는지를 질문.

1874(고종11)년 11월 18일, 평안남도암행어사 홍만식을 소견할 때 민생 곤궁과 민고(民庫)·환곡 등 폐해를 상세히 질문.

1874(고종11)년 12월 4일, 함경도암행어사 조병세를 소견할 때 의정부로부터 관문을 보내 인정(人情)을 과도하게 다스리는 폐해를 없애도록 할 것을 지시. 유지의를 준비하는 데 돈으로 지급해 대비하도록 하면 이서의 부정 폐해가 없어질지를 물은 후, 족징의 폐를 일제히 금하도록 명령. 북관의 군수경비 징수 폐해에 대해 백성 부담을 줄일 방안을 강구하도록 지시.

1874(고종11)년 12월 13일, 경상좌도암행어사 박정양을 소견할 때 내탕금의 지급 상황과 사창 설치의 효과, 환곡 폐해 제거를 위해 환곡을 면제하면 폐가 없어지는지, 매년 나누어 내면 좋은지를 질문. 결가 증가로 백성이 안주할 수 없다고 우려하고 결가 상승과 환곡폐해 방지 방법을 질문.

1874(고종11)년 12월 16일, 전라우도암행어사 엄세영을 소견할 때 격포 등 조창 폐지로 인한 백성의 기쁨, 표호(漂戶) 구휼의 균등한 배분 상황, 민고(民庫)의 폐해

상황을 질문.

1875(고종12)년 3월 2일, 이유원에게 왕비 출산을 즈음해 특별감면을 늘리고 적절히 조치해 백성에게 이익이 되도록 할 것을 강조.

1875(고종12)년 3월 25일, 이유원에게 환곡면제 이후에 나라 재정이 곤란하게 되었는데, 백성에게는 이익이 있었는지를 질문.

1875(고종12)년 7월 29일, 장마가 길어지기 때문에 영제(기청제)를 2번 실시했다면서 백성의 농사를 생각하면 심히 걱정된다고 언급. 강원도 수재를 거론해 흉년 뒤에 매년 재해가 계속되어 백성의 실정을 생각하면 심히 우려된다고 피력.

1875(고종12)년 7월 30일, 영제를 2번이나 실시한 것은 백성을 염려한 때문이며, 경복궁의 삼전각(자경전·자미당·인지당)을 세우는 작업에 나라의 재용을 사용하고 민력을 이용하지 말도록 강조.

1875(고종12)년 8월 7일, 전라감사 조성교의 전주 등 민가가 떠내려갔다는 보고에 대해 원래 구휼 이외에 더욱 보조하고 익사자의 환곡과 신포 등을 모두 면제하며 즉시 집을 세워 줄 것을 지시.

1875(고종12)년 8월 14일, 황해감사 정태호의 연안부 민가가 붕괴되었다는 보고에 대해 보고에 대해 원래 구휼 이외에 더욱 보조하고 즉시 집을 세워 줄 것을 지시.

1875(고종12)년 10월 25일, 고종은 백성을 안정시킬 책임과 세상을 다스릴 권한이 자신에게 있다고 강조. 이최응의 결가 상승 보고를 듣고 명목이 없는 경비를 한정이 있는 전결에서 징수하는 것은 해서는 안 되는 행위이며 도신과 수령이 어째서 백성의 고질적인 폐해를 생각지 않는가라고 개탄한 후 각별히 단속할 것을 지시. 토호의 폐가 탐관오리보다도 심한데, 탐관오리는 처벌할 수 있지만 토호 제거는 어렵다며 피폐한 백성이 견디며 살 수 없음을 우려.

1875(고종12)년 11월 9일, 고을 수령이 백성의 재산을 약탈하고 있다고 말하고 가엾은 백성의 울부짖음이 들리는 것 같아 걱정이 끊이지 않는다고 강조한 후, 전국의 도신에게 전최(殿最)를 특별히 경계하고 행해 수령의 죄를 일일이 적발해 보고하도록 명령.

1875(고종12)년 12월 5일, 이최응이 연로의 칙사와 사신 접대에 대한 폐가 크다고 보고하자, 백성의 부담 감소는 간소히 하는 데 달려있다고 논한 후, 간소한 시행을 특별히 지시하도록 강조. 도가의 행위가 물가상승 원인이며 백성의 삶과

크게 관련되어 있다며 해당자에 대한 엄중한 처벌을 명령.

1876(고종13)년 4월 5일, 전라감사 정범조의 고산현 민가가 소실됐다는 보고에 대해 원래 구휼 이외에 더욱 보조하고 즉시 집을 세워줘 한 명의 백성도 거주할 곳 없이 유랑하는 일이 생기지 않도록 할 것을 지시.

1876(고종13)년 4월 10일, 강원감사 민영위의 통천군 민가가 소실됐다는 보고에 대해 원래 구휼 이외에 더욱 보조하고 즉시 집을 세워줘 한 명의 백성도 거주할 곳 없이 유랑하는 일이 생기지 않도록 할 것을 지시.

1876(고종13)년 4월 21일, 함경감사 이회정의 홍원현 민가가 소실됐다는 보고에 대해 원래 구휼 이외에 더욱 보조하고 즉시 집을 세워줘 한 명의 백성도 거주할 곳 없이 유랑하는 일이 생기지 않도록 할 것을 지시.

1876(고종13)년 4월 25일, 간발이 심해 백성의 심정을 생각하면 답답해진다고 말한 후, 이번 비가 부족해 더욱 우려된다고 언급.

1876(고종13)년 5월 3일, 전황해감사 정태호의 곡산부의 민가가 소실됐다는 보고에 대해 원래 구휼 이외에 더욱 보조하고 즉시 집을 세워줘 한 명의 백성도 거주할 곳 없이 유랑하는 일이 생기지 않도록 하고, 죽은 자에게 장례를 치뤄줄 것을 지시.

1876(고종13)년 5월 10일, 함경감사 이회정의 함흥부 민가가 소실됐다는 보고에 대해 가엾은 그들의 헤매는 모습이 보이는 듯해 잘 수 없다며 원래 구휼 이외에 더욱 보조하고, 함흥부 백성의 경우는 특별함이 있는 만큼,(선조의 능이 있다) 내탕금 2천 냥을 도신이 적절히 분배할 것과 즉시 집을 세워줘 한 명의 백성도 거주할 곳 없이 유랑하는 일이 생기지 않도록 할 것을 지시.

1876(고종13)년 5월 13일, 황해감사 이근필의 토산현 민가가 소실됐다는 보고에 대해 원래 구휼 이외에 더욱 보조하고 즉시 집을 세워줘 한 명의 백성도 거주할 곳 없이 유랑하는 일이 생기지 않도록 할 것을 지시.

1876(고종13)년 5월 17일, 전라감사 정범조의 용담현 민가가 소실됐다는 보고에 대해 재해백성의 괴로운 비명이 밤중에 침소에까지 들리는 듯하다고 말한 후, 원래 구휼 이외에 더욱 보조하고 내탕금 천 냥을 도신이 적절히 분배해 왕의 걱정하는 뜻을 보이며 즉시 집을 세워줘 한 명의 백성도 거주할 곳 없이 유랑하는 일이 생기지 않도록 할 것을 지시.

1876(고종13)년 5월 17일, 황해감사 이근필의 봉산군 민가가 소실됐다는 보고에

대해 원래 구휼 이외에 더욱 보조하고 타축은 자의 신역·환곡·군포 등을 모두 면제하며 즉시 집을 세워줘 한 명의 백성도 거주할 곳 없이 유랑하는 일이 생기지 않도록 할 것을 지시.

1876(고종13)년 윤5월 21일, 평안감사 조성하의 상원군 민가가 소실됐다는 보고에 대해 원래 구휼 이외에 더욱 보조하고 즉시 집을 세워줘 한 명의 백성도 거주할 곳 없이 유랑하는 일이 생기지 않도록 할 것을 지시.

1876(고종13)년 윤5월 22일, 어제 내린 비가 부족해 백성의 사정이 곤란해 괴롭지 않을까 염려된다고 언급.

1876(고종13)년 7월 13일, 북관 육진의 백성이 월경하는 폐가 나날이 증가하기 때문에 관찰사의 책임을 잘 담당할 수 있는 자를 선택해 보내지 않을 수 없음을 언급. 민간의 이해를 상세히 조사해 폐해의 근원을 바로잡도록 할 것을 지시. 백성의 월경 행위는 그들이 안타까움과 고통을 호소할 곳이 없기 때문이며 수령이 백성의 이익을 생각지 않는다고 개탄. 월경한 자가 돌아오면 위로해 안주할 수 있도록 보호하는 게 좋다고 논함. 구황의 정사를 행하는 데 재해 보고와 기아 기록을 정확히 한 후에야 실질적인 혜택이 밑에 닿을 수 있다고 강조하며 각별히 경계할 것을 지시.

1876(고종13)년 7월 26일, 황해감사 이근필의 해주 등 민가가 떠내려갔다는 보고에 대해 민가가 없어지고 전답이 유실됨이 극히 많기 때문에 가엾은 백성이 무엇에 의지해 살 수 있을까 우려. 원래 구휼 이외에 더욱 보조하고 즉시 집을 세워줘 한 명의 백성도 거주할 곳 없이 유랑하는 일이 생기지 않도록 할 것을 지시.

1876(고종13)년 8월 9일, 관리들의 죄를 벌하고 백성을 편하게 한다는 내용의 '관북안무윤음'을 내림.

1876(고종13)년 8월 10일, 안찰사 김유연을 소견하고 이번 파견은 오로지 백성의 생활을 안정시키기 위한 특별한 일임을 말한 후, 백성의 생활을 안정시키기 위해서는 먼저 고통을 제거하고 수령의 선악을 우선적으로 조사해야 한다고 강조. 왕명을 백성에게 펼쳐 비록 왕에게 바치는 어공이라도 백성에게 폐가 되는 것은 즉시 개선할 것과 멀어서 번번이 계를 보내는 일이 늦어지기 때문에 백성 이익과 관련된 일이라면 (계를 올리기 전에)적절히 바로잡아 고칠 것과 무산의 녹용 상납은 서울과 함영감영에서의 구입을 불문하고 무산 백성에게 폐가 되지 않도록 할 것을 지시.

1876(고종13)년 8월 25일, 함경감사 이회정의 길주 등에서 읍민이 익사하고 민가가 떠내려갔다는 보고에 대해 이러한 소식에 너무나 놀라 마음이 아프다고 말한 후, 원래 구휼 이외에 더욱 보조하고 익사자의 신역·환곡·군포 등을 모두 면제하며, 사체를 수습하고 즉시 집을 세워줘 한 명의 백성도 거주할 곳 없이 유랑하는 일이 생기지 않도록 할 것을 지시.

1876(고종13)년 9월 5일, 황해도암행어사 김윤식을 소견할 때 경저리·영저리의 고리대로 인한 폐해를 들었다면서 엄히 단속할 것을 명령.

1876(고종13)년 9월 10일, 차대에서 올해는 흉년이 될 것이라며 내년에 풍년이 돼야 백성과 나라에 걱정이 줄 것이라 언급. 나라의 우려가 이보다 클 수 없는데, 최근에는 가까운 고을에서 굶어 죽는 백성이 많다니 심히 가엾고 가엾다고 토로.

1876(고종13)년 9월 25일, 이최응이 지방에서 구휼을 실시할 때 역·목·진·보의 백성을 매 차례 고을 주민과 구별하는 것은 부당하기 때문에 모두 구제해야 한다고 건의한 데 대해 전국이 모두 왕의 백성이며 의리를 위해 구휼할 때 구별해서는 안 된다고 언급한 후, 일일이 빠뜨리지 말고 구휼할 것을 지시.

1876(고종13)년 9월 30일, 경상도암행어사 홍대중에게 결환 단속을 몇 번이나 경계했음에도 불구하고 폐해가 심각하다며 백성의 실정과 빈궁한 집의 삶에 대한 우려를 표명. 새롭게 보충한 향미를 매년 더 많이 징수해 6, 7석이라는 많은 양이 되었고, 이유 없이 무리하게 징세해서 백성에게 폐해가 되었다고 개탄.

1876(고종13)년 10월 20일, 탐욕과 비리가 지금보다 심한 때가 없었고, 흉년이 된 현재는 백성이 살 수 없다고 강조한 후, 도신이 적절히 경계하지 않을 뿐만 아니라, 수령보다도 잔학한 행위를 하고 있다고 비난. 재해를 당해 결세 감면이 백성에 대한 은혜가 되려면 오로지 정밀하고 균등하고 분배해야 하고, 그렇지 않으면 나라가 보살피는 본래 뜻이 헛수고가 된다며 각별히 경계할 것을 강조. 사신의 왕래가 계속되어 연로의 고을 및 역의 노고와 폐해가 심각하다며 불법과 부정이 행해지지 않도록 단속할 것을 지시.

1876(고종13)년 12월 1일, 매년 곤궁한 12월에 되면 서울의 빈곤한 백성은 급등한 물가로 괴로운데, 올해와 같은 흉년에는 특히 쌀값이 올라 가난한 집, 독거인, 노인, 가난한 양반이 견딜 수 없을 것이라 우려. 옛날에는 흉년이면 (정부가)백성에게 쌀을 팔아 백성이 생명을 연장했다며 이번에도 이 구례에 따라 진휼청의 쌀 판매를 이번 달 중에 실시하도록 지시. 또한 구제대상 선정을 정확히 해 누락되거

나 멋대로 들어가는 폐해가 없게 한 후에야 실질적인 효과를 기대할 수 있다고 강조. 의정부에게 몇 번 실시할 것인가, 분량은 어느 정도로 할 것인가 등을 상담해 통보하도록 지시.

1876(고종13)년 12월 19일, 내일부터 진휼청이 쌀을 판매하는데, 정확히 했다고 해도 호구가 누락되거나 두의 크기를 적게 하거나 하는 등의 문제가 없다는 보장을 못한다면 백성에게 반드시 실질적인 혜택이 가도록 하려는 자신의 뜻과 맞지 않는다고 역설. 반드시 최선을 다해 실시해야 하며 만약 폐해가 있다는 소문이 들리면 분급을 감독한 낭관과 지급한 아전을 엄중히 처벌할 뿐만 아니라 적절히 단속하지 못한 당상관에게도 책임을 물을 것임을 강조. 판매 후 상세한 분배 상황을 보고하도록 지시.

1876(고종13)년 12월 27일, 경상감사 박제인의 영산현의 민가가 소실됐다는 보고에 대해 추운 때에 소실된 민가가 많다는 것은 너무나 가엾다고 말한 후, 원래 구휼 이외에 더욱 보조하고 타죽은 자의 신역·환곡·군포 등을 모두 면제하며 즉시 집을 세워줘 한 명의 백성도 거주할 곳 없이 유랑하는 일이 생기지 않도록 할 것을 지시.

이상, 고종이 친정 직후에 민생안정을 강조한 발언과 힘을 기울인 정책을 제시해 보았다. 그는 정부가 재정난에 빠졌던 당시에도 위의 재정부족이 아래 백성에게 전가되는 것을 우려하고, 백성에게 이익이 된다면 재정에 손실이 있어도 상관없다며 민생안정을 최우선으로 고려해야 함을 역설했다.[260] 이유원의 '자신이 의정이 된 후, 고종의 정무 처리로부터 모든 것이 분명하다'[261]는 언급으로부터는 고종의 정책추진 목표가 민본과 민생안정에 있었음을 알 수 있다. 물론 이유원을 비롯한 정부관료들은 고종의 빈번한 세금 관련정책이 재정부족을 초래한다며 반대 의견을 제시했지만,[262]

---

[260] 고종의 이러한 민본의식은 친정선포 이전부터 축적되어 온 것으로 그는 '경상비용이 부족해도 백성이 족하면 좋다', '백성이 갖는 재산은 관아 창고에 있는 재산과 마찬가지기 때문에 백성의 재산에 조금이라도 손해를 입혀서는 안 된다'고 강조했다(『승정원일기』 1873(고종10)년 9월 17일).

[261] 『승정원일기』 1874(고종11)년 2월 28일, 약방입진.

고종은 백성안정보다 중요한 일이 없다며 조세감면을 지속적으로 추진했다. 대원군정권기 때부터 군주의 통치정통성을 확보하고 활동을 확대하기 위해 민본과 민생을 적절히 이용하던 고종은 친정선포 이후 민생안정을 더욱 강조해 정책의 원활한 시행과 군주의 권력기반 강화를 꾀했던 것이다.

그렇다면 고종이 친정 직후에 실시한 재정경제정책 수립과 과정상 특징은 무엇이었을까. 첫째, 고종의 정책 목표와 명분은 어디까지나 민본과 민생안정에 두어져 있었다. 전술한 대로 고종은 거의 모든 재정경제정책의 이유로 민생안정을 내걸었고, 대신들의 반대가 있을 때마다 민생이 우선임을 주장하며 자신의 의지를 관철시켜 나갔다. 실제로 친정선포를 전후한 고종의 정책이 정부재정에 심각한 타격과 그 추진상 다양한 문제를 야기시키면서도 지속된 배경에는 민본이라는 최고의 정치적 명분이 존재하고 있었다. 다시 말해 고종은 대원군이 실시한 정책 폐해를 비판하고 집권 명분을 약화시키며 군주의 권력기반을 확립하는 데 민본이 갖는 정당성을 적극적으로 이용한 것이었다.

둘째, 그럼에도 불구하고 고종은 아직 국정의 실무 파악과 운영에서 초심자였다. 친정 직후 고종의 재정경제정책에 대한 발언과 추진과정으로부터

---

262) 이유원은 환곡이 수재와 간발 등의 재해를 대비하기 위한 것이기 때문에 모두 돈으로 바꾸는 것은 원대한 대책이 아니라고(『승정원일기』 1874(고종11)년 1월 17일), 山郡邑은 돈과 면포를 반씩 납세하는데, 秋大同으로 일제히 연기하면 재정이 부족하게 될 염려가 있으며, 秋大同法이 흉년에 가끔 있는 것으로 늘리거나 줄여서는 안 된다고(『승정원일기』 1874(고종11)년 1월 29일), 미증미와 같이 沙工과 格軍으로부터 받는 것은 그들이 일부러 배를 난파시키는 폐해를 막는 데 도움이 되기 때문에 빈번하게 면제해서는 안 된다고(『승정원일기』 1874(고종11)년 2월 28일), 환곡을 폐지한 후에 각 도와 각 영의 경상비용이 심히 부족하게 되었다며 고종의 세금 감면정책에 우려를 표명했다(『승정원일기』 1874(고종11)년 9월 20일). 또한 김세균은 면제된 증렬미의 혜택이 백성에게 돌아가지 않았다고 보고했고(『승정원일기』 1874(고종11)년 9월 20일), 심순택은 면세정책이 민생에게는 도움이 되지만 國穀의 중요함은 특별하기 때문에 요구해서는 안 된다고 충고했다(『승정원일기』 1874(고종11)년 12월 13일).

는 그에게 실무행정 지식을 비롯해 정책의 실현 가능성, 정책이 정부재정과 시장경제에 미치는 영향 등에 관한 이해가 부족했음을 엿볼 수 있다. 고종은 대원군정권기 10년간, 곁에서 대원군의 통치활동을 보조하고는 있었지만, '치인'보다는 '수신'으로의 전념이 요구됨으로써 국정현황을 구체적이며 명확히 파악하지 못하고 있었다. 이런 상황에서 민생폐해 제거와 대원군의 세력기반 해체를 위한 각종 정책이 국가재정을 심각한 파탄상태로 빠뜨리면서 고종은 국정운영에 필요한 정보와 지식의 신속한 파악·습득을 강요받게 되었다. 이유원의 '(청전폐지)사후수습과정에서 고종이 경비 곤궁과 민심 향배에 대해 체득할 수 있었다'는 발언에서 드러나듯이, 이는 고종에게 국가재정과 민생문제를 근본적으로 개선할 수 있는 기회가 될 수도 있었다. 그러나 고종은 군주권 강화라는 현실적 요구에 쫓기면서 재정·조세구조의 전면 개혁을 통해 이루어야 할 재정확보와 민생안정이라는 과제를 점차 부차적인 문제로 취급하게 되었다. 여기에 이유원 등이 군주는 결코 재물 증식에 관여해서는 안 된다고 조언한 것도 그가 재정운영에 무관심하게 대응하는 원인을 제공했다고 할 수 있다.

셋째, 각종 세금과 청전유통 폐지 이후 재원조달과 재정비축량에 심각한 문제가 발생했음에도 불구하고 재정난 극복 대책은 사치 금지, 절약, 기존 재원의 활용·용도변경, 지방하급관리의 부정금지, 소문의 단속 등 통상적인 수준에 머물러 있었다. 앞서 언급한 대로 1870년대 들어서면 대원군의 부국강병정책에 성과가 나타나 호조·병조·선혜청 등 각사에 재정 여유가 생기면서 곡물을 비축할 창고 증축이 건의될 정도였다. 그러나 정부재정은 고종의 친정선포 전후 각종 명목의 수세에 대한 수정·폐지와 청전유통 금지로 위기에 처하게 되었다. 당시 재정난은 정부관료들이 '국가에 3년의 비축이 있어도 경영이 곤란한데, 현재는 공물대금과 관리의 급료도 지급하지 못하는 상황'이라는 개탄에서 알 수 있듯이 심각한 상태였다. 이런 상황에서도 그들은 행정구조 혁신이나 화폐유통과 조세제도 개편 또는 토지조사·상업장려·광산개발 등에 의한 세원의 근본적인 조정·확대를 꾀하지 않고 군주의 절검 의지와 자세가 최선의 방책이라고 호소했다. 그리고 고종은 스스로 적극적인 대안을 구상하기보다 의정부와 각사에 대책 모색을 지시·담당시키거나 정책 추진상의 문제를 도신·수령·서리의 책임으로 전가시키는 등, 특별한 조치와 정책을 강구하려 하지 않았다. 이처럼 그는 청전을 폐지해 정부비축분을 무용지물로 만들고, 군수로 충당하던 각종 세금징수를 철폐해 심각한 국고부족을 초래하면서도 구조개혁을 바탕으로 한 근본적인 대책수립·시행보다 재원 변경·융통에 의한 일시적인 수습과 절약만을 강조하고 있었다. 그러나 이와 같은 정책만으로는 친정 직후 급격히 악화된 정부재정을 회복시킬 수 없었고, 이후 정부는 만성적인 재정적자에 빠지지 않을 수 없게 되었다.

 넷째, 친정선포를 전후해 실시된 고종의 재정경제정책은 이중적인 성격을 띠고 있었다. 고종은 민생에 손해를 준다는 이유로 대원군정책을 수정했지만, 거기에는 대원군의 세력기반을 약화시킨다는 목적이 포함되어 있었다. 다시 말해 고종의 대원군정책에 대한 재고는 자신의 민본의식을 부각시켜 민심을 획득하고 통치권을 안정시키는 한편, 대원군에게 재정적 타격을 입혀 그의 정치활동을 방해하기 위해서 행해졌다는 것이다. 또한 세입 감소와 청전폐지로 인해 재정이 심각한 위기상황에 빠져 절약이 강조되었음에도 불구하고, 고종은 경복궁을 비롯한 시어소와 창덕궁 수리를 계속했고, 『승정원일기』와 『일성록』의 개수·보충편찬, 대원군정권기에 간소화된 대신의 장복과 아패의 구례 회복 등을 추진했다. 특히 고종의 경복궁내부 전각에 대한 위치변경과 확대공사 시행계획,[263] 보관을 위한 『일성록』의 2부 작성,[264] 『선원보략』의 개간 요구는—정부대신들이 재정부족을 이유로 반대해 축소·변경되었으나— 그가 왕실 권위를 높이는 작업에는 재

---

263) 『승정원일기』 1875(고종12)년 3월 25일·4월 5일.
264) 『승정원일기』 1874(고종11)년 2월 5일.

정부족 상태를 그다지 고려하지 않았음을 드러낸다. 여기에 고종은 민생에 폐해가 된다며 대원군정권기에 신설된 각종 세금을 폐지했는데, 실제로는 이러한 세가 완전히 폐지되지 않은 채 여전히 민생부담이 되고 있었다.265) 이렇듯 예산부족으로 긴축재정이 요구되는 상황에서도 왕실의 권위 향상과 확대를 통해 군주권 강화를 모색하고, 대원군이 부과한 세금을 철폐하는 한편으로 새로운 세원 발굴과 폐지한 세금징수를 간과, 또는 조장한 그의 재정경제정책의 양면성은 정책추진의 목적이 어디에 있었는지 분명히 보여준다고 할 수 있다.

---

265) 연강세에 대해 구세와 신세를 구별해 신세만을 폐지하게 한 것과(『승정원일기』 1873(고종10)년 12월 1일), 철폐한 결렴이 계속 징수되어 1877년에도 그 해가 거론되고 있는 점(『승정원일기』 1877(고종14)년 2월 25일), 1880년, '각 아문과 각 궁방 및 지방의 각 처에서 원래 절목 이외의 연강수세와 시장에서 거두는 각 항목의 세금을 모두 폐지해 민생폐해를 제거해야 한다'는 교지가 내려진 점(『승정원일기』 1880(고종17)년 12월 4일)으로부터는 연강세·결렴이 계속 수세되었으며, 상인세 또한 신설되었음을 알 수 있다.

3. 제4장 제2절 정리

 전술한 대로 고종은 친정을 선포할 때 대원군과 다른 권력기반을 확보하고 있지 않았다. 특히 대원군과 대부분의 권력기반을 공유하며 대원군정권기 고위관료로부터 교육을 받으며 성장한 고종은 대원군정권기 정치집단을 거의 그대로 유지하며 군주의 세력으로 재편하려 했다. 따라서 정치적 경험이 풍부하고 명망이 높은 이유원과 박규수를 의정으로 임명해 국정을 총괄하려 함과 동시에 기존의 정치세력으로 정부요직과 군장의 자리를 적절히 교체하며 친정체제를 구축해 갔다.
 그런데 고종의 계획은 그의 정책에 대한 정부관료들의 반대가 빈번히 제기되고, 대원군의 은둔으로 불안정한 권력기반이 노정됨에 따라 변하지 않을 수 없게 되었다. 그러자 고종은 이최응을 좌의정으로, 김병국을 우의정으로 발탁하고 그들을 통해 종친·선파와 안동김씨 중심의 노론을 규합함으로써 권력기반을 안정시키려 했다. 또한 여흥민씨·풍양조씨의 외척과 김보현·김병시 등의 측근을 중용하여 통치권을 강화해 갔다. 고종은 친정 직후 기반확립을 위해 등용한 세력이 자신의 기대에 부응하지 못하자, 권력의 중심에 새로운 측근세력을 형성·배치해 정권안정과 원활한 정책추진을 지향한 것이었다. 그러나 이는 고종과 친대원군세력 사이의 갈등 심화뿐만 아니라, 정계 내부의 새로운 권력대립, 즉 원로·소장세력 간의 알력으로 이어지는 등, 군주의 통치권에 대한 또 다른 불안요인으로 등장하게 되었다.
 한편, 고종은 1870년대 초부터 민본과 민생을 통치의 최대 명분으로 제시하며 대원군정책의 수정을 시행하고 있었다. 또한 이를 바탕으로 국정운영에 적극적으로 관여하고 정책결정에 대한 정당성을 확보하면서 친정체제로의 준비를 진행해 갔다. 그리고 1873년 말 대원군과 그 추종세력을 정계로부터 퇴진시키고 친정을 선포하는 데 성공한 고종은 원납전·결두전·각종 세금을 폐지하고, 1874년 정월, 국가재정비축분의 대부분을 차지하던 청전의 유통금지를 전격적으로 단행했다. 여기에는 고종의 민생중시 사고와 함께 대원군정권기에 악화된 민생문제를 부각시켜 대원군의 집권과 정책 명분을 퇴색시키려는 의도가 포함되어 있었다. 즉, 대원군과의 차별화를 통해 정치기반을 확대·강화하려던 고종은 세금폐지와 조세감면 등 군주의 자비가 잘 드러나며 신속하고 실질적인 효과가 기대되는 민생정책을 지속적으로 실시해 간 것이었다. 이러한 고종의 재정경제정책 목적은 대원군의 과도한 부국강병정책으로 증가된 민생부담을 제거하고 대원군의 세력기반을 약화시키는 데 있었다. 그렇지만 그것이 사후문제에 대한 정확한 예상이나 판단, 대책수립 없이 급하게 진행된 탓에 민생에 도움이 되지 않았을 뿐만 아니라 재정을 심각한 위기상황에 빠뜨리게 되었다.

이처럼 국가재정보다 민생안정이라는 유교적 이상을 중시하며 재원확보와 재정운용에 대한 현실적인 감각이 부족한 고종의 민생정책은 정부재원을 감소시키면서 국정운영과 국방력 증강에 타격을 입히고 민생안정마저 저해했다. 정부관료들이 지적한 대로 고종의 조치는 그 추진과정에서 드러난 정책 자체의 모순·문제점과 함께 정책실무자들의 부정으로 인해 실질적인 혜택이 백성에게 미치지 못한 채 정부의 재정난만을 가중시킨 것이었다. 그러자 정부는 부족한 수입을 보충하기 위해 세금 납부를 독촉하지 않을 수 없었고, 이것이 폐지된 세금의 재징수, 지속적인 결가 상승, 족징 등 무리한 수세로 이어진 결과, 민생부담은 더욱 가중되었다. 다시 말해 민본이념을 실현하고 대원군기반의 약화와 군주권의 강화라는 현실적 요구를 해결하기 위해 추진된 고종의 각종 정책은 그것이 당시의 전반적인 상황—민생, 조세구조, 재정운용 등—에 관한 정확한 파악 없이 수립·결정되었다는 정책 자체의 문제점과 더불어 시행과정과 담당자에 대한 체계적인 규제·단속 소홀로 실효를 거둘 수 없었다는 것이다.

이와 같은 상황 속에서도 고종은 정책추진을 군주의 통치권 확립과 연계해 생각하며 군주 명령의 위엄을 강조하고 신속한 수행을 촉구했다. 실제로 그는 통치권을 회복하는 과정에서의 최익현 상소 처리문제나 만동묘와 서원 복구 요구, 1874년부터 제기된 유생들의 대원군귀경요구상소 등을 통해 군주의 권위에 도전하는 정부관료와 재지유생들의 대대적인 공격을 경험한 바 있었다. 자신들의 의사가 관철될 때까지 군주에게 굴복하지 않는 그들의 행동은 고종에게 심각한 위협으로 받아들여졌다. 여기에 관료들의 빈번한 교체와 정책 변화에 따른 국정혼란의 가중은 고종으로 하여금 군주명령체제 수립의 중요성을 절감하게 만들고 있었다.

고종의 군주권위 확립과 정책추진 상황에 대한 우려는 '무용지물이 된 청전을 소비하기 위해 사행 때마다 청전을 건네 사용시킨다면 서로(西路)의 백성들이 청전폐지 명령을 불신하게 되지는 않겠는가?', '연해 잠상을 엄금했는데 근래 또다시 성행하게 되었다. 명령이 반드시 시행되도록 경계해야 한다',266) '경계를 결정해 조치하는 일이 어찌 늦어지고 있는가?',267) '군주의 명령이 한 번 내려지면 신하는 즉시 받들어 시행해야 한다. 갑자기 바꾸기 어려운 일은 명령이 시행되지 않을 가능성이 있기 때문에 더욱 신중히 행하지 않으면 안 된다',268) '정부 명령이 내려졌는데, 왜 이렇게 기강이 해이할 수 있는가?'269) 등의 발언에서도 잘 드러난다. 친정선포를 통해 대원군을 퇴진시키고 군주권을 회복한 고종에게 자신의 명령과 정책이 대원군정권 기처럼 각사와 지방감영, 일반백성에게 제대로 전달되고 추진되는가 하는 문제는 중요한 관심사일 수밖에 없었다. 때문에 고종은 무엇보다도 군주명령의 실질적인 시행을 중시하고 그 관리·감독을 강화하도록 반복해 강조함으로써 군주 중심의 명령체제 확립을 꾀해 갔다고 하겠다.

---

266) 『승정원일기』 1874(고종11)년 1월 20일.
267) 『승정원일기』 1874(고종11)년 1월 29일.
268) 『승정원일기』 1874(고종11)년 2월 5일.
269) 『승정원일기』 1874(고종11)년 4월 5일.

맺음말

1863년 12월, 고종은 방계왕족으로서 조선의 26대 군주로 추대되었다. 그는 인조의 혈손인 남연군의 손자로, 남연군이 후사가 없었던 은신군(영조의 둘째 아들인 장헌세자 아들)의 양자로 영입되면서 영조의 후손으로 또다시 왕족 범위에 들게 되었다. 그리고 신정왕후와 대원군 사이의 권력장악에 대한 합의와 안동김씨를 비롯한 여러 정치세력의 협조 또는 묵인에 따라 차기군주로 지목되었다. 이러한 각 세력의 정치적 의도하에서 왕위에 오른 고종은 신정왕후에 의해 익종의 양자로 입적되어 대통을 이었는데, 그의 즉위에는 실부가 생존한다는 전대미문의 상황이 존재하고 있었다.

고종의 재위 전기는 고종이 성학에 집중하며 대원군에게 권력을 위임하고 그의 정치활동에 대한 지지를 표방하는 가운데 대원군이 국정을 주도한 대원군정권기(1864년~1873년)와 고종이 통치권을 회복하고 군주에 의한 정치운영체제의 강화·안정을 시도한 친정 직후(1874년~1876년)로 나눌 수 있다.

즉위 당시 고종은 아직 12세의 소년으로 제왕교육을 받지 못한 상태였다. 이 때문에 전례에 따라 신정왕후의 수렴청정이 결정되었고, 고종에게는 성학에 전념해 군주로서의 역량을 키울 것이 강조되었다. 따라서 고종은 재위 전기 10년간 신정왕후와 대원군이 국정을 총괄하는 가운데 정치세력과의 알력과 정치문제로부터 비교적 자유롭고 안정된 상황에서 실질적인 정치참여보다 성학에 집중하게 되었다. 고종의 교육은 강연이라 불렸고, 2품 이상의 고위관료가 강관으로 참여했으며, 그의 정치적 입장 변화에 따라 권강(1864년 1월~1866년 2월) → 진강(1866년 3월~1873년 12월) → 일강(1874년 1월~)으로 명칭이 변화되었다. 또한 강연에는 승정원 관원이 주관하는 소대도 있었는데, 여기서는 주로 사서 강독이 이루어졌다.

고종의 강연은 즉위 초기 권강 때 가장 많이 개최되었고, 이 때 강연에는 강관 외에 시원임의정들이 빈번히 참가해 고종의 교육 향상을 보도했다. 조선군주에게는 통치권력의 정통성을 유지하기 위해 천명과 민심에 부합하며 조종을 본받을 것이 요구되고 있었다. 이는 고종에게도 마찬가지로 적용되었고, 그는 성군으로의 길이 민본구현에 있다고 배우며 60년간에 걸친 세도정권하에서 고통받고 있던 민생을 구제하는 일이 군주가 통치를 행하는 목표이며 군주의 권력기반을 안정시키는 최고의 방법이라고 교육받았다. 그리고 고종은 민생과 지방사정에 대해 지속적으로 관심을 표명함과 동시에 조종행적과 군신관계의 바른 정립, 간언 수용 등을 강조해 군주로서의 역할을 자각하고 있다는 모습을 보이려 했다. 대원군정권기 고종은 민생안정을 군주의 최대 과제이자 임무로 받아들여 민생문제에 적극적으로 대처하는 과정에서 군주자질을 형성·발휘하며 통치권자로서의 지위를 구축해 갔다는 것이다.

이렇게 고종은 성학을 통해 학문적인 이해를 비롯해 성현과 조종의 전통 답습, 민생안정의 중요성 등 군주가 가져야 할 기본 덕목과 자세를 배우고 있었다. 고종의 학문 정진은 모두 시원임 고위정부관료로 구성된 강연관이 보도·보좌하고 있었고, 고종은 강연에서 그들과 함께 정치적 문제와 해결방안에 대해 토론했다. 여기에 차대 등 정치회합에 참여하면서 대원군정권기 정권담당자의 사고와 정치적 지향을 자연스럽게 배우며 정치가로서의 감각과 자질을 키워 갔다. 또한 대원군정책에 적극적으로 협력하거나 직접 지시함으로써 대원군의 정책 목표와 추진방식을 익혀 갔다. 이는 고종이 실질적으로 통치권을 행사하지는 않았다고 해도 곁에서 정치현실을 지켜보며 관여하는 과정에서 군주로서의 통치역량을 형성할 기회가 충분히 제공되어 있었음을 의미했다. 고종의 강연은 1873년 12월 그가 실질적인 통치권을 회복함에 따라 명칭이 일강으로 바뀌어 보다 정식적인 형태를 갖추게 되었지만, 친정 이후에는 그다지 개최되지 않았다. 때문에 고종의 성학을 통한 민본관·군주관·통치자로서의 기본자질 형성은 그의 재위 전기, 특히 대원군정권기에 대부분 이루어졌다고 말할 수 있다.

고종이 공부에 힘쓰던 10년간 대원군은 정권을 장악하고 세력기반을 확대하면서 다양한 정책을 추진했다. 대원군정권기는 세 시기로 구분할 수 있는데, 제1기(1863년 12월~1866년 2월)에 대원군은 신정왕후와 고종의 권위를 빌어 왕실행사와 정치참여로의 기회를 확보한 후, 종친·선파 세력의 기용을 확대하고 종친부와 의정부 권한을 부활시켜 정치적 기반을 조성해 갔다. 또한 신정왕후의 지시로 경복궁공사를 주관하게 되면서 공식적으로 국정운영에 참여한 대원군은 제2기(1866년 3월~1872년 9월)가 되면, 고종으로부터 권력을 위임받아 서원정리·무단토호정책 등을 추진해 지방행정과 조세제도를 정비·정상화시킴으로써 왕실과 중앙정부의 통치권을 강화해 갔다. 제2기에 그는 김병학형제와 제휴해 기존 안동김씨 중심의 노론세력을 권력기반으로 확보하며, 종친·선파와 외척인 풍양조씨·여흥민씨를 정계에 진출시켜 기반을 안정시켰다. 여기에 남인·북인·무장 세력을 고위관직에 등용하며 권력 확대를 꾀했다. 또한 통제영·진무영 등 지방군제의 강화·개편, 무신대우개선정책, 삼군부 복구를 통해 군정의 총괄과 강병한 국가건설을 동시에 추구했다. 이처럼 대원군은 종친부를 통해 왕실을, 의정부를 통해 행정권을, 삼군부를 통해 군권을 장악하며 종친부·의정부·삼군부를 중심으로 한 중앙집권화를 실현하고 원활한 국정운영체제를 구축하려 했다. 이는 그의 통치활동 목표가 왕조 초기와 같은 강력한 왕실과 국가 확립에 있었음을 드러낸다. 그리고 대원군의 부국강병정책이 착실히 진행되었음은 1870년을 전후해 정부관료들이 대원군정책으로 인한 다양한 성과를 빈번하게 거론한 사실에서도 엿볼 수 있다. 이와 같은 상황에서 대원군은 자신의 국정운영 성과를 바탕으로 의정부를 친대원군세력인 영의정 홍순목(노론)·좌의정 강로(북인)·우의정 한계원(남인)으로 구성해 한층 더 강화된 권력 독점을 시도하게 되었다.

그런데 대원군의 권력 독점 현상과 남인·북인·무신의 중용, 서원정리 등의 정책은 기득권을 유지하려는 안동김씨를 비롯한 노론세력에게 위기감을 불러일으키게 되었다. 또한 장기간에 걸친 궁전공사에 소요된 막대한 경비가 민생부담 가중과 양반에 대한 납세 강요로 이어져 대원군의 정치활동에 대한 정당성을 약화시키고 있었다. 무엇보다도 성년이 된 고종에게 통치권을 돌려주기는커녕 더욱 강화된 권력 독점을 꾀한 대원군의 태도는 고종에게 심각한 위협으로 다가왔다. 그러자 고종은 대원군정책이 민생에 폐해를 가져온다고 주장하며 친정체제로의 명분과 기반을 확보해 갔다. 결국 대원군의 권력 독점, 다양한 세력의 등용확대, 서원·궁전공사 등의 각종 정책은 고종과 노론·문신 중심의 기득권 유지 세력을 반대원군세력으로 결집시킴으로써 그의 퇴진을 가져오는 원인으로 전환되어 갔다고 하겠다.

대원군정권기에 고종은 대원군의 정치활동이 군주권력의 강화와 안정에 기여한다고 믿고 있었다. 따라서 그는 대원군에게 통치권을 위임하며 적극적으로 지지·협력했다. 그러나 1870년대 들어 대원군의 정책이 군주인 자신의 권력 강화를 위한 것이 아니며, 민생안정을 저해한다고 판단한 고종은 주변에 친군주세력을 배치하며 친정체제 구축을 시도했다. 여기에 청에 파견되었던 사신이 청황제의 친정과 백성들의 친정기대 소식을 전한 것은 고종의 친정의지를 북돋았다. 그러자 고종은 1873년 10월 제출된 최익현 상소를 계기로 실질적인 친정을 선포하게 되었다. 그는 정부관료들이 최익현에 대한 처벌 결정에 대대적인 반대를 펼치는 가운데, 신정왕후와 극소수 측근의 지원을 받아 대원군 퇴진과 정계개편을 추진했고, 자신의 회유에 응하지 않았던 영중추부사 홍순목·좌의정 강로·우의정 한계원을 파면시킨 후, 영의정 이유원·우의정 박규수체제를 발족시켰다. 이렇게 고종은 약 한 달에 걸친 정부관료, 또는 친대원군세력과의 정쟁을 극복하고 1873년 말 즉위 10년 만에 명실공이 조선의 최고통치권자가 되었다.

친정선포과정에서 드러난 고종의 통치권 장악에 대한 의지와 활동은 대원군정권기 10년간 성학을 통해 형성된 군주로서의 자질과 대원군의 정책 결정에 참여하면서 향상된 정치능력이 발휘된 결과였다. 친정을 선포할 당시 그는 민생에 대한 부담을 강조해 대원군의 집권 명분을 훼손시켰고, 반대원군적인 여론 확대를 조장해 그들을 군주의 권력기반으로 포섭해 갔다. 당시 아직 대원군과 다른 정치기반을 확보하지 못하고 최익현 처벌을 둘러싸고 정부관료와 심각한 갈등이 야기되는 상태에서 고종이 정부관료들의 반발을 극복하고 통치권을 회복할 수 있었던 원동력은 즉위 이후 10년간 형성해 온 민본의식과 정치적 역량에 대한 강한 자신감 때문이었다.

친정 직후(1874년~1876년) 고종은 소수의 친대원군세력을 제외하고는 대원군정권기의 정치집단을 끌어들여 자신의 권력기반으로 재편해 갔다. 그는 정부요직과 각 군영대장직을 재배치해 국정을 안정시킴과 동시에 외척인 여흥민씨·풍양조씨와 안동김씨·광산김씨 등 노론세력을 중용하며 새로운 측근세력 형성에 힘을 기울였다. 또한 대원군정책 중에서 궁전공사와 서원정리, 무단토호정책 등 왕실과 중앙정부의 통치권 강화에 필요한 정책은 지속하면서도 대원군정권기에 신설된 각종 세금을 폐지하거나 용도를 변경했고, 청전통용을 금지해 민생폐해 제거와 대원군의 재정원 차단을 동시에 실현하려 했다. 여기에 삼군부 약화, 무위소 설립과 군사·군수자원의 집중, 무위도통사·무위소제조에 외척·측근세력 등용을 통해 대원군의 군사기반 해체와 자신의 군정장악을 시도했다. 그러나 진무영개편작업으로 인해 대원군이 은둔하고 대원군귀경상소를 처리하는 과정에서 불안정한 권력기반이 노정되자, 고종은 영의정 이유원 대신에 좌의정 이최응·우의정 김병국으로 구성된 제2차 정계개편을 단행하고 측근 중심의 정치운영을 더욱 강화하며 정국안정과 군주의 권력기반 확립을 추구해 갔다.

이처럼 재위 전기에 고종은 통치자로서의 교육을 집중적으로 받으면서 대원군정책의 추진을 지시·협력함으로써 민본의식과 통치권력에 대한 인식을 형성해 갔다. 그리고 교육과 경험을 바탕으로 스스로 친정을 선포하고 통치권을 회복한 후, 대원군의 권력기반과 정책을 수정하며 군주가 권력을 장악할 수 있는 조건을 만들고자 했다.

이러한 고종 재위 전기 통치의 특징을 정리하면 다음과 같다.

첫째, 고종은 대원군정권기 10년간 대원군이 국정을 총괄하는 가운데 비교적 안정된 상황에서 성학에 전념하고 있었다. 그는 정치운영을 대원군에게 위임함에 따라 다양한 정치현안과 정치세력과의 알력에서 자유로울 수 있었다. 이는 이전 세도정치기의 연소한 군주가 수렴청정이 끝난 후 곧바로 치열한 정쟁 속으로 편입된 것과 비교해 고종에게는 군주의 자질 형성에만 집중할 수 있는 환경과 시간이 주어져 있었음을 의미했다. 때문에 고종은 20살이 될 때까지 대원군의 보좌하에서 제왕교육을 받고 대원군의 정치방식을 배우며 통치자적 사고와 행동의 틀을 착실히 형성해 갈 수 있었다.

둘째, 대원군정권기 고종은 실질적인 통치보다 수신인 성학이 강조되는 상황에서도 민생문제에는 적극적으로 관여했다. 그는 강연에 참가한 강연관들로부터 경전·사서에 대한 설명뿐만 아니라, 민생에 관한 정보를 얻으며 자유로운 토론이 가능한 분위기를 조성하려 했고, 민생안정책 모색과 실시를 촉구하는 등, 민생개선에 지대한 관심을 기울였다. 또한 무단토호 제거, 전쟁에 참가한 장병 위로, 연로 백성에 대한 구휼, 서원정리를 위한 성균관유생 설득, 무신들의 대우개선, 종친·선파 세력의 정계진출 확대와 지위향상, 진무영 강화정책 등에 협력하거나 직접 지시함으로써 대원군의 정치활동에 관여했다. 그리고 이 과정에서 고종이 습득한 정책수립과 추진, 방법과 목표 등은 친정선포 이후 통치활동의 기반이 되었다.

셋째, 고종의 교육을 담당하던 강관은 모두 대원군정권의 시원임고관이었고, 강관 구성은 대원군정권의 정계인사와 밀접한 관련을 갖고 변동되었다. 1864(고종1)년의 강연에 약 70% 정도였던 노론의 강관과 강연참가 비중이 1870년대 들어 50% 이하로 떨어진 사실이나 고종1년에는 단 한 명도 강관으로 뽑히지 않았던 남인의 비중이 1870년대에 20%를 넘는 수준까지 증가한 것은 대원군정권기의 정계구성 변화양상과 일맥상통한다. 또한 권강이 개최된 1864년과 1865년에 많았던 시원임의정의 강연참가가 점차 감소한 사실이나 안동김씨와 김병학의 강연관여도 증감 현상, 강연참가에 드러난 각 당파와 인물 동향도 대원군정권의 정치세력이나 권력의 추이와 연관된 것이었다. 그리고 이 같은 정권담당자들로부터 교육을 받아 형성된 고종의 통치관에는 대원군정권기 정치집단의 성향과 사고 및 대원군의 정치운영방식이 영향을 미치며 내재화되어 갔다고 할 수 있다.

넷째, 고종의 강연은 단순히 학문을 배우는 자리에 머무르지 않고, 고종이 자신의 의견을 주장하며 정치활동을 전개하는 장으로도 이용되고 있었다. 1873년 친정을 선포할 때 고종은 강연에서 최익현의 상소를 지지하며 통치권 회복에 대한 의지를 분명히 했다. 여기에 최익현에 대한 처벌 결단이 간언을 수용하려는 군주의 자세임을 강조해 자신을 거스르는 정부관료를 설득·회유 또는 억제하면서 그들에게 군주를 향한 충성을 다하도록 요구했다. 또한 강연 내용을 조지에 실어 반포하게 함으로써 자신의 민본의식과 친정 의지, 그리고 친정 명분을 알리고자 했다. 친정선포 이후에는 강연을 일강으로 승격시킨 후, 종신과 문신을 대거 참가시켜 군주의 권위 과시와 세력기반 확대에 이용했을 뿐만 아니라, 강관으로 참가한 고위관료와 개별적인 회담 형태로 정치현안 등을 긴밀히 상담했다. 이처럼 고종은 소수 정부관료와 다양한 주제로 토론할 수 있는 강연을 자신의 의견개진 및 의사·행동에 대한 정당성 주장의 기회로 삼거나 실무관료와의 개별적인 상담을 통해 복잡한 문제를 신속히 결정·추진하려 하는 등, 각종 문제의 원만한 해결과 정치활동의 폭을 넓히는 데 활용했다.

다섯째, 대원군의 통치활동 목표는 왕실과 중앙정부의 통치권 강화와 국가부강 실현에 있었으며, 그의 권력장악과 정책추진 과정은 3단계를 거쳐 전개되었다. 종친으로 정치에 대한 관여가 제한되어 있던 대원군은 제1기 신정왕후와 고종의 권위에 의존하면서 왕실행사와 정치참여로의 기회를 획득하고, 그들을 통해 종친부와 의정부 권한을 회복시켜 왕실과 중앙정부가 권력을 확보할 수 있는 체제를 구축해 갔다. 또한 기존 정치세력과 제휴하고 종친·선파의 등용을 확대해 안정적인 권력기반을 조성하려 했다. 제2기 들어 고종으로부터 공식적으로 권력을 위임받은 대원군은 왕조재건작업을 본격적으로 추진해 갔다. 이 시기 대원군은 안동김씨 김병학 형제를 중심으로 한 노론세력과 협력하면서 남인·북인의 기용 확대와 고위관료로의 임명, 그리고 무신의 대우개선과 중용을 바탕으로 한층 더 강화된 권력기반 확대를 시도했다. 여기에 경복궁을 비롯한 각 궁전, 왕실관련건물, 정부청사의 재건·신축사업을 계속하며, 서원정리, 무단토호 제거, 통제영·진무영 등의 지방군제 개편·강화정책을 실시했다. 1868년에는 삼군부도 부활시켜 삼군부로 하여금 군정을 총괄토록 했다. 대원군은 고종즉위 직후부터 종친부·의정부·삼군부의 지위와 권한 회복을 추진해 종친부가 왕실과 종친·선파를, 의정부가 행정권(부)을, 삼군부가 군권(부)을 관장하게 만듦으로써 중앙집권화를 확립·강화하려 한 것이었다. 그 결과 제3기가 되면 의정부삼의정을 모두 친대원군세력인 영의정 홍순목(노론)·좌의정 강로(북인)·우의정 한계원(남인)으로 구성할 정도로 정권을 완전히 장악하게 되었다.

 여섯째, 대원군정책, 특히 경복궁재건공사와 서원정리, 무신대우개선 등의 정책은 그 과정에서 드러난 부작용과 노론세력의 위기의식 확대로 인해 대원군의 정계은퇴를 초래했다. 당초 경복궁재건은 왕실뿐만 아니라 백성에게도 복을 가져온다는 이유로 시작되었지만, 공사가 장기화·확대됨에 따라 심각한 재정부족을 불러일으켰다. 그러자 대원군은 재정난을 타개하고자 결두전을 비롯해 각종 세를 신설함과 동시에 원납전징수·당백전주조·청전유통·양반으로의 호포징수를 강제했다. 이는 민생부담 가중과 화폐유통구조의 문란, 징세 부정과 더불어 신분제도를 문란하게 만든다는 이유로 비난의 대상이 되었다. 이 때 서원정리, 남인·북인·무신의 중용 등에 불만을 가진 노론 중심의 문신세력은 대원군의 권력 독점을 저지하고 기득권을 유지하기 위해 대원군정책의 문제점을 적극적으로 부각시켜 반대원군적인 여론을 조성하고자 했다. 이렇듯 대원군의 각종 정책, 특히 건축공사지속·세원확대·서원폐지·약소당파의 등용강화 등은 자신들의 입지축소를 경계하는 세력에게 적절한 명분을 제공함으로써 대원군의 퇴진 종용으로 이어지게 되었다.

일곱째, 대원군 퇴진은 대원군의 권력 독점을 더 이상 방치할 수 없게 된 고종의 친정체제 구축에 대한 강력한 의지 표명으로 단행되었다. 고종은 대원군정권기에 실시된 다양한 대원군의 활동이 군주의 통치권 안정·확립에 기여한다고 믿고 있었다. 그러나 대원군은 고종에게 권력을 돌려주지 않고 오히려 스스로에게 집중시켰고, 부국강병정책 추진에 따른 재정부담을 백성에게 부담시킴으로써 민생안정과 군주권을 중시한 고종에게 경각심을 불러일으켰다. 이런 상황에서 청황제의 친정과 백성의 기대에 대한 소식은 고종에게 친정으로의 포부를 높여 친정체제 구축을 서두르게 만들었다. 그는 외척 중심의 측근세력을 주변에 배치하고 대원군정책에 대한 반대여론 형성을 조장하며 반대원군세력을 결집시키려 했고, 대원군정책의 문제점을 제기하며 대원군의 정치활동 명분과 정당성을 부정해 갔다. 그리고 1873년 10월에 제출된 최익현 상소를 계기로 친정으로의 확고한 의지를 드러내며 친정체제 기반을 정비했다. 결국 대원군의 정계은퇴와 고종의 실질적인 친정체제 성립은 장기간에 걸친 제왕교육과 통치역량의 향상, 그리고 정권을 장악해 새로운 정치를 펼쳐 나가려는 고종의 강력한 의지의 산물이었다고 하겠다.

여덟째, 친정 이후 고종의 권력기반은 1874년 말을 계기로 변화하게 되었다. 친정을 선포한 직후, 고종은 소수의 친대원군세력을 제외하고는 대원군정권기의 정치세력을 가지고 정계를 개편했다. 그는 영의정 이유원·우의정 박규수체제를 발족시켜 그들과 함께 국정을 총괄하면서 외척과 종친·

선파를 정부요직과 중앙군영 대장에 임명해 권력기반을 안정시키려 했다. 특히 1874년에는 영의정 이유원과 정치적 동반자관계를 형성하고 그의 협력하에서 반대 의견까지 적극적으로 수용하며 친정 직후 다양한 문제의 원만한 해결을 꾀했다. 그러나 고종의 독단적인 무위소 확대와 진무영 개편작업은 대원군의 양주 은둔과 대원군귀경요청상소의 지속적인 제출을 가져왔고, 이는 정권의 수반인 이유원에 대한 비판으로 이어지며 고종의 친정체제를 위협하는 원인이 되었다. 그러자 고종은 불안정한 정국을 다스리고 권력기반을 강화하고자 좌의정에 종실인 이최응을 임명해 대원군의 정계복귀 명분을 불식시키려 함과 동시에 우의정에 김병국을 등용해 안동김씨를 비롯한 노론세력을 권력기반으로 편입시키려 했다. 여기에 외척과 측근세력의 형성과 등용을 확대한 결과, 1875년에 들어서면 여흥민씨 민규호·풍양조씨 조영하·광산김씨 김보현·안동김씨 김병시가 새로운 실세로 등장하게 되었다. 모두 노론이며 대원군정권기부터 승정원·홍문관·규장각 관원으로 활동하던 이들은 고종의 통치권 회복 이후 더욱 중용되어 정부요직을 독점하며 인사·재정·군권을 장악·주도해 갔다. 이처럼 고종이 1875년을 전후로 소수의 측근을 중심으로 정치를 행하는 측근정치를 심화시킨 것은 이후 그의 국정운영방식을 규정하는 중요한 형태로 자리잡게 되었다.

아홉째, 친정 직후 고종은 대원군정책을 선별적으로 수용·파기했는데, 그 기준은 표면적(이념적)으로는 민생안정, 실질적(현실적)으로는 대원군의 세력 약화와 군주권 확립과의 관련 여하에 있었다. 고종은 재정경제정책에서는 다양한 명목의 수세 중에서도 특히 대원군정권기에 신설된 세, 즉 연강세·결두전·성문세·청전 등을 집중적으로 폐지했는데, 이는 민생폐해 제거와 대원군의 재정원 차단이라는 두 가지 목적을 동시에 실현하기 위해서였다. 또한 군사정책에서는 삼군부 담당자인 각 군영대장·통제사·진무사·포도대장의 지위 격하와 역할 제한, 대원군정권기에 강화된 진무영 축소·개편과 강화유수의 진무사겸임 회복을 단행했다. 여기에 궁전수비 강화를 이유로 새로이 설립된 무위소에 군사·군수물자를 집중시키고, 무위도통사·무위소제조에 문신인 측근을 임명해 대원군의 군사적 기반을 해체하고 스스로 군권을 장악하려 했다. 그러나 고종의 재정경제정책은 심각한 정부재정난, 대민 납세 강요, 각종 명목의 수세 신설 등을 가져왔고, 군사정책은 무위소와 각 군영과의 차별 심화로 인한 무위소 이외 군영의 불만 축적과 기능 저하를 야기시켰다. 뿐만 아니라, 해방이 부수적인 문제로 다루어짐으로써 국방력이 약화되는 상황을 초래하게 되었다.

마지막으로 고종의 재위 전기에는 생존한 실부가 정권을 주도한다는 전대미문의 상황이 전개되고 있었다. 이는 권력을 장악해 강력한 왕실과 국가를 재건하려는 대원군의 의지와 대원군의 통치활동이 군주권 확립과 국가발전에 기여한다고 믿고 있던 고종이 그것을 적극적으로 지지하며 권력을 위임했기 때문에 가능했다. 대원군의 정권장악은 통치권과 정치운영에 대한 대원군과 고종의 이해가 일치함으로써 성립·유지되었다는 것이다. 그러나 통치권력 분배에 대한 양자의 이해관계는 고종의 대원군을 향한 신뢰가 무너지면서 변화되지 않을 수 없게 되었다. 그러자 이제까지 양자간에 내재되어 있던 '충'·'효'의 문제가 한꺼번에 표출되어 정계를 심각한 갈등국면으로 이끌었다. 원칙적으로 고종의 대원군에 대한 '효'보다는 대원군의 고종에 대한 '충'이 우선되어야 할 사항이었지만, 대원군은 유약한 군주를 보좌·보도함으로써 신하의 도리를 이행하고 있었고, 고종은 대원군으로의 절대적인 신뢰와 지지를 바탕으로 통치권을 위임함으로써 아버지를 향한 도리를 다하고 있었다. 이런 상황에서 대원군이 고종의 그것을 넘는 통치권을 장악·행사한 것은 고종에게 불충으로 받아들여지게 되었다. 그러자 고종은 '효'보다는 '충'을 우선시하며 대원군에게 권력을 천단하고 군주통치권을 위협한다는 불충의 죄를 물어 정계로부터 퇴진시켰다. 이렇게 충과 효를 둘러싼 고종과 대원군의 갈등은 양쪽 모두 강한 권력욕을 가졌을 경우에 언젠가는 표면화되지 않을 수 없는 고종즉위 초기부터 내재되어 있던 문제였고, 1870

년대 들어 대원군이 성인이 된 고종에게 통치권을 되돌리기는커녕 권력을 더욱 확대함에 따라 본격적으로 표출되었다. 그 결과 이후 정국은 고종과 친대원군세력 간의 알력과 고종의 측근정치 심화로 전개되어 갔다.

재위 전기 고종은 대원군정권기의 제왕교육을 통해 민생안정과 군주의 절대권력을 중시하는 통치관을 형성하고 있었다. 또한 대원군의 통치 목표와 활동이 군주의 권력 확립에 기여한다는 신뢰를 바탕으로 대원군정책에 적극 협조하며 통치자로서의 자질을 갖추어 갔다. 이는 이제까지 대원군정권으로 불리며 고종의 활동이 소홀히 취급되었던 재위 전기가 차후 고종의 통치활동을 규정하는 중요한 시기였음을 보여준다.

여기에 고종의 절대적인 신뢰를 바탕으로 정권을 장악한 대원군은 고종이 그 반환을 강력하게 요구함에 따라 정계에서 물러나게 되었다. 그러자 고종은 대원군의 정치기반을 토대로 외척과 노론 중심으로 정계를 재편해 통치권을 안정시키는 한편, 대원군정권기 실시된 각종 정책에 대한 재고를 시도했다. 당시 그는 민생안정이라는 통치자로서의 책임·역할과 대원군의 권력기반 해체 및 군주의 통치권 강화·확립이라는 두 가지 과제를 실현하고자 대원군과 차별화된 정책을 추진해 나간 것이었다. 그리고 이 같은 고종친정 직후의 통치형태와 당시 행해진 각종 정책의 여파는 이후 그의 국정운영에 지속적으로 영향을 미치게 되었다고 하겠다.

참고문헌

(1) 기본사료

『승정원일기』
『일성록』
『고종실록』
『비변사등록』
『조선왕조실록』
『珠淵集』
『경국대전』
『대전회통』
『六典條例』(법제처 편, 법제처, 1966)
『兩銓便攷』(법제처 편, 법제처, 1978)
『삼반예식』(고종명 편, 1866)
『박규수전집』상·하(한국학문헌연구소 편, 아세아문화사, 1978)
『율곡전집』
『대한계년사』상·하(정교 저, 국사편찬위원회, 1957)
『與猶堂全書』(정약용 저)
『勉庵集』(최익현 저)
『梅泉野錄』(황현 저, 국사편찬위원회, 1955)
『근세조선정감』상(박제형 저, 탐구당, 1992)
『일본외교문서』(일본외무성 편, 1936)
『청계중일한관계사료』1-11(중앙연구원근대사연구소 편, 경인문화사, 1982)
『대한제국 관원이력서』(국사편찬위원회 편, 국사편찬위원회, 1972)

(2) 저서

〈한국편〉

강광식,『신유학사상과 조선조유교정치문화』, 집문당, 2000.
강종일,『고종의 대미외교—갈등·기대·좌절』, 일월서각, 2006.

고석규,『19세기 조선의 향촌사회연구』, 서울대학교출판부, 1998.
금장태,『조선후기의 유학사상』, 서울대학교출판부, 1999.
_____,『한국유교사상사』, 한국학술정보, 2002.
_____,『조선후기 유교와 서학』, 서울대학교출판부, 2003.
권석봉,『청말 대조선정책사 연구』, 일조각, 1986.
권혁수,『19세기말 한중관계사 연구』, 백산자료원, 2000.
김길환,『조선조 유학사상 연구』, 일지사, 1986.
김대준,『고종시대 국가재정 연구』, 태학사, 2004.
김동철,『조선후기 공인 연구』, 한국연구원, 1993.
김용덕,『조선후기 사상사 연구』, 을유문화사, 1987.
김명숙,『19세기 정치론 연구』, 한양대학교출판부, 2004.
김문식,『조선후기 경학사상연구』, 일조각, 1996.
김병우,『대원군의 통치정책』, 혜안, 2006.
김석희,『조선후기 지방사회사연구』, 혜안, 2004.
김옥근,『조선왕조재정사연구 4—근대편』, 일조각, 1992.
김용구,『세계관 충돌과 한말외교사 : 1866~1882』, 문학과 지성사, 2001.
김용섭,『조선후기 농업사연구』 1-2, 지식산업사, 1995.
김용욱,『조선시대정치체계—체계유지와 붕괴』, 원광대학교출판국, 1988.
김우철,『조선후기 지방군제사』, 경인문화사, 2001.
김운태,『조선왕조행정사』, 일조각, 1984.
김의환,『조선근대대일관계사연구』, 경인문화사, 1974.
김재승,『한국근대 해군창설사』, 혜안, 2000.
김제방,『흥선대원군·명성황후』, 지문사, 2003.
김종수,『조선후기 중앙군제연구』, 혜안, 2003.
김준석,『조선후기 정치사상사 연구』, 지식산업사, 2003.
김호일,『한국개항전후사』, 한국방송사업단, 1982.
김덕진,『조선후기 경제사연구』, 선인, 2002.
노대환,『동도서기론 형성과정 연구』, 일지사, 2005.
문용식,『조선후기 진정과 환곡운영』, 경인문화사, 2001.
박영규,『조선의 왕실과 외척』, 가람기획, 2003.
박충석·渡辺浩 공편,『국가이념과 대외인식—17~19세기』, 아연출판부, 2002.
반윤홍,『비변사연구』, 경인문화사, 2003.
배항섭,『19세기 조선의 군사제도연구』, 국학자료원, 2002.

백기인, 『조선후기 국방론 연구』, 혜안, 2004.
백승철, 『조선후기 상업사 연구』, 혜안, 2000.
변원림, 『고종과 明成』, 국학자료원, 2002.
서인한, 『대한제국의 군사제도』, 혜안, 2000.
서태원, 『조선후기 지방군제 연구』, 혜안, 1999.
서영희, 『대한제국 정치연구』, 서울대학교출판부, 2003.
송찬섭, 『조선후기 환곡제개혁연구』, 서울대학교출판부, 2002.
신명호, 『조선의 왕: 조선시대 왕과 왕실문화』, 가람기획, 2000.
신영훈, 『운현궁』, 조선일보사, 1999.
신용하, 『한국근대 사회사상사 연구』, 일지사, 1987.
연갑수, 『대원군정권기부국강병정책연구』, 서울대학교출판부, 2001.
오영교, 『조선후기 향촌지배정책 연구』, 혜안, 2001.
_____, 『조선후기 사회사 연구』, 혜안, 2005.
원유한, 『조선후기 화폐사 연구』, 한국연구원, 1975.
유근호, 『조선조 대외사상의 흐름』, 성신여자대학교출판부, 2004.
유송옥, 『조선왕조 궁중의궤 복식』, 수학사, 1991.
윤재민, 『조선후기 중인층 한문학의 연구』, 고려대학교민족문화연구원, 1999.
윤희면, 『조선시대서원과 양반』, 집문당, 2004.
이경구, 『조선후기 안동김씨일문 연구』, 일지사, 2007.
이달순, 『조선왕조정치 연구』, 수원대학교출판부, 1990.
이민원, 『명성황후시해와 아관파천』, 국학자료원, 2002.
이상익, 『서구의 충격과 근대한국사상』, 한울아카데미, 1997.
_____, 『유교전통과 자유민주주의』, 심산문화, 2004.
이선근, 『조선 최근세사』, 정음사, 1945.
_____, 『한국사 최근세편』, 을유문화사, 1971.
이성무, 『조선후기 당쟁의 종합적 검토』, 역사연구실편집 한국정신문화연구원, 1992.
_____, 『조선시대 당쟁사 1-2』, 아름다운 날, 2007.
이세영, 『조선후기 정치경제사』, 혜안, 2001.
이수환, 『조선후기 서원연구』, 일조각, 2001.
이영춘, 『조선후기 왕위계승연구』, 집문당, 1998.
이영훈, 『조선후기 사회경제사』, 한길사, 1988.
이완재, 『한국근대초기개화사상의 연구』, 한양대학교출판원, 1998.
이은순, 『조선후기 당쟁사연구』, 일조각, 1996.

이재철,『조선후기 비변사 연구』, 집문당, 2001.
이준구,『조선후기 신분직역변동연구』, 일조각, 1993.
이철성,『조선후기 대청무역사연구』, 국학자료원, 2000.
이태진,『조선후기의 정치와 군영제 변천』, 한국연구원, 1986.
_____,『고종시대의 재조명』, 태학사, 2000.
_____,『조선왕조사회와 유교』, 法政大學出版局, 2000.
이태진 외,『고종역사청문회』, 푸른역사, 2005.
이훈상,『조선후기 향리』, 일조각, 1990.
이희권,『조선후기 지방통치행정연구』, 집문당, 1999.
장동표,『조선후기 지방재정 연구』, 국학자료원, 1999.
장영숙,『고종의 정치사상과 정치개혁론』, 선인, 2010.
_____,『고종 44년의 비원』, 너머북스, 2010.
장필기,『조선후기 무반벌족가문 연구』, 집문당, 2004.
정만조,『조선시대 서원 연구』, 집문당, 1997.
정옥자,『(조선후기)조선중화사상 연구』, 일지사, 1998.
정용화,『문명의 정치사상—유길준과 근대 한국』, 문학과 지성사, 2004.
정재훈,『조선전기 유교정치사상의 연구』, 태학사, 2005.
정호훈,『조선후기 정치사상 연구』, 혜안, 2004.
조항래,『개항기 대일관계사 연구』, 한국학술정보, 2006.
조휘각,『한국정치사상사』, 인간사랑, 2004.
차장섭,『조선후기 벌열연구』, 일조각, 1997.
최병옥,『개화기의 군사정책연구』, 경인문화사, 2000.
최봉영,『조선시대의 유교문화』, 사계절출판사, 1997.
최영진,『조선조 유학사상사의 양상』, 성균관대학교출판부, 2005.
최홍규,『조선시대지방사 연구』, 일조각, 2001.
_____,『조선후기 향촌사회 연구』, 일조각, 2001.
최효식,『조선후기 군제사연구』, 신서원, 1995.
최덕수,『개항과 朝日관계—상호인식과 정책』, 고려대학교출판부, 2004.
오갑균,『조선후기 당쟁연구』, 삼영사, 1999.
오성조,『조선후기 상업사연구』, 한국연구원, 2000.
오수창,『조선후기 평안도사회발전 연구』, 일조각, 2002.
한영우,『조선전기사회경제연구』, 을유문화사, 1983.
한영우 외,『대한제국은 근대국가인가』, 푸른역사, 2006.

한형조,『주희에서 정약용으로』, 세계사, 1996.
허동현,『근대한일관계사연구』, 국학자료원, 2000.
현광호,『대한제국의 대외정책』, 신서원, 2002.
교수신문기획,『고종황제역사청문회』, 푸른역사, 2005.
단국대학교동양학연구소 편,『개화기일본민간인의 조선조사보고자료집』1, 국학자료원, 2001.
석파학술연구원 편,『흥선대원군 사료휘편』1-4, 현음사, 2005.
조선시대사학회,『동양삼국의 군주권과 관료제』, 국학자료원, 1999.
태학사편집부,『전통의 변용과 근대개혁』, 태학사, 2004.
연세대학교 국학연구원 편,『개항전후 한국사회의 변동』, 태학사, 2006.
한국·동양정치사상사학회 편,『한국정치사상사』, 백산서당, 2005.
한국역사연구회 편,『19세기 정치사연구조선정치사─1800~1863』, 청년사, 1990.
_____,『조선후기 호적대장의 '戶'』, 성균관대학교 동아시아학술원 대동문화연구원 한국역사연구회, 2001.
한국법제연구원편집부 편,『대전회통연구─吏典編』, 한국법제연구원, 1999.
한국정치학회 편,『조선후기 사회와 정치사상』, 한국정치학회, 2000.

〈일본편〉

天野高之助,『淸韓論』, 兩輪堂, 1890.
糟谷憲一,『朝鮮の近代』, 山川出版社, 1996.
川勝守·吉田光男等著,『東アジア世界の歷史と文化』, 放送大學敎育振興會, 2006.
姜在彦,『朝鮮の儒敎と近代』, 明石書店, 1996.
_____,『朝鮮近代史』, 平凡社, 1998.
菊池謙讓,『近代朝鮮史』上, 鷄鳴社, 1937.
高橋徹, 조남호 譯,『朝鮮の儒學』, 소나무, 1999.
高橋亨,『高橋亨の朝鮮儒學史』, 芸文書院, 2001.
木村幹,『朝鮮/韓國ナショナリズムと「小國」意識─朝貢國から國民國家へ─』, ミネルヴァ, 2000.
須川英德,『李朝商業政策史硏究』, 東京大學出版會, 1994.
田保橋潔,『近代日本外國關係史』, 刀江書院, 1930.
_____,『近代日鮮關係の硏究』上下, 朝鮮總督府中樞院編 朝鮮總督府, 1940.
古屋哲夫,『近代日本のアジア認識』, 綠蔭書房, 1996.

溝口雄三 編,『アジアから考える』, 東京大學出版會, 1993~1994.
宮嶋博史 他,『明淸と李朝の時代』, 中央公論社, 1998.
宮嶋博史 編,『近代交流史と相互認識』, 慶應義塾大學出版會, 2001.
武田幸男,『朝鮮社會の史的展開と東アジア』, 山川出版社, 1997.
_____,『朝鮮史』, 韓美書籍, 2004.
武田幸男・宮嶋博史等著,『朝鮮』, 朝日新聞社, 1993.
森山茂德,『近代日韓關係史硏究』, 1987.
原武史,『直訴と王權 : 朝鮮・日本の「一君万民」思想史』, 朝日新聞社, 1996.
原田環,『朝鮮の開國と近代化』, 溪水社, 1997.
吉田光男,『韓國朝鮮の歷史と社會』, 放送大學敎育振興會, 2004.
渡部學,『朝鮮近代史』, 勁革書房, 1972.

(3) 논문

〈한국편〉

강상규,「고종의 대외인식과 외교정책」,『한국사시민강좌』19, 1996.
강성문,「조선후기의 강화도관방론 연구」,『육사논문집』56-2, 육군사관학교, 2000.
고정휴,「러일전쟁전후 고종의 외교」,『한민족독립운동사』1, 1987.
곽동찬,「고종조 토호 성분과 무단양태」,『한국사론』2 서울대학교, 1975.
김기삼,「흥선대원군시대 쇄국정책과 그 정치적 공적에 관한 연구」,『사회과학연구』, 조선대학교사회과학연구소, 1980.
김도기,「조선조 유학인식 이론에 관한 연구」, 성균관대학교박사논문, 1986.
김명숙,「조선후기 암행어사제도의 일연구」,『역사학보』115, 1987.
_____,「永興龍江서원 연구」,『한국사연구』80, 1993.
_____,「19세기 반외척세력의 정치동향」,『조선시대사학보』3, 1997.
_____,「雲石趙寅永의 정치운영론」,『조선시대사학보』11, 1999.
_____,「『西繡日記』으로 본 19세기 평안도지방 사회상」,『한국학논집』35, 한양대학교 한국학연구소, 2001.
_____,「19세기 전반기 김재찬의 정치활동과 정치론」,『한국사상과 문화』25, 2004.
김병우,「대원군집권기 정치세력의 성격」,『계명사학』2, 1991.
_____,「흥선군의 종친 및 종친부 재건책」,『조선사연구』11, 2002.
_____,「대원군의 정치적 지위와 국정운영」,『대구사학』70, 대구사학회, 2003.

김성혜,「고종 즉위 초기 군주관 형성과 그 내용」,『이화사학연구』 42, 2011.
_____,「1890년대 고종의 통치권력 강화 논리에 대한 일고찰」,『역사와 경계』 78, 2011.
김세은,「대원군집권기 군사제도의 정비」,『한국사론』 23, 서울대학교, 1990.
_____,「고종초기(1864년~1873년)의 경연」,『진단학보』 89, 2000.
_____,「고종초기(1863~1876) 국왕권의 회복과 왕실행사」, 서울대학교박사논문, 2003.
김영수,「대원군의 하야와 고종의 정치적인 역할」,『한국정치사상』 23, 1991.
김용숙,「왕실의 혼속」,『조선조 궁중풍속의 연구』, 일지사, 1896.
김윤곤,「흥선대원군의 쇄국주의적 정책론」,『한국행정사학지』 7, 1999.
_____,「흥선대원군의 행정사상연구」, 단국대학교박사논문, 1999.
김윤희,「대한제국기 황실재정운영과 그 성격」,『한국사연구』 90, 1995.
김형수,「고종의 친정과 개국정책연구(1873~1876)」,『이대사원』 33·34, 2001.
나애자,「대한제국기 권력구조와 광무개혁」,『한국사』 11, 1995.
도면회 등저,「특집 대한제국기 권력기구의 성격과 운영」,『역사와 현실』 19, 1996.
류국현,「대원군의 개혁정책에 관한 연구」,『한국행정사학지』 3, 1994.
류영렬,「일본의 대한지배정략과 고종의 국권수호운동」,『대한제국기의 민족운동』, 1997.
박명규,「19세기 후반 향촌사회의 갈등구조」,『한국문화』 14, 1993.
박석윤·박석인,「조선후기 재정의 변화시점에 관한 고찰」,『동방학지』 60, 1988.
박진철,「고종의 왕권강화책에 관한 연구(1873~1897)」, 원광대학교박사논문, 2002.
_____,「고종연간 민씨세력의 정치적 동향과 과거등용」,『인문학연구』 1-28, 조선대학교인문학연구소, 2004.
_____,「고종연간 민씨세력의 정치적 동향과 과거등용」,『인문학연구』 32, 2004.
배기헌,「조선후기 향촌지배질서와 토호」, 계명대학교석사논문, 1984.
서영희,「1894~1904년의 정치체제의 동향과 궁내부」,『한국사론』 23, 1990.
_____,「러일전쟁기 대한제국의 정권세력의 시국대응」,『역사와 현실』 25, 1997.
서영희 등저,「특집 대한제국의 역사적 성격」,『역사와 현실』 26, 1997.
서종태,「흥선대원군과 남인」,『한국근현대사연구』 16, 2001.
서진교,「1899년 고종의「대한국국제」반포와 전제황제권 추구」,『한국근현대사연구』 5, 1996.
_____,「대한제국기 고종의 황제권 강화정책에 관한 연구」, 서강대학교박사논문, 1997.

_____, 「대한제국기 고종의 황제권의 강화책와 경위원」, 『한국근현대사연구』 8, 1998.
_____, 「대한제국기 고종의 황실추숭사업과 황제권강화의 사상적 기초」, 『한국근현대사연구』 19, 2001.
_____, 「대한제국기 정치지배세력과 정국운영」, 『한국근현대사연구』 26, 2003.
서태원, 「영장제와 토호통제」, 『경주사학』 12, 1993.
성대경, 「대원군정권성격 연구」, 성균관대학교박사논문, 1984.
송병기, 「광무개혁」, 『한국사』 16, 1996.
송병기 등저, 「좌담 한국근대사의 역사적 성격」, 『동양학』 28, 1998.
송이랑·김경호, 「조선후기 사회구조적 변화와 대원군정책」, 『동아논총-동아대학교』 37, 2000.
안외순, 「대원군집정기 고종의 대외인식―견청회환사소견을 중심으로」, 『동양고전연구』 3, 1994.
_____, 「고종초기(1864~1873) 대외인식변화와 친정」, 『한국정치학회보』 30-2, 1996.
_____, 「대원군의 보수주의 정치」, 『행정사연구』 3, 1996.
_____, 「대원군정권기 권력구조에 관한 연구」, 이화여자대학교박사논문, 1996.
안종철, 「친정전후 고종의 대외관과 대일정책」, 『한국사론』 40, 1998.
엄찬호, 「고종의 대의병 밀사연구」, 『한일관계사연구』, 1997.
_____, 「연미론을 통해 본 고종의 균세정책」, 『사학연구』 58·59, 1999.
_____, 「임오군란 이후 고종의 인로거청정책」, 『강원사학』 13·14, 1998.
_____, 「고종의 대외정책에 관한 연구」, 강원대학교박사논문, 2000.
_____, 「주권수호를 위한 고종의 특사외교」, 『강원사학』 15·16, 2000.
연갑수, 「대원군집정의 성격과 권력구조의 변화」, 『한국사론』 27, 서울대학교, 1992.
_____, 「고종초 중기(1864~1894) 정치변동과 규장각」, 『규장각』 17, 1994.
_____, 「병인양요 이후 수도권방비 강화」, 『서울학연구』 9, 1997.
_____, 「대원군집권기(1863~1873) 서양세력에 대한 대응과 군비증강」, 서울대학교 박사논문, 1998.
_____, 「갑신정변 이전의 국내정치세력의 동향」, 『국사관논총』 93, 2000.
오연숙, 「대한제국기 고종의 인사정책과 관료층의 형성」, 『국사관논총』 100, 2002.
오영섭, 「갑오경장중 고종의 왕권 회복운동」, 『구한말의 민족운동』, 2000.
왕현종, 「대한제국기 입헌논의와 근대국가론」, 『한국문화』 29, 2000.
_____, 「민족적 관점에서의 한국근대정치사 비판과 '고종' 절대화」, 『역사문제연구』 6, 2001.

원재연, 「조선후기 서양인식의 변천과 대외개방론」, 서울대학교박사논문, 2000.
유한철, 「1906년 광무황제의 사학설립활동」, 『한국민족운동사연구』, 1997.
윤진헌, 「대원군의 쇄국정책에 관한 연구」, 『동아론총』 33, 동아대학교, 1996.
윤희면, 「고종대 서원철폐와 양반유림의 대응」, 『한국근현대사연구』 10, 1999.
이명수, 「청국의 간섭정책과 고종의 비밀외교」, 『사회과학논집』 4-1, 울산대학교, 1994.
이민수, 「흥선대원군의 내치 재조명」, 『사회문화연구』 2, 대구대학교사회과학연구, 1983.
_____, 「흥선대원군의 개혁정치와 그 한계성」, 『동학연구』 11, 2002.
이배용, 「개화기 명성황후 민비의 정치적 역할」, 『국사관논총』 66, 1995.
이은송, 「대원군정권의 교육정책에 관한 연구」, 『한국교육사학』 19, 1997.
이종범, 「19세기 후반 호포법의 운영실태에 관한 검토」, 『동방학지』 77·78·79, 1993.
_____, 「19세기 후반 부세제도의 운영과 사회구조」, 『동방학지』 89·90, 1995.
이태진, 「조선왕조의 유교정치와 왕권」, 『한국사론』 23, 1990.
_____, 「정조의 《대학》 탐구와 새로운 군주론 「題先正晦齋續大學或問卷首」 작성 배경」, 『李晦齋의 사상과 그 세계』, 1992.
_____, 「정조—유학적 계몽절대군주」, 『한국사시민강좌』 13, 1993.
_____, 「조선후기 대명의리론의 변천」, 『아시아문화』 10, 1994.
_____, 「서양근대정치제도 수용의 역사적 성찰—개항에서 광무개혁까지」, 『진단학보』 84, 1997.
_____, 「18세기 한국사 백성의 사회적·정치적 위상」, 『진단학보-斗溪李丙燾先生10週忌追念號』 88, 1999.
_____, 「정치:민본에서 민주까지—한국인의 정치의식 과거와 미래」, 『한국사시민강좌』 26, 2000.
_____, 「조선시대 「민본」 의식 변천과 18세기 「民國」 이념의 태두」, 『국가이념』, 2001.
_____, 「운양호사건의 진상—사건경위와 일본국기계양설의 진위」, 『조선의 정치와 사회』 별쇄, 집문당, 2002.
_____, 「19세기 한국의 국제법 수용과 중국과의 전통적 관계 청산을 위한 투쟁」, 『역사학보』 181, 2004.
임재찬, 「삼군부의 복설배경」, 『신라학연구』 3, 1999.

_____, 「병인양요전후 대원군의 군사정책」, 『경북사학』 24, 2001.
_____, 「삼군부의 복설과 역할」, 『신라학연구』 6, 2002.
장영숙, 「고종의 대외인식전환의 연구(1863~1881)」, 『상명사학』 5, 상명사학회, 1997.
_____, 「고종의 대외인식 전환과정 연구―1863년~1882년을 중심으로」, 『사학연구―乃雲崔根泳博士停年紀念論文集』, 1999.
_____, 「고종친정 초기 군령권의 추이와 군제개편(1873~1884)」, 『사학연구』 58·59, 1999.
_____, 「고종의 정치사상과 정치개혁론의 연구」, 상명대학교박사논문, 2005.
전용우, 「화양서원과 만동묘에 관한 일연구」, 『호서사학』 18, 1990.
정덕기, 「조선왕조말기 양전연구」, 『호서사학』 4, 1976.
정옥자, 「흥선대원군의 왕실교육 강화」, 『한국사연구』 99·100, 1997.
정재훈, 「조선전기 유교정치사상의 연구」, 서울대학교박사논문, 2001.
조재곤 외, 「한국근대정치사와 왕권」, 『역사와 현실』 50, 2003.
진희권, 「조선조초기의 유교적 국가이념과 국가질서」, 고려대학교박사논문, 1998.
차선혜, 「대한제국기 경찰제도의 변화와 성격」, 『역사와 현실』 19, 1996.
최병옥, 「고종대 삼군부연구」, 『군사』 19, 1989.
최영철, 「조선시대 감영 직제와 건축적 구성의 상관성 연구」, 홍익대학교박사논문, 1995.
한철호, 「고종친정초(1874) 암행어사파견과 그 활동―지방관징치를 중심으로」, 『한국근현대사연구』, 1999.
한충희, 「조선초(태조2년~태종1년) 의흥삼군부연구」, 『계명사학』 5, 1994.
홍순민, 「19세기 왕위 계승과정과 정통성」, 『국사관논총』 40, 1992.
황하현, 「이조후기 토지소유관계에 관한 연구」, 『경제연구』 5-2, 한양대학교경제연구소, 1984.
內藤辰郎, 「19세기 후반 유학사상」, 『한국종교사연구』 5, 한국종교사학회, 1997.

〈일본편〉

秋月望, 「朝露國境の成立と朝鮮の對應」, 『國際學研究』 8, 明治學院大學國際學部, 1991.
井上和枝, 「大院君の地方統治政策に關して―高宗朝「土豪別單」の再檢討」, 『民族史の展開とその文化』 上, 創作と批評社, 1990.

大沢博明, 「朝鮮永世中立化構想と近代日本外交」, 『青丘學術論集』, 1998.
梶村秀樹, 「日露戰爭と朝鮮の中立化論」, 『韓國近代政治史研究』, 1985.
糟谷憲一, 「大院君政權の權力構造」, 『東洋史研究』 49-2, 1990.
_____, 「閔氏政權上層部の構成に關する考察」, 『朝鮮史研究會論文集』 27, 1990.
_____, 「閔氏政權後半期における權力構造」, 『朝鮮文化研究』 2, 1995.
_____, 「大院君政權期における地方官の構成」, 『東洋文化研究』 1, 學習院大學東洋文化研究所, 1999.
_____, 「閔氏政權の權力構造とその開化政策・外交政策」, 『日韓歷史共同研究プロジェクト』 第6回シンポジウム報告書, 2004.
藤間生大, 「大院君政權の歷史的意義Ⅰ~Ⅱ―東アジア近代史研究の方法論と關連させて―」, 『歷史評論』 254~255, 校倉書房, 1971.
河村一夫, 「韓國日露兩國の爭覇とこれに對する國王のご宸慮」, 『朝鮮學報』 60, 1971.
_____, 「朝鮮國王族李埈鎔の來日について」, 『朝鮮學報』 133, 1989.
藤村道生, 「日韓議定書の成立過程」, 『朝鮮學報』 61, 1971.
藤間生大, 「大院君政權の構造」, 『近代東アジア世界の形成』, 1977.
宋安鍾, 「1874年における朝鮮政府の日朝交涉再開要因」, 『阪大法學』 45-6, 1996.
_____, 「1874年における日朝代理交涉の展開」(1)(2), 『阪大法學』 46-6・47-1, 1997年 2・4月.
宋安鍾, 「1874年の「日朝協定」」, 『阪大法學』 48-1, 1998.
月脚達彦, 「大韓帝國成立前後における對外的な態度」, 『東洋文化研究』 1, 1999.
長風山人, 「日露戰役前に於ける韓末宮廷外交秘聞」, 『韓國近世史論著集』 3, 1982.
三好千春, 「大院君政權の中國認識」, 『史艸』 35, 日本女子大學, 1994.
原田環, 「朝鮮策略をめぐって―李鴻章と何如璋の朝鮮策略―」, 『季刊三千里』 19, 1979.
_____, 「19世紀における朝鮮の對外危機意識」, 『朝鮮史研究會論文集』 21, 1984.
_____, 「1880年代前半における閔氏政權と金允植」, 『朝鮮史研究會論文集』 22, 1985.
広瀬貞三, 「李容翊の政治活動」, 『朝鮮史研究會論文集』, 1988.

Edward Shils, *Tradition*, The University of Chicago Press, Chicago., 1981.
James S. Coleman, "Tradition and Nationalism", *New States in Modern World*, Harvard University Press, Cambridge, Mass., 1975.
S.N.Eisenstadt, "Post-Traditional Societies and the Continuity and Reconstruction of

Tradition", *Post-Traditional Societies*, W. W. Norton Company, New York, 1972
James Palais B, *Political Leadership in the Yi Dynasty*, University of Washington Press, Seattle and London., 1976.
Ching Young Choe, *The Rule of The Taewongun 1864-1873 : Restration in Yi Korea*, East Asian Research Center Harvard University, Cambridge, Mass., 1972.

색인

[ㄱ]

가결(加結) 547
강관 29, 44, 80, 91~93, 109, 113, 115, 116, 118, 119, 125~158, 160~163, 167~177, 179~183, 185, 186, 239, 240, 347, 354, 357, 371, 374, 381~387, 439, 507, 509, 567, 568, 572, 573
강난형 130, 136, 144, 154, 161, 164, 230, 386, 389, 419, 503
강로 127, 136, 137, 139, 144, 145, 147~152, 154~158, 162, 164, 172, 181, 183, 230~234, 245, 248, 262, 302, 303, 324, 346, 354, 363, 364, 366, 371, 379, 381, 384, 386~388, 395, 401, 402, 404, 410, 411, 481, 495, 569, 570, 574
강연(講筵) 29, 30, 43, 79~82, 87~89, 91, 92, 94, 95, 97~104, 106~110, 113~115, 117~120, 122, 123, 125~135, 137~140, 142, 143, 145~153, 155~158, 160~163, 167~186, 216, 286, 293, 294, 340, 347, 356~358, 368, 371, 374, 380, 388~390, 476~478, 487, 495, 507~509, 515, 518, 522, 567, 568, 572, 573
강연관 29, 89, 91, 100, 101, 108, 110, 112~116, 122, 134, 183, 186, 215, 357, 374~376, 382, 402, 568, 572
강진규 262, 365, 366, 367, 380
강화도 204, 232, 298, 317, 438, 441, 462, 464, 491
강화유수 215, 318, 323, 417, 418, 438, 461, 462, 463, 464, 465, 475, 488, 499, 504, 521, 576
갱장록(羹墻錄) 99
건원릉참봉 212, 433, 499
건청궁 262, 268, 366, 380
결가(結價) 489, 490, 492, 500, 508, 543, 546, 547, 551, 553, 554, 564
결두전(結頭錢) 260, 261, 263, 268, 351, 352, 474, 492, 497, 515, 521, 523, 527, 529, 538, 563, 574, 576
결렴(結斂) 260, 261, 263, 265, 330, 351, 383, 497, 542, 545~550, 562
결복(結卜) 201, 276, 278, 282
경기구관당상 421~424
경기도 양주 73, 162, 397, 403, 406, 435, 465, 466, 467, 483, 488, 498, 510, 520, 521, 532, 576
경모궁(景慕宮) 194, 429
경복궁재건 30, 199, 200, 216, 254, 256~259, 267, 268, 304, 311, 343, 351, 364, 396, 427, 493, 502, 508, 513, 574
경연(經筵) 24, 79, 82, 86, 89, 100, 101, 113, 114, 214, 274, 280, 361, 485
경주김씨 39, 41, 52, 53, 62, 68, 128~131, 133, 135~142, 164, 167, 170, 226, 230, 236, 243, 244
경평군(慶平君) 69, 70, 210

경행소(徑行疏) 448
계절(繼絶) 377, 383
계통(繼統) 28, 49, 50, 61~65, 75, 87, 194, 224, 508
고종 7~9, 15~31, 36, 37, 42, 48, 54~57, 59~67, 70~76, 79, 80, 82, 85~120, 122~130, 132~148, 150~164, 168~174, 176~183, 185, 186, 189~210, 212~229, 231~242, 246, 248, 249, 251, 252, 254~268, 270, 272, 274, 275, 279~292, 294~322, 325~331, 335~372, 374~416, 421, 422, 424~448, 450~565, 567~578
고종친정 24, 26, 30, 76, 126, 127, 158, 160, 162, 173, 175~177, 199, 227, 231, 235, 237, 239, 241, 261, 336, 390, 399, 407, 410, 413, 422, 425, 426, 429, 431, 433~441, 444, 466, 469, 471, 476~478, 481, 483, 484, 491, 505, 508, 509, 560, 578
곤수(梱帥) 301, 490
공덕리 202, 204, 328
공시당상(貢市堂上) 420~424, 427, 434, 439, 479
공식적인 친정 31, 102, 123, 134, 242, 342
공친왕 359, 360, 362, 363
관서구관당상 421~424, 434
관세청 316, 324, 350, 462, 509, 537, 538
광동목(広東木) 498, 499, 537
광산김씨 133, 135~139, 141~144, 146~151, 154, 156, 159, 164, 167~169, 179, 243~245, 371, 400, 408, 409, 411~415, 417, 422~429, 434~438, 440,
479, 482~484, 511, 571, 576
교동부사 465
국정운영방식 142, 162, 430, 576
국청 70, 178, 233, 373, 375, 378, 379, 382, 384~386, 390, 394, 401~404, 436
군제개편 25, 399, 441, 472, 473, 487, 518
군주 정통성 116
군주권 8, 16~18, 21, 22, 24, 26~28, 35, 38, 39, 44, 45, 47, 57, 67, 73, 179, 230, 253, 255, 295, 336, 394, 397, 399, 400, 405, 426, 430, 439, 440, 476, 477, 485, 494, 508, 512, 520~522, 549, 560, 562, 564, 565, 570, 575~577
군향색종사관 457
궁전숙위군 446, 451, 509
권강(勸講) 79, 86~93, 95, 98, 100~102, 104~108, 111~115, 117~120, 122, 123, 125~127, 132, 134, 137, 155~157, 160, 163, 169, 173, 177, 180, 185, 541, 567, 568, 573
권당(捲堂) 372, 382~385
권돈인 49~54, 69
권인성 365, 380
권정호 374~376, 382, 388, 389
금군별장 300, 303, 304, 312, 323, 325, 442~444, 449, 457, 461, 464, 472, 473, 487, 494, 518
금위대장 39, 67, 203, 214, 215, 313, 427, 428, 432, 434, 436, 438, 442, 447, 455, 481, 490
김규식 110, 357
김기석 417, 434, 479

김달순 41
김문근 42, 44, 54, 70, 210, 237
김병국 52, 54, 70, 88, 102, 103, 127, 128, 136, 139, 140, 141, 161, 164, 169, 173, 182, 227, 234, 236, 237, 243, 257, 310, 404, 406, 408, 409, 412, 422, 427, 434, 435, 437, 438, 470, 471, 479~481, 484, 488,~490, 495, 501~503, 505~507, 510, 520, 528, 563, 571, 576
김병시 399, 411, 412, 415, 416, 425~429, 434, 435, 437~439, 444, 447, 479~482, 484, 496, 499~502, 504, 521, 563, 576
김병주 54, 236, 237, 243, 244, 382, 384, 389, 408, 411, 412, 415, 416, 421~424, 434
김병지 151, 164, 169, 236, 243, 244, 385, 412, 415, 416, 421~424, 496, 503
김병학 29, 52, 54, 75, 88, 90, 93, 100, 109~111, 127~131, 136~145, 147~150, 152, 156~158, 160, 164, 169, 172~176, 181~183, 198, 202~205, 208, 233, 234, 236, 237, 243, 244, 246~249, 251, 257, 259, 260~262, 277, 280~282, 288, 297, 298, 301~303, 307, 309, 311, 312, 315, 316, 318~321, 323~325, 328, 329, 331, 341, 345, 354, 363, 364, 406, 408, 410, 427, 434, 479, 481, 484, 489, 490, 492, 495, 501~503, 569, 573, 574
김병학형제 208, 248, 364, 489, 569
김보현 179, 243, 244, 371, 382, 399, 400, 409, 412, 415, 417, 422, 423~429, 434~439, 447, 460, 479~484, 501~503, 521, 563, 576
김상현 128, 136, 137, 144, 145, 164, 169, 385, 412, 417, 423, 425, 434, 435, 437, 479, 483, 484, 503, 504
김세균 130, 133, 136, 139~142, 144, 145, 147~151, 153~157, 159, 161, 164, 169, 175, 177, 180, 181, 201, 203, 204, 230, 236, 243, 244, 247, 263, 372, 382, 384, 386, 387, 397, 408~410, 412, 415, 416, 420~424, 434, 437, 452, 479~482, 484, 488, 508~511, 513, 516, 527, 532, 535, 536, 538, 542, 552, 559
김세호 139, 144, 154, 159, 164, 169, 357, 499, 500
김수현 139, 164, 169, 245, 361, 411, 412, 415, 417, 479
김유연 141, 144, 149, 151, 164, 245, 385, 415, 417, 422~424, 504, 556
김윤식 440, 504, 557
김재현 139, 141, 142, 144, 145, 147~151, 154, 155, 159, 164, 169, 179, 370, 408, 412, 417, 423, 434, 479, 483, 484, 531, 532, 536
김정희 52, 68, 69, 230, 231, 234
김조근 42, 44
김조순(金祖淳) 39~42, 44, 53, 72, 226, 281
김좌근(金左根) 52~54, 59~61, 63, 64, 70,~72, 127~131, 133, 136~140, 164, 169, 173, 182, 193, 227, 228, 233, 236, 243~246, 252, 305, 310, 341, 363
김학성 88, 89, 118, 128~132, 136, 137,

139~142, 144, 145, 151, 157, 164, 169, 175, 176, 179, 181, 243, 244, 384, 417

녹천 299, 300, 323
뇌자(牢子) 459

[ㄷ]

당백전(當百錢) 237, 259, 263, 264, 267, 370, 380, 525, 530, 574
대광보국숭록대부(大匡輔國崇祿大夫) 309
대구서씨 55, 133, 138, 139, 141~144, 146, 148, 149, 153, 154, 156, 161, 165, 167~170, 243~245, 247, 371, 408, 410~413, 415, 417, 418, 421, 424, 425, 434, 436, 440, 479, 482, 484
대동미(大同米) 286, 508, 516, 535
대로(大老) 303, 330, 367, 368, 381
대원군 15~31, 48, 53, 55, 57, 67~76, 79, 80, 86, 94, 95, 97, 102, 103, 107, 112, 120~123, 125, 126, 133~135, 138, 140, 142, 145, 146, 148, 150, 152, 156, 157, 158, 162, 163, 167, 171~173, 176~183, 185, 186, 189~213, 216~223, 225~243, 246~249, 251~258, 260, 263~268, 270~272, 274, 275, 279~281, 283~286, 288~290, 293~300, 302, 304~313, 316, 317, 320~331, 335~358, 360, 363~371, 373, 374, 377~380, 381, 384, 389~402, 405~407, 410, 411, 414, 415, 421, 425~427, 430~444, 446, 447, 449, 451, 460~462, 464~472, 474~478, 482~484, 491, 492, 494, 495, 505, 506, 510, 511, 514~517, 520~525, 534, 540, 559~571, 572~578
대원군 퇴진 29, 30, 284, 365, 394, 570,

[ㄴ]

남양홍씨 53, 55, 128~133, 135, 136, 138~144, 146~152, 154, 156, 159, 167~169, 172, 174, 175, 178, 181, 230, 243~245, 363, 372, 408, 412, 413, 415, 418, 419, 480
남연군(南延君) 56~59, 62, 67, 196, 240, 272, 463, 465, 567
남인 22, 29, 128~132, 133, 135~161, 163, 164, 169~171, 173~175, 178, 180, 181, 183, 208, 209, 213, 214, 216, 217, 230, 231, 233~235, 237, 242~249, 251, 254, 307, 330, 331, 363, 372, 396, 397, 407~411, 413~415, 419, 421~425, 433, 434, 439, 479, 569, 570, 572, 574
내탕금 203, 258, 259, 262, 320, 366, 490, 492, 500, 528, 543, 553, 555
노론 23, 29, 39, 41, 53, 127~133, 135, 137, 138, 140 151, 153~157, 159, 161, 163, 164, 168~173, 175~178, 181, 208, 209, 213~216, 226, 235~239, 242~249, 251, 281~283, 285, 307, 325, 330, 331, 335, 363~365, 371, 372, 396, 397, 402, 404, 406~416, 420~425, 433~436, 439, 440, 442, 443, 449, 479, 480, 563, 569~572, 574~576, 578
노론벽파 41
노론시파 39, 41
노안당(老安堂) 196

575
대원군귀경요청상소 467, 502, 576
대원군정권 16, 17, 19, 21~23, 27,
  29~31, 76, 123, 125, 126, 135, 140,
  145, 157, 163, 178~180, 182, 190,
  197, 206, 208, 217, 227, 230, 231,
  233~242, 246, 248, 251, 252, 254,
  255, 258, 260, 265, 270, 272, 282,
  298, 308, 312, 317, 322, 325, 328,
  336, 363~365, 367, 369, 373, 374,
  392, 397, 399, 400, 402, 405~407,
  410, 413, 425, 431~435, 437, 439~444,
  446, 449, 460, 464, 471, 472, 476,
  477, 484, 494, 510, 520, 540, 561,
  563, 565, 567~573, 575, 576, 578
대원군정권 제1기 29, 207~209, 235,
  240, 330, 569, 573
대원군정권 제2기 29, 208, 209, 236,
  237, 242, 246, 325, 328, 331, 569, 574
대원군정권 제3기 29, 208, 230, 232,
  234, 242, 248, 331, 574
대원군정책 212, 216, 237, 241, 254,
  255, 267, 270, 281, 284, 311, 325,
  328, 330, 338, 349, 350~352, 355,
  364, 365, 367, 377, 380, 392, 397,
  406, 433, 471, 476, 520, 522, 525,
  540, 561, 563, 568, 569, 570, 571,
  574~576, 578
대종회(大宗會) 220~223, 225, 236, 433
대통(大統) 28, 44, 48, 50, 54, 57, 59,
  61~66, 75, 257, 567
동래정씨 55, 128~130, 132, 133, 135,
  138, 141, 143, 146, 149, 151, 152,
  156, 166~170, 173~175, 181, 243, 244,
  247, 409, 411, 415, 421~423, 480,
  482, 484
동치제(同治帝) 358

[ㄹ]

러시아 296, 298, 362, 498

[ㅁ]

만국공보(萬國公報) 503
만기요람(万機要覽) 43
만동묘(萬東廟) 234, 270, 274, 276~
  278, 281~284, 367, 377, 383, 384,
  388~390, 392, 486, 509, 510, 565
명성황후 25, 125, 182, 198, 240, 241,
  366, 390, 400, 426, 431, 440, 517
명소패(命召牌) 386, 387, 402, 404,
  469, 470, 501, 519, 520
묘당(廟堂) 200, 202, 218, 227, 228,
  273, 287, 291, 317, 346, 352, 403,
  512, 524, 527, 539
무단토호 30, 111, 112, 113, 199, 255,
  270, 285~291, 293~295, 327, 328, 330,
  343, 396, 485, 486, 496, 522, 569,
  571, 572, 574
무신겸선전관 278, 300, 302, 313, 323,
  324
무신대우개선 237, 298~302, 304, 308,
  312, 320, 322, 325, 330, 440, 446,
  475, 569, 574
무신장신 323
무위도통사 216, 410, 422, 424, 426,
  427, 431, 432, 434, 438, 439, 447,
  455, 456, 460, 482, 521, 571, 577

무위소 25, 30, 161, 177, 217, 263, 405, 406, 422, 427, 429, 432~439, 441, 446, 447, 449, 452, 455~460, 462, 471, 473~475, 485, 488, 489, 494, 499, 501, 502, 508, 510, 513, 515, 518, 520, 521, 532, 533, 538, 571, 576, 577

무위소제조 161, 217, 405, 422, 427~429, 433, 434, 439, 447, 460, 502, 521, 571, 577

문신장신 472

미증미 498, 516, 543, 550, 559

민겸호 401, 431, 432, 438, 439, 447

민규호 179, 230, 365, 385, 399~401, 408, 412, 416, 423~426, 428, 431, 435, 437~439, 447, 460, 479, 482, 484, 496, 498, 503, 576

민본의식 27, 28, 106, 183, 343, 351, 352, 522, 558, 561, 571, 573

민생안정 18, 30, 31, 104, 106, 107, 110, 111, 113, 115, 123, 271, 274, 285, 287, 293, 294, 326, 328, 330, 337, 338, 340, 342~345, 349, 352, 355, 357, 360, 367, 369, 388, 392, 397, 491, 494, 506, 508, 510, 512, 515, 520~523, 525, 527, 540, 542, 544, 548, 549, 558, 559, 560, 564, 568, 570, 572, 575, 576, 578

민승호 198, 240, 241, 245, 249, 354, 370, 400, 401, 411, 416, 426, 431, 436, 438, 440, 500

민심 15, 104, 106, 267, 289, 298, 337, 339, 340, 342, 343, 351, 355, 360, 361, 362, 372, 382, 525, 560, 561, 568

민영목 381, 384, 386, 387, 401, 416, 424, 431, 432, 438, 479, 482, 484

민치구 240, 244, 247, 400

민태호 426, 432, 438, 439, 500, 502, 552, 553

[ㅂ]

박규수 23, 118, 127, 129, 130, 132, 144, 147, 148, 150, 155, 157, 158, 164, 172, 175, 177, 180~182, 189, 212, 230, 237, 245, 257, 266, 360, 379, 382~387, 393, 395, 397, 402, 404~406, 417, 420, 436~438, 443, 454, 455, 457~459, 464, 473, 479, 481, 487, 488~490, 495, 512, 526, 530, 536, 545, 563, 570, 575

박봉빈 358~360, 363

반대원군세력 19, 22, 29, 181, 209, 241, 267, 308, 331, 335, 365, 367, 369, 370, 394, 397, 405, 435, 570, 571, 575

방계왕족(傍系王族) 15, 23, 28, 66, 71, 102, 115, 120, 123, 337, 369, 567

백낙정 159, 161, 165, 385, 417, 442

별강(別講) 43, 79, 94

별비환(丙寅別備還) 517, 527~529

별천(別薦) 301, 323, 445

병인양요 216, 237, 296, 297, 308, 309, 317, 318

병조판서 39, 52, 67, 133, 151, 157, 173, 179, 183, 203, 214, 231, 232, 236, 237, 240, 241, 303, 304, 310, 312, 313, 322, 329, 354, 363, 365, 370, 372, 382, 389, 401, 410, 411,

413, 416, 417, 420, 427, 431~434, 436, 443, 444, 446, 447, 449, 450, 464, 473, 474, 479~482, 487, 492, 494, 509, 518, 535
보부상 342, 356
보솔(保率) 272, 273, 276, 277
복마군(卜馬軍) 457
복주촌(福酒村) 273, 274, 276
복합(伏閤) 278, 393, 468, 470
봉심(奉審) 450, 476, 507
부국강병 17, 18, 21, 22, 190, 216, 254, 327, 364, 396, 478, 492, 503, 560, 564, 569, 575
부묘(祔廟) 50, 52, 54
북관구관당상 421~424
북인 22, 29, 128, 129, 131~133, 135, 137, 138, 140, 141, 145, 146, 148, 150, 152, 153, 15~157, 159, 161, 163, 169, 171~173, 175, 181, 208, 209, 213, 230~232, 234, 235, 237, 242, 245~249, 251, 307, 330, 331, 363, 396, 397, 407, 409~411, 414, 415, 421~425, 434, 439, 479, 569, 570, 574
비변사(備邊司) 31, 39, 41~43, 52~55, 88, 133, 207, 226~230, 235, 236, 240, 242, 243, 246, 247, 249, 297, 309, 316, 327, 363, 409, 420, 483
비변사당상 39, 54, 55, 88, 133, 230, 235, 236, 240, 242, 243, 245~247
비천당(丕闡堂) 261

[ㅅ]

사교(邪敎) 296~298, 317
사복시(司僕寺) 428, 429, 530
사알(司謁) 457, 459
사알구전(司謁口傳) 459
사액서원 271, 275, 282, 283
사창 500, 528, 529, 552, 553
사학(邪學) 260, 298, 488
삼군부 19, 25, 29, 30, 67, 190, 208, 209, 216, 226, 237, 256, 259, 262, 266, 292, 296, 298, 299, 302, 303, 308~319, 322, 325~327, 331, 335, 356, 440, 442, 443, 448, 449, 460, 471, 494, 521, 569, 571, 574, 576
삼군부제조 303, 312, 313, 315, 324, 325, 427, 442, 448, 449, 460
삼도수군통어사 231, 319, 323, 465
삼반예식(三班禮式) 304~307, 324, 396, 446, 472
삼정문란 271, 287, 289, 294
상평전 267, 493, 512, 525~527, 532, 533, 543~545
서당보 139, 144, 154, 165, 169, 371, 372, 382, 386, 387, 411, 418, 444, 447, 497
서상정 149, 165, 169, 372, 382, 389, 411, 417, 425, 434, 444, 447, 474, 479, 482, 484, 535
서승보 139, 161, 165, 169, 385, 417, 424, 434, 479, 484
서원 30, 123, 199, 201, 203, 208, 209, 216, 232, 238, 241, 255, 270~278, 280, 281, 282~285, 288, 289, 293, 294, 327, 328, 330, 331, 340, 343, 351, 353, 364, 365, 374, 377, 383, 388, 390, 393, 396, 517, 522, 565, 569~572, 574, 575

서원복설　278, 279, 284, 377, 393
서원철폐　199, 203, 208, 232, 241
서형순　244, 247, 384, 412, 415, 421~424, 434, 479
선방아병　459
선원보략　68, 195, 211, 221, 407, 485, 489, 508, 509, 561
선천(宣薦)　300, 301, 302, 323
선파(璿派)　18, 21, 29, 57, 66, 130, 131, 135, 138, 142, 145, 146, 150, 152, 155, 157, 160~162, 182, 190, 194, 195, 207~217, 219~226, 230, 234~236, 241, 242, 246~249, 251, 254, 258, 296, 299, 309, 311, 316, 331, 377, 386, 396, 402, 406, 410, 420, 422~425, 432, 433, 435~437, 439, 440, 449, 482, 483, 508, 563, 569, 572, 574, 576
선혜청당상　54, 67, 160, 161, 217, 422, 427, 433, 434, 439, 457, 469, 481, 482, 508, 509
섭정　45, 62, 94, 336, 360, 369
성문세　267, 320, 350, 351, 364, 370, 381, 492, 515, 521, 523, 549, 576
성학(聖學)　15, 18, 19, 27~29, 39, 43, 45, 75, 79~92, 95, 98, 100~103, 106, 108, 116~118, 120, 122, 123, 125, 129, 132~134, 138, 140, 148, 152, 153, 158, 162, 163, 170, 171, 175, 179~182, 185, 186, 237, 337, 338, 352, 357, 369, 394, 485, 491, 567, 568, 571, 572
성학집요(聖學輯要)　81, 83, 85
세도정치(勢道政治)　15, 19, 24, 28, 36, 38, 42, 47, 53, 55, 72, 76, 79, 80, 84~86, 104, 117, 122, 123, 156, 182, 189, 205, 209, 226, 229, 234, 238, 246, 251, 252, 254, 365, 572
세도정치기　19, 24, 38, 42, 47, 55, 76, 79, 80, 84~86, 104, 117, 122, 123, 182, 189, 205, 209, 226, 229, 234, 238, 246, 251, 252, 254, 365, 572
세자시강원　407, 429, 430, 489, 501
소견(召見)　29, 30, 39, 59, 60, 94, 97, 98, 102, 123, 125, 146, 174, 176, 182, 201, 205, 211, 232~234, 260, 280, 297, 341, 343, 348, 349, 358, 361, 378, 379, 380, 384, 385, 387, 388, 389, 430, 431, 450, 451, 461, 470, 476, 477, 495, 496, 501, 505~507, 509, 517, 519, 521, 522, 526, 532, 536, 537, 541, 544, 547, 552, 553, 556, 557
소대(召對)　22, 43, 88, 89, 92~95, 98, 99, 101~103, 107, 108, 110, 113, 114, 123, 127, 160, 196, 357, 368, 369, 381, 567
소론　128~133, 135, 137, 138, 140, 141, 143, 145, 146, 148, 150, 152, 153, 155, 157, 158, 161, 163, 169~173, 175, 176, 181, 209, 213, 216, 235, 239, 243~248, 363, 365, 371, 372, 402, 404, 407, 409, 410, 413~415, 421~424, 439, 442, 479, 480
소종회　220, 222, 223, 236, 433
손영로　73, 405, 466, 467, 500, 511, 519
송시열　43, 81, 271, 278, 283, 368
쇄마전(刷馬錢)　545

수렴청정　15, 17, 18, 29, 36, 39, 41, 42, 44, 45, 49, 53~55, 57, 59~61, 66, 68, 75, 79, 80, 85, 86, 99, 100, 102, 122, 123, 126, 127, 133, 134, 140, 158, 192, 199, 200, 207, 210, 211, 239, 330, 335, 337, 356, 503, 567, 572
수신(修身)　75, 82, 85, 86, 101, 108, 113, 121, 126, 158, 337, 491, 504, 560, 572
수신사　504
숙위군　446, 450~456, 459, 473, 474, 494, 499, 507~509, 511, 514, 515, 518
순령수(巡令手)　459
순원왕후(純元王后)　42, 44, 45, 48~51, 53, 54, 60~62, 65, 66, 68, 72
순조(純祖)　38~44, 48, 49, 52~54, 56, 58~62, 64, 65, 67, 72, 76, 85, 89, 100, 117, 175, 194, 226, 231, 236, 246, 257, 286
승습군(承襲君)　219
시어소(時御所)　259, 262, 537, 561
시원임의정(시원임대신)　63, 88, 89, 91, 93, 96, 98, 126~129, 131, 133, 134, 137, 138, 140, 142, 145, 146, 150, 152, 153, 160~172, 174, 179, 182, 197, 222~234, 243, 244, 263, 348, 392, 403, 468~470, 472, 476, 495, 507, 520, 541, 568, 573
신미양요　79, 233, 319
신정왕후(神貞王后)　15, 17, 18, 23, 28, 29, 31, 49, 54, 55, 57, 59~61, 64~72, 75, 80, 86~89, 99, 100, 102, 104, 107, 112, 115, 118, 120, 121, 123, 125~127, 133, 134, 140, 158, 177,

182, 189, 190, 192~194, 196, 197, 199, 200, 207~212, 216, 218, 227, 229, 238, 239, 240, 242, 246, 249, 251, 252, 256~258, 264, 268, 272~275, 283~286, 294, 299, 305, 316, 317, 323, 330, 331, 335~338, 342, 351, 356, 379, 383, 384, 386, 387, 389, 390, 400, 401, 405, 426, 432, 436, 482, 503, 514, 516, 517, 527~529, 567, 569, 570, 573
신헌　161, 165, 169, 206, 230, 231, 244, 247, 266, 301, 411, 417, 424, 438, 439, 443, 446, 465, 474, 497, 503
실질적인 친정　31, 80, 97, 101, 102, 124, 162, 207, 208, 216, 235, 241, 249, 253, 335, 336, 338, 400, 481, 570, 575
심단(尋單)　448
심승택　101, 144, 148, 151, 159, 165, 245, 385~387, 412, 415, 421~424, 505

[ㅇ]

아장(亞將)　300, 304, 312, 318, 443~445, 448, 449, 464, 472, 473
아패(牙牌)　219, 497, 517, 561
안기영　234, 373~376, 382, 383, 393
안동김씨(安東金氏)　21, 28, 29, 39, 41, 42, 44, 45, 48~50, 52~54, 55, 61, 62, 65, 68~72, 75, 128~133, 135~138, 140~143, 146, 148, 151~153, 156, 159, 161, 164, 167~169, 171~175, 177, 181, 182, 189, 190, 198, 205, 208, 209, 226, 228, 234~238, 241, 242, 245~249, 251, 281, 283, 305, 325, 331, 363,

364, 396, 401, 402, 404, 406, 408~410, 413~415, 421~427, 429, 433~440, 479, 482~484, 563, 567, 569~571, 573, 574, 576
안동준 499, 500
야대(夜對) 43, 99, 101
약방입진 455, 456, 459, 476, 493, 495, 505, 506, 530~532, 534, 535, 537, 540, 542~544, 546, 558
양주은둔사건 73, 162, 397, 406, 435, 441, 465, 466, 469, 470, 471, 483, 510, 520, 521, 563, 571, 576
양헌수 385, 412, 415, 442, 479~481, 490
어영청 266, 302, 313, 319~321, 427, 457, 459, 460, 474, 487
여흥민씨 23, 142, 145, 146, 150, 152, 153, 157, 159, 164, 167, 168, 179, 182, 183, 198, 234, 238, 240~242, 246, 247, 249, 251, 335, 396, 400~402, 408, 409, 410, 412, 415, 421~426, 428, 429, 431, 432, 435~440, 479, 481~483, 506, 511, 521, 563, 569, 571, 576
연강수세 351, 352, 473, 515, 523~525, 562
연명상소 371, 393
영건도감(營建都監) 57, 215, 257, 258, 262~264, 266
영남구관당상 421~424, 434
영남유생 466, 468
영녕전(永寧殿) 50, 261, 265
영돈녕부사 39, 57, 70, 72, 231, 372, 381, 384, 386, 404, 434, 481, 497, 499, 501, 502
영의정 이유원·우의정 박규수체제 405, 436, 437
영종도 438, 489, 491
영중추부사 89, 176, 178, 231, 232, 234, 243, 244, 387, 395, 402, 403, 501, 502, 520, 570
영희전(永禧殿) 194, 248, 519, 520
예겸(例兼) 212, 310, 312, 323, 416~419, 448, 449
오페르트 240, 297, 318
오현문 442
왕조재건 23, 574
왜주 362
외등단(外登壇) 317~319, 323, 325, 461~465, 467, 472, 473, 475, 488, 494
외척 15, 19, 36, 38~42, 45~49, 52, 53, 60, 65, 68, 69, 85, 86, 181, 182, 198, 209, 222, 226, 227, 229, 230, 234, 238~242, 249, 325, 369, 394, 396, 400, 402, 410, 414, 425, 431, 432, 433, 435~437, 439, 440, 447, 449, 456, 460, 482, 484, 521, 563, 569, 571, 575, 576, 578
용호영 300, 314, 323, 460
우변포도대장 214, 215, 299, 385, 428, 442
운현궁 73, 94, 95, 193, 196, 198, 204, 252, 277, 280, 388, 393, 440
원납전 259, 260, 261, 263, 265, 330, 351, 352, 383, 384, 523, 549, 563, 574
원납전(願納錢) 258
위내배호(衛內陪扈) 302
유사당상(有司堂上) 39, 43, 68, 189,

207, 211, 212, 215, 216, 310, 313, 323, 324, 420~424, 428, 431, 432, 434, 442, 479, 480, 497, 528
유장환 243, 244
유지의(襦紙衣) 285, 498, 500, 538, 550, 553
육상궁(毓祥宮) 319, 487, 541
육조판서 54, 174, 181, 222, 235, 239, 392, 400, 407, 413, 414, 425, 432, 435~438, 477, 503
은신군(恩信君) 56, 57, 62, 196, 567
의정부 18, 22, 29, 30, 42, 53, 73, 190, 207~209, 212, 218, 226~230, 242, 249, 251, 256~259, 265, 268, 270, 275, 281, 283, 286~288, 296, 299, 303, 308~311, 314, 316, 317, 321, 324, 325, 327, 331, 335, 344, 346, 363, 364, 373, 388, 395, 402, 415, 453, 472, 502, 506, 511, 526, 530, 538, 540, 547, 553, 558, 561, 569, 574
의정부당상 226, 230, 235, 240, 242~248, 318, 407, 414~416, 420~425, 437, 438, 469, 478
이경재 127, 129~131, 136~138, 166, 173, 183, 233, 243, 244, 246, 247, 363, 408
이경하 159, 167, 203, 214~216, 223, 230, 231, 235, 244, 247, 248, 310, 329, 385, 397, 410, 416, 422, 425, 432, 433, 435~439, 442, 446, 453, 464, 480~483, 492, 496, 508
이군(二君) 331, 370
이돈영 128, 130, 166, 169, 194, 211, 214~216, 235, 243, 257, 341, 409, 410

이륜(彝論) 373, 375
이세보(李世輔) 210, 219, 235
이세우 330, 367, 368, 381
이승보 138, 145, 146, 148, 150, 152, 153, 157, 160, 161, 166, 169, 181, 201, 211, 214~216, 221, 223, 235, 244, 247, 248, 374, 382, 384, 385, 397, 408, 419, 422, 423, 427, 433, 434, 437, 439, 447, 469, 479~483, 486, 496, 498, 502, 508~510, 516, 531, 535
이양선 296, 297, 489, 491, 504
이우 116, 128~130, 132, 136~138, 165, 243, 244, 383, 384, 409, 412, 415, 531~533
이원범 48
이유원 101, 127, 129~131, 137, 141, 142, 144, 145, 147, 148, 150, 158, 165, 169, 172, 173, 181, 182, 212, 233, 237, 245, 248, 262, 263, 278, 292, 294, 304, 307, 363, 364, 379, 387~389, 393, 395, 397, 402~406, 427, 431, 436~438, 443~445, 448, 450~453, 455~459, 462~464, 467, 469, 470, 471, 473, 474, 479~481, 486, 493, 495, 505~510, 512, 514~521, 524~541, 543, 544, 546, 548, 550~552, 554, 558, 560, 563, 570, 571, 575, 576
이재면(李載冕) 60, 212, 214, 219, 223, 236, 244, 257, 370, 415, 433, 483, 496
이재원 203, 214, 215
이조판서 39, 41, 70, 154, 157, 160, 175, 176, 178~180, 183, 214, 216, 218, 231, 233, 237, 238, 277, 283,

288, 291, 382, 389, 407, 408, 416~418, 423, 426, 429, 431, 434, 479, 480, 484

이종승 161, 167, 215, 223, 236, 410, 416, 504, 508

이주철 215, 235, 244, 247, 248, 310, 385, 412, 420~422, 432, 442, 483, 496, 497

이중징세 526, 544

이최응(李最應) 127, 130, 133, 166, 169, 210, 235, 237, 243, 246~248, 257, 292, 385, 404, 406, 422, 432, 435, 437, 438, 467, 470, 471, 479~481, 483, 488~490, 495, 505~507, 510, 513, 520, 531, 541, 547, 554, 557, 563, 571, 576

이통(貳統) 65

이하전(李夏銓) 48, 59, 210, 219, 223

이항로 259, 277, 380

이회정 221, 222, 385, 413, 420, 479, 483, 496, 497, 500, 502, 503, 555, 557

이휘림 73, 466

익종(翼宗) 44, 49, 53, 59, 61~66, 70, 75, 117, 177, 217, 238, 256, 257, 495, 567

인견(引見) 88, 97, 98, 226, 232, 234, 354, 356, 357, 403

인정미(人情米) 543, 551

인조(仁祖) 56, 57, 62, 63, 66, 73, 87, 117, 198, 271, 449, 514, 567

인혐상소(引嫌上疏) 381, 386

인혐연차(引嫌聯箚) 381, 382

일강(日講) 92, 93, 98, 100~102, 122, 123, 126, 143, 158, 161~163, 169, 180, 185, 448, 450~453, 456, 462, 509, 512, 515, 531, 534, 536~538, 542, 543, 548, 567, 568, 573

일본 7, 9, 15, 17, 18, 21, 23~25, 42, 176, 177, 231, 360, 362, 440, 460, 471, 478, 485, 488, 489, 491, 494, 495, 505, 507, 516, 518

일본서계 176, 177, 440, 478, 488, 489, 491, 495, 499, 518

임백경 127, 129, 131, 135, 137, 166, 173, 183, 230~232, 243, 247, 363, 364

임술민란 55, 120, 195, 271

임태영 230, 231, 243, 244

[ㅈ]

자치통감 99, 103, 369

자헌대부 300, 301, 310, 323, 426, 427, 444, 472

작전(作錢) 493, 496~498, 501, 527, 535, 537, 546

작환(作還) 527~529

잡복미(雜卜米) 455, 538

장신(將臣) 291, 299, 300, 301, 309~311, 313~317, 323, 324, 442~445, 447, 448, 449, 454, 462, 464, 472, 475, 476, 482, 494, 508, 518

장헌세자(莊獻世子) 39, 48, 56, 57, 62, 66, 194, 567

전주이씨 55, 128, 129, 131, 133, 138, 141~143, 146, 149, 150, 152, 153, 156, 159~161, 166~171, 181, 182, 194, 234~236, 243~245, 247, 401, 402, 404, 408, 409, 411, 415, 421, 422, 424, 425, 435, 439, 442, 479, 482

정건조 151, 166, 169, 244, 247, 412, 415, 421~424, 480, 481, 484, 498
정기세 88, 119, 128~130, 132, 136, 139~141, 143, 145, 147, 148, 150, 153, 156, 157, 166, 169, 175, 176, 180, 181, 243, 244, 409, 411, 419, 480, 484, 503
정부당상 216, 312, 323, 325, 400, 421, 424, 425, 428, 430~434, 448~451, 461, 464, 477, 478, 480~485, 487~490, 497, 503, 508, 520
정순왕후(貞純王后) 39, 40, 41, 53, 226, 236
정원용 50, 59, 60, 64, 71, 89, 128~133, 137, 156, 166, 169, 173, 174, 176, 183, 233, 243~246, 248, 341, 403
정조(正祖) 24, 38~41, 43, 44, 48, 50, 56, 62~67, 69, 82, 84, 85, 89, 95, 99, 100, 117, 257, 453, 454
정현덕 499
제1차 정계개편 404
제언당상(堤堰堂上) 421~424, 432, 434, 478
제왕교육 15, 17~19, 27, 28, 31, 45, 48, 61, 75, 80, 85, 86, 97, 103, 122, 125~127, 179, 180, 185, 352, 358, 393, 436, 491, 517, 522, 534, 567, 572, 575, 578
조귀하 238, 245, 249, 412, 415, 432, 435, 480, 482, 496
조기응 139, 141, 142, 147, 148, 150, 153, 156, 157, 160, 166, 175, 178~181, 245, 383, 385, 386, 407, 415, 422~424, 480, 508

조두순 64, 65, 88, 90, 99, 127, 129~131, 133, 134, 137, 166, 169, 173, 183, 199, 227, 230, 233, 243~246, 257, 308, 323, 357, 363
조만영 52, 54, 59, 238, 239
조병식 385, 418, 438, 465, 499, 504
조병창 130, 131, 136, 138, 154, 162, 166, 169, 239, 244, 280, 383, 408, 421, 501, 502
조석우 128~130, 132, 136, 137, 139, 141, 143, 145, 147, 148, 150, 153, 156, 157, 166, 176, 177, 180, 181, 243~245, 408, 412, 419
조성교 139, 140, 141, 143, 145, 147, 148, 150, 155, 156, 157, 162, 166, 175, 178, 180, 181, 244, 372, 382, 383, 385, 387, 419, 497, 536, 552, 554
조성하 113, 189, 212, 230, 235, 238, 239, 245, 249, 257, 299, 349, 385, 397, 401, 416, 424, 425, 432, 435, 437, 438, 441, 480, 482, 485, 487, 500, 504, 547, 556, 572, 574, 575
조영하 230, 238, 239, 245, 249, 257, 385, 399~401, 412, 415, 422, 425~427, 429, 432, 435~439, 442, 446, 447, 455, 456, 460, 480~482, 484, 496, 576
조인희 385, 419, 424, 504
조지반포(朝紙頒布) 350
조참(朝參) 96, 97, 286, 356
조천(祧遷) 50~52, 54, 354
조헌영 128, 130, 133, 166, 169, 238, 244, 247, 408
존호가상(尊號加上) 403
종부시(宗簿寺) 68, 195, 210, 229

종신(宗臣) 58, 160~162, 167, 183, 573
종정경 211~213, 216, 219, 221, 223, 224, 257, 385, 416, 418~420, 432, 433, 466, 476, 479, 495, 508, 509, 541
종친(종실) 18, 21, 22, 29, 31, 45, 57, 58, 59, 67, 68, 69, 70, 73, 75, 128, 130, 131, 135, 138, 142, 145, 146, 150, 152, 155, 157, 160~162, 182, 189, 190, 194, 195, 199~201, 203, 205, 207~226, 229, 230, 234~236, 241, 242, 246~249, 251, 254~259, 265, 268, 270, 290, 296, 299, 307~311, 316, 317, 325, 327, 330, 331, 342, 353, 367, 377, 378, 383, 385, 396, 402, 404, 406, 410, 414, 422~425, 432, 433, 435~440, 447, 449, 482, 483, 496, 499, 508, 509, 563, 569, 572~575
종친·선파(宗親·璿派) 18, 21, 130, 131, 135, 138, 142, 145, 146, 150, 152, 155, 157, 160~162, 182, 190, 195, 208~214, 216, 217, 219~226, 230, 234~236, 241, 242, 246~249, 251, 254, 296, 299, 309, 311, 316, 331, 377, 396, 402, 406, 410, 422~425, 432, 433, 435~437, 439, 440, 449, 482, 483, 508, 509, 563, 569, 572, 574, 576
종친부(宗親府) 22, 29, 31, 57, 67, 68, 70, 75, 189, 190, 194, 195, 199, 207~210, 212, 213, 216, 218, 220, 223~226, 229, 248, 254, 256, 258, 259, 265, 268, 270, 290, 299, 308~311, 316, 317, 325, 327, 330, 367, 385, 509, 569, 574
좌견(左牽) 497, 514

좌변포도대장 214, 299, 312, 442
주교사당상(舟橋司堂上) 420~424, 428, 431, 479, 480
주립(朱笠) 497, 514
중앙집권화 252, 255, 256, 270, 285, 309, 310, 325, 328, 354, 364, 393, 396, 569, 574
중앙통치권 30, 268, 270, 271, 284, 285, 288~290, 293, 294, 299, 306, 311, 324, 327, 331, 393, 476
증렬미 488, 498, 516, 543, 550, 552, 559
진강(進講) 79, 86, 89, 92~95, 98~102, 110, 114, 122, 123, 126, 134, 135, 145, 151, 155~158, 162, 163, 180, 185, 343, 346~348, 352, 357, 372, 374, 381~387, 403, 567
진무사 231, 313, 318, 319, 323~325, 328, 435, 438, 442, 443, 451, 461, 462, 464, 465, 467, 472~475, 488, 494, 497, 506, 521, 576
진무영 25, 177, 204, 298, 317~320, 328, 397, 405, 435, 438, 450, 452, 455, 459, 460~465, 467, 472~474, 475, 487, 488, 494, 497, 499, 508~510, 518, 521, 538, 569, 571, 572, 574, 576
진무영개편 25, 177, 298, 405, 460~462, 464, 465, 473, 510, 521, 571, 576
진휼청 557, 558

[ㅊ]

차대(次對) 29, 30, 97, 98, 102, 123, 125, 146, 174, 175, 177, 205, 226,

227, 242, 282, 312, 316, 318~321, 325, 328, 344~346, 414, 430, 438, 448~452, 454~456, 458, 461, 463, 474, 476~488, 490, 491, 493~495, 505, 507, 509, 511, 514, 518, 520, 521, 522, 524, 526, 527, 529~532, 534~538, 541, 543~548, 557, 568
참찬관 91, 92, 94, 108, 109, 114, 128, 130, 138, 161, 178, 357
책응소(策應所) 459
척사윤음 298
천명(天命) 15, 178, 200, 220, 259, 286, 337, 342, 372, 382, 383, 568
철렴 15, 31, 75, 199, 207, 208, 242, 246, 249, 251, 286, 342, 356
철종(哲宗) 15, 28, 29, 42, 44, 46, 48~62, 64~70, 75, 76, 85, 86, 117, 132~134, 140, 158, 173~175, 182, 193, 194, 195, 198, 207, 210, 215, 226, 227, 230, 231, 235~238, 240, 242, 243, 246, 271, 275, 296, 331, 503
청석진(靑石鎭) 321, 473, 500
청전 97, 160, 223, 260, 263, 265, 267, 268, 377, 383, 388, 434, 455, 456, 474, 481, 485, 487, 491~493, 496, 497, 508, 510~513, 515, 518, 520~523, 525~527, 530~36, 538, 540, 542, 543~551, 560, 561, 564, 565, 571, 574, 576
청전폐지 97, 160, 223, 261, 388, 434, 481, 487, 492, 493, 496, 497, 508, 511, 512, 515, 520, 523, 525~527, 530, 531, 533~536, 540, 542~551, 560, 561, 565, 576

청화(靑花) 498, 499, 537
청황제 30, 358, 360~363, 501, 570, 575
총융사 39, 214, 215, 231, 310, 313, 317, 323, 324, 434, 442, 446, 463
총융청 203, 313, 351, 460, 462, 508
최우형 136, 144, 147, 149, 166, 245, 382, 384, 385, 408, 413, 415
최익현 30, 73, 94, 97, 162, 172, 176~178, 180, 183, 224, 231~233, 236, 241, 261, 278, 336, 369~396, 400~404, 431, 435~437, 565, 570, 571, 573, 575
최익현 상소 30, 73, 241, 261, 278, 336, 369~385, 389~396, 400~403, 431, 435~437, 565, 570, 573, 575
최익현국청 178, 233, 375, 378, 379, 382, 384, 386, 401~404, 436
추대동(秋大同) 497, 515, 543, 550
추존(追尊) 44, 56, 62
측근정치 471, 482, 485, 576, 578
치국(治國) 75, 82, 85, 86, 88, 108, 113, 121, 337, 358
친군주세력 157, 160, 183, 370, 399, 400, 402, 405, 407, 414, 433, 436, 437, 471, 484, 485, 506, 570
친대원군세력 29, 31, 73, 207, 208, 209, 222, 226, 230, 231, 234, 235, 239, 242, 248, 249, 251, 281, 317, 331, 335, 363, 364, 373, 389, 392, 394, 396~398, 405, 406, 426, 430, 435, 436, 440, 466, 467, 469, 471, 505, 506, 510, 511, 563, 569~571, 574, 575, 578
친위대 442, 449, 455, 456, 458~460, 473, 474, 494

친정 명분 30, 337, 338, 394, 510, 570, 573
친정 의지 94, 363, 369, 393, 396, 573
친정선포 19, 22, 24, 25, 27, 28, 30, 32, 75, 93, 98, 100, 101, 137, 146, 158, 163, 176, 180, 182, 183, 185, 186, 191, 216, 232, 234, 235, 241, 242, 249, 255, 268, 337, 349, 356, 361, 380, 385, 387, 389, 393, 394, 396, 397, 399, 401, 404, 405, 407, 410, 414, 415, 421, 422, 427, 430~432, 434~436, 440, 446, 449, 467, 470, 472, 473, 484, 515~517, 523, 525, 549, 558~561, 565, 570, 572, 573
친정체제 22, 24, 30, 57, 101, 102, 123, 145, 162, 183, 252, 336, 338, 342, 350, 355, 369, 379, 380, 389, 393, 394, 399, 405, 406, 427, 431, 434, 436, 440, 467, 471, 563, 570, 575, 576
친진(親盡) 50, 57, 201, 354

[ㅌ]
통제사 203, 215, 313, 317, 318, 323~325, 435, 442, 460, 463, 465, 467, 475, 494, 497, 501, 504~506, 521, 576
통제영 435, 460, 464, 465, 475, 488, 494, 497, 569, 574
통치권 회복 36, 46, 73, 75, 98, 178, 180, 201, 205, 242, 299, 304, 331, 336, 349, 353~355, 362, 363, 369, 389, 391, 395, 401, 425, 434, 436, 437, 439, 471, 485, 505, 522, 573, 576
통치권력 28, 36, 73, 180, 192, 200, 216, 237, 298, 331, 337, 368, 396, 471, 568, 571, 577

[ㅍ]
패영(貝纓) 497, 514
포도대장 202, 214, 215, 299, 301, 302, 312, 313, 323~325, 385, 428, 442, 448~450, 457, 460, 461, 464, 508, 521, 576
포량미(砲糧米) 320, 452, 455, 462, 474, 538
표하군(標下軍) 457, 459, 474
풍계군(豊溪君) 69, 70, 210
풍양조씨 42, 49, 52~55, 59, 61, 62, 65, 68, 75, 128~133, 135, 138, 142, 145, 146, 150, 152, 153, 159, 166~170, 181, 212, 234, 238, 239, 241, 242, 246, 247, 249, 251, 396, 400, 402, 408, 412, 415, 421~426, 428, 429, 432, 435, 436~440, 442, 480, 482, 521, 563, 569, 571, 576

[ㅎ]
한계원 127, 151~153, 158, 162, 166, 174, 183, 230, 231, 233, 234, 244, 245, 247, 248, 347, 363, 364, 366, 371, 379, 381, 384, 386~388, 395, 402, 404, 408, 481, 495, 569, 570, 574
해국도지(海國圖志) 26
허사과(虛司果) 303, 324
허원식 373~376, 382, 383, 393
허전 89, 145, 147, 148, 150, 155, 157, 160, 161, 166, 183, 372, 382, 383, 508, 551

색인 ■ 607

헌종(憲宗)　39, 42, 44, 45, 46, 48~50, 52~54, 60~ 62, 64, 65, 67~69, 72, 85, 88, 100, 108, 117, 174, 175, 177, 196, 207, 209, 230, 238, 257, 453, 503

호서구관당상　421~424

호수(虎鬚)　357, 497, 514

호조판서　52, 67, 70, 157, 161, 177, 180, 194, 203, 204, 211, 214, 216, 235, 237, 257, 263, 267, 278, 282, 299, 372, 382, 384, 409, 410, 421, 423, 431, 434, 436, 439, 450, 452, 479, 481, 484, 501, 508, 509, 511, 527, 528, 535, 541, 542, 547

호포　204, 208, 330, 331, 364, 383, 388, 574

혼전(魂殿)　44, 49, 50

홍순목　89, 127, 136, 139~141, 144, 145, 147, 148, 150, 152, 153, 156~158, 162, 167, 169, 172, 175, 178, 181, 183, 203, 205, 209, 230~233, 245, 248, 282, 320, 329, 345, 354, 363, 364, 372, 379, 381, 384, 386~388, 395, 402, 404, 408, 439, 480, 481, 489, 490, 495, 569, 570, 574

홍시형　260, 278, 351, 372, 382~386, 390, 392, 497

홍우길　243, 244, 412, 418, 488, 501, 516

홍종서　128~132, 136, 137, 139~141, 156, 167, 169, 175, 177, 178, 181, 243, 244, 357, 408

화륜선　361, 503

화양서원　270, 274, 276, 340

환곡(還穀)　107, 233, 260, 264, 272, 286, 314, 319, 388, 487, 488, 493, 496, 497, 500, 501, 509, 511, 513, 516, 517, 525, 527~530, 534, 536, 537, 540, 542, 543, 544~558

환곡폐지　488, 511, 513, 516, 540, 546, 551, 559

효명세자(孝明世子)　42, 44, 49, 53, 59, 67

훈련대장　67, 203, 214, 216, 231, 301, 309, 313, 422, 427, 432, 436, 438, 442, 452~455, 481, 487, 488, 499

훈련도감　204, 266, 302, 309, 313, 314, 318~320, 323, 427, 447, 450, 452~457, 459, 460, 462, 474, 487, 488, 498, 508, 520, 532, 538

휘정전(徽定殿)　50

흥선군(興宣君)　56~62, 65, 67, 71, 189

흥인군(興寅君)　57~59, 62, 67, 128, 210, 248, 257, 385, 406, 496

김성혜(金成憓)

1971년 서울 출생.
이화여자대학교 사학과 및 동대학원 사학과 졸업.
일본 히토쓰바시(一橋)대학대학원 사회학연구과 사회학박사 학위 취득.
한림대학교 한림과학원 HK연구교수 등을 거쳐,
현재 동국대학교 대외교류연구원 연구교수 및 이화사학연구소 연구원으로 재직 중.

주요 논문

「고종시대 군주를 둘러싼 통치체제 구상에 대한 일고찰」, 『정신문화연구』 33-3, 2010.9
「1890년대 고종의 통치권력 강화 논리에 대한 일고찰」, 『역사와 경계』 78, 2011.3
「고종 즉위 초기 군주관 형성과 그 내용」, 『이화사학연구』 42, 2011.6 .
「독립신문에 드러난 군주의 표상과 고종의 실체」, 『대동문화연구』, 78, 2012.6
「고종시대 군주권 위협사건에 대한 일고찰」, 『한국문화연구』 18, 2010.6 외 다수